Dr. Hubertus Schulte Beerbühl

Baurecht
Nordrhein-Westfalen

6. Auflage

Die Deutsche Nationalbibliothek verzeichnet diese Publikation in
der Deutschen Nationalbibliografie; detaillierte bibliografische
Daten sind im Internet über http://dnb.d-nb.de abrufbar.

ISBN 978-3-8487-6495-2 (Print)
ISBN 978-3-7489-0541-7 (ePDF)

6. Auflage 2022
© Nomos Verlagsgesellschaft, Baden-Baden 2022. Gesamtverantwortung für Druck und Herstellung bei der Nomos Verlagsgesellschaft mbH & Co. KG. Alle Rechte, auch die des Nachdrucks von Auszügen, der fotomechanischen Wiedergabe und der Übersetzung, vorbehalten. Gedruckt auf alterungsbeständigem Papier.

Vorwort

Die nunmehr 6. Auflage des vorliegenden Buches stellt in ihrem ersten Teil das geltende Bauplanungsrecht dar. Dabei berücksichtigt es neben der stets fortschreitenden bundesweiten Rechtsprechung zum Planungsrecht auch die jüngsten Neuregelungen im Baugesetzbuch und in der Baunutzungsverordnung durch das Baulandmobilisierungsgesetz. Das nordrhein-westfälische Bauordnungsrecht hat durch die am 1. Januar 2019 in Kraft getretene Bauordnung 2018 in weiten Teilen erhebliche Änderungen erfahren. Gerade einmal zweieinhalb Jahre nach Inkrafttreten wurde die Bauordnung 2018 durch das Gesetz zur Änderung der Landesbauordnung 2018 vom 30. Juni 2021 erneut überarbeitet. Dieses Werk stellt die wichtigsten Neuerungen dar. Es legt besonderen Wert auf Systematik, Struktur und Instrumente des Baugenehmigungsverfahrens. Ein weiteres Kapitel widmet sich den teilweise neu geregelten bauaufsichtlichen Maßnahmen zur Gefahrenabwehr. Der Verlagerung der Verantwortung für das baurechtliche Geschehen von einer präventiven Kontrolle durch Genehmigungsbehörden auf Private und Sachverständige trägt das Werk dadurch Rechnung, dass umfangreicher als in den Vorauflagen das öffentliche Baunachbarrecht mit all seinen für Ausbildung und Praxis relevanten Facetten dargestellt wird. Auch das öffentliche Bauprozessrecht hat erhebliche Ergänzungen erfahren, wodurch der Gesamtumfang des Werkes um einiges zugenommen hat.

Adressaten des Werks sind nicht nur Studenten und Referendare, sondern auch Nicht-Juristen wie Architekten, Ingenieure und Techniker. Auch Verwaltungsbeschäftigte, die in ihrem beruflichen Alltag mit Fragen des öffentlichen Baurechts befasst werden und sich einen Überblick über dessen Strukturen verschaffen wollen, sind angesprochen. Dem entsprechend beschränkt sich das Kompendium bewusst auf die in der Ausbildung und der baurechtlichen Praxis relevanten Fragen. Spezialprobleme werden lediglich in der gebotenen Kürze angesprochen; wegen der Einzelheiten muss auf die ausführlichere Kommentarliteratur und Monographien verwiesen werden.

Die Darstellung orientiert sich vorrangig an der zu den Rechtsfragen ergangenen Rechtsprechung. Das ist für das Bauplanungsrecht die Rechtsprechung des Bundesverwaltungsgerichts sowie des Oberverwaltungsgerichts für das Land Nordrhein-Westfalen und anderer Obergerichte. Für das Bauordnungsrecht werden die Bestimmungen insbesondere im Lichte der Rechtsprechung des Oberverwaltungsgerichts und erstinstanzlicher nordrhein-westfälischer Verwaltungsgerichte dargestellt.

Mit der vorliegenden 6. Auflage ist der bisherige Mitautor und Begründer der Baurechtsreihe Dr. Hansjochen Dürr ausgeschieden. Er hat die Grundlagen für das Kompendium geschaffen und das Werk über viele Jahre begleitet. Ihm gebührt dafür großer Dank.

Das Werk befindet sich auf dem Stand von Oktober 2021

Münster, im Oktober 2021

Inhaltsverzeichnis

Literaturverzeichnis 17

A. Allgemeines 19
   I. Funktion des Baurechts 19
   II. Rechtsgrundlagen des Baurechts 19
   III. Bundesgesetzgebung 19
   IV. Landesgesetzgebung 21
   V. Wichtige Verordnungen und Richtlinien 23
      1. TA Lärm 23
         a) Zweck und Anwendungsbereich der TA Lärm 23
         b) Überblick über die wichtigsten Regelungen 24
      2. Sportanlagenlärmschutzverordnung (18. BImSchV) 25
         a) Anwendungsbereich 25
         b) Verbindlichkeit der Sportanlagenlärmschutzverordnung 26
         c) Überblick über Regelungen der Sportanlagenlärmschutzverordnung 27
      3. Geruchsimmissions-Richtlinie (GIRL) 28
         a) Bedeutung der GIRL 28
         b) Vorgehensweise der GIRL 29
         c) Immissionsrichtwerte der GIRL 29
      4. Richtlinie zur Beurteilung von Freizeitlärm (LAI-Freizeitlärm-Richtlinie) 30
         a) Anwendungsbereich 31
         b) Bedeutung der Richtlinie als „Orientierungshilfe" 31
         c) Überblick über die Bestimmungen 32

B. Bauplanungsrecht 33
   I. Bauleitplanung und Fachplanung 33
      1. Allgemeines 33
         a) Aufgabe und Grundzüge der Bauleitplanung 33
         b) Planungshoheit der Gemeinde 33
         c) Fachplanung 34
         d) Die Mittel der Bauleitplanung 35
            aa) Flächennutzungsplan (§ 5 BauGB) 35
            bb) Bebauungsplan 36
      2. Prüfungsschema für die Mittel der Bauleitplanung 39
         a) Erforderlichkeit der Bauleitplanung 40
            aa) Planungsbedürfnis 40
            bb) Pflicht zur Aufstellung 42
         b) Gesetzliche Planungsleitsätze (Planungsschranken) 42
            aa) Ziele der Raumordnung 43
            bb) Interkommunales Abstimmungsgebot (§ 2 Abs. 2 BauGB) 44
            cc) Fachplanerische Vorgaben 45
            dd) Naturschutzrechtliche Eingriffsregelung (§ 1a Abs. 3 BauGB) 45
            ee) Abhängigkeit des Bebauungsplans vom Flächennutzungsplan 48

	ff) Allgemeingültige Planungsprinzipien / Planungsleitsätze	49
3.	Die Abwägung nach § 1 Abs. 6 und 7 BauGB	52
	a) Allgemeines	52
	b) Allgemein gültige Abwägungsgrundsätze	54
	aa) Abwägungsbereitschaft	54
	bb) Zusammenstellung des Abwägungsmaterials	55
	cc) Gebot der Rücksichtnahme im Rahmen der Bauleitplanung	57
	dd) Gebot der Lastenverteilung	57
	ee) Gebot der Konflikt-/Problembewältigung	57
4.	Das Verfahren bei der Aufstellung von Bauleitplänen	58
	a) Aufstellungsbeschluss (§ 2 Abs. 1 BauGB)	58
	b) Ortsübliche Bekanntmachung des Aufstellungsbeschlusses	58
	c) Erstellung eines ersten Planentwurfs	59
	d) Frühzeitige Beteiligung	59
	e) Beschluss über die Offenlegung (§ 3 Abs. 2 BauGB)	59
	f) Förmliche Öffentlichkeits-, Behörden-, Kommunen- und TöB-Beteiligung (§ 3 Abs. 2, § 4 Abs. 2 BauGB)	60
	aa) Information der Öffentlichkeit	60
	bb) Beteiligung der Behörden und Träger öffentlicher Belange	61
	cc) Eingeschränkte Präklusionswirkung	62
	g) Prüfung und Auswertung der Stellungnahmen	62
	h) Bescheidung der Stellungnahmen (§ 3 Abs. 2 S. 2 2. Hs. BauGB	62
	i) Ggfs. erneute Auslegung	62
	j) Erstellung der Endfassung der Abwägung	63
	k) Erstellung der „zusammenfassenden Erklärung" (§ 10a BauGB)	63
	l) Satzungsbeschluss (§ 10 BauGB)	63
	aa) Erforderlichkeit und Zuständigkeit	63
	bb) Gebot der Unabhängigkeit	63
	cc) Gebot der Öffentlichkeit	64
	m) Ausfertigung	64
	n) Genehmigung durch die höhere Verwaltungsbehörde	65
	o) Ortsübliche Bekanntmachung	66
5.	Sicherung der Bauleitplanung	68
	a) Veränderungssperre	68
	aa) Voraussetzungen	68
	bb) Rechtsfolgen	71
	b) Zurückstellung	73
	c) Teilungsgenehmigung (§ 19 BauGB)	74
	d) Vorkaufsrecht (§§ 24 ff. BauGB)	74
6.	Weitere Besonderheiten der Bauleitplanung	76
	a) Übertragung auf Private (§ 4b BauGB)	76
	b) Städtebauliche Verträge (§ 11 BauGB)	77
	c) Vorhaben- und Erschließungsplan (§ 12 BauGB) / vorhabenbezogener Bebauungsplan	77
	d) Vereinfachtes Verfahren, Bebauungspläne der Innenentwicklung (§§ 13, 13a BauGB)	79
7.	Beschränkte Geltung von Bebauungsplänen	80
	a) Außerkrafttreten von Bauleitplänen	80
	b) Die Fehlerfolgen	82

	c) Anwendung / Nichtanwendung eines Bebauungsplans	83
	aa) Verwerfungskompetenz des Gerichts	83
	bb) Verwerfungskompetenz der Verwaltung	84
II.	Bauplanungsrechtliche Zulässigkeit von Bauvorhaben	85
1.	Bedeutung und System der §§ 29 ff. BauGB	85
2.	Geltungsbereich der §§ 30 bis 37 BauGB	85
	a) Der Begriff der baulichen Anlage (§ 29 BauGB)	85
	b) Bodenrechtlich relevanter Vorgang	86
	aa) Bodenrechtlich relevante Errichtung oder Änderung	86
	bb) Bodenrechtlich relevante Nutzungsänderung	87
	c) Vorrang des Fachplanungsrechts	88
3.	Bauvorhaben im beplanten Innenbereich (§ 30 BauGB)	88
	a) Art der baulichen Nutzung (§§ 2 bis 14 BauNVO)	89
	aa) Allgemeines	89
	bb) Überblick über die wichtigsten Nutzungsarten	93
	cc) Besondere Fragestellungen bei einzelnen Baugebieten	111
	dd) Sonderregelungen für die Baugebiete	116
	b) Maß der baulichen Nutzung (§§ 16 bis 21a BauNVO)	125
	aa) Gebäudehöhe	126
	bb) Zahl der zulässigen Vollgeschosse	126
	cc) Grundflächenzahl; Geschossflächenzahl und Baumassenzahl	126
	c) Bauweise (§ 22 BauNVO)	128
	aa) Der erforderliche Grenzabstand	129
	bb) Der Charakter eines Doppelhauses	129
	cc) Die abweichende Bauweise	130
	d) Überbaubare Grundstücksfläche (§ 23 BauNVO)	130
4.	Bauvorhaben im unbeplanten Innenbereich (§ 34 BauGB)	131
	a) Anwendungsbereich des § 34 BauGB	131
	aa) Allgemein gültige Grundsätze für die Abgrenzung des unbeplanten Innenbereichs vom Außenbereich	132
	bb) Schwierige Abgrenzungsfälle	133
	b) Einfügungsgebot	137
	aa) Die maßgebliche Umgebung	138
	bb) Die Ermittlung des Umgebungscharakters	138
	cc) Das Sich-Einfügen nach den Merkmalen	140
	c) Gesunde Wohn- und Arbeitsverhältnisse, keine Ortsbildbeeinträchtigung	143
	d) Schutz zentraler Versorgungsbereiche	144
	e) Sonderregelungen für Gewerbebetriebe und Wohngebäude (§ 34 Abs. 3a BauGB)	144
	f) Abgrenzungs-, Entwicklungs- und Ergänzungssatzungen (§ 34 Abs. 4 u. 5 BauGB)	145
5.	Nicht allgemein zulässige Vorhaben (Ausnahme, Befreiung, Erleichterung)	146
	a) Unterschiedliche Ebenen zur Steuerung	146
	b) Anwendung im beplanten und unbeplanten Gebiet	147
	c) Ausnahme nach § 31 Abs. 1 BauGB	148
	d) Befreiung nach § 31 Abs. 2 BauGB	149
	aa) Befreiung nur im Falle eine „Atypik"?	149
	bb) Grundzüge der Planung	150

	cc) Die Alternativen der Befreiungsgründe	152
	dd) Die Würdigung nachbarlicher Belange und die Vereinbarkeit mit den öffentlichen Belangen	153
	ee) Befreiung zugunsten des Wohnungsbaus	154
	e) Abweichung	154
	f) Die Sonderregelungen in § 246 Abs. 10, 12 und 14 BauGB	155
	g) Ermessensentscheidung bei der Erteilung einer Ausnahme und einer Befreiung	156
6.	Bauvorhaben im Außenbereich (§ 35 BauGB)	156
	a) Privilegierte Vorhaben	158
	aa) Privilegierung nach § 35 Abs. 1 Nr. 1 BauGB	158
	bb) Privilegierung nach § 35 Abs. 1 Nr. 2 BauGB	161
	cc) Privilegierung nach § 35 Abs. 1 Nr. 3 BauGB	161
	dd) Privilegierung nach § 35 Abs. 1 Nr. 4 BauGB	162
	ee) Privilegierung nach § 35 Abs. 1 Nr. 5 BauGB	165
	ff) Privilegierung nach § 35 Abs. 1 Nr. 6 BauGB	165
	gg) Privilegierung nach § 35 Abs. 1 Nr. 7 BauGB	166
	hh) Privilegierung nach § 35 Abs. 1 Nr. 8 BauGB	166
	ii) Kein Entgegenstehen öffentlicher Belange	166
	jj) Bedeutung des Flächennutzungsplans und sonstiger Pläne	167
	kk) Folge der Nutzungsaufgabe	167
	b) Nichtprivilegierte Vorhaben (§ 35 Abs. 2 und 3 BauGB)	168
	aa) Widerspruch zu den Darstellungen des Flächennutzungsplans (§ 35 Abs. 3 S. 1 Nr. 1 BauGB)	168
	bb) Widerspruch zu Plänen des Umweltrechts (§ 35 Abs. 3 S. 1 Nr. 2 BauGB)	169
	cc) Schädliche Umwelteinwirkungen (§ 35 Abs. 3 S. 1 Nr. 3 BauGB)	169
	dd) Belange des Naturschutzes, des Denkmalschutzes, der Landschaftspflege und des Ortsbildes (§ 35 Abs. 3 S. 1 Nr. 5 BauGB)	169
	ee) Entstehung, Verfestigung, Erweiterung einer Splittersiedlung (§ 35 Abs. 3 S. 1 Nr. 7 BauGB)	170
	ff) Weitere Belange	171
	gg) Widerspruch zu Zielen der Raumordnung	171
	c) Begünstigte, „teilprivilegierte" Vorhaben (§ 35 Abs. 4 BauGB)	172
	aa) Begünstige Vorhaben nach § 35 Abs. 4 S. 1 Nr. 1 BauGB	173
	bb) Begünstige Vorhaben nach § 35 Abs. 4 S. 1 Nr. 2 BauGB	175
	cc) Begünstige Vorhaben nach § 35 Abs. 4 S. 1 Nr. 3 BauGB	176
	dd) Begünstige Vorhaben nach § 35 Abs. 4 S. 1 Nr. 4 BauGB	176
	ee) Begünstige Vorhaben nach § 35 Abs. 4 S. 1 Nr. 5 BauGB	177
	ff) Begünstige Vorhaben nach § 35 Abs. 4 S. 1 Nr. 6 BauGB	178
	gg) Schonungsgebot und Verpflichtungserklärung	179
	d) Außenbereichssatzung	179
7.	Bauen im Vorgriff auf einen Bebauungsplan (§ 33 BauGB)	179
8.	Einvernehmen nach § 36 BauGB	180
9.	Öffentliche Bauten und Vorhaben der Landesverteidigung	183
10.	Erschließung des Bauvorhabens	184

C. Bauordnungsrecht 186
I. Allgemeines 186
  1. Überblick über die Rechtsquellen 186
  2. Abgrenzung zum Privatrecht 186
  3. Begriffe des Bauordnungsrechts 186
    a) Bauordnungsrechtlicher Vorhabenbegriff 187
    b) Vorhaben und Prüfungsgegenstand 187
      aa) Vorhaben 187
      bb) Prüfungsgegenstand 191
      cc) Folgen für das Genehmigungsverfahren 191
    c) Nutzungsänderung 192
    d) Anlage/bauliche Anlage 194
    e) Gebäude 195
    f) Gebäudeklassen 196
    g) Sonderbauten und Behelfsbauten 196
      aa) Sonderbauten (§ 50 BauO) 196
      bb) Behelfsbauten und untergeordnete Gebäude (§ 51 BauO) 198
    h) Geschoss 198
    i) Vollgeschoss 199
    j) Aufenthaltsraum 199
    k) Garage 199
  4. Präventives Verbot mit Erlaubnisvorbehalt 199
    a) Grundsätzliche Bauverbot 199
    b) Ausnahmen von der Genehmigungsbedürftigkeit 200
  5. Die Verfahrensarten 201
    a) Das vereinfachte Baugenehmigungsverfahren 201
    b) Das Freistellungsverfahren 202
    c) Das umfassende Baugenehmigungsverfahren („Vollverfahren") 203
    d) Die referenzielle Baugenehmigung 204
  6. Die Grundstruktur des Baugenehmigungsverfahrens 204
II. Anspruch auf Erteilung einer Baugenehmigung / eines Vorbescheides 205
  1. Formelle Voraussetzungen 205
    a) Sachbescheidungsinteresse 205
      aa) Fehlendes privates Recht 205
      bb) Werbeanlage im öffentliche Straßenraum 206
      cc) Besonderheiten bei einem Vorbescheid 206
    b) Formelle Antragsvoraussetzungen 207
      aa) Bauvorlageberechtigung 207
      bb) Bestimmtheit des Bauvorhabens 207
      cc) Vorgaben aus der Bauordnung und der Bauprüfverordnung 208
      dd) Behandlung des Bauantrags und Folgen eines unvollständigen oder mangelhaften Bauantrags 209
  2. Materielle Genehmigungsfähigkeit 212
    a) Allgemeine Anforderungen (§ 3 BauO) 213
    b) Erschlossensein (§ 4 BauO) 214
    c) Abstandsflächen (§ 6 BauO) 215
      aa) Schutzziele 215
      bb) Regelung der Zumutbarkeit 215
      cc) Vorrang des Planungsrechts 217
      dd) Bezugsobjekte der Abstandsflächenregelung 218

ee) Abweichung von den Abstandsflächenvorschriften
(§ 6 Abs. 14 BauO) 228
d) Garagen und Stellplätze für KFZ und Fahrräder 229
aa) Herstellungspflicht und Ablösung 229
bb) Anordnung von Stellplätzen und Garagen 230
e) Standsicherheit 231
f) Brandschutz 231
aa) Sichere Rettung von Mensch und Tier 232
bb) Anforderungen an Bauteile (Überblick) 240
g) Barrierefreiheit 242
h) Verunstaltungsverbot 243
i) Werbeanlage 244
aa) Werbeanlage und Verunstaltung 245
bb) Verbot von schädlichen Umwelteinwirkungen 246
cc) Anbringungsorte von Werbeanlagen 246
dd) Verkehrsgefährdung 247
j) Gestaltungssatzungen 248
3. Die Entscheidung über den Bauantrag 248
a) Die Instrumente des Genehmigungsverfahrens 249
aa) Nebenbestimmungen 249
bb) Abweichung 255
dd) Baulast 263
b) Die Erteilung der Genehmigung 269
c) Wirkungen der Baugenehmigung 270
aa) Legalisierungswirkung 270
bb) Baufreigabe 271
d) Der Fortbestand der Baugenehmigung 272
aa) Kein Untergang der Baugenehmigung bei Rechtsnachfolge 272
bb) Rücknahme der Baugenehmigung 272
cc) Widerruf der Baugenehmigung 272
dd) Erledigung durch Zeitablauf 273
ee) Erledigung auf sonstige Weise 273
ff) Untergang der Baugenehmigung nach § 75 BauO 278
4. Bauüberwachung und Bauzustandsbesichtigung 280
III. Bauaufsichtliche Maßnahmen 280
1. Die bauaufsichtlichen Verfügungen nach § 58 Abs. 2 und §§ 80 bis 82 BauO 282
a) Die Ermächtigungsgrundlagen 282
b) Die wichtigsten Arten von Ordnungsverfügungen 283
aa) Untersagung der Fortsetzung der Bauarbeiten (Stilllegung, Baustopp) 283
bb) Untersagung der Fortsetzung der Nutzung (Nutzungsuntersagung) 286
cc) Gebot der Beseitigung der Anlage 288
dd) Sonstige Ordnungsverfügungen 289
c) Baueinstellungsverfügung und Nutzungsuntersagung als Dauerverwaltungsakte 294
d) Duldung / faktisches Nichteinschreiten 294
e) weitere Voraussetzungen 295
aa) Erforderlichkeit der Maßnahme 295

		bb) Ziel des Handelns	296
	f)	Ermessen	296
		aa) Grundsätze	296
		bb) Ermessensbindung	297
	g)	Frist	298
	h)	Bestimmtheit	299
	i)	Die in Betracht kommenden Adressaten	300
		aa) Verhaltensstörer	300
		bb) Zustandsstörer	302
		cc) Nichtstörer	302
		dd) Störerauswahl	303
	j)	Anordnung der sofortigen Vollziehung	303
		aa) Allgemeines	304
		bb) Rechtliche Voraussetzungen	304
		cc) Begründungserfordernis	305
	k)	Rechtmäßiges Bestehen und Bestandsschutz als Gegenrechte	306
2.	Das Anpassungsverlangen nach § 59 BauO		306
3.	Rechtsnachfolge		307
4.	Vollstreckung		308
	a)	Ermessen	308
	b)	Unbeachtlichkeit von Verschulden	309
	c)	Wechsel und Wiederholung der Zwangsmittel	309
	d)	Besonderheiten bei der Anwendung unmittelbaren Zwangs	309
	e)	Vollstreckung und Rechtsnachfolge	310
	f)	Sofortvollzug	310
	g)	Pfändung einer Geldforderung	311
	h)	Anordnung von Ersatzzwangshaft	311
III.	Rechtmäßiges Bestehen und Bestandsschutz		311
1.	Bedeutung des Bestandsschutzes		312
	a)	Bedeutung des Bestandsschutzes im Rahmen eines Anspruchs	312
	b)	Bedeutung des Bestandsschutzes als Abwehrrecht	313
2.	Elemente des Bestandsschutzes		313
	a)	Entstehen der schutzwürdigen Position	313
		aa) Formelle Legalität	313
		bb) Materielle Legalität	314
		cc) Beweislast	315
		dd) Verwirklichung des Vorhabens	316
	b)	Veränderung der Rechtslage zulasten des Rechtsinhabers	317
	c)	Untergang der Rechtsposition	317

D. Aspekte des öffentliches Baunachbarrechts 319
I. Allgemeines zum Begriff des Nachbarn im öffentlichen Baurecht 319
II. Subjektiver Schutzbereich im öffentlichen Baurecht 319
1. Nachbar – Dritter 319
2. Nachbar als „nahe Bauer" 320
3. „Relativer" Schutzbereich 320
4. Inhaber des Abwehrrechts 321
   a) Abwehrrechte dinglich Berechtigter 321
   b) Keine Abwehrrechte obligatorisch Berechtigter 321

	c)	Kein wettbewerbsrechtlicher Nachbarschutz	322
5.		Wohnungseigentümer und Miterbe	322
III.		Die nachbarschützende Bestimmung	323
1.		Unmittelbar aus Art. 14 GG: Das aufgezwungene Notwegerecht	323
2.		Erfordernis einer konkreten nachbarschützenden Bestimmung	324
	a)	Nachbarschützende Bestimmungen des Bauplanungsrechts	324
		aa) Nachbarschutz hinsichtlich der Art der baulichen Nutzung	325
		bb) Nachbarschutz zum Maß der baulichen Nutzung	331
		cc) Bauweise	336
		ee) Rechtsverletzung innerhalb eines im Zusammenhang bebauten Ortsteils	338
		ff) Nachbarschutz im Außenbereich	339
		gg) Das allgemeine Rücksichtnahmegebot	341
	b)	Nachbarschützende Bestimmungen des Bauordnungsrechts	346
	c)	Nachbarschutz aus einer verfahrensrechtlichen Bestimmung?	347
		aa) Bestimmtheitsgebot	347
		bb) Beteiligung, Akteneinsicht, Rügerecht nach dem UmwRG	348
IV.		Rechtsschutz gegen öffentliche Einrichtungen und Anlagen	348
1.		Rechtsschutzmöglichkeiten	349
2.		Das Abwehrrecht	350
	a)	Hinreichende Bestimmtheit der Genehmigung	350
	b)	Standort	350
	c)	Maßstäbe für die Zumutbarkeit	351
		aa) Verbot schädlicher Umwelteinwirkungen	351
		bb) Privilegierung der Einrichtungen für Kinder	353
3.		Zurechnung missbräuchlichen Verhaltens auf einer Spielanlage	355
4.		Kein Anspruch auf eine bestimmte Maßnahme	356
V.		Rechtsverlust und unzulässige Rechtsausübung	357
1.		Rechtverlust durch Verzicht/Zustimmung	357
	a)	Verzichtserklärung als empfangsbedürftige Willenserklärung	357
	b)	Adressat der Verzichtserklärung	357
	c)	Widerruf und Anfechtbarkeit der Verzichtserklärung	358
	d)	Wirkung des Verzichts/Rechtsnachfolge	358
2.		Rechtsverlust durch Versäumung der Frist	358
	a)	Fristbeginn	359
		aa) Fristbeginn infolge Bekanntgabe	359
		bb) Fristbeginn ohne förmliche (amtliche) Bekanntgabe	360
	b)	Länge und Ablauf der Frist	362
	c)	Fristende	363
	d)	Fristversäumung, Wiedereinsetzung in den vorigen Stand	363
3.		Treu und Glauben	363
	a)	Materielle Verwirkung	364
		aa) Zeitmoment	364
		bb) Umstandsmoment / Vertrauen	365
		cc) Kein Wiederaufleben des verwirkten Rechts	366
	b)	Unzulässige Rechtsausübung wegen sonstiger Treuwidrigkeit	367
		aa) Allgemein treuwidriges Verhalten	367
		bb) Gegenseitige Rechtsverstöße	368

Inhaltsverzeichnis 15

E. Der gerichtliche Rechtsschutz im öffentlichen Baurecht, besonders im Baunachbarrecht 370
   I. Verwaltungsrechtliches Hauptsacheverfahren 371
      1. Fallgruppen 371
      2. Die Rechtsschutzmöglichkeiten in den Fallgruppen 371
         a) Verpflichtungsklage auf Erteilung einer Baugenehmigung/eines Vorbescheides (Fallgruppe 1) 371
            aa) Anspruchsvoraussetzungen und Spruchreife 371
            bb) Klage bei modifizierender Auflage 372
         b) Anfechtungsklage gegen eine bauaufsichtliche Zulassung (Fallgruppe 2) 372
            aa) Rechtsschutz des Bauherrn 372
            bb) Rechtsschutz des Nachbarn 373
         c) Anfechtungsklage gegen eine Ordnungsverfügung (Fallgruppe 3) 377
         d) Verpflichtungsklage auf bauaufsichtliches Einschreiten (Fallgruppe 4) 377
   II. Vorläufiger Rechtsschutz 378
      1. Die möglichen Fallgestaltungen 378
      2. Die Grundzüge des vorläufigen Rechtsschutzes nach §§ 80, 80a VwGO 379
         a) Grundsatz des § 80 Abs. 1 VwGO: aufschiebende Wirkung 379
         b) Baurechtlich relevante Ausnahmen nach § 80 Abs. 2 VwGO 380
            aa) Bauaufsichtliche Zulassung (§ 212a Abs. 1 BauGB) 380
            bb) Anordnung der sofortigen Vollziehung 382
      3. Die Fallgruppen im Einzelnen 383
         a) Vorläufiger Rechtsschutz des Nachbarn gegen die bauaufsichtliche Zulassung eines Vorhabens (Fallgruppe 1a) 383
            aa) Der Blick auf den mutmaßlichen Ausgang des Hauptsacheverfahrens 384
            bb) Die Prüfungsdichte 384
            cc) Allgemeine Interessenabwägung (Folgenabwägung) 385
            dd) Faktische Vollziehung 386
            ee) Umstrittene aufschiebende Wirkung 387
            ff) Gerichtliche Eilentscheidung 387
         b) Vorläufiger Rechtsschutz außerhalb des § 212a Abs. BauGB (Fallgruppe 1b) 391
         c) Vorläufiger Rechtsschutz des Nachbarn auf Erlass einer Ordnungsverfügung gegen den Bauherrn (Fallgruppe 2a) 391
            aa) Vorrang von §§ 80 und 80a VwGO 392
            bb) Vorherige Antragstellung bei der Behörde 392
            cc) Glaubhaftmachung von Anordnungsanspruch und Anordnungsgrund 392
         d) Vorläufiger Rechtsschutz des Nachbarn auf Anordnung der sofortigen Vollziehung der Ordnungsverfügung gegen den Bauherrn (Fallgruppe 2b) 393
         e) Vorläufiger Rechtsschutz des Bauherrn auf Wiederherstellung der aufschiebenden Wirkung seines Rechtsbehelfs gegen die Ordnungsverfügung (Fallgruppe 2c) 394

III. Einige Aspekte zum Baunachbarprozess ... 394
   1. Beiladung ... 394
      a) Notwendige Beiladung ... 395
      b) Einfache Beiladung ... 395
   2. Aufklärung der Sach- und Rechtslage ... 396
      a) Sachverhaltsfeststellung ... 396
      b) Beweislast ... 398
      c) Feststellung der Rechtslage ... 398
   3. Vereinbarung über den Streitgegenstand ... 399
IV. Rechtsschutz gegen Bauleitpläne ... 399
   1. Normenkontrolle ... 399
      a) Gegenstand der Normenkontrollklage ... 399
      b) Antragsbefugnis ... 400
      c) Rechtsschutzbedürfnis ... 401
      d) Umfang der rechtlichen Prüfung ... 401
      e) Folgen der Nichtigkeitserklärung ... 402
   2. Vorläufiger Rechtsschutz gegen Bauleitpläne ... 402
V. Inzidentkontrolle ... 403
VI. Verfassungsbeschwerde ... 403
VII. Rechtsschutz der Gemeinde ... 403

Stichwortverzeichnis ... 405

Literaturverzeichnis

Battis/Krautzberger/Löhr, Baugesetzbuch, Kommentar, 14. Aufl., 2019
Brügelmann, Baugesetzbuch, Kommentar, 118. Akt., 2021
Boeddinghaus/Hahn/Schulte, Bauordnung für das Land Nordrhein-Westfalen, Kommentar, 111. Akt., 2021
Ernst/Zinkahn/Bielenberg/Krautzberger, Baugesetzbuch, Kommentar, 142. Aufl., 2021
Fickert/Fieseler, Baunutzungsverordnung, Kommentar, 13., Aufl., 2018
Finkelnburg/Dombert/Külpmann, Vorläufiger Rechtsschutz im Verwaltungsstreitverfahren, 7. Aufl. 2017,
Gädtke/Johlen/Wenzel/Hanne/Kaiser/Koch/Plum, BauO NRW, Kommentar, Formularbeginn 13. Aufl., 2019
Hoppe/Bönker/Grotefels, Öffentliches Baurecht, Lehrbuch/Studienliteratur, 4. Aufl., 2010
König/Roeser/Stock, Baunutzungsverordnung, 4. Aufl., 2019
Kopp/Ramsauer, Verwaltungsverfahrensgesetz, Kommentar, 22. Aufl., 2021
Kopp/Schenke, Verwaltungsgerichtsordnung, Kommentar, 27. Aufl., 2021
Landmann/Rohmer, Umweltrecht, Kommentar, 95. Aufl., 2021
Palandt, Bürgerliches Gesetzbuch, Kommentar, 80. Aufl., 2021
Reichel/Schulte, Handbuch Bauordnungsrecht, 2004
Schönenbroicher/Kamp, Kommentar zur Bauordnung Nordrhein-Westfalen, 2012
Sodan / Ziekow, Verwaltungsgerichtsordnung, Kommentar, 5. Aufl., 2018
Spannowsky/Saurenhaus, Bauordnungsrecht Nordrhein-Westfalen, Kommentar, 2020,
Stelkens/Bonk/Sachs, Verwaltungsverfahrensgesetz, 9. Aufl., 2018
Stüer, Handbuch des Bau- und Fachplanungsrechts, 5. Aufl., 2015

A. Allgemeines

I. Funktion des Baurechts

Das öffentliche Baurecht dient dem Interessenausgleich zwischen der durch Art. 14 GG geschützten Baufreiheit des Grundstückseigentümers[1] und dem häufig andersartigen Interesse der Allgemeinheit an einer möglichst sinnvollen Nutzung des im Bundesgebiet nur beschränkt vorhandenen Baugeländes.[2] Auch die berechtigten Interessen benachbarter Grundstückseigentümer sind angemessen zu berücksichtigen. Dieser Interessenausgleich setzt zwingend eine geordnete Vorgehensweise, also eine gesetzliche Regelung des Bauens voraus.

Nimmt man eine grobe Einteilung der Rechtsgebiete vor, dann beschäftigt sich das Bauplanungsrecht mit dem Einfügen der Bauvorhaben in die Umgebung, dem materiellen Städtebaurecht. Das Bauordnungsrecht stellt Anforderungen in gestalterischer und baukonstruktiver Hinsicht auf und regelt das Genehmigungsverfahren sowie das bauaufsichtliche Eingriffsverfahren. Es dient der Gefahrenabwehr, wie schon die frühere Bezeichnung „Baupolizeirecht" besagt und aus § 58 Abs. 1 S. 1 BauO „Die den Bauaufsichtsbehörden obliegenden Aufgaben gelten als solche der Gefahrenabwehr." deutlich hervorgeht.

II. Rechtsgrundlagen des Baurechts

Schon im 19. Jahrhundert gab es vereinzelte baurechtliche Bestimmungen.[3] Eine gesetzliche Regelung des Baurechts ist aber im Wesentlichen erst im vergangenen Jahrhundert durchgeführt worden. Die Normierung eines einheitlichen Baurechts in dem Bezirk des späteren Landes Nordrhein-Westfalen erfolgte durch verschiedene Bauordnungen, die die Regierungsbezirke, der Siedlungsverband Ruhrkohlenbezirk und einzelne Städte erlassen hatten und in denen baupolizeiliche Vorschriften enthalten waren. Die ersten reichseinheitlichen baurechtlichen Vorschriften waren die Bauregelungsverordnung vom 15.2.1936[4] sowie die Baugestaltungsverordnung vom 10.11.1936.[5] Nach dem Zweiten Weltkrieg erließen die Länder die sog. Trümmergesetze.[6] In Nordrhein-Westfalen wurde am 29.4.1952 das Aufbaugesetz erlassen.

III. Bundesgesetzgebung

Schon bald nach Gründung der Bundesrepublik Deutschland wurde die Schaffung eines bundeseinheitlichen Baurechts in Angriff genommen.[7] Da Zweifel über den Umfang der Gesetzgebungszuständigkeit des Bundes und der Länder entstanden, wurde nach dem damaligen § 97 BVerfGG (durch Gesetz vom 21.6.1956 aufgehoben) von der Bundesregierung in Übereinstimmung mit Bundestag und Bundesrat

---

1 BVerfG Beschl. v. 19.6.1973 – 1 BvL 39/69; BGH Urt. v. 25.1.1973 – III ZR 256/68.
2 Dazu ausführlich BVerwG Urt. v. 16.5.1991 – 4 C 17/90.
3 Nachweis bei Bielenberg in: Ernst/Zinkahn/Bielenberg/Krautzberger, BauGB, Einl. 1 f.
4 RGBl I, 104.
5 RGBl I, 938.
6 Nachweise bei Bielenberg in: Ernst/Zinkahn/Bielenberg/Krautzberger, BauGB, Einl. Rn. 34.
7 Bielenberg in: Ernst/Zinkahn/Bielenberg/Krautzberger, BauGB, Einl. Rn. 37 f.; Brügelmann, BauGB, Einl. Rn. 6.

ein Rechtsgutachten des BVerfG über die Gesetzgebungszuständigkeiten auf dem Gebiet des Baurechts eingeholt. Das BVerfG hat in seinem Rechtsgutachten vom 16.6.1954[8] folgende Abgrenzung zwischen Bundes- und Landeskompetenz vorgenommen:
- Bundeskompetenz (Art. 74 Nr. 18, 75 Nr. 4 GG): Städtebauliche Planung (§§ 1 bis 44 und 136 bis 191 BauGB), Baulandumlegung (§§ 45 bis 122 BauGB), Bodenbewertung (§§ 192 bis 199 BauGB), Bodenverkehrsrecht (§§ 19 bis 28 BauGB), Erschließungsrecht (§§ 123 bis 135 BauGB);
- Landeskompetenz: Bauordnungsrecht (Baupolizeirecht im überlieferten Sinn).

5 Auf der Grundlage dieses Gutachtens des BVerfG ist das Bundesbaugesetz (BBauG) vom 23.6.1960[9] ergangen, das durch Gesetz vom 18.8.1976[10] mit Wirkung vom 1.1.1977 erheblich geändert worden ist.[11] Eine weitere Änderung erfolgte durch die Novelle vom 6.7.1979.[12] Bereits vorher wurde das Städtebauförderungsgesetz (StBauFG) vom 27.7.1971[13] erlassen.

6 BBauG und StBauFG wurden durch das Baugesetzbuch (BauGB) vom 8.12.1986[14] zu einem einheitlichen Gesetz zusammengefasst, wobei gleichzeitig auch beträchtliche inhaltliche Änderungen erfolgten. 1990 wurde zur Förderung des in den 80er-Jahren vernachlässigten Wohnungsbaus das BauGB-MaßnG erlassen. Dessen Sonderregelungen wurden durch das BauROG 1998 teilweise in das BauGB integriert, teilweise aber auch aufgegeben. Seit dem 1.1.1998 ist das gesamte Bauplanungsrecht wieder im BauGB enthalten.

7 Das Europarechtsanpassungsgesetz Bau vom 30.4.2004 diente vor allem der Einführung der sog. Plan-UP-Richtlinie der EU in das BauGB[15] und hat die Notwendigkeit einer Umweltverträglichkeitsprüfung bei den meisten Bebauungsplänen zur Folge. Zum 1.1.2007 trat die BauGB-Novelle vom 21.12.2006[16] in Kraft, mit der die Innenentwicklung von Städten erleichtert werden sollte.

8 Das Gesetz über die Umweltverträglichkeitsprüfung (UVPG) vom 1.8.1990, neu gefasst durch Gesetz vom 18.3.2021,[17] dient der Umsetzung der Richtlinie 2011/92/EU des Europäischen Parlaments und des Rates vom 13.12.2011 über die Umweltverträglichkeitsprüfung bei bestimmten öffentlichen und privaten Projekten in der Fassung der Richtlinie 2014/52/EU[18] und der Richtlinie 2001/42/EG des Europäischen Parlaments und des Rates vom 27.6.2001 über die Prüfung der Umweltauswirkungen bestimmter Pläne und Programme.[19] Es regelt neben den Voraussetzungen für eine Pflicht zur Durchführung einer Umweltverträglichkeitsprüfung insbesondere die Verfahrensschritte der Umweltverträglichkeitsprüfung.

9 Das BauGB wurde ergänzt durch die aufgrund des § 9a Abs. 1 BauGB erlassene Baunutzungsverordnung (BauNVO) vom 26.6.1962,[20] insbesondere geändert durch

---

8 BVerfGE 3, 407.
9 BGBl. I, 341.
10 BGBl. I, 2221.
11 Bekanntmachung der Neufassung BGBl. I, 2257.
12 BGBl. I, 949.
13 BGBl. I, 1225.
14 BGBl. I, 2253.
15 BT-Drucks. 15/2250 S. 1.
16 BGBl. I, 3316.
17 BGBl I 2021, 540.
18 ABl. L 124 v. 25.4.2014, S. 1.
19 ABl. L 197 v. 21.7.2001, S. 30.
20 BGBl. I, 429.

A. Allgemeines

die Novellen vom 26.11.1968,[21] 15.9.1977,[22] 19.12.1986[23] und 23.1.1990,[24] zuletzt geändert durch Artikel 4 des Gesetzes vom 4.5.2017 (BGBl. I S. 1057), neu bekanntgemacht durch Bekanntmachung vom 21.11.2017.[25] Die BauNVO hat vor allem Bedeutung für die Aufstellung von Bebauungsplänen und die Zulässigkeit von Bauvorhaben im beplanten Innenbereich, teilweise aber auch im unbeplanten Innenbereich (vgl. § 34 Abs. 2 BauGB).

Zur Bewältigung der Probleme, die sich mit der Unterbringung von Flüchtlingen und Asylbewerbern ergeben, schuf der Bundesgesetzgeber in den letzten Jahren eine Reihe von Regelungen, die insbesondere – etwas abseits gelegen – in § 246 Abs. 8 bis 17 BauGB zu finden sind. **10**

Die (bei Drucklegung) letzte größere Änderung haben das BauGB und die BauNVO durch das Baulandmobilisierungsgesetz[26] erfahren. **11**

IV. Landesgesetzgebung

Für das Bauordnungsrecht ist in Ausführung der Gesetzgebungskompetenz der Länder zunächst 1959 von einer Bund-Länder-Kommission die sog. Musterbauordnung entworfen worden, auf der die danach von den Ländern erlassenen Bauordnungen beruhten. 1981 beschloss eine Ministerkonferenz eine neue Musterbauordnung. Das Land Nordrhein-Westfalen hat am 25.6.1962 die Landesbauordnung erlassen,[27] die durch die Neufassung vom 27.1.1970[28] beträchtlich geändert wurde. **12**

Eine weitere vollständige Novellierung der BauO ist allerdings erst durch das Gesetz vom 7.3.1995[29] erfolgt; dort wurde auch die Paragrafenfolge geändert. Die hauptsächliche Änderung lag in verfahrensbeschleunigenden Regelungen und einer Ökologisierung der BauO. Die Brandkatastrophe auf dem Düsseldorfer Flughafen im Jahr 1996 führte zu einem Überdenken der brandschutzrechtlichen Anforderungen. Weitere Änderungen vollzog der Landesgesetzgeber durch eine Änderung der BauO im Jahr 1999 nach. Eine Neubekanntmachung der BauO erfolgte am 1.3.2000.[30] Nach erneuter Novellierung der Musterbauordnung im Jahre 2002, die das Ziel hatte, ein Auseinanderdriften der verschiedenen Landesbauordnungen zu verhindern, erfolgten weitere Änderungen der BauO, insbesondere im Bereich des Abstandsflächenrechts in den Jahren 2006 und 2009. Diese Fassung wird in diesem Werk – trotz der zwischenzeitlichen Änderungen – als „BauO 2000" gekennzeichnet. **13**

Am 15.12.2016 hat der nordrhein-westfälische Landtag eine neue Bauordnung für das Land Nordrhein-Westfalen beschlossen; sie wurde am 28.12.2016 im Gesetz- und Verordnungsblatt verkündet.[31] Die Neufassung („BauO 2016") sollte zu 1.1.2018 in Kraft treten. Dazu kam es indes nicht. In einem ausgesprochen ambitionierten Gesetzgebungsverfahren wurde von der neuen Landesregierung eine in vielen Punkten **14**

---

21 BGBl. I, 1237.
22 BGBl. I, 1763.
23 BGBl. I, 2665.
24 BGBl. I, 132.
25 BGBl. I, 3786–3795.
26 Gesetz zur Mobilisierung von Bauland (Baulandmobilisierungsgesetz) vom 14.6.2021, BGBl. I, 1802, in Kraft getreten am 23.6.2021.
27 GV.NRW. S. 373.
28 GV.NRW. S. 96.
29 GV.NRW. S. 218 bzw. S. 982.
30 GV.NRW. S. 256.
31 GV.NRW. S. 1162.

abweichende Fassung entworfen, die vom Gesetzgeber beschlossen und verkündet wurde[32] und teilweise am 4.8.2018 sowie in ihrem Hauptteil am 1.1.2019 in Kraft trat (BauO 2018). Sie wurde in der Folgezeit geändert durch Artikel 7 des Gesetzes vom 26.3.2019[33], in Kraft getreten am 10.4.2019, Artikel 13 des Gesetzes vom 14.4.2020[34], in Kraft getreten am 15.4.2020 sowie Artikel 1 des Gesetzes vom 1.12.2020,[35] in Kraft getreten am 8.12.2020.

15 Der Text der BauO von 2018 wirft zahlreiche Fragen auf, zu deren Klärung das Ministerium für Heimat, Kommunales, Bau und Gleichstellung des Landes Nordrhein-Westfalen eine sogenannte Handlungsempfehlung[36] herausgegeben hat. Darin wurde den untergeordneten Dienststellen zum Teil eine vom Wortlaut des Gesetzes deutlich abweichende Anwendung des Gesetzes aufgegeben (E-Mail des Ministeriums vom 13.2.2019), zB zu den nach § 6 Abs. 8 BauO in der Abstandsfläche zulässigen Anlagen.

16 Mittlerweile ist das Gesetz zur Änderung der Landesbauordnung 2018[37] in Kraft getreten („BauO 2018/2021"), das unter anderem einige der redaktionellen Fehler der BauO beseitigt, das gesetzgeberische Ziel der Anpassung an die Musterbauordnung fortschreibt, aber einige Zweifelsfragen weiterhin offenlässt. Nach seinem § 90 Abs. 4 sind die „vor dem Inkrafttreten dieses Gesetzes eingeleiteten Verfahren (…) nach den zum Zeitpunkt der Antragstellung geltenden Verfahrensvorschriften fortzuführen und abzuschließen"; abweichend davon „kann die Bauherrschaft die Anwendung dieses Gesetzes anstelle des zur Zeit der Antragstellung geltenden Rechts beantragen."

17 Ergänzt wird die BauO durch verschiedene Rechtsverordnungen und Verwaltungsvorschriften nach § 87 BauO, z.B.:
– die Verordnung über Bau und Betrieb von Sonderbauten (Sonderbauverordnung – SBauVO) vom 2.12.2016, in Kraft getreten am 5.1.2017,[38] geändert durch Verordnung vom 2.8.2019,[39] in Kraft getreten am 15.11.2019,
– die Verordnung über bautechnische Prüfungen (Bauprüfverordnung - BauPrüfVO) vom 6.12.1995, in Kraft getreten am 1.1.1996,[40] zuletzt geändert durch Verordnung vom 10.12.2018,[41] in Kraft getreten am 1.1.2019 und am 1.1.2020,
– örtliche Bauvorschriften, die als kommunale Satzungen erlassen werden (z.B. Gestaltungssatzungen).

18 Zur Umsetzung der Zuständigkeiten nach dem BauGB hat das Land NRW eine Verordnung zur Durchführung des BauGB erlassen (BauGB-DVO).[42] Des Weiteren ist durch Landesgesetz die Fristenregelung in § 35 Abs. 4 S. 1 Nr. 1 Buchst. c BauGB außer Kraft gesetzt (BauGB-AG, s. dazu Teil A Rn. 596).

---

32 GV.NRW. S. 421.
33 GV.NRW. S. 193.
34 GV.NRW. S. 218b.
35 GV.NRW. S. 1109.
36 Handlungsempfehlungen des Ministeriums vom 15.1.2018, https://www.mhkbg.nrw/sites/default/files/media/document/file/BauO_NRW_2018_Handlungsempfehlungen_ON.pdf; sie werden in diesem Werk als „Handlungsempfehlung" bezeichnet.
37 Gesetz zur Änderung der Landesbauordnung 2018 vom 30.6.2021, GV. NRW. 2021 S. 822, verkündet am 1.7.2021, in Kraft seit dem 2.7.2021.
38 GV. NRW. S. 2, ber. S. 120 und 2020 S. 148.
39 GV. NRW. S. 488, ber. 2000 S. 148.
40 GV. NW. 1995 S. 1241.
41 GV. NRW. S. 670.
42 GV. NRW 1987 S. 222.

A. Allgemeines

V. Wichtige Verordnungen und Richtlinien

1. TA Lärm

Zur Beurteilung der Zumutbarkeit der von Betrieben ausgehenden Lärmimmissionen ist in vielen Fällen auf die auf der Grundlage von § 48 BImSchG erlassene Sechste Allgemeine Verwaltungsvorschrift zum Bundes-Immissionsschutzgesetz (Technische Anleitung zum Schutz gegen Lärm – TA Lärm) vom 26.8.1998[43] abzustellen. Obwohl sie auf den von gewerblichen Anlagen ausgehenden Lärm zugeschnitten ist, hat sie darüber hinaus große Bedeutung. An ihren Berechnungsmethoden ist in den vergangenen Jahren zunehmend Kritik geübt worden. Diese setzt daran an, dass nach der TA Lärm der Lärm 1 m vor dem geöffneten Fenster gemessen wird, es aber um den Schutz im Innern der Räume gehe. Dem wird entgegengehalten, dass andere Messmethoden nicht praktikabel seien und sich die gängige Methode durch langjährige Erfahrung bewährt habe. Die Rechtsprechung, auch die des BVerwG,[44] wendet die TA Lärm problemlos an.

a) Zweck und Anwendungsbereich der TA Lärm

Zweck und Anwendungsbereich der TA Lärm sind in ihrer Nr. 1 abschließend beschrieben. Aus der Regelung wird ihre Bedeutung auch für dem Baurecht unterliegende bauliche Anlagen und deren Nutzung („nicht genehmigungsbedürftige Anlagen") deutlich erkennbar.

Einige Anlagen sind ausdrücklich aus dem Anwendungsbereich herausgenommen (Nr. 1 S. 2 TA Lärm), wie etwa Sportanlagen, die der Sportanlagenlärmschutzverordnung (18. BImSchV) (s. dazu Teil A Rn. 27 ff.) unterliegen, sonstige nicht genehmigungsbedürftige Freizeitanlagen sowie Freiluftgaststätten, nicht genehmigungsbedürftige landwirtschaftliche Anlagen und Anlagen für soziale Zwecke. Trotz der Regelung unter Buchst. c wird die TA Lärm in weiten Bereichen auch bei von landwirtschaftlichen Betrieben ausgehendem Lärm angewandt, allerdings nur soweit dieser eher gewerbetypisch ist.[45]

Die Bedeutung der TA Lärm ist nicht auf die Frage der Genehmigungsfähigkeit einer emittierenden Anlage beschränkt und nicht nur dann heranzuziehen, wenn die Frage zu beantworten ist, ob eine schutzwürdige vorhandene Nutzung in unzumutbarer Weise durch die hinzukommende, Lärm verursachende Anlage gestört wird. Vielmehr beanspruchen ihre Aussagen auch in der umgekehrten Situation, dass eine Nutzung sich einem emittierenden Betrieb nähert (sog. heranrückende Wohnbebauung), Gültigkeit. „Denn das Bundesimmissionsschutzrecht und damit auch die auf der Grundlage von § 48 BImSchG erlassene TA Lärm legen die Grenze der Zumutbarkeit von Umwelteinwirkungen für den Nachbarn und damit das Maß der gebotenen Rücksichtnahme mit Wirkung auch für das Baurecht im Umfang seines Regelungsbereichs grundsätzlich allgemein fest."[46]

Die TA Lärm ist als Allgemeine Verwaltungsvorschrift auf die Anwendung durch die Verwaltung zugeschnitten. Sie wird aber von der Rechtsprechung regelmäßig (als „antizipiertes Sachverständigengutachten") als verbindlich angesehen. Jedenfalls soweit sie unmittelbar anzuwenden ist, dient sie als Maßstab für die Frage der Zu-

---

43 GMBl 1998 Nr. 26, S. 503, zuletzt geändert durch Verwaltungsvorschrift vom 1.6.2017 (BAnz AT 8.6.2017 B5).
44 ZB Urt. v. 29.11.2012 – 4 C 8/11.
45 Vgl. zB VGH München Beschl. v. 4.9.2019 – 1 ZB 17.662.
46 BVerwG Urt. v. 29.11.2012 – 4 C 8/11.

mutbarkeit bzw. der Erheblichkeit von Immissionen. „Für eine einzelfallbezogene Beurteilung der Schädlichkeitsgrenze aufgrund tatrichterlicher Würdigung lässt das normkonkretisierende Regelungskonzept der TA Lärm nur insoweit Raum, als es insbesondere durch Kann-Vorschriften (zB Nr. 6.5 S. 3 und Nr. 7.2) und Bewertungsspannen (zB A.2.5.3) Spielräume eröffnet."[47]

b) Überblick über die wichtigsten Regelungen

24 Unter Nr. 6.1 trifft die TA Lärm eine Regelung für die Zumutbarkeit von Geräuschen und bestimmt, an welcher Stelle zu messen ist. Danach sind für die Beurteilung der Zumutbarkeit der Lärmbeeinträchtigung außerhalb der betroffenen Gebäude gelegene Immissionsorte maßgeblich. Nr. 2.3 bestimmt den maßgeblichen Immissionsort und verweist im Einzelnen auf Nr. A.1.3 des Anhangs. Diese Orte können durch passive Schallschutzmaßnahmen gegen von außen wirkenden Luftschall (zB Anordnung von Schallschutzfenstern mit Belüftungseinrichtungen und einem Schalldämmmaß von mindestens 41 dB(A) für alle schutzbedürftigen Räume in einer Baugenehmigung) nicht beeinflusst werden. Solche Maßnahmen sieht die TA Lärm nicht vor. Zulässige Schallschutzmaßnahmen sind insofern nicht zu öffnende Fenster oder Schallschutzwände.[48]

25 Nr. 6.1 nennt als zentrale Vorschrift der TA Lärm die Immissionsrichtwerte für bestimmte Baugebiete nach der BauNVO und darüber hinaus für Kurgebiete und (als besonders schutzwürdige Nutzungen) für Krankenhäuser und Pflegeanstalten. Einzelne kurzzeitige Geräuschspitzen dürfen die Immissionsrichtwerte am Tage um nicht mehr als 30 dB(A) und in der Nacht um nicht mehr als 20 dB(A) überschreiten. Über die in 6.1 genannten Immissionsrichtwerte hinaus ist in besonders schutzbedürftigen Gebieten ein Zuschlag für Tageszeiten mit erhöhter Empfindlichkeit vorzunehmen. Für einige Zeiten ist in Gebieten nach Nummer 6.1 Buchst. d–f bei der Ermittlung des Beurteilungspegels die erhöhte Störwirkung von Geräuschen durch einen Zuschlag von 6 dB zu berücksichtigen. Von der Berücksichtigung des Zuschlags kann abgesehen werden, soweit dies wegen der besonderen örtlichen Verhältnisse unter Berücksichtigung des Schutzes vor schädlichen Umwelteinwirkungen erforderlich ist. Sonstige in Bebauungsplänen festgesetzte Flächen für Gebiete und Einrichtungen sowie Gebiete und Einrichtungen, für die keine Festsetzungen bestehen, sind nach Nummer 6.1 entsprechend der Schutzbedürftigkeit zu beurteilen. Für Gemengelagen können geeignete Zwischenwerte zwischen den Immissionsrichtwerten für Wohngebiete und angrenzenden Gebietstypen gebildet werden, indem die für die zum Wohnen dienenden Gebiete geltenden Immissionsrichtwerte auf einen geeigneten Zwischenwert der für die aneinandergrenzenden Gebietskategorien erhöht werden, „soweit dies nach der gegenseitigen Pflicht zur Rücksichtnahme erforderlich ist". Für die Höhe des Zwischenwertes nach Absatz 1 ist die konkrete Schutzwürdigkeit des betroffenen Gebietes maßgeblich. Wesentliche Kriterien sind die Prägung des Einwirkungsgebiets durch den Umfang der Wohnbebauung einerseits und durch Gewerbe und Industriebetriebe andererseits, die Ortsüblichkeit eines Geräusches und die Frage, welche der unverträglichen Nutzungen zuerst verwirklicht wurde. Liegt ein Gebiet mit erhöhter Schutzwürdigkeit nur in einer Richtung zur Anlage, so ist dem durch die Anordnung der Anlage auf dem Betriebsgrundstück und die Nutzung von Abschirmungsmöglichkeiten Rechnung zu tragen.

---

47 BVerwG Urt. v. 29.11.2012 – 4 C 8/11; BVerwG Urt. v. 29.8.2007 – 4 C 2/07.
48 S. zu öffenbaren Fenstern OVG Münster Beschl. v. 7.4.2016 – 2 B 1261/15; BVerwG Urt. v. 29.11.2012 – 4 C 8/11.

Zur Lösung von Immissionskonflikten im Außenbereich enthält die TA Lärm keine **26** Richtwerte. Da aber die Situation im Außenbereich hinsichtlich der Schutzbedürftigkeit derjenigen in einem Kern-, Dorf- oder Mischgebiet vergleichbar ist, werden die für diese Gebiete geltenden Immissionsrichtwerte der TA Lärm im Allgemeinen auch für die Beurteilung von Immissionskonflikten im Außenbereich herangezogen.[49] Liegt ein reines Wohngebiet am Rande zum Außenbereich, weicht die Rechtsprechung – abhängig von den Umständen des Einzelfalls – von den Richtwerten für reine Wohngebiete ab. Denn der Eigentümer eines Grundstücks am Rande zum Außenbereich kann nicht damit rechnen, dass in seiner Nachbarschaft keine emittierende Nutzung oder allenfalls eine reine Wohnnutzung entsteht. Er darf grundsätzlich nur darauf vertrauen, dass im angrenzenden Außenbereich keine Nutzung entstehen wird, die mit der Wohnnutzung nicht mehr verträglich ist. Lediglich eine Lärmbelastung, die über das Maß hinausgeht, das in einem ebenso dem Wohnen dienenden Misch- und Dorfgebiet zulässig ist, ist mit der Wohnnutzung nicht mehr verträglich. Nach der Rechtsprechung ist dem Schutzbedürfnis des Eigentümers eines in einem (faktischen oder festgesetzten) reinen Wohngebiet gelegenen Grundstücks, das an den Außenbereich angrenzt, gegenüber Außenbereichsvorhaben regelmäßig dann genügt, wenn der entsprechende Immissionsrichtwert für allgemeine Wohngebiete nach Nr. 6.1 Buchst. d TA Lärm von 40 dB(A) nachts gewahrt ist.[50] Die in den vorgenannten Regelungen genannten Beurteilungszeiten („tags" und „nachts") sind in Nr. 6.4 beschrieben.

2. Sportanlagenlärmschutzverordnung (18. BImSchV)

Der von Sportanlagen ausgehende Lärm ist in besonderem Maße nachbarrechtlich **27** relevant. Denn Sport wird oft gerade dann betrieben, wenn in der Umgebung schutzbedürftige Nutzungen ausgeübt werden, etwa wenn in den Abendstunden oder an Sonn- und Feiertagen Ruhe erstrebt wird. Insoweit treffen Sportanlagen auf dieselbe Problematik wie Freizeitanlagen (s. dazu die LAI-Freizeitlärm-Richtlinie, Teil A Rn. 50 ff.), unterscheiden sich aber wesentlich von betrieblichen Anlagen, die überwiegender Regelungsgegenstand der TA Lärm sind. Außerdem werden die von Sportanlagen ausgehenden Immissionen wegen ihrer auffallenden Pegelveränderungen und ihrer Informationshaltigkeit als besonders störend empfunden. Allerdings besteht die Besonderheit, dass die Störungen teilweise nur an wenigen Tagen im Jahr auftreten. Bedeutend ist auch, dass ein großes gesundheits- und sozialpolitisches Interesse an der Ausübung von Sport besteht. Diesen und den nachfolgenden Gesichtspunkten will die Sportanlagenlärmschutzverordnung (18. BImSchV) vom 18.7.1991[51], zuletzt geändert durch Artikel 1 der Verordnung vom 1.6.2017[52] Rechnung tragen.

a) Anwendungsbereich

Der Anwendungsbereich der 18. BImSchV wird in ihrem § 1 beschrieben. Danach gilt **28** die Verordnung für die Errichtung, die Beschaffenheit und den Betrieb von Sportanlagen, soweit sie zum Zwecke der Sportausübung betrieben werden und einer Genehmigung nach § 4 BImSchG nicht bedürfen. Sportanlagen sind ortsfeste Einrich-

---

49 OVG Münster Urt. v. 18.11.2002 – 7 A 2127/00.
50 Vgl. OVG Münster Beschl. v. 6.5.2016 – 8 B 866/15; VGH Mannheim Urt. v. 23.4. 2002 – 10 S 1502/01; VGH Kassel Urt. v. 30.10.2009 – 6 B 2668/09.
51 BGBl. I 1588.
52 BGBl. I 1468.

tungen im Sinne des § 3 Abs. 5 Nr. 1 BImSchG, die zur Sportausübung bestimmt sind. Zur Sportanlage zählen auch Einrichtungen, die mit der Sportanlage in einem engen räumlichen und betrieblichen Zusammenhang stehen. Zur Nutzungsdauer der Sportanlage gehören auch die Zeiten des An- und Abfahrverkehrs sowie des Zu- und Abgangs.

29 Es existiert keine allgemein anerkannte Definition des Begriffs Sport und damit auch der Begriffe Sportanlage und Sportausübung.[53] Das führt zu Abgrenzungsschwierigkeiten, insbesondere bei der Abgrenzung zu Betätigungen, die in Regelwerken angesprochen sind, die Freizeitanlagen betreffen (zB LAI-Freizeitlärm-Richtlinie). Diese Abgrenzung ist erforderlich, weil sich aus den Regelwerken unterschiedliche Zulässigkeitskriterien, zB unterschiedliche Immissionsrichtwerte, ergeben.

30 Es ist immerhin anerkannt, dass das Phänomen „Sport" durch bestimmte Wesensmerkmale definiert wird. Zu diesen gehören die körperliche Bewegung, Wettkampf- bzw. Leistungsstreben, das Vorhandensein von Regeln und Organisationsformen und die Betätigung als Selbstzweck ohne produktive Absichten.[54] Sportausübung kann auch dann vorliegen, wenn einzelne Voraussetzungen nicht erfüllt sind. Insbesondere beim Freizeit- und Breitensport kann zB das Leistungsprinzip nur eingeschränkte Geltung beanspruchen. Andererseits wollte der Verordnungsgeber ersichtlich nicht jedwede Freizeitbetätigung privilegieren, die von dem Betreffenden als – im weitesten Sinne – sportliche Betätigung angesehen wird. Im Einzelfall kann zur Abgrenzung die gegenüber dem Anwendungsbereich der 18. BImSchV erheblich genauer definierende Aufzählung in der LAI-Freizeitlärm-Richtlinie herangezogen werden. Die dort bezeichneten Anlagen unterfallen, selbst wenn der Aufenthalt dort als sportliche Betätigung angesehen werden mag (zB Badeplätze, Erlebnisbäder, auch soweit sie in Verbindung mit Hallenbädern als Außenanlage betrieben werden; vgl. Nr. 1 der LAI-Freizeitlärm-Richtlinie) lediglich dieser Richtlinie und nicht der Verordnung.

b) Verbindlichkeit der Sportanlagenlärmschutzverordnung

31 Soweit die 18. BImSchV anwendbar ist und Regelungen enthält, ist sie abschließend und verbindlich. Denn „die Sportanlagenlärmschutzverordnung zielt gerade darauf, die bisherige einzelfallbezogene Beurteilung anhand unbestimmter Rechtsbegriffe durch ein differenziertes Regelungssystem zu ersetzen, das auf der Grundlage allgemeingültiger Immissionsrichtwerte und Beurteilungsgrundsätze eine interessengerechte und gleichmäßige Bewertung der belästigenden Wirkung von Sportlärm ermöglicht."[55]

32 Ein Rückgriff auf die TA Lärm und die Freizeitlärm-Richtlinie ist, soweit die Verordnung einschlägig ist, nicht mehr zulässig. Allerdings sieht § 4 18. BImSchV vor, dass weitergehende Vorschriften, vor allem zum Schutz der Sonn- und Feiertags-, Mittags- und Nachtruhe oder zum Schutz besonders empfindlicher Gebiete, unberührt bleiben. Damit wird einerseits dem Bund und den Ländern die rechtliche Möglichkeit eingeräumt, ihren Gestaltungswillen auszuüben, andererseits wird dem Umstand Rechnung getragen, dass ohne eine solche Öffnungsklausel wegen des Grundsatzes, dass Bundesrecht vor Landesrecht geht (Art. 30 GG), Bedenken gegen abweichende landesrechtliche Regelungen bestünden.

---

53 S. VG Köln Urt. v. 2.2.2016 – 2 K 2808/15.
54 Vgl. Reidt/Schiller in Landmann/Rohmer 18. BImSchV UmweltR 2.18, Rn. 27.
55 Vgl. Begr. des Regierungsentwurfs, BR-Drs. 17/91, 33 ff.; vgl. auch BVerwG Beschl. v. 8.11.1994 – 7 B 73/94.

A. Allgemeines

Trotz des beschriebenen Privilegierungscharakters der Verordnung ist eine Anwendung einzelner ihrer Bestimmungen über ihren ausdrücklich bestimmten Anwendungsbereich hinaus (zB für rein spielerische Betätigung) nicht ausgeschlossen. Eine Anwendung der Regelungen über das Ermittlungs- und Messverfahren ist nicht nur rechtssystematisch unbedenklich, sondern auch sinnvoll. Denn dieses wird den Besonderheiten nicht nur der sportlichen, sondern auch der spielerischen Betätigung gerecht. 33

c) Überblick über Regelungen der Sportanlagenlärmschutzverordnung

§ 2 Abs. 1 18. BImSchV bestimmt, dass Sportanlagen so zu errichten und zu betreiben sind, dass die in den Absätzen 2 bis 4 genannten Immissionsrichtwerte unter Einrechnung der Geräuschimmissionen anderer Sportanlagen nicht überschritten werden. 34

§ 2 Abs. 2 18. BImSchV nennt die Immissionsrichtwerte. Ähnlich wie Nr. 6.1 TA Lärm enthält die Verordnung in § 2 Abs. 4 eine Bestimmung zu kurzzeitigen Geräuschspitzen. Diese sollen die Immissionsrichtwerte tags um nicht mehr als 30 dB(A) sowie nachts um nicht mehr als 20 dB(A) überschreiten; ferner sollen einzelne kurzzeitige Geräuschspitzen die Immissionsrichtwerte nach Absatz 3 um nicht mehr als 10 dB(A) überschreiten. Anders als die TA Lärm trifft die Verordnung keine Regelung zu einem Zuschlag für Tageszeiten mit erhöhter Empfindlichkeit. § 2 Abs. 5 18. BImSchV bestimmt, auf welche Beurteilungszeiten die Vorgaben zu den Immissionsrichtwerten sich beziehen. 35

Für die Bestimmung des nach § 2 Abs. 2 18. BImSchV maßgeblichen Gebietscharakters trifft § 2 Abs. 6 eine ähnliche Regelung wie Nr. 6.6 TA Lärm. Die Art der in Absatz 2 bezeichneten Gebiete und Anlagen ergibt sich aus den Festsetzungen in den Bebauungsplänen. Sonstige in Bebauungsplänen festgesetzte Flächen für Gebiete und Anlagen sowie Gebiete und Anlagen, für die keine Festsetzungen bestehen, sind nach Abs. 2 entsprechend der Schutzbedürftigkeit zu beurteilen. Weicht die tatsächliche bauliche Nutzung im Einwirkungsbereich der Anlage erheblich von der im Bebauungsplan festgesetzten baulichen Nutzung ab, ist von der tatsächlichen baulichen Nutzung unter Berücksichtigung der vorgesehenen baulichen Entwicklung des Gebietes auszugehen. Eine Regelung zur Beurteilung von Gemengelagen enthält die 18. BImSchV – anders als die TA Lärm und die LAI-Freizeitlärm-Richtlinie – nicht. Eine analoge Anwendung der Regelung in der TA Lärm bietet sich jedoch an und ist von der Rechtsprechung akzeptiert worden.[56] 36

Die Verordnung gewährt in ihrem § 5 Abs. 4 einen sog. Altanlagenbonus im Sinne einer Art Bestandsschutzregelung. Dieser privilegiert Anlagen, die vor dem Inkrafttreten, also am 18.7.1991 errichtet wurden. Sie beantwortet aber nicht die Frage, welche Bauvorhaben zum Verlust dieses Bonus führen und bei welchen er erhalten bleibt. Die Errichtung von Ballfangzäunen und das Auswechseln des Belags auf Sport- und Spielflächen werden ebenso wenig zu einem Verlust führen wie einfache Instandhaltung- und Sanierungsarbeiten. Maßnahmen, die so erheblich sind, dass sie den Charakter der Anlage ändern (zu einem „aliud" führen, s. Teil C Rn. 13 und 384) lassen nach allgemeinen Grundsätzen über den Untergang des Bestandsschutzes diesen auch bei einer „alten" Sportanlage untergehen, so etwa bei dem Neubau eines Vereinsheims, der Erweiterung der Sanitär- und Umkleidebereiche oder der erstmaligen Errichtung einer Flutlichtanlage. 37

---

[56] BVerwG Urt. v. 12.8.1999 – 4 CN 4/98.

38 § 3 der Verordnung gibt dem Betreiber zur Erfüllung seiner Pflichten Maßnahmen auf, die insbesondere technische Einrichtungen und Kontrollen betreffen, wie Schallpegelbegrenzer, technische und bauliche Schallschutzmaßnahmen, Vorkehrungen betreffend das Verhalten von Zuschauern und zu Anfahrts- und Abfahrtswegen und zu Parkplätzen.

3. Geruchsimmissions-Richtlinie (GIRL)

39 Bei der Beurteilung, ob landwirtschaftliche Gerüche, zB von einem Güllebehälter ausgehende Geruchsimmissionen, als schädliche Umwelteinwirkungen zu qualifizieren sind, wird insbesondere auf die Geruchsimmissions-Richtlinie (GIRL) (aktuell in der Fassung vom 29.2.2008) zurückgegriffen. Sie dient auch als Arbeitsgrundlage für die Immissionsschutzbehörden gemäß § 3 BImSchG.

40 Die GIRL wurde, ebenso wie die Freizeitlärm-Richtlinie, vom Länderausschuss für Immissionsschutz (LAI) entwickelt. Die erste Fassung aus dem Jahr 1989 wurde in den folgenden Jahren überarbeitet und mit einer Begründung und Auslegungshinweisen versehen. Der Text wurde zuletzt am 10.9.2008 ergänzt. Sie ist aufgrund des RdErl. des Ministeriums für Umwelt und Naturschutz, Landwirtschaft und Verbraucherschutz – V-3–8851.4.4 – v. 5.11.2009[57] in NRW „bis zum Erlass entsprechender bundeseinheitlicher Verwaltungsvorschriften (…) zu beachten."

41 Mit der GIRL wird dem Umstand Rechnung getragen, dass die belästigende Wirkung von Geruchsimmissionen in erheblichem Maße von der Sensibilität und subjektiven Faktoren abhängt. Anhand der GIRL sollen Massekonzentrationen mithilfe physikalisch-chemischer Messverfahren objektiv nachgewiesen werden. Während die Messung und Berechnung von Immissionskonzentrationen möglich ist, ist die Erfassung und Messung von Geruchsimmissionen in einem solchen Verfahren kaum möglich (so Nr. 1. Allgemeines der GIRL). Der Belästigungsgrad hängt von Faktoren wie Geruchsart (Hedonik), der tages- und jahreszeitlichen Verteilung der Einwirkungen, dem Rhythmus und insbesondere der Geruchshäufigkeit ab. Letzteres ist nach der GIRL das entscheidende Kriterium, um den Belästigungsgrad der Anwohner zu beschreiben.

42 Die GIRL „kann" (nach ihren eigenen Worten) auf nicht genehmigungsbedürftige Anlagen angewandt werden. Dabei sind für die Bemessung der Vorbelastung die Anteile, die durch ausschließlich baurechtlich genehmigungsbedürftige Anlagen verursacht werden, ebenso zu berücksichtigen wie die Anteile, die von Anlagen im Sinne des § 4 BImSchG ausgehen (Begründung und Auslegungshinweise zu Nr. 1 GIRL).

a) Bedeutung der GIRL

43 Wie andere technische Regelwerke erzeugt auch die GIRL für die Behörden und Gerichte keine Bindungswirkung, weil der Gesetzgeber sie nicht in seinen Regelungswillen aufgenommen hat. Es handelt sich nicht um eine normkonkretisierende Verwaltungsvorschrift im Sinne der §§ 48, 51 BImSchG, da sie nicht nach den dort vorgesehen besonderen Verfahrensvorschriften von der Bundesregierung erlassen worden ist. Die Regelungen dürfen aber im Einzelfall im Rahmen der tatrichterlichen Bewertung herangezogen werden, und zwar unabhängig davon, ob sie, wie in NRW, im

---

[57] MBl. NW 2009, 534; https://recht.nrw.de/lmi/owa/br_text_anzeigen?v_id=10000000000000000350.

jeweiligen Bundesland umgesetzt sind.[58] Die Anwendung der GIRL ist keine Rechtsanwendung, sondern Tatsachenfeststellung.[59]

Die GIRL wird allgemein als antizipiertes generelles Sachverständigengutachten an- **44** gesehen, welches auf fachwissenschaftlichen Untersuchungen beruht und allgemeine Erfahrungssätze auflistet, die in vielfältigen Verfahren erprobt, zur Diskussion gestellt und ergänzt worden sind. Die in ihr niedergelegten Erkenntnisse geben dem Prüfer ein Instrumentarium an die Hand, alle zur Beurteilung schädlicher Einwirkungen maßgeblichen Umstände wie Oberflächengestaltung, Hedonik, Vorbelastungen rechtlicher und tatsächlicher Art sowie Intensität der Geruchseinwirkungen zu beurteilen.[60] Berechnungen auf der Basis der GIRL stellen ein im Sinne einer konservativen Prognosesicherheit komfortables „worst-case-Szenario" dar, und das gefundene Ergebnis liegt auf der „sicheren Seite".[61]

b) Vorgehensweise der GIRL

Ähnlich dem Vorgehen im Bereich des Lärms werden in der GIRL für Baugebiete Im- **45** missionswerte als regelmäßiger Maßstab für die höchstzulässige Geruchsimmission festgelegt. Zur Ermittlung der zu erwartenden Geruchshäufigkeit bedarf es grundsätzlich einer Prognose, bei der aus der Vor- und der Zusatzbelastung im Wege einer Ausbreitungsrechnung die voraussichtliche Gesamtbelastung ermittelt wird.[62]

Die Richtlinie enthält Regelungen, nach denen eine Genehmigung nicht versagt wer- **46** den soll, wenn zwar der Immissionswert überschritten wird, dies aber bereits durch die bisherige Belastung geschieht oder bereits durch andere Quellen herbeigeführt wird (Kriterien der Irrelevanz) oder wegen anderer Kriterien die Geruchsbelästigung nicht als erheblich zu qualifizieren ist. Auf eine Heranziehung der GIRL wird verzichtet, wenn die Abstände der TA Luft und der einschlägigen VDI-Richtlinien (zB VDI-Richtlinie 3471, VDI-Richtlinie 2310, VDI-Richtlinie 3894) eingehalten werden.

c) Immissionsrichtwerte der GIRL

Nr. 3.1 Tabelle 1 der GIRL nennt die Immissionswerte (IW = relative Häufigkeit der **47** Geruchsstunden) für Wohn-/Mischgebiete (0,10 = 10 % der Jahresgeruchsstunden), Gewerbe-/Industriegebiete (0,15 = 15 % der Jahresgeruchsstunden) und Dorfgebiete (0,15 = 15 % der Jahresgeruchsstunden), die nicht überschritten werden sollen. Andere Zuordnungen sind möglich.

Einen Immissionswert für im Außenbereich gelegene Grundstücke gibt die **48** GIRL nicht ausdrücklich vor. Sonstige Gebiete, in denen sich Personen nicht nur vorübergehend aufhalten, sind entsprechend den Grundsätzen des Planungsrechts den einzelnen Spalten der Tabelle 1 (Nr. 3.1. der GIRL) zuzuordnen. Auch im Außenbereich ist daher der für das Dorfgebiet geltende Immissionswert von 0,15 = 15 % Jahresgeruchsstunden für Tierhaltungsgerüche maßgeblich. Allerdings ist es „möglich, unter Prüfung der speziellen Randbedingungen des Einzelfalls bei der Geruchsbeurteilung im Außenbereich einen Wert bis zu 0,25 für landwirtschaftliche Gerüche heranzuziehen." In jedem Fall kann und ggfs. muss unter Berücksichtigung der konkre-

---

58 BVerwG Beschl. v. 28.7.2010 – 4 B 29/10; vgl. zur Verbindlichkeit auch: BGH Urt. v. 21.6.2001 – III ZR 313/99; OVG Münster Urt. v. 1.6.2015 – 8 A 1760/13.
59 BVerwG Beschl. v. 5.8.2015 – 4 BN 28/15; zu DIN-Normen: BVerwG Beschl. v. 30.9.1996 – 4 B 175/96.
60 Vgl. VGH Kassel Urt. v. 1.4.2014 – 9 A 2030/12.
61 VGH München Beschl. v. 15.11.2010 – 15 CS 10.2131; OVG Koblenz Beschl. v. 7.2.2014 – 1 B 11320/13.
62 OVG Münster Beschl. v. 10.5.2010 – 8 B 992/09.

ten örtlichen Gegebenheiten – hierzu zählt auch, dass die Umgebung des Vorhabens noch hinreichend landwirtschaftlich geprägt ist – begründet werden, warum der Nachbarschaft eine Geruchsbelastung von bis 25 % der Jahresstunden (oder sogar darüber hinaus)[63] zumutbar sei.[64] Im Rahmen der Einzelfallbetrachtung kann der Umstand eine entscheidende Rolle spielen, dass das fragliche Wohnbauvorhaben an einen ehemaligen landwirtschaftlichen Betrieb anknüpft und die seinerzeit bestehenden besonderen Duldungspflichten im Sinne einer nachwirkenden, grundstücksbezogenen landwirtschaftlichen Schicksalsgemeinschaft[65] nicht erloschen sind. Das gilt insbesondere dann, wenn die Genehmigung für die Nachfolgenutzung auf der Grundlage des § 35 Abs. 4 S. 1 Nr. 1 BauGB erteilt wurde; denn wer einerseits eine Wohngenehmigung im Außenbereich in Nachfolge einer landwirtschaftlichen Nutzung erlangt, muss andererseits in Kauf nehmen, dass er sich deren Nachteile zurechnen lassen muss.[66]

49 Abzustellen ist auf die Geruchsbelästigungen im Bereich von (zulässiger Weise genutzten) Gebäuden oder sonstigen zum dauernden Aufenthalt von Menschen bestimmten Anlagen. Das sind insbesondere Wohngebäude. Auch ein begrenzter Außenwohnbereich – wie etwa Außenanlagen zur Freizeitgestaltung und Erholung an den Gebäuden (Terrassen oder Balkone), die entsprechend allgemeiner Wohngewohnheiten im Zusammenhang mit der Nutzung regelmäßig genutzt werden („Wohnen im Freien") – ist geschützt, darüberhinausgehende Flächen dagegen nicht.

4. Richtlinie zur Beurteilung von Freizeitlärm (LAI-Freizeitlärm-Richtlinie)

50 Die Bund/Länder-Arbeitsgemeinschaft für Immissionsschutz, hat eine zuletzt am 6.3.2015 aktualisierte Richtlinie zur Beurteilung von Freizeitlärm (LAI-Freizeitlärm-Richtlinie) beschlossen. Einige Bundesländer haben hierauf aufbauend eigene Freizeitlärm-Richtlinien erlassen, andere haben die LAI-Freizeitlärm-Richtlinie, zT in modifizierter Fassung, als Landesrecht eingeführt oder ganz von einer Normierung abgesehen. In NRW gilt der Runderlass des Ministeriums für Umwelt und Naturschutz, Landwirtschaft und Verbraucherschutz vom 23.10.2006 zu „Messung, Beurteilung und Verminderung von Geräuschimmissionen bei Freizeitanlagen"[67] in der Fassung vom 13.4.2016[68]; darin wird den Kommunen empfohlen, für neue Veranstaltungen (Feste, Konzerte oder ähnliches), die in einer Kommune erstmalig stattfinden, die Freizeitlärm-Richtlinie der Bund/Länder-Arbeitsgemeinschaft für Immissionsschutz vom 6.3.2015 zu berücksichtigen.

51 Die Freizeitlärm-Richtlinie entspricht in ihrer Konzeption im Wesentlichen der TA Lärm. Im Gegensatz zu dieser ist sie aber nicht auf Anlagen zugeschnitten, die dem Arbeitsleben zuzurechnen sind, sondern auf Anlagen, die von Personen aufgesucht werden, die sich durch Aktivitäten in Freizeitanlagen erholen wollen. Sportanlagen sich ausdrücklich aus dem Anwendungsbereich ausgenommen; für die Ausübung von Sport auf Sportanlagen gilt die Sportanlagenlärmschutzverordnung.

---

63 OVG Lüneburg Urt. v. 16.8.2018 – 1 LC 180/16, unter Hinweis auf vgl. OVG Münster Beschl. v. 18.3.2002 – 7 B 315/02; OVG Münster Beschl. v. 16.3.2009 – 10 A 259/08: „je nach Lage der Dinge Geruchsstundenhäufigkeiten bis zu 50 % und sogar darüber".
64 Vgl. dazu OVG Münster Urt. v. 18.5.2016 – 2 B 1443/15.
65 OVG Lüneburg Urt. v. 16.8.2018 – 1 LC 180/16.
66 OVG Lüneburg Urt. v. 16.8.2018 – 1 LC 180/16.
67 Freizeitlärmrichtlinie, MBl. NRW. 2006 S. 566.
68 – MBl. NRW. 2016, S. 239.

A. Allgemeines

a) Anwendungsbereich

Der Anwendungsbereich der LAI-Freizeitlärm-Richtlinie wird in ihrer Nr. 1 beschrieben. Danach sind Freizeitanlagen Einrichtungen im Sinne des § 3 Abs. 5 Nr. 1 oder 3 BImSchG, die dazu bestimmt sind, von Personen zur Gestaltung ihrer Freizeit genutzt zu werden. Grundstücke gehören zu den Freizeitanlagen, wenn sie nicht nur gelegentlich zur Freizeitgestaltung bereitgestellt werden. Dies können auch Grundstücke sein, die sonst zB der Sportausübung, dem Flugbetrieb oder dem Straßenverkehr dienen. Die Richtlinie betrifft insbesondere Anlagen mit einem größeren Einzugsbereich. Ob eine Freizeitanlage gewerblich betrieben wird oder nicht, spielt für die Anwendung der Freizeitlärm-Richtlinie keine Rolle. Abzustellen ist insoweit ausschließlich auf den primären Freizeitbezug.[69]

52

Die Freizeitlärm-Richtlinie hat über das Baurecht mit seinen immissionsschutzrechtlichen Bezügen (§ 22 Abs. 1 S. 1 BImSchG) hinaus auch für das Gaststättenrecht Bedeutung. Denn soweit die Veranstaltung dem Gaststättenrecht unterliegt, muss sie sich an den rechtlichen Vorgaben des Gaststättengesetzes, insbesondere auch des Gebotes des Schutzes der Allgemeinheit und der Nachbarschaft vor schädlichen Umwelteinwirkungen messen lassen. Dabei ist der Begriff der schädlichen Umwelteinwirkungen identisch mit demjenigen in § 3 Abs. 1 BImSchG. Das Gebot des Schutzes vor schädlichen Umwelteinwirkungen ist auch im Rahmen einer erleichterten Gestattung aus besonderem Anlass zu beachten. Dabei ist nach einhelliger, auch zivilrechtlicher Rechtsprechung bei der Bestimmung der Schwelle der „erheblichen" Nachteile und Belästigungen im Sinne von § 3 Abs. 1 BImSchG der besondere Anlass und der nur vorübergehende Charakter des zu gestattenden Gaststättenbetriebs zu berücksichtigen.[70]

53

b) Bedeutung der Richtlinie als „Orientierungshilfe"

Die Freizeitlärm-Richtlinie beansprucht keine unmittelbare Geltung. Die im Rahmen der Anwendung des § 22 Abs. 1 S. 1 BImSchG vorzunehmende Beurteilung der Erheblichkeit der Lärmbelästigung durch Freizeitanlagen ist vielmehr aufgrund einer umfassenden Würdigung aller Umstände des Einzelfalls und insbesondere der speziellen Schutzwürdigkeit des jeweiligen Baugebiets zu bestimmen. Dabei können auch technische Regelwerke zur Beurteilung von Lärmimmissionen herangezogen werden, wenn sie für die Beurteilung der Erheblichkeit der Lärmbelästigung im konkreten Streitfall brauchbare Anhaltspunkte liefern.[71] Allerdings bieten technische Regelwerke im Rahmen der gebotenen Einzelfallprüfung nur eine Orientierungshilfe oder einen „groben Anhalt"; eine nur schematische Anwendung bestimmter Mitteilungs- oder Grenzwerte ist unzulässig.[72] Das BVerwG hat entschieden, dass zu den Regelwerken, die als Orientierungshilfe in Betracht kommen, auch die Freizeitlärm-Richtlinie zählt.[73]

54

---

[69] Vgl. OVG Münster Urt. v. 6.9.2011 – 2 A 2249/09.
[70] Vgl. BGH Urt. v. 26.9.2003 – V ZR 41/03; BVerwG Urt. v. 4.7.1989 – 1 C 11.88; VGH München Beschl. v. 17.9.2014 – 22 CS 14.2013.
[71] Vgl. BVerwG Urt. v. 29.4.1988 – 7 C 33.87.
[72] BVerwG Beschl. v. 27.1.1994 – 4 B 16/94.
[73] BVerwG Beschl. v. 17.7.2003 – 4 B 55/03; s. auch BVerwG Urt. v. 16.5.2001 – 7 C 16.00; BVerwG Beschl. v. 17.7.2003 – 4 B 55/03; BGH Urt. v. 26.9.2003 – V ZR 41/03.

c) Überblick über die Bestimmungen

55 Die Richtlinie besagt in ihrer Nr. 3, dass bei der Ermittlung der durch Freizeitanlagen verursachten Geräuschimmissionen auf die allgemein anerkannten akustischen Grundregeln, wie sie in der TA Lärm und der Sportanlagenlärmschutzverordnung (18. BImSchV) festgehalten sind, zurückgegriffen werden kann. Der Messort ist entsprechend den schutzwürdigen Nutzungen in der Nachbarschaft der Anlage auszuwählen. Dabei sollen die Regelungen des Anhangs der 18. BImSchV herangezogen werden.

56 Ferner trifft die Richtlinie Regelungen über Zuschläge für Impulshaltigkeit und/oder auffällige Pegelveränderungen, Tonhaltigkeit und Informationshaltigkeit. Unter Nr. 4.1 setzt die Freizeitlärm-Richtlinie die Immissionsrichtwerte fest.

57 Über die materiellrechtlichen Voraussetzungen hinaus verlangt die Richtlinie für die privilegierte Zulassung einer solchen Veranstaltung dem Veranstalter eine konkrete verfahrensrechtliche Vorgehensweise ab: Sofern bei seltenen Veranstaltungen Überschreitungen des Beurteilungspegels vor den Fenstern im Freien von 70 dB(A) tags und/oder 55 dB(A) nachts zu erwarten sind, ist deren Zumutbarkeit explizit zu begründen.

58 Zur Gewährleistung einer Zumutbarkeit gibt die Richtlinie der zuständigen Behörde die Befugnis, von dem Veranstalter verschiedene Maßnahmen abzuverlangen. Solche Maßnahmen sind im Rahmen der Abwägung der Interessen des Betreibers und derjenigen der Nachbarn aber nur dann geeignet, den Nachbarn einen hinreichenden Lärmschutz zu gewähren, wenn sie rechtssicher und genügend bestimmt sind. Nicht kontrollierbare Vorgaben sind unbeachtlich.

B. Bauplanungsrecht

I. Bauleitplanung und Fachplanung

1. Allgemeines

a) Aufgabe und Grundzüge der Bauleitplanung

Die Bauleitplanung ist das Kernstück des modernen Städtebaurechts. Ihre Aufgabe ist es, die bauliche und sonstige Nutzung der Grundstücke in der Gemeinde nach Maßgabe des BauGB vorzubereiten und zu leiten (§ 1 Abs. 1 BauGB). Die Bauleitpläne sollen eine nachhaltige städtebauliche Entwicklung und eine dem Wohl der Allgemeinheit entsprechende sozialgerechte Bodennutzung gewährleisten und dazu beitragen, eine menschenwürdige Umwelt zu sichern (§ 1 Abs. 5 BauGB). Diese Regelung kann als „Präambel" der Bauleitplanung bezeichnet werden.[74]

1

Das BauGB geht vom Grundsatz der Planmäßigkeit aus.[75] Eine bauliche Nutzung bisher unbebauter Grundstücke soll nicht dem Zufall oder dem Willen des jeweiligen Grundstückseigentümers überlassen werden, sondern zuvor soll eine sinnvolle Planung erfolgen, bei der alle Bedürfnisse der Allgemeinheit, insbesondere das Interesse an ruhigen Wohngebieten einerseits, Gewerbegebieten und Verkehrsanlagen andererseits sowie Sondergebieten wie Erholungsgebiete, Sportanlagen und Einkaufszentren berücksichtigt werden. Diese Aufgabe hat die Bauleitplanung im Wege der Abwägung der verschiedenen Belange zu bewältigen.

2

Die Bauleitplanung obliegt nach §§ 1 Abs. 3, 2 Abs. 1 BauGB den Gemeinden. Diese haben – jedenfalls dem Grundsatz nach – für ihr Gebiet eine umfassende Überplanung vorzunehmen. Dabei sind nicht nur die spezifischen Belange einer baulichen Nutzung zu berücksichtigen, sondern alle öffentlichen und privaten Belange müssen erfasst und planerisch bewältigt werden. Allerdings kommen zahlreiche Gemeinden dieser Planungspflicht nicht in dem gebotenen Umfang nach, sondern stellen Bebauungspläne nur dort auf, wo neue Baugebiete geschaffen werden; im Übrigen erfolgt die städtebauliche Ordnung durch eine Heranziehung der §§ 34 und 35 BauGB.

3

Das BauGB sieht für die Bauleitplanung ein zweistufiges Planungsverfahren vor. Die Gemeinde erstellt zunächst für das gesamte Gemeindegebiet den Flächennutzungsplan als vorbereitenden Bauleitplan und anschließend für die einzelnen Baugebiete zur näheren Ausgestaltung des Flächennutzungsplans die Bebauungspläne. Durch die Zweistufigkeit der Bauleitplanung soll gewährleistet werden, dass die Gemeinde zunächst Vorstellungen über die grundsätzliche bodenrechtliche Nutzung des Gemeindegebiets und die räumliche Zuordnung der verschiedenen Nutzungsarten (z.B. Wohngebiete, Gewerbegebiete, Sportanlagen, Verkehrswege) entwickelt, ehe sie für einen bestimmten Bereich eine Detailplanung betreibt.

4

b) Planungshoheit der Gemeinde

Die Planungshoheit und damit die Befugnis zur Erstellung der Bauleitplanung liegen bei dem Gemeindeparlament. Denn die Frage, ob in einem bestimmten Bereich die Gewerbeansiedlung gefördert werden soll, Wohngebäude geschaffen oder für Erho-

5

---

[74] So Hoppe/Bönker/Grotefels, Öffentliches Baurecht, § 5 Rn. 8.
[75] BVerwG Urt. v. 17.9.2003 – 4 C 14/01.

lungs- und Freizeiträume gesorgt werden soll, ist eine primär politische Entscheidung, die ausschließlich der Gemeinderat zu fällen und zu verantworten hat.

6 Dass die Planungshoheit zum Kernbereich der durch Art. 28 GG gewährleisteten Selbstverwaltung der Gemeinde zählt, der auch vom Gesetzgeber nicht angetastet werden kann, ist allgemein anerkannt. Das BVerfG hat das allerdings bisher offengelassen.[76] Es hat jedoch klargestellt, dass die Planungshoheit der Gemeinde nur wegen überörtlicher Belange eingeschränkt werden darf, wenn also die Interessen des örtlichen Raums zurückstehen müssen hinter den Belangen eines größeren Bereichs.[77]

Beispiel: Die Stadt Wilhelmshaven muss es hinnehmen, dass durch ein Landesgesetz etwa ein Drittel ihrer Gemarkung als Gebiet für die Ansiedlung von Großindustrie mit Anschluss an ein seeschifffahrtstiefes Fahrwasser vorgesehen wird, weil sie über den einzigen dafür geeigneten Hafen verfügt.[78]

7 Die Gemeinden können sich nach § 205 BauGB zu einem Planungsverband zusammenschließen, der an ihrer Stelle die Bauleitpläne aufstellt und auf den dann die Planungshoheit übergeht. Ein solcher Verband ist insbesondere bei Planungsmaßnahmen sinnvoll, die über das Gebiet einer Gemeinde hinausgehen. Wenn dies zum Wohle der Allgemeinheit dringend geboten ist, kann nach § 205 Abs. 2 BauGB ein Planungsverband auch zwangsweise geschaffen werden. Allerdings kann die erforderliche Koordination auch durch eine interkommunale Abstimmung bei der Aufstellung verfahrensmäßig getrennter, aber inhaltlich übereinstimmender Bebauungspläne erfolgen.

Beispiel: Durch zwei Bebauungspläne benachbarter Gemeinden wird eine Teststrecke für die Fa. Daimler-Benz geplant. Der VGH Mannheim hielt die Bildung eines Planungsverbandes nicht für notwendig und die Bebauungspläne für wirksam.[79]

c) Fachplanung

8 Für die Fachplanung sind nicht die Gemeinden, sondern staatliche Behörden zuständig. Sie bezieht sich jeweils nur auf eine bestimmte staatliche Aufgabe (z.B. Straßenbau, Abfallentsorgung) und soll nur diese Aufgabe lösen. Demgegenüber stellt die Bauleitplanung eine Gesamtplanung dar, die die Nutzung des Gemeindegebiets unter allen in Betracht kommenden Gesichtspunkten regeln soll.

9 Praktisch bedeutsam sind vor allem die Straßenplanung nach § 17 FStrG bzw. §§ 37 ff. StrWG NRW, die Festsetzung von Natur- und Landschaftsschutzgebieten nach §§ 23, 26 NatSchG sowie von Wasserschutzgebieten nach § 51 WHG, §§ 152 f. LWG. In Betracht kommen ferner die Planung von Bahnanlagen (§ 18 AEG), Flugplätzen (§§ 6, 8 LuftVG), Hochspannungsleitungen (§ 14 LPlanG) und Abfalldeponien (§ 31 KrWAbfG) sowie die Anlage und der Ausbau von Gewässern (§ 31 WHG). All diese Fachplanungen wirken sich auf die kommunale Bauleitplanung aus und müssen daher mit ihr abgestimmt werden. § 4 BauGB sieht zu diesem Zweck eine Beteiligung aller Fachplanungsträger im Verfahren zur Aufstellung eines Bauleitplans vor.

10 Bestehende fachplanerische Entscheidungen sollen nach § 5 Abs. 4 und § 9 Abs. 6 BauGB nachrichtlich in den Flächennutzungsplan bzw. den Bebauungsplan aufgenommen werden. Der Träger einer Fachplanung ist nach § 7 BauGB an die Darstel-

---

76 BVerfG Beschl. v. 23.6.1987 – 2 BvR 826/83.
77 BVerwG Urt. v. 15.5.2003 – 4 CN 9/01.
78 Nach BVerfG Beschl. v. 23.6.1987 – 2 BvR 826/83.
79 VGH Mannheim Urt. v. 30.6.1982 – 5 S 314/81.

lungen des Flächennutzungsplans gebunden, soweit er ihnen nicht widersprochen hat.[80] Der Widerspruch kann noch nachträglich erfolgen, sofern die Sachlage sich nach Inkrafttreten des Flächennutzungsplans geändert hat.[81] Ein Widerspruch ist allerdings entbehrlich, wenn die Gemeinde selbst gar nicht mehr am Flächennutzungsplan festhält.[82]

Der Fachplanungsträger muss bei seinen Planungen die städtebaulichen Belange der Gemeinde, insbesondere die Auswirkungen des Vorhabens auf die vorhandenen Baugebiete, berücksichtigen.[83] Damit dies geschehen kann, steht der Gemeinde unabhängig von den jeweiligen fachplanerischen Vorschriften ein sich aus Art. 28 Abs. 2 GG ergebender Anspruch auf Anhörung vor dem Erlass einer fachplanerischen Entscheidung zu.[84]

11

d) Die Mittel der Bauleitplanung

aa) Flächennutzungsplan (§ 5 BauGB)

Der Inhalt des Flächennutzungsplans ergibt sich aus § 5 BauGB. Das Darstellungsgebot betrifft insbesondere die Bauflächen (vgl. § 5 Abs. 2 Nr. 1 BauGB, § 1 Abs. 1 BauNVO), die Hauptverkehrswege (§ 5 Abs. 2 Nr. 3 BauGB), Hauptversorgungsanlagen (§ 5 Abs. 2 Nr. 4 BauGB), die Grünflächen (§ 5 Abs. 2 Nr. 5 BauGB) sowie die Flächen für naturschutzrechtliche Ausgleichsmaßnahmen (§ 5 Abs. 2a BauGB). Die Einzelheiten sollen i.d.R. erst später in den Bebauungsplänen geregelt werden. Der Flächennutzungsplan erstreckt sich nach § 5 Abs. 1 BauGB – im Grundsatz – über das gesamte Gemeindegebiet und ist das „grobe Raster", aus dem nach § 8 Abs. 2 BauGB die Bebauungspläne zu entwickeln sind.[85] Durch das Europarechtsanpassungsgesetz Bau (EAE Bau 2004) wurde der sachliche Teilflächennutzungsplan eingeführt, der sich auf einen sachlich eingegrenzten Planungsgegenstand (z.B. Windenergie) bezieht. Durch § 5 Abs. 2b BauGB (eingefügt durch Gesetz vom 22.7.2011[86]) wurde außerdem die Möglichkeit eines räumlich begrenzten Flächennutzungsplans geschaffen.

12

Die Frage der Rechtsnatur eines Flächennutzungsplans ist rechtlich nicht geklärt, das BauGB enthält keine Aussage darüber. Nach der Ausgestaltung, die der Flächennutzungsplan in §§ 5 ff. BauGB gefunden hat, ist er keine Satzung. Denn er wirkt nach § 7 BauGB nur gegenüber den Behörden, nicht aber gegenüber dem Bürger. Eine mittelbare Außenwirkung entfaltet der Flächennutzungsplan allerdings über § 35 Abs. 3 S. 1 Nr. 1 BauGB. Da der Flächennutzungsplan nicht in das herkömmliche System der verwaltungsrechtlichen Handlungsformen passt, wird er überwiegend als hoheitliche Maßnahme eigener Art bezeichnet.[87]

13

Die tatsächliche Entwicklung kann dazu führen, dass sich das Gewicht der Aussagen des Flächennutzungsplans bis hin zum Verlust der Aussagekraft abschwächt („Funktionslosigkeit"). Dafür genügt es allerdings nicht, dass die Darstellungen nicht mit der gegenwärtigen tatsächlichen Situation übereinstimmen. Vielmehr muss hierfür „die Entwicklung des Baugeschehens den Darstellungen in einem sowohl quanti-

14

---

80 VGH Mannheim Urt. v. 15.11.1991 – 5 S 615/91.
81 BVerwG Urt. v. 31.1.2001 – 6 CN 2/00.
82 VGH Mannheim Beschl. v. 9.5.1995 – 5 S 2153/94.
83 BVerwG Urt. v. 9.11.2006 – 4 A 2001/06.
84 BVerfG Beschl. v. 7.10.1980 – 2 BvR 584/76.
85 BVerwG Urt. v. 28.2.1975 – IV C 74.72.
86 BGBl. I 1509.
87 Mitschang in: Battis/Krautzberger/Löhr, BauGB, § 5 Rn. 45.

tativ wie qualitativ so erheblichen Maße zuwiderlaufen, dass die Verwirklichung der ihnen zugrunde liegenden Planungsabsichten entscheidend beeinträchtigt ist".[88]

bb) Bebauungsplan

15 Der Inhalt des Bebauungsplans ist in § 9 BauGB geregelt. Diese Vorschrift ist hinsichtlich der möglichen Festsetzungen abschließend, die Gemeinde hat kein Festsetzungserfindungsrecht.[89]

16 Um das Verständnis der Festsetzungen des Bebauungsplans zu erleichtern, sind die Gemeinden verpflichtet, die in der Planzeichenverordnung vom 18.12.1990[90] angeführten Symbole und Zeichen zu verwenden. Soweit der Bebauungsplan keine Legende enthält, erschließt sich dessen Inhalt durch die Heranziehung dieser Verordnung.

17 Bedeutsam ist vor allem § 9 Abs. 1 Nr. 1 bis 3 BauGB, wonach unter anderem Art und Maß der baulichen Nutzung sowie die Bauweise, die überbaubaren Grundstücksflächen, die Stellung der baulichen Anlagen sowie Mindestmaße für die Größe, Breite und Tiefe der Baugrundstücke festgesetzt werden können. Zur Konkretisierung dieser Regelungen ist die BauNVO heranzuziehen. Mit Blick auf die Art der baulichen Nutzung können im Bebauungsplan die in § 1 Abs. 2 BauNVO bezeichneten Baugebiete festgesetzt werden. Durch die Festsetzung werden die Vorschriften der §§ 2 bis 14 BauNVO Bestandteil des Bebauungsplans, soweit nicht aufgrund der Absätze 4 bis 10 etwas anderes bestimmt wird (§ 1 Abs. 3 Sätze 1 u. 2 BauNVO). Wegen der Einzelheiten wird auf die Ausführungen unter Teil B Rn. 249 ff. verwiesen.

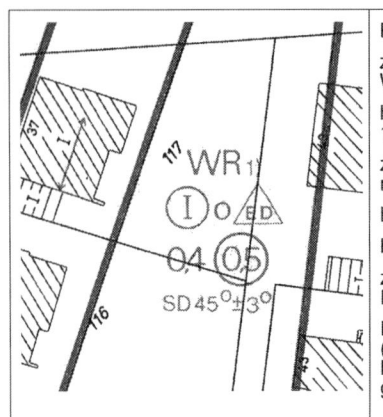

Beispiel für eine Festsetzungsschablone

18 § 9 Abs. 1 Nr. 11 BauGB erlaubt nicht nur die Planung von Verkehrswegen aus Anlass der Festsetzung von Baugebieten, sondern auch die sog. isolierte Straßenplanung, d.h. die Aufstellung eines Bebauungsplans, der nur die Festsetzung einer Straße enthält.[91] Die Planungsbefugnis ist dabei nicht auf Gemeindestraßen be-

---
88 OVG Münster Urt. v. 2.12.2013 – 2 A 2652/11.
89 BVerwG Urt. v. 16.9.1993 – 4 C 28/91.
90 BGBl I 1991, 58.
91 BVerwG Urt. v. 18.10.1985 – 4 C 21/80.

B. Bauplanungsrecht

schränkt, sondern erfasst, wie z.B. § 17 Abs. 3 FStrG zeigt, auch klassifizierte Straßen.[92] Ferner können nach § 9 Abs. 1 Nr. 11 BauGB auch Verkehrsflächen mit besonderer Zweckbestimmung (Fußwege, Radwege, Fußgängerzonen, Parkflächen) festgesetzt werden. Unzulässig sind dagegen rein verkehrsrechtliche Anordnungen, etwa Einbahnstraßenregelungen oder Geschwindigkeitsbegrenzungen, weil hierfür die Straßenverkehrsbehörde zuständig ist.[93]

§ 9 Abs. 1 Nr. 24 BauGB lässt Anordnungen zum Schutz vor schädlichen Umwelteinwirkungen zu. In der Praxis betrifft dies vor allem den Verkehrs- und Gewerbelärm. In Betracht kommen zunächst die Festsetzung von Lärmschutzwällen oder -wänden und die Verpflichtung zum Einbau von Schallschutzfenstern.[94] Ist eine solche Festsetzung getroffen worden, haben die dadurch begünstigten Personen einen Anspruch auf die Verwirklichung der Festsetzungen.[95] Es muss sich aber um technische Vorkehrungen handeln,[96] die Festsetzung von Emissionsgrenzwerten oder gar von „Emissionsquoten" für einzelne Grundstücke ist unzulässig;[97] bei Gewerbegebieten ist aber eine Gliederung nach Emissionswerten (sog. immissionswirksame flächenbezogene Schallleistungspegel – IFSP) gemäß § 1 Abs. 4 BauNVO zulässig.[98] **19**

§ 9 Abs. 2d BauGB[99] erlaubt für im Zusammenhang bebaute Ortsteile den Erlass eines „Bebauungsplans zur Wohnraumversorgung", in dem eine oder mehrere Festsetzungen im Sinne einer (insbesondere: sozialen) Wohnraumförderung getroffen werden. Diese beziehen sich zum einen auf festzulegende Flächen für Wohngebäude und sozial gebundene Wohnnutzung. Zum anderen enthält die Bestimmung eine weitreichende Ermächtigung zu abweichenden Festsetzungen hinsichtlich des Maßes der baulichen Nutzung, der Bauweise, der überbaubaren und nicht überbaubaren Grundstücksflächen, der Stellung der baulichen Anlagen, der vom Bauordnungsrecht abweichende Maße der Tiefe der Abstandsflächen, der Mindestmaße für die Größe, Breite und Tiefe der Baugrundstücke sowie Höchstmaße für die Größe, Breite und Tiefe der Wohnbaugrundstücke. Ähnlich wie nach § 1 Abs. 7 BauNVO können die Festsetzungen für Teile des räumlichen Geltungsbereichs des Bebauungsplans oder für Geschosse, Ebenen oder sonstige Teile baulicher Anlagen unterschiedlich getroffen werden. Das Verfahren zur Aufstellung eines solchen Bebauungsplans kann nur bis zum Ablauf des 31.12.2024 förmlich eingeleitet werden und der Satzungsbeschluss nach § 10 Abs. 1 BauGB ist bis zum Ablauf des 31.12.2026 zu fassen. **20**

Nach § 9 Abs. 2 BauGB können die Festsetzungen auch zeitlich befristet werden; die sich danach anschließende Nutzung soll dann aber ebenfalls festgesetzt werden. Dies ist insbesondere bei einem Bebauungsplan für die Gewinnung von Bodenschätzen sinnvoll, wenn bereits der Zeitpunkt der Erschöpfung des Bodenschatzes vorhersehbar ist und auch feststeht, wie dieser Bereich danach genutzt werden soll. **21**

Ferner können nach § 9 Abs. 4 BauGB auch bauordnungsrechtliche Bestimmungen in den Bebauungsplan aufgenommen werden (vgl. dazu § 89 Abs. 2 BauO). Derartige Regelungen werden in den meisten Bebauungsplänen getroffen, etwa in Form von Bestimmungen über die Dachneigung, die Gestaltung der Außenfläche oder die Hö- **22**

---

92 OVG Münster Urt. v. 28.8.1996 – 11a D 125/92.NE.
93 Brügelmann, BauGB, § 9 Rn. 224.
94 BVerwG Beschl. v. 17.5.1995 – 4 NB 30/94.
95 BVerwG Beschl. v. 7.9.1988 – 4 N 1/87.
96 BVerwG Beschl. v. 2.3.1994 – 4 NB 3/94.
97 BVerwG Beschl. v. 2.3.1994 – 4 NB 3/94.
98 BVerwG Urt. v. 16.12.1999 – 4 CN 7/98.
99 Eingefügt durch das Baulandmobilisierungsgesetz.

he der Einfriedungen. Voraussetzung für derartige bauordnungsrechtliche Festsetzungen ist allerdings, dass sie sich „im Rahmen des Gesetzes" halten, d.h. bauordnungsrechtlichen Zielen dienen.

Textliche Festsetzungen zum Bebauungsplan Nr. 362: Mecklenbeck – Boeselager Straße / **Weseler Straße / Kerkheideweg / Ossenkampstiege**

Textliche Festsetzungen gemäß § 9 BauGB

1. In den allgemeinen Wohngebieten sind Nutzungen gemäß § 4 (2) 2 und 3 BauNVO ausnahmsweise zulässig; Nutzungen gemäß § 4 (3) 1, 3 und 5 BauNVO sind unzulässig (§ 1 (5) und § 1 (6) BauNVO).
2. In den mit Fußnote 1) gekennzeichneten Baugebieten sind nur Wohngebäude mit nicht mehr als zwei Wohnungen zulässig (§ 9 (1) 6 BauGB).
3. Die Ausbildung des Dachgeschosses als zusätzliches Vollgeschoss im Sinne von § 2 (5) BauONW kann im Einzelfall zugelassen werden, wenn die festgesetzte Geschossflächenzahl nicht überschritten wird (§ 16 (6) BauNVO).
4. Bei der Ermittlung der Geschossfläche sind Flächen von Aufenthaltsräumen in anderen als Vollgeschossen einschl. der zu ihnen gehörenden Treppenräume und einschl. ihrer Umfassungswände ganz mitzurechnen (§ 20 (3) BauNVO).
5. In dem Baugebiet mit abweichender Bauweise sind ausschließlich Gebäude mit fremder Sicht entzogenen Gartenhöfen zulässig. Innerhalb überbaubarer Flächen kann an vordere, seitliche und rückwärtige Grundstücksgrenzen herangebaut werden. Die Gebäude-wände zur Weseler Straße sind ohne Öffnung mit einer Höhe von 4,0 m, bezogen auf die Straßenkrone Weseler Straße, zu erstellen (§ 22 (4) BauNVO).
6. Flächenanteile an außerhalb des Baugrundstückes errichteten Gemeinschaftsanlagen können der Grundstücksfläche im Sinne des § 19 (3) BauNVO hinzugerechnet werden (§ 21a (2) BauNVO).
7. Auf Grundstücken mit Festsetzungen für Stellplätze und Garagen sind außerhalb der festgesetzten Flächen solche Anlagen unzulässig. Abweichungen können in geringem Umfang zugelassen werden (§ 12 (6) BauNVO).
8. An Verkehrsflächen angrenzende, nicht überbaubare Flächen von Grundstücken sind in einem Mindestabstand von 1,50 m von der Verkehrsfläche von baulichen Anlagen und Nebenanlagen freizuhalten. Ausgenommen sind notwendige Zuwegungen und zulässige Einfriedigungen (§ 23 (5) BauNVO).
9. Die nicht überbaubaren Bereiche der Tiefgaragen sind mit Erde zu überdecken und zu bepflanzen (§ 9 (1) 25a BauGB).
10. Im WA 2) Gebiet sind Wohn- und Schlafräume nur an der Nordwestseite des Gebäudes zulässig. Beidseitig orientierte Wohnräume können zugelassen werden, wenn zur Weseler Straße Fenster der Schallschutzklasse 3 eingebaut werden (§ 9 (1) 24 BauGB).

B. Bauplanungsrecht 39

> **Textliche Festsetzungen gemäß § 81 BauONW**
> 1. Die Traufhöhe (Schnittpunkt Außenwand mit Sparrenoberkante) von Gebäuden darf 2,80 m je Vollgeschoss + 0,70 m über Straßenkrone erreichen. Für Gebäude über Tiefgaragen können größere Höhen zugelassen werden.
> 2. Auf Dächern mit einer Neigung von 30° +/- 3° sind Aufbauten unzulässig.
> 3. Traufüberstände dürfen max. 0,30 m und Ortgangüberstände max. 0,15 m erreichen. Überhöhte Verkleidungen von Traufen und Ortgängen sind nicht zugelassen.
> 4. In Baugebieten mit Festsetzungen für Flachdächer sind 30° +/- 3° geneigte Dächer zulässig, wenn sie in der Gruppe gleichzeitig und gleichartig ausgeführt werden.
> 5. Außenwände und Neigungsdächer von Gebäuden sind in einem roten Ziegelmaterial aus-zuführen; zur Anpassung an Bestände können Ausnahme zugelassen werden.
> 6. Doppel- und Reihenhäuser sind in Farbe, Material und Gestaltung einander anzupassen. An Hauptgebäude sind die zugehörigen Garagen ebenso anzupassen.
> 7. Grundstücke sind mit Mauern bis zu 0,6 m oder mit Zäunen oder Hecken bis zu 1,0 m Höhe einzufrieden. Höhere Mauern, Zäune und Hecken können zur Abschirmung von Gartenhöfen vor Sicht und Wohngärten vor Lärm zugelassen werden. Die höheren Mauern oder Zäune müssen jedoch zu öffentliche Verkehrsflächen um einen Pflanzstreifen von mindestens 0,5 m Breite zurückgesetzt werden. Für Gartenbaubetriebe sind Maschendrahtzäune bis 1,5 m Höhe ohne Einschränkung zulässig.
> 8. Abgrabungen können auf Grundstücksflächen nur mit einem Mindestabstand von 3,00 m zu Verkehrsflächen zugelassen werden.
> 9. Abfallbehälter sind in Gebäuden oder dauerhaft eingegrünt unterzubringen.

Beispiel für textliche Festsetzungen aus einem älteren Bebauungsplan der Stadt Münster

Nach dem durch die BauGB-Novelle 2007 eingeführten § 9 Abs. 2a BauGB kann die Gemeinde durch Bebauungsplan für den nicht beplanten Innenbereich (§ 34 BauGB) festsetzen, dass nur bestimmte Einzelhandelsbetriebe zulässig oder unzulässig sind, um eine verbrauchernahe Versorgung der Bevölkerung zu gewährleisten. **23**

Gemäß § 9 Abs. 6 BauGB können Festsetzungen anderer Art (etwa Wasserschutz- oder Landschaftsschutzgebiete) nach anderen Vorschriften, Planfeststellungsbeschlüsse für den Bau von Straßen, Eisenbahnen oder sonstige Verkehrsanlagen sowie eingetragene Kulturdenkmäler nachrichtlich in dem Bebauungsplan übernommen werden. Dies hat aber keine rechtsbegründende Wirkung, sondern dient allein der Information über sonstige Regelungen, die für die Zulässigkeit von Bauvorhaben von Bedeutung sind. **24**

2. Prüfungsschema für die Mittel der Bauleitplanung

Für die Prüfung der Mittel der Bauleitplanung ist ein dreistufiges Schema üblich: Danach sind zu prüfen: die Erforderlichkeit der Bauleitplanung, die Beachtung der gesetzlichen Planungsleitsätze (Planungsschranken) und die Beachtung des Abwägungsgebots. **25**

a) Erforderlichkeit der Bauleitplanung

26 § 1 Abs. 1 BauGB begründet eine Pflicht der Gemeinden, Bauleitpläne aufzustellen, sobald und soweit es für die städtebauliche Entwicklung und Ordnung erforderlich ist, stellt aber gleichzeitig klar, dass ein subjektives öffentliches Recht der Bürger insofern nicht besteht. Es handelt sich dabei um eine weisungsfreie Pflichtaufgabe (§ 3 Abs. 1 GO NRW), also um eine Angelegenheit der Selbstverwaltung der Gemeinde.

aa) Planungsbedürfnis

27 Die Erforderlichkeit i.S.d. § 1 Abs. 3 BauGB ist ein unbestimmter Rechtsbegriff, der grundsätzlich voller gerichtlicher Kontrolle unterliegt.[100] In der baurechtlichen Praxis wird dieser Grundsatz allerdings relativiert: Einerseits fließen in die Erforderlichkeit zahlreiche Prognosen über die zukünftige Entwicklung, etwa den Bedarf an Wohnungen, Gewerbeflächen, öffentlichen Einrichtungen oder Verkehrswegen ein, die gerichtlich nur schwer überprüfbar sind. Andererseits bestimmt sich die Erforderlichkeit generell nach der planerischen Konzeption des Gemeinderats über die zukünftige Entwicklung der Gemeinde, enthält also politische Elemente, die einer rechtlichen Kontrolle nicht zugänglich sind.[101] Die planerische Konzeption muss sich im Rahmen des nach der vorgegebenen Situation (Lage und bisherige Funktion der Gemeinde) Vertretbaren halten. Sofern dies der Fall ist, kommt eine verwaltungsgerichtliche Kontrolle, ob der Gemeinderat mit seiner Planungskonzeption für die zukünftige Entwicklung des Ortes die optimale Lösung gefunden hat, nicht in Betracht.[102]

28 Die Erforderlichkeit ist gegeben, wenn die Aufstellung des Bebauungsplans bzw. die konkrete Festsetzung nach der planerischen Konzeption der Gemeinde geboten ist, d.h. wenn sie in ihrer Zielsetzung von legitimen städtebaulichen Interessen getragen ist. Es ist nicht erforderlich, dass öffentliche Belange ohne den Bauleitplan einen größeren Schaden erleiden würden. So ist etwa ein akutes Bedürfnis für ein neues Baugelände nicht erforderlich.[103] Es reicht aus, dass es vernünftigerweise geboten ist, die bauliche Entwicklung durch die Planung zu ordnen.[104] Die Aufstellung kann insbesondere bei der Ausweisung von Flächen für den Wohnungsbau in Betracht kommen.

29 Mit diesen Anforderungen setzt § 1 Abs. 3 S. 1 BauGB der Bauleitplanung eine erste, wenn auch strikt bindende Schranke, die lediglich grobe und einigermaßen offensichtliche Missgriffe ausschließt. Sie betrifft die generelle Erforderlichkeit der Planung, nicht hingegen die Einzelheiten einer konkreten planerischen Lösung.[105]

30 Die Grundsätze gelten nicht nur für Bebauungspläne, sondern auch für Ergänzungssatzungen nach § 34 BauGB.[106] Auch insoweit beurteilt sich die Vereinbarkeit mit einer geordneten städtebaulichen Entwicklung nach den allgemeinen Planungsbindungen des § 1 BauGB, vor allem nach den Grundsätzen zur Bauleitplanung gemäß § 1 Abs. 3 bis 7 BauGB.[107] Sie hat demnach auch den Anforderungen des § 1 Abs. 3

---

100 BVerwG Urt. v. 12.12.1969 – IV C 105.66.
101 BVerfG Stattgebender Kammerbeschluss v. 4.6.2002 – 1 BvR 390/01.
102 BVerwG Urt. v. 22.1.1993 – 8 C 46/91.
103 BVerwG Beschl. v. 23.1.2003 – 4 B 79/02.
104 BVerwG Beschl. v. 11.5.1999 – 4 BN 15/99.
105 OVG Münster Urt. v. 10.3.2016 – 7 D 125/14.NE.
106 OVG Koblenz Urt. v. 27.5.2020 – 8 C 11446/19.
107 OVG Münster Urt. v. 10.1.2012 – 2 D 103/10.NE.

B. Bauplanungsrecht

BauGB zu entsprechen.[108] Die getroffenen Regelungen müssen weiter Ergebnis einer fehlerfreien Abwägung sein. Die Einbeziehung von Außenbereichsgrundstücken in einem im Zusammenhang bebauten Ortsteil ist ein Vorgang bodenrechtlicher Planung und setzt eine Abwägung der berührten öffentlichen und privaten Belange voraus.[109]

Nach der Rechtsprechung des BVerwG[110] sind i.S.d. § 1 Abs. 3 S. 1 BauGB nicht erforderlich: **31**

– Pläne, für die es keine positive Planungskonzeption gibt und die ersichtlich der Förderung von Zielen dienen, für deren Verwirklichung die Planungsinstrumente des BauGB nicht bestimmt sind.

Beispiel: Die Gemeinde weist ein im Außenbereich gelegenes Gelände als landwirtschaftliches Gebiet aus, um sicherzustellen, dass die Gewinnung der dort vorkommenden Braunkohle nicht durch eine Bebauung erschwert wird. Der Bebauungsplan ist überflüssig, weil im Außenbereich auch ohne Bebauungsplan eine landwirtschaftliche Nutzung nach § 35 Abs. 1 Nr. 1 BauGB zulässig und eine Bebauung mit sonstigen Gebäuden unzulässig ist, so dass sich an der bauplanungsrechtlichen Situation durch den Bebauungsplan nichts ändert.[111]

Hierzu zählt auch das alleinige Ziel, ein bestimmtes Vorhaben oder eine bestimmte Art von Vorhaben oder überhaupt jegliche Bebauung zu verhindern (sog. Verhinderungsplanung, s. Teil B Rn. 65).

Beispiel:
§ 35 Abs. 3 S. 3 BauGB ermöglicht der Gemeinde, die in § 35 Abs. 1 Nr. 2 bis 6 BauGB genannten privilegierten Nutzungen auf bestimmte Standorte zu konzentrieren, so z.B. für Windenergieanlagen vorzusehen; es ist dann davon auszugehen, dass an anderen Standorten öffentliche Belange beeinträchtigt werden. Diese Möglichkeit darf indes nicht dazu genutzt werden, jegliche Anlagen dieser Art in der Gemeinde zu verhindern, indem (wie ein Alibi) zwar Standorte benannt werden, die aber in Wirklichkeit nicht geeignet sind. Die Gemeinde muss den privilegierten Vorhaben „substanziell Raum schaffen".[112]

– Pläne, die aus tatsächlichen oder Rechtsgründen auf unabsehbare Zeit von vornherein funktionslos oder vollzugsunfähig sind und deshalb die Aufgabe der verbindlichen Bauleitplanung nicht erfüllen können oder zur Erreichung des mit ihnen verfolgten Ziels ungeeignet sind.[113]

Beispiele:
– Der Realisierung stehen unüberwindbare finanzielle Hindernisse[114] oder sonstige langfristige Hindernisse[115] entgegen, zB weil der Grundstückseigentümer nicht bereit ist, die für den geplanten Marktplatz benötigte Fläche zu verkaufen.[116]
– Pläne, die nur dazu dienen, den begünstigten Grundstückseigentümern den Verkauf von Baugelände zu ermöglichen, obwohl die Gemeinde in diesem Bereich keine Bebauung wünscht,[117] oder eine sonst unzulässige und städtebaulich verfehlte Bebauung zu ermöglichen (sog. Gefälligkeitsplanung)[118] oder eine bauliche Fehlentwicklung im Interesse der Grundstückseigentümer zu legalisieren.[119]

---

108 Söfker in: Ernst/Zinkahn/Bielenberg/Krautzberger, BauGB, § 34 Rn. 120, 106; OVG Schleswig Urt. v. 20.12.2012 – 1 KN 10/11; VGH München Urt. v. 18.12.2006 – 1 N 05.2027.
109 BVerwG Urt. v. 22.9.2010 – 4 CN 2.10; OVG Koblenz Urt. v. 17.1.2018 – 8 C 11083/17.OVG.
110 BVerwG Urt. v. 27.3.2013 – 4 CN 6/11.
111 BVerwG Urt. v. 14.6.1972 – IV C 8.70.
112 BVerwG Urt. v. 24.1.2008 – 4 CN 2/07.
113 BVerwG Beschl. v. 11.5.1999 – 4 BN 15/99.
114 BVerwG Urt. v. 21.3.2002 – 4 CN 14/00.
115 BVerwG Urt. v. 30.1.2003 – 4 CN 14/01.
116 BVerwG Beschl. v. 14.6.2007 – 4 BN 21/07; weiteres Beispiel: VGH Mannheim Beschl. v. 14.11.2001 – 3 S 605/01.
117 VGH Mannheim Beschl. v. 10.12.1965 – II 498/65.
118 Vgl. VGH München Beschl. v. 10.6.2020 – 1 NE 20.259.
119 VGH Kassel Urt. v. 20.6.1990 – 4 UE 475/87.

32 Die Erforderlichkeit eines Bebauungsplans kann aber nicht stets schon deswegen in Zweifel gezogen werden, weil seine Aufstellung auf private Bauwünsche zurückgeht. Es ist in der Praxis sogar üblich und sinnvoll, dass die Gemeinden nicht „ins Blaue planen", sondern dass Bauinteressenten den Anstoß für eine Bebauung geben. Dies ist unbedenklich, wenn die Gemeinde mit dem Bebauungsplan neben der Erfüllung privater Bauwünsche auch die städtebauliche Ordnung fortentwickeln will.[120]

Beispiel: Eine Gemeinde verfolgt das Ziel, für einen bestehenden Weinbaubetrieb Raum für eine Erweiterung und damit für dessen Existenzsicherung zu schaffen und die Voraussetzungen für die Ansiedlung eines in der Region etablierten Wein- und Lebensmittelanalyseinstituts zu ermöglichen. Sie sieht die Schaffung wohnstättennaher Arbeitsplätze als vorteilhaft für die Ortsgemeinde an. Mit der Ausrichtung auf diese wirtschaftlichen Belange verfolgt sie legitime städtebauliche Ziele.[121]

33 Das Gebot der Erforderlichkeit bezieht sich nur auf den Bebauungsplan als solchen, nicht auch auf die einzelnen Festsetzungen.[122] Deren Erforderlichkeit ist nach der Rechtsprechung des BVerwG eine Frage des Abwägungsgebots und deshalb an dieser Stelle ohne Belang.

bb) Pflicht zur Aufstellung

34 Ist die Aufstellung eines Bebauungsplans nach § 1 Abs. 3 BauGB rechtlich erforderlich, wird die Gemeinde aber nicht tätig, kann nur die Aufsichtsbehörde nach § 120 GO NRW die Gemeinde zur Aufstellung eines Bebauungsplans zwingen.[123] Den an einer Bebauung ihrer Grundstücke interessierten Grundstückseigentümern steht dagegen nach § 2 Abs. 3 BauGB weder ein Anspruch auf Aufstellung eines Bebauungsplans noch auf Änderung eines bestehenden Bebauungsplans zu. Ebenso wenig gibt es einen Anspruch auf Fortführung einer begonnenen Bauleitplanung[124] oder auf Fortbestand der bestehenden Bauleitplanung.[125] Die Aufstellung eines Bebauungsplans erfolgt im öffentlichen Interesse und nicht (auch) für schutzwürdige Rechte Einzelner. Ein Anspruch auf Schaffung des durch den Bebauungsplan vorgesehenen Zustands (Plangewährleistungsanspruch) besteht nicht.[126]

Beispiel: Wenn der Bebauungsplan eine öffentliche Grünfläche ausweist, besteht weder ein Anspruch der Bewohner des Plangebiets auf Schaffung der Grünfläche noch auf ein Einschreiten der Bauaufsichtsbehörde gegen eine Zweckentfremdung der Grünfläche als Abstellplatz für Kraftfahrzeuge.

b) Gesetzliche Planungsleitsätze (Planungsschranken)

35 Die Gemeinde kann sich bei der Aufstellung der Bauleitpläne nicht auf „planerisch freiem Feld" betätigen, sondern unterliegt vielfältigen tatsächlichen und rechtlichen Bindungen. Das BVerwG[127] spricht daher davon, dass häufig mehr Bindung als Freiheit besteht. Dabei ist bei den rechtlichen Bindungen zu unterscheiden zwischen zwingenden gesetzlichen Anforderungen, die der Planungsentscheidung zugrunde zu legen sind (z.B. den Zielen der Raumordnung, § 1 Abs. 4 BauGB) und sog. Opti-

---

120 BVerwG Beschl. v. 30.12.2009 – 4 BN 13.09; VGH München Beschl. v. 28.11.2019 – 1 NE 19.1502.
121 Nach OVG Koblenz Urt. v. 20.1.2010 – 8 C 10725/09.
122 BVerwG Urt. v. 26.3.2009 – 4 C 21/07.
123 BVerwG Urt. v. 17.9.2003 – 4 C 14/01.
124 BVerwG Beschl. v. 9.10.1996 – 4 B 180/96.
125 BVerwG Urt. v. 14.6.1968 – IV C 13.66.
126 BVerwG Beschl. v. 9.10.1996 – 4 B 180/96.
127 BVerwG Urt. v. 5.6.1974 – IV C 50.72.

B. Bauplanungsrecht

mierungsgeboten (Abwägungsdirektiven)[128], bei denen nur eine möglichst optimale Lösung anzustreben ist,[129] z.b. der Trennung von Wohngebieten und immissionsträchtigen Anlagen (§ 50 BImSchG), dem sparsamen Umgang mit Grund und Boden (§ 1a Abs. 2 BauGB) sowie den Naturgütern (§ 1 Abs. 3 Nr. 1 BNatSchG) oder dem Schutz der Gewässer (§ 1 WHG).

36 Während die zwingenden gesetzlichen Schranken sozusagen vor die Klammer zu ziehen sind, also außerhalb der Abwägung stehen, muss bei Optimierungsgeboten gerade im Wege der Abwägung eine dem gesetzlichen Auftrag entsprechende Lösung gefunden werden. Optimierungsgebote können also, anders als die zuerst genannten gesetzlichen Anforderungen, im Wege der Abwägung überwunden, d.h. hinter andere öffentliche Belange zurückgestellt werden.[130]

aa) Ziele der Raumordnung

37 Nach § 1 Abs. 4 BauGB sind die Bauleitpläne den Zielen der Raumordnung anzupassen.[131] Die Vorschrift wird vom Landesplanungsgesetz (LPlG) aufgenommen. Die Grundsätze und Ziele der Raumordnung und Landesplanung werden in NRW im Landesentwicklungsprogramm, in einem Landesentwicklungsplan oder mehreren Landesentwicklungsplänen, in Gebietsentwicklungsplänen und in Braunkohleplänen dargestellt (§ 11 LPlG). Während das Landesentwicklungsprogramm nur Grundsätze und allgemeine Ziele der Raumordnung und Landesplanung enthält (§ 12 LPlG), legen die Landesentwicklungspläne bereits auf der Grundlage des Landesentwicklungsprogramms die Ziele für die Gesamtentwicklung des Landes fest (§ 13 Abs. 1 LPlG). Die Landesentwicklungspläne bestehen (wie die Bauleitpläne) aus textlichen und zeichnerischen Darstellungen. Sie werden im Gesetz- und Verordnungsblatt bekannt gemacht und sollen spätestens alle 10 Jahre nach ihrer Aufstellung überprüft werden. Auf ihrer Grundlage werden die Gebietsentwicklungspläne erstellt, die die regionalen Ziele der Raumordnung vorgeben (§ 14 LPlG). Sie bedürfen der Genehmigung durch die Landesplanungsbehörde.

38 Um die Bauleitpläne auf der lokalen Ebene diesen Zielen der Raumordnung und Landesplanung anzupassen, hat die Gemeinde bei Beginn ihrer Arbeiten zur Aufstellung oder Änderung eines Bauleitplanes unter allgemeiner Angabe ihrer Planungsabsichten bei der Bezirksplanungsbehörde anzufragen, welche Ziele für den (lokalen) Planungsbereich bestehen (§ 20 Abs. 1 LPlG).

39 Das Gebot des § 1 Abs. 4 BauGB, die Bauleitpläne an die Ziele der Raumordnung anzupassen, ist nicht nur bei der Aufstellung eines neuen Bauleitplans zu beachten. Vielmehr sind die Gemeinden verpflichtet, bereits bestehende Bauleitpläne zu ändern, wenn diese inhaltlich im Widerspruch zu einer später in Kraft getretenen landesplanerischen Festsetzung stehen. Ferner ist die Gemeinde zur erstmaligen Aufstellung eines Bebauungsplans verpflichtet, wenn die Bebauung der Gemeinde sich abweichend von den landesplanerischen Festsetzungen entwickelt. Das BVerwG[132] spricht davon, zwischen der übergeordneten Landesplanung und der Bauleitplanung müsse eine „umfassende materielle Konkordanz" gewährleistet sein.

---

128 BVerwG Urt. v. 5.6.1974 – IV C 50.72; s. dazu auch OVG Koblenz Urt. v. 10.6.2020 – 8 C 11403/19.
129 BVerwG Beschl. v. 29.11.1995 – 11 VR 15/95.
130 BVerwG Urt. v. 22.3.1985 – 4 C 73/82.
131 S. dazu BVerwG Urt. v. 30.1.2003 – 4 CN 14/01.
132 BVerwG Urt. v. 17.9.2003 – 4 C 14/01.

40 Die Gemeinde muss bei der Aufstellung von Bauleitplänen gemäß § 1 Abs. 4 BauGB von den Vorgaben der Landesplanung ausgehen. Diese sind als vorgegebene Beschränkung der Planungshoheit nicht Teil der Abwägung nach § 1 Abs. 7 BauGB und können nicht „wegabgewogen" werden.[133] Die Bindung an die Landesplanungen darf allerdings nicht so weit gehen, dass der Gemeinde kein eigener Planungsfreiraum mehr verbleibt. Eine Bindung der Gemeinde an die Landesplanung setzt ferner voraus, dass die Gemeinde bei der Festlegung der Ziele der Landesplanung beteiligt worden ist.[134] Das bedeutet zwar nicht, dass die Gemeinde ihre Zustimmung erteilt haben muss, sie muss aber zumindest gehört worden sein, so dass ihre planerischen Vorstellungen in die landesplanerische Entscheidung einfließen können.

bb) Interkommunales Abstimmungsgebot (§ 2 Abs. 2 BauGB)

41 Nach § 2 Abs. 2 BauGB sind die Bauleitpläne benachbarter Gemeinden aufeinander abzustimmen; dabei können sich Gemeinden auch auf die ihnen durch Ziele der Raumordnung zugewiesenen Funktionen sowie auf Auswirkungen auf ihre zentralen Versorgungsbereiche berufen, § 2 Abs. 2 S. 2 BauGB.[135]

Beispiel: Eine im Landesentwicklungsplan als Mittelzentrum eingestufte Stadt kann sich gegen ein in der benachbarten Gemeinde geplantes Einkaufszentrum zur Wehr setzen, wenn nach dem Regionalplan Einkaufszentren nur in Ober- und Mittelzentren errichtet werden dürfen (sog. Konzentrationsgebot).[136]

42 Die Vorschrift ist eine gesetzliche Ausformung der gemeindlichen Planungshoheit und eine besondere Ausprägung des Abwägungsgebots.[137] Sie beinhaltet eine materielle Abstimmungspflicht bei der Aufstellung von Bauleitplänen, d.h. die Verpflichtung, auf die Belange der Nachbargemeinde Rücksicht zu nehmen. Der Vorschrift liegt die Vorstellung zugrunde, dass benachbarte Gemeinden sich mit ihrer Planungsbefugnis im Verhältnis der Gleichordnung gegenüberstehen. Die Regelung verlangt einen Interessenausgleich zwischen diesen Gemeinden und fordert dazu eine Koordination der gemeindlichen Belange.[138]

43 Die Pflicht zur interkommunalen Rücksichtnahme setzt nicht voraus, dass die Nachbargemeinde bereits ihre Planungsvorstellungen verwirklicht hat oder diese Planungsabsichten zumindest hinreichend konkretisiert worden sind oder gemeindliche Einrichtungen bereits erheblich beeinträchtigt werden. Nach der Rechtsprechung des BVerwG ist eine verfahrensmäßig-formelle und eine materiell-inhaltliche Abstimmung nach den zum Abwägungsgebot entwickelten Grundsätzen geboten, wenn nachbargemeindliche Belange in mehr als geringfügiger Weise nachteilig betroffen werden.[139] Das ist nicht erst dann der Fall, wenn eine hinreichend bestimmte Planung nachhaltig gestört wird oder wesentliche Teile des Gemeindegebietes einer durchsetzbaren Planung der Gemeinde entzogen werden.[140] Allerdings ist erforderlich, dass die Auswirkungen die städtebauliche Ordnung der Nachbargemeinde berühren und dass sie ein gewisses Maß erreichen.[141]

---

133 BVerwG Urt. v. 30.1.2003 – 4 CN 14/01.
134 BVerwG Urt. v. 18.2.1994 – 4 C 4/92.
135 S. dazu Kment, NVwZ 2007, 996.
136 VGH Mannheim Urt. v. 27.9.2007 – 3 S 2875/06.
137 OVG Münster Beschl. v. 2.12.2016 – 7 B 1344/16.
138 BVerwG Beschl. v. 22.12.2009 – 4 B 25/09.
139 BVerwG Urt. v. 17.9.2003 – 4 C 14/01.
140 BVerwG Urt. v. 15.12.1989 – 4 C 36/86.
141 OVG Lüneburg Beschl. v. 14.12.2016 – 1 MN 82/16.

B. Bauplanungsrecht

Beispiele:
– Eine Gemeinde wandte sich ohne Erfolg gegen einen Bebauungsplan, der von ihrem Gemeindegebiet über 1 km entfernt war. Sie störte sich nicht an den in diesem Bebauungsplan getroffene Festsetzungen, sondern daran, dass die Nachbargemeinde das Gebiet überhaupt überplante. Sie wollte erreichen, dass dieses Gebiet von jeglicher gemeindlicher Bauleitplanung unberührt bleibt, da sie davon ausgeht, dass es in dem laufenden Planfeststellungsverfahren nach dem Bundesfernstraßengesetz als Alternativstandort für eine Tank- und Rastanlage in Betracht kommen könnte. Damit ging es der Gemeinde also nicht um unmittelbare Auswirkungen, die die Festsetzungen des Bebauungsplans für sie haben könnten, mithin nicht um eine Abstimmung der Bauleitplanung.[142]
– Ohne Konkretisierung von Planungsabsichten der Gemeinde ist nicht ersichtlich, inwieweit die Errichtung und der Betrieb der in einer Entfernung von ca. 1.680 m geplanten Windkraftanlage denkbare Planungen in einer die Abstimmungspflicht nach § 2 Abs. 2 BauGB auslösenden Weise tangieren könnte; ein lediglich allgemeines Freihaltungsinteresse für bestimmte Gemeindeteile, um sich etwaige Planungsoptionen für die Zukunft oder auch Nutzungsmöglichkeiten Dritter abstrakt offen zu halten, ist nicht schutzwürdig und stellt keinen planungsrechtlich beachtlichen Belang dar.[143]

Eine Gemeinde, die sich objektiv in einer Konkurrenzsituation zu einer Nachbargemeinde befindet, darf von ihrer Planungshoheit nicht rücksichtslos zum Nachteil der Nachbargemeinde Gebrauch machen.[144] Die Nachbargemeinde hat das Recht, sich gegen Planungen anderer Gemeinden zur Wehr zu setzen, welche die eigene Planungshoheit rechtswidrig beeinträchtigen (vgl. dazu Teil E Rn. 153 ff.).

44

Beispiel: Eine Nachbargemeinde kann zwar nicht erwarten, dass sie ihre Ansiedlungspolitik für gewerbliche Betriebe in einem gleichsam konkurrenzfreien Umfeld verwirklichen kann. Wenn aber die konkurrierende Gemeinde ein „Dumping" betreibt, das natürliche Standortvorteile der beschwerten Nachbargemeinde aufhebt, ist die Grenze der Abwägungsrelevanz überschritten.[145]

cc) Fachplanerische Vorgaben

Die Bauleitplanung der Gemeinde darf sich nicht über die Fachplanungen anderer Planungsträger (Straßenbau, Wasserschutz, Naturschutz, Abfallbeseitigung u.a.) hinwegsetzen. Das Verhältnis der Bauleitplanung zur Fachplanung bereitet erhebliche rechtliche Schwierigkeiten.[146] Die normativen Regelungen zur Lösung von Konflikten zwischen Bauleitplanung und Fachplanung sind unzureichend.

45

dd) Naturschutzrechtliche Eingriffsregelung (§ 1a Abs. 3 BauGB)

Nach § 1a Abs. 3 BauGB ist bei der Bauleitplanung auch die Vermeidung und der Ausgleich der zu erwartenden Eingriffe in Natur und Landschaft (Eingriffsregelung nach §§ 13 ff. BNatSchG) zu berücksichtigen. Ein solcher Eingriff ist bei erheblichen Beeinträchtigungen des Naturhaushalts oder des Landschaftsbilds gegeben, was praktisch bei allen größeren Bauvorhaben in einem bisher baulich nicht genutzten Bereich der Fall ist.[147]

46

In all diesen Fällen erfolgt der Eingriff eigentlich nicht durch den Bebauungsplan, sondern erst durch dessen Verwirklichung. Gleichwohl schreibt § 1a Abs. 3 S. 1 BauGB vor, dass die naturschutzrechtliche Eingriffsregelung bereits bei der Aufstel-

47

---
142 Nach OVG Hamburg Urt. v. 20.8.2019 – 2 E 6/18.N.
143 Nach VG Ansbach Beschl. v. 29.5.2020 – AN 11 S 20.00419; so auch VGH München Beschl. v. 20.9.2017 – 22 CS 17.1471.
144 VGH München Urt. v. 28.2.2017 – 15 N 15.2041.
145 Nach OVG Lüneburg Beschl. v. 14.12.2016 – 1 MN 82/16.
146 BVerwG Urt. v. 4.5.1988 – 4 C 22/87.
147 BVerwG Beschl. v. 23.3.1992 – 4 B 218/91.

lung der Bauleitpläne „abzuarbeiten" ist. Denn der Grundstückseigentümer hat nach Inkrafttreten des Bebauungsplans gem. § 30 BauGB einen Anspruch auf Erteilung einer Baugenehmigung, wobei in dem Genehmigungsverfahren die §§ 15 ff. BNatSchG über die Verursacherpflichten nicht mehr zu prüfen sind.

(1) Vermeidbare Beeinträchtigungen

48 § 15 Abs. 1 BNatSchG verlangt, dass eine vermeidbare Beeinträchtigung von Natur und Landschaft unterlassen wird. Die Vorschrift spricht von der Vermeidbarkeit der Beeinträchtigung, nicht etwa von der Vermeidbarkeit der eingreifenden Maßnahme. Letztlich kann nämlich jeder Eingriff dadurch vermieden werden, dass er unterlassen wird.[148] Es kommt darauf an, ob die Maßnahme an der vorgesehenen Stelle auch ohne eine Beeinträchtigung von Natur und Landschaft verwirklicht werden kann oder ob die Beeinträchtigung zumindest minimiert werden kann. Ist eine Beeinträchtigung in diesem Sinne unvermeidbar, schreibt § 15 Abs. 2 BNatSchG einen Ausgleich oder eine Ersetzung durch Maßnahmen zugunsten der Natur vor.

(2) Ausgleichspflicht

49 Ein Ausgleich bedeutet nach § 15 Abs. 2 BNatSchG die Wiederherstellung der früheren Funktion des Naturhaushalts oder eine Ersetzung durch die Herstellung eines ökologisch gleichwertigen Zustands des Naturhaushalts. Ist ein Ausgleich oder eine Ersetzung nicht möglich, kann das Vorhaben gleichwohl verwirklicht werden, wenn dafür überwiegende sonstige öffentliche Belange sprechen (§ 15 Abs. 5 BNatSchG).

Beispiele für Ausgleichsmaßnahmen: 50 m breite Wildbrücke über eine Autobahn;[149] Renaturierung einer Kiesgrube.[150]

50 Nach § 1a Abs. 3 S. 3 BauGB können die Kompensationsmaßnahmen auch an anderer Stelle als der des Eingriffs vorgesehen werden. Die Festsetzung solcher Maßnahmen kann nach § 9 Abs. 1a BauGB auch in einem eigenständigen Bebauungsplan außerhalb des Plangebiets des Bebauungsplans enthalten sein.[151] Außerdem kann nach §§ 1a Abs. 3, 11 Abs. 1 Nr. 3 BauGB der Ausgleich auch in einem städtebaulichen Vertrag geregelt werden[152] oder auf sonstige Weise erfolgen. Die in Satz 5 vorgenommene Klarstellung, dass ein Ausgleich nicht erforderlich ist, soweit die Eingriffe bereits vor der planerischen Entscheidung erfolgt sind oder zulässig waren, verpflichtet zum Ausgleich nur soweit, als zusätzliche und damit neu geschaffene Baurechte entstehen. Die Gemeinden sind nicht zur Sanierung aller Nutzflächen verpflichtet.[153]

51 Die im Bebauungsplan vorgesehenen Ausgleichs- und Ersatzmaßnahmen sind nach § 135a BauGB entweder vom Bauherrn selbst oder aber – was i.d.R. sinnvoller ist – von der Gemeinde im Wege des sog. Sammelausgleichs zu verwirklichen. Die Gemeinde kann die ihr entstandenen Kosten nach § 135a Abs. 2 bis 4 BauGB auf die Grundstückseigentümer umlegen.

---

148 BVerwG Urt. v. 7.3.1997 – 4 C 10/96.
149 BVerwG Urt. v. 31.1.2002 – 4 A 15/01.
150 VGH Mannheim Urt. v. 6.8.1985 – 5 S 2639/84.
151 S. dazu BVerwG Beschl. v. 18.6.2003 – 4 BN 37/03.
152 BVerwG Beschl. v. 9.5.1997 – 4 N 1/96.
153 BVerwG Beschl. v. 20.3.2012 – 4 BN 31/11.

B. Bauplanungsrecht

(3) FFH-Richtlinie, Vogelschutzrichtlinie, Artenschutz

Nach § 1 Abs. 6 Nr. 7b BauGB müssen im Rahmen der Abwägung auch die Fauna-Flora-Habitat-Richtlinie (FFH-RL) der EU vom 21.5.1992[154] und die Vogelschutzrichtlinie der EG vom 2.4.1979[155] berücksichtigt werden. Anders als bei der Eingriffsregelung können die Bestimmungen der FFH-RL und der Vogelschutzrichtlinie nicht weggewogen werden, da die europarechtlichen Anforderungen nicht zur Disposition des deutschen Gesetzgebers stehen. Dementsprechend bestimmt § 33 Abs. 1 BNatSchG, dass erhebliche Störungen und Veränderungen von FFH-Gebieten und Vogelschutzgebieten grundsätzlich unzulässig sind. Ausnahmen hiervon können nur unter den engen Voraussetzungen des § 34 Abs. 3 und 4 BNatSchG zugelassen werden.[156] Schließlich enthalten auch die Vorschriften über den Artenschutz (§§ 37 ff. BNatSchG) bindende Vorgaben für die Bauleitplanung.

52

(4) Umweltprüfung (§§ 2 Abs. 4, 2a BauGB)

Die Neufassung des BauGB durch das EAG-Bau vom 30.4.2004 (als Umsetzung der europarechtlichen Plan-UP-Richtlinie[157]) hat zu einer erheblichen Ausweitung der Umweltprüfung in der Bauleitplanung geführt. Während zuvor nur bei wenigen Großprojekten (insb. Feriendörfern, Hotelkomplexen, Einkaufszentren und großflächigen Einzelhandelsbetrieben ab 5.000 m² Verkaufsfläche sowie Anlagen zur Massentierhaltung) eine Umweltverträglichkeitsprüfung (UVP) notwendig war, schreibt § 2 Abs. 4 BauGB nunmehr für nahezu alle Bauleitpläne eine Umweltprüfung vor. Ausgenommen sind allerdings nach § 13 Abs. 3 BauGB Bebauungspläne, die die Grundzüge der Planung nicht berühren und daher im vereinfachten Verfahren nach § 13 Abs. 1 BauGB erstellt werden können sowie solche, die im beschleunigten Verfahren nach § 13a BauGB aufgestellt werden. Die Plan-UP stellt kein eigenständiges Verfahren dar, sie erfolgt vielmehr im Rahmen des Verfahrens zur Aufstellung der Bauleitpläne. Sie ist vor allem deshalb bedeutsam, weil sie zu einer systematischen Erfassung aller Umweltauswirkungen führt. Der genaue Inhalt des Prüfungsprogramms ergibt sich aus der Anlage zu § 2 Abs. 4 und § 2a BauGB. Das Ergebnis der Plan-UP ist nach § 2a Nr. 2 BauGB in einem Umweltbericht zusammenzufassen, der Teil der Begründung des Flächennutzungsplans bzw. des Bebauungsplans ist.[158]

53

Das Unterbleiben einer Umweltverträglichkeitsprüfung führt allerdings nicht stets zur Ungültigkeit des Bebauungsplans, sondern nur, wenn es sich auf die Abwägung ausgewirkt hat. Es ist darüber hinaus stets beachtlich, wenn europarechtlich durch Art. 3 Abs. 1 Plan-UP-RL wegen der voraussichtlich erheblichen schädlichen Umweltauswirkungen eine Prüfung vorgeschrieben ist oder die Gemeinde bewusst das Verfahren nach §§ 13, 13a BauGB gewählt hat, um eine eigentlich erforderliche Prüfung zu vermeiden.[159] Ein fehlerhafter Umweltbericht ist unschädlich, wenn es sich nur um einen unwesentlichen Fehler handelt (§ 214 Abs. 1 S. 1 Nr. 3 BauGB). Der Fehler kann häufig in einem ergänzenden Verfahren (§ 214 Abs. 4 BauGB) behoben werden, sofern die Grundkonzeption des Bebauungsplans nicht betroffen ist.

54

Die Gemeinde ist nach § 4c BauGB verpflichtet, die Auswirkungen des Bebauungsplans auf die Umwelt zu überwachen (sog. Monitoring).

55

---

154 ABl. Nr. L 206 S. 7.
155 ABl. Nr. L 103 S. 1.
156 BVerwG Urt. v. 17.5.2002 – 4 A 28/01.
157 ABl. 2001 Nr. L 197, S. 30.
158 S. dazu ausführlich Schink, UPR 2020, 500.
159 BVerwG Urt. v. 4.8.2009 – 4 CN 4/08.

ee) Abhängigkeit des Bebauungsplans vom Flächennutzungsplan

(1) Entwicklungsgebot (§ 8 Abs. 2 S. 1 BauGB)

56 Nach § 8 Abs. 2 S. 1 BauGB sind Bebauungspläne „aus dem Flächennutzungsplan zu entwickeln". Das bedeutet nicht, dass der Bebauungsplan dem Flächennutzungsplan in allen Einzelheiten entsprechen muss, sondern die Planungskonzeption des Flächennutzungsplans ist fortzuschreiben und darf diesen in den Grundentscheidungen nicht verändern.[160] Insoweit ist die planerische Konzeption des Flächennutzungsplans für den größeren Raum, d.h. für das gesamte Gemeindegebiet oder jedenfalls für einen über das Bebauungsplangebiet hinausreichenden Ortsteil in den Blick zu nehmen. In diesem Zusammenhang ist zu prüfen, welches Gewicht eine etwaige planerische Abweichung vom Flächennutzungsplan im Rahmen der Gesamtkonzeption des Flächennutzungsplans hat. Maßgeblich ist, ob der Flächennutzungsplan seine Bedeutung als kommunales Steuerungsinstrument der städtebaulichen Entwicklung im Großen und Ganzen behält oder – was unzulässig wäre – verliert.

Beispiele:
- Enthält der Flächennutzungsplan eine eindeutige Festlegung auf eine höchstzulässige Verkaufsfläche, um die raumordnerischen und städtebaulichen Auswirkungen für das Gemeindegebiet und darüber hinaus zu steuern, ist das Entwicklungsgebot verletzt, wenn der Bebauungsplan eine mehr als dreimal so große Verkaufsfläche zulässt.[161]
- Unbedeutende Änderungen der Grenzen des bebauten Gebiets gegenüber dem Außenbereich verstoßen nicht gegen § 8 Abs. 2 BauGB.[162]
- Ein Entwickeln ist nicht mehr gegeben, wenn der Bebauungsplan die Errichtung von Windenergieanlagen für mehr als die Hälfte der Fläche ausschließt, die nach den Darstellungen des Flächennutzungsplans für die Errichtung von Windenergieanlagen geeignet ist.[163]

(2) Einschränkung des Entwicklungsgebots

57 Will die Gemeinde einen Bebauungsplan erlassen, der vom Flächennutzungsplan abweicht, kann sie nach § 8 Abs. 3 BauGB bei zeitlicher und inhaltlicher Übereinstimmung zwischen Bebauungsplan und Flächennutzungsplan zugleich mit der Aufstellung des Bebauungsplans den Flächennutzungsplan ändern (sog. Parallelverfahren)[164]. Der Bebauungsplan darf bereits vor dem geänderten Flächennutzungsplan in Kraft gesetzt werden, wenn abzusehen ist, dass die Übereinstimmung zwischen Flächennutzungsplan und Bebauungsplan gewahrt wird (§ 8 Abs. 3 S. 2 BauGB).

58 Besteht in der Gemeinde kein Flächennutzungsplan, kann sie nach § 8 Abs. 4 BauGB gleichwohl einen Bebauungsplan aufstellen, wenn dringende Gründe dies erfordern und der Bebauungsplan der beabsichtigten städtebaulichen Entwicklung nicht entgegensteht.[165] Das gilt auch dann, wenn die Gemeinde zwar einen Flächennutzungsplan aufgestellt hat, dieser aber nichtig ist.[166] Dringende Gründe sind anzunehmen, wenn die Gründe, die für eine sofortige Aufstellung des Bebauungsplans sprechen, erheblich gewichtiger sind als das Festhalten an dem Gebot, dass der Bebauungsplan aus dem Flächennutzungsplan zu entwickeln ist. Auf die Frage, ob die Gemeinde diese Umstände zu vertreten hat, kommt es nicht an.[167] Das Entwick-

---
160 BVerwG Urt. v. 18.8.2005 – 4 C 13/04.
161 Nach OVG Münster Urt. v. 30.9.2009 – 10 D 8/08.NE.
162 BVerwG Urt. v. 26.2.1999 – 4 CN 6/98.
163 OVG Münster Urt. v. 12.2.2004 – 7a D 134/02.NE.
164 BVerwG Beschl. v. 3.10.1984 – 4 N 4/84.
165 S. dazu BVerwG Urt. v. 26.2.1999 – 4 CN 6/98.
166 BVerwG Beschl. v. 18.12.1991 – 4 N 2/89.
167 BVerwG Urt. v. 14.12.1984 – 4 C 54/81.

B. Bauplanungsrecht

lungsgebot verlangt in diesem Fall, dass die Gemeinde dann wenigstens nachträglich einen Flächennutzungsplan aufstellt, der die Festsetzungen des Bebauungsplans übernimmt.

(3) Entwicklungsgebot und Fehlerfolgen (§ 214 BauGB)

Beurteilt die Gemeinde die Zulässigkeit eines selbstständigen oder vorzeitigen Bebauungsplans unrichtig, ist dies nach § 214 Abs. 2 Nr. 1 BauGB unbeachtlich. Diese Vorschrift findet allerdings nur Anwendung, wenn sich die Gemeinde bewusst ist, dass ein vorzeitiger Bebauungsplan aufgestellt wird, aber infolge fehlerhafter Auslegung des § 8 Abs. 2 oder 4 BauGB die Voraussetzungen dieser Vorschriften für gegeben hält oder sie aus Unkenntnis nicht beachtet. Setzt sich die Gemeinde dagegen vorsätzlich über das Entwicklungsgebot hinweg, ist der Bebauungsplan nichtig.[168]

59

Wird der Bebauungsplan nicht aus dem Flächennutzungsplan entwickelt, wird er also entweder ohne vorherigen – erforderlichen – Flächennutzungsplan aufgestellt oder wird die Grundkonzeption des Flächennutzungsplans nicht beachtet, ist der Bebauungsplan grundsätzlich nichtig.[169] Ein Verstoß gegen das Entwicklungsgebot ist allerdings nach § 214 Abs. 2 Nr. 2 BauGB unbeachtlich, wenn der Bebauungsplan die sich aus dem Flächennutzungsplan ergebende geordnete städtebauliche Entwicklung nicht beeinträchtigt.[170]

60

ff) Allgemeingültige Planungsprinzipien / Planungsleitsätze

Die Gemeinde muss bei der Bauleitplanung die allgemein gültigen Planungsleitsätze beachten. Diese sind zwar nicht gesetzlich geregelt, aber jeder Planung immanent und werden letztlich aus dem Rechtsstaatsprinzip abgeleitet. Die Nichtbeachtung dieser Prinzipien führt dazu, dass der Plan wegen Verstoßes gegen § 1 BauGB nichtig ist.

61

(1) Gebot konkreter Planung

Der Bebauungsplan muss konkrete Regelungen über die Bebaubarkeit der Grundstücke treffen. Insofern unterscheidet er sich vom Normalfall einer Norm: Während Rechtsnormen typischerweise abstrakt-generelle Regelungen treffen, enthält der Bebauungsplan konkrete Einzelausweisungen über die zulässige Bebauung oder sonstige Nutzung der von ihm erfassten Grundstücke.

62

(2) Gebot äußerer Planung

Für ein Gebiet darf nur *ein* Bebauungsplan Festsetzungen treffen.[171] Wird ein neuer Bebauungsplan erlassen, darf ein früherer nicht gleichzeitig fortgelten. Unschädlich ist allerdings, dass ein späterer Plan einen früheren ergänzt.[172]

63

---

168 BVerwG Urt. v. 26.2.1999 – 4 CN 6/98.
169 BVerwG Urt. v. 28.2.1975 – IV C 74.72.
170 OVG Münster Urt. v. 28.6.1999 – 7a D 42/98.NE.
171 VGH Mannheim Urt. v. 30.6.1982 – 5 S 314/81.
172 BVerwG Urt. v. 30.1.1976 – IV C 26.74.

(3) Gebot positiver Planung

64 Der Bebauungsplan muss Festsetzungen enthalten, die *positiv bestimmen*, welche bauliche oder sonstige Nutzung zulässig ist. Dass eine Planung/Überplanung je nach Interessenlage einige Grundstückseigentümer begünstigt und andere benachteiligt ist jeder Planung immanent und deshalb unschädlich. Die Verfolgung negativer Zielvorstellungen kann und darf im Einzelfall der Hauptzweck einer Planung sein. Entscheidend ist, dass die planerische Ausweisung eine positive planerische Aussage über die zukünftige Funktion im städtebaulichen Gesamtkonzept der Gemeinde zum Inhalt hat und sich nicht auf die bloße Abwehr jeglicher Veränderung durch die Aufnahme bestimmter Nutzungen beschränkt.

65 Eine bloße „Negativplanung" („Verhinderungsplanung") ist unzulässig, wenn Festsetzungen nicht dem planerischen Willen der Gemeinde entsprechen, sondern nur das vorgeschobene Mittel sind, um eine andere Nutzung zu verhindern.[173] Eine unzulässige Negativplanung liegt nicht vor, wenn die Gemeinde durch die Aufstellung oder Änderung eines Bebauungsplans eine bauliche Fehlentwicklung verhindern will.[174]

Beispiel: Die Gemeinde weist zulässiger Weise eine Außenbereichsfläche als landwirtschaftliche Nutzfläche aus, um den Kiesabbau in einem landschaftlich reizvollen Bereich zu verhindern.[175]

66 Die Gemeinde darf durch Festsetzung einer landwirtschaftlichen Nutzfläche,[176] durch Festsetzungen für Maßnahmen zum Schutz der Natur gemäß § 9 Abs. 1 Nr. 20 BauGB[177] oder einer Grünfläche gemäß § 9 Abs. 1 Nr. 15 BauGB[178] eine „Auffangplanung" zur Erhaltung des status quo betreiben, wenn diese aus städtebaulichen Erwägungen, insbesondere des Naturschutzes und der Landschaftspflege, geboten erscheint. Dagegen reicht das allgemeine Interesse an der Freihaltung von Planungsmöglichkeiten (sog. Freihaltebelang) als planerische Rechtfertigung nicht aus.[179]

(4) Bestimmtheitsgebot

67 Für alle Rechtsnormen gilt: Ihre Tatbestände müssen so präzise formuliert werden, dass die Folgen der Regelung für die Adressaten der Norm voraussehbar und berechenbar sind. Die Adressaten müssen in der Lage sein, ihr Handeln oder Unterlassen daran auszurichten. Sie müssen wissen, welchen Beschränkungen ihr Grundstück unterworfen und gegebenenfalls welchen Belastungen es – z.B. durch Immissionen – ausgesetzt sein wird. Dies ist ihnen nicht möglich, wenn die Vorschrift konturenlos ist und deshalb eine willkürfreie Handhabung durch Behörden und Gerichte nicht gewährleistet ist.

68 Allerdings brauchen „Rechtsnormen (…) nur so bestimmt zu sein, wie dies nach der Eigenart der zu regelnden Sachverhalte mit Rücksicht auf den Normzweck möglich ist (…), weshalb auch unbestimmte Rechtsbegriffe oder auslegungsfähige Generalklauseln zulässig sind (…). Diese bedürfen dann der Konkretisierung durch die Gerichte. Den Gerichten sind hierbei durch das Rechtsstaatsprinzip, insbesondere

---

173 BVerwG Beschl. v. 11.5.1999 – 4 BN 15/99.
174 VGH Kassel Urt. v. 10.6.2020 – 3 C 394/19.N.
175 BVerwG Beschl. v. 18.12.1990 – 4 NB 8/90.
176 BVerwG Beschl. v. 18.12.1990 – 4 NB 8/90.
177 BVerwG Beschl. v. 27.6.1990 – 4 B 156/89.
178 BVerwG Urt. v. 16.12.1988 – 4 C 48/86.
179 BVerwG Urt. v. 6.10.1989 – 4 C 28/86.

B. Bauplanungsrecht

durch die Grundsätze der Bestimmtheit und der Rechtssicherheit, Grenzen gesetzt. Angesichts seiner Weite ist bei der Ableitung konkreter Begrenzungen jedoch behutsam vorzugehen (…).".[180] Es ist ausreichend, wenn der Inhalt des Bebauungsplans durch Auslegung ermittelt werden kann. Das Bestimmtheitsgebot ist erst dann verletzt, wenn der Inhalt der Festsetzungen des Bebauungsplans sich auch nicht durch die Heranziehung der Begründung konkretisieren lässt und die Ungewissheit über die zukünftige Bebauung gemäß den Festsetzungen des Bebauungsplans für die Planbetroffenen nicht mehr zumutbar ist.[181]

Beispiel für eine fehlende Bestimmtheit: Für die zulässige Höhe baulicher Anlagen wird auf die „angrenzende Erschließungsanlage" Bezug genommen. Allerdings ist unklar, ob mit dem Begriff der Erschließungsanlage nur die im Bebauungsplan festgesetzten öffentlichen Verkehrsflächen oder im Baugebiet zu erwartende private Erschließungsanlagen und Zufahrten gemeint sind. Unbestimmt waren die Festsetzungen zur zulässigen Höhe auch deshalb, weil es für den im Plangebiet mehrfach gegebenen Fall, dass ein Grundstück an mehrere öffentliche Verkehrsflächen angrenzt, an einer Regelung fehlt, welche dieser Erschließungsanlagen als Ausgangsmaß für die Höhenberechnung im Einzelfall heranzuziehen ist.[182]

Das Bestimmtheitserfordernis gilt auch für die Festsetzung der Wandhöhe als besonderer Fall einer Festsetzung der Höhe einer baulichen Anlage[183] und setzt die Bestimmung der erforderlichen Bezugspunkte voraus.[184] **69**

Ein Bestimmtheitsmangel kann auch darin liegen, dass der Maßstab der Planzeichnung zu ungenau ist. Zwar gibt es keinen allgemeinen Rechtsgrundsatz, nach dem ein Bebauungsplan nur bei Wahrung eines bestimmten Maßstabs hinreichend bestimmt ist, lesbar muss er indes selbstverständlich sein. **70**

Beispiel: Das OVG Münster hat einen Bebauungsplan als nicht hinreichend lesbar eingestuft, weil die Linien zur Abgrenzung zwischen Baugebieten und öffentlichen Verkehrsflächen in der Planzeichnung so dargestellt waren, dass sie eine Breite von deutlich mehr als 1 mm überdecken. Sie erfassten damit in der Örtlichkeit einen Grundstücksstreifen von über 2,5 m Breite. Aus der Legende zur Planzeichnung war auch nicht etwa ersichtlich, dass nach der Vorstellung des Plangebers jeweils eine bestimmte Außenkante einer solchen Linie, etwa die straßenzugewandte oder die baugebietszugewandte, für die Abgrenzung maßgeblich sein soll. Damit lasse sich aus dem Plan nicht hinreichend eindeutig ablesen, ob erhebliche Flächenanteile in der Örtlichkeit als öffentliche Verkehrsfläche oder als Baugebiete festgesetzt sein sollen.[185]

Beispiele für eine hinreichende Bestimmtheit: Ein Bebauungsplan, der ein Leitungsrecht über ein fremdes Grundstück festlegt, muss nicht bestimmen, in welcher Tiefe die Leitung zu verlegen ist.[186] Die Festsetzung eines Sportplatzes erfüllt die Anforderungen an die Bestimmtheit auch wenn die Sportart nicht angegeben wird.[187]

Nichtig sind widersprüchliche Festsetzungen: **71**

Beispiele: Eine identische Fläche wird zugleich als Gewerbegebiet und als Fläche für den Gemeinbedarf ausgewiesen.[188] Ein Bebauungsplan ist nichtig, wenn in zwei ausgefertigten Planexemplaren die Grenzen des Baugebiets unterschiedlich eingezeichnet sind.[189]

---

180 BVerfG Nichtannahmebeschl. v. 26.3.2014 – 1 BvR 3185/09.
181 OVG Münster U. v. 6.11.2013 – 7 D 16/12.NE.
182 Nach OVG Münster Urt. v. 10.5.2019 – 7 A 1419/17; ähnlich: VGH Mannheim Urt. v. 9.5.2019 – 5 S 2015/17, mit Hinweisen auf eine hinreichend bestimmte Bezeichnung des Bezugspunktes; zu einer ausreichenden Bestimmtheit der Höhenfestsetzung siehe auch OVG Koblenz Urt. v. 10.6.2020 – 8 C 11403/19.
183 Vgl. König/Petz in: König/Roeser/Stock, BauNVO, 4. Aufl. 2019, § 18, Rn. 5.
184 VGH München Urt. v. 23.6.2020 – 1 N 17.972.
185 Nach OVG Münster Urt. v. 14.6.2019 – 7 A 2386/17.
186 BVerwG Beschl. v. 18.12.1987 – 4 NB 2/87.
187 OVG Münster Beschl. v. 21.6.1994 – 11 B 1511/94.
188 OVG Münster Urt. v. 8.12.1983 – 11a NE 52/82.
189 VGH Mannheim Urt. v. 11.4.1997 – 5 S 512/95.

72 Zumeist erfasst die Unwirksamkeit einer Planfestsetzung den gesamten Bebauungsplan. Mängel, die einzelnen Festsetzungen eines Bebauungsplans anhaften, führen nur dann nicht zu dessen Unwirksamkeit, wenn die übrigen Regelungen, Maßnahmen oder Festsetzungen für sich betrachtet noch eine sinnvolle städtebauliche Ordnung i.S.d. § 1 Abs. 3 S. 1 BauGB bewirken können und wenn die Gemeinde nach ihrem im Planungsverfahren zum Ausdruck gelangten Willen im Zweifel auch eine Satzung dieses eingeschränkten Inhalts beschlossen hätte.[190]

3. Die Abwägung nach § 1 Abs. 6 und 7 BauGB

a) Allgemeines

73 Die Abwägung öffentlicher und privater Belange stellt das zentrale Problem der Bauleitplanung dar.[191] Sie ist das eigentliche Betätigungsfeld gemeindlicher Planungshoheit.

74 Das Gebot gerechter Abwägung der von der Bauleitplanung betroffenen öffentlichen und privaten Belange ist nach der Rechtsprechung des BVerwG[192] nicht nur aus § 1 Abs. 7 BauGB („Bei der Aufstellung der Bauleitpläne sind die öffentlichen und privaten Belange gegeneinander und untereinander gerecht abzuwägen.") abzuleiten; es ist vielmehr Ausdruck des in Art. 20 Abs. 3 GG verankerten Rechtsstaatsprinzips und des in ihm enthaltenen Grundsatzes der Verhältnismäßigkeit. Die verfassungsrechtliche Verankerung des Abwägungsgebots ist vor allem deshalb bedeutsam, weil der Gesetzgeber dadurch gehindert ist, das Abwägungsgebot einzuschränken und etwa einen regelmäßigen Vorrang öffentlicher Belange gegenüber privaten Interessen zu statuieren. Das BVerwG hat wiederholt entschieden, dass das Abwägungsgebot unabhängig von einer positiven gesetzlichen Regelung jeder Planung immanent ist und allgemein gilt.[193]

75 Die verfahrensrechtlichen Anforderungen ergeben sich insbesondere aus § 2 Abs. 3 und § 1 Abs. 7 BauGB. Die in diesen Bestimmungen genannten Anforderungen decken sich.[194]

76 Die Planungsentscheidung hält sich (nur dann) in den verfassungsrechtlich vorgezeichneten Grenzen, wenn der Plangeber alle sachlich beteiligten Belange und Interessen der Entscheidung zugrunde gelegt sowie umfassend und in nachvollziehbarer Weise abgewogen hat. Dem privaten Eigentum kommt im Rahmen der Abwägung eine besondere Bedeutung zu. Denn Art. 14 Abs. 1 S. 1 GG fordert, dass Vorkehrungen getroffen werden, die eine unverhältnismäßige Belastung des Eigentümers verhindern.[195] Eine mit dem Entzug bestehender Baurechte verbundene „Wegplanung" setzt eine besonders sorgfältige und dokumentierte Abwägung voraus. Zudem sind vorrangig Möglichkeiten der Bestandssicherung, insbesondere nach § 1 Abs. 10 BauGB, in den Blick zu nehmen.[196]

77 Die Grundsätze über die erforderliche Abwägung gelten auch im Falle der Aufhebung eines Bebauungsplans. Da Bebauungspläne gemäß § 1 Abs. 1, Abs. 5, Abs. 6 Nr. 4 BauGB eine geordnete städtebauliche Entwicklung gewährleisten sollen, ist bei

---

190 BVerwG Beschl. v. 8.8.1989 – 4 NB 2.89; BVerwG Beschl. v. 6.4.1993 – 4 NB 43/92; BVerwG Beschl. v. 24.4.2013 – 4 BN 22/13; VGH München Urt. v. 18.4.2013 – 2 N 11.1758.
191 BVerwG Urt. v. 5.6.1974 – IV C 50.72.
192 BVerwG Urt. v. 7.6.1978 – IV C 79.76.
193 BVerwG Urt. v. 14.2.1975 – IV C 21.74.
194 BVerwG Urt. v. 13.12.2012 – 4 CN 1/11.
195 BVerfG Stattgebender Kammerbeschluss v. 19.12.2002 – 1 BvR 1402/01.
196 OVG Münster Beschl. v. 6.8.2010 – 2 A 1445/09.

B. Bauplanungsrecht

ihrer Aufhebung zugleich darüber zu entscheiden, welche städtebauliche Ordnung – die planersetzenden §§ 34, 35 BauGB oder ein neuer Bebauungsplan – an die Stelle der mit dem Plan zuvor beabsichtigt gewesenen Ordnung treten soll. Der bloße Verweis der Gemeinde auf die Geltung der Planersatzvorschriften der §§ 34, 35 BauGB reicht nicht in jeder Planungssituation aus, um der ersatzlosen Planaufhebung eine städtebauliche Rechtfertigung zu verschaffen.[197]

Bei den in § 1 Abs. 6 BauGB aufgeführten Gesichtspunkten (wie allgemeine Anforderungen an gesunde Wohn- und Arbeitsverhältnisse, soziale und kulturelle Bedürfnisse der Bevölkerung, Belange des Bildungswesens usw.) handelt es sich um unbestimmte Rechtsbegriffe. Ob sie beachtet sind, ist deshalb gerichtlich voll überprüfbar.[198] In Bezug auf die eigentliche planerische Entscheidung ist jedoch mit dem Abwägungsgebot zwangsläufig ein planerischer Freiraum verbunden; folglich ist der gerichtliche Prüfungsrahmen begrenzt. 78

Die folgenden Grundsätze des BVerwG[199] werden in ständiger Rechtsprechung bei der Überprüfung von Bebauungsplänen herangezogen: 79

Das Abwägungsgebot[200] ist verletzt, wenn

- eine sachgerechte Abwägung überhaupt nicht stattfindet (sog. Abwägungsausfall),
- in die Abwägung Belange nicht eingestellt werden, die nach Lage der Dinge hätten eingestellt werden müssen (sog. Abwägungsdefizit),
- die Bedeutung der betroffenen Belange verkannt wird (sog. Abwägungsfehleinschätzung),
- der Ausgleich zwischen den von der Planung berührten Belangen in einer Weise vorgenommen wird, die zur objektiven Gewichtigkeit einzelner Belange außer Verhältnis steht (sog. Abwägungsdisproportionalität).

Innerhalb des so gezogenen Rahmens ist dem Abwägungserfordernis genügt, wenn sich die Gemeinde im Widerstreit verschiedener Belange für die Bevorzugung des einen und damit notwendigerweise für die Zurückstellung des anderen Belangs entscheidet. 80

Beispiele:
Abwägungsausfall
- Eine Stadt schließt mit einem großen Kaufhauskonzern einen Vertrag über die Schaffung einer Filiale und verpflichtet sich, den hierfür erforderlichen Bebauungsplan aufzustellen. Der Gemeinderat hält sich bei der Abwägung der verschiedenen Belange an diese – in Wirklichkeit nichtige – Vereinbarung gebunden.[201]

Abwägungsdefizit
- Bei der Aufstellung eines Bebauungsplans wird einem Verdacht, der Boden enthalte Altlasten, nicht weiter nachgegangen. Die Gemeinde muss zwar nicht von sich aus Ermittlungen über Altlasten anstellen, aber einem auftauchenden Verdacht nachgehen.[202]

---

197 OVG Münster Urt. v. 8.4.2014 – 2 D 43/13.NE.
198 BVerwG Urt. v. 5.6.1974 – IV C 50.72.
199 BVerwG Urt. v. 12.12.1969 – IV C 105.66.
200 S. zur Abgrenzung auch VGH Kassel Urt. v. 10.6.2020 – 3 C 394/19.N.
201 Siehe dazu auch OVG Koblenz Urt. v. 27.5.2020 – 8 C 11446/19: Kein Verstoß gegen das Koppelungsverbot, weil der städtebauliche Vertrag den ausdrücklichen Hinweis enthielt, dass keine Verpflichtung zur Aufstellung und zum Beschluss der Satzung begründet werde und Schadensersatzansprüchen ausgeschlossen worden waren.
202 Nach OVG Koblenz Urt. v. 5.12.1990 – 10 C 52/89.

- Der Gemeinderat lässt bei der Planung eines neuen Wohngebiets den Verkehrslärm einer daran vorbeiführenden Straße außer Betracht oder geht von einem viel zu niedrigen Verkehrsaufkommen aus.[203]
- Zwar ist eine Überplanung bebauter Grundstücke zur Fortentwicklung der städtebaulichen Ordnung auch bei fehlendem Einverständnis der betroffenen Grundstückseigentümer nicht grundsätzlich ausgeschlossen; der Rat hat jedoch die betroffenen Belange der Grundstückseigentümer gar nicht erkannt, so dass sie nicht in die Abwägung eingeflossen sind.[204]
- Das Interesse des Antragstellers, vor Immissionen durch Gewerbelärm geschützt zu werden, war in der konkreten Situation nur geringfügig und daher nicht abwägungserheblich.[205]
- Das Interesse, ein Gewerbe frei von der Konkurrenz anderer ausüben zu können, ist in aller Regel kein abwägungserheblicher Belang; das Bauplanungsrecht verhält sich gegenüber Wettbewerbsinteressen neutral.[206]

Abwägungsfehleinschätzung
- Der Gemeinderat „verharmlost" die Gesundheitsgefahr durch eine Schwermetall-Verunreinigung des Erdbodens.[207]

Abwägungsdisproportionalität
- Die Gemeinde nimmt an, für eine Ausweisung bestehe ein besonderes öffentliches Interesse, das dem privaten Interesse deutlich vorgehen müsse. In Wirklichkeit besteht dieser Vorrang nicht, weil die Annahme des überragenden öffentlichen Interesses unrichtig ist.[208]

b) Allgemein gültige Abwägungsgrundsätze

81 Die Gemeinde muss die allgemein gültigen Abwägungsgrundsätze beachten. Es handelt sich dabei vor allem um folgende Prinzipien:

aa) Abwägungsbereitschaft

82 Die Gemeinde muss bei der Planung für alle in Betracht kommenden Planungsvarianten offen sein, d.h. sie darf nicht von vornherein auf eine bestimmte Planung festgelegt sein. Das Gebot der Abwägungsbereitschaft wird auch verletzt, wenn die Gemeinde alternative Planungsmöglichkeiten deshalb nicht in ihre Erwägungen einbezieht, weil deren Betrachtung zu einer zeitlichen Verzögerung des Verfahrens zur Aufstellung des Bebauungsplans führen könnte.

83 Das BVerwG[209] hat festgestellt, die Vorstellung, die Bauleitplanung müsse frei von jeder Bindung erfolgen, sei lebensfremd. Gerade bei größeren Objekten, etwa der Industrieansiedlung oder der Planung eines neuen Stadtteils, sei häufig mehr Bindung als planerische Freiheit vorhanden. Ein Industriegebiet lässt sich häufig nur dann sinnvoll planen, wenn die Bedürfnisse der einzelnen Industrieunternehmen an die Verkehrswege oder die Notwendigkeit von immissionsschützenden Maßnahmen vorher abgesprochen werden. Das Gleiche gilt für andere Großobjekte wie Krankenhäuser, Universitäten, Sportanlagen u.Ä.

84 Andererseits darf nicht verkannt werden, dass das BauGB grundsätzlich von der planerischen Freiheit der Gemeinde ausgeht, und zwar bis zur Entscheidung des Gemeinderats nach Anhörung der betroffenen Bevölkerung (§ 3 BauGB) sowie der

---
203 Nach OVG Lüneburg Urt. v. 3.6.2000 – 1 K 2107/99.
204 Nach OVG Münster Urt. v. 24.6.2019 – 10 D 38/17.NE.
205 Nach BVerwG Beschl. v. 16.6.2020 – 4 BN 39/19; zum Schutz des Eigentümers eines Außenbereichsgrundstücks, der nur den Lärmschutz für ein Mischgebiet in Anspruch nehmen kann, siehe BVerwG Beschl. v. 16.6.2020 – 4 BN 39/19.
206 OVG Lüneburg Beschl. v. 11.9.2019 – 1 MN 94/19; vgl. auch BVerwG Beschl. v. 16.1.1990 – 4 NB 1.90; BVerwG Beschl. v. 26.2.1997 – 4 NB 5.97.
207 OVG Münster Urt. v. 14.5.1993 – 7a D 84/92.NE.
208 Zu einem Fall von Abwägungsdisproportionalität vgl. OVG Saarlouis Urt. v. 17.12.2020 – 2 C 309/19.
209 BVerwG Urt. v. 5.6.1974 – IV C 50.72.

B. Bauplanungsrecht

betroffenen Fachbehörden (§ 4 BauGB). Das BVerwG[210] hat deshalb strenge Anforderungen an eine Vorabbindung bezüglich der Aufstellung von Bauleitplänen gestellt:
- Die Vorwegnahme der Entscheidung muss sachlich gerechtfertigt sein. Bei der Vorwegnahme muss die planungsrechtliche Zuständigkeitsordnung gewahrt bleiben; d.h. es muss, soweit die Planung dem Gemeinderat obliegt, dessen Mitwirkung an den Vorentscheidungen in einer Weise gesichert werden, die es gestattet, die Vorentscheidungen auch dem Rat zuzurechnen. Die vorgezogene Entscheidung darf nicht inhaltlich zu beanstanden sein. Sie muss insbesondere den Anforderungen genügen, die sie erfüllen müsste, wenn sie als Bestandteil des abschließenden Abwägungsvorgangs getroffen würde.

85 Die Gemeinde darf sich nicht verbindlich gegenüber einem Bauinteressenten durch eine Zusage oder einen öffentlich-rechtlichen Vertrag zur Aufstellung eines Bebauungsplans verpflichten (§ 1 Abs. 3 S. 2 BauGB).[211] Allerdings können sich Ansprüche auf Schadensersatz ergeben, wenn die Gemeinde beim Bauwilligen einen Vertrauenstatbestand dahin gehend geschaffen hat, dass ein Bebauungsplan aufgestellt werden wird, und diesen dann doch nicht verwirklicht.[212]

bb) Zusammenstellung des Abwägungsmaterials

86 Die Gemeinde kann nur dann eine dem rechtsstaatlichen Abwägungsgebot entsprechende Planungsentscheidung treffen, wenn sie alle von der Planung betroffenen öffentlichen und privaten Belange in ihre Abwägung einstellt (§ 2 Abs. 3 BauGB). Dabei hat die Gemeinde nicht nur die positiven Aspekte der Bauleitplanung zu berücksichtigen, sondern auch die mit der Planung verbundenen negativen Auswirkungen. Nach § 214 Abs. 1 S. 1 Nr. 1 BauGB liegt eine beachtliche Verletzung einer Verfahrensvorschrift vor, wenn entgegen § 2 Abs. 3 BauGB die von der Planung berührten Belange, die der Gemeinde bekannt waren oder hätten bekannt sein müssen, in wesentlichen Punkten nicht zutreffend ermittelt oder bewertet worden sind und wenn der Mangel offensichtlich und auf das Ergebnis des Verfahrens von Einfluss gewesen ist. In diesen Bestimmungen kommen die Anforderungen zum Ausdruck, die das BVerwG[213] zur Gewinnung und Bewertung des Abwägungsmaterials entwickelt hatte. In der Praxis bereitet dieses Gebot des fehlerfreien Zusammenstellens des Abwägungsmaterials Schwierigkeiten und führt häufig zu Abwägungsfehlern mit der Folge der Nichtigkeit des Bebauungsplans.

87 Hinsichtlich der öffentlichen Belange enthält § 1 Abs. 6 BauGB gleichsam eine Checkliste. Genannt seien hier: privates Eigentum, Beibehaltung des bisherigen Zustandes, Vermeidung von Verkehrslärm, Schutz vor heranrückender Wohnbebauung, Schutz vor Immissionen.

88 Zum notwendigen Abwägungsmaterial gehören zudem alle (privaten) Belange, die „nach Lage der Dinge" in die Abwägung eingestellt werden müssen. Generell gilt, dass das notwendige Abwägungsmaterial einer planerischen Abwägung tendenziell eher weit als eng abgegrenzt werden muss. Trotz dieser Tendenz zur Ausweitung sachgerechter Beschränkung bedarf das Abwägungsmaterial einer sachgerechten Einschränkung. Denn der Planer kann nicht „alles" berücksichtigen müssen. Eine Forderung, die hierauf hinausliefe, wäre offensichtlich nicht erfüllbar und damit le-

---
210 BVerwG Urt. v. 5.6.1974 – IV C 50.72.
211 BVerwG Urt. v. 29.5.1981 – 4 C 72/78.
212 BGH Urt. v. 8.6.1978 – III ZR 48/76.
213 BVerwG Urt. v. 12.12.1969 – IV C 105.66.

bensfremd. Die Abwägungsbeachtlichkeit beschränkt sich vor allem auf solche Betroffenheiten, die für die planende Stelle bei der Entscheidung über den Plan als abwägungsbeachtlich erkennbar sind. Was die planende Stelle nicht „sieht", und was sie nach den gegebenen Umständen auch nicht zu „sehen" braucht, kann und braucht von ihr bei der Abwägung nicht berücksichtigt zu werden. Insoweit ist die Gemeinde bei der Bauleitplanung auf die Mitwirkung der betroffenen Privaten angewiesen. Dazu dient die Bürgerbeteiligung nach § 3 BauGB. Hat es ein Betroffener unterlassen, seine Betroffenheit im Zuge der Bürgerbeteiligung vorzutragen, ist die Betroffenheit nur dann abwägungsbeachtlich, wenn sich der planenden Stelle die Tatsache dieser Betroffenheit aufdrängen musste. Für die Abwägungsbeachtlichkeit eines Interesses kommt es in zeitlicher Hinsicht grundsätzlich auf die Sach- und Rechtslage im Zeitpunkt der Beschlussfassung über den Bebauungsplan an.[214]

89 In die Abwägung müssen auch solche Interessen eingestellt werden (und deshalb zuvor als „Material" gesammelt werden), die kein subjektives Recht darstellen.[215] Denn § 1 Abs. 7 BauGB spricht von privaten „Belangen" und nicht von privaten Rechten.

Beispiel: Ein neues Baugebiet beeinträchtigt die Aussicht in die bisher freie Landschaft; dieser Belang muss bedacht werden.[216]

90 Rein wirtschaftliche Belange, wie etwa das Interesse an der Erhaltung einer günstigen Marktlage, sind allerdings nicht in die Abwägung einzustellen; denn das Bauplanungsrecht ist wettbewerbsrechtlich neutral.

Beispiel: Das Interesse eines vorhandenen Einzelhandelsgeschäfts an der Verhinderung der Ansiedlung eines Einkaufszentrums ist bei der Abwägung nicht zu berücksichtigen.[217]

91 Soweit eine Fachbehörde eine Stellungnahme abgegeben hat, kann die Gemeinde grundsätzlich davon ausgehen, dass diese die ihr anvertrauten öffentlichen Belange zutreffend anführt. Sie braucht insoweit keine weiteren Ermittlungen mehr anzustellen.[218] Im Übrigen wird die Gemeinde häufig gezwungen sein, zur Ermittlung des notwendigen Abwägungsmaterials Sachverständige einzuschalten.

Beispiele:
– Die von einer geplanten Sportanlage ausgehende Lärmbelastung kann i.d.R. nur von einem Sachverständigen ermittelt werden.[219]
– Entschließt sich eine Gemeinde, den Bestand an landwirtschaftlicher Tierhaltung und gewisse Erweiterungsmöglichkeiten landwirtschaftlicher Betriebe in einem Dorfgebiet durch einen Bebauungsplan abzusichern und will sie zugleich Konfliktsituationen mit heranrückender Wohnbebauung vermeiden, trifft sie bei der Zusammenstellung des Abwägungsmaterials eine Ermittlungspflicht betreffend die Zumutbarkeit von Geruchsemissionen.[220]
– Abwägungsbeachtlich ist nicht nur das Interesse eines Landwirts an der weiteren Ausnutzung des vorhandenen Betriebsbestands, sondern auch das Bedürfnis nach einer künftigen Betriebserweiterung im Rahmen der normalen Betriebsentwicklung, soweit es sich um eine reale und naheliegende Betriebserweiterung handelt.[221]

---

214 OVG Münster Urt. v. 6.4.2003 – 7a D 46/02.NE.
215 BVerwG Urt. v. 24.9.1998 – 4 CN 2/98.
216 BVerwG Beschl. v. 9.2.1995 – 4 NB 17/94.
217 BVerwG Urt. v. 29.1.2009 – 4 C 16/07.
218 BVerwG Beschl. v. 14.8.1989 – 4 NB 24/88.
219 OVG Lüneburg Urt. v. 30.6.1986 – 1 C 4/86.
220 Nach OVG Münster Urt. v. 22.3.2011 – 2 A 371/09; vgl. auch OVG Münster Urt. v. 10.11.2015 – 8 A 1031/15.
221 Nach OVG Münster Beschl. v. 14.7.2010 – 2 B 637/10.NE.

cc) Gebot der Rücksichtnahme im Rahmen der Bauleitplanung

Das Gebot der Rücksichtnahme wird in der Rechtsprechung vor allem im Rahmen des Nachbarschutzes herangezogen.[222] Jedes Bauvorhaben muss auf die Umgebung Rücksicht nehmen und Auswirkungen vermeiden, die zu einer unzumutbaren Beeinträchtigung anderer Grundstücke führen. Andererseits verlangt das Gebot der Rücksichtnahme nicht, sich aus der Grundstückssituation ergebende Nutzungsmöglichkeiten zu unterlassen oder einzuschränken, nur weil dadurch die Nachbarschaft betroffen wird. Es hat vielmehr eine Abwägung der Belange aller betroffenen Grundstückseigentümer sowie aller sonstigen rechtlich geschützten Interessen zu erfolgen.

92

Das Gebot ist auch bei der Aufstellung der Bauleitpläne zu beachten. So ist z.B. der vom BVerwG im sog. Flachglasurteil[223] entwickelte Grundsatz, dass Wohnbebauung und immissionsträchtige gewerbliche Nutzung räumlich zu trennen sind (Trennungsgebot), letztlich auf das Gebot der Rücksichtnahme zurückzuführen: Ein Bebauungsplan, der in unmittelbarer Nachbarschaft eines Wohngebiets ein großes Industrieunternehmen vorsieht, verstößt gegen das Gebot der Rücksichtnahme und ist nichtig.

93

dd) Gebot der Lastenverteilung

Wenn der Bebauungsplan die Inanspruchnahme oder Beeinträchtigung von Privatgrundstücken verlangt, müssen die dadurch entstehenden Belastungen möglichst gleichmäßig auf alle Grundstückseigentümer verteilt werden.[224] Privates Gelände darf für öffentliche Zwecke (etwa für die Anlage von öffentlichen Verkehrsflächen oder die Schaffung öffentlicher Einrichtungen) nur herangezogen werden, wenn keine geeignete Fläche im Eigentum der öffentlichen Hand zur Verfügung steht. Art. 14 Abs. 1 GG verlangt, dass die Privatnützigkeit des Eigentums an einem Grundstück möglichst erhalten bleibt.[225]

94

ee) Gebot der Konflikt-/Problembewältigung

Der Bebauungsplan muss zumindest diejenigen Festsetzungen enthalten, die zur Bewältigung der vorhandenen oder durch die vorgesehene Bodennutzung neu entstehenden städtebaulichen Konflikte notwendig sind („Gebot der Problembewältigung"). Die von der Planung berührten Belange müssen in ihm in einen gerechten Ausgleich gebracht werden; ein lösungsbedürftiges Problem darf nicht ausgeklammert werden.[226] Das gilt etwa für die Bewältigung immissionsschutzrechtlicher Fragen infolge der Nachbarschaft von gewerblicher Nutzung und Wohnbebauung.[227]

95

Dies schließt eine Verlagerung von Problemlösungen aus dem Bebauungsplanverfahren auf nachfolgendes Verwaltungshandeln allerdings nicht grundsätzlich aus. Vielmehr können Festsetzungen eines Bebauungsplans auch Ausdruck einer „planerischen Zurückhaltung" sein. Der Satzungsgeber ist in begrenztem Umfang berechtigt, die Konfliktbewältigung dem nachfolgenden Baugenehmigungsverfahren

96

---

222 S. dazu Schulte Beerbühl, Öffentliches Baunachbarrecht, Rn. 441 ff.
223 BVerwG Urt. v. 5.6.1974 – IV C 50.72.
224 BVerwG Urt. v. 6.6.2002 – 4 CN 6/01.
225 BVerfG Stattgebender Kammerbeschl. v. 19.12.2002 – 1 BvR 1402/01.
226 BVerwG Beschl. v. 1.9.1999 – 4 BN 25/99.
227 OVG Lüneburg Urt. v. 30.6.1986 – 1 C 5/86.

oder dem immissionsschutzrechtlichen Genehmigungsverfahren zu überlassen („Konfliktlösungstransfer").

Beispiel: Ein Bebauungsplan, der eine Fläche für eine Schule vorsieht, braucht nicht bereits festzulegen, wo die für den Nachbarn besonders störenden Sportanlagen der Schule errichtet werden sollen; das kann in dem Baugenehmigungsverfahren geschehen.[228]

97 Eine Konfliktverlagerung auf die Ebene des Planvollzugs ist allerdings nicht zulässig, wenn bereits im Planungsstadium absehbar ist, dass sich der offengelassene Interessenkonflikt in einem nachfolgenden Verfahren nicht sachgerecht wird lösen lassen, wenn auch nur mithilfe des § 15 BauNVO oder durch nachträgliche Schutzmaßnahmen.[229] Das bedarf einer prognostischen Beurteilung.[230]

Beispiel: Ein Bebauungsplan ist wegen unterbliebener Konfliktbewältigung unwirksam, wenn eine nachträgliche Problemlösung nicht mehr möglich ist, weil die Immissionsbelastung durch eine Straße oder eine Industrieanlage so hoch ist, dass sie auch durch Schallschutzmaßnahmen nicht auf ein zumutbares Maß reduziert werden kann.

4. Das Verfahren bei der Aufstellung von Bauleitplänen

98 Bauleitpläne können nur gemäß dem Verfahren nach §§ 2 ff. BauGB entstehen. Ein Bebauungsplan kann nicht durch Gewohnheitsrecht geschaffen werden, selbst wenn ein aus formellen Gründen nichtiger Bebauungsplan jahrelang als wirksam angesehen wurde und die Grundlage für alle baurechtlichen Entscheidungen in seinem Geltungsbereich bildete.[231] Soweit § 34 Abs. 2 BauGB ein sog. faktisches Baugebiet als Maßstab für die Zulässigkeit eines Vorhabens nach der Art der baulichen Nutzung vorsieht, bedeutet das nur, dass das Faktische einen Planersatz darstellt und nicht etwa, dass ein Ersatzplan geschaffen wird.

Zum Ablauf des Verfahrens lassen sich folgende Verfahrensschritte festhalten:

a) Aufstellungsbeschluss (§ 2 Abs. 1 BauGB)

99 Der Gemeinderat beschließt, für ein bestimmtes Gebiet innerhalb der Gemeinde einen Bauleitplan aufzustellen (§ 2 Abs. 1 BauGB). In dringenden Fällen kann der Aufstellungsbeschluss gem. § 60 Abs. 2 GO NRW von dem Bürgermeister oder dem stellvertretenden Bürgermeister zusammen mit dem Ausschussvorsitzenden und einem anderen dem Ausschuss angehörenden Ratsmitglied aufgestellt werden.[232]

b) Ortsübliche Bekanntmachung des Aufstellungsbeschlusses

100 Der Aufstellungsbeschluss ist nach § 2 Abs. 1 S. 2 BauGB ortsüblich bekannt zu machen. Die ordnungsgemäße Bekanntmachung ist für das Wirksamwerden ortsrechtlicher Bestimmungen aus rechtsstaatlichen Gründen ebenso unerlässlich wie die ordnungsgemäße Verkündung von Gesetzen und Rechtsverordnungen. Ein Aufstellungsbeschluss ist zwar keine ortsrechtliche Bestimmung, hinsichtlich des Bekanntmachungserfordernisses ist er aber aufgrund der Regelung in § 2 Abs. 1 S. 2 BauGB einer solchen gleichgestellt. Deshalb gilt die Bekanntmachungsverordnung (Be-

---

228 Nach BVerwG Urt. v. 11.3.1988 – 4 C 56/84.
229 So BVerwG Beschl. v. 28.8.1987 – 4 N 1/86, für Lärmbelästigungen durch eine Straße.
230 BVerwG Urt. v. 5.5.2015 – 4 CN 4/14.
231 BVerwG Urt. v. 7.9.1979 – IV C 7.77.
232 OVG Münster Beschl. v. 6.5.2011 – 10 B 465/11.

kanntmVO) in gleicher Weise.²³³ Nach § 2 Abs. 3 BekanntmVO ordnet der Bürgermeister die Bekanntmachung an.

Erst mit der Veröffentlichung erhält der Beschluss seine Rechtswirksamkeit. Eine unterbliebene Bekanntmachung kann zwar nachgeholt werden, wodurch der Mangel geheilt wird, doch wirkt dies nur von dem Zeitpunkt der Nachholung an (ex nunc); der späteren Bekanntmachung des Aufstellungsbeschlusses kommt keine rückwirkende Kraft (ex tunc) zu.²³⁴

c) Erstellung eines ersten Planentwurfs

Die Gemeinde selbst oder ein von ihr beauftragtes Planungsbüro fertigt einen Planentwurf. Dieser muss eine Begründung (§ 9 Abs. 8 BauGB) und diese einen Umweltbericht (§ 2a Nr. 2 BauGB) enthalten.

d) Frühzeitige Beteiligung

Nach § 3 Abs. 1 S. 1 BauGB ist die Öffentlichkeit möglichst frühzeitig über die allgemeinen Ziele und Zwecke der Planung, sich wesentlich unterscheidende Lösungen, die für die Neugestaltung oder Entwicklung eines Gebiets in Betracht kommen, und die voraussichtlichen Auswirkungen der Planung zu unterrichten. Ihr ist Gelegenheit zur Äußerung und Erörterung zu geben. Nach § 4 Abs. 1 BauGB sind auch die Behörden und sonstigen Träger öffentlicher Belange, deren Aufgabenbereich durch die Planung berührt werden kann, entsprechend § 3 Abs. 1 S. 1 Hs. 1 BauGB zu unterrichten und zur Äußerung auch im Hinblick auf den erforderlichen Umfang und Detaillierungsgrad der Umweltprüfung nach § 2 Abs. 4 BauGB aufzufordern. Die Unterrichtung der Öffentlichkeit nach § 3 Abs. 1 BauGB kann gleichzeitig mit der Unterrichtung nach § 4 Abs. 1 BauGB erfolgen (§ 4a Abs. 2 BauGB).

Die Beteiligung dient neben der öffentlichen Unterrichtung über die allgemeinen Ziele und Zwecke der Planung (§ 3 Abs. 1 BauGB) auch der Information benachbarter Gemeinden, um Konflikte frühzeitig zu vermeiden. Ferner dient sie der Abstimmung des Untersuchungsrahmens und des Detaillierungsgrades der Umweltprüfung mit den Behörden und sonstigen Träger öffentlicher Belange (§ 4 Abs. 1 BauGB).

Die frühzeitige Beteiligung ist nicht erforderlich, wenn ein Bebauungsplan aufgestellt oder aufgehoben wird und sich dies auf das Plangebiet und die Nachbargebiete nicht oder nur unwesentlich auswirkt oder die Unterrichtung und Erörterung bereits zuvor auf anderer Grundlage erfolgt ist (§ 3 Abs. 1 S. 2 BauGB).

Wie die Anhörung der Öffentlichkeit ausgestaltet sein muss, ist in § 3 BauGB nicht detailliert geregelt. Da die Bestimmung Gelegenheit zur Äußerung und zur Erörterung verlangt, wird in aller Regel auf eine mündliche Besprechung der Bauleitpläne mit den betroffenen Bürgern nicht verzichtet werden können.²³⁵

Im Anschluss an die frühzeitige Beteiligung der Öffentlichkeit mag eine Anpassung des Planentwurfs mit seiner Begründung und dem Umweltbericht erforderlich sein.

e) Beschluss über die Offenlegung (§ 3 Abs. 2 BauGB)

Ist die frühzeitige Beteiligung abgeschlossen und ist die etwaige Anpassung erfolgt, fasst die Gemeinde den Beschluss über die Offenlegung des Planentwurfs mit sei-

---

233 VG Gelsenkirchen Beschl. v. 11.3.2011 – 5 L 113/11.
234 OVG Münster Beschl. v. 22.4.2010 – 2 B 293/10.
235 Vgl. dazu Battis in: Battis/Krautzberger/Löhr, BauGB, § 3 Rn. 7.

nen erforderlichen Anlagen. Dieser Beschluss wird in der nach dem nordrhein-westfälischen Landesrecht und dem gemeindlichen Ortsrecht erforderlichen („ortsüblichen") Weise bekannt gemacht.

f) Förmliche Öffentlichkeits-, Behörden-, Kommunen- und TöB-Beteiligung (§ 3 Abs. 2, § 4 Abs. 2 BauGB)

109 Gegenstand der förmlichen Beteiligung sind: der Entwurf des Bebauungsplans in der zu diesem Zeitpunkt vorliegenden Fassung, dessen Begründung – in dieser sind („entsprechend dem Stand des Verfahrens") die Ziele, Zwecke und wesentlichen Auswirkungen des Bauleitplans darzulegen – und ein Umweltbericht, in dem die nach der Anlage zum BauGB aufgrund der Umweltprüfung nach § 2 Abs. 4 BauGB ermittelten und bewerteten Belange des Umweltschutzes darzulegen sind; der Umweltbericht bildet einen gesonderten Teil der Begründung. Ein Umweltbericht ist allerdings bei vereinfachten Änderungen und besitzstandwahrenden Bebauungsplänen nach § 13 BauGB und Bebauungsplänen der Innenentwicklung (§ 13a BauGB) nicht erforderlich.

aa) Information der Öffentlichkeit

110 Nach § 3 Abs. 2 BauGB sind die Entwürfe der Bauleitpläne mit der Begründung und den nach Einschätzung der Gemeinde wesentlichen, bereits vorliegenden umweltbezogenen Stellungnahmen für die Dauer eines Monats öffentlich auszulegen. Mindestens eine Woche vorher sind Ort und Dauer der Auslegung sowie Angaben dazu, welche Arten umweltbezogener Informationen verfügbar sind, ortsüblich bekannt zu machen. Die bekannt gemachte Bezeichnung des Bebauungsplans muss so gewählt sein, dass sie dem an der Bauleitplanung interessierten Bürger sein Interesse an Information und Beteiligung durch Anregungen und Bedenken bewusst macht (sog. Anstoßfunktion oder Anstoßwirkung)[236]. Hierfür reicht eine schlagwortartige geographische Bezeichnung aus – nicht aber eine bloße Nummer[237] –, damit der betroffene Grundstückseigentümer erkennen kann, dass sein Grundstück im Geltungsbereich des Bebauungsplans liegt. Bei der Bekanntmachung ist darauf hinzuweisen, dass Stellungnahmen während der Auslegungsfrist abgegeben werden können und nicht fristgerecht abgegebene Stellungnahmen bei der Beschlussfassung über den Bauleitplan unberücksichtigt bleiben können.

111 § 3 Abs. 2 S. 2 BauGB verpflichtet die Gemeinden, die in den vorhandenen Stellungnahmen und Unterlagen behandelten Umweltthemen nach Themenblöcken zusammenzufassen und diese in der Bekanntmachung der öffentlichen Auslegung des Planentwurfs schlagwortartig zu charakterisieren. Das Bekanntmachungserfordernis erstreckt sich auch auf solche Arten verfügbarer Umweltinformationen, die in Stellungnahmen enthalten sind, welche die Gemeinde für unwesentlich hält und deshalb nicht auszulegen beabsichtigt.[238]

112 Die Stelle, bei der die Pläne eingesehen werden können, muss genau bezeichnet werden. Unschädlich ist es, wenn das konkrete Dienstzimmer nicht angegeben wird.[239] Die Auslegung muss so erfolgen, dass die Pläne ohne Schwierigkeiten eingesehen werden können. Unzulässig ist es, die Pläne zu verwahren und sie nur auf

---

236 BVerwG Urt. v. 6.6.1984 – 4 C 22/80.
237 BVerwG Urt. v. 10.8.2000 – 4 CN 2/99.
238 Vgl. BVerwG Urt. v. 29.9.2015 – 4 CN 1.15; BVerwG Urt. v. 18.6.2013 – 4 CN 3.12; BVerwG Urt. v. 11.9.2014 – 4 CN 1.14; OVG Münster Urt. v. 24.6.2019 – 10 D 38/17.NE.
239 BVerwG Urt. v. 29.1.2009 – 4 C 16/07.

B. Bauplanungsrecht

Frage herauszugeben.[240] Es reicht aber aus, den Planentwurf nur während der sog. Verkehrsstunden (Sprechzeiten 8 bis 12 Uhr) auszulegen.[241]

§ 4a Abs. 4 BauGB gibt den Gemeinden auf, bei der Öffentlichkeits- und Behördenbeteiligung ergänzend elektronische Informationstechnologien zu nutzen.[242] Nach § 4a Abs. 4 S. 1 BauGB sind der Inhalt der ortsüblichen Bekanntmachung nach § 3 Abs. 2 S. 2 BauGB und die nach § 3 Abs. 2 S. 1 BauGB auszulegenden Unterlagen zusätzlich in das Internet einzustellen. Die Veröffentlichung im Internet tritt selbstständig neben die ortsübliche Bekanntmachung und die Auslegung der Unterlagen nach § 3 Abs. 2 BauGB. Die Neufassung der Beteiligungsvorschriften durch das Gesetz zur Umsetzung der Richtlinie 2014/52/EU im Städtebaurecht und zur Stärkung des neuen Zusammenlebens in der Stadt vom 4.5.2017[243] bedingt eine weitere erhebliche Verschärfung der Publizitätserfordernisse im Rahmen der Bauleitplanung. Ein Verstoß bei der Anwendung des § 4a Abs. 4 S. 1 BauGB ist nach § 214 Abs. 1 S. 1 Nr. 2 Halbsatz 1 BauGB grundsätzlich beachtlich. Unbeachtlich ist nach § 214 Abs. 1 S. 1 Nr. 2 Buchst. e BauGB nur die fehlende Zugänglichkeit des Inhalts der Bekanntmachung und der auszulegenden Unterlagen über das zentrale Internetportal des Landes. Dabei müssen selbstverständlich etwa die im Internet und im Amtsblatt veröffentlichten Fristen für die Abgabe von Stellungnahmen übereinstimmen.[244] Eine Abweichung ist geeignet, einzelne interessierte Bürger, die etwa erst nach diesem Datum das Online-Beteiligungsformular aufgerufen haben, von der Abgabe einer tatsächlich noch möglichen Stellungnahme abzuhalten; sie ist deshalb bedeutsam. 113

Die Öffentlichkeit, also jedermann, kann Stellungnahmen abgeben; eine eigene Betroffenheit ist nicht erforderlich. Die Stellungnahme kann schriftlich, zur Niederschrift oder mit Unterschriftenliste erfolgen. 114

bb) Beteiligung der Behörden und Träger öffentlicher Belange

Gemäß § 4 Abs. 2 BauGB holt die Gemeinde – dies kann gleichzeitig mit der öffentlichen Auslegung erfolgen, § 4a Abs. 2, 2. Hs. BauGB – Stellungnahmen der Behörden und sonstigen Träger öffentlicher Belange, deren Aufgabenbereich durch die Planung berührt werden kann, zum Planentwurf und zu der Begründung ein. In Betracht kommen alle, deren öffentliche Aufgabenbereiche nach Lage des Einzelfalls betroffen sein können. Das können vor allem die Gewerbeaufsicht, Umweltbehörden, Landschaftsbehörden, Energieversorgungsunternehmen, Telekommunikationseinrichtungen, anerkannte Naturschutzverbände sowie die benachbarten Gemeinden sein. Die Anhörung erfolgt üblicherweise durch Übersendung. Die Frist zur Stellungnahme beträgt einen Monat, ggfs. besteht die Möglichkeit der Verlängerung. 115

Die Stellungnahmen haben auch Aufschluss über von den Behörden und Trägern öffentlicher Belange beabsichtigte oder bereits eingeleitete Planungen und sonstige Maßnahmen sowie deren zeitliche Abwicklung zu geben, die für die städtebauliche Entwicklung und Ordnung des Gebiets bedeutsam sein können. Verfügen die Träger öffentlicher Belange über Informationen, die für die Ermittlung und Bewertung des 116

---

240 Archivmäßige Verwahrung – VGH Mannheim Urt. v. 9.8.2002 – 5 S 818/00.
241 BVerwG Urt. v. 4.6.1980 – 4 C 25/78.
242 S. dazu insbesondere OVG Münster Urt. v. 25.6.2019 – 10 D 88/16.NE.
243 BGBl. I S. 1057.
244 Vgl. Decker, Die förmliche Öffentlichkeitsbeteiligung im Bauleitplanverfahren über das Internet nach dem neuen § 4a Abs. 4 Satz 1 BauGB, in: ZfBR 2018, 325.

Abwägungsmaterials zweckdienlich sind, haben sie diese Informationen der Gemeinde zur Verfügung zu stellen.

cc) Eingeschränkte Präklusionswirkung

117 Nach § 4a Abs. 6 BauGB können Stellungnahmen, die im Verfahren der Öffentlichkeits- und Behördenbeteiligung nicht rechtzeitig abgegeben worden sind, bei der Beschlussfassung über den Bauleitplan unberücksichtigt bleiben, sofern die Gemeinde deren Inhalt nicht kannte und nicht hätte kennen müssen und deren Inhalt für die Rechtmäßigkeit des Bauleitplans nicht von Bedeutung ist. Für in der Öffentlichkeitsbeteiligung abgegebene Stellungnahmen gilt dies aber nur, wenn darauf in der Bekanntmachung zur Öffentlichkeitsbeteiligung hingewiesen worden war. Verspätet abgegebene Stellungnahmen müssen dennoch bei der nachfolgenden Beschlussfassung in die Abwägung eingestellt werden, aber nur bis zur entscheidenden Ratssitzung.

118 Wird ein Normenkontrollantrag gestellt, so ist dieser nach § 47 Abs. 2a VwGO unzulässig, wenn die den Antrag stellende Person nur Einwendungen geltend macht, die sie etwa im Rahmen der öffentlichen Auslegung nicht oder verspätet geltend gemacht hat, aber hätte geltend machen können, und wenn auf diese Rechtsfolge im Rahmen der Beteiligung hingewiesen worden ist. Für eine Wiedereinsetzung in die Stellungnahmefrist des § 3 Abs. 2 S. 2 Hs. 2 BauGB gibt es keine Rechtsgrundlage.[245]

g) Prüfung und Auswertung der Stellungnahmen

119 Die Verwaltung unterrichtet den Gemeinderat über die eingegangenen Stellungnahmen; die Information eines Ausschusses genügt nicht. Die Wiedergabe der Kernaussagen zusammen mit Stellungnahmen und/oder Vorschlägen der Verwaltung ist ausreichend. Die Prüfung ist Bestandteil der Abwägung nach § 1 Abs. 6 und 7 BauGB. Dies ist erforderlich, um dem Gemeinderat Gelegenheit zu geben, erforderlichenfalls den Entwurf zu ändern oder zu ergänzen. In diesem Fall erfolgt eine erneute Auslegung.

h) Bescheidung der Stellungnahmen (§ 3 Abs. 2 S. 2 2. Hs. BauGB

120 Nach § 3 Abs. 2 S. 4 BauGB sind die fristgemäß abgegebenen Stellungnahmen zu prüfen und das Ergebnis den Einwendern mitzuteilen. Durch die Bescheidung soll der Einwender für eine etwaige Normenkontrolle die wesentlichen Erwägungsgrundlagen kennen. Die Information kann z.B. durch Übermittlung eines Auszugs aus der Verwaltungsvorlage, in der die Stellungnahme abgehandelt worden ist, und die Angabe, wie über diese beschlossen wurde, erfolgen. Haben mehr als 50 Personen Stellungnahmen mit im Wesentlichen gleichem Inhalt abgegeben, kann die Mitteilung dadurch ersetzt werden, dass diesen Personen die Einsicht in das Ergebnis ermöglicht wird. Die Stelle, bei der das Ergebnis der Prüfung während der Dienststunden eingesehen werden kann, ist in diesem Fall ortsüblich bekannt zu machen.

i) Ggfs. erneute Auslegung

121 Soll der Bebauungsplan (wegen der von den Betroffenen vorgebrachten Anregungen und Bedenken oder aus sonstigen Gründen) in wesentlichen Punkten inhaltlich ge-

---

245 OVG Münster Urt. v. 19.12.2011 – 2 D 14/10.NE.

ändert werden, ist eine erneute Auslegung notwendig und sind erneut Stellungnahmen der Behörden und sonstigen Träger öffentlicher Belange einzuholen (§ 4a Abs. 3 S. 1 BauGB). Allerdings kann die Einholung der Stellungnahmen auf die von der Änderung oder Ergänzung betroffene Öffentlichkeit sowie die berührten Behörden und sonstigen Träger öffentlicher Belange beschränkt werden, wenn durch die Änderung oder Ergänzung des Entwurfs des Bebauungsplans die Grundzüge der Planung nicht berührt werden (§ 4a Abs. 3 S. 4 BauGB).

j) Erstellung der Endfassung der Abwägung

Die Verwaltung erstellt sodann die Endfassung der Abwägung. Dabei hat sie in Vorbereitung des Satzungsbeschlusses alle vorgebrachten Anregungen und wesentlichen Ereignissen (z.B. Erteilung einer zu einem Konflikt führenden Baugenehmigung im Plangebiet) aufzuführen; werden solche dem Rat vorenthalten, führt dies zu einem Abwägungsmangel.

k) Erstellung der „zusammenfassenden Erklärung" (§ 10a BauGB)

Es ist eine „zusammenfassende Erklärung" zu erstellen, die dem Bebauungsplan beizufügen ist. Diese soll über die Art und Weise informieren, wie die Umweltbelange und die Ergebnisse der Öffentlichkeits- und Behördenbeteiligung in dem Bebauungsplan berücksichtigt wurden und aus welchen Gründen dieser Plan nach Abwägung mit den geprüften, in Betracht kommenden anderweitigen Planungsmöglichkeiten gewählt wurde. (Dasselbe gilt für den Flächennutzungsplan, § 6a BauGB.) Die Erklärung, die nicht Bestandteil des Bebauungsplans oder dessen Begründung ist, soll in einer allgemein verständlichen Sprache abgefasst sein und die wesentlichen Grundlinien der gemeindlichen Entscheidung zum Ausdruck bringen.

l) Satzungsbeschluss (§ 10 BauGB)

aa) Erforderlichkeit und Zuständigkeit

Der Gemeinderat beschließt die Satzung. Der Satzungsbeschluss ist auch dann erforderlich, wenn die Auslegung nach § 3 Abs. 2 BauGB keine Anregungen und Bedenken gebracht und der Gemeinderat deshalb keine Veranlassung hatte, von dem bereits beschlossenen Bebauungsplanentwurf abzuweichen. Vorstrukturierte Beschlussempfehlungen sind statthaft und unschädlich.

bb) Gebot der Unabhängigkeit

Nach § 31 Abs. 1 GO darf der zu ehrenamtlicher Tätigkeit oder in ein Ehrenamt Berufene weder beratend noch entscheidend mitwirken – also auch nicht an einem Satzungsbeschluss nach § 10 BauGB -, wenn die Entscheidung einer Angelegenheit ihm selbst, einem seiner Angehörigen oder einer von ihm kraft Gesetzes oder kraft Vollmacht vertretenen natürlichen oder juristischen Person einen unmittelbaren Vorteil oder Nachteil bringen kann. Unmittelbar ist der Vorteil oder Nachteil, wenn die Entscheidung eine natürliche oder juristische Person direkt berührt. Abs. 2 erweitert und konkretisiert den Regelungsbereich der Bestimmung weiter, Abs. 3 schränkt das Mitwirkungsverbot ein.

Die Beteiligung von befangenen Gemeinderäten stellt einen Verstoß gegen Vorschriften der Gemeindeordnung dar und führt zur Nichtigkeit des Bebauungsplans (§ 31

Abs. 6 GO NRW).[246] Das gilt auch schon für die Befangenheit eines Ratsmitglieds zum Zeitpunkt des Aufstellungs- und Auslegungsbeschlusses. Denn die Norm stellt nicht nur auf die „entscheidende", sondern – im weit zu fassenden Sinne – auch auf eine nur „beratende" Mitwirkung in einer Angelegenheit ab.

127 Der Vor- und Nachteilsbegriff ist weit auszulegen, um jedem „bösen Anschein" von Korruption oder Günstlingswirtschaft in der Kommunalpolitik und -verwaltung von vornherein zu begegnen. Damit wird bezweckt, befangene Ratsmitglieder von der Abstimmung im Einzelfall fernzuhalten, um im öffentlichen Interesse eine unvoreingenommene, nicht durch unsachliche Motive bestimmte Beschlussfassung des Rates sicherzustellen.

Beispiel für die Befangenheit: Ein Gemeinderat ist Eigentümer[247] oder Mieter[248] einer Wohnung im Bebauungsplangebiet oder Eigentümer eines Grundstücks, das zwar außerhalb des Bebauungsplangebiets liegt, aber durch die Verwirklichung des Bebauungsplans unmittelbar betroffen würde.[249]

128 Die Mitwirkung eines wegen Befangenheit abzulehnenden Ratsmitglieds nach Beendigung der Abstimmung kann gem. § 31 Abs. 6 GO nur geltend gemacht werden, wenn dessen Mitwirkung für das Abstimmungsergebnis entscheidend war. Entscheidend für das Abstimmungsergebnis ist die Stimme des befangenen Ratsmitglieds dann, wenn gerade seine Stimme den Ausschlag für die Mehrheitsentscheidung gegeben hat oder aber wenn konkrete Anhaltspunkte vorhanden sind, wonach er in sonstiger Weise die Mehrheitsentscheidung herbeigeführt hat.

129 Bei der Aufstellung eines Flächennutzungsplans scheidet ein Ausschluss eines Gemeinderatsmitgliedes wegen Befangenheit aus, weil der Flächennutzungsplan sich über das ganze Gemeindegebiet erstreckt, so dass i.d.R. die meisten Gemeinderäte bei Anwendung der Befangenheitsgrundsätze nicht mitwirken könnten.[250]

cc) Gebot der Öffentlichkeit

130 Die Sitzung des Gemeinderats, in der über den Bebauungsplan beschlossen wird, ist öffentlich (§ 48 Abs. 2 GO). Werden die Vorschriften über die Öffentlichkeit der Sitzungen des Gemeinderats (§ 48 Abs. 2 GO) nicht beachtet, liegt ein wesentlicher Verfahrensmangel vor.

m) Ausfertigung

131 Der Bebauungsplan muss in seiner endgültigen Fassung ausgefertigt, d.h. vom Bürgermeister mit Namen und Amtsbezeichnung unterschrieben werden. Die Ausfertigung ist zwar nicht ausdrücklich gesetzlich vorgeschrieben, ergibt sich aber aus dem Rechtsstaatsprinzip.[251] Durch sie wird die Authentizität des Bebauungsplans beurkundet; mit ihr steht verbindlich fest, was Inhalt des Bebauungsplans ist. Ferner wird durch sie bestätigt, dass das Verfahren ordnungsgemäß abgelaufen ist. Mit der Ausfertigung eines Bebauungsplans kann der Bürgermeister auftragsweise Beamte oder Angestellte betrauen.[252]

---

246 OVG Münster Urt. v. 24.2.1995 – 10a NE 40/90.
247 VGH Mannheim Urt. v. 5.12.1991 – 5 S 976/91.
248 VGH Mannheim Urt. v. 28.6.1996 – 8 S 113/96.
249 VGH Koblenz Urt. v. 21.6.2003 – 3 N 2168/98.
250 OVG Münster Urt. v. 20.2.1979 – XV A 809/78.
251 BVerwG Urt. v. 1.6.2010 – 4 C 4/08.
252 OVG Münster Urt. v. 12.3.2003 – 7a D 20/02.NE.

Da die Ausfertigung auch den ordnungsgemäßen Verfahrensablauf bestätigen soll, muss sie nach dem Satzungsbeschluss erfolgen. Auf den Zeitpunkt, zu dem das Amtsblatt erscheint oder in dem die öffentliche Bekanntmachung auf andere Weise vollzogen wird, kommt es nicht an. Der Bekanntmachungsakt beginnt mit der Unterzeichnung der Bekanntmachung durch das zuständige Gemeindeorgan (vgl. § 3 Abs. 2 S. 3 BekanntmVO). Infolgedessen ist es notwendig, dass der Ausfertigungsvermerk vor der Bekanntmachung unterzeichnet wird. Nur diese Reihenfolge genügt dem genannten Zweck der Ausfertigung, die Identität des Norminhalts mit dem vom Normgeber Beschlossenen sicherzustellen.[253] Das zuständige Gemeindeorgan muss sich vor der Unterzeichnung der Bekanntmachung vergewissern, dass die Planurkunde den richtigen Inhalt hat. Auf den (späteren) Zeitpunkt, zu dem das Amtsblatt erscheint, oder in dem die öffentliche Bekanntmachung auf andere Weise vollzogen wird (vgl. § 4 Abs. 1 BekanntmVO), kommt es hingegen nicht an.[254] Es muss für die Ausfertigung von Bebauungsplänen eine Originalurkunde geschaffen werden, auf welcher der Bürgermeister als Vorsitzender des Rates, des zuständigen Beschlussorgans der Gemeinde, zeitlich nach dem Ratsbeschluss und vor der Verkündung der Satzung schriftlich bestätigt, dass der Rat an einem näher bezeichneten Tag diesen Bebauungsplan als Satzung beschlossen habe.[255]

132

Nicht erforderlich ist, dass die Planurkunde eine ordnungsgemäß ausgefüllte Präambel oder unterzeichnete Vermerke über die Bekanntmachung und Hinweise auf die maßgeblichen Rechtsgrundlagen enthält.[256] Eine unterbliebene oder fehlerhafte Ausfertigung kann durch ein ergänzendes Verfahren nach § 214 Abs. 4 BauGB geheilt werden.[257]

133

n) Genehmigung durch die höhere Verwaltungsbehörde

Eine Genehmigung eines Bebauungsplans oder dessen Änderung ist erforderlich, wenn der Bebauungsplan nicht aus einem Flächennutzungsplan entwickelt wurde (§ 10 Abs. 2 i.V.m. § 8 Abs. 2 S. 2 BauGB) oder der Bebauungsplan in Anwendung des § 8 Abs. 3 S. 2 BauGB vor dem Flächennutzungsplan oder nach Abs. 4 ohne diesen aufgestellt werden soll.

134

Im Falle eines Genehmigungserfordernisses leitet die Gemeinde den Plan mit den im Aufstellungsverfahren nicht berücksichtigten Stellungnahmen sowie einer eigenen Stellungnahme hierzu der höheren Verwaltungsbehörde weiter.

135

Die Genehmigungsbehörde ist hinsichtlich der Kontrolle des Bauleitplans ebenso beschränkt wie das Verwaltungsgericht.[258] Die Genehmigung darf nur versagt werden, wenn der Bebauungsplan nicht ordnungsgemäß zustande gekommen ist oder Rechtsvorschriften widerspricht (§ 10 Abs. 2 S. 2 i.V.m. § 6 Abs. 2 BauGB). Die Genehmigung muss mit Auflagen versehen werden, wenn damit Versagungsgründe ausgeräumt werden können.[259] Bedingungen sind demgegenüber unzulässig.[260] Auflagen sind unbedenklich, solange sie sich nur auf formelle Angelegenheiten beziehen, z.B. zeichnerische Darstellungen im Bebauungsplan,[261] oder nur redaktionel-

136

---

253 OVG Münster Urt. v. 22.3.2019 – 7 D 39/17.NE.
254 OVG Münster Urt. v. 6.9.2018 – 7 D 10/16.NE.
255 OVG Münster Urt. v. 6.9.2018 – 7 D 10/16.NE.
256 OVG Münster Urt. v. 5.6.2003 – 7a D 108/00.NE.
257 BVerwG Beschl. v. 7.4.1997 – 4 B 64/97.
258 BVerwG Urt. v. 12.12.1969 – IV C 105.66.
259 BVerwG Beschl. v. 14.4.2010 – 4 B 78/09.
260 OVG Münster Urt. v. 22.10.1982 – 10a NE 60/80.
261 BVerwG Beschl. v. 14.8.1989 – 4 NB 24/88.

ler Natur sind.[262] Bei materiellrechtlichen Auflagen ist ein neuer Satzungsbeschluss erforderlich.[263] Kommt die Gemeinde der Auflage nach, ist eine nochmalige Genehmigung nicht erforderlich (sog. antizipierte Genehmigung[264]).

137 Die Frist zur Genehmigung beträgt drei Monate; sie kann aus wichtigem Grund um weitere drei Monate verlängert werden. Wird die Frist des § 6 Abs. 4 BauGB versäumt, gilt die Genehmigung als erteilt. Die Genehmigung kann nach § 48 VwVfG zurückgenommen werden, wenn der Bauleitplan inhaltlich rechtswidrig ist; das gilt auch für die fiktive Genehmigung nach § 6 Abs. 4 BauGB.[265] Aus Gründen der Rechtssicherheit kann eine Rücknahme der Genehmigung nur bis zur Bekanntmachung des Bauleitplans erfolgen.[266]

138 Lehnt die Genehmigungsbehörde die Genehmigung ab, kann die Gemeinde Verpflichtungsklage erheben.[267] Durch die rechtswidrige Ablehnung wird in die Planungshoheit der Gemeinde eingegriffen.

o) Ortsübliche Bekanntmachung

139 Die Genehmigung des Bebauungsplans bzw. der Satzungsbeschluss sind nach § 10 Abs. 3 BauGB ortsüblich bekannt zu machen und der Bebauungsplan ist zur Einsicht bereitzuhalten.[268] Der Bebauungsplan selbst wird nicht bekannt gemacht. Die Publizitätsanforderungen beruhen auf dem Rechtsstaatsprinzip. „(Denn) die Verkündung stellt einen integrierenden Teil der förmlichen Rechtsetzung dar, ist also Geltungsbedingung. Verkündung bedeutet regelmäßig, dass die Rechtsnormen der Öffentlichkeit in einer Weise förmlich zugänglich gemacht werden, dass die Betroffenen sich verlässlich Kenntnis von ihrem Inhalt verschaffen können. Diese Möglichkeit darf auch nicht in unzumutbarer Weise erschwert sein."[269]

Beispiel: „Um den Hinweiszweck auf die rechtsverbindliche Wirkung einer Darstellung in einem geänderten Flächennutzungsplan für den gesamten Außenbereich zu erreichen, genügt es nicht, den Begriff der „Konzentrationszone" ohne einen Hinweis auf § 35 Abs. 3 S. 3 BauGB oder eine anderweitige Erläuterung der regelhaften Ausschlusswirkung zu verwenden. Der Begriff mag sich in der Rechts- und Planungspraxis etabliert haben, er ist aber weder Teil des allgemeinen Sprachgebrauchs noch verwendet ihn das Gesetz. (…) An einem den räumlichen Geltungsbereich der Darstellung in diesem Sinne hinreichend verdeutlichenden Hinweis fehlt es in der vorliegenden Genehmigungsbekanntmachung. Denn hierin ist lediglich von einer „Ausweisung einer Konzentrationszone für Windenergieanlagen" die Rede, ohne dass die Bedeutung dieser Ausweisung durch einen auch nur sinngemäßen Hinweis auf die Rechtswirkungen des § 35 Abs. 3 S. 3 BauGB näher dargelegt worden wäre, was den maßgeblichen Anforderungen, wie gezeigt, schon für sich genommen nicht genügt. Überdies wird in der Bekanntmachung in dem zugehörigen Kartenausschnitt lediglich die engere Umgebung der Konzentrationszone als „Lage und Geltungsbereich" der Änderung dargestellt, was den allenfalls andeutungsweisen Hinweis auf eine gemeindeweite Ausschlusswirkung der 1. Änderung des Flächennutzungsplans, der in dem verwendeten Begriff der „Konzentrationszone" verborgen liegen mag, gleichsam konterkariert."[270]

---

262 VGH Koblenz Beschl. v. 19.11.1992 – 3 N 2463/87.
263 BVerwG Beschl. v. 14.4.2010 – 4 B 78/09.
264 BVerwG Beschl. v. 25.2.1997 – 4 NB 30/96.
265 VGH Mannheim Urt. v. 20.6.1983 – 3 S 2177/81.
266 BVerwG Urt. v. 21.11.1986 – 4 C 22/83.
267 BVerwG Urt. v. 12.12.1969 – IV C 105.66.
268 BVerwG Urt. v. 29.1.2009 – 4 C 16/07.
269 BVerwG Urt. v. 20.5.2010 – 4 C 7/09.
270 Aus: VG Arnsberg Beschl. v. 4.3.2021 – 4 L 911/2, unter Hinweis auf BVerwG Urt. v. 29.10.2020 – 4 CN 2.19; OVG NRW Urt. v. 21.1.2019 – 10 D 23/1, und OVG Münster Urt. v. 14.3.2019 – 2 D 71/17.NE.

B. Bauplanungsrecht

Das BVerfG[271] hat entschieden, dass das Rechtsstaatsprinzip keine bestimmte Form der Bekanntmachung vorschreibt, sondern lediglich verlangt, dass sich jeder Betroffene Kenntnis vom Inhalt der Rechtsnorm verschaffen kann. **140**

Hinsichtlich des Flächennutzungsplans sieht § 6 Abs. 5 BauGB die ortsübliche Bekanntmachung der Genehmigung des Flächennutzungsplans durch die höhere Verwaltungsbehörde vor. Aus rechtsstaatlichen Gründen ist es dabei erforderlich, dass dem Adressaten der Bekanntmachung der räumliche Geltungsbereich der Rechtsnormqualität aufweisenden Darstellungen hinreichend deutlich gemacht wird. Dies ist bei einer Darstellung des Flächennutzungsplans mit den Rechtswirkungen des § 35 Abs. 3 S. 3 BauGB grundsätzlich der gesamte Außenbereich der Gemeinde.[272] **141**

Nach der Rechtsprechung des BVerwG ist den rechtsstaatlichen Anforderungen an die Verkündung von Rechtsnormen bei einer in den textlichen Festsetzungen eines Bebauungsplans in Bezug genommenen DIN-Vorschrift, die bestimmt, unter welchen Voraussetzungen bauliche Anlagen im Plangebiet zulässig sind, grundsätzlich nicht allein dadurch genügt, dass die Gemeinde den Bebauungsplan gemäß § 10 Abs. 3 S. 1 BauGB bekannt macht. Sie muss vielmehr zusätzlich sicherstellen, dass die Betroffenen auch von der DIN-Vorschrift verlässlich und in zumutbarer Weise Kenntnis erlangen können.[273] Dafür ist bei nicht öffentlich zugänglichen DIN-Normen oder anderen technischen Regelwerken ausreichend, dass diese bei der Verwaltungsstelle, bei der auch der Bebauungsplan nach § 10 Abs. 3 S. 2 und 3 BauGB eingesehen werden kann, zur Einsicht bereit gehalten werden und hierauf in der Bebauungsplanurkunde oder in der öffentlichen Bekanntmachung des Satzungsbeschlusses hingewiesen wird.[274] **142**

Diese Bereithaltungs- und Hinweispflicht besteht allerdings nicht, soweit eine DIN-Norm als technische Baubestimmung eingeführt ist. Das trifft zB für die DIN 4109 „Schallschutz im Hochbau; Anforderungen und Nachweise" (Ausgabe November 1989) sowie das Beiblatt I zu DIN 4109 „Schallschutz im Hochbau; Ausführungsbeispiele und Rechenverfahren" (Ausgabe November 1989) sowie die Berichtigung I zu DIN 4109 (Ausgabe August 1992) zu, die mit RdErl. des Ministeriums für Bauen und Wohnen vom 15.12.1994 – II B 4–870.302 – eingeführt worden ist. Damit ist es nämlich ohne Weiteres möglich und auch zumutbar, von deren Inhalt Kenntnis zu erlangen, ohne dass zusätzlich noch auf die Fundstelle hingewiesen werden muss.[275] **143**

Die Richtlinie für die Anlage von Stadtstraßen (RASt 06) braucht nicht mitverkündet zu werden, wenn sie, was in der Regel der Fall sein wird, nicht zum Satzungsrecht erhoben wird, sondern lediglich der Erläuterung und Begründung der zeichnerischen Darstellung dient.[276] **144**

---

271 BVerfG Beschl. v. 22.11.1983 – 2 BvL 25/81.
272 Vgl. BVerwG Urt. v. 29.10.2020 – 4 CN 2.19; OVG Münster Urt. v. 6.12.2017 – 7 D 100/15.NE; OVG Münster Urt. v. 21.1. 2019 – 10 D 23/17.NE; OVG Münster Urt. v. 7.3.2019 – 2 D 36/18.NE; OVG Münster Urt. v. 14.3.2019 – 2 D 71/17.NE. Zu den Anforderungen an eine fehlerfreie Bekanntmachung der Änderung eines Flächennutzungsplans mit dem Ziel der Darstellung einer Konzentrationszone für Windenergieanlagen und den Folgen einer Fehlerhaftigkeit siehe VG Arnsberg Beschl. v. 4.3.2021 – 4 L 911/20.
273 Vgl. BVerwG Beschl. v. 29.7.2010 – 4 BN 21.10.
274 Vgl. VGH Mannheim Urt. v. 9.8.2018 – 3 S 1523/16.
275 Vgl. zur Rechtslage in Baden-Württemberg, wo sie ebenfalls als technische Baubestimmung eingeführt ist: VGH Mannheim Beschl. v. 27.8.2019 – 8 S 1207/18.
276 OVG Münster Beschl. v. 20.4.2020 – 2 A 2323/19.

145 Der in Kraft getretene Bebauungsplan mit der Begründung und der zusammenfassenden Erklärung soll ergänzend auch in das Internet eingestellt und über ein zentrales Internetportal des Landes zugänglich gemacht werden (§ 10a Abs. 2 BauGB).

5. Sicherung der Bauleitplanung

146 Aus der gemeindlichen Planungshoheit folgt das Recht, bis zu dem Zeitpunkt, in dem eine Baugenehmigung erteilt wird, die planungsrechtlichen Voraussetzungen zulasten des Bauherrn in Wege der Bauleitplanung zu ändern.[277] Zur Sicherung der Bauleitplanung vor tatsächlichen Veränderungen während des Verfahrens zur Aufstellung eines Bebauungsplans räumt das BauGB den Gemeinden die Möglichkeit ein, eine förmliche Veränderungssperre zu erlassen (§ 14 BauGB) oder bei der Bauaufsichtsbehörde die Zurückstellung eines Baugesuchs um maximal ein Jahr zu beantragen (§ 15 BauGB). Ferner dienen Bestimmungen über die zulässige Teilung von Grundstücken (§§ 19 und 21 BauGB) sowie das Allgemeine und Besondere Vorkaufsrecht (§§ 24 bis 28 BauGB) dieser Sicherung.

a) Veränderungssperre

147 Zweck und Rechtsfolge einer Veränderungssperre ist nach § 14 Abs. 1 BauGB, dass bauliche Vorhaben nach § 29 BauGB (Errichtung, Änderung und Nutzungsänderung einer baulichen Anlage) nicht mehr durchgeführt werden dürfen (Nr. 1) und auch sonstige wesentliche Veränderungen von Grundstücken oder baulichen Anlagen unzulässig sind (Nr. 2).

148 Die Veränderungssperre dient dazu, den Planungsprozess mit seiner stufenweisen Konkretisierung des am Anfang beschlossenen Konzepts zu sichern und zu verhindern, dass zwischenzeitlich Bauprojekte genehmigt werden, die mit den Planungszielen unvereinbar sind. Änderungen einzelner Planungsvorstellungen nach Erlass der Veränderungssperre sind daher für deren Rechtmäßigkeit ohne Belang, solange die bei ihrem Erlass hinreichend konkrete Grundkonzeption nicht aufgegeben wird.[278] Die Veränderungssperre nach § 14 Abs. 1 BauGB schützt allerdings lediglich die künftige Planung, nicht die abstrakte Planungshoheit der Gemeinde.[279] Die „Absicht zu planen" ist als Grundlage für den Erlass einer Veränderungssperre nicht ausreichend.[280]

aa) Voraussetzungen

(1) Inhaltliche Anforderungen

149 Voraussetzung für den Beschluss einer Veränderungssperre ist, dass die Gemeinde ausdrücklich die Aufstellung oder Änderung eines Bebauungsplans beschlossen hat.

150 Des Weiteren kann eine Veränderungssperre nur verhängt werden, wenn die Planung einen Stand erreicht hat, der ein Mindestmaß dessen erkennen lässt, was Inhalt des zu erwartenden Bebauungsplans sein soll. Nicht notwendig ist, dass bereits Klarheit über die endgültige Konzeption des Bebauungsplans besteht.[281] Es genügt, dass die Planung, die gesichert werden soll, ein Mindestmaß dessen erkennen lässt, was

---

277 VGH Koblenz Beschl. v. 13.2.2017 – 3 A 2706/15.Z.
278 Vgl. OVG Koblenz Urt. v. 03.6.2019 – 8 C 11553/18; BVerwG Beschl. v. 10.10.2007 – 4 BN 36/07.
279 Vgl. BVerwG Urt. V. 9.8.2016 – 4 C 5.15.
280 OVG Bautzen Urt. v. 9.6.2020 – 1 C 26/19.
281 BVerwG Urt. v. 19.2.2004 – 4 CN 13/03.

B. Bauplanungsrecht

Inhalt des zu erwartenden Bebauungsplans sein soll.[282] Denn es ist gerade Sinn der Veränderungssperre, vorhandene planerische Ziele zu sichern und deren weitere Entwicklung zu ermöglichen. Wesentlich ist aber, dass die Gemeinde bereits positive Vorstellungen über den Inhalt des Bebauungsplans entwickelt hat. Eine Negativplanung, die sich darin erschöpft, einzelne Vorhaben auszuschließen, reicht grundsätzlich nicht aus.[283]

Dabei gilt der Grundsatz, dass eine Veränderungssperre hinreichend tragende Planung regelmäßig erst dann den erforderlichen Konkretisierungsgehalt hat, wenn der Plangeber sie auf einen bestimmten Gebietstyp ausgerichtet hat.[284] **151**

Soweit die Art der baulichen Nutzung in Rede steht, gehören zu planerischen Absichten insbesondere konkretisierte Vorstellungen zur angestrebten Art der zulässigen baulichen Nutzungen. Nur dann kann die Veränderungssperre ihren Sinn erfüllen, vorhandene planerische Ziele zu sichern und deren weitere Entwicklung zu ermöglichen. Unzulässig ist eine Veränderungssperre hingegen, wenn zur Zeit ihres Erlasses der Inhalt der beabsichtigten Planung noch in keiner Weise abzusehen ist. Demgemäß muss im Zeitpunkt des Erlasses der Veränderungssperre über den bloßen Aufstellungsbeschluss hinaus auch eine hinreichende Konkretisierung der Planungsabsichten vorliegen, die insbesondere eine Entscheidung über Ausnahmen nach § 14 Abs. 2 BauGB rechtssicher und vorhersehbar ermöglicht. Der der Veränderungssperre zugrunde liegende Beschluss, einen Bebauungsplan aufzustellen, muss über den Inhalt der angestrebten Planung aber keinen abschließenden Aufschluss geben.[285] **152**

Zielt der Bebauungsplan nicht auf die Festsetzung eines bestimmten Gebietstyps nach der Baunutzungsverordnung, sondern soll er sich auf sonstige Festsetzungen nach § 9 Abs. 1 BauGB beschränken, ist ein hinreichender Konkretisierungsgrad mit Blick auf § 14 Abs. 2 BauGB erst dann erreicht, wenn sich den Planungsvorstellungen ein hinreichend konkreter Gebietsbezug dergestalt entnehmen lässt, für welche Teile des Plangebietes welche dieser Festsetzungen in Betracht gezogen wird. Nimmt der Plangeber im Wesentlichen Festsetzungen in den Blick, die eine bauliche Nutzung weitgehend ausschließen (etwa nach § 9 Abs. 1 Nr. 10, 15, 18, 20, 24 und 25 BauGB), bedarf es zudem der Feststellung, dass solche Festsetzungen, die für eine – wie hier ausgedehnte – Außenbereichsfläche von vornherein fast ohne positive Bedeutung sind, im konkreten Fall gleichwohl städtebaulich erforderlich sind und das mit ihnen verbundene weitgehende Verbot einer nicht in dem zugleich festgesetzten bzw. hier noch geplanten Sinne qualifizierten Bebauung (nur) eine legitime Nebenwirkung ist, die voraussetzt, dass die Festsetzung auch in ihrer eigentlichen und gleichsam positiven Zielsetzung – hier und heute – gewollt und erforderlich ist. Wo die Nebenwirkung indes zum eigentlichen Zweck wird und allenfalls sie es ist, die gewünscht wird und „erforderlich" sein könnte, scheiden etwa § 9 Abs. 1 Nr. 10, 18 BauGB als geeignete Grundlagen aus.[286] **153**

Es ist auch unschädlich, wenn die Bebauungsplankonzeption fehlerhaft oder rechtlich bedenklich ist, soweit die Mängel im Verfahren zur Aufstellung des Bebauungs- **154**

---

282 BVerwG Beschl. v. 1.10.2009 – 4 BN 34/09.
283 Vgl. BVerwG Beschl. v. 21.10.2010 – 4 BN 26.10; OVG Münster Urt. v. 11.4.2016 – 2 D 30/15.NE.
284 Vgl. OVG Münster Urt. v. 8.5.2018 – 2 D 44/17.NE.
285 Vgl. OVG Münster Beschl. v. 23.6.2020 – 2 B 581/20.NE – zu einem Fall nicht hinreichender Konkretisierung.
286 Vgl. OVG Münster Urt. v. 23.5.2019 – 2 D 39/18.NE.

plans noch behebbar sind.[287] Denn es ist gerade Sinn und Zweck der Veränderungssperre, vorhandene planerische Ziele zu sichern und deren weitere Entwicklung zu ermöglichen.[288]

155 Eine Veränderungssperre darf keine reine Verhinderungsplanung absichern. Es ist anerkannt, dass nur ein hinreichend konkretes positives Planungskonzept den Erlass einer Veränderungssperre rechtfertigt, der Planungsgeber also eine positive Vorstellung vom Inhalt des künftigen Bebauungsplans haben muss. Nicht ausreichend ist daher der Zweck einer reinen Verhinderung eines konkreten Vorhabens.[289]

156 Eine unzulässige Negativplanung liegt allerdings nicht schon deswegen vor, weil die Gemeinde die Planung aus Anlass eines konkreten, bisher zulässigen Vorhabens betreibt, das sie verhindern will, oder weil sie das Ziel verfolgt, eine Ausweitung bestimmter bisher zulässiger Nutzungen zu verhindern, selbst wenn dies jeweils den Hauptzweck einer konkreten Planung darstellt. Ein detailliertes und abgewogenes Planungskonzept ist auch insofern nicht erforderlich.[290] Insofern ist eine Veränderungssperre unbedenklich, wenn der Bebauungsplan zur Verfolgung positiver städtebaulicher Zielsetzungen bestimmte Vorhaben verhindern soll. Es genügen auch randbezogene positive Vorstellungen, um nicht mehr von einer Negativplanung sprechen zu können.[291]

Beispiel: Aus dem Planaufstellungsbeschluss wird darauf abgezielt, den Schutz der vorhandenen Gastronomie vor Verdrängung durch Wasserpfeifengaststätten und Wettbüros zu gewährleisten, eine Angebotsvielfalt zu erhalten und daher die Zulässigkeit der genannten Nutzungen einzuschränken. Aus diesen Ausführungen lässt sich auch der künftige Planinhalt – die Einschränkung von Wasserpfeifengaststätten und Wettbüros – klar ableiten. Zwar ist der Bauantrag des Bauherrn in Kombination mit dem Wunsch der Gemeinde, das Vorhaben des Bauherrn sowie weitere vergleichbare Vorhaben zu verhindern, offensichtlich Anlass für die Planung. Gleichwohl steht dahinter das – positive – Konzept des Schutzes der vorhandenen Nutzungsvielfalt und der Vermeidung eines „trading-down-Effektes", bei dem eine Umgebung oder ein Viertel durch Zunahme bestimmter Nutzungen abgewertet werden. Es ist dabei in der Rechtsprechung anerkannt, dass diese Ziele keine reine Verhinderungs- oder Negativplanung darstellen.[292]

157 Als Sicherungsmittel ungeeignet ist eine Veränderungssperre allerdings dann, wenn sich die beabsichtigte Planung als offensichtlich rechtswidrig erweist und der Mangel schlechterdings nicht zu beheben ist.[293]

(2) Zuständigkeit und Verfahren

158 Zuständig ist der Rat. Ist die Beschlussfassung dringlich und eine Einberufung des Rates nicht rechtzeitig möglich, entscheidet der Hauptausschuss. Ist auch dessen Einberufung nicht rechtzeitig möglich und kann die Entscheidung nicht aufgeschoben werden, weil sonst erhebliche Nachteile oder Gefahren entstehen können, kann der Bürgermeister – im Falle seiner Verhinderung der allgemeine Vertreter – mit einem Ratsmitglied entscheiden (§ 60 GO NRW). Im letztgenannten Fall wird der Bürgermeister von dem stellvertretenden Bürgermeister und nicht von dem Beigeordneten vertreten; denn die Dringlichkeitsentscheidung ersetzt einen ausschließlich

---

287 BVerwG Beschl. v. 27.6.1990 – 4 B 156/89.
288 BVerwG Beschl. v. 21.10.2010 – 4 BN 26/10.
289 Vgl. BVerwG Beschl. v. 5.2.1990 – 4 B 191.89; OVG Saarlouis Beschl. v. 17.11.2016 – 2 B 283/16.
290 Vgl. BVerwG Beschl. v. 19.5.2020 – 4 BN 45/19.
291 Vgl. BVerwG Beschl. v. 8.9.2016 – 4 BN 22.16; BVerwG Beschl. v. 5.2.1990 – 4 B 191.89.
292 Nach VG Gelsenkirchen Beschl. v. 01.6.2020 – 5 L 442/20; ähnlich VGH Mannheim Urt. v. 3.3.2005 – 3 S 1524/04: Veränderungssperre zur Verhinderung eines Sex-Shops.
293 OVG Koblenz Urt. v. 23.11.2016 – 8 C 10662/16.

dem Rat vorbehaltenen Beschluss im Rahmen der Bauleitplanung und berührt dessen organschaftliche Befugnisse beziehungsweise die seines Ausschusses.[294]

159 Die Beschlüsse über die Aufstellung des Bebauungsplans und über den Erlass der Veränderungssperre können in derselben Gemeinderatssitzung gefasst werden und gemeinsam bekannt gegeben werden.[295] Die Veränderungssperre wird nach § 16 BauGB als Satzung beschlossen und ist ortsüblich bekannt zu machen (§ 16 Abs. 2 BauGB). Etwaige Mängel können im Nachhinein behoben werden.

160 Aus rechtsstaatlichen Gründen muss der Geltungsbereich der Satzung in der Veröffentlichung textlich oder durch Abdruck eines Lageplans zeichnerisch so eindeutig bezeichnet werden, dass das betroffene Gebiet bestimmbar ist, um der für öffentliche Auslegungen beziehungsweise deren Bekanntmachung geforderten „Anstoßwirkung" zu genügen.[296] Der räumliche Geltungsbereich muss hierzu mindestens parzellenscharf festgelegt sein. Ein von der Veränderungssperre betroffener Grundstückseigentümer muss aus der Satzung entnehmen können, dass sein Grundstück oder ggf. eine bestimmte Teilfläche des Grundstücks, die ebenfalls bestimmbar sein muss, von der Sperre erfasst ist. Das Gebiet kann durch textliche Umschreibung in der Satzung oder durch Bezugnahme auf eine zeichnerische Darstellung bezeichnet werden, die in der Satzung enthalten ist.[297] Diesen Anforderungen entspricht zB eine Satzung nicht, die weder eine den räumlichen Geltungsbereich darstellende Planzeichnung, die Gegenstand der Satzung ist, noch eine verbale Umschreibung ihres Geltungsbereichs (etwa durch Aufzählung der erfassten Flurstücke oder durch Beschreibung des Grenzverlaufs) enthält.

Beispiel: Der räumliche Geltungsbereich wird in der Satzung lediglich durch die Angabe geregelt, dass die Veränderungssperre „für den Bereich des Bebauungsplans ‚Windeignungsfläche'" beschlossen wurde. Auf den zum Aufstellungsbeschluss gehörenden Plänen – jeweils ein unmaßstäblichen Kartenauszug, etwa im Maßstab 1:60.000, auf dem weder Flurstücksgrenzen noch Flurstücksnummern verzeichnet sind – sind die Grenzen des Plangebiets per Hand mit einem zwischen 1 mm und 3 mm breiten Strich eingezeichnet. Sie verlaufen zudem unregelmäßig und folgen nur zu einem geringen Teil in der Karte verzeichneten Linien wie etwa der östlichen Gemeindegrenze oder dem Verlauf einer Landesstraße. Mangels einer genauen Maßstabsangabe sowie der breiten Strichstärke ist es nicht möglich, den Verlauf der Grenze nachzumessen.[298]

bb) Rechtsfolgen

161 Die Rechtsfolgen einer Veränderungssperre ergeben sich aus dem Inhalt des in Übereinstimmung mit § 14 Abs. 1 BauGB gefassten Beschlusses.

162 Die Bauaufsichtsbehörde kann im Einvernehmen mit der Gemeinde nach § 14 Abs. 2 BauGB eine Ausnahme von der Veränderungssperre zulassen, wenn öffentliche Belange nicht entgegenstehen. Das wird in der Regel der Fall sein, wenn das Bauvorhaben die Verwirklichung des geplanten Bebauungsplans nicht beeinträchtigt.[299] Ausgenommen von dem Bauverbot des § 14 BauGB sind bereits vor Inkrafttreten der Veränderungssperre genehmigte Bauvorhaben, ferner Unterhaltungsarbeiten so-

---

294 OVG Münster Beschl. v. 6.5.2011 – 10 B 465/11.
295 OVG Weimar Urt. v. 16.5.2001 – 1 N 932/00.
296 OVG Saarlouis Beschl. v. 17.11.2016 – 2 B 283/16.
297 Vgl. OVG Münster Urt. v. 5.6.2018 – 2 A 2639/16; OVG Schleswig Beschl. v. 17.1.2017 – 1 MR 6/16; OVG Bln-Bbg Urt. v. 19.6.2019 – OVG 2 A 8.18.
298 Nach OVG Bln-Bbg, Urt. v. 19.6.2019 – OVG 2 A 8.18.
299 VGH Mannheim Urt. v. 30.4.1984 – 5 S 2079/83.

wie die Fortführung der bisherigen Nutzung. Ein Bauvorhaben ist auch dann genehmigt i.S.v. § 14 Abs. 3 BauGB, wenn ein Bauvorbescheid erteilt worden ist.[300]

163 § 14 BauGB hat als Mittel der Sicherung der Bauleitplanung allein den Zweck der Wahrung öffentlicher Interessen und keine nachbarschützende Funktion. Der Nachbar hat keinen Anspruch darauf, dass nicht eine Baugenehmigung ergeht, die dem zukünftigen Bebauungsplan zuwiderläuft.[301]

164 Die Dauer der Veränderungssperre beträgt nach § 17 Abs. 1 S. 1 BauGB zwei Jahre, die Gemeinde kann die Veränderungssperre nach § 17 Abs. 1 S. 3 BauGB um ein weiteres Jahr verlängern. Nach Ablauf der Drei-Jahres-Frist kann eine Veränderungssperre nach § 17 Abs. 2 BauGB nochmals um ein weiteres Jahr auf maximal vier Jahre verlängert werden. Das setzt jedoch das Vorliegen besonderer Umstände voraus. Das BauGB geht im Anschluss an die Rechtsprechung des BGH[302] davon aus, dass auch eine umfangreiche Planung in drei Jahren abgeschlossen sein kann. Besondere Umstände i.S.d. § 17 Abs. 2 BauGB sind deshalb nur anzunehmen, wenn der Gemeinde wegen der ganz außergewöhnlichen Schwierigkeit der Planung aus von ihr nicht zu vertretenden Umständen die Aufstellung des Bebauungsplans innerhalb von drei Jahren unmöglich war.[303] Eine zögerliche Planung infolge unzureichender Personalausstattung oder einer unnötig großen Dimensionierung des Bebauungsplangebiets[304], unnötig langer Verhandlungen mit betroffenen Bürgern oder beteiligten Fachbehörden[305] sowie Entscheidungsschwächen des Gemeinderats[306] stellen keine besonderen Umstände dar, die ein Überschreiten der Drei-Jahres-Frist rechtfertigen können.

165 Eine abgelaufene Veränderungssperre kann nach § 17 Abs. 3 BauGB erneut beschlossen werden, sofern das Bedürfnis zur Sicherung der Planungsabsichten weiter besteht. Sonstige Voraussetzungen für eine erneute Veränderungssperre nach Ablauf einer früheren Veränderungssperre sieht § 17 Abs. 3 BauGB nicht vor. Es bietet sich deshalb für eine zögerlich planende Gemeinde geradezu an, nach Ablauf von drei Jahren nicht etwa die bestehende Veränderungssperre nach § 17 Abs. 2 BauGB zu verlängern, sondern stattdessen nach § 17 Abs. 3 BauGB eine erneute Veränderungssperre zu erlassen. Das BVerwG[307] hat hierzu entschieden, dass die Gemeinde grundsätzlich die Wahl zwischen der Verlängerung der bestehenden Veränderungssperre und dem Erlass einer erneuten Veränderungssperre habe. Unabhängig davon, welche Möglichkeit die Gemeinde wähle, müssten aber bei einer Bausperre von mehr als drei Jahren stets die besonderen Umstände des § 17 Abs. 2 BauGB gegeben sein; andernfalls seien sowohl die verlängerte als auch die erneute Veränderungssperre unwirksam.

166 Auf die Geltungsdauer der Veränderungssperre ist eine sog. faktische Zurückstellung anzurechnen, d.h. der Zeitraum, der dadurch vergeht, dass ein Bauantrag oder eine Bauanfrage zögerlich behandelt oder rechtswidrig abgelehnt wird.[308] Denn die Bauaufsichtsbehörde hätte es sonst in der Hand, die zeitliche Begrenzung des § 17 BauGB dadurch zu unterlaufen, dass sie über einen Bauantrag entweder nicht ent-

---

300 BVerwG Urt. v. 3.2.1984 – 4 C 39/82.
301 BVerwG Beschl. v. 5.12.1988 – 4 B 182/88.
302 Std. Rspr. seit BGH Urt. v. 25.6.1959 – III ZR 220/57.
303 OVG Münster Urt. v. 2.3.2001 – 7 A 2983/98.
304 BVerwG Urt. v. 10.9.1976 – IV C 39.74.
305 OVG Münster Urt. v. 20.8.1974 – X A 225/72.
306 OVG Lüneburg Urt. v. 5.12.2001 – 1 K 2682/98.
307 BVerwG Urt. v. 10.9.1976 – IV C 39.74.
308 BVerwG Beschl. v. 6.8.1992 – 4 N 1/92.

B. Bauplanungsrecht

scheidet oder ihn rechtswidrig ablehnt. Als Beginn des Anrechnungszeitraums ist der Termin anzusetzen, zu dem bei sachgerechter Behandlung des Bauantrags eine Baugenehmigung erteilt worden wäre. War der Bauantrag hingegen nicht positiv bescheidungsfähig, etwa weil in dem Bauantrag wesentliche Anlagen fehlten, wird die verstrichene Zeit nicht angerechnet. Für den Baubewerber hat die faktische Zurückstellung die gleiche Folge wie eine förmliche Zurückstellung nach § 15 BauGB. Die Anrechnung einer faktischen Zurückstellung kann dazu führen, dass eine Veränderungssperre für einzelne Grundstücke überhaupt nicht in Kraft tritt, wenn nämlich seit der faktischen Zurückstellung mehr als drei Jahre vergangen sind und die besonderen Umstände des § 17 Abs. 2 BauGB für eine Erstreckung des Bauverbots über drei Jahre hinaus nicht vorliegen.[309]

167 Die Veränderungssperre tritt nach § 17 Abs. 5 BauGB von selbst außer Kraft, wenn das Verfahren zur Aufstellung des Bebauungsplans abgeschlossen ist. Das gilt auch dann, wenn der Bebauungsplan fehlerhaft und daher unwirksam ist.[310] Ferner ist die Veränderungssperre nach § 17 Abs. 4 BauGB außer Kraft zu setzen, wenn die Voraussetzungen des § 14 BauGB entfallen sind, z.B. die Gemeinde ihre Planungsabsichten aufgegeben hat[311] oder der Bauleitplanung unüberwindliche Hindernisse, z.B. die Festsetzungen eines neuen Regionalplans, entgegenstehen.[312]

168 Der betroffene Grundstückseigentümer muss eine Veränderungssperre vier Jahre lang entschädigungslos hinnehmen, danach ist nach § 18 BauGB eine Entschädigung zu leisten. Auch auf diese Frist ist die Dauer einer förmlichen oder faktischen Zurückstellung anzurechnen.[313] Dieses gilt aber nur bei rechtmäßigen Veränderungssperren; bei einer wegen Nichtvorliegen der Voraussetzungen rechtwidrigen Veränderungssperre ist nach der Rechtsprechung des BGH von Anfang an eine Entschädigung zu zahlen. Das Gleiche gilt, wenn die Voraussetzungen für eine Veränderungssperre, etwa infolge einer Änderung der Planung, nachträglich weggefallen sind.[314] Ein Entschädigungsanspruch scheidet allerdings aus, wenn der Betroffene es unterlassen hat, gegen die faktische Zurückstellung seines Baugesuchs Rechtsmittel einzulegen.

169 Die Veränderungssperre kann mit einer Normenkontrollklage (§ 47 VwGO) überprüft werden. Ebenso wie bei einem Bebauungsplan kommt es nicht darauf an, ob der Antragsteller von allen Teilen der Veränderungssperre betroffen ist, weil bei Zulässigkeit des Antrags die objektive Verfahrensfunktion im Vordergrund steht.

b) Zurückstellung

170 Zur Verhinderung eines unerwünschten Bauvorhabens kann die Gemeinde nach § 15 Abs. 1 BauGB bei der Baugenehmigungsbehörde beantragen, dass die Entscheidung über den Bauantrag um maximal ein Jahr zurückgestellt wird. Die Zurückstellung kann nach § 80 Abs. 2 S. 1 Nr. 4 VwGO mit einer Anordnung der sofortigen Vollziehung versehen werden. Voraussetzung für die Zurückstellung ist, dass der Beschluss zur Aufstellung eines Bebauungsplans gefasst worden ist. Die Bauaufsichtsbehörde muss dem Antrag der Gemeinde entsprechen.[315]

---

309 BVerwG Beschl. v. 27.6.1990 – 4 B 156/89.
310 BVerwG Beschl. v. 28.2.1990 – 4 B 174/89.
311 VGH Mannheim Urt. v. 19.9.2007 – 8 S 1584/06.
312 VGH München Urt. v. 24.6.1990 – 1 N 89.2827.
313 BGH Urt. v. 14.12.1978 – III ZR 77/76.
314 BGH Urt. v. 14.12.1978 – III ZR 77/76.
315 Mitschang in: Battis/Krautzberger/Löhr, BauGB, § 15 Rn. 4.

171 Auch zur Sicherung von Flächennutzungsplänen kann die Gemeinde unter den Voraussetzungen des § 15 Abs. 3 BauGB eine Zurückstellung verfügen, wenn sie die Rechtswirkungen des § 35 Abs. 3 S. 3 BauGB vermeiden will.[316]

172 Auf die höchstzulässige Dauer einer Zurückstellung sind Zeiten der faktischen Zurückstellung (zur faktischen Zurückstellung s. Teil B Rn. 166) anzurechnen.

173 Der von einer Zurückstellung betroffene Bauherr kann den Zurückstellungsbescheid mit der Anfechtungsklage angreifen.[317] Ist die Zurückstellung mit einer Anordnung der sofortigen Vollziehung versehen worden, hat eine Klage dagegen keine aufschiebende Wirkung.

174 Nach Ablauf der Zurückstellungsfrist erledigt sich die dagegen erhobene Klage. Das gilt auch, wenn im Anschluss an eine Zurückstellung eine Veränderungssperre verhängt worden ist. Ebenfalls erledigt sich eine auf Verpflichtung zur Erteilung einer Baugenehmigung erhobene Verpflichtungsklage; insofern kommt eine Fortsetzungsfeststellungsklage nach § 113 Abs. 1 S. 4 VwGO (ggfs. In entsprechender Anwendung) in Frage. Die Fortsetzungsfeststellungsklage ist zulässig, wenn (erstens) die ursprüngliche Klage zulässig gewesen ist, (zweitens) ein erledigendes Ereignis eingetreten ist, (drittens) ein klärungsfähiges Rechtsverhältnis besteht und (viertens) ein Feststellungsinteresse vorliegt.[318] Das Feststellungsinteresse kann darin liegen, dass Entschädigungsansprüche geltend gemacht werden sollen. Dabei erfordert allerdings die Behauptung des eingetretenen Schadens, die Angaben zur Art des Schadens und zur annähernden Schadenshöhe zu substantiieren.[319] Die Fortsetzungsfeststellungsklage ist unter den weiteren Voraussetzungen des § 113 Abs. 1 S. 1 bzw. § 113 Abs. 5 VwGO begründet.

c) Teilungsgenehmigung (§ 19 BauGB)

175 § 19 Abs. 2 BauGB schreibt vor, dass durch Grundstücksteilungen keine Verhältnisse entstehen dürfen, die den Festsetzungen des Bebauungsplans widersprechen. Dies ist z.B. der Fall, wenn durch eine Teilung das Grundstück so parzelliert wird, dass die im Bebauungsplan festgesetzte Bebauung nicht mehr realisiert werden kann.

d) Vorkaufsrecht (§§ 24 ff. BauGB)

176 § 24 Abs. 1 BauGB begründet ein gesetzliches Vorkaufsrecht für die Gemeinde. Voraussetzung ist, dass ein Grundstück verkauft werden soll, das im Bebauungsplan als öffentliche Bedarfsfläche oder als Fläche für Ausgleichsmaßnahmen nach § 1a Abs. 3 BauGB ausgewiesen ist (Nr. 1), das in einem Umlegungsgebiet (Nr. 2), Sanierungsgebiet (Nr. 3) oder im Geltungsbereich einer Erhaltungssatzung (Nr. 4) gelegen ist, es sich um Bauerwartungsland im Außenbereich (Nr. 5) oder um ein unbebautes Wohnbaugrundstück im Innenbereich (Nr. 6) handelt. Mit Blick auf die beiden letztgenannten Fallgruppen ist zu beachten, dass nur genehmigte bauliche Anlagen zum Verlust der Eigenschaft eines Grundstücks als „unbebaut" im Sinne des § 24 Abs. 1 S. 1 Nrn. 5 u. 6 BauGB sind. Denn sonst hätte es jeder Grundstückseigentümer in der Hand, nach Anhörung zur Ausübung des Vorkaufsrechts durch rasches Aufstellen einer ungenehmigten Anlage das Recht zum Scheitern zu bringen.[320] Aufgrund einer durch das Baulandmobilisierungsgesetz eingefügten Regelung gilt ein Grund-

---
316 Vgl. dazu: VGH München Beschl. v. 20.4.2012 – 22 CS 12.310.
317 OVG Münster Beschl. v. 6.5.2011 – 10 B 465/11.
318 BVerwG Urt. v. 27.3.1998 – 4 C 14/96.
319 OVG Münster Urt. v. 29.11.2016 – 10 A 55/15.
320 VG Stuttgart Urt. v. 28.4.2020 – 2 K 1289/19, unter Berufung auf BVerwG Urt. v. 24.10.1996 – 4 C 1.96.

stück auch dann als unbebaut, wenn es lediglich mit einer Einfriedung oder zu erkennbar vorläufigen Zwecken bebaut ist.

Schließlich erweitert Nr. 8 den Anwendungsbereich dahin, dass ein Vorkaufsrecht in Gebieten nach den §§ 30, 33 oder 34 BauGB besteht, wenn in diesen ein städtebaulicher Missstand vorliegt oder die baulichen Anlagen einen Missstand aufweisen und die Grundstücke dadurch erhebliche nachteilige Auswirkungen auf das soziale oder städtebauliche Umfeld aufweisen, insbesondere durch ihren baulichen Zustand oder ihre der öffentlichen Sicherheit und Ordnung widersprechende Nutzung. **177**

Ferner kann die Gemeinde durch besondere Satzung nach § 25 Abs. 1 BauGB das Vorkaufsrecht auch für sonstige unbebaute Grundstücke im Geltungsbereich eines Bebauungsplans sowie für Gebiete, in denen sie städtebauliche Entwicklungsmaßnahmen beabsichtigt, einführen.[321] Durch das Baulandmobilisierungsgesetz ist ihr darüber hinaus das Recht gegeben worden, im Geltungsbereich eines Bebauungsplans an brachliegenden Grundstücken oder für im Zusammenhang bebaute Ortsteile an unbebauten oder brachliegenden Grundstücken durch Satzung ihr Vorkaufsrecht begründen, wenn diese vorwiegend mit Wohngebäuden bebaut werden können und es sich um ein nach § 201a BauGB bestimmtes Gebiet mit einem angespannten Wohnungsmarkt handelt. Das Vorkaufsrecht kann auch lediglich für eine Teilfläche eines Grundstücks ausgeübt werden.[322] **178**

Das Vorkaufsrecht darf nur ausgeübt werden, wenn das Wohl der Allgemeinheit dies rechtfertigt (§§ 24 Abs. 3, 25 Abs. 2 S. 1 BauGB).[323] Dem Wohl der Allgemeinheit kann insbesondere die Deckung eines Wohnbedarfs in der Gemeinde oder die Förderung der Innenentwicklung, sofern hierfür ein städtebauliches Entwicklungskonzept etwa nach § 176a oder ein anderer entsprechender Nachweis insbesondere unter Nutzung eines Baulandkatasters vorliegt, dienen. Der Gemeinde ist es daher verwehrt, sich aus anderen Gründen durch die Ausübung des Vorkaufsrechts Grundstücke zu beschaffen.[324] Das Wohl der Allgemeinheit rechtfertigt die Ausübung des Vorkaufsrechts nur, wenn damit Flächen – unmittelbar oder mittelbar (als Tauschland) – für die Errichtung von Wohngebäuden oder für deren infrastrukturelle Ausstattung erworben werden sollen. Dagegen steht das Vorkaufsrecht der Gemeinde nicht als Instrument einer allgemeinen Bodenbevorratung oder zum Erwerb von Grundstücken zur Verfügung, die später möglicherweise als Tauschgrundstücke im Rahmen der Verfolgung gänzlich anderer Zwecke verwendet werden sollen. Der Wunsch, in einer noch nicht absehbaren Zukunft entsprechend zu verfahren, genügt daher den Anforderungen des § 24 Abs. 3 S. 1 BauGB im Fall des § 24 Abs. 1 S. 1 Nr. 5 BauGB nicht.[325] **179**

Nach § 27a BauGB kann das Vorkaufsrecht in den in dieser Vorschrift angeführten Ausnahmefällen auch zugunsten Dritter ausgeübt werden, insbesondere für Zwecke des sozialen Wohnungsbaus bzw. für Wohnungen von Personen mit besonderem Wohnbedarf (Behinderte, Studenten, alte Personen, kinderreiche Familien) oder zugunsten öffentlicher Bedarfs- und Erschließungsträger. **180**

Wird das Grundstück entsprechend den städtebaulichen Zielsetzungen der Gemeinde genutzt, scheidet nach § 26 Nr. 4 BauGB die Ausübung des Vorkaufsrechts **181**

---

321 OVG Münster Urt. v. 28.6.1997 – 10a D 31/97.NE.
322 BGH Urt. v. 5.6.1990 – III ZR 229/89.
323 BVerwG Beschl. v. 25.1.2010 – 4 B 53/09.
324 BVerwG Beschl. v. 15.2.2000 – 4 B 10/00.
325 VGH München Beschl. v. 24.4.2020 – 15 ZB 19.1987.

aus.³²⁶ Der Käufer eines Grundstücks kann die Ausübung des Vorkaufsrechts nach § 27 BauGB dadurch abwenden, dass er sich verpflichtet, das Grundstück entsprechend den Festsetzungen des Bebauungsplans oder den Entwicklungszielen der Gemeinde zu nutzen.³²⁷

182 Der Verkäufer eines Grundstücks, bei dem der Gemeinde nach §§ 24, 25 BauGB das Vorkaufsrecht zusteht, hat der Gemeinde nach § 28 Abs. 1 BauGB den Kaufvertrag anzuzeigen. Die Gemeinde kann dann innerhalb von zwei Monaten das Vorkaufsrecht ausüben (§ 28 Abs. 2 BauGB).

183 Die Ausübung des Vorkaufsrechts steht im Ermessen der Gemeinde; bei der Ermessensbetätigung sind auch die Interessen des Käufers zu berücksichtigen.³²⁸

184 Damit der Verkäufer seiner Verpflichtung zur Anzeige des Kaufvertrags auch nachkommt, darf das Grundbuchamt den Erwerber erst ins Grundbuch eintragen, wenn der Verkäufer oder der Käufer eine Bescheinigung der Gemeinde vorlegt, dass sie das Vorkaufsrecht nicht ausübt oder dass es durch Ablauf der Zwei-Monats-Frist erloschen ist (§ 28 Abs. 1 S. 2 BauGB, sog. Negativattest).

185 Übt die Gemeinde das Vorkaufsrecht nach §§ 24, 25 BauGB aus, tritt sie nach § 28 Abs. 2 BauGB i.V.m. §§ 506 ff. BGB als Erwerber in den Kaufvertrag ein. Beim Vorkaufsrecht nach § 27a BauGB wird dagegen der begünstigte Dritte der Vertragspartner des Verkäufers (§ 27a Abs. 2 BauGB).

186 Hinsichtlich des Kaufpreises ist zunächst der im Kaufvertrag vereinbarte Preis maßgeblich (§ 28 Abs. 2 BauGB i.V.m. § 505 Abs. 2 BGB). Liegt dieser allerdings deutlich über dem Verkehrswert, ist der Verkehrswert nach § 28 Abs. 3 S. 1 BauGB der Kaufpreis (sog. preislimitiertes Vorkaufsrecht). Da dies dazu führen könnte, dass der Verkäufer das Grundstück zu einem Preis verkaufen muss, zu dem er es eigentlich gar nicht verkaufen wollte, kann er nach § 28 Abs. 3 S. 2 BauGB innerhalb eines Monats vom Kaufvertrag zurücktreten. Eine Sonderregelung gilt für die Ausübung des Vorkaufsrechts bei öffentlichen Bedarfsflächen und Ausgleichsflächen (§ 24 Abs. 1 Nr. 1 BauGB). Da die Gemeinde sich diese Flächen notfalls im Wege der Enteignung beschaffen könnte, schreibt § 28 Abs. 4 BauGB vor, dass der bei einer Enteignung zu zahlende Betrag der maßgebliche Kaufpreis ist.

187 Der Rechtsschutz gegen die Ausübung des Vorkaufsrechts erfolgt durch Anfechtungsklage, wenn das Vorkaufsrecht zum vereinbarten Preis ausgeübt wird. Das Rechtsmittel kann sowohl vom Verkäufer als auch vom Käufer eingelegt werden.³²⁹ Beim preislimitierten Vorkaufsrecht ist dagegen der Antrag nach § 217 BauGB auf gerichtliche Entscheidung durch die Kammer für Baulandsachen zu stellen.³³⁰

6. Weitere Besonderheiten der Bauleitplanung
a) Übertragung auf Private (§ 4b BauGB)

188 Nach § 4b BauGB kann die Gemeinde zur Beschleunigung des Verfahrens sowohl die Bürgerbeteiligung nach § 3 BauGB als auch die Beteiligung der Träger öffentlicher Belange nach § 4 BauGB einem Dritten übertragen.³³¹ In der Regel handelt es sich bei dem Dritten um einen Bauträger, der an der möglichst schnellen Auswei-

---

326 BVerwG Beschl. v. 26.4.1993 – 4 B 31/93.
327 BVerwG Beschl. v. 26.4.1993 – 4 B 31/93.
328 BVerwG Beschl. v. 26.4.1993 – 4 B 31/93.
329 BVerwG Beschl. v. 15.2.2000 – 4 B 10/00.
330 Reidt in: Battis/Krautzberger/Löhr vor §§ 24 ff. Rn. 8; Brügelmann, BauGB, § 24 Rn. 174 ff.
331 S. dazu Stollmann, NuR 1998, 578.

B. Bauplanungsrecht

sung eines neuen Baugebiets interessiert ist. Diese „Privatisierung" ist problematisch, auch wenn der Satzungsbeschluss nach § 10 BauGB durch den Gemeinderat vorgenommen werden muss. Denn wenn der Investor Herr des Verfahrens ist, kann er Einfluss auf das Zusammentragen des Abwägungsmaterials nehmen, insbesondere die Gutachter über immissionsschutzrechtliche, technische oder ökologische Fachfragen aussuchen. Der Projektträger darf nicht an Stelle der Gemeinde die Planungsentscheidung treffen, dafür bleibt allein die Gemeinde verantwortlich. Lediglich bei der Sammlung und Aufbereitung des Abwägungsmaterials darf der Vorhabenträger die Gemeinde im Einzelfall unterstützen.

b) Städtebauliche Verträge (§ 11 BauGB)

189 § 11 BauGB ermächtigt die Gemeinden zum Abschluss von privatrechtlichen oder öffentlich-rechtlichen Verträgen zur Vorbereitung der Bauleitplanung (städtebauliche Verträge). Ein städtebaulicher Vertrag ist nach § 11 Abs. 1 Nr. 1 BauGB insbesondere zulässig, wenn die Gemeinde mithilfe eines Bauträgers ein neues Baugebiet schaffen will. Sie kann ihm die Vorbereitung der Aufstellung des Bebauungsplans (insb. die Ausarbeitung der Planunterlagen sowie die Anhörung von Grundstückseigentümern und Fachbehörden) und die eventuell notwendige Bodenordnung durch Umlegung übertragen. Der Bauträger erhält dadurch aber keine hoheitlichen Befugnisse gegenüber den Grundstückseigentümern. Die Aufstellung des Bebauungsplans durch eine Satzung nach § 10 BauGB bleibt weiterhin allein Sache der Gemeinde.

190 § 11 Abs. 1 Nr. 3 BauGB regelt die sog. Folgekostenvereinbarungen. Hierunter sind vertragliche Vereinbarungen zwischen Gemeinde und Bauträger über einen Zuschuss des Bauträgers zu den durch die Bebauung aufgrund des Bebauungsplans bedingten Aufwendungen der Gemeinde für Infrastrukturmaßnahmen (z.B. Schule, Kinderspielplatz, Kindergarten, Sportanlage, öffentlicher Personennahverkehr) zu verstehen. Die infrastrukturellen Maßnahmen müssen nicht unbedingt im Bebauungsplangebiet liegen; ferner können auch bereits erfolgte Maßnahmen Gegenstand einer Folgekostenvereinbarung sein.[332]

191 § 11 Abs. 2 BauGB verlangt neben der Kausalität zwischen Zahlungsverpflichtung und Aufwendungen der Gemeinde, dass die vertraglich übernommene Verpflichtung angemessen ist. Es darf also nicht zu einer finanziellen Ausnutzung des Mangels an Bauplätzen durch die Gemeinde kommen, so dass diese etwa mit der Aufstellung von Bebauungsplänen Gewinn machen könnte. § 11 Abs. 2 BauGB verbietet daher, dass die Gemeinde sich finanzielle Leistungen für Maßnahmen zusagen lässt, die nicht Voraussetzung für die Erteilung der Baugenehmigung sind. § 11 Abs. 3 BauGB stellt klar, dass sich aus städtebaulichen Verträgen kein Anspruch auf Aufstellung eines Bebauungsplans ergibt.

192 Städtebauliche Verträge bedürfen der Schriftform, soweit nicht eine andere Form vorgeschrieben ist. Verträge, in denen Grundstücke übereignet oder belastet werden, müssen in der Form des § 313 BGB abgeschlossen werden.[333]

c) Vorhaben- und Erschließungsplan (§ 12 BauGB) / vorhabenbezogener Bebauungsplan

193 Der Vorhaben- und Erschließungsplan ist auf die Einschaltung einer Bauträgerfirma als Investor ausgerichtet und muss sich auf ein konkretes Bauvorhaben, nicht nur

---

332 BVerwG Urt. v. 29.1.2009 – 4 C 15/07.
333 VGH Mannheim Beschl. v. 25.11.1996 – 8 S 1151/96.

auf die Schaffung eines neuen Baugebiets beziehen. Die Besonderheit des Vorhaben- und Erschließungsplans besteht in einer „Paketlösung", nämlich dem Vorhaben- und Erschließungsplan des Investors, der gemeindlichen Satzung und dem Durchführungsvertrag zwischen Gemeinde und Investor.[334] Ein Investor, der in der Lage ist, die Aufschließung des Baugebiets einschließlich der Erschließungsmaßnahmen auf seine Kosten durchzuführen, kann der Gemeinde einen Vorhaben- und Erschließungsplan über die bauliche Nutzung des in Aussicht genommenen Baugebiets vorlegen. Da das Instrument des Vorhaben- und Erschließungsplans von der finanziellen Leistungsfähigkeit des Investors abhängt, kann die Gemeinde insoweit weitere Nachweise verlangen.[335]

194 Die Gemeinde entscheidet nach § 12 Abs. 2 BauGB auf Antrag des Investors über die Einleitung des Verfahrens zur Aufstellung des vorhabenbezogenen Bebauungsplans. Die Entscheidung steht nach § 12 Abs. 2 BauGB im Ermessen der Gemeinde; ein Rechtsanspruch besteht nicht.[336] Ein Plan, der lediglich eine planungsrechtliche „Hülle" schafft, die der Vorhabenträger „nach Belieben ausfüllen" kann, ist nicht von § 12 BauGB gedeckt.[337] Der Plan darf in Bezug auf die Art der baulichen Nutzung nicht nach § 30 Abs. 2 BauGB eine unbestimmte Zahl unterschiedlichster Vorhaben im Sinne von § 29 Abs. 1 BauGB zulassen. Schafft ein vorhabenbezogener Bebauungsplan die Voraussetzungen für eine breite Nutzungspalette, kann die Gemeinde es dem Vorhabenträger zwar überlassen, innerhalb der einzelnen Nutzungssegmente zu variieren. Sie hat jedoch Vorsorge dafür zu treffen, dass das planerisch vorgegebene Nutzungsspektrum als solches in seinem Kern erhalten bleibt. Diesem Erfordernis ist nicht genügt, wenn der Vorhabenträger es in der Hand hat, das im Bebauungsplan bezeichnete Nutzungsangebot um beliebig viele Nutzungstypen zu verringern oder zu erweitern.[338]

195 Fällt die Entscheidung über die Aufstellung des vorhabenbezogenen Bebauungsplans positiv aus, wird zwischen dem Investor und der Gemeinde ein Durchführungsvertrag abgeschlossen, in dem sich der Investor zur Durchführung der Planung und Erschließung sowie zur Tragung der dadurch entstehenden Kosten verpflichtet. Der Durchführungsvertrag muss jedenfalls noch vor dem Satzungsbeschluss des Gemeinderats nach § 10 Abs. 1 BauGB abgeschlossen werden, damit die Gemeinde bei ihrer Abwägungsentscheidung Klarheit über sämtliche mit dem Vorhaben zusammenhängende Fragen hat und gewährleistet ist, dass der Vorhabenträger auf der Grundlage des von ihm vorgelegten Plans bereit und in der Lage ist, die Maßnahme innerhalb einer bestimmten Frist durchzuführen.[339] Ist dies nicht geschehen, ist der Bebauungsplan nichtig.[340] Den Anforderungen wird allerdings schon dann genügt, wenn zum Zeitpunkt des Satzungsbeschlusses ein schriftlicher Vertrag vorliegt, der vom Vorhabenträger und vom Eigentümer unterschrieben ist, und das förmliche Zustandekommen des Durchführungsvertrags nur noch von der Zustimmungsentscheidung der Gemeindevertretung abhängt, mit der der Bürgermeister zur schriftlichen Annahme des Angebots ermächtigt wird.[341]

---

334 OVG Münster Urt. v. 23.1.2006 – 7 D 60/04.NE.
335 OVG Bautzen Urt. v. 14.6.1994 – 1 S 142/93.
336 VGH Mannheim Beschl. v. 22.3.2000 – 5 S 444/00.
337 OVG Münster Urt. v. 14.6.2005 – 7 D 97/03.NE.
338 BVerwG Beschl. v. 10.8.2004 – 4 BN 29/04.
339 BVerwG Beschl. v. 6.10.2011 – 4 BN 19/11.
340 OVG Münster Urt. v. 23.1.2006 – 7 D 60/04.NE.
341 BVerwG Beschl. v. 6.10.2011 – 4 BN 19/11.

B. Bauplanungsrecht

Die Gemeinde ist trotz eines abgeschlossenen Durchführungsvertrags berechtigt, **196** das Verfahren zur Aufstellung des Bebauungsplans aus sachlichen Gründen abzubrechen, ohne dass der Vorhabenträger Schadenersatzansprüche für seine bisherigen Aufwendungen verlangen kann. Bei einer grundlosen Einstellung des Verfahrens kann sich die Gemeinde aber wegen Verletzung der Amtspflicht zu konsequentem Verhalten schadensersatzpflichtig machen.³⁴²

Für den vorhabenbezogenen Bebauungsplan nach § 12 BauGB gelten grundsätzlich **197** dieselben Vorschriften wie für einen normalen Bebauungsplan. Allerdings enthält § 12 Abs. 3 bis 6 BauGB einige Sonderbestimmungen. So ist die Gemeinde nach § 12 Abs. 3 S. 2 BauGB nicht an den numerus clausus der Festsetzungen nach § 9 BauGB bzw. §§ 2 ff. BauNVO gebunden, so dass ein vorhabenbezogener Bebauungsplan auch sehr spezielle Regelungen enthalten kann. §§ 14 bis 28 BauGB kommen nicht zur Anwendung, weil der Vorhabenträger ohnehin die Verfügungsgewalt über die vom Vorhaben- und Erschließungsplan erfassten Flächen haben muss; andernfalls wäre er zur Verwirklichung des Vorhaben- und Erschließungsplans gar nicht in der Lage (vgl. § 12 Abs. 1 BauGB). Der Vorhabenträger kann nach § 12 Abs. 5 BauGB nur mit Zustimmung der Gemeinde ausgetauscht werden, wobei die Zustimmung nur verweigert werden darf, wenn zu befürchten ist, dass der neue Vorhabenträger den Vorhaben- und Erschließungsplan nicht ordnungsgemäß – insbesondere nicht termingerecht – durchführen wird. Wird der im Durchführungsvertrag vereinbarte Termin für die Verwirklichung des Vorhaben- und Erschließungsplans nicht eingehalten, soll die Gemeinde den Bebauungsplan nach § 12 Abs. 6 BauGB aufheben, wobei Schadensersatzansprüche des Vorhabenträgers ausdrücklich ausgeschlossen werden.

d) Vereinfachtes Verfahren, Bebauungspläne der Innenentwicklung (§§ 13, 13a BauGB)

Nach § 13 BauGB kann die Änderung und Ergänzung eines Bebauungsplans in **198** einem vereinfachten Verfahren³⁴³ durchgeführt werden, sofern die Grundzüge des Bebauungsplans nicht berührt werden oder im unbeplanten Innenbereich (§ 34 BauGB) bei der Aufstellung eines Bebauungsplans von der bestehenden baurechtlichen Situation nicht wesentlich abgewichen wird. Die Grundzüge der Planung werden nicht berührt, wenn die städtebauliche Situation, die sich aus dem bestehenden Bebauungsplan oder der vorhandenen Bebauung ergibt, im Grundsatz erhalten bleibt. Sie werden i.d.R. berührt, wenn der Baugebietstypus geändert wird.³⁴⁴

Die Vereinfachung besteht vor allem darin, dass nach § 13 Abs. 3 BauGB keine Um- **199** weltprüfung mit Umweltbericht durchgeführt werden muss und auch eine Planauslegung entfallen kann, sofern die betroffenen Bürger und Träger öffentlicher Belange Gelegenheit zu einer Stellungnahme erhalten (§ 13 Abs. 2 BauGB).

§ 13a BauGB erlaubt die Aufstellung von Bebauungsplänen im nicht beplanten In- **200** nenbereich (sog. Bebauungspläne der Innenentwicklung), ohne dass eine Umweltprüfung und eine Öffentlichkeitsbeteiligung durchgeführt werden. Voraussetzung ist allerdings, dass Umweltbelange nicht erheblich beeinträchtigt werden, so dass nicht die Notwendigkeit einer Umweltprüfung nach der UP-Richtlinie der EU vom 27.6.1985³⁴⁵ besteht (vgl. § 13a Abs. 1 S. 4 BauGB). Dies wird unterstellt bei Bebau-

---
342 BGH Urt. v. 18.5.2006 – III ZR 396/04.
343 S. dazu Reidt, NVwZ 2007, 1029.
344 BVerwG Urt. v. 4.8.2009 – 4 CN 4/08.
345 85 EWG-ABl. EG Nr. 175.

ungsplänen, die lediglich eine Grundfläche der zulässigen Bauvorhaben von weniger als 20.000 qm vorsehen. Bei Bebauungsplänen mit einer Grundfläche zwischen 20.000 qm und 70.000 qm ist zu prüfen, ob der Bebauungsplan erhebliche Umweltauswirkungen haben wird. Bei noch größeren Bebauungsplänen wird dies unterstellt, so dass ein solcher Bebauungsplan im vereinfachten Verfahren nicht aufgestellt werden kann.

201 Eine Umdeutung eines in einem Verfahren nach § 13 Abs. 1 BauGB erlassenen Bebauungsplans, der an einem Verfahrensfehler leidet, in einen Bebauungsplan nach § 13a BauGB verbietet sich. Denn sowohl die Verfahrensanforderungen als auch der Verfahrenszweck unterscheiden sich in wesentlicher Weise.[346]

7. Beschränkte Geltung von Bebauungsplänen

a) Außerkrafttreten von Bauleitplänen

202 Wirksame Bauleitpläne bleiben grundsätzlich wirksam, solange sie nicht geändert oder aufgehoben werden. Für diese Vorgänge gelten die Vorschriften über die Aufstellung von Bauleitplänen entsprechend, § 1 Abs. 8 BauGB.

203 Das BVerwG hat entschieden, dass der Verlust oder der Teilverlust der Planurkunde als das „materielle" Substrat der „ideellen" Norm für sich gesehen nicht zur Unwirksamkeit oder zum Außerkrafttreten des Bebauungsplans führt. Der Verlust der Planurkunde lasse den Rechtssetzungsakt als solchen grundsätzlich unberührt. Allerdings könnten sich im Einzelfall Probleme beim Nachweis des tatsächlich geltenden Rechts ergeben.[347] Das OVG Münster ist trotz seiner im Urt. v. 5.12.2017[348], geäußerten Zweifel dieser Rechtsprechung jedenfalls für den Fall gefolgt, dass in einem verwaltungsgerichtlichen Verfahren eine mittels eines Scanners angefertigte digitale Kopie der Planzeichnung vorgelegt wurde.[349]

204 Grundsätzlich verliert ein alter Bebauungsplan seine frühere rechtliche Wirkung, wenn eine Gemeinde diese Bauleitplanung ändert, insbesondere einen Bebauungsplan durch einen neuen ersetzt.[350] Das folgt über § 10 BauGB aus dem gewohnheitsrechtlich anerkannten Rechtssatz, dass die spätere Norm die frühere verdrängt.[351] Eines ausdrücklichen Aufhebungsbeschlusses bedarf es nicht. Wird ein solcher gleichwohl gefasst, kommt ihm rechtliche Wirkung nur dann zu, wenn die Gemeinde hierdurch vermeiden möchte, dass im Falle der Unwirksamkeit der späteren Norm die frühere Norm unverändert fortgilt;[352] andernfalls wirkt der Aufhebungsbeschluss nur deklaratorisch.[353]

205 Außerdem kann ein Bebauungsplan funktionslos (oder obsolet) und damit unwirksam werden.[354] Eine derartige Funktionslosigkeit setzt voraus, dass tatsächliche Verhältnisse eingetreten sind, die die auf sie bezogenen Festsetzungen eines Bebauungsplanes ihrer ordnenden Wirkung beraubten, weil deren Verwirklichung in ihrer ganzen Reichweite auf unabsehbare Zeit ausgeschlossen ist. Die Abweichung zwi-

---

346 So BVerwG Beschl. v. 21.12.2016 – 4 BN 14/16.
347 Vgl. BVerwG Beschl. v. 1.4.1997 – 4 B 206.96, mit weiteren Nachweisen.
348 10 D 84/15.NE.
349 OVG Münster Urt. v. 25.2.2019 – 10 A 2557/16.
350 BVerwG Urt. v. 10.8.1990 – 4 C 3.90.
351 S. auch BVerwG Beschl. v. 19.4.2010 – 4 VR 2.09; BVerwG Beschl. v. 1.6.2010 – 4 CN 2.09.
352 Vgl. zusammenfassend BVerwG Beschl. v. 16.5.2017 – 4 B 24.16.
353 BVerwG Beschl. v. 27.3.2019 – 4 BN 28/18.
354 S. dazu ausführlich: Scheidler, Der funktionslos gewordene Bebauungsplan, UPR 2017, 201 ff.

B. Bauplanungsrecht

schen planerischer Festsetzung und tatsächlicher Situation muss zudem derart offensichtlich sein, dass ein dennoch in die Fortgeltung der Festsetzung gesetztes Vertrauen nicht mehr als schutzwürdig angesehen werden kann.[355] Funktionslosigkeit tritt nicht schon dann ein, wenn über längere Zeit vom Plan abgewichen worden ist und deshalb Verhältnisse eingetreten sind, die den Festsetzungen des Plans nicht entsprechen.

Beispiel: Die weitaus überwiegende Zahl der Häuser in einem ausgewiesenen Wochenendhausgebiet wird zwar seit vielen Jahren zu dauerhaften Wohnzwecken genutzt. Angesichts der wiederholten – unbestrittenen – Informationen der Bewohner durch die Bauaufsichtsbehörde und deren Bemühungen um eine Bereinigung der Verhältnisse konnte jedoch jeder Nutzer von Häusern in dem fraglichen Gebiet davon ausgehen, dass die Regelungskraft der Festsetzung Bestand haben und diese ihre städtebauliche Funktion beibehalten sollte; die Festsetzung ist nicht obsolet geworden.[356]

Ob die Voraussetzungen für die Funktionslosigkeit bauplanerischer Regelungen erfüllt sind, ist für jede Festsetzung gesondert zu prüfen.[357] Die Funktionslosigkeit eines Bebauungsplans kann sich auch auf Teilbereiche beschränken.[358] **206**

Beispiele:
- Ein Bebauungsplan weist eine Zubringerstraße für eine Stadtautobahn aus; die Absicht, diese Autobahn zu bauen, wird später jedoch endgültig aufgegeben.[359]
- Die Festsetzung zur Verbreiterung der Straße aufgrund zurückgesetzter Baulinie ist seit 65 Jahren nicht durchgesetzt worden und es ist nichts dafür erkennbar, dass die Stadt sie in absehbarer Zeit durchsetzen will.[360]
- Ein im Jahr 1878 aufgestellter Bebauungsplan für ein Wohngebiet ist obsolet, wenn er über 100 Jahre lang nicht verwirklicht wird, sondern stattdessen der betroffene Bereich unter Landschaftsschutz gestellt wird.[361]
- Die festgesetzte GFZ von 1,5 wird in dem als maßgeblich anzusehenden Baublock auf keinem einzigen der Grundstücke (einschließlich des Vorhabengrundstücks) eingehalten. Auf einem Grundstück beträgt sie 2,63, auf allen übrigen Grundstücken liegt sie bei mindestens 3,33, in Teilen sogar zwischen 3,91 und 4,54. In der Gesamtschau dieser Umstände kann – nach Auffassung des VG Berlin – bei lebensnaher Betrachtung kaum noch davon ausgegangen werden, dass die Festsetzung des Nutzungsmaßes durch den Plan ihre städtebauliche Gestaltungsfunktion noch erfüllen kann.[362]

Es reicht nicht aus, dass die Gemeinde ihre städtebauliche Konzeption geändert hat[363] oder die Verwirklichung des Bebauungsplans derzeit nicht möglich ist, sofern dieser Hinderungsgrund nicht von Dauer ist[364] oder die andersartige Entwicklung sich auf einen Teilbereich beschränkt.[365] **207**

Zur Frage, ob die Verwaltung und die Gerichte einen Bebauungsplan wegen Funktionslosigkeit nicht anwenden dürfen s. Teil B Rn. 218 ff..

Die genannten Grundsätze gelten entsprechend für Flächennutzungspläne. Sie sind auch auf das Außer-Kraft-Treten gestalterischer, auf landesrechtlicher Grundlage beruhender Festsetzungen eines Bebauungsplans zu übertragen.[366] **208**

---

355 VGH München Urt. v. 14.12.2016 – 2 B 16.1574.
356 Nach VG Münster Urt. v. 5.7.2013 – 10 K 1668/12.
357 Vgl. BVerwG Beschl. v. 9.10.2003 – 4 B 85/03.
358 Vgl. z.B. VGH München Urt. v. 2.8.2018 – 2 B 18.742; VG Berlin Urt. v. 12.6.2020 – 19 K 403.17.
359 Nach OVG Berlin Urt. v. 26.1.1979 – II A 5.77.
360 Nach VGH München Beschl. v. 23.2.2017 – 2 ZB 15.2597.
361 Nach VGH Mannheim Beschl. v. 29.8.1989 – 5 S 2897/88.
362 Nach VG Berlin Urt. v. 12.6.2020 – 19 K 403.17.
363 BVerwG Beschl. v. 7.2.1997 – 4 B 6/97.
364 BVerwG Beschl. v. 6.6.1997 – 4 NB 6/97.
365 BVerwG Beschl. v. 21.12.1999 – 4 BN 48/99.
366 VG Köln Urt. v. 28.12.2020 – 2 K 5649/18; OVG Münster Urt. v. 25.8.1999 – 7 A 4459/96.

b) Die Fehlerfolgen

209 Die Regelungen in §§ 214 und 215 BauGB bestimmen die Folgen von Verstößen gegen Vorschriften über die Aufstellung des Flächennutzungsplans und des Bebauungsplans und anderer Satzungen. Sie sind in den letzten Jahren mehrfach geändert worden und Ausdruck des gesetzgeberischen Ziels, zu vermeiden, dass allzu viele Pläne wegen solcher Fehler einer verwaltungsgerichtlichen Überprüfung nicht standhalten.

210 Einige der Fehler sind immer beachtlich, andere sind immer unbeachtlich und wieder andere sind solange unbeachtlich, wie sie nicht innerhalb eines Jahres seit Bekanntmachung des Plans geltend gemacht werden. Da in all diesen Fällen die Pläne unter Rechtsverstoß erlassen worden sind, also ein Rechtsfehler vorliegt, sind sie rechtswidrig. Ist der Rechtsverstoß aber aus einem der gesetzlich geregelten Gründe unbeachtlich, berührt der Rechtsfehler die Wirksamkeit des Plans nicht. In diesen Fällen setzt sich das Ziel der Planerhaltung durch. Andernfalls wird er auf Antrag für unwirksam erklärt.

211 Das in den §§ 214 und 215 BauGB angewandte, in manchen Bezügen schwer verständliche System von Grundsätzen, Ausnahmen, Rückausnahmen und Einschränkungen von Ausnahmen und Rückausnahmen ist insbesondere wegen der Verweise (mit Blick auf die Anforderungen an die Umweltprüfung und den Umweltbericht und der Erklärung zum Umweltbericht unter anderem durch die Verweise auf die Anlage 1 zum BauGB) „an Kompliziertheit kaum zu überbieten".[367] Darüber hinaus ist der Wortlaut bisweilen nur wenig gelungen.

212 So wird z.B. der Sinn der Einschränkung im 3. Hs. des § 214 Abs. 1 S. 1 Nr. 3 BauGB nicht auf den ersten Blick deutlich, sondern erst bei genauerem Hinsehen:
– Im Grundsatz (1. Hs.) ist die Verletzung der in der Bestimmung genannten Vorschriften über die Begründung der Pläne und ihrer Entwürfe beachtlich; so muss etwa der Umweltbericht als Erklärung dazu, wie die Umweltbelange berücksichtigt werden, schon bei der auszulegenden Entwurfsfassung vorliegen. (Der Mangel ist allerdings in § 215 Abs. 1 Nr. 1 BauGB in Bezug genommen worden und wird deshalb bei nicht rechtzeitiger oder unterbliebener Rüge unbeachtlich.) Als Ausnahme oder Einschränkung bestimmt § 214 Abs. 1 Nr. 3 BauGB in seinem 2. Hs., dass eine bloße Unvollständigkeit der Begründung unbeachtlich ist. Im 3. Hs. wird diese Aussage mit Blick auf den Umweltbericht wiederum eingeschränkt: Die Unvollständigkeit darf sich, soll sie unbeachtlich sein, nur auf unwesentliche Punkte beziehen; ansonsten ist die Unvollständigkeit beachtlich – soweit sie nicht mangels (rechtzeitiger) Rüge nach § 215 BauGB unbeachtlich wird.

213 Dieses für sich schon komplizierte System leidet darüber hinaus daran, dass der Gesetzgeber zwischen unvollständiger und fehlender Begründung unterscheidet, aber in der Praxis und nach dem Sinn und Zweck der Vorschrift eine zu enge Unterscheidung gekünstelt ist. Bei einer sachgerechten Anwendung des Gesetzes kann es für die Annahme einer vorhandenen, aber nicht vollständigen Begründung nicht ausreichen, dass überhaupt irgendeine eine vordergründige Begründung abgegeben ist. Da die Begründung die städtebauliche Rechtfertigung und Erforderlichkeit sowie die Grundlagen der Abwägung in ihren zentralen Punkten darstellen soll, ist für eine Unvollständigkeit erforderlich, dass zumindest einige und lediglich nicht alle wesentli-

---

[367] So Schrödter, BauGB, § 214 Rn. 24.

B. Bauplanungsrecht

chen Gesichtspunkte erwähnt worden sind oder lediglich zu einzelnen zentralen Regelungen eine Begründung fehlt.[368]

Als Verfahrens- und Formvorschriften sind alle Vorschriften anzusehen, die sich auf den äußeren Ablauf des Satzungs- bzw. Flächennutzungsplanaufstellungsverfahrens beziehen. Im Gegensatz dazu betreffen die materiellrechtlichen Vorschriften Inhalt und Voraussetzungen der Planung.[369] **214**

Ausdrücklich und eigentlich systemwidrig hat der Gesetzgeber in § 214 Abs. 1 S. 1 Nr. 1 BauGB den Fehler, dass „entgegen § 2 Abs. 3 die von der Planung berührten Belange, die der Gemeinde bekannt waren oder hätten bekannt sein müssen, in wesentlichen Punkten nicht zutreffend ermittelt oder bewertet worden" ist, als Verfahrensfehler eingestuft und nicht etwa als inhaltlichen Fehler, obwohl die Bewertung stets auch eine materiellrechtliche Komponente hat. Dennoch, und das konnte der Gesetzgeber nicht ändern, bleibt die Gewichtung und Bewertung des Abwägungsmaterials eine materielle Abwägung. Deshalb haben Mängel unweigerlich auch Einfluss auf das Abwägungsergebnis. Ein diesbezüglicher Fehler ist – auch ohne Rüge – stets beachtlich. **215**

Einzelne der in § 214 BauGB genannten Mängel werden unbeachtlich, wenn sie nicht innerhalb eines Jahres seit Bekanntmachung des Flächennutzungsplans oder der Satzung schriftlich gegenüber der Gemeinde unter Darlegung des die Verletzung begründenden Sachverhalts geltend gemacht worden sind und bei Inkraftsetzung des Flächennutzungsplans oder der Satzung auf die Voraussetzungen für die Geltendmachung der Verletzung von Vorschriften sowie auf die Rechtsfolgen hingewiesen worden ist. Dies gilt für eine nach § 214 Abs. 1 S. 1 Nr. 1 bis 3 BauGB beachtliche Verletzung der dort bezeichneten Verfahrens- und Formvorschriften, eine unter Berücksichtigung des § 214 Abs. 2 BauGB beachtliche Verletzung der Vorschriften über das Verhältnis des Bebauungsplans und des Flächennutzungsplans und nach § 214 Abs. 3 S. 2 BauGB beachtliche Mängel des Abwägungsvorgangs. Die Rüge setzt eine Konkretisierung und Substantiierung des Fehlers voraus. Denn der Gemeinde soll durch die Darstellung des maßgebenden Sachverhalts ermöglicht werden, auf dieser Grundlage in die Frage einer Fehlerbehebung einzutreten.[370] **216**

c) Anwendung / Nichtanwendung eines Bebauungsplans

Das komplizierte Verfahren und die hohen Anforderungen, die die Rechtsprechung an die Abwägung stellt, führen oftmals zu (heilbaren oder nicht heilbaren, beachtlichen oder nicht beachtlichen) Fehlern. Es stellt sich die Frage, ob das Gericht oder die Verwaltung nach solchen Fehlern „suchen" darf und gegebenenfalls befugt ist, die Norm nicht anzuwenden, also die Rechtslage so sehen darf oder muss, wie wenn die Norm nicht existierte (sog. Verwerfungskompetenz). **217**

aa) Verwerfungskompetenz des Gerichts

Das Gericht hat im Grundsatz die Gültigkeit von Satzungen vom Amts wegen zu überprüfen. Jedoch sollten nicht ohne Anlass Untersuchungen zur Rechtsgültigkeit angestellt werden, sondern nur, wenn sich – insbesondere wegen des darauf gerichteten Parteivortrags – Zweifel aufdrängen.[371] Insbesondere in Verfahren auf Gewäh- **218**

---

368 BVerwG Beschl. v. 21.2.1986 – 4 N 1/85.
369 Schrödter, BauGB, § 214 Rn. 14.
370 BVerwG Beschl. v. 19.1.2012 – 4 BN 35/11.
371 BVerwG Beschl. v. 12.9.1989 – 4 B 149.89.

rung vorläufigen Rechtsschutzes ist grundsätzlich von der Wirksamkeit des zugrunde liegenden Bebauungsplans auszugehen.[372] Ist das Gericht von der Ungültigkeit der untergesetzlichen Norm überzeugt, ist die Rechtsfolge eindeutig: Die Rechtsprechung ist an Gesetz und Recht gebunden (Art. 20 Abs. 3, 2. Hs. GG). Eine aufgrund eines Gesetzes erlassene Verordnung oder eine Satzung sind, wenn sie nicht wirksam sind, rechtlich nicht existent.

bb) Verwerfungskompetenz der Verwaltung

219 Ob der Verwaltungsbehörde eine Verwerfungskompetenz hinsichtlich untergesetzlicher Normen zusteht, ist nicht gesetzlich geregelt.

220 Grundsätzlich gilt für eine Gemeinde, dass diese ihre Bauleitpläne in der Regel nicht einfach unangewendet lassen darf. Das wird aus § 1 Abs. 8 BauGB abgeleitet, der bestimmt, dass die Gemeinde für die Beseitigung ihrer eigenen Bauleitplanung den Weg des dafür vorgesehenen Verfahrens nach Maßgabe der §§ 2 ff. BauGB zu gehen hat. Das gilt grundsätzlich auch bei einem als ungültig erkannten Bebauungsplan, um damit den Anschein seiner Rechtsgeltung zu beseitigen.[373] Dies wird auch und insbesondere für eine von der Gemeinde verschiedene Genehmigungsbehörde so gesehen.[374] Auch darf die Genehmigungsbehörde nicht Flächennutzungspläne nicht anwenden, wenn diese, wie etwa hinsichtlich der Darstellung von Konzentrationszonen gemäß § 35 Abs. 3 S. 3 BauGB, außenwirksame, die privaten Belange Planbetroffener berührende Festsetzungen treffen.[375]

221 Nach der Rechtsprechung des BVerwG kommt eine „Normverwerfung" durch eine von der Gemeinde verschiedene Genehmigungsbehörde allerdings in Betracht, wenn sie vor der Inzidentverwerfung zunächst die Gemeinde auf den erkannten Fehler hinweist, um ihr Gelegenheit zu geben, den Fehler zu heilen oder den Bebauungsplan aufzuheben; darüber hinaus könne eine (akzessorische) Normverwerfungskompetenz der Behörden dann angenommen werden, wenn ein Verwaltungsgericht die Satzung in einem Parallelprozess bereits als ungültig behandelt hat.[376] Das gilt nicht nur in Fällen anfänglicher Unwirksamkeit des Bebauungsplans infolge Verstoßes gegen zwingende Planungsschranken oder das Abwägungsgebot, sondern auch dann, wenn die Ungültigkeit einer bauplanerischen Festsetzung auf deren Funktionslosigkeit beruht.[377]

222 Ob diese einschränkende Auffassung zutreffend ist, ist nicht frei von Zweifeln. Denn wenn Art. 20 Abs. 3, 2. Hs. GG bestimmt, dass auch die vollziehende Gewalt an Gesetz und Recht gebunden ist, ist auch hier nur das gültige Recht gemeint. Eine Ordnungsverfügung zur Verwirklichung eines Zustandes zu erlassen, der in einer ungültigen Satzung vorgeschrieben ist, kann nicht rechtmäßig sein. Ebenfalls kann mit Art. 14 GG nicht vereinbar sein, einen Bauwunsch nur deshalb abschlägig zu bescheiden, weil eine – intern als unwirksam erkannte – Satzungsbestimmung entgegensteht.[378]

---

372 OVG Münster Beschl. v. 21.12.2006 – 7 B 2193/06.
373 BVerwG Urt. v. 21.11.1986 – 4 C 22.83; VGH München Urt. v. 16.11.1992 – 14 N 91.2258.
374 OVG Münster Urt. v. 30.6.2005 – 20 A 3988/03; VGH München Urt. v. 1.4.1982 – 15 N 81 A.1679; BGH Urt. v. 25.10.2012 – III ZR 29/12; a.A. OVG Lüneburg Beschl. v. 15.10.1999 – 1 M 3614/99; offenlassend BVerwG Urt. v. 31.1.2001 – 6 CN 2.00; VGH Mannheim Urt. v. 9.9.2015 – 3 S 276/15.
375 BVerwG Urt. v. 26.4.2007 – 4 CN 3.06.
376 OVG Münster Urt. v. 30.6.2005 – 20 A 3988/03.
377 OVG Koblenz Beschl. v. 14.5.2013 – 8 A 10043/13.
378 Brügelmann, BauGB, § 10 Rn. 499 ff.

II. Bauplanungsrechtliche Zulässigkeit von Bauvorhaben

1. Bedeutung und System der §§ 29 ff. BauGB

Die §§ 29 ff. BauGB haben die bauplanungsrechtliche Zulässigkeit von Einzelbauvorhaben zum Inhalt. Die städtebauliche Ordnung wird nach den Vorstellungen des Gesetzgebers zunächst durch die Aufstellung von Bauleitplänen gewährleistet. Im Geltungsbereich eines Bebauungsplans sind Bauvorhaben nur zulässig, wenn sie dem Bebauungsplan nicht widersprechen (§ 30 Abs. 1 BauGB). Es muss aber auch in Gebieten, in denen kein Bebauungsplan besteht, für eine geordnete städtebauliche Entwicklung gesorgt werden; dies ist die Aufgabe der §§ 34 (unbeplanter Innenbereich) und 35 BauGB (Außenbereich). Damit der Planungshoheit der Gemeinde auch dort, wo kein Bebauungsplan besteht, Rechnung getragen wird, trifft § 36 BauGB Regelungen für deren Mitwirkungs- und Beteiligungsrechte. 223

Die §§ 29 ff. BauGB sind vor allem bedeutsam für Vorhaben, die genehmigungsbedürftig sind. Denn § 74 Abs. 1 BauO besagt, dass die Baugenehmigung zu erteilen ist, wenn dem Vorhaben öffentlich-rechtliche Vorschriften nicht entgegenstehen; zu diesen Vorschriften zählen unter anderem diejenigen des Bauplanungsrechts. 224

Aber auch wenn ein Genehmigungsverfahren nicht durchgeführt zu werden braucht, sind die §§ 29 ff. BauGB bedeutsam. Die Genehmigungsfreiheit nach den §§ 61 bis 63, 78 und 79 Absatz 1 S. 1 BauO sowie die Beschränkung der bauaufsichtlichen Prüfung nach § 64 entbinden nicht von der Verpflichtung zur Einhaltung der Anforderungen, die durch öffentlich-rechtliche Vorschriften an Anlagen gestellt werden (auch solche nach dem BauGB), und lassen die bauaufsichtlichen Eingriffsbefugnisse unberührt (§ 60 Abs. 2 BauO). 225

2. Geltungsbereich der §§ 30 bis 37 BauGB

Gemäß § 29 Abs. 1 BauGB gelten die §§ 30 bis 37 BauGB für Vorhaben, die die Errichtung, Änderung oder Nutzungsänderung von baulichen Anlagen zum Inhalt haben. 226

a) Der Begriff der baulichen Anlage (§ 29 BauGB)

§ 29 S. 1 BauGB setzt für die Anwendung der §§ 30 ff. BauGB voraus, dass es sich um eine bauliche Anlage handelt. Dieser Begriff ist im BauGB nicht definiert. Er ist nach der Rechtsprechung des BVerwG[379] nicht identisch mit dem Begriff der baulichen Anlage i.S.d. Bauordnungsrechts (etwa i.S.d. § 2 Abs. 1 BauO). Denn die §§ 29 ff. BauGB dienen städtebaulichen (bodenrechtlichen) Belangen, während für das Bauordnungsrecht andere Belange, insbesondere die der Gefahrenabwehr (s. dazu § 58 Abs. 1 BauO), maßgebend sind.[380] Es kommt hinzu, dass der Begriff der baulichen Anlage in den einzelnen Landesbauordnungen z.T. unterschiedlich definiert wird, während der bundesrechtliche Begriff der baulichen Anlage i.S.d. § 29 BauGB zwangsläufig im ganzen Bundesgebiet einheitlich ausgelegt werden muss. 227

Als Bauen i.S.d. Bauplanungsrechts ist das Schaffen und Nutzen von Anlagen anzusehen, die in einer auf Dauer gedachten Weise künstlich mit dem Erdboden verbunden sind. Das Merkmal der Dauer ist auch erfüllt, wenn die Anlage regelmäßig auf- 228

---

[379] BVerwG Urt. v. 10.12.1971 – IV C 33.69.
[380] BVerwG Urt. v. 7.5.2001 – 6 C 18/00.

und abgebaut wird.³⁸¹ Entscheidend ist insoweit, ob die Anlage als Ersatz für ein festes Bauwerk dienen soll.³⁸² Bauplanungsrechtlich kommt es auf die unmittelbare Verbindung mit dem Erdboden nicht an.³⁸³

Beispiele:
- Werbeanlagen sind bauliche Anlagen, wenn sie aus Baustoffen (Holz, Metall, Plastik, Glas o.ä.) hergestellt sind und im Hinblick auf ihre Größe planungsrechtliche Relevanz haben, weil sie sich auf die Umgebung auswirken; keine baulichen Anlagen sind daher zum einen kleine Werbeanlagen z.b. das Praxisschild eines Rechtsanwalts.³⁸⁴
- Wohnwagen und Wohnflöße werden als bauliche Anlagen angesehen, wenn sie als Ersatz für ein festes Gebäude – zB Wochenendhaus – dienen.³⁸⁵

b) Bodenrechtlich relevanter Vorgang

229 Der „bauplanungsrechtliche Vorhabenbegriff" des § 29 Abs. 1 BauGB hat nicht die gleiche Bedeutung wie der „bauordnungsrechtliche Vorhabenbegriff", wie er in § 58 Abs. 2 BauO formuliert ist. So ist z.b. die Beseitigung einer baulichen Anlage unter bauplanungsrechtlichen Gesichtspunkten ohne Bedeutung, weil sie keine siedlungspolitische Relevanz hat. Das wirkt sich z.b. auf den Regelungsbereich des § 212a Abs. 1 BauGB aus, wo von „Vorhaben" die Rede ist. Weil wegen des Standorts dieser Bestimmung im BauGB und der hieraus folgenden Anknüpfung an den bauplanungsrechtlichen Vorhabenbegriff eine Beseitigungsgenehmigung nicht erfasst ist, hat der Rechtsbehelf eines Dritten dagegen – entsprechend dem Grundsatz des § 80 Abs. 1 S. 1 VwGO – aufschiebende Wirkung; Näheres dazu Teil E Rn. 91 ff..

aa) Bodenrechtlich relevante Errichtung oder Änderung

230 Nicht jede Errichtung oder Änderung einer baulichen Anlage ist zugleich ein Vorhaben i.S.d. § 29 Abs. 1 BauGB. Hinzukommen muss die bodenrechtliche (bauplanungsrechtliche) Relevanz des Vorhabens.³⁸⁶ Diese liegt vor, wenn das Vorhaben geeignet ist, ein Bedürfnis nach einer seine Zulässigkeit regelnden verbindlichen Bauleitplanung hervorzurufen, und es Gegenstand bauplanerischer Festsetzungen sein kann. Bei der Prüfung der bauplanungsrechtlichen Relevanz ist auf eine das einzelne Objekt verallgemeinernde Betrachtungsweise abzustellen.³⁸⁷

231 Dabei ist mit „Errichtung" ein Vorgang gemeint, bei dem eine neue bauliche Anlage im Wege der Bauausführung entsteht. Im Unterschied dazu ist eine Änderung dann anzunehmen, wenn bereits eine bauliche Anlage vorhanden ist, diese aber verändert wird. Da das Bauplanungsrecht als Städtebaurecht nur dort relevant wird, wo bauliche Maßnahmen eine städtebauliche Bedeutung haben, sind unwesentliche Änderungen, also Änderungen, die keinerlei städtebauliche Auswirkung haben können, nicht gemeint. Wesentlich sind insbesondere Umgestaltungen des konstruktiven Gefüges und der äußeren Erscheinungsform des Gebäudes. Wann noch eine unwesentliche Änderung, eine wesentliche Änderung oder schon eine (Neu-)Errichtung vorliegt, bedarf der Würdigung im jeweiligen Einzelfall. Dafür ist insbesondere bedeutsam, ob und inwieweit trotz der Baumaßnahme die bauliche Identität des ursprünglichen Bauwerks gewahrt bleibt. Dabei darf allerdings nicht übersehen wer-

---

381 BVerwG Urt. v. 17.12.1976 – IV C 6.75.
382 BVerwG Urt. v. 1.11.1974 – IV C 13.73.
383 BVerwG Urt. v. 15.12.1994 – 4 C 19/93.
384 VGH Mannheim Urt. v. 29.6.1984 – 8 S 1073/84.
385 BVerwG Urt. v. 31.8.1973 – IV C 33.71.
386 BVerwG Urt. v. 31.8.1973 – IV C 33.71.
387 BVerwG Urt. v. 16.12.1993 – 4 C 22/92.

den, dass oftmals bereits geringfügigen Änderungen der Charakter einer wesentlichen Änderung zukommt.

Beispiel: Genehmigt ist ein nicht großflächiger Einzelhandelsbetrieb mit 799 qm Verkaufsfläche. Erfolgt ein geringfügiger Umbau mit der Folge einer Hinzunahme von 1 qm Nutzfläche, überschreitet der Betrieb nunmehr die in der Rechtsprechung seit Jahren anerkannte Schwelle zur Großflächigkeit, die bei 800 qm liegt. Dies hat, wie § 11 Abs. 3 BauNVO verdeutlicht, städtebauliche Bedeutung. **232**

bb) Bodenrechtlich relevante Nutzungsänderung

Eine Nutzungsänderung im bauplanungsrechtlichen („bodenrechtlichen") Sinn liegt einerseits vor, wenn für die neue Nutzung weitergehende Vorschriften gelten als für die alte. Sie ist aber andererseits auch dann gegeben, wenn sich die Zulässigkeit der neuen Nutzung nach derselben Vorschrift bestimmt, nach dieser Vorschrift aber anders zu beurteilen ist als die frühere Nutzung. In diesem Sinne bodenrechtlich relevant ist eine Änderung der Nutzungsweise auch dann, wenn sie für die Nachbarschaft erhöhte Belastungen mit sich bringt.[388] Eine betriebliche Erweiterung einer Gaststätte von der Innen- zur Außennutzung kann deshalb eine Nutzungsänderung im bodenrechtlichen Sinne darstellen. **233**

Auf jeden Fall liegt stets dann eine Nutzungsänderung in bodenrechtlichem Sinn vor, wenn der Bauherr von einer der in den §§ 2 ff. BauNVO bezeichneten Nutzungsarten zu einer anderen übergeht. Aber auch der Wechsel von einer der Unterarten der in diesen Baugebietsvorschriften unter einer Nummer zusammengefassten Nutzungsarten stellt eine Nutzungsänderung i.S.d. § 29 BauGB dar.[389] **234**

Eine Nutzungsänderung i.S.d. § 29 Abs. 1 BauGB ist für folgende Fälle bejaht worden: **235**
- Umwandlung eines Großhandelsbetriebs in ein Einkaufszentrum, weil Einkaufszentren nach § 11 Abs. 3 BauNVO nur in Kerngebieten und Sondergebieten zulässig sind;[390]
- Änderung einer Schank- und Speisewirtschaft in eine Diskothek;[391]
- Überlassung eines bisher einem landwirtschaftlichen Betrieb dienenden Gebäudes (z.B. eines Wohnhauses) an einen Nichtlandwirt;[392]
- Nutzung eines Wochenendhauses als Dauerwohnung;[393]
- Umwandlung eines Hotels in ein Altenheim;[394]
- Umstellung einer Skihütte auf eine ganzjährige Bewirtung;[395]
- Umstellung einer Lagerhalle zum Verkaufsraum;[396]
- Nutzung eines Pkw-Stellplatz als Dauerabstellplatz für einen Wohnwagen.[397]

Keine bauplanungsrechtliche Nutzungsänderung liegt vor, wenn ein Schreibwarengeschäft in ein Eisenwarengeschäft umgewandelt wird, weil für beide Geschäfte dieselben baurechtlichen Grundsätze gelten. **236**

---

388 BVerwG Beschl. v. 7.11.2002 – 4 B 64/02.
389 VG Gelsenkirchen Beschl. v. 30.9.2015 – 10 L 1877/15.
390 BVerwG Urt. v. 3.2.1984 – 4 C 25/82.
391 OVG Münster Urt. v. 21.2.1983 – 7 A 1118/81.
392 BVerwG Urt. v. 15.11.1974 – IV C 32.71.
393 BVerwG Urt. v. 28.10.1983 – 4 C 70/78.
394 BVerwG Urt. v. 25.3.1988 – 4 C 21/85.
395 BVerwG Beschl. v. 6.9.1999 – 4 B 74/99.
396 BVerwG Urt. v. 27.4.1990 – 4 C 36/87.
397 BVerwG Urt. v. 14.9.1992 – 4 C 15/90.

237 Von einer Nutzungsänderung kann naturgemäß nur gesprochen werden, wenn der Bauherr selbst eine baurechtlich relevante Veränderung vornimmt, nicht aber, wenn die Anlage intensiver genutzt wird.[398]

238 Die Bestimmungen über die Zulassung von Ausnahmen und Befreiungen gelten für Vorhaben im planungsrechtlichen Sinn. Das sind Vorhaben, die die Errichtung, Änderung oder Nutzungsänderung[399] von baulichen Anlagen zum Gegenstand haben.

c) Vorrang des Fachplanungsrechts

239 Die Vorschriften der §§ 30 ff. BauGB gelten nach § 38 BauGB nicht für Vorhaben von überörtlicher Bedeutung,[400] die der Planfeststellung oder einer die Planfeststellung ersetzenden Zulassung bedürfen, ferner nicht für öffentlich zugängliche Abfallbeseitigungsanlagen. § 38 BauGB normiert insoweit einen **Vorrang des** Fachplanungsrechts. Derartige Vorhaben können aufgrund der für alle Planfeststellungsverfahren erforderlichen Abwägung der öffentlichen und privaten Belange auch dann zugelassen werden, wenn sie bei isolierter baurechtlicher Betrachtungsweise unzulässig wären.[401]

3. Bauvorhaben im beplanten Innenbereich (§ 30 BauGB)

240 § 30 Abs. 1 BauGB gilt nur für Bauvorhaben im Geltungsbereich von Plänen, die mindestens Art und Maß der baulichen Nutzung, die überbaubare Grundstücksfläche und die örtlichen Verkehrsflächen regeln (sog. qualifizierte Bebauungspläne). Bebauungspläne, die diesen Mindestanforderungen nicht entsprechen (sog. einfache Bebauungspläne), etwa nur eine Baugrenze entlang einer Straße ausweisen, sind nach § 30 Abs. 3 BauGB bei der Erteilung der Baugenehmigung allerdings ebenfalls zu beachten. Die bauplanungsrechtliche Zulässigkeit eines Vorhabens im Geltungsbereich eines einfachen Bebauungsplans bestimmt sich aber im Übrigen nicht nach § 30 BauGB, sondern nach §§ 34 oder 35 BauGB. Auch die Bestimmungen des Bundesnaturschutzgesetzes sind auf sie anwendbar.[402]

241 Selbstverständlich ist für die Beurteilung nach § 30 BauGB erforderlich, dass der Bebauungsplan wirksam ist. Ist er nicht wirksam, richtet sich die planungsrechtliche Zulässigkeit des Vorhabens nach dem Rechtszustand ohne diesen Plan. Das Vorhaben kann dann – wenn gewissermaßen „die grüne Wiese" überplant werden sollte – im Außenbereich liegen, so dass § 35 BauGB einschlägig ist. Wenn ein im Zusammenhang bebauter Ortsteil überplant werden sollte, kann § 34 BauGB anzuwenden sein. Schließlich kann, wenn bereits ein Bebauungsplan existierte und dieser durch einen neuen ersetzt werden sollte oder geändert werden sollte, der sich aber als unwirksam erweist, die Zulässigkeit sich nach den Festsetzungen des Vorgängerplans richten; ist dessen Wirksamkeit nicht gegeben, richtet sich die Zulässigkeit wiederum danach, wie die planungsrechtliche Situation ohne diesen Plan zu beurteilen ist.[403]

242 Nach § 30 Abs. 1 BauGB ist im Geltungsbereich eines qualifizierten Bebauungsplans ein Vorhaben zulässig, wenn es dessen Festsetzungen nicht widerspricht und die Erschließung gesichert ist. Ob das erste der Fall ist, regelt sich vor allem nach der

---

398 BVerwG Urt. v. 29.10.1998 – 4 C 9/97.
399 Zum Begriff der Nutzungsänderung im bauplanungsrechtlichen Sinn siehe oben Teil B Rn. 233.
400 BVerwG Beschl. v. 31.10.2000 – 11 VR 12/00.
401 BVerwG Urt. v. 9.11.2000 – 4 A 51/98.
402 OVG Koblenz Beschl. v. 5.6.2012 – 8 A 10594/12.
403 Zu einem solchen Fall s. OVG Bln-Bbg Urt. v. 29.1.2015 – OVG 2 B 1.14.

BauNVO. Darüber hinaus sind die sonstigen Festsetzungen nach § 9 Abs. 1 BauGB zu beachten.

a) Art der baulichen Nutzung (§§ 2 bis 14 BauNVO)

aa) Allgemeines

Im Bebauungsplan können die in § 1 Abs. 2 BauNVO bezeichneten Baugebiete festgesetzt werden. Durch die Festsetzung werden die Vorschriften der §§ 2 bis 14 BauNVO Bestandteil des Bebauungsplans, soweit nicht aufgrund der Absätze 4 bis 10 etwas anderes bestimmt wird (§ 1 Abs. 3 S. 2 BauNVO). **243**

(1) Grundsatz der statischen Verweisung

Da der Gemeinderat bei seiner Beschlussfassung nur die jeweils geltende Fassung der BauNVO in seine Planungsentscheidung einbeziehen konnte, gilt die BauNVO – auch nach Jahren noch – in der Fassung, die bei Aufstellung des Bebauungsplans in Kraft war (sog. statische Verweisung).[404] Bei älteren Bebauungsplänen ist also die BauNVO in der Fassung von 1962, 1968, 1977, 1986 oder 1990 heranzuziehen. Die inhaltlichen Änderungen der §§ 2 bis 14 BauNVO durch die Novellen sind mit Blick auf manche Gebiete und auch einzelne Nutzungsarten, deren Zulässigkeit sich im Laufe der Jahre geändert hat (z.B. Vergnügungsstätten, untergeordnete Nebenanlagen), sehr weitgehend. So ist zB § 13a BauNVO erst nach Inkrafttreten vieler Bebauungspläne in Kraft getreten und deshalb auf diese nicht anwendbar; dies hat das BVerwG ausdrücklich klargestellt.[405] **244**

Für Anlagen zur Kinderbetreuung sowie für Anlagen zur Nutzung solarer Strahlungsenergie und Kraft-Wärme-Kopplungsanlagen in § 3 Abs. 2 Nr. 2 und § 14 Abs. 3 BauNVO trifft § 245a BauGB eine von diesem Grundsatz abweichende Sonderregelung: Die Bestimmungen gelten – mit Einschränkungen in S. 2 und Abs. 2 – auch für „alte" Bebauungspläne, die auf der Grundlage der BauNVO in einer Fassung vor dem 20.9.2013 in Kraft getreten sind. **245**

(2) Numerus clausus der Baugebiete

Die BauNVO enthält in §§ 2 bis 9 BauNVO einen Katalog von Baugebieten. Dieser ist für die Gemeinde bindend; zusätzliche Arten von Baugebieten können von ihr nicht geschaffen werden.[406] Hierfür besteht aber im Hinblick auf die Variationsmöglichkeiten des § 1 Abs. 4 bis 10 BauNVO i.d.R. auch kein Bedürfnis. Lediglich für Sondergebiete nach §§ 10 und 11 BauNVO gibt es keine abschließende Typisierung. Sondergebiete müssen sich aber durch ihre Eigenart deutlich von den Baugebieten nach §§ 2 bis 9 BauNVO unterscheiden.[407] Dabei ist nicht ausgeschlossen, dass verschiedene Nutzungsarten aus den Katalogen der Baugebietsvorschriften nebeneinander festgesetzt werden.[408] Zwar dürfen die Festsetzungsmöglichkeiten nicht beliebig kombiniert werden.[409] Eine solche Kombination ist jedoch dann unbedenklich, wenn **246**

---

404 BVerwG Urt. v. 24.2.2000 – 4 C 23/98.
405 Urt. v. 18.10.2017 – 4 CN 6/17.
406 BVerwG Beschl. v. 8.2.1999 – 4 BN 1/99.
407 BVerwG Urt. v. 28.5.2009 – 4 CN 2/08.
408 BVerwG Urt. v. 28.5.2009 – 4 CN 2/08.
409 BVerwG Urt. v. 11.6.2013 – 4 CN 7/12.

sich deren Verträglichkeit aus den Regelungen der BauNVO, namentlich aus der Zweckbestimmung der Baugebiete, ergibt.[410]

247 Bei einem vorhabenbezogenen Bebauungsplan ist die Gemeinde nach § 12 Abs. 3 S. 2 BauGB nicht an den numerus clausus der Festsetzungen nach § 9 BauGB bzw. §§ 2 ff. BauNVO gebunden (s. Teil B Rn. 193 ff.).

(3) Variationsmöglichkeiten der Gemeinde

248 Die §§ 2 bis 9 BauNVO sind zumeist jeweils so aufgebaut, dass in Abs. 1 der Vorschrift die Eigenart und Zweckbestimmung des Baugebiets definiert wird, während in Abs. 2 bestimmte bauliche Anlagen als allgemein zulässig genannt werden. Abs. 3 führt diejenigen Anlagen auf, die im Wege einer Ausnahme nach § 31 Abs. 1 BauGB zugelassen werden können. Der Umstand, dass diese Regelungen der BauNVO nach § 1 Abs. 3 S. 2 BauNVO ohne besondere Übernahme („unverändert") Bestandteil eines Bebauungsplans werden, führt dazu, dass, wenn keine sonstigen Festsetzungen getroffen werden, unter den jeweiligen gesetzlichen Voraussetzungen ausnahmsweise auch solche Nutzungen zugelassen werden können, die nicht allgemein zulässig sind.

249 Die Gemeinden können allerdings nach § 1 Abs. 4 bis 6 BauNVO abweichende Regelungen vornehmen: Nach § 1 Abs. 4 BauNVO kann sie Festsetzungen treffen, die das Baugebiet gliedern. Nach § 1 Abs. 5 BauNVO kann im Bebauungsplan festgesetzt werden, dass bestimmte Arten von Nutzungen, die nach den §§ 2, 4 bis 9 und 13 BauNVO allgemein zulässig sind, nicht zulässig sind oder nur ausnahmsweise zugelassen werden können, sofern die allgemeine Zweckbestimmung des Baugebiets gewahrt bleibt. So kann eine Gemeinde durch einen Ausschluss der Möglichkeit einer ausnahmsweisen Zulassung von bestimmten Vorhaben einen kompromisslosen Charakter eines Gebiets, z.B. eines Wohngebiets erreichen. Umgekehrt kann sie festsetzen, dass alle oder einzelne Ausnahmen, die in den Baugebieten nach den §§ 2 bis 9 BauNVO vorgesehen sind, in dem Baugebiet allgemein zulässig sind, sofern die allgemeine Zweckbestimmung des Baugebiets gewahrt bleibt (Abs. 6). Das Gebot der Wahrung der Zweckbestimmung ist insoweit stets ein wesentliches Element.

Beispiele: Im Dorfgebiet darf landwirtschaftliche Nutzung nicht ausgeschlossen werden.[411] Im allgemeinen Wohngebiet darf nicht jede andere Nutzung außer Wohnen ausgeschlossen werden, weil dadurch ein reines Wohngebiet entsteht.[412]

250 Die Gemeinde kann im Bebauungsplan nach § 1 Abs. 7 bis 9 BauNVO auch weitergehende, sehr detaillierte Regelungen treffen, wenn dies durch „besondere städtebauliche Gründe" gerechtfertigt wird; die allgemeine planerische Rechtfertigung nach § 1 Abs. 3 BauGB genügt hierfür aber nicht.

Beispiel: In einem Sondergebiet für Beherbergungsbetriebe kann die Anlage von Küchen in Zuordnung zu einzelnen Zimmern untersagt werden, um zu verhindern, dass Beherbergungsbetriebe in Zweitwohnungsanlagen umgewandelt werden.[413]

---

410 BVerwG Urt. v. 28.5.2009 – 4 CN 2/08.
411 Nach VGH München Urt. v. 19.1.1987 – 15 N 83 A.1241.
412 Nach BVerwG Beschl. v. 8.2.1999 – 4 BN 1/99.
413 Nach BVerwG Beschl. v. 7.9.1984 – 4 N 3/84.

B. Bauplanungsrecht

(4) Feindifferenzierung durch vertikale und horizontale Gliederung

Als weiteres Regelungsinstrument sieht § 1 Abs. 7 BauNVO vor, dass für einzelne Geschosse oder Etagen bestimmte Nutzungsarten vorgeschrieben werden (sog. vertikale Gliederung[414]). Dies ist häufig bei Kerngebieten der Fall, in denen das Erdgeschoss für Ladengeschäfte, das Obergeschoss für sonstige gewerbliche Nutzungen (Arztpraxen, Versicherungsbüros o.Ä.) und die darüber liegenden Geschosse für Wohnzwecke vorgesehen sind. Ferner kann die Gemeinde nach § 1 Abs. 8 BauNVO auch für Teilbereiche eines Bebauungsplans Sonderbestimmungen treffen (sog. horizontale Gliederung), etwa bei einem Mischgebiet die Wohnnutzung und die gewerbliche Nutzung räumlich trennen. Der Unterschied zwischen den Regelungen in § 1 Abs. 5 BauNVO und § 1 Abs. 9 BauNVO, nach denen jeweils bestimmte Arten der baulichen Nutzung ausgeschlossen werden können, besteht darin, dass § 1 Abs. 5 BauNVO nur den Ausschluss einer der in §§ 2 ff. BauNVO ausdrücklich genannten Arten der baulichen Nutzung zulässt, also z.B. die in § 7 Abs. 2 Nr. 3 BauNVO genannten Vergnügungsstätten, während § 1 Abs. 9 BauNVO auch den Ausschluss von speziellen Unterarten ermöglicht, also z.B. aus der Nutzungsart „Vergnügungsstätten" die Unterart „Diskothek" oder „Spielhalle" oder bei Einzelhandelsbetrieben den Ausschluss von bestimmten Geschäften.[415] Für besondere Wohngebiete (§ 4a BauNVO) und Kerngebiete (§ 7 Abs. 4 S. 1 Nr. 2 BauNVO) kann außerdem, wenn besondere städtebauliche Gründe dies rechtfertigen, festgesetzt werden, dass oberhalb eines im Bebauungsplan bestimmten Geschosses nur Wohnungen zulässig sind oder in Gebäuden ein im Bebauungsplan bestimmter Anteil der zulässigen Geschossfläche oder eine bestimmte Größe der Geschossfläche für Wohnungen zu verwenden ist. Solche und noch weitergehende Differenzierungsmöglichkeiten bestehen für urbane Gebiete (§ 6a Abs. 4 BauNVO). Anders als bei besonderen Wohngebieten und Kerngebieten ist im urbanen Gebiet für die differenzierenden Festsetzungen nicht erforderlich, dass besondere städtebauliche Gründe i.S.d. § 9 Abs. 3 BauGB dies rechtfertigen.

251

§ 1 Abs. 10 BauNVO ermöglicht es der Gemeinde, im Bebauungsplan zu bestimmen, dass vorhandene bauliche Anlagen auch dann geändert, erweitert oder erneuert werden können, wenn dies nach den Festsetzungen des Bebauungsplans sonst unzulässig wäre. Die Vorschrift ist speziell auf bisherige Gemengelagen ausgerichtet und soll verhindern, dass aufgrund der Festsetzung eines Bebauungsplans einseitig die eine Nutzungsart zulässig, die andere Nutzungsart aber unzulässig wird. Sie soll als Bestandsschutzregelung die Fortentwicklung des vorhandenen Baubestands gewährleisten.[416]

252

(5) Typische Erscheinungsform als Maßstab

Für die Frage nach der Zulässigkeit eines Vorhabens in einem bestimmten Baugebiet, zB im Hinblick auf die ausnahmsweise Zulassung eines sonstigen nicht störenden Gewerbebetriebs in einem allgemeinen Wohngebiet (§ 4 Abs. 3 Nr. 2 BauNVO), ist regelmäßig auf die typische Erscheinungsform einer solchen baulichen Anlage oder deren Nutzungsart und die damit typischerweise verbundenen Auswirkungen auf die (nähere) Umgebung abzustellen (sog. typisierende Betrachtungsweise).[417]

253

---

[414] BVerwG Beschl. v. 4.6.1991 – 4 NB 35/89.
[415] VGH Mannheim Urt. v. 30.1.2006 – 3 S 1259/05.
[416] BVerwG Beschl. v. 30.10.2007 – 4 BN 38/07.
[417] BVerwG Beschl. v. 25.3.2004 – 4 B 15/04; vgl. auch OVG Koblenz Beschl. v. 16.9.2013 – 8 A 10560/13; VGH München Beschl. v. 29.1.2016 – 15 ZB 13.1759.

Diese Sichtweise rechtfertigt sich daraus, dass die BauNVO die Anforderungen an gesunde Wohn- und Arbeitsverhältnisse in Gestalt einer Baugebietstypologie konkretisiert.

254 Die Typisierung von Betrieben gilt nicht ausnahmslos. Es ist grundsätzlich nicht ausgeschlossen, dass sich ein Betrieb in seiner konkreten Ausgestaltung als atypisch erweist. Wenn der Betrieb nach seiner Art und Betriebsweise von vornherein keine Störungen befürchten lässt und damit seine Gebietsverträglichkeit dauerhaft und zuverlässig sichergestellt ist, ist er auch baurechtlich unbedenklich (sog. begrenzte Typisierung).[418] Das setzt voraus, dass dieser Betrieb durch betriebsbezogene Besonderheiten vom typischen Erscheinungsbild eines solchen Betriebs abweicht. Erforderlich ist eine Einzelfallbeurteilung, die die jeweilige Betriebsstruktur in den Blick nimmt, also beurteilt, ob sich die Störwirkungen, die die konkrete Anlage bei funktionsgerechter Nutzung erwarten lässt, innerhalb des Rahmens halten, der durch die Gebietseigenart vorgegeben wird.[419] Sind – je nach dem Arbeitsvorgang und ggfs. der Verwendung von Maschinen – Erscheinungsformen möglich, die von nicht störenden bis hin zu störenden Betrieben reichen, so kann z.B. in atypischen Fällen das Störungspotential einer Werkstatt als gering einzustufen sein, wenn nachgewiesenermaßen ausschließlich nichtstörende Arbeiten durchgeführt werden.[420]

(6) Erfordernis der Gebietsverträglichkeit

255 Nach der Rechtsprechung des BVerwG enthalten die Bestimmungen über die Zulässigkeit von Vorhaben in den Baugebieten das ungeschriebene Tatbestandsmerkmal der Baugebietsverträglichkeit. Das bedeutet, dass das Vorhaben der Zweckbestimmung und der Eigenart des jeweiligen Baugebiets entsprechen muss. Andernfalls ist es unzulässig, obwohl es nach dem Wortlaut der Bestimmung eigentlich in dem Gebiet zulässig wäre. Dies gilt für sämtliche Baugebietstypen der §§ 2 bis 9 BauNVO.

256 Das Erfordernis der Baugebietsverträglichkeit rechtfertigt sich aus dem typisierenden Ansatz der Baugebietsvorschriften in der BauNVO. Der Verordnungsgeber will durch die typisierende Zuordnung von Nutzungen zu den Baugebieten die vielfältigen und oft gegenläufigen Ansprüche an die Bodennutzung „zu einem schonenden Ausgleich im Sinne überlegter Städtebaupolitik bringen".[421] Das zwingt zu der jeweiligen Prüfung, ob das konkrete Vorhaben mit dem Gebietstypus, wie er in der Zweckbestimmung zum Ausdruck kommt, vereinbar ist. Relevant für die Beurteilung der Gebietsunverträglichkeit sind alle mit der Zulassung des Betriebes nach seinem Gegenstand, seiner Struktur und Arbeitsweise typischerweise verbundenen Auswirkungen auf die nähere Umgebung; maßgeblich ist die konkrete Betriebsbeschreibung. Kennzeichnend sind insbesondere die Art und Weise der Betriebsvorgänge, der Umfang, die Häufigkeit und die Zeitpunkte dieser Vorgänge, der damit verbundene An- und Abfahrtsverkehr der Kunden, Lieferanten und Beschäftigten sowie der Einzugsbereich des Betriebes,[422] ferner die Dauer dieser Auswirkungen und ihre Verteilung auf die Tages- und Nachtzeiten.

---

418 BVerwG Urt. v. 24.9.1992 – 7 C 7.92, bestätigt durch BVerwG Beschl. v. 2.2.2000 – 4 B 87/99; s. auch VGH Mannheim Beschl. v. 22.10.2015 – 10 S 1773/15.
419 Vgl. Stock in: Ernst/Zinkahn/Bielenberg/Krautzberger, BauGB, § 4 BauNVO Rn. 73 m.w.N.
420 Vgl. VG Neustadt/Weinstraße Beschl. v. 19.8.2015 – 4 L 677/15.NW, zu einer mechatronischen Werkstatt, die als metallverarbeitender Kleinbetrieb keine solchen Besonderheiten aufwies, die es rechtfertigten, hier ausnahmsweise von einem „nicht störenden Gewerbebetrieb" auszugehen; vgl. auch VGH München Urt. v. 8.9.1998 – 27 B 96.1407.
421 BVerwG Urt. v. 21.3.2002 – 4 C 1/02.
422 BVerwG Urt. v. 25.11.1983 – 4 C 21/83.

B. Bauplanungsrecht

257 Der Grundsatz der Gebietsverträglichkeit hat zunächst Bedeutung für die Frage der „allgemeinen" Zulässigkeit eines Vorhabens nach dem Katalog der jeweiligen Baugebietsvorschrift. Es ist aber auch und insbesondere bedeutsam im Falle der Erteilung einer Ausnahme (Teil B Rn. 484) und Befreiung (Teil B Rn. 488).[423]

Beispiel: Ein Krematorium mit Abschiedsraum ist eine Anlage für kulturelle Zwecke und wäre eigentlich in einem Gewerbegebiet allgemein zulässig (§ 8 Abs. 3 Nr. 2 BauNVO). Da jedoch ein Gewerbegebiet nach seiner Zweckbestimmung durch produzierende und artverwandte Nutzungen geprägt ist, ein Krematorium mit Abschiedsraum hingegen einen Ort der Ruhe, des Friedens und des Gedenkens an die Verstorbenen darstellt, ist der Betrieb in einem Gewerbegebiet nicht gebietsverträglich und deshalb planungsrechtlich nicht zulässig.[424]

258 Die Frage nach der Gebietsverträglichkeit hat für Aufnahmeeinrichtungen, Gemeinschaftsunterkünfte oder sonstige Unterkünfte für Flüchtlinge oder Asylbegehrende eine besondere Bedeutung erlangt. Diese werden im Allgemeinen als Anlagen für soziale Zwecke angesehen (vgl. dazu Teil B Rn. 338 ff.). Allerdings führt der Umstand, dass die Anlagen zur Unterbringung wohnähnlichen Charakter haben, dazu, dass sie in der Regel in einem Gewerbegebiet (und erst recht in einem Industriegebiet) nicht gebietsverträglich sind. Diesem Umstand begegnet § 246 Abs. 10 BauGB mit Blick auf Gewerbegebiete. Die Regelung ermöglicht eine erleichternde Handhabung der Ausnahmevorschriften (Einzelheiten dazu Teil B Rn. 515 f.).

bb) Überblick über die wichtigsten Nutzungsarten

259 Nachfolgend werden die in der Praxis wichtigsten Nutzungsarten mit ihren typischen Problemen vorgestellt.

(1) Wohnnutzung

(a) Wesensmerkmale des Wohnens

260 „Wohnen" im Sinne der BauNVO „setzt eine auf Dauer angelegte Häuslichkeit, Eigengestaltung der Haushaltsführung und des häuslichen Wirkungskreises sowie Freiwilligkeit des Aufenthalts voraus"[425]. Diese Definition ist aus der Abgrenzung zu anderen planungsrechtlichen Nutzungsformen entwickelt worden. Gemeint ist die Nutzungsform des selbstbestimmt geführten privaten Lebens „in den eigenen vier Wänden", die auf eine gewisse Dauer angelegt ist. Andere Nutzungsformen wie etwa die Unterbringung, das Verwahren unter gleichzeitiger Betreuung, die bloßen Schlafstätte oder andere ähnliche Einrichtungen fallen nicht hierunter. Maßgeblich für eine Genehmigung sind das Nutzungskonzept und seine grundsätzliche Verwirklichung, nicht das individuelle und mehr oder weniger spontane Verhalten einzelner Bewohner.[426] Die Anzahl der Bewohner und die Belegungsdichte einer Wohneinheit sind unerheblich. Denn auch ein „verdichtetes" Wohnen z.B. kinderreicher Familien ist unter den genannten Voraussetzungen – selbstverständlich – Wohnen im Rechtssinne.[427]

---

[423] BVerwG Beschl. v. 13.5.2002 – 4 B 86/01; BVerwG Urt. v. 28.2.2008 – 4 B 17/08; BVerwG Urt. v. 18.11.2010 – 4 C 10/09.
[424] BVerwG Urt. v. 2.2.2012 – 4 C 14/10.
[425] BVerwG Beschl. v. 25.3.2004 – 4 B 15/04.
[426] Vgl. BVerwG Beschl. v. 20.12.2016 – 4 B 49/16; BVerwG Beschl. v. 25.3.1996 – 4 B 302/95; BVerwG Urt. v. 18.10.2017 – 4 C 5.16.
[427] Vgl. Stock in: König/Roeser/Stock, BauNVO, § 3 Rn. 16.

261 Auch Mehrfamilienhäuser dienen dem Wohnen.[428] Allerdings kann ein Widerspruch zur Eigenart eines Gebiets vorliegen, wenn ein Vorhaben sich wegen seines Umfangs signifikant von dem Vorhandenen abhebt.[429] Diesen Fall hat jedoch § 15 Abs. 1 S. 1 BauNVO geregelt, indem bestimmt ist, dass ein Vorhaben im Einzelfall auch unzulässig ist, wenn es wegen seines Umfangs der Eigenart eines bestimmten Baugebiets widerspricht. Das Gesetz geht davon aus, dass im Einzelfall Quantität in Qualität umschlagen kann, dass also die Größe einer baulichen Anlage die Art der baulichen Nutzung erfassen kann.[430]

262 § 3 Abs. 4 BauNVO erweitert die zulässige Nutzung von Wohngebäuden in der Weise, dass zu den nach §§ 2, 3 Abs. 2 und 4 bis 7 BauNVO zulässigen Wohngebäuden auch solche gehören, die ganz oder teilweise der Betreuung und Pflege ihrer Bewohner dienen. Damit sind solche Einrichtungen auch dann in den betreffenden Gebieten zulässig, wenn der Wohnanteil nicht überwiegt, sondern lediglich ein Mindestmaß der Anforderungen an den Wohnbegriff erfüllt ist.[431]

(b) Abgrenzungsfälle

(aa) Betriebsbezogenes Wohnen

263 Das Wohnen in einer Wohnung oder einem Wohngebäude in der Form, dass dies einem land- oder forstwirtschaftlichen oder gartenbaulichen Betrieb dient (§ 35 Abs. 1 und 2 BauGB) oder als Aufsichts- und Bereitschaftsperson sowie Betriebsinhaber und Betriebsleiter (§ 7 Abs. 2 Nr. 6, § 8 Abs. 3 Nr. 1 und § 9 Abs. 3 Nr. 1 BauNVO), ist eine Unterart des Wohnens. Dieses Wohnen erfüllt zwar alle oben beschriebenen Begriffsmerkmale des Wohnens. Dennoch ist diese Art des Wohnens bauplanungsrechtlich nicht dem sonstigen, „freien" Wohnen gleichzusetzen. Denn sie ist verknüpft mit dem Betrieb und erfährt ihre Rechtfertigung nur durch diese Verknüpfung. Da das Vorhaben durch diese besondere Nutzungsart des betriebsbezogenen Wohnens bestimmt ist, muss der zur Genehmigung gestellte Bauantrag für eine solche Wohnung Darstellungen des land- oder forstwirtschaftliche Betriebes bzw. des Gewerbebetriebes, dem die Wohnung zugeordnet sein solle, enthalten.[432]

264 Als Konsequenz aus der Betriebsbezogenheit verliert die Wohnnutzung ihre Berechtigung durch den Wegfall der diese Nutzung privilegierenden, in dem Gesetz bzw. der Verordnung genannten Voraussetzungen, so etwa bei Aufgabe des Betriebes im Sinne von § 35 Abs. 1 Nr. 1 oder 2 BauGB oder bei Aufgabe des Gewerbe- oder Industriebetriebs oder wenn die Aufsichts-, Bereitschafts-, Inhaber- oder Leiterfunktion endet. Das gilt auch für den Wechsel von einem Gewerbe zu einem anderen, da sich dann die Frage des Vorliegens der Voraussetzungen für die Genehmigungsfähigkeit neu stellt. Das kann eine Nutzungsuntersagung rechtfertigen.[433]

---

428 OVG Münster Beschl. v. 4.7.2014 – 7 B 363/14.
429 VGH München Beschl. v. 25.8.2009 – 1 CS 09. 287.
430 BVerwG Urt. v. 16.3.1995 – 4 C 3/94; OVG Münster Beschl. v. 16.6.2016 – 2 A 33/15; OVG Münster Beschl. v. 17.2.2011 – 7 B 1803/10; OVG Hamburg Urt. v. 2.7.2014 – 2 Bf 186/10.
431 Vietmeier in: Bönker/Bischopink, BauNVO, BauNVO § 3 Rn. 105 m.w.N.
432 OVG Bln-Bbg Beschl. v. 1.8. 2019 – OVG 5 N 8.19.
433 Vgl. VGH Mannheim Beschl. v. 25.4.2013 – 22 ZB 12.1229, zur Frage des Untergangs von Abwehrrechte des nunmehr illegal Wohnenden gegen eine andere, vermeintlich baugebietswidrige Nutzung in dem Baugebiet.

(bb) Maßregelvollzug, Freigängerhaus

Die Unterbringung von Patienten in einer Einrichtung des Maßregelvollzugs ist keine Wohnnutzung.[434] Denn es fehlt bei einer Maßregelvollzugseinrichtung, die der Vollstreckung einer durch ein Strafgericht angeordneten besonderen Rechtsfolge zum Schutz vor gefährlichen Straftätern oder zu deren Besserung dient, an einer auf Dauer angelegten Häuslichkeit, der Eigengestaltung der Haushaltsführung und des häuslichen Wirkungskreises sowie vor allem der Freiwilligkeit des Aufenthalts. Dies gilt unabhängig von der Frage, in welcher Lockerungsstufe sich die Patienten befinden und ob die Einrichtung ihre Patienten mit deren Zustimmung gezielt auf deren soziale Wiedereingliederung durch das Erlernen selbstständigen Wohnens in einem entsprechenden Projekt vorbereiten soll. Auch in diesem Falle kann der Patient seinen Aufenthaltsort (noch) nicht frei wählen und müsste im Falle eines Regelverstoßes mit einem Widerruf der Vollzugslockerungen und seiner erneuten Unterbringung in einer geschlossenen Einrichtung rechnen.[435]

Gleiches gilt bei einem Freigängerhaus als Anstalt des Justizvollzugs.[436]

(cc) Unterkunft für Monteure uÄ

Wenn ein Gebäude aufgrund seiner spartanischen Ausstattung lediglich als Schlafstätte dient und auch einfache Wohnbedürfnisse nicht befriedigt – wie im Fall einer Unterkunft für Monteure oder ähnlich Beschäftigter – sind die Grenzen des Wohnens überschritten; denn von einer auf Dauer angelegten Häuslichkeit und Eigengestaltung der Haushaltsführung und des häuslichen Wirkungskreises kann dann nicht mehr die Rede sein. Dabei spielt auch die Wohndichte eine Rolle. Der Umstand, dass sich zwei Bewohner einen Schlafraum teilen, spricht zwar nicht zwingend gegen eine Wohnnutzung im Rechtssinne. Bei Berücksichtigung des üblichen Wohnstandards kann aber dann nicht mehr von „Wohnen" die Rede sein, wenn einerseits jegliche Privatsphäre aufgegeben wird und andererseits zwischen den Bewohnern keine persönliche Bindung besteht, vielmehr sich diese Bindung in dem gemeinsamen Interesse an einer möglichst kostengünstigen Unterbringung erschöpft.[437]

Beispiel: „Die Antragsteller [das sind die Vermieter] haben die Räumlichkeiten bzw. die dort befindlichen Schlafstätten tage-/wochen- oder auch monatsweise gegen Bezahlung an Arbeiter eines polnischen Subunternehmens überlassen, das Leistungen für einen Malerbetrieb erbringt. Das Obergeschoss bot 20 Schlafstellen in sechs Zimmern, die bei der Ortsbegehung der Antragsgegnerin am 25.9.2018 mehrheitlich belegt waren. Angesichts des beschränkten Raumangebots des Obergeschosses, das nach den vorliegenden Informationen über vier Wohnräume zwischen ca. 15 und 45 m² verfügt, die teilweise mit sechs und acht Betten belegt waren, ist nicht erkennbar, wie die Belegung der Räume so organisiert werden kann, dass für alle dort unterzubringenden Personen die Möglichkeit besteht, sich außerhalb der Arbeitszeit zurückziehen zu können, um sich zu erholen, zu zerstreuen und eine private Atmosphäre aufzubauen, wie es für das „Wohnen" typisch ist. Der Bedarf nach Schaffung einer solchen privaten Atmosphäre ist umso größer, je weiter die privaten Beziehungen unter den Bewohnern auseinander gehen. Solche sind hier weder vorgetragen noch sonst ersichtlich. Auch ein Nutzungskonzept, das die Möglichkeit zur Eigengestaltung der Haushaltsführung oder des häuslichen Wirkungskreises für jede der dort untergebrachten Personen hinreichend sicherstellt, liegt nicht vor."[438]

---

434 Vgl. VGH München Urt. v. 18.10.2012 – 15 B 11.1938.
435 Vgl. auch VG Berlin Beschl. v. 18.4.2013 – 13 L 63.13.
436 Vgl. dazu OVG Bautzen Urt. v. 3.3.2005 – OVG 1 B 120.04.
437 OVG Lüneburg Beschl. v. 18.9.2015 – 1 ME 126/15; VG Minden Beschl. v. 6.12.2018 – 1 L 1373/18.
438 Aus: VG Minden Beschl. v. 6.12.2018 – 1 L 1373/18.

(dd) Asylbewerberunterkunft/Erstaufnahmeeinrichtung

268 Anlagen zur Unterbringung von Flüchtlingen und Asylbewerbern als Asylbewerberunterkunft oder in der Form der Erstaufnahmeeinrichtung stellen keine Wohnnutzung dar, da es jedenfalls an der Eigengestaltung und Freiwilligkeit des Aufenthalts fehlt. Gerade auch wegen der Residenzpflicht der Asylbewerber sowie der von der Einrichtung zu gewährleistenden zentralen Vollverpflegung und Versorgung mit sonstigen Sachleistungen sind sie als Anlagen für soziale Zwecke einzuordnen.[439] Außerdem spricht oft gegen die hinreichende Eigengestaltung der Haushaltsführung und des häuslichen Wirkungskreises die konkrete Ausprägung der Räumlichkeiten.[440]

(ee) Wochenendhausgebiet, Feriengebiet, Campingplatz

269 Der Aufenthalt in einem Wochenendhausgebiet, einem Ferienhausgebiet oder einem Campingplatzgebiet ist, sofern er im Rahmen des jeweiligen Gebietscharakters erfolgt, kein Wohnen im planungsrechtlichen Sinn. Bei dem für diese Gebiete vorgesehenen Aufenthalt handelt es sich gegenüber der allgemeinen Wohnnutzung um eine eigenständige Nutzungsart. Die begrifflichen Unterscheidungen sind im Bauplanungsrecht durch die Regelung in § 10 BauNVO angelegt.[441] Der baulichen Gestalt des Gebäudes kommt mit Blick auf die tatsächliche Nutzung indizielle Bedeutung zu.[442] Ein wirkliches Wohnen widerspricht dem Charakter dieser Gebiete.

(c) Bauplanungsrechtliche Zulässigkeit von Wohnnutzung

(aa) Freie Wohnnutzung

270 Die Festsetzung eines reinen Wohngebiets (s. § 3 Abs. 2 Nr. 1 BauNVO), eines allgemeinen Wohngebiets (s. § 4 Abs. 2 Nr. 1 BauNVO), eines besonderen Wohngebiets (s. § 4a Abs. 2 Nr. 1 BauNVO), eines Dorfgebiets (s. § 5 Abs. 2 Nr. 3 BauNVO), eines dörflichen Wohngebiets (s. § 5a Abs. 2 Nr. 1 BauNVO), eines urbanen Gebiets (s. § 6a Abs. 2 Nr. 1 BauNVO) und eines Mischgebiets (s. § 6 Abs. 2 Nr. 1 BauNVO) berechtigt uneingeschränkt und allgemein zur Nutzung einer Wohnung oder eines Wohngebäudes zu „freien", d.h. zu Wohnzwecken, die nicht an einen gewerblichen oder landwirtschaftlichen Betrieb anknüpfen oder einer sonstigen Bindung unterliegen.

(bb) Einschränkungen, insbesondere gebundene Wohnnutzung

271 In einigen Baugebieten gelten Besonderheiten:

In Kleinsiedlungsgebieten (§ 2 BauNVO) ist Wohnnutzung als Teil einer Kleinsiedlung allgemein zulässig (§ 2 Abs. 2 Nr. 1 BauNVO); ansonsten ist dort freie Wohnnutzung nur ausnahmsweise zulässig (§ 2 Abs. 3 Nr. 1 BauNVO).

272 In Dorfgebieten (§ 5 BauNVO) sind zu Wirtschaftsstellen land- und forstwirtschaftlicher Betriebe zugehörige Wohnungen und Wohngebäude sowie Kleinsiedlungen einschließlich Wohngebäuden mit entsprechenden Nutzgärten allgemein zulässig (§ 5 Abs. 2 Nr. 1 BauNVO).

---

439 Vgl. VG Hamburg Beschl. v. 12.2.2016 – 7 E 6816/15; OVG Hamburg Beschl. v. 28.5.2015 – 2 Bs 23/15; VGH Kassel Beschl. v. 18.9.2015 – 3 B 1518/15; VGH Mannheim Beschl. v. 6.10.2015 – 3 S 1695/15; VG Köln Urt. v. 11.1.2012 – 23 K 1277/11; so auch BT-Drs. 18/6185, S. 87.
440 Vgl. auch VG Trier Beschl. v. 28.6.2019 – 5 L 2659/19.TR, zu einem Heim für stationäre Heimerziehung inklusive Anschlussmaßnahmen für unbegleitete und begleitete minderjährige Flüchtlinge.
441 Vgl. BVerwG Urt. v. 12.3.1982 – 4 C 59.78; VGH München Beschl. v. 4.9.2013 – 14 ZB 13.6.
442 BVerwG Beschl. v. 9.4.2019 – 4 B 10/19; BVerwG Urt. v. 18.10.2017- 4 C 5.16 zu Ferienhäusern.

B. Bauplanungsrecht

In dörflichen Wohngebieten (§ 5a BauNVO) sind Wohnungen und Wohngebäude zu Wirtschaftsstellen land- und forstwirtschaftlicher Nebenerwerbsbetriebe (§ 5a Abs. 2 Nr. 2 BauNVO) und Wohngebäude mit entsprechenden Nutzgärten zu Kleinsiedlungen (§ 5a Abs. 2 Nr. 3 BauNVO) allgemein zulässig; ausnahmsweise sind Wohnungen und Wohngebäude zu Wirtschaftsstellen land- und forstwirtschaftlicher Betriebe (§ 5a Abs. 3 Nr. 1 BauNVO) zulässig. **273**

In Kerngebieten (§ 7 BauNVO) ist freie Wohnnutzung nur nach Maßgabe von Festsetzungen des Bebauungsplans zulässig (§ 7 Abs. 2 Nr. 7 BauNVO); außerhalb davon kann sie nur ausnahmsweise zugelassen werden (§ 7 Abs. 3 Nr. 2 BauNVO); Wohnungen für Aufsichts- und Bereitschaftspersonen sowie für Betriebsinhaber und Betriebsleiter (betriebsbezogene Wohnungen) sind allgemein zulässig (§ 7 Abs. 2 Nr. 6 BauNVO). **274**

In Gewerbegebieten (§ 8 BauNVO) und Industriegebieten (§ 9 BauNVO) sind Wohnungen für Aufsichts- und Bereitschaftspersonen sowie für Betriebsinhaber und Betriebsleiter, die dem Gewerbebetrieb zugeordnet und ihm gegenüber in Grundfläche und Baumasse untergeordnet sind, ausnahmsweise zulässig (§ 8 Abs. 3 Nr. 1 BauNVO bzw. § 9 Abs. 3 Nr. 1 BauNVO). **275**

(2) Gewerbliche Nutzung

Das Bauplanungsrecht unterscheidet zwischen verschiedenen Arten gewerblicher Nutzung, von denen einige in einzelnen Gebieten zulässig sind, in anderen aber nicht. **276**

Die Baunutzungsverordnung verwendet keinen einheitlichen Gewerbebegriff, sondern differenziert nach dem Störungsgrad und nach seiner funktionalen Gebietsbezogenheit. Darüber hinaus haben Unterarten von Gewerbebetrieben in einzelnen Baugebieten eine besondere Berücksichtigung erfahren. **277**

(a) Der Begriff der gewerblichen Nutzung

Nach einer vom BVerwG im Rahmen des Gewerberechts verwendeten Definition ist Gewerbe „jede nicht sozial unwertige (generell nicht verbotene), auf Gewinnerzielung gerichtete und auf Dauer angelegte selbstständige Tätigkeit, ausgenommen Urproduktion, freie Berufe (freie wissenschaftliche, künstlerische und schriftstellerische Tätigkeit höherer Art sowie persönliche Dienstleistungen höherer Art, die eine höhere Bildung erfordern) und bloße Verwaltung und Nutzung eigenen Vermögens".[443] **278**

Die steuerrechtliche Definition in § 15 Abs. 2 S. 1 und 3 Einkommensteuergesetz (EStG) lautet: „Eine selbstständige nachhaltige Betätigung, die mit der Absicht, Gewinn zu erzielen, unternommen wird und sich als Beteiligung am allgemeinen wirtschaftlichen Verkehr darstellt, ist Gewerbebetrieb, wenn die Betätigung weder als Ausübung von Land- und Forstwirtschaft noch als Ausübung eines freien Berufs noch als eine andere selbstständige Arbeit anzusehen ist. Ein Gewerbebetrieb liegt, wenn seine Voraussetzungen im Übrigen gegeben sind, auch dann vor, wenn die Gewinnerzielungsabsicht nur ein Nebenzweck ist." Diese Definition ist im Bauplanungsrecht vorzugswürdiger gegenüber der vom BVerwG gegebenen. Denn sie schließt „generell verbotene" Tätigkeiten nicht aus; das ist aber geboten, weil ansonsten bei einer streng von der erstgenannten Definition ausgehenden Betrachtung einer generell verbotenen Tätigkeit (zB Betrieb von verbotenem Glücksspiel) nicht **279**

---
443 BVerwG Urt. v. 1.7.1987 – 1 C 25/85; BVerwG Urt. v. 26.1.1993 – 1 C 25/91.

ohne Weiteres entgegengehalten werden könnte, es handle sich um ein Gewerbe, für das das Gebiet nicht offen sei.

280 Da allein die Absicht, Gewinn zu erzielen, Wesensmerkmal ist, führt der Umstand, dass kein Gewinn (mehr) erzielt wird, nicht zum Verneinen bzw. Verlust der Gewerbeeigenschaft.

281 Ein (Gewerbe-)Betrieb ist nach der Definition des BVerwG die organisatorische Zusammenfassung von Betriebsanlagen und Betriebsmitteln zu einem bestimmten Betriebszweck, wobei die Eigentumsverhältnisse außer Betracht bleiben.[444] An das Vorliegen dieser Voraussetzungen sind sehr geringe Anforderungen zu stellen. Bauliche Anlagen, die der Werbung für Produkte dienen, die nicht auf demselben Grundstück vertrieben werden (Außenanlagen der Fremdwerbung), sind Betriebsanlagen und, weil sie der Gewinnerzielung dienen, Gewerbebetriebe; sie stellen Hauptanlagen dar.[445] Hingegen sind Anlagen der Eigenwerbung, die an der Stätte der Leistung angebracht sind, Nebenanlagen im Sinne von § 14 BauNVO. Auch Mobilfunksendeanlagen sind Gewerbebetriebe.

Ob die Anlage wirklich der Werbung dient, bedarf in jedem Fall einer genauen Prüfung.

Beispiel: Bei einer Fahnenstange nebst einer Fahne mit den Farben eines Fußballvereins (im entschiedenen Fall von Borussia Dortmund) handelt es sich nicht um einen Gewerbebetrieb. Denn damit wird keine selbstständige, auf Dauer und auf Gewinnerzielung angelegte Tätigkeit ausgeübt. Es handelt sich auch nicht um eine gewerbliche Werbeanlage. Nach der Rechtsprechung des OVG Münster[446] sind Fahnenmasten als Werbeanlagen anzusehen, wenn diese von vornherein als Träger für wechselnde Werbung vorgesehen sind. Hier diente die aufgezogene Fahne der Demonstration der Verbundenheit des Eigentümers mit dem Verein. Dass es sich dabei um einen börsennotierten Verein handelt, führte zu keiner anderen Beurteilung. Denn der Betrachter der Fahne fühlt sich dadurch nicht animiert, eine Aktie des Vereins zu erwerben, sondern erkennt darin allein, dass es sich bei dem Bewohner des Grundstücks um einen Fan des Vereins handelt. Der Fahnenmast mit aufgezogener Fahne stellt somit eine (im reinen Wohngebiet) zulässige Nebenanlage i.S.d. § 14 BauNVO dar. Die auf Beseitigung gerichtete Klage eines Grundstücksnachbarn war erfolglos.[447]

(b) Land- und Forstwirtschaft

282 Wegen der genannten drei negativen Tatbestandsmerkmale zählt Land- und Forstwirtschaft nicht zu Gewerbe im Sinne der Baunutzungsverordnung. Sie wird auch ansonsten im Bauplanungsrecht besonders behandelt. Wirtschaftsstellen land- und forstwirtschaftlicher Betriebe sind – außer im Außenbereich (§ 35 Abs. 1 Nr. 1 BauGB) – nur in einem Dorfgebiet allgemein zulässig (§ 5 Abs. 2 Nr. 1 BauNVO), in einem dörflichen Wohngebiet können sie nur ausnahmsweise zugelassen werden (§ 5a Abs. 3 Nr. 1 BauNVO). Wirtschaftsstellen landwirtschaftlicher und forstwirtschaftlicher Nebenerwerbsbetriebe sind in Dorfgebieten (§ 5 Abs. 2 Nr. 2 BauNVO) und dörflichen Wohngebieten (§ 5a Abs. 2 Nr. 2 BauNVO) allgemein zulässig, in Kleinsiedlungsgebieten nur sind nur landwirtschaftliche Nebenerwerbsstellen allgemein zulässig (§ 2 Abs. 2 Nr. 1 BauNVO).

283 Sofern neben der Landwirtschaft ein Hofladen oder eine Gaststätte betrieben wird, stellt sich diese nebenerwerbliche Tätigkeit als Gewerbe dar (vgl. auch § 15 Abs. 2 S. 3 EStG).

---

444 BVerwG Beschl. v. 27.11.1987 – 4 B 230/87, 4 B 231/87.
445 BVerwG Urt. v. 3.12.1992 – 4 C 27/91.
446 OVG Münster Beschl. v. 24.7.2006 – 10 B 785/06.
447 Nach VG Arnsberg Urt. v. 15.7.2013 – 8 K 1679/12.

(c) Die Zulässigkeit bestimmter Gewerbearten in bestimmten Gebieten

In Kleinsiedlungsgebieten (§ 2 BauNVO) können nicht störende Gewerbebetriebe ausnahmsweise zugelassen werden (§ 2 Abs. 3 Nr. 4 BauNVO). **284**

In reinen Wohngebieten (§ 3 BauNVO) sind Gewerbebetriebe grundsätzlich nicht zulässig, es sei denn als besondere, „privilegierte" Unterarten von Gewerbebetrieben (§ 3 BauNVO). **285**

In allgemeinen Wohngebieten (§ 4 BauNVO) können („sonstige", dh nicht in § 4 Abs. 2 oder 3 BauNVO genannte) Gewerbebetriebe ausnahmsweise zugelassen werden (§ 4 Abs. 3 Nr. 2 BauNVO). **286**

In Dorfgebieten (§ 5 BauNVO) sind nicht wesentlich störende Gewerbebetriebe regelmäßig zulässig. Zwar sind unter § 5 Abs. 2 Nr. 6 BauNVO „sonstige Gewerbebetriebe" einschränkungslos genannt, doch ergibt sich die Einschränkung, dass sie das Wohnen nicht wesentlich stören dürfen, aus § 5 Abs. 1 BauNVO. **287**

In dörflichen Wohngebieten (§ 5a BauNVO) sind nicht wesentlich störende Gewerbebetriebe regelmäßig zulässig. Zwar sind unter § 5a Abs. 2 Nr. 7 BauNVO „sonstige Gewerbebetriebe" einschränkungslos genannt, doch ergibt sich die Einschränkung, dass sie das Wohnen nicht wesentlich stören dürfen, aus § 5a Abs. 1 S. 1 BauNVO. **288**

In Mischgebieten (§ 6 BauNVO) sind nicht wesentlich störende Gewerbebetriebe regelmäßig zulässig. Zwar sind unter § 6 Abs. 2 Nr. 4 BauNVO „sonstige Gewerbebetriebe" einschränkungslos genannt, doch ergibt sich die Einschränkung, dass sie das Wohnen nicht wesentlich stören dürfen, aus § 6 Abs. 1 BauNVO. **289**

In urbanen Gebieten (§ 6a BauNVO) sind nicht wesentlich störende Gewerbebetriebe regelmäßig zulässig. Zwar sind unter § 6 Abs. 2 Nr. 4 BauNVO „sonstige Gewerbebetriebe" einschränkungslos genannt, doch ergibt sich die Einschränkung, dass sie das Wohnen nicht wesentlich stören dürfen, aus § 6a Abs. 1 S. 1 BauNVO. **290**

In Kerngebieten (§ 7 BauNVO) sind („sonstige") nicht wesentlich störende Gewerbebetriebe regelmäßig zulässig (§ 7 Abs. 2 Nr. 3 BauNVO). **291**

In Gewerbegebieten (§ 8 BauNVO) sind nicht erheblich belästigende Gewerbebetriebe regelmäßig zulässig. Zwar sind unter § 8 Abs. 2 Nr. 1 BauNVO „Gewerbebetriebe aller Art" genannt, doch ergibt sich die Einschränkung, dass sie nicht erheblich belästigen dürfen, aus § 8 Abs. 1 BauNVO. **292**

In Industriegebieten (§ 9 BauNVO) sind alle Arten von Gewerbebetrieben zulässig. **293**

(d) Wichtige Unterarten von gewerblicher Nutzung

Der weite Gewerbebegriff erfasst auch Unterarten, die wegen ihrer städtebaulichen Besonderheiten Sonderregelungen erfahren haben. Dies beruht darauf, dass der Verordnungsgeber entweder wegen eines Bedürfnisses der Nutzer der anderen Grundstücke sie aus Gründen der Versorgungsnähe in diesem Gebiet – eigentlich systemwidrig – doch akzeptieren wollte oder aber wegen der von ihnen typischerweise ausgehenden Störungen davon fernhalten wollte. **294**

(aa) „Privilegierte" Gewerbebetriebe

Zu den erstgenannten, „privilegierten" Gewerbebetrieben gehören zB „Läden und nicht störende Handwerksbetriebe, die zur Deckung des täglichen Bedarfs für die Bewohner des Gebiets dienen, sowie kleine Betriebe des Beherbergungsgewerbes", die (anders als andere Gewerbebetriebe) nach § 3 Abs. 3 Nr. 1 BauNVO in reinen **295**

Wohngebieten ausnahmsweise zugelassen werden können. Dasselbe gilt für der Versorgung des Gebiets dienende Läden, Schank- und Speisewirtschaften sowie nicht störende Handwerksbetriebe, die in allgemeinen Wohngebieten allgemein zulässig sind (§ 4 Abs. 2 Nr. 2 BauNVO), sowie Tankstellen, die in allgemeinen Wohngebieten ausnahmsweise zugelassen werden können (§ 4 Abs. 3 Nr. 5 BauNVO). Dass Handwerksbetriebe eine Sonderart darstellen, zeigen auch die hierfür geltenden besonderen Zulässigkeitsregeln zB für Kleinsiedlungsgebiete (§ 2 Abs. 2 Nr. 2 BauNVO) und reine Wohngebiete (§ 3 Abs. 3 Nr. 1 BauNVO).

(bb) Differenzierung nach dem Störungsgrad

296 Eine weitere Unterscheidung der Gewerbebetriebe erfolgt nach ihrem Störungsgrad. Die BauNVO verwendet die Begriffe „nicht störende Gewerbebetriebe" (§ 2 Abs. 3 Nr. 4 BauNVO, § 4 Abs. 3 Nr. 2 BauNVO), „nicht wesentlich störende Gewerbebetriebe" (§ 7 Abs. 2 Nr. 3 BauNVO und als allgemeine Zweckbestimmung in § 5a Abs. 1 S. 1 BauNVO und § 6a Abs. 1 S. 1 BauNVO), „nicht erheblich belästigende Gewerbebetriebe" (als allgemeine Zweckbestimmung in § 8 Abs. 1 BauNVO) sowie „Gewerbebetriebe" (§ 4a Abs. 2 Nr. 3, § 5 Abs. 2 Nr. 6, § 5a Abs. 2 Nr. 2 BauNVO, § 6 Abs. 2 Nr. 4, § 6a Abs. 2 Nr. 4, § 8 Abs. 2 Nr. 1, § 9 Abs. 2 Nr. 1 BauNVO); da Industriegebiete nach der in § 9 Abs. 1 BauNVO vorgenommenen Zweckbestimmung der Unterbringung vorwiegend solcher Betriebe dienen, die in anderen Baugebieten unzulässig sind, sind hier – in Abgrenzung zu Gewerbegebieten – erheblich belästigende Gewerbebetreibe zulässig.

297 Der Störungsgrad folgt insbesondere aus Luft- und Lärmimmissionen. Aber auch negative „milieubedingte" Auswirkungen auf das das Wohnumfeld in dem betreffenden Gebiet prägende soziale Klima sind zu berücksichtigen.[448]

298 Ein Gewerbebetrieb ist nicht „absolut" störend oder nicht oder nicht wesentlich/ erheblich störend, sondern nur „relativ", nämlich in Relation zu dem jeweiligen Baugebiet. Entscheidend ist deshalb nicht, ob die mit der Nutzung verbundenen immissionsschutzrechtlichen Lärmwerte eingehalten werden. Handelt es sich um ein beplantes Gebiet (§ 30 Abs. 1 BauGB) oder ein faktisches Baugebiet (§ 34 Abs. 2 BauGB), kommt es allein auf die Frage an, ob ein Vorhaben der beabsichtigten Art generell geeignet ist, das Wohnen in einem solchen Baugebiet so zu stören, dass von einer Gleichgewichtigkeit und wechselseitigen Verträglichkeit zwischen Wohnen und Gewerbe nicht die Rede sein kann.

Beispiele:
- Die geplante Nutzung von Räumen für ein „Stundenhotel" schließt typischerweise die Nutzung durch Prostituierte ein. In einem Wohngebiet ist dies nicht zulässig. Denn es ist zu erwarten, dass die Nutzung zu negativen „milieubedingten" Auswirkungen auf das Wohnumfeld führen wird. Auch ist mit Beeinträchtigungen der Wohnruhe zu rechnen, wenn der Betrieb auf die späten Abendstunden ausgerichtet ist und es dann in den besonders schutzwürdigen Zeiten zu verstärktem Kraftfahrzeugverkehr kommen wird.[449]
- Vom Nachtbetrieb eines Swingerklubs und den außen wahrnehmbaren Aktivitäten der Gäste wie Pkw- und Taxianfahrten, Parkplatzsuche, Türen-Schlagen, laute Unterhaltungen etc. gehen jedenfalls typischerweise Belästigungen aus, die mit dem intensiven Ruhebedürfnis der Wohnbevölkerung gerade in den Nachtstunden unvereinbar sind. Auch wenn die Besucher des Clubs bestrebt sein mögen, „unauffällig zu bleiben", ist deshalb ein Swingerklub geeignet, das Wohnen in dem allgemeinen Wohngebiet zu stören.[450]

---

448 OVG Münster Urt. v. 29.10.2012 – 2 A 619/12.
449 Nach BVerwG Beschl. v. 31.7.2013 – 4 B 8/13.
450 Nach VGH München Urt. v. 29.12.2003 – 25 B 98.3582.

B. Bauplanungsrecht

Ein Mindestniveau an Immissionen ist für die Zulässigkeit eines Vorhabens in einem stärker belastbaren Gebiet nicht erforderlich. Deshalb ist zB ein nicht störender Gewerbebetrieb in einem Gewerbegebiet zulässig.[451]

299

(cc) Keine Ausschlusswirkung

In der Praxis stellt sich mitunter die Frage, ob wegen der Sonderregelung in einer Baugebietsbestimmung ihre Zulassung als Gewerbe im Übrigen ausscheidet. Nach der Rechtsprechung des BVerwG ist die Zulässigkeit eines Gewerbebetriebs, der einer spezielleren in der Baunutzungsverordnung geregelten Nutzungsart unterfällt, in Gebietstypen, in deren Nutzungskatalog diese spezielle Nutzungsart nicht genannt wird, nicht von vornherein ausgeschlossen. Er kann in den Baugebieten zulässig sein, wenn er – erstens – von dem in der Baunutzungsverordnung bei der Definition der speziellen gewerblichen Nutzungsart vorausgesetzten Regelfall abweicht und er – zweitens – die Voraussetzungen erfüllt, unter denen „sonstige Gewerbebetriebe" in dem Baugebiet zulässig sind.[452]

300

Beispiel: Ein gewerblich betriebener Campingplatz wird wesentlich durch seine Eigenschaft als Campingplatz und damit als Freizeitstätte geprägt und nicht durch seine Eigenschaft als Gewerbebetrieb und damit als Wirtschaftsfaktor und Arbeitsplatz des Platzwarts. Weicht ein Platz nicht von dem so gekennzeichneten Regelfall eines Campingplatzes ab, ist er nicht als sonstiger Gewerbebetrieb in den entsprechenden Baugebieten zulässig.[453]

(e) Einzelne „besondere" Gewerbebetriebe

(aa) Vergnügungsstätten

Zu den problematischen und deshalb zumeist unerwünschten Gewerbebetrieben zählen Vergnügungsstätten. Diese haben zunächst in der Neufassung durch die Änderungsverordnung 1977[454] in dem neu eingeführten § 4a Abs. 3 Nr. 2 BauNVO eine erste besondere Behandlung und sodann mit Blick auf ihre unterschiedliche Ausprägung durch die Änderungsverordnung 1990[455] eine Differenzierung erfahren. Nach dieser sollen sie, wenn sie „kerngebietstypisch" sind, aus bestimmten Gebieten ferngehalten werden (§ 4a Abs. 3 Nr. 2, § 5 Abs. 3, § 6 Abs. 2 Nr. 8 und Abs. 3 BauNVO).

301

Der Begriff der Vergnügungsstätte wird in der BauNVO nicht definiert. Für die Frage, was eine Vergnügungsstätte ist, ist nicht maßgeblich, wie der Begriff umgangssprachlich oder in anderen Rechtsgebieten (zB im Vergnügungssteuerrecht) verwendet wird. Es werden nicht alle Stätten umfasst, in denen sich Menschen nach einer am reinen Wortlaut orientierten Auslegung „vergnügen", dh wo sie einen angenehmen Zeitvertreib erleben. So nennt § 7 Abs. 2 BauNVO als zulässige Nutzungen im Kerngebiet neben Vergnügungsstätten (Nr. 2) in Nr. 4 ua Anlagen für kulturelle und sportliche Zwecke, obwohl diese ebenfalls dazu dienen, Vergnügen im weiten Sinn zu bereiten. Vergnügungsstätte ist vielmehr ein eigenständiger planungsrechtlicher Nutzungsbegriff. Es handelt sich um eine besondere Nutzungsart, bei der die kommerzielle Unterhaltung der Besucher im Vordergrund steht. Zu diesem Zweck werden durch Amüsierbetriebe, Diskotheken, Spielhallen, Multiplex-Kinos etc unter An-

302

---

451 Pützenbacher in: Bönker/Bischopink, BauNVO, BauNVO § 8 Rn. 28.
452 Zu Beherbergungsbetriebe: BVerwG Urt. v. 29.4.1992 – 4 C 43/89; zu Lagerplätzen: BVerwG Urt. v. 8.11.2001 – 4 C 18.00.
453 Nach OVG Lüneburg Urt. v. 24.7.2013 – 1 LB 245/10.
454 BGBl. I 1763, in Kraft ab 1.12.1977.
455 BGBl. I 132, in Kraft ab 27.1.1990.

sprache (oder Ausnutzung) des Geselligkeits-, Spiel- und/oder Sexualtriebes entsprechende gewinnbringende Dienstleistungen erbracht.[456]

303 Der Begriff steht im Zusammenhang mit der städtebaulichen Ordnung. Durch die die Vergnügungsstätten betreffenden Regelungen soll erreicht werden, dass städtebauliche Negativwirkungen wie „Trading-down Effekte" (Senkung des Warenangebots), Lärmbelästigungen, Beeinträchtigungen des Stadtbildes uÄ im Rahmen der von der Gemeinde vorzunehmenden geordneten städtebaulichen Entwicklung gesteuert und ggfs. verhindert werden.[457]

304 Bordelle sind keine Vergnügungsstätten im Sinne der BauNVO, sondern zählen zu den „Gewerbebetrieben aller Art". Für sie eignet sich im Hinblick auf die sich aus dem Milieu ergebenden Begleiterscheinungen eher ein Standort, der außerhalb oder allenfalls am Rande des „Blickfeldes" und der Treffpunkte einer größeren und allgemeinen Öffentlichkeit liegt und auch nicht in der Nachbarschaft von Wohnungen. Die „Nähe" von Bordellen und bordellartigen Betrieben zu anderen Stätten des (sexuellen) Amüsements führt nach Ansicht des BVerwG nicht zu einer bauplanungsrechtlichen Gleichbehandlung solcher Einrichtungen. Denn maßgeblich sei nicht die Motivation der Besucher, sondern seien die städtebaulich bedeutsamen Begleiterscheinungen der Prostitutionsausübung in Bordellen.[458] Bordelle sind deshalb in Kerngebieten nicht zulässig, auch nicht als Gewerbebetriebe, da sie nicht „nicht wesentlich störend" sind. Der Unterschied kann auch Bedeutung für ein Industriegebiet haben: Bestimmt der Bebauungsplan, dass die (nach dem Wortlaut des § 8 Abs. 3 Nr. 3 BauNVO eigentlich ausnahmsweise zulässige) Nutzungsart der Vergnügungsstätte unzulässig ist, ist wegen der Einordnung als „Gewerbebetrieb aller Art", der in einem Industriegebiet regelmäßig zulässig ist, der Betrieb eines Bordells zulässig.[459] Anders ist es bei Swingerklubs, bei denen der Aufenthalt und die währenddessen ausgeübten Aktivitäten im Vordergrund stehen.[460]

305 Vergnügungsstätten sind ua von Schank- und Speisewirtschaften abzugrenzen. Einerseits wird eine Vergnügungsstätte nicht dadurch zu einer Schank- und Speisewirtschaft, dass in ihr auch Speisen und Getränke angeboten werden. Andererseits verliert eine Schank- und Speisewirtschaft nicht dadurch ihren planungsrechtlichen Charakter, dass gelegentlich in ihr Tanzveranstaltungen durchgeführt werden oder Unterhaltungsmusik geboten wird. Ob eine Vergnügungsstätte oder eine Schank- und Speisewirtschaft vorliegt, ist nach dem Schwerpunkt des Betriebes zu beurteilen. Liegt dieser bei täglich wechselnden, in den Nachtstunden beginnenden Musikprogrammen, handelt es sich um eine Vergnügungsstätte.[461] Es kommt nicht entscheidend darauf an, ob in einem Lokal getanzt wird oder ob es sich lediglich um eine „Lounge" handelt.

306 Die Aufführung von Vergnügungsstätten im Katalog allgemein bzw. ausnahmsweise zulässiger Nutzungen im Kerngebiet (§ 7 Abs. 2 Nr. 2 BauNVO) bzw. im besonderen Wohngebiet (§ 4a Abs. 3 Nr. 2 BauNVO) hat keine Ausschlusswirkung für andere Baugebiete, in deren Nutzungsartenkatalog, wie beim Mischgebiet, nur Gewerbebetriebe allgemein aufgeführt sind. Eine Vergnügungsstätte kann deshalb als „sonstiger

---

456 Vgl. Fickert/Fieseler, BauNVO, § 4a Rn. 22.2.
457 Fickert/Fieseler, BauNVO, § 4a Nr. 22.1.
458 BVerwG Beschl. v. 2.11.2015 – 4 B 32/15, mit Hinweisen auf die umfangreiche Rechtsprechung zu dieser Frage.
459 VGH Mannheim Beschl. v. 5.3.2012 – 5 S 3239/11.
460 VGH Kassel Beschl. v. 27.3.2001 – 4 TZ 742/01.
461 Vgl. Stock in: Ernst/Zinkahn/Bielenberg/Krautzberger, BauGB, BauNVO § 4a Rn. 69; OVG Münster Urt. v. 9.12.1992 – 4 A 2033/90.

Gewerbebetrieb" nach § 6 Abs. 2 Nr. 4 BauNVO auch in einem Mischgebiet zulässig sein, vorausgesetzt, es handelt sich nicht um eine „kerngebietstypische Vergnügungsstätte", die wesentliche Störungen für die Wohnruhe vor allem am Abend und in der Nacht mit sich bringt.[462]

Der in § 4a Abs. 3 Nr. 2 BauNVO enthaltene Begriff der „Vergnügungsstätten, soweit sie nicht wegen ihrer Zweckbestimmung oder ihres Umfangs nur in Kerngebieten allgemein zulässig sind" hat über den Anwendungsbereich des § 4a BauNVO hinaus große Bedeutung für die anderen Baugebiete. Denn auf ihn verweisen mehrere andere Bestimmungen der Baunutzungsverordnung. Aus ihm ist der Begriff der „kerngebietstypischen Vergnügungsstätte" entstanden. **307**

Für die Frage, ob eine Vergnügungsstätte als kerngebietstypisch einzustufen ist, ist eine typisierende Betrachtungsweise geboten. Entscheidend ist, ob sie wegen des von ihr regelmäßig ausgehenden Störungsgrades in einem besonderen Wohngebiet (§ 4a Abs. 3 Nr. 2 BauNVO) und in einem Mischgebiet (dort in nicht überwiegend durch gewerbliche Nutzungen geprägten Teilen, vgl. § 6 Abs. 2 Nr. 8 BauNVO) nicht als regelmäßig akzeptabel anzusehen ist; in Dorfgebieten (§ 5 Abs. 3 BauNVO) und urbanen Gebieten (§ 6a Abs. 3 Nr. 1 BauNVO) sind kerngebietstypische Vergnügungsstätten nur ausnahmsweise zulässig. Hilfreiches Zuordnungskriterium kann sein, ob die Vergnügungsstätte als zentraler Dienstleistungsbetrieb auf dem Unterhaltungssektor für ein größeres und allgemeines Publikum aus einem größeren Einzugsbereich erreichbar ist oder jedenfalls erreichbar sein soll. Bestimmte Erscheinungsformen von Vergnügungsstätten sollen deswegen in Kerngebieten konzentriert sein und nicht in die regelmäßig am Stadtrand gelegenen und für größere Besucherzahlen nicht erschlossenen Gewerbegebiete abgedrängt werden.[463] **308**

Der hiermit zum Abgrenzungskriterium erhobene Einzugsbereich einer Vergnügungsstätte hängt von ihrer Größe ab. Die Rechtsprechung knüpft dabei an die jeweilige Nutzfläche an und legt einen „Schwellenwert" von 100 m² zugrunde.[464] Das führt in der Praxis oft dazu, dass eine „Aufteilung" erfolgt, wenn zB in Wirklichkeit eine über dieser Schwelle liegende Spielhalle errichtet und das Vorhaben der Einstufung als kerngebietstypisch entzogen werden soll. Hier ist eine natürliche Betrachtungsweise vorzunehmen und zu bewerten, ob bei einer städtebaulichen Beurteilung des Vorhabens eine einheitliche Betrachtung als eine Spielhalle geboten und damit maßgebend erscheint. Dabei ist in diesen Fällen auf die Wahrnehmung der Spielhallen durch die Kunden abzustellen. Entscheidend ist, ob die jeweils konkrete Mehrheit von Spielhallen vom Kunden als einheitliche Vergnügungsstätte empfunden wird, aus dessen Sicht als durch ein gemeinsames Konzept und durch Kooperation miteinander verbunden in Erscheinung tritt und dadurch eine „kerngebietstypisch" gesteigerte Anziehungskraft auf die Spieler ausübt.[465] Das gilt auch für Wettbüros. Deshalb kann nach Maßgabe der konkreten Umstände des Einzelfalls in die Betrachtung der Größe auch eine andere, benachbarte Nutzung einbezogen werden, sofern zwischen diesen ein räumlicher und funktionaler Zusammenhang besteht.[466] **309**

---

462 BVerwG Urt. v. 25.11.1983 – 4 C 64/79.
463 Vgl. BVerwG Urt. v. 21.2.1986 – 4 C 31/83; OVG Münster Beschl. v. 21.2.2011 – 2 A 2250/09; zur Frage, welche Flächen des Geschäftsbetriebes zu berücksichtigen sind s. VG Cottbus Urt. v. 20.5.2020 – 3 K 2728/17, mit Hinweisen auf die Rechtsprechung.
464 BVerwG Beschl. v. 29.10.1992 – 4 B 103/92.
465 OVG Saarlouis Beschl. v. 7.2.2012 – 2 B 422/11.
466 Zu seinem solchen Fall s. VGH München Beschl. v. 13.5.2016 – 9 ZB 14.1419: beantragte Wettannahmestätte und verbleibender Bereich eines Vereinsheims.

(bb) Betriebe des Beherbergungsgewerbes

310 Betriebe des Beherbergungsgewerbes (Beherbergungsstätten) sind in besonderen Wohngebieten (§ 4a Abs. 2 Nr. 2 BauNVO), Dorfgebieten (§ 5 Abs. 2 Nr. 5 BauNVO), dörflichen Wohngebieten (§ 5a Abs. 2 Nr. 6 BauNVO), Mischgebieten (§ 6 Abs. 2 Nr. 3 BauNVO), urbanen Gebieten (§ 6a Abs. 2 Nr. 3 BauNVO), Kerngebieten (§ 7 Abs. 2 Nr. 2 BauNVO), Gewerbegebieten (§ 8 Abs. 2 Nr. 1 BauNVO, als Unterfall der Nutzungsart „Gewerbebetriebe aller Art") und Industriegebieten (§ 9 Abs. 1 Nr. 1 BauNVO, als Unterfall der Nutzungsart „Gewerbebetriebe aller Art") regelmäßig zulässig.

311 Sie sind in reinen Wohngebieten (sofern es sich um „kleine Betriebe des Beherbergungsgewerbes" handelt, § 3 Abs. 3 Nr. 1 BauNVO) und allgemeinen Wohngebieten (§ 4 Abs. 3 Nr. 1 BauNVO) ausnahmsweise zulässig.

312 Ein Beherbergungsbetrieb liegt nur vor, wenn die Räume ständig wechselnden Gästen zum vorübergehenden Aufenthalt zur Verfügung gestellt werden, ohne dass diese dort ihren häuslichen Wirkungskreis unabhängig gestalten können.[467] Die Beherbergung ist – in Abgrenzung zum Wohnen – auf einen Kreis von Personen angelegt, die das Zimmerangebot annehmen, ohne dass Veränderungen an Ausstattung und Zuschnitt des Angebots vorgenommen werden. Im Vordergrund steht bei einem Betrieb des Beherbergungsgewerbes die Übernachtungsmöglichkeit. Das ist bei einer stundenweisen Überlassung von Apartments nicht der Fall. Denn dabei geht es allein um die Zurverfügungstellung von Räumlichkeiten zu anderen Zwecken. Auch trifft es auf Wohnmobilstellflächen, auf die der Gast seinen eigenen häuslichen Wirkungskreis „mitnimmt", nicht zu.[468]

313 Wann ein Beherbergungsbetrieb „klein" ist, lässt sich nicht allgemeingültig sagen. Die Zahl der Betten ist sicherlich ein maßgebliches Merkmal, aber nicht zwingend das einzige; stets sind andere Umstände mit zu berücksichtigen.[469]

Beispiel: In einem durch einen Bebauungsplan festgesetzten reinen Wohngebiet, in dem Wohngebäude mit nicht mehr als bei Wohnungen zulässig sind, wird ein Beherbergungsbetrieb mit zehn Ferienwohnungen und dreißig Betten nicht mehr „klein" im Sinne des § 3 Abs 3 BauNVO sein.[470]

(cc) Läden, Schank- und Speisewirtschaften

314 In reinen Wohngebieten können Läden ausnahmsweise zugelassen werden (§ 3 Abs. 3 Nr. 1 BauNVO); Schank- und Speisewirtschaften sind nicht zulässig.

315 In Kleinsiedlungsgebieten (§ 2 Abs. 2 Nr. 2 BauNVO), allgemeinen Wohngebieten (§ 4 Abs. 2 Nr. 2 BauNVO) und dörflichen Wohngebieten (§ 5a Abs. 1 Nr. 5 BauNVO) sind der Versorgung des Gebiets dienende Läden und Schank- und Speisewirtschaften allgemein zulässig.

316 In besonderen Wohngebieten (§ 4a Abs. 2 Nr. 2 BauNVO) sind Läden sowie Schank- und Speisewirtschaften auch ohne die Beschränkung der Gebietsversorgung regelmäßig zulässig. Dasselbe trifft für Dorfgebiete (§ 5 Abs. 2 Nr. 5 BauNVO), Mischgebiete (§ 6 Abs. 2 Nr. 3 BauNVO), urbane Gebiete (§ 6a Abs. 2 Nr. 3 BauNVO) und Kerngebiete (§ 7 Abs. 2 Nr. 2 BauNVO) zu; hierbei sind jeweils Läden als Unterart von Einzelhandelsbetrieben anzusehen.

---

467 BVerwG Urt. v. 8.5.1989 – 4 B 78.89.
468 OVG Lüneburg Urt. v. 24.7.2013 – 1 LB 245/10.
469 BVerwG Beschl. v. 27.11.1987 – 4 B 230 u. 231.87; VG Schwerin Urt. v. 20.12.2012 – 2 A 1577/10.
470 Nach BVerwG Beschl. v. 27.11.1987 – 4 B 230 u. 231.87.

B. Bauplanungsrecht

In Gewerbegebieten (§ 8 BauNVO) und Industriegebieten (§ 9 BauNVO) sind Läden **317** und Schank- und Speisewirtschaften als Gewerbebetriebe aller Art regelmäßig zulässig.

Soweit in einigen Baugebieten vorausgesetzt wird, dass die Betriebe der Versorgung **318** des Gebiets dienen, hängt dies von der jeweiligen konkreten städtebaulichen Situation ab. Es richtet sich nach objektiven Kriterien, nicht nach den Angaben des Bauherrn.[471] Dabei ist das Gebiet, dessen Versorgung der Laden oder die Schank- und Speisewirtschaft zu dienen bestimmt sein muss, nicht mit dem Geltungsbereich eines etwaigen für das betreffende Grundstück festgesetzten Bebauungsplans oder eines faktischen Baugebiets gleichzusetzen; es muss nicht an dessen Grenzen enden. Vielmehr ist als räumlicher Maßstab für diese Beurteilung ein zusammenhängender, in seiner tatsächlichen oder planerisch angestrebten Struktur (zB als allgemeines Wohngebiet) gekennzeichneter Bereich maßgebend.[472] Der Versorgung des Gebiets dient der Betrieb dann, wenn er dem Gebiet funktional zugeordnet ist. Für diese Annahme muss zB eine Schankwirtschaft nach Standort, Größe, Raumeinteilung, Ausstattung und betrieblicher Konzeption objektiv geeignet sein, von den Bewohnern des Gebietes aufgesucht zu werden.[473] Dabei hat die Betriebskonzeption indizielle Wirkung.[474]

Hinsichtlich Läden ist maßgebend, ob der Laden absehbar nur oder zumindest in **319** einem erheblichen Umfang von den Bewohnern des umliegenden Gebiets aufgesucht wird oder ob ein darüberhinausgehender Kundenkreis zu erwarten ist, der zum Verlust des Gebietsbezugs führt.[475] Zwar spielt die Verkaufsfläche eine wesentliche Rolle. Jedoch bedeutet der Umstand, dass ein Verbrauchermarkt mit einer Verkaufsfläche von weniger als 800 m^2 nach der Rechtsprechung des BVerwG nicht „großflächig" i.S.d. § 11 Abs. 3 Nr. 2 BauNVO ist, nicht, dass er stets als ein der Versorgung des Gebiets dienender Laden im Sinne von § 4 Abs. 2 Nr. 2 BauNVO anzusehen wäre.

Beispiel: Ein Lebensmittelmarkt ist nicht mehr ein der Versorgung des Gebiets dienender Laden, wenn er mehr als 200 Stellplätze aufweist, verkehrsgünstig in der Nähe einer Straße mit bedeutender innerörtlicher Verkehrsfunktion errichtet und dadurch eine gute Erreichbarkeit mit dem PKW für Kunden außerhalb des Gebiets gewährleistet wird. Das gilt auch dann, wenn er die Schwelle der Großflächigkeit nicht überschreitet.[476]

(dd) Wohnungsprostitution

Wird eine Wohnung auch zum Zwecke der Ausübung der Prostitution genutzt, so **320** dass – neben der Wohnnutzung – von einer gewerbsmäßigen Prostitution im üblichen Sinne auszugehen ist („Wohnungsprostitution"), stellt dies im bauplanungsrechtlichen Sinn eine neben die Wohnnutzung tretende gewerbliche Nutzung dar. Prostitutive Einrichtungen können unter Umständen als gewerbliche Kleinbetriebe angesehen werden und sind bei der gebotenen (begrenzt) typisierenden Betrachtung regelmäßig mit Wohnnutzung unverträglich. Wohnungsprostitution ist nach Auffassung des OVG Bln-Bbg sogar in einem Mischgebiet unzulässig.[477] Erst recht gilt dies, wenn es sich um ein Bordell handelt, in dem die Prostitution im Vordergrund

---

471 BVerwG Urt. v. 29.10.1998 – 4 C 9/97.
472 OVG Koblenz Urt. v. 28.7.2011 – 1 A 10058/11.
473 Vgl. Bielenberg in: Ernst/Zinkahn/Bielenberg/Krautzberger, BauGB, BauNVO, § 2 Rn. 33.
474 OVG Koblenz Urt. v. 28.7.2011 – 1 A 10058/11.
475 Vgl. BVerwG Beschl. v. 3.9.1998 – 4 B 85/98.
476 Nach OVG Magdeburg Beschl. v. 5.2.2014 – 2 L 6/13.
477 Urt. v. 29.10.2019 – OVG 2 B 2.18.

steht und diese mit Wohnnutzung in denselben Räumen verbunden ist.[478] Nach der Rechtsprechung des BVerwG[479] ist ein „klassisches" Bordell grundsätzlich ein gewerblicher Betrieb.

(3) Anlagen für bestimmte Zwecke

321 Asylbewerberheime, Pflegeeinrichtungen, Kirchen, Sportanlagen, Musikschulen, Krematorien – all dies sind Einrichtungen, die ihren Platz in den bebaubaren Bereichen benötigen, deren Nutzung aber oftmals für die Umgebungsbebauung mit Störungen einhergeht. Deshalb haben diese Anlagen in der BauNVO besondere Regelungen erfahren.

322 Aus systematischen Gründen fallen unter diese Begriffe nicht Anlagen, die ein für die Ausübung der Hauptnutzung erforderlicher unselbständiger Bestandteil derselben sind. In einem solchen Fall richtet sich die Frage der Zulässigkeit der Nutzung allein nach der Zulässigkeit der Hauptnutzung.[480] Entscheidend ist eine funktionale Betrachtungsweise.

Beispiel: Eine im hinteren Teil des Gartens errichtete Schwimmhalle mit Sauna und WC mit einer Grundfläche von 171 m² ist nicht als funktionaler Teil eines Wohngebäudes anzusehen. Zwar kann ein zB in das Kellergeschoss eines Wohnhauses integriertes Schwimmbecken unbedenklich als unselbständiger Teil des Wohnhauses angesehen werden. Handelt es sich jedoch um ein in deutlicher räumlicher Trennung vom Wohnhaus vorgesehenes eigenständiges Gebäude, teilt das rechtlich nicht das Schicksal des Hauptgebäudes. Denn es dient nicht einer der Hauptfunktionen eines Wohnhauses. Das Schwimmen als besondere Form der körperlichen Ertüchtigung stellt sich eher als eine untergeordnete Nutzung dar. Eigenständige Schwimmbecken und kleinere Schwimmhallen sind vielmehr bauliche Anlagen, die typischerweise als Nebenanlagen anzusehen sind. Ihre Zulässigkeit richtet sich somit nach § 14 BauNVO. Als solche war in dem entschiedenen Fall die Schwimmhalle unzulässig, weil sie, da sie nach ihrer Größe und äußerer Erscheinungsform eher einem weiteren Wohngebäude glich, nicht das Merkmal der Unterordnung erfüllte.[481]

323 Die mit dem hier verwandten, verkürzenden Stichwort „Anlagen für bestimmte Zwecke" gemeinten Anlagen für kirchliche, kulturelle, soziale, gesundheitliche und sportliche Zwecke sind im Grundsatz in allen Baugebieten der §§ 2 bis 9 BauNVO zulässig, allerdings
– in Kleinsiedlungsgebieten nur ausnahmsweise (§ 2 Abs. 3 Nr. 3 BauNVO),
– in reinen Wohngebieten Anlagen für soziale Zwecke ausnahmsweise, Anlagen für kirchliche, kulturelle, gesundheitliche und sportliche Zwecke ausnahmsweise nur, soweit sie den Bedürfnissen der Bewohner des Gebiets dienen (§ 3 Abs. 3 Nr. 2 BauNVO),
– in allgemeinen Wohngebieten allgemein (§ 4 Abs. 2 Nr. 3 BauNVO),
– in besonderen Wohngebieten allgemein (§ 4a Abs. 2 Nr. 5 BauNVO),
– in Dorfgebieten allgemein (§ 5 Abs. 2 Nr. 7 BauNVO),
– in dörflichen Wohngebieten allgemein (§ 5a Abs. 2 Nr. 8 BauNVO),
– in Mischgebieten allgemein (§ 6 Abs. 2 Nr. 5 BauNVO),
– in urbanen Gebieten allgemein (§ 6a Abs. 2 Nr. 5 BauNVO),
– in Kerngebieten allgemein (§ 7 Abs. 2 Nr. 4 BauNVO),

---

478 BVerwG Beschl. v. 28.6.1995 – 4 B 137/95.
479 Urt. v. 25.11.1983 – 4 C 21/83.
480 VGH Mannheim Urt. v. 5.4.2011 – 5 S 194/10; OVG Saarlouis Urt. v. 26.11.1996 – 2 R 20/95; BVerwG Urt. v. 28.4.2004 – 4 C 12/03.
481 Nach: BVerwG Urt. v. 28.4.2004 – 4 C 12/03.

B. Bauplanungsrecht

- in Gewerbegebieten Anlagen für soziale Zwecke allgemein (§ 8 Abs. 2 Nr. 4 BauNVO), Anlagen für kirchliche, kulturelle, soziale und gesundheitliche Zwecke ausnahmsweise (§ 8 Abs. 3 Nr. 2 BauNVO,
- in Industriegebieten ausnahmsweise (§ 9 Abs. 3 Nr. 2 BauNVO).

Unter Umständen ist die Einordnung in eine dieser Nutzungsarten und die Abgrenzung untereinander schwierig, manche Anlagen dienen sogar mehreren der genannten Zwecke. Wegen der weitgehenden Gleichbehandlung ist jedoch die Abgrenzung oftmals obsolet. Das gilt allerdings nicht, wenn der Plangeber von der in § 1 Abs. 9 BauNVO gewährten Möglichkeit Gebrauch gemacht hat, für bestimmte Arten der Anlagen weiter differenzierende Regelungen zu treffen. 324

(a) Merkmale der Anlagen

Die von dem Verordnungsgeber benutzten Begriffe sind sehr weit gefasst, was im konkreten Fall Probleme bei der Frage aufwerfen kann, ob diese oder jene Anlage noch darunterfällt. Das gilt insbesondere für solche Vorhaben, die erst aus einer neuzeitlichen Entwicklung der Sportart oder der kulturellen Einrichtung entstanden sind. Aber gerade um dieser Dynamik gerecht werden zu können, hat der Verordnungsgeber die Begriffe bewusst weit gefasst.[482] Dass sich im Laufe der Zeit das Begriffsverständnis und damit auch die Art der Anlagen ändern können, die im jeweiligen Gebiet zulässig sind, ist vom Verordnungsgeber gewollt.[483] 325

Andererseits sind nicht alle Anlagen umfasst, die in irgendeiner Form den angesprochenen Zwecken dienen. Allein privatnützliche Anlagen sind nicht erfasst, sondern nur gemeinnützige. Das hat die Rechtsprechung seit jeher aus § 5 Abs. 2 Nr. 2 BauGB hergeleitet („insbesondere mit den der Allgemeinheit dienenden baulichen Anlagen und Einrichtungen des Gemeinbedarfs, wie mit Schulen und Kirchen sowie mit sonstigen kirchlichen und mit sozialen, gesundheitlichen und kulturellen Zwecken dienenden Gebäude und Einrichtungen, sowie die Flächen für Sport- und Spielanlagen").[484] Abzustellen ist insoweit auf das in dem Bauantrag, insbesondere in der Betriebsbeschreibung dargestellte Betriebskonzept – was zur Folge hat, dass bei einem (nicht nur kurzfristigen und vorübergehenden) Abweichen hiervon die Genehmigungsfrage neu aufgeworfen wird und die bisherige Genehmigung ihre legalisierende Wirkung nicht mehr entfaltet. 326

Das Dienen der Allgemeinheit setzt zum einen voraus, dass die Anlage einem nicht fest bestimmten wechselnden Teil der Bevölkerung zugänglich ist.[485] Dies hat das BVerwG im Wege einer historischen und systematischen Auslegung ermittelt.[486] Das ist zB bei einer Einrichtung des Maßregelvollzugs, die gerade nicht für einen wechselnden Teil der Bevölkerung frei zugänglich ist, sondern der Aufnahme von psychisch kranken Straftätern dient, nicht der Fall.[487] Zum anderen wird vom BVerwG das Merkmal der Gemeinnützigkeit vorausgesetzt. Dem steht eine Trägerschaft in der Hand einer natürlichen oder einer juristischen Person des Privatrechts nicht grundsätzlich entgegen. Es genügt dann, wenn mit staatlicher oder gemeindlicher Anerkennung eine öffentliche Aufgabe wahrgenommen wird, hinter die etwaiges pri- 327

---

482 „Dem Wandel der Zeiten" anpassungsfähige Auslegung, BVerwG Urt. v. 17.12.1998 – 4 C 16.97.
483 Vgl. BVerwG Urt. v. 2.2.2012 – 4 C 14/10: Krematorium als Anlage für kulturelle Zwecke iSd § 8 Abs. 3 Nr. 2 BauNVO.
484 Urt. v. 12.12.1996 – 4 C 17.95, und v. 28.4.2004 – 4 C 10.03.
485 OVG Münster Urt. v. 6.9.2011 – 2 A 2249/09.
486 BVerwG Beschl. v. 18.5.1994 – 4 NB 15/94.
487 VG Berlin Beschl. v. 18.4.2013 – 13 L 63.13.

vatwirtschaftliches Gewinnstreben eindeutig zurücktritt.[488] Eine Anlage des Gemeingebrauchs braucht sie indes nicht zu sein.[489] Auch eine staatliche Gewährleistungs- und Überwachungsverantwortlichkeit kann je nach ihrer konkreten rechtlichen Ausgestaltung geeignet sein, den vorausgesetzten Gemeinwohlbezug solcher Anlagen und Einrichtungen herzustellen, deren Leistungserbringung sich nach privatwirtschaftlichen Grundsätzen vollzieht und auf Gewinnerzielung ausgerichtet ist.[490]

328 Diese Ansicht ist indes in der Literatur erheblicher – in der Sache berechtigter – Kritik ausgesetzt.[491] Die Relevanz dieser Streitfrage wird allerdings dadurch entschärft, dass das BVerwG es zB bei einem privaten Krematoriumbetreiber ausreichen lässt, dass – was in vielen Bereichen gewerblicher Tätigkeit der Fall ist – die angesprochene staatliche Gewährleistungs- und Überwachungsverantwortlichkeit besteht.

329 Das Merkmal der Gemeinnützigkeit wurde in der Rechtsprechung bejaht für ein Pilger- und Begegnungszentrum (als Anlage für kulturelle und soziale Zwecke)[492] und für ein Kultur- und Begegnungszentrum.[493] Es wurde verneint für Arztpraxen.[494] (Im Übrigen kann dieses Ergebnis auch aus dem rechtssystematischen Grundsatz abgeleitet werden, dass die planungsrechtliche Zulässigkeit von Arztpraxen spezialgesetzlich in § 13 BauNVO geregelt ist.)[495] Gleiches gilt mangels Gemeinbedarfsorientierung für ein medizinisches Versorgungszentrum iSv § 95 Abs. 1 S. 2 SGB V.[496] Daran ändert auch der Umstand nichts, dass ein solches Zentrum mehreren Patienten gleichzeitig zugänglich ist und der allgemeinen Steigerung der Gesundheit der Bevölkerung dient.[497] Auch hier richtet sich die Zulässigkeit allein nach § 13 BauNVO.

330 Wie bei allen Nutzungsarten ist das die Zulässigkeit beschränkende ungeschriebene Tatbestandsmerkmal der Gebietsverträglichkeit zu beachten (s. o. Teil B Rn. 255). Dieses berücksichtigt zum einen die Besonderheiten der jeweiligen Anlage, etwa die Größe und die Nutzungszeiten, zum anderen eine etwaige besondere Schutzbedürftigkeit des Gebiets, in dem es verwirklicht werden soll. Ähnliches gilt für das in § 15 BauNVO enthaltene Rücksichtnahmegebot.

(b) Anlagen für kirchliche Zwecke

331 Mit „kirchlichen" Zwecken sind Zwecke aller anerkannten Kirchen und Religionsgemeinschaften iSd Art. 140 GG iVm Art. 136 ff. WRV gemeint, nicht aber sonstiger Weltanschauungsgemeinschaften.

332 Kirchlichen Zwecken dienen insbesondere ein dem Gottesdienst dienendes Kirchengebäude und eine Kapelle. Das gilt auch für eine Krypta, die untrennbar mit der Kirche verbunden ist.[498] Ferner dienen Gemeinde- und Begegnungszentren, Pfarrhäuser, Beratungsstellen und konfessionelle Kindergärten kirchlichen Zwecken.[499]

---

488 BVerwG Beschl. v. 18.5.1994 – 4 NB 15/94; BVerwG Urt. v. 2.2.2012 – 4 C 14/10.
489 BVerwG Urt. v. 12.12.1996 – 4 C 17/95; dazu auch OVG Bln-Bbg Beschl. v. 9.1.2014 – OVG 2 S 34.13.
490 BVerwG Urt. v. 2.2.2012 – 4 C 14/10.
491 Siehe zum Streitstand Vietmeier in: Bönker/Bischopink, BauNVO, BauNVO § 4 Rn. 29 ff.
492 OVG Münster Urt. v. 6.9.2011 – 2 A 2249/09.
493 BVerwG Urt. v. 18.5.1994 – 4 NB 15.
494 BVerwG Urt. v. 12.12.1996 – 4 C 17/95; OVG Magdeburg Beschl. v. 10.10.2018 – 2 M 53/18.
495 So auch Vietmeier in: Bönker/Bischopink, BauNVO, BauNVO § 4 Rn. 33.
496 VG Würzburg Urt. v. 14.9.2010 – W 4 K 09.478.
497 VG Würzburg Urt. v. 14.9.2010 – W 4 K 09.478.
498 BVerwG Urt. v. 18.11.2010 – 4 C 10/09.
499 Vietmeier in: Bönker/Bischopink, BauNVO, BauNVO § 4 Rn. 35.

B. Bauplanungsrecht

Da in reinen Wohngebieten Anlagen für kirchliche Zwecke nur dann – und dann auch nur ausnahmsweise – zulässig sind, soweit sie den Bedürfnissen der Bewohner des Gebiets dienen (§ 3 Abs. 3 Nr. 2 BauNVO), ist eine prognostische Bewertung erforderlich, bei der der zu erwartende Einzugsbereich die entscheidende Rolle spielt. Dabei ist der Begriff des „Gebiets" nicht gleichzusetzen mit dem planungsrechtlichen Baugebiet; vielmehr ist, ebenso wie bei dem Merkmal der Gebietsversorgung in § 4 Abs. 2 Nr. 2 BauNVO, maßgeblich auf den Einzugsbereich der Anlage abzustellen. Es reicht nicht aus, wenn die Anlage in untergeordnetem Maß auch auf die Wohnbevölkerung des sie umgebenden reinen Wohngebiets zielt; sie muss diesem nach ihrem Betriebskonzept vielmehr funktional zugeordnet sein und ihm in diesem Sinne dienen. Das ist nicht der Fall, wenn sie in großer Zahl von Gebietsfremden aufgesucht, von den in diesem Gebiet wohnenden Personen hingegen allenfalls gelegentlich besucht wird.[500] Ein Indiz für die Gebietsversorgung ist neben der gebietsangemessenen Größe der Anlage und einem darauf abgestimmten Nutzungskonzept die fußläufige Erreichbarkeit. **333**

Auch in den Gebieten, in denen die Beschränkung durch die Bewohnerbezogenheit nicht gilt, bereiten Anlagen für kirchliche Zwecke Probleme, wenn die Größe und die Nutzungszeiten an die Grenzen der Zumutbarkeit in den jeweiligen Gebieten stoßen. Die Korrektive der Gebietsverträglichkeit und des Rücksichtnahmegebotes spielen hier eine bedeutende Rolle. Einerseits sind nach der Rechtsprechung in einem allgemeinen Wohngebiet auch Moscheen und islamische Kulturzentren (einschließlich ihrer abendlichen Nutzung während der Ramadanzeit bzw. morgendlichen Nutzung zum Morgengebet) selbst bei einem etwas größeren Einzugsbereich als „Anlagen für kirchliche, kulturelle oder soziale Zwecke" generell zulässig[501]; das VG Neustadt hat sogar ein Bibelheim mit 17 Stellplätzen und 68 Übernachtungsmöglichkeiten im allgemeinen Wohngebiet für zulässig erklärt.[502] Andererseits war nach Ansicht des OVG Lüneburg ein islamischen Gebetshaus im allgemeinen Wohngebiet unzulässig, wenn damit in einem erheblichen Zeitraum, nämlich an 200 Tagen im Jahr und davon an 130 in besonders intensiver Form, eine Nutzung auch noch mitten in der Nachtzeit verbunden war.[503] **334**

(c) Anlagen für kulturelle Zwecke

Der Begriff der „Anlage für kulturelle Zwecke" ist nach dem Begriffsverständnis des BVerwG in seinem wegweisenden Urteil vom 2.2.2012[504] nicht auf die traditionellen Bereiche der Kunst, Wissenschaft und Bildung beschränkt. Die Zweckbeschreibung bezeichnet danach Anlagen, die in einem weiten Sinne einen kulturellen Bezug aufweisen. Das Spektrum dieses Anlagentyps ist allerdings weit gefächert und reicht von Theater- und Opernhäusern bis hin zu dem Vereinsheim eines Gesangsvereins oder einem dörflichen Begegnungszentrum. Der Begriff ist ebenso offen angelegt wie die anderem unter diesem Stichwort angesprochenen Anlagen. **335**

Ebenso wie eine kirchliche Bestattungsanlage einem kirchlichen Zweck dient,[505] dient ein Krematorium als säkulare Bestattungseinrichtung einem kulturellen Zweck. **336**

---

500 Siehe zur Frage der Gebietsversorgung: BVerwG Beschl. v. 18.1.1993 – 4 B 230.92; BVerwG Beschl. v. 3.9.1998 – 4 B 85.98; BVerwG Urt. v. 29.10.1998 – 4 C 9.97.
501 Siehe dazu: VG Freiburg (Breisgau) Urt. v. 12.10.2016 – 6 K 641/16.
502 VG Neustadt/Weinstraße Urt. v. 30.10.2012 – 4 K 553/12.NW.
503 OVG Lüneburg Beschl. v. 7.12.2009 – 1 LA 255/08; siehe zu der umfangreichen Rechtsprechung insbesondere die Hinweise bei Vietmeier in: Bönker/Bischopink, BauNVO, BauNVO § 4 Rn. 37 f.
504 4 C 14/10.
505 BVerwG Urt. v. 18.11.2010 – 4 C 10.09.

Ein Krematorium mit Abschiedsraum[506] hat einen kulturellen Bezug, der in der gesellschaftlichen Vorstellung von dem Umgang mit dem Tod wurzelt. Zur Feuerbestattung gehört nicht nur die Beisetzung der Asche des Verstorbenen in einer Grabstätte, sondern auch der Vorgang der Einäscherung der Leiche. Die Einäscherung ist Teil des Bestattungsvorgangs.

337 Ferner gehören zu den Anlagen für kulturelle Zwecke:
- ein Pilger- und Begegnungszentrum;[507]
- eine „Kulturscheune", die den Gruppen und Vereinen eines Dorfs als Versammlungs- und Begegnungsstätte und als Probenraum zur Verfügung stehen soll[508];
- ein gemeindliches Begegnungszentrum[509]
- Vereinsheime von Gesangvereinen[510]; die Tatsache, dass eine Halle durch mehrere Live-Musik-Veranstaltungen im Kalenderjahr zu einer Vergnügungsstätte im planungsrechtlichen Sinne genutzt wird, ändert daran nichts, wenn die Anzahl der Live-Musik-Veranstaltungen derart gering ist – im entschiedenen Fall für gaststättenrechtlich maximal mögliche fünf Veranstaltungen im Jahr –, dass sie nicht prägend für den planungsrechtlichen Charakter sein können.[511]

(d) Anlagen für soziale Zwecke

338 Der Begriff der Anlage für soziale Zwecke ist weder im BauGB noch in der BauNVO oder einem anderen Regelwerk gesetzlich definiert. Auch für diese Begriffskategorie gilt, dass sie bewusst weit gefasst ist. Das BVerwG beschreibt Anlagen für soziale Zwecke wie folgt: „Anlagen für soziale Zwecke dienen in einem weiteren Sinn der sozialen Fürsorge und der öffentlichen Wohlfahrt. Es handelt sich um Nutzungen, die auf Hilfe, Unterstützung, Betreuung und ähnliche fürsorgerische Maßnahmen ausgerichtet sind."[512]

339 Als typische Beispiele werden Einrichtungen für Kinder und Jugendliche, alte Menschen sowie andere Personengruppen angesehen, die (bzw. deren Eltern) ein besonderes soziales Angebot wahrnehmen wollen. Sie sollen – in der Formulierung des § 3 Abs. 3 BauNVO – den Bedürfnissen der die Einrichtung in Anspruch nehmenden Personen dienen.[513]

340 Typische Beispiele sind:
- Kindergärten oder Altenbegegnungsstätten, aber auch Räume für Film-, Theater- und Diskussionsveranstaltungen;[514]
- Kinderspielplätze;[515]
- ambulante Einrichtungen der Drogenhilfe;[516]
- privat betriebene Aussiedler-Wohnheime;[517]

---

506 BVerwG Urt. v. 2.2.2012 – 4 C 14/10.
507 OVG Münster Urt. v. 6.9.2011 – 2 A 2249/09.
508 VGH München Beschl. v. 21.12.2010 – 9 CS 10.2514.
509 OVG Bautzen Urt. v. 28.5.2005 – 1 B 889/04.
510 BVerwG Beschl. v. 19.11.1990 – 4 B 162.90.
511 OVG Koblenz Urt. v. 16.4.2003 – 8 A 11903/02.
512 BVerwG Beschl. v. 13.7.2009 – 4 B 44/09.
513 Beschl. v. 13.7.2009 – 4 B 44/09.
514 Vgl. VGH Mannheim Beschl. v. 19.10.1998 – 8 S 2192/98; VGH Kassel Beschl. v. 14.12.1992 – 4 TH 1204/92; Fickert/Fieseler, BauNVO, § 4 Rn. 6.1 und 6.3 ff.
515 BVerwG Urt. v. 12.12.1991 – 4 C 5/88; BVerwG Urt. v. 21.6.1974 – 4 C 14.74.
516 BVerwG Beschl. v. 6.12.2000 – 4 B 4/00: Anlage für soziale und (oder) gesundheitliche Zwecke.
517 VGH Mannheim Beschl. v. 20.1.1992 – 3 S 3110/91.

- Unterkünfte für Asylbegehrende.[518]
- Pflegeinrichtungen sind „in der Regel" Anlagen für soziale Zwecke;[519]

Keine Anlagen für soziale Zwecke sind: **341**
- Feuerwehrgerätehäuser; dies sind „Anlagen für Verwaltungen" im Sinne des § 4 Abs. 3 Nr. 3 BauNVO;[520]
- Gefängnisse,[521] Freigängerhäuser;
- Tierheime, Tierasyle, auch wenn sie ohne Gewinnerzielungsabsicht betrieben werden;
- private Musikschulräume.

(e) Anlagen für sportliche Zwecke

Unter dem Begriff Anlagen für sportliche Zwecke fallen selbstständige Anlagen in **342** baulichen Anlagen und im Freien, die der körperlichen Betätigung zu sportlichen Zwecken dienen. In Betracht kommen Sportanlagen und -einrichtungen aller Art.[522] Dient die Anlage bereits der Hauptnutzung, ist sie im Sinne dieser Begriffsbestimmung nicht selbstständig.[523] Dasselbe gilt für eine bauliche Anlage, die zwar der sportlichen Betätigung dienen soll, aber nur zur Benutzung durch die Bewohner des auf demselben Grundstück befindlichen Wohnhauses bestimmt und beschränkt ist.[524] Der bloße Umstand, dass an einer Stelle ein Sportgerät gelagert wird, macht aus einem Lagerplatz noch keine Anlage für sportliche Zwecke.[525]

cc) Besondere Fragestellungen bei einzelnen Baugebieten

(1) Dörfliche Wohngebiete (§ 5a BauNVO)

Mit dem „dörflichen Wohngebiet" (§ 5a BauNVO) ist eine neue Baugebietskategorie **343** geschaffen worden, um „in sich stark wandelnden ländlichen Räumen ein einvernehmliches Nebeneinander von Wohnen (Neubau und Bestand), landwirtschaftlichen Betrieben (im Neben- und Haupterwerb) und gewerblicher Nutzung zu ermöglichen."[526] Dörfliche Wohngebiete haben mit Dorfgebieten gemeinsam, dass sie neben landwirtschaftlichen Nutzungen dem Wohnen und der Unterbringung von nicht wesentlich störenden Gewerbebetrieben dienen. Sie unterscheiden sich von jenen darin, dass sie nicht der Unterbringung der Wirtschaftsstellen land- und forstwirtschaftlicher Betriebe, also Vollerwerbslandwirtschaften, dienen, sondern der Unterbringung von land- und forstwirtschaftlichen Nebenerwerbsstellen, sowie anders als Dorfgebiete nicht der Unterbringung von der Versorgung der Bewohner des Gebiets dienenden Handwerksbetrieben dienen. Ähnlich den urbanen Gebieten ist klargestellt, dass die Nutzungsmischung nicht gleichgewichtig sein muss. Der so umschriebenen Zweckbestimmung entsprechend sind zwar für land- und forstwirtschaftliche Nebenerwerbsbetriebe Wirtschaftsstellen und die dazugehörigen Woh-

---

518 VGH München Beschl. v. 5.3.2015 – 1 ZB 14.2373.
519 BVerwG Beschl. v. 13.7.2009 – 4 B 44/09.
520 VGH München Urt. v. 16.1.2014 – 9 B 10.2528.
521 Ausführlich dazu: VG Saarlouis Urt. v. 30.1.2019 – 5 K 1533/17.
522 Vgl. Stock in: Ernst/Zinkahn/Bielenberg/Krautzberger, BauGB, BauNVO § 4 Rn. 103.
523 VG Schleswig Urt. v. 16.11.2016 – 8 A 135/15.
524 Vgl. BVerwG Urt. v. 28.4.2004 – 4 C 12.03; BVerwG Urt. v. 12.12.1996 – 4 C 17.95.
525 VGH Mannheim Urt. v. 5.4.2011 – 5 S 194/10, für eine Bootsanlagestelle.
526 So die vom Gesetzgeber übernommene Begründung der Kommission für „Nachhaltige Baulandmobilisierung und Bodenpolitik" (Baulandkommission),
https://www.bmi.bund.de/SharedDocs/downloads/DE/veroeffentlichungen/nachrichten/Handlungsempfehlungen-Baulandkommission.pdf?__blob=publicationFile&v=1, S. 8.

nungen und Wohngebäude (§ 5a Abs. 2 Nr. 2 BauGB) und nicht gewerbliche Einrichtungen und Anlagen für die Tierhaltung (§ 5a Abs. 2 Nr. 4 BauGB), zulässig, Vollerwerbsbetriebe aber nur ausnahmsweise.

344 Angesichts der beschriebenen Zweckbestimmung, insbesondere der Hochstufung von Nebenerwerbsstellen zu einem Baugebietsmerkmal, ist zweifelhaft, ob sich eine solche Baugebietskategorie in der Städtebaupolitik etablieren kann. Die Prüfung der Gebietsverträglichkeit, die die Feststellung eines Gebietscharakters erfordert, dürfte erhebliche Schwierigkeiten bereiten. Besonders aber besteht die Gefahr, dass durch ein unbesonnenes Gebrauchmachen von den Möglichkeiten der Feindifferenzierung nach § 1 Abs. 5 bis 9 BauNVO die Zweckbestimmung des Gebiets nicht mehr gewahrt wird, was unzulässig wäre.

345 Gemäß § 245d Abs. 1 BauGB findet § 34 Abs. 2 BauGB auf dörfliche Wohnbaugebiete nach § 5a BauNVO keine Anwendung, ähnlich wie es § 245c BauGB für urbane Gebiete nach § 6a BauNVO regelt. Faktische dörfliche Wohngebiete gibt es also nicht, stattdessen ist (wie bei urbanen Gebieten) bei einer solchen baulichen Situation § 34 Abs. 1 BauGB anzuwenden.

(2) Mischgebiet (§ 6 BauNVO)

346 Ein Mischgebiet ist dadurch gekennzeichnet, dass es sowohl dem Wohnen als auch der Unterbringung von Gewerbebetrieben, die das Wohnen nicht wesentlich stören, dient. Die beiden Hauptnutzungsarten stehen nicht in einem Rangverhältnis zueinander, sondern als gleichwertige Funktionen nebeneinander. Ihr Verhältnis zueinander ist weder nach der Fläche noch nach Anteilen zu bestimmen;[527] jedoch darf keine der Nutzungsarten ein deutliches Übergewicht über die andere gewinnen. Das bedeutet auch, dass die gebotene Durchmischung von Wohnen und nicht wesentlich störendem Gewerbe durch ein neues Vorhaben sowohl qualitativ als auch quantitativ gestört sein kann. Nur wenn beides nicht der Fall ist, bleibt die Eigenart des Gebietstyps gewahrt.[528] Die Störung des gebotenen quantitativen Mischungsverhältnisses kann sich aus einem übermäßig großen Anteil einer Nutzungsart an der Grundfläche des Baugebiets, einem Missverhältnis der Geschossflächen oder der Zahl der eigenständigen gewerblichen Betriebe im Verhältnis zu den vorhandenen Wohngebäuden oder auch erst aus mehreren solcher Merkmale zusammengenommen ergeben.[529] Erforderlich ist stets eine Bewertung der Umstände des jeweiligen Einzelfalls.

347 § 6 Abs. 2 Nr. 3 BauNVO enthält für das Mischgebiet im Hinblick auf Schank- und Speisewirtschaften weder eine Größenbeschränkung noch eine Beschränkung auf die Versorgungsfunktion für das Gebiet, wie dies für Kleinsiedlungsgebiete (§ 2 Abs. 2 Nr. 2 BauNVO) und für allgemeine Wohngebiete (§ 4 Abs. 2 Nr. 2 BauNVO) bestimmt ist. Deshalb fällt auch ein Gastronomiebetrieb, der fast ausschließlich größeren Gesellschaften zur Verfügung stehen soll, unter den Begriff der „Schank- und Speisewirtschaft" im Sinne von § 6 Abs. 2 Nr. 3 BauNVO. Beschränkungen wegen der Größe oder wegen der besonderen Art des gastronomischen Betriebes können sich allenfalls im Einzelfall bei der Zulassung eines bestimmten Betriebes gemäß § 15 Abs. 1 S. 1 BauNVO ergeben.[530]

---

527 BVerwG Urt. v. 28.4.1972 – IV C 11.69; BVerwG Beschl. v. 11.4.1996 – 4 B 51/96.
528 BVerwG Urt. v. 25.11.1983 – 4 C 64/79.
529 VGH München Beschl. v. 30.4. 2020 – 15 ZB 19.1349.
530 BVerwG Beschl. v. 27.12.1995 – 4 NB 33/95.

B. Bauplanungsrecht

Soweit § 6 Abs. 2 BauNVO einzelne Gewerbebetriebe nicht gesondert anspricht, kommt es für die Zulässigkeit in einem Mischgebiet darauf an, ob sie „das Wohnen nicht wesentlich stören" (§ 6 Abs. 1 BauNVO). Die Antwort auf die Frage, ob zB eine SB-Autowaschanlage in einem Mischgebiet zulässig ist, hängt von der konkreten Anlage und deren Betriebsgestaltung sowie von der konkreten Gebietssituation ab.[531] **348**

Wohnungsprostitution ist nach der verwaltungsgerichtlichen Rechtsprechung im Mischgebiet nicht generell unzulässig (anders als Bordelle oder bordellartige Betriebe), da mit ihr nicht typischerweise Auswirkungen auf die Nachbarschaft verbunden sind, die das Wohnen wesentlich stören. Wohnungsprostitution liegt allerdings nur dann vor, wenn die Prostituierten in der Wohnung, in der sie ihrem Gewerbe nachgehen, auch dauerhaft wohnen, die gewerbliche Betätigung nach außen nur wohnähnlich in Erscheinung tritt und dem Gebäude, in dem sie stattfindet, nicht ein Gepräge gibt, das Rückschlüsse auf die Prostitutionsausübung ziehen lässt. Eine Nutzung, die darauf beruht, die betreffenden Räume einem ständig wechselnden Personenkreis gegen Entgelt zu überlassen, weist kein wohnähnliches Erscheinungsbild auf und ist damit als ein das Wohnen wesentlich störendes Gewerbe anzusehen.[532] **349**

§ 6 Abs. 2 Nr. 8 und Abs. 3 BauNVO treffen für kerngebietstypische Vergnügungsstätten besondere Regelungen. Diese sind in Mischgebieten allgemein in den Teilen des Gebiets zulässig, die überwiegend durch gewerbliche Nutzungen geprägt sind; sie können außerhalb dieser Gebiete (nur) ausnahmsweise zugelassen werden. Es ist also erforderlichenfalls eine Unterteilung innerhalb eines Mischgebiets vorzunehmen. Die Beurteilung, ob ein Gebietsteil überwiegend durch gewerbliche Nutzung geprägt ist, ist nicht rein rechnerisch (quantitativ) zu ermitteln.[533] Der Bereich muss so weit gezogen werden, wie sich die konkrete Vergnügungsstätte in städtebaulich relevanter Weise auswirken kann. Dies kann dazu führen, dass die an einer Straße liegenden Gebäude einzubeziehen sind, während die an der parallel dazu verlaufenden Nachbarstraße liegenden Gebäude unberücksichtigt bleiben.[534] **350**

(3) Urbanes Gebiet (§ 6a BauNVO)

Durch die Schaffung der Gebietskategorie „urbanes Gebiet" in § 6a BauNVO ist dem Plangeber ein Mittel an die Hand gegeben worden, einerseits konfligierende Nutzungen einander anzunähern, andererseits eine höhere Nutzungsdichte zu schaffen. Das Nebeneinander der allgemein oder ausnahmsweise zulässigen Nutzungen ist wesentliches Element dieses Gebiets. Dabei muss, wie in § 6a Abs. 1 S. 2 BauNVO ausdrücklich bestimmt ist, die Nutzungsmischung nicht gleichgewichtig sein; damit unterscheidet das Gebiet sich vom Mischgebiet (s. dazu Teil B Rn. 346). Eine völlig einseitige Zulassung der einen sowie der Ausschluss einer der anderen der in § 6a Abs. 1 BauNVO genannten Nutzungsarten würde jedoch der Zweckbestimmung widersprechen und wäre unzulässig. **351**

Das urbane Gebiet enthält Elemente aus dem Mischgebiet (§ 6 BauNVO) und dem besonderen Wohngebiet (§ 4a BauNVO). Die in Mischgebieten zulässigen Nutzungen sind zumeist auch im urbanen Gebiet regelmäßig zulässig (außer Gartenbaubetriebe), Tankstellen und nicht kerngebietstypische Vergnügungsstätten sind allerdings, anders als im Mischgebiet, nur ausnahmsweise zulässig. **352**

---

531 So für den vergleichbaren Fall einer Kraftfahrzeugwerkstatt: BVerwG Beschl. v. 11.4.1975 – IV B 37.75.
532 OVG Münster Beschl. v. 9.2.2010 – 10 A 471/09.
533 BVerwG Beschl. v. 7.2.1994 – 4 B 179/93.
534 BVerwG Beschl. v. 13.6.2005 – 4 B 36/05.

353 Ein urbanes Gebiet kann nur durch eine Festsetzung entstehen; die Annahme eines „faktischen urbanen Gebiets" (§ 34 Abs. 2 BauGB) ist ausdrücklich ausgeschlossen (§ 245c BauGB).

354 Begleitend mit der Schaffung der neuen Baugebietskategorie urbanes Gebiet sind in der TA Lärm Immissionsrichtwerte festgelegt, die, dem beabsichtigten Nebeneinander von Wohnen und Gewerbebetrieben sowie sozialen, kulturellen und anderen Einrichtungen, die die Wohnnutzung nicht wesentlich stören (§ 6a Abs. 1 S. 1 BauNVO) andererseits Rechnung tragend, höhere Immissionsrichtwerte als für artverwandte Gebiete vorsehen. Während für Kern-, Dorf- und Mischgebiete in der TA Lärm tags 60 dB(A) und nachts 45 dB(A) als Richtwert gelten, ist für das urbane Gebiet tags 63 dB(A) und nachts weiterhin 45 dB(A) (im Bundesrat wurde insoweit eine Erhöhung um 3 dB(A) abgelehnt) vorgesehen. Im Geltungsbereich der 18. BImSchV (Sportanlagenlärmschutzverordnung) erfolgen entsprechende Erhöhungen.

(4) Gewerbegebiet (§ 8 BauNVO)

355 Nach § 8 Abs. 1 BauNVO dienen Gewerbegebiete vorwiegend der Unterbringung von nicht erheblich belästigenden Gewerbebetrieben. Nach § 8 Abs. 2 Nr. 1 BauNVO sind unter anderem Gewerbebetriebe aller Art zulässig. Welche Gewerbebetriebe in einem Gewerbegebiet bei typisierender Betrachtung allgemein zulässig sind, richtet sich allerdings nicht nur nach dem Wortlaut des § 8 Abs. 2 BauNVO, sondern auch nach der Zweckbestimmung des Gebiets.

356 Gewerbegebiete zeichnen sich dadurch aus, dass in ihnen gearbeitet wird. Nach dem Leitbild der BauNVO sind sie den produzierenden und artverwandten Nutzungen vorbehalten. Deshalb haben das OVG Münster[535] und insofern zustimmend das BVerwG[536] eine Feuerbestattungsanlage als diesem Leitbild widersprechend angesehen, wenn sie – wie in dem entschiedenen Fall – über einen Raum verfügt, der es Trauergästen ermöglichen soll, in einem würdevollen, dem Anlass angemessenen äußeren Rahmen von dem Verstorbenen Abschied zu nehmen (Abschiedsraum).

(5) Sondergebiet nach § 10 BauNVO

357 Während das „klassische" Wohnen auf eine gewisse Dauer angelegt ist, werden Ferienwohnungen einem ständig wechselnden Nutzerkreis angeboten. Auch die Nutzung eines Wochenendhauses zu eben diesem Zweck ist kein Wohnen im Sinne der BauNVO (zu diesem Begriff s. oben Teil B Rn. 260). Unabhängig von der Definition des „Wochenendes" und der damit zusammenhängenden Frage, ob eine Überschreitung des Zulässigen schon dann vorliegt, wenn die Aufenthaltszeit (minimal) über die Wochenendzeit hinaus geht – dies dürfte zu verneinen sein –, kann jedenfalls dann von einer Nutzung als Wochenendhaus nicht mehr gesprochen werden, wenn der Aufenthalt mehr als die Hälfte der Zeit ausmacht. Das Wochenendhaus setzt begrifflich eine andere Wohnung als Lebensmittelpunkt voraus.

358 Da ein Erholungssondergebiet nach § 10 Abs. 2 S. 2 BauNVO bereits begrifflich der Erholung dient, können dort auch Festsetzungen über Anlagen für sportliche Zwecke getroffen werden, weil sie regelmäßig mit der Erholungsfunktion vereinbar sind.[537]

---

535 Urt. v. 25.10.2010 – 7 A 1298/09.
536 Urt. v. 2.2.2012 – 4 C 14/10.
537 Vgl. Stock in: König/Roeser/Stock, BauNVO, § 10 Rn. 17.

B. Bauplanungsrecht

Der Begriff eines Campingplatzes ist bundesrechtlich nicht definiert.[538] Typisches Merkmal dafür ist, dass der Platz nicht nur vorübergehend eingerichtet und zum Aufstellen von mehr als drei Wohnwagen, Wohnmobilen, Zelten oder ähnlichen Anlagen zum vorübergehenden Aufenthalt bestimmt ist[539] sowie Erholungszwecken dient.

359

(6) Sondergebiet nach § 11 BauNVO

Nach § 11 Abs. 1 BauNVO sind als sonstige Sondergebiete solche Gebiete darzustellen und festzusetzen, die sich von den Baugebieten nach den §§ 2 bis 10 BauNVO wesentlich unterscheiden. Das ist insbesondere anhand der allgemeinen Zwecksetzung des Baugebiets zu beurteilen.[540] Ein wesentlicher Unterschied zu den Gebieten nach den §§ 2 bis 10 BauNVO besteht, wenn ein Festsetzungsgehalt gewollt ist, der sich keinem der in den § § 2 ff. BauNVO geregelten Gebietstypen zuordnen und der sich deshalb sachgerecht auch mit einer auf sie gestützten Festsetzung nicht erreichen lässt.[541] Können die mit der Planung verbundenen Zielsetzungen mit der allgemeinen Zweckbestimmung der anderen Baugebiete nicht in Deckung gebracht werden, unterscheiden sie sich von ihnen wesentlich.[542]

360

§ 11 Abs. 3 BauNVO enthält eine Sonderregelung für Einkaufszentren[543] sowie großflächige Einzelhandelsbetriebe. Großflächig ist ein Betrieb bei mehr als 800 m² Verkaufsfläche.[544] Entscheidend für die Anrechnung auf die Verkaufsfläche ist, ob die Fläche für den Kunden zugänglich ist und in unmittelbarem Zusammenhang mit dem Verkaufsvorgang steht. Denn die Attraktivität und die Wettbewerbsfähigkeit und damit die Auswirkungen eines Einzelhandelsbetriebs werden nicht nur von seiner Größe bestimmt, die sich in der Geschossfläche widerspiegelt; sie wird eher von derjenigen Fläche beeinflusst, auf der Waren präsentiert und gekauft werden können.

361

Großflächige Betriebe, die sich nach Art, Lage oder Umfang auf die Verwirklichung der Ziele der Raumordnung und Landesplanung oder auf die städtebauliche Entwicklung und Ordnung nicht nur unwesentlich auswirken können, sind nach § 11 Abs. 3 BauNVO außer in Kerngebieten nur in für sie festgesetzten Sondergebieten zulässig.[545] Derartige Auswirkungen werden nach § 11 Abs. 3 S. 3 BauNVO vermutet, wenn die Geschossfläche mehr als 1.200 m² beträgt, es sei denn, es bestehen gegenteilige Anhaltspunkte (S. 4).

362

Bei einer (Gewerbe-) Gebietswidrigkeit eines Einkaufszentrums oder eines großflächigen Einzelhandelsbetriebs entsteht ein Gebietserhaltungsanspruch eines anderen Grundeigentümers dieses Gebiets (zum Gebietserhaltungsanspruch s. unter Teil D Rn. 23 f.). Denn auch in dieser Fallgestaltung gerät durch die Zulassung einer baugebietswidrigen Nutzung das durch die Festsetzungen eines Bebauungsplans über die Art der baulichen Nutzung geschaffene wechselseitige Austauschverhältnis aus dem Gleichgewicht.[546]

363

---

538 Vgl. BVerwG Beschl. v. 22.1.2014 – 4 B 48.13.
539 So VGH Mannheim Urt. v. 7.6.2016 – 3 S 250/16, unter Hinweis auf die Campingplatzverordnungen der meisten Länder, etwa § 1 i.V.m § 2 Abs. 1, Abs. 2 Campingplatzverordnung Baden-Württemberg.
540 BVerwG Beschl. v. 7.7.1997 – 4 BN 11.97; BVerwG Urt. v. 23.4.2009 – 4 CN 5.07; BVerwG Urt. v. 11.7.2013 – 4 CN 7.1.
541 BVerwG Urt. v. 29.9.1978 – 4 C 30.76.
542 Vgl. dazu: BVerwG Beschl. v. 9.6.2016 – 4 B 8/16.
543 S. dazu BVerwG Urt. v. 27.4.1990 – 4 C 16/87; BVerwG Urt. v. 1.8.2002 – 4 C 5/01.
544 BVerwG Urt. v. 24.11.2005 – 4 C 10/04.
545 Zum Rechtsschutz der Nachbargemeinden s. VGH Mannheim Urt. v. 27.9. 2007 – 3 S 2875/06, 369.
546 VGH München Beschl. v. 21.7.2000 – 25 ZB 99.3662; aA: OVG Lüneburg Urt. v. 29.3.1996 – 1 M 6354/95, für großflächigen Einzelhandel.

dd) Sonderregelungen für die Baugebiete

(1) Stellplätze und Garagen (§ 12 BauNVO)

(a) Grundsätzliche Zulässigkeit

364 § 12 BauNVO erlaubt grundsätzlich Stellplätze und Garagen in allen Baugebieten, in Kleinsiedlungsgebieten, reinen Wohngebieten und allgemeinen Wohngebieten sowie Sondergebieten, die der Erholung dienen, jedoch (nur) für den durch die zugelassene Nutzung verursachten Bedarf. In reinen Wohngebieten sind Stellplätze und Garagen für Lastkraftwagen und Kraftomnibusse sowie für Anhänger dieser Kraftfahrzeuge unzulässig, in Kleinsiedlungsgebieten und allgemeinen Wohngebieten sind Stellplätze und Garagen für Kraftfahrzeuge mit einem Eigengewicht über 3,5 Tonnen sowie für Anhänger dieser Kraftfahrzeuge unzulässig.

(b) Einschränkung durch das Rücksichtnahmegebot

365 Die durch § 12 BauNVO gewährte weitgehende Freiheit wird wesentlich eingeschränkt durch das in § 15 Abs. 1 S. 2 BauNVO ausgesprochene Rücksichtnahmegebot. Danach sind auch Stellplätze und Garagen im Einzelfall unzulässig, wenn sie nach Anzahl, Lage, Umfang oder Zweckbestimmung der Eigenart des Baugebiets widersprechen. Sie sind auch unzulässig, wenn von ihnen Belästigungen oder Störungen ausgehen können, die nach der Eigenart des Baugebiets im Baugebiet selbst oder in dessen Umgebung unzumutbar sind.

366 Zu den Prüfungsmaßstäben hinsichtlich der durch Garagen und Stellplätzen verursachten Belästigungen und Störungen hat das BVerwG ausgeführt: „Sie sind vor allem dann unzulässig, wenn ihre Nutzung zu unzumutbaren Beeinträchtigungen für die Nachbarschaft führt. Dabei kommt der Zufahrt eine besondere Bedeutung zu, weil – jedenfalls bei Wohnbebauung – der Zu- und Abgangsverkehr die Nachbarschaft regelmäßig am stärksten belastet. Demgemäß begegnen Garagen und Stellplätze in ruhigen rückwärtigen Gartenbereichen hinter Wohnhäusern oft rechtlichen Bedenken. Ob sie im Sinne des § 15 Abs. 1 S. 2 BauNVO unzumutbar sind, richtet sich gleichwohl nach der Eigenart des Baugebiets. Eine generelle, für alle Standorte von Stellplätzen im rückwärtigen (Wohn-) Bereich geltende Beurteilung ist nicht möglich; sie hängt immer von den Umständen des jeweiligen Einzelfalls ab. Daraus folgt, dass die Nachbarn die von den Stellplätzen einer rechtlich zulässigen Wohnbebauung ausgehenden Emissionen im Regelfall hinzunehmen haben, dass aber besondere örtliche Verhältnisse auch zu dem Ergebnis führen können, dass die Errichtung von Stellplätzen auf dem Baugrundstück nicht oder nur mit Einschränkungen genehmigt werden kann. Dabei ist der in § 12 Abs. 2 BauNVO enthaltenen Grundentscheidung Rechnung zu tragen. Dies entbindet das Tatsachengericht jedoch nicht von der Prüfung, ob im Einzelfall unzumutbare Beeinträchtigungen zu erwarten sind. Die besonderen Umstände des Einzelfalls können es [...] erforderlich machen, die Beeinträchtigung der Nachbarschaft auf das ihr entsprechend der Eigenart des Gebiets zumutbare Maß zu mindern. Hierfür kommen zB die bauliche Gestaltung der Stellplätze und ihrer Zufahrt, eine Anordnung, die eine Massierung vermeidet, der Verzicht auf Stellplätze zugunsten einer Tiefgarage oder Lärmschutzmaßnahmen an der Grundstücksgrenze in Betracht. Im Übrigen müssen selbst notwendige Stellplätze nach allgemeinen bauordnungsrechtlichen Grundsätzen nicht auf dem Baugrundstück selbst errichtet werden (vgl. das Senatsurteil vom 16.9.1993 – BVerwG 4 C 28.91 – BVerwGE 94, 151 <162> = BRS 55 Nr. 110)."

Maßgeblich sind also die Umstände des Einzelfalls. Trotz der zur Beurteilung der 367
Frage anerkannten Grundsätze steht stets die Würdigung im Vordergrund, ob den
Bauherrninteressen oder den Nachbarinteressen oder allgemeinen öffentlichen Interessen Vorrang einzuräumen ist.

Soweit es die Bauherrninteressen betrifft, ist zu berücksichtigen, dass das Eigen- 368
tumsrecht nur im Rahmen des geltenden Rechts schutzwürdig ist. Deshalb müssen
einem Bauvorhaben auch dann die Grenzen aufgezeigt werden, wenn es allein daran
scheitert, dass eine nachbarverträgliche Anordnung der rechtlich erforderlichen
Stellplätze nicht möglich ist. Wäre aus bauordnungs- und bauplanungsrechtlicher
Sicht eine intensive Ausnutzung eines Grundstücks, zB mit einer großen Zahl von
Wohneinheiten, zulässig, müssten dafür aber einige notwendige Stellplätze (oder
auch nur ein einziger notwendiger Stellplatz) in einer für den Nachbarn unzumutbaren Weise angeordnet werden, ist das gesamte Vorhaben unzulässig. Eine isolierte
Aufhebung der Stellplatzanordnung ist nicht möglich; denn es bliebe ein „Torso" übrig, der mit dem Bauordnungsrecht nicht vereinbar wäre. Gegenstand des Rechtsbehelfs des Nachbarn kann deshalb nicht allein die Anordnung der Stellplätze/Garagen
sein, sondern das gesamte Vorhaben, wenn auch im Mittelpunkt der gerichtlichen
Überprüfung allein die Angriffe gegen diese Anordnung sind.

Das maßgebliche Kriterium für die Nachbarinteressen liegt in deren Schutzwürdig- 369
keit. Diese wird unter anderem durch die gesetzlichen Wertungen vorgezeichnet: Die
Regelung über Abstandsflächen erlaubt die privilegierte Errichtung und Nutzung von
Anlagen für das Abstellen von Kraftfahrzeugen an der Grenze nebst deren erforderlicher Zuwegung. Darin kommt die Entscheidung des Gesetzgebers zum Ausdruck,
dass diese Grundstücksnutzung im Regelfall dem Nachbarn zuzumuten ist. Dies bedeutet zugleich, dass auch die mit der Benutzung der Garage notwendigerweise verbundenen Geräusche (Öffnen und Schließen des Garagentores, Motorengeräusch
des ein- und ausfahrenden PKW, Türenschlagen, Gespräche vor der Garage etc.)
und die von dem PKW bei der Zu- und Abfahrt zur Garage verursachten Abgase
nach der gesetzgeberischen Wertung auch und gerade an der Nachbargrenze
grundsätzlich als zumutbar anzusehen sind. Woanders gilt dies nicht ohne Weiteres.

Die Grenze des Zumutbaren für den Nachbarn ist umso niedriger anzusetzen, je 370
empfindlicher und schutzwürdiger der Bereich ist, in dessen Nähe die Stellplätze errichtet werden sollen. Dabei ist nicht nur ein Wohngebäude – insbesondere auch die
Nutzung der betroffenen Räume – schutzwürdig, sondern auch ein rückseitiger, der
Ruhe und Erholung dienender Hausgarten. Ist die Umgebung des Baugrundstücks
bereits durch bauliche Nutzungen für Stellplätze vorbelastet, kann ein Nachbar nicht
damit rechnen, bei einer Neubebauung von jeglicher Störung durch derartige Nutzungen befreit zu werden. Dabei kommt es nicht darauf an, dass für den Nachbarn
bislang keine tatsächliche merkbare Belastung durch die im Umfeld seines Grundstücks bereits vorhandenen Garagen einschließlich der Zufahrten gegeben war. Entscheidend für die Zumutbarkeitsbewertung ist vielmehr der Umstand, inwieweit der
betreffende Bereich bereits auf anderen Grundstücken im näheren Umfeld als
Standort für Stellplätze und Garagen und damit zugleich als Quelle von Kfz-bedingten Immissionen oder durch sonstige Störungen wie eine Straße oder Eisenbahntrasse vorgeprägt ist.

Von Teilen der Rechtsprechung wird die TA Lärm unmittelbar angewandt, zum Teil 371
wird sie mittelbar herangezogen, andere Gerichte wiederum lehnen die (unmittelbare

oder mittelbare) Anwendung strikt ab: So wendet etwa das VG Bremen[547] die TA Lärm an. Das Bundes-Immissionsschutzgesetz und die TA Lärm konkretisierten die gebotene Rücksichtnahme auf die Nachbarschaft allgemein und damit auch für das Baurecht.[548] Strikt ablehnend stehen hingegen das OVG Bautzen[549] und das OVG Münster[550] einer Anwendung der TA Lärm und der VDI-Richtlinie 2058 gegenüber. Technisch-rechnerisch ermittelte Immissionswerte seien nicht ausschlaggebend.

(c) Beispiele

372 **Beispiel** für eine Bewertung der Anordnung als (noch) zumutbar: Die sechs vorgesehenen Stellplätze wirken zwar auf den Gartenbereich des Nachbarn ein, liegen aber von dem besonders schützenswerten Terrassenbereich mit darüber liegendem Schlafzimmer über 20 m Luftlinie entfernt. Zudem werden, auch wenn einige der Garagen voraussichtlich nicht in einem Zug angefahren werden können, aufgrund des großzügig bemessenen Garagenvorplatzes gleichwohl keine schwierigen und damit besonders lärmträchtigen Rangiervorgänge erforderlich sein. Diese Vorgänge sind zudem gegenüber dem Terrassenbereich des Nachbarn durch die Garagen selbst abgeschirmt. Außerdem hat das Gericht berücksichtigt, dass Garagen sich für den Nachbarn weniger störend auswirken als Stellplätze, da sie gegen die Schallausbreitung etwa beim Starten des Motors oder beim Zuschlagen von Fahrzeugtüren abschirmen. Auch die Zufahrt, die auf der Strecke von der Straße bis zum Garagenvorplatz mit einem weitestgehend gleichmäßigen Gefälle von ca. 7 % den durch das natürliche Gelände vorgegebenen Höhenunterschied von 2,45 m überwindet, sah das Gericht als zumutbar an. Es sei nicht erkennbar, dass diese Konstruktion allein aufgrund der bestehenden Steigung zu einer ungewöhnlichen Lärmentstehung führen werde. Vielmehr sei bereits durch die geringe Breite der Zufahrt von nur etwas über drei Metern sichergestellt, dass – gerade im Bereich der Terrasse des Nachbarn – keine zu starken Beschleunigungen erfolgen. Schließlich würden lediglich drei Einzelgaragen über die Zufahrt an der Grundstücksgrenze zum Antragsteller angefahren, während die daneben befindliche Mehrfachgarage mit weiteren drei Stellplätzen über die Zufahrt auf der anderen – dem Grundstück des Nachbarn abgewandten – Grundstücksseite angefahren werde.[551]

373 **Beispiel** für eine Bewertung der Anordnung als nicht zumutbar: Die geplante Zufahrt führt über eine Länge von 7 m unmittelbar an dem rückwärtigen Bereich des Grundstücks der Nachbarn entlang. Dieser Abschnitt der Zufahrt mit einer maximalen Fläche von nur 7 m x 6 m muss auch für Rangiervorgänge vor der Doppelgarage genutzt werden. Angrenzend an diese Fläche sind auf dem Grundstück der Nachbarn im Abstand von rund 5 m mit der etwa 0,4 m tiefer als die Zufahrt gelegenen Terrasse und dem Wohnzimmer lärmempfindliche, der Erholung der Bewohner dienende Nutzungen genehmigt. Das Gericht ging davon aus, dass wegen der konkreten Ausgestaltung der geplanten, nur 3 m breiten Zufahrt zu der Doppelgarage, die im Winkel von 90 Grad um die Ecke des Hauptgebäudes führt, regelmäßig Rangiervorgänge erforderlich werden. „Das beim Ein- oder Ausfahren erforderlich werdende Vor- und Zurücksetzen der Kraftfahrzeuge steigert die für die Antragsteller mit dem einzelnen Gesamtvorgang verbundene Lästigkeit des Lärms und der Gerüche der Abgase und führt wegen der Nähe der Rangierfläche zu den besonders schutzbedürftigen Bereichen auf dem Nachbargrundstück zu unzumutbaren Störungen im Sinne des § 51 Abs. 7 BauO."[552]

(2) Ferienwohnungen (§ 13a BauNVO

374 Ferienwohnungen sind nach der Legaldefinition des § 13a BauNVO „Räume oder Gebäude, die einem ständig wechselnden Kreis von Gästen gegen Entgelt vorübergehend zur Unterkunft zur Verfügung gestellt werden und die zur Begründung einer eigenen Häuslichkeit geeignet und bestimmt sind". Sie stehen gewissermaßen zwi-

---

547 Beschl. v. 2.11.2004 – 1 V 2119/04, 1 V 2120/04.
548 Ähnlich OVG Greifswald, Beschl. v. 24.2.2005 – 3 M 185/04.
549 Urt. v. 25.9.2003 – 1 B 786/00.
550 Urt. v. 24.1.2008 – 7 A 270/07; Urt. v. 4.9.2008 – 10 A 1678/07; Urt. v. 29.10.2012 – 2 A 723/11.
551 Nach: VG Gelsenkirchen Beschl. v. 25.2.2013 – 5 L 1464/12.
552 Nach: OVG Münster Beschl. v. 5.11.2015 – 10 B 1041/15. § 51 Abs. 7 BauO ist weggefallen und wird vollständig durch § 15 BauNVO ersetzt.

schen den Nutzungsarten „Wohnen" und „Beherbergungsgewerbe". Mit der ersten haben sie das Merkmal der eigenen Häuslichkeit gemeinsam, unterscheiden sich von ihr aber darin, dass die Häuslichkeit nur vorübergehender Art ist. Mit der zweiten haben sie gemeinsam, dass fremde Räume oder Gebäude gegen Entgelt zum Aufenthalt zur Verfügung gestellt werden, unterscheiden sich von ihr in der Begründung der Häuslichkeit, die für ein Beherbergungsgewerbe gerade nicht typisch ist.

Um dem Bedürfnis nach Rechtssicherheit im Hinblick auf den Rechtscharakter von Ferienwohnungen Rechnung zu tragen und um sie aus Gebieten fernzuhalten, in denen sie aus städtebaulichen Gründen unerwünscht sind, hat der Gesetzgeber die entsprechenden Gebäude und Räume folgendermaßen in die Nutzungsarten der BauNVO eingeordnet: **375**

Ferienwohnungen (Räume und Gebäude) gehören nach § 13a S. 1 BauNVO „in der Regel" zu den nicht störenden Gewerbebetrieben, die in Dorfgebieten, dörflichen Wohngebieten, Mischgebieten, urbanen Gebieten und Kerngebieten zu den Gewerbebetrieben, die dort (mit Einschränkungen) allgemein zulässig sind. Als solche sind sie in Kleinsiedlungsgebieten und allgemeinen Wohngebieten ausnahmsweise. **376**

§ 13a S. 2 BauNVO ergänzt die Regelung dahin gehend, dass abweichend von Satz 1 Räume nach Satz 1 „in den übrigen Fällen", insbesondere bei einer baulich untergeordneten Bedeutung gegenüber der in dem Gebäude vorherrschenden Hauptnutzung, zu den Betrieben des Beherbergungsgewerbes gehören, und zwar in reinen Wohngebieten zu den kleinen Beherbergungsbetrieben, die dort ausnahmsweise zulässig sind, allgemeinen Wohngebieten zu den Beherbergungsbetrieben, die dort ausnahmsweise zulässig sind, und besonderen Wohngebieten, Dorfgebieten, dörflichen Wohngebieten, Mischgebieten, urbanen Gebieten und Kerngebieten zu den Beherbergungsbetrieben, die dort allgemein zulässig sind. **377**

§ 13a BauNVO ist zwar erst am 13.5.2017 in Kraft getreten; sie ist daher auf ältere Bebauungspläne nicht anwendbar (Grundsatz der statischen Verweisung, s. dazu Teil B Rn. 244). Dennoch kann die Bestimmung bei älteren Bebauungsplänen als Auslegungshilfe herangezogen werden; sie bestätigt gewissermaßen, dass eine solche Nutzung von Räumen oder Gebäuden seit jeher nicht als Wohnnutzung anzusehen ist.[553] **378**

(3) Freie Berufe

Für freie Berufe enthält § 13 BauNVO eine Sonderregelung. Die Bestimmung gilt allerdings nicht nur für die „klassischen" freien Berufe (Ärzte, Rechtsanwälte, Architekten ua), sondern auch für solche „Gewerbetreibenden, die ihren Beruf in ähnlicher Weise ausüben". Diese Privilegierung setzt also einerseits eine gewerbliche Tätigkeit voraus, verlangt aber anderseits eine Vergleichbarkeit mit den freien Berufen, um nicht als Gewerbe zB im Sinne § 8 BauNVO angesehen zu werden. **379**

(a) Die privilegierten Berufe

Die Privilegierung erfolgt mit Blick darauf, dass Dienstleistungen von freien Berufen ihrem Herkommen nach regelhaft in allen Wohngebieten angeboten werden und sich wohnartig ausnehmen, das heißt insbesondere keine weitergehenden Anforderungen an die Räumlichkeiten stellen[554] und vom Störungsgrad und der Störempfindlichkeit **380**

---

[553] VG Hannover Beschl. v. 23.6.2020 – 4 B 2507/20.
[554] Vgl. zur Wohnartigkeit: OVG Münster Beschl. v. 7.7.2010 – 7 A 1277/09.

im Grundsatz in allen Wohngebieten und selbstverständlich auch in weniger störanfälligen Gebieten verträglich sind. Zu den freiberuflichen Tätigkeiten gehören insbesondere die selbstständig ausgeübte wissenschaftliche, künstlerische, schriftstellerische, unterrichtende oder erzieherische Tätigkeit, die selbstständige Berufstätigkeit der Ärzte, Zahnärzte, Tierärzte, Rechtsanwälte, Notare, Patentanwälte, Vermessungsingenieure, Ingenieure, Architekten, Handelschemiker, Wirtschaftsprüfer, Steuerberater, der beratenden Volks- und Betriebswirte, der vereidigten Buchprüfer, Steuerbevollmächtigten, Heilpraktiker, Dentisten, Krankengymnasten, Journalisten, Übersetzer und ähnlicher Berufe.

381 Im Hinblick auf die Zulässigkeit in allen Gebieten ist ein eher restriktives Verständnis geboten. Deshalb scheidet die Anwendung des § 13 BauNVO für Betriebe oder Betriebsteile des Handels, des Handwerks oder gar der Industrie von vornherein aus. Außerdem bestehen qualitative Anforderungen an eine freiberufliche oder freiberufsähnliche Tätigkeit. Nach dem OVG Münster[555] setzt die Annahme einer solchen Tätigkeit zwar nicht zwingend voraus, dass sie auf der Grundlage einer besonders qualifizierten Ausbildung betrieben wird, auch wenn dies herkömmlich mit dem Begriff des freien Berufs verbunden wird. Der VGH Mannheim[556] meint allerdings, vor dem Hintergrund des hergebrachten Verständnisses der wesensprägenden Merkmale freier Berufe bedürfe es eines gewissen, nicht allgemeingültig definierbaren Standards an individueller – namentlich geistiger oder schöpferischer – Qualifikation der Tätigkeit, was bei einer Ausbildung mit einer Dauer von nur wenigen Tagen – wie bei einer Beschäftigung in einem Nagelstudio – nicht erfüllt sei. Das deckt sich mit der Definition des BVerwG für „Gewerbe", die freie Berufe ausschließt, wofür eine „höhere Bildung" erforderlich sei.[557]

382 Einer freiberuflichen Tätigkeit vergleichbar sind: Handelsvertreter ohne Auslieferungslager, Handelsmakler, Versicherungsvertreter, Masseure.[558]

(b) Nutzung von Räumen – Gebäuden

383 Für die genannten Personengruppen sind in den Baugebieten nach den §§ 2 bis 4 BauNVO Räume, in den Baugebieten nach den §§ 4a bis 9 BauNVO auch Gebäude zulässig. Damit der Wohncharakter von Wohngebieten nicht beeinträchtigt wird, verlangt das BVerwG[559], dass, selbst wenn es sich nur um die Nutzung von Räumen handelt, weniger als die Hälfte des Gebäudes für freiberufliche Zwecke genutzt wird. Das gilt zum einen für die Zahl der Nutzungseinheiten und zum anderen für die Größe der genutzten Flächen. Zu berücksichtigen sind dabei aber nur die Flächen von Räumen, die als Aufenthaltsräume (vgl. zB § 2 Abs. 5 MBO) genutzt werden können.[560] Überschreitet die Fläche das genannte Maß, ist die Nutzung nicht in allen Baugebieten zulässig, sondern nur in denen, in denen diese Nutzungsart als Gewerbebetrieb zulässig ist, was wiederum unter anderem davon abhängt, ob sie (wesentlich) störend ist.[561]

---

555 Urt. v. 25.8.2011 – 2 A 38/10.
556 Beschl. v. 29.5.2015 – 9 ZB 14.2580.
557 BVerwG Urt. v. 1.7.1987 – 1 C 25/85; BVerwG Urt. v. 26.1.1993 – 1 C 25/91.
558 BVerwG Urt. v. 20.1.1984 – 4 C 56/80, unter Verweis auf BR-Drs. 53/62 v. 25.5.1962, Anlage S. 8.
559 Urt. v. 20.1.1984 – 4 C 56/80; BVerwG Urt. v. 18.5.2001 – 4 C 8/00.
560 OVG Lüneburg Beschl. v. 17.8.2007 – 1 LA 37/07; s. auch OVG Münster Urt. v. 28.8.2013 – 10 A 2085/12.
561 BVerwG Urt. v. 12.12.1996 – 4 C 17/95, zu einem „Ärztehaus".

(4) Nebenanlagen (§ 14 BauNVO)

§ 14 Abs. 1 S. 1 BauNVO bestimmt, dass außer in den Gebieten, in denen nach den §§ 2 bis 13 BauNVO untergeordnete Nebenanlagen und Einrichtungen ohnehin zulässig sind, diese auch in anderen Baugebieten zulässig sind, wenn sie dem Nutzungszweck der in dem Baugebiet gelegenen Grundstücke oder des Baugebiets selbst dienen und die seiner Eigenart nicht widersprechen. Für Kleintierhaltung enthält der im Jahr 1977 eingeführte Abs. 1 S. 2 die Ergänzung, dass zu diesen untergeordneten Nebenanlagen auch Anlagen der Tierhaltung sowie Anlagen der Kleintiererhaltungszucht zählen. 384

(a) Generelle Zulässigkeit von Nebenanlagen

Der Anwendungsbereich des § 14 BauNVO ist allerdings von vornherein eingeschränkt oder ganz ausgeschlossen, sofern sich dies aus einer Festsetzung in einem Bebauungsplan ergibt, wozu § 14 Abs. 1 S. 3 BauNVO ermächtigt. Dabei kann sich die Einschränkung auf bestimmte Teile des Gebiets beziehen und nur für bestimmte Arten von Nebenanlagen oder solche einer bestimmten Größe gelten. Wie alle bauleitplanerischen Festsetzungen müssen solche Steuerungen städtebaulich gerechtfertigt sein und dem Abwägungsgebot nach § 1 Abs. 7 BauGB genügen.[562] 385

Ferner enthält § 23 Abs. 5 S. 1 BauNVO eine Ermächtigung an die planende Gemeinde, Nebenanlagen im Sinne des § 14 BauNVO und andere bauliche Anlagen, soweit sie nach Landesrecht in den Abstandsflächen zulässig sind oder zugelassen werden können, auf den nicht überbaubaren Grundstücksflächen zu verbieten. Die Bestimmung greift aus systematischen Gründen nur ein, wenn die Fläche eigentlich zur Bebauung anstünde (zB als reines Wohngebiet, nicht aber zB als festgesetzte Grünfläche),[563] aufgrund der Festsetzung von Baulinien, Baugrenzen oder Bebauungstiefen nach § 23 Abs. 1 S. 1 BauNVO nicht überbaubar ist, aber eine Zulassung von Nebenanlagen durch den Plan nicht ausgeschlossen ist.[564] 386

(c) Die in Betracht kommenden Anlagen

Als Nebenanlagen kommen Gebäude oder andere bauliche Anlagen in Betracht. Hierzu zählen z.B. Gartenhäuser, private Spielplätze und eine private Schwimmhalle. Terrassen, Balkone und Loggien zählen, wie der Systematik des § 20 Abs. 4 BauNVO zu entnehmen ist, nicht dazu; sie sind Teil des Hauptgebäudes mit der Folge, dass sich ihre Zulässigkeit eben nicht nach § 14 BauNVO richtet, sondern nach den §§ 2 bis 13 BauNVO.[565] Eine Anlage dient der Hauptnutzung in diesem funktionalen Sinne, wenn bei einer – am Schutzzweck des Baugebiets orientierten Betrachtung – noch im Rahmen einer angemessenen Grundstücknutzung liegt, es sich also um eine sinnvolle Ergänzung des Nutzungszwecks handelt.[566] 387

Eine einem Grundstück dienende Nebenanlage muss zum einen in ihrer Funktion und zum anderen räumlich-gegenständlich (optisch) dem primären Nutzungszweck der in dem Baugebiet gelegenen Grundstücke sowie der diesem Nutzungszweck entsprechenden Bebauung (wie Zubehör) dienend zugeordnet und untergeordnet 388

---

562 Arnold in: Bönker/Bischopink, BauNVO, BauNVO § 14 Rn. 30.
563 So im Fall des BVerwG Beschl. v. 11.4.2017 – 4 B 11/17.
564 BVerwG Beschl. v. 11.4.2017 – 4 B 11/17.
565 Vgl. dazu VGH München Beschl. v. 8.2.2017 – 1 ZB 15.2215.
566 BVerwG Urt. v. 18.2.1983 – 4 C 18/81.

sein.[567] In funktioneller Hinsicht muss sie ihre „Daseins-Berechtigung" aus der Existenz einer anderen Anlage, nämlich der Hauptanlage, beziehen, gleichsam eine von dem Hauptvorhaben „ausgelagerte" Nutzungsweise sein. Bei einem Betrieb ergibt sich die funktionale Zuordnung aus dessen Betriebskonzept.

389 Ob eine Nebenanlage einem Grundstück (räumlich-gegenständlich) untergeordnet (aber baulich selbstständig) ist, hängt in erster Linie davon ab, in welchem Größenverhältnis sie zu der Hauptanlage auf dem Grundstück steht. Daran fehlt es, wenn die Nebenanlage aufgrund ihrer Abmessungen als der Hauptanlage gleichwertig erscheint oder diese sogar optisch verdrängt, wenn sie, mit anderen Worten, den Eindruck einer dienenden Funktion gegenüber der Hauptanlage gar nicht erst aufkommen lässt.[568] Insofern kann auch die Bauweise (massiv oder „filigran"/ „luftig-leichter Charakter") eine entscheidende Rolle spielen.[569]

Beispiel: Die Grundflächen eines Hundehauses und einer Voliere betragen insgesamt circa 85 m und damit deutlich mehr als Hälfte der Grundfläche des Wohnhauses (circa 130 m^2). Hinzu kommen ein großer, eingezäunter Hundeauslauf sowie eine befestigte Freifläche zwischen der Voliere und der Nachbargrenze, die der Beschäftigung mit den Tieren und damit ihrer Haltung dient. Im Verhältnis zu dem auf den Grundstück aufstehenden Wohnhaus kommt den Nebenanlagen deshalb nicht eine nur nebensächliche, sondern eine im Erscheinungsbild annähernd gleichwertige Bedeutung zu. Sie ist sind unzulässig.[570]

Beispiel für eine gewerbliche Nebenanlage: Ein Betrieb bietet Reparatur- und Servicearbeiten für an Wohnmobilen installierte Satellitenanlagen an und stellt den aus einem größeren Einzugsbereich anreisenden Kunden 17 Wohnmobil-Stellplätze zum Abstellen ihrer Fahrzeuge sowie zum Aufenthalt und zum Übernachten in den Fahrzeugen während der Dauer der Reparatur- bzw. Serviceleistungen zur Verfügung.[571]

390 Die Zu- und Unterordnung kann auch gegeben sein, wenn das Bezugsobjekt auf einem anderen Grundstück als das Hauptgebäude steht.

Beispiel: Ein Brennholz-Lager für drei Häuser in einem reinen Wohngebiet ist auch auf einem benachbarten, nicht bebauten Grundstück als Nebenanlage zu diesen Häusern zulässig.[572]

(d) (Klein-)Tierhaltung

391 Bei einer (Klein-)Tierhaltung müssen die jeweiligen Tiere ihrer Art und Anzahl nach entsprechend dem städtebaulichen Zweck des § 14 BauNVO noch gerecht werden. Deshalb kommen von vornherein nur solche Tierarten in Frage, die in dem entsprechenden Baugebiet ungefährlich und üblich sind. Raubtiere, von denen dem Menschen Gefahren für Leib oder Leben drohen, scheiden deshalb in der Regel in den Baugebieten vornherein aus.[573] Ferner darf, soweit es um ein Gebiet geht, das auch durch Wohnen gekennzeichnet ist, die Tierhaltung den Rahmen der für eine Wohnnutzung typischen Freizeitbetätigung nicht sprengen.[574]

392 Grundsätzlich ist eine typisierende Betrachtung maßgeblich, die neben der Art der in den Nebenanlagen gehaltenen Tiere auch deren Zahl und das damit jeweils verbundene Störpotenzial berücksichtigt. Im Einzelfall kann unter Umständen die Üblichkeit

---

567 BVerwG Beschl. v. 5.7.2011 – 4 B 20/11.
568 BVerwG Urt. v. 18.2.1983 – 4 C 18/81.
569 BVerwG Urt. v. 17.12.1976 – IV C 6.75; vgl. aber: OVG Saarlouis Beschl. v. 24.5.2012 – 2 A 395/11, zu einer Traglufthalle für ein privates Schwimmbad.
570 Nach: OVG Münster Beschl. v. 17.12.2015 – 10 B 1150/15.
571 VGH Mannheim Urt. v. 7.6.2016 – 3 S 250/16.
572 OVG Saarlouis Beschl. v. 24.5.2012 – 2 A 395/11.
573 Vgl. BVerwG Beschl. v. 5.3.1984, 4 B 20.84; BVerwG Beschl. v. 21.6.1991 – 4 B 44.91.
574 BVerwG Beschl. v. 15.10.1993 – 4 B 165/93; BVerwG Beschl. v. 5.3.1984 – 4 B 20.84; BVerwG Beschl. v. 21.6.1991 – 4 B 44.91.

der Kleintierhaltung abweichend von der typisierenden Betrachtung bejaht werden, wenn eine konkrete Betrachtung ergibt, dass in der Nachbarschaft vergleichbare Nutzungen vorhanden sind und sich die Bewohner des Baugebiets damit abgefunden haben. Aber auch dann darf die Kleintierhaltung nach Art und Anzahl der Tiere und ihrer Unterbringung das in dem Baugebiet nach der Verkehrsauffassung übliche Maß nicht überschreiten.[575] Ein kleines Gebäude zur Unterbringung von Brieftauben ist eine Nebenanlage zum Wohnhaus.[576]

Die in den nachstehenden Ausführungen erwähnten Gerichtsentscheidungen dürfen nicht als allgemein gültige, dogmatisch gesicherte Erkenntnisse angesehen werden; sie sind, trotz des gelegentlich verallgemeinernden juristischen Duktus in den Entscheidungen, gewissermaßen Momentaufnahmen in einer bestimmten räumlichen Situation, in der zahlreiche Faktoren mit zum Teil unterschiedlichem Gewicht zu berücksichtigen waren. Eine Unterscheidung zwischen Kleintieren und solchen, die nicht „klein" sind, dürfte in der Regel nicht streitentscheidend sein, wäre allerdings auch der Sache nach nicht problematisch: Hühner und anderes Geflügel, Kaninchen, Hunde, Schafe, Tauben sind Kleintiere; Pferde, Esel, Ponys sind es nicht. Einige Beispiele zu den häufigsten Tierarten:[577]

393

– Hundehaltung

394

Die Haltung von Hunden ist Gegenstand zahlloser Gerichtsentscheidungen der Verwaltungsgerichte gewesen. Eine Verallgemeinerung ist schon deshalb kaum möglich, weil zum einen zwischen den Baugebieten und zum anderen zwischen den Hunderassen unterschieden wird.

Die Rechtsprechung sieht in der Regel nur das Halten von zwei Hunden im Rahmen des Wohnens als zulässig an.[578] Dabei beziehen sich die Gerichte oftmals auf eine ältere Entscheidung das BVerwG, in dieser zwei Hundezwinger von je 2 x 4 m Größe, in denen höchstens zwei Rauhaardackel gehalten werden dürfen, als untergeordnete Nebenanlage des § 14 Abs. 1 BauNVO ansah.[579] Ob aus dieser Entscheidung die Schlussfolgerung gezogen werden darf, ein Mehr sei mit § 14 BauNVO nicht vereinbar, darf bezweifelt werden. Im Einzelnen:

Unzulässig sind nach der Rechtsprechung: mehr als zwei Huskys;[580] mehr als zwei afghanische Windhunde;[581] mehr als drei Hunde der Rassen Collie und Bobtail;[582] mehr als zwei Schäferhunde in einem Hundezwinger;[583] sechs Hunde im allgemeinen Wohngebiet.[584]

---

575 Arnold in: Bönker/Bischopink, BauNVO, BauNVO § 14 Rn. 25.
576 OVG Münster Beschl. v. 10.7.2002 – 10 A 2220/02.
577 Rspr. zu weiteren Tierarten: Papageienvoliere: OVG Greifswald Beschl. v. 17.5.2017 – 3 L 186/14; Vogelhaus zur hobbymäßigen Sittichzucht: VG Regensburg Urt. v. 20.12.2012 – RO 2 K 12.1562; neun Kakadus: OVG Münster Beschl. v. 8.1.2014 – 2 B 1196/13; 35 Papageien: OVG Koblenz Beschl. v. 15.1.2004 – 8 A 11802/03; zwei Schafe VG Saarlouis: Urt. v. 10.10.2012 – 5 K 1829/11. Zur Zulässigkeit der Haltung von Bienen siehe VG Minden Urt. v. 4.9.2018 – 1 K 7019/17; VG Minden Urt. v. 17.10.2017 – 1 K 3494/17; VG Minden Beschl. v. 20.6.2017 – 1 L 791/17, sowie ausführlich: Klose in: StichwortKommentar Nachbarrecht, S. 180 ff., Stichwort Bienen.
578 Vgl. OVG Saarlouis Beschl. v. 18.4.2019 – 2 A 2/18; OVG Lüneburg Beschl. v. 19.11.2008 – 1 ME 233/08; VG Neustadt/Weinstraße Urt. v. 18.1.2016 – 3 K 890/15.NW.
579 Vgl. BVerwG Beschl. v. 21.6.1991 – 4 B 44/91.
580 OVG Saarlouis Beschl. v. 18.4.2019 – 2 A 2/18.
581 OVG Lüneburg Beschl. v. 19.11.2008 – 1 ME 233/08.
582 OVG Saarlouis Beschl. v. 19.1.1990 – 2 W 28/89.
583 VGH München Beschl. v. 23.8.2010 – 2 ZB 10.1618.
584 VG Hannover Beschl. v. 29.10.2019 – 12 B 3169/19.

In einem Dorfgebiet ist der Schutzanspruch niedriger als in einem Wohngebiet; allerdings darf auch hier, weil hier Wohnen zulässig ist, diese Nutzungsart nicht in unzumutbarer Weise beeinträchtigt werden. Soweit die Hundehaltung gewerblich erfolgt, kann als Maßstab für den noch zulässigen Störgrad gelten, ob ihr Störpotential mit Blick auf den räumlichen Umfang, die Größe des betrieblichen Einzugsbereichs, die Art und Weise der Betriebsvorgänge, den vorhabenbedingten An- und Abfahrtsverkehr, die zeitliche Dauer dieser Auswirkungen und ihre Verteilung auf die Tages- und Nachtzeiten noch gebietsverträglich ist.[585] Für diese Beurteilung ist maßgeblich auf die von der Anlage ausgehenden Lärmemissionen in Form von Hundegebell abzustellen, die bei dem genehmigten oder, falls eine Genehmigung nicht vorliegt, bei dem tatsächlich ausgeübten Betrieb der Anlage entstehen können. Als Maßstab für die Beurteilung des Störpotentials einer Anlage ist hinsichtlich einer zu erwartenden Lärmbelastung die TA Lärm heranzuziehen.

395 – Taubenhaltung

Die Frage, ob sich eine Taubenhaltung in einem allgemeinen Wohngebiet – in diesen Gebieten ist die Nutzung zumeist problematisch – noch als Freizeitbetätigung im Rahmen einer Wohnnutzung hält, kann nicht allgemein beantworten lässt.

Mehr als bei anderen Tierarten ist eine solche Grundstücksnutzung auch von der Verkehrsüblichkeit abhängig, die je nach herkömmlicher oder regionaler Tradition unterschiedlich sein kann.[586] Dabei ist zur Bestimmung der Verkehrsüblichkeit nicht auf das maßgebliche Geviert iSd § 34 Abs. 1 BauGB abzustellen, sondern darauf, ob die Taubenzucht als verkehrsüblich und lokal oder regional prägend angesehen werden kann. Deshalb kann auch auf benachbarte Ortsteile in mehreren hundert Metern abgestellt werden oder sogar ganze Stadtteile,[587] wie etwa im nördlichen Ruhrgebiet, wo mancherorts nach einer Redensart, jedenfalls zu früheren Zeiten, die Taube das „Rennpferd des kleinen Mannes" war.[588]

396 – Pferdehaltung

Pferde sind keine Kleintiere im Sinne des § 14 Abs. 1 S. 2 BauNVO, weshalb sich die Zulässigkeit eines Pferdestalles nach § 14 Abs. 1 S. 1 BauNVO richtet.

Ställe für Reitpferde, die als Hobbytiere gehalten werden, widersprechen oftmals aus Emissionsgründen einer Wohnnutzung, weil sie zumindest teilweise mit Geruchsbelästigungen und Ansammlungen von Fliegen sowie mit Geräuschbelästigungen verbunden sind.[589]

In einem (festgesetzten oder faktischen) allgemeinen oder reinen Wohngebiet ist Pferdehaltung nach der Rspr. grundsätzlich unzulässig.[590] Ausnahmsweise ist sie zulässig, wenn nach den besonderen Umständen des Einzelfalls besondere örtliche Verhältnisse, wie etwa eine Vorbelastung oder eine günstige, der Wohnbebauung

---

585 VG Ansbach Beschl. v. 22.1.2018 – AN 3 S 17.02457.
586 BVerwG Beschl. v. 5.1.1999 – 4 B 131.98.
587 BVerwG Beschl. v. 5.1.1999 – 4 B 131.98; OVG Lüneburg Urt. v. 29.9.2009 – 1 LB 258/07.
588 Aus der umfangreichen Rspr.: VGH Kassel Beschl. v. 11.7.2019 – 3 A 1621/17.Z; OVG Münster Beschl. v. 25.9.2017 – 2 A 2521/16; OVG Lüneburg Urt. v. 29.9.2009 – 1 LB 258/07; VG Minden Urt. v. 4.9.2018 – 1 K 7019/17; VGH München Beschl. v. 9.11.2000 – 2 ZB 98.2281; OVG Lüneburg Urt. v. 26.9.1980 – 6 A 188/78; VGH Mannheim Urt. v. 17.9.1998 – 3 S 3136/96.
589 VGH Mannheim Urt. v. 17.4.2013 – 5 S 3140/11; Fickert/Fieseler, BauNVO § 4 Rn. 16.6.
590 Vgl. OVG Koblenz Urt. v. 30.4.2010 – 1 A 11294/09; VGH München Beschl. v. 7.9.2011 – 15 CS 11.835; VG München Urt. v. 18.10.2007 – M 11 K 07.958; VG Neustadt/Weinstraße Urt. v. 8.3.2013 – 4 K 828/12.NW.

abgewandte Randlage die Situation begünstigt.[591] Begünstigt sind besonders weiträumige Grundstücke, die die Errichtung eines Pferdestalles in ausreichender Entfernung von den Nachbargrundstücken erlauben, sowie eine Lage am Ortsrand.[592] In Gebieten, die nicht eindeutig als faktisches allgemeines Wohngebiet oder als Dorfgebiet eingeordnet werden können (Gemengelagen, die von Wohnnutzung und auch – noch – von landwirtschaftlicher Nutzung geprägt sind), ist jedenfalls eine Einzelfallprüfung notwendig. In einem Dorfgebiet ist Pferdehaltung grundsätzlich zulässig.[593] In einer Gemengelage, die auch durch die Möglichkeit einer angemessenen Wiederverwendung der ehemaligen landwirtschaftlichen Gebäude geprägt ist, ist eine beabsichtigte temporäre Pferde- und Ponyhaltung zulässig.[594] (Die genehmigte Nutzung umfasste ca. zwölf Tiere, die grundsätzlich nur während der Wintermonate auf dem Vorhabengrundstück in den dort vorhandenen Stallgebäuden gehalten werden sollen.)

(e) Mobilfunksendeanlagen

Eine Mobilfunksendeanlage, die, bezogen auf das gesamte infrastrukturelle Versorgungsnetz, eine untergeordnete Funktion hat, ist nach der Rspr. des BVerwG[595] eine fernmeldetechnische Nebenanlage im Sinne von § 14 Abs. 2 S. 2 BauNVO. Dies ist deshalb problematisch, weil Mobilfunksendeanlagen regelmäßig nur in geringem Umfang (allein) dem Nutzungszweck eines Baugrundstücks oder Baugebiets dienen und deshalb in aller Regel keine baugrundstücks- und baugebietsbezogenen Nebenanlagen sind. Das steht jedoch nach der Rechtsprechung des BVerwG ihrer Einstufung als Nebenanlagen i.S.d. § 14 Abs. 2 S. 2 BauNVO nicht entgegen.[596] 397

Den damit zusammenhängenden Problemen begegnet § 14 Abs. 1a BauNVO.[597] Danach sind in den Baugebieten nach den §§ 2 bis 13 Nebenanlagen, die der öffentlichen Versorgung mit Telekommunikationsdienstleistungen dienen, zulässig. Aufgrund des Verweises („Absatz 1 Satz 3 gilt entsprechend") besteht die Berechtigung, im Bebauungsplan die Zulässigkeit der Nebenanlagen und Einrichtungen einzuschränken oder auszuschließen.[598] 398

b) Maß der baulichen Nutzung (§§ 16 bis 21a BauNVO)

Während die §§ 2 ff. BauNVO durch die Festsetzung von Baugebieten die Art der baulichen Nutzung unmittelbar bestimmen, wenden sich die §§ 16 ff. BauNVO mit ihren Regelungen über das zulässige Maß der baulichen Nutzung zunächst an den Bebauungsplan-Normgeber, d.h. den Gemeinderat. Dieser kann nach § 16 Abs. 2 BauNVO durch die Festsetzung der Gebäudehöhe, der Zahl der Vollgeschosse, der Grundflächenzahl und der Geschossflächenzahl sowie – nur in Industriegebieten – 399

---

591 Vgl. VGH München Urt. v. 5.10.2009 – 15 B 08.2380; VGH München Beschl. v. 7.9.2011 – 15 CS 11.835; OVG Koblenz Urt. v. 30.4.2010 – 1 A 11294/09; VG München Urt. v. 18.10.2007 – M 11 K 07.958; VG Neustadt/Weinstraße Urt. v. 8.3.2013 – 4 K 828/12.NW.
592 VG Schleswig Urt. v. 16.11.2016 – 8 A 135/15.
593 VG Gießen Beschl. v. 14.12.2018 – 1 L 5402/18.GI; vgl. auch OVG Koblenz Urt. v. 30.4.2010 – 1 A 11294/09; VG Regensburg Urt. v. 10.1.2013 – RO 2 K 12.873; VG Mainz Urt. v. 17.1.2018 – 3 K 37/17.MZ.
594 VG Neustadt/Weinstraße Urt. v. 22.7.2017 – 3 K 38/17.NW.
595 BVerwG, Beschl. v. 3.1.2012 – 4 B 27/11.
596 BVerwG, Beschl. v. 3.1.2012 – 4 B 27/11.
597 Eingefügt durch das Baulandmobilisierungsgesetz.
598 Wegen der Geltung der Bestimmung auch für „ältere" Bebauungspläne s. oben Teil B Rn. 244.

der Baumassenzahl die bauliche Nutzung der Grundstücke im Geltungsbereich eines Bebauungsplans beschränken und damit die Bebauungsdichte regeln.

Im Einzelnen:

aa) Gebäudehöhe

400 Die Gebäudehöhe kann gemäß § 16 Abs. 2 Nr. 4 BauNVO als Firsthöhe (Höhe des Daches) oder Traufhöhe (Schnittpunkt der Außenwand mit dem Dach) festgesetzt werden. Dabei muss der untere Bezugspunkt festgesetzt werden, sonst ist die Festsetzung mangels Bestimmtheit unwirksam.[599] Wenn in einem Bebauungsplan die zulässige Erdgeschossfußbodenhöhe, die Gebäudehöhe und die Traufhöhe auf die im Mittel gemessene Höhe der angrenzenden öffentlichen Verkehrsfläche oder des landwirtschaftlichen Wegs Bezug nehmen, kann damit den Bestimmtheitsanforderungen des § 18 Abs. 1 BauNVO, wonach bei Festsetzung der Höhe baulicher Anlagen die erforderlichen Bezugspunkte zu bestimmen sind, genüge getan sein. Die bloße Bezugnahme auf eine „angrenzende öffentliche Verkehrsfläche vor dem Baugrundstück" ist jedenfalls dann nicht ausreichend, wenn eine nicht unbeträchtliche Anzahl von Grundstücken an zwei oder drei öffentlichen Verkehrswegen liegt. In diesen Fällen bleibt nämlich unklar, ob aus allen angrenzenden öffentlichen Verkehrsflächen ein Mittelwert zu bilden ist oder ob nur die Straße, zu der eine Zufahrt besteht oder hergestellt werden soll, die in Bezug zu nehmende öffentliche Verkehrsfläche darstellt. Soweit Grundstücke an mehr als eine Straße grenzen, muss der Plangeber, der auf die Höhe erschließender öffentlicher Verkehrsflächen als unteren Bezugspunkt verweist, grundsätzlich klarstellen, welche Straße maßgeblich ist.[600]

bb) Zahl der zulässigen Vollgeschosse

401 Wann ein Geschoss als Vollgeschoss gilt, ergibt sich gemäß § 20 Abs. 1 BauNVO aus den landesrechtlichen Vorschriften, in Nordrhein-Westfalen aus § 2 Abs. 5 BauO. Nach § 2 Abs. 6 BauO sind Vollgeschosse „oberirdische Geschosse, die eine lichte Höhe von mindestens 2,30 m haben. Ein Geschoss ist nur dann ein Vollgeschoss, wenn es die in Satz 1 genannte Höhe über mehr als drei Viertel der Grundfläche des darunterliegenden Geschosses hat." Diese gesetzliche Definition stellt eine erhebliche Änderung gegenüber früheren Fassungen der BauO dar. Mit Blick auf Bebauungspläne, die vor Inkrafttreten der BauO in Kraft getreten waren, gilt der Grundsatz der statischen Verweisung mit der Folge, dass die Rechtslage – und damit die gesetzliche Definition eines Vollgeschosses – anzuwenden ist, die galt, als der Bebauungsplan in Kraft gesetzt wurde.[601]

cc) Grundflächenzahl; Geschossflächenzahl und Baumassenzahl

402 Die Grundflächenzahl (GRZ) ergibt sich nach § 19 BauNVO aus dem Verhältnis zwischen überbauter Grundstücksfläche (Grundriss des Gebäudes) und Grundstücksfläche. Sie besagt, wieviel Grundfläche in Relation zur Grundstücksfläche überbaut werden darf. Darauf werden nach § 19 Abs. 4 BauNVO auch die Flächen angerechnet, die mit Garagen und Stellplätzen einschließlich deren Zufahrten, Nebenanlagen i.S.d. § 14 BauNVO und Unterbauungen des Grundstücks (z.B. Tiefgaragen) bebaut sind. Insofern sind allerdings Überschreitungen und abweichende Regelungen im Plan möglich.

---

599 OVG Münster Urt. v. 6.11.2013 – 7 D 16/12.NE.
600 VGH Münster Urt. v. 9.5.2019 – 5 S 2015/17.
601 So auch OVG Münster Urt. v. 3.5.2018 – 10 A 2937/15.

B. Bauplanungsrecht

Die Geschossflächenzahl (GFZ) nach § 20 Abs. 2 BauNVO gibt an, wieviel Geschossfläche (d.i. die Grundfläche aller Vollgeschosse) in Relation zur Grundstücksfläche zulässig ist. Dabei können Aufenthaltsräume im Unter- oder Dachgeschoss nach § 20 Abs. 3 S. 2 BauNVO mitgezählt werden, nicht aber die Fläche von Nebenanlagen und Garagen (§ 20 Abs. 4 BauNVO). Die in alten Bebauungsplänen gelegentlich anzutreffende Festsetzung eines zusätzlichen ausbaufähigen Dachgeschosses (+D) ist unzulässig.[602] **403**

Die Baumassenzahl (BMZ) gibt (in Gewerbe-, Industrie- und sonstigen Sondergebieten) an, wieviel Baumasse (Rauminhalt) in Relation zur Grundstücksfläche zulässig ist (§ 21 BauNVO). **404**

Bislang hatte § 17 BauNVO Obergrenzen für das Maß der baulichen Nutzung vorgesehen. Diese bezogen sich zum einen auf die verschiedenen Baugebiete und zum anderen auf die Parameter Geschossflächenzahl, Grundflächenzahl und Baumassenzahl. **405**

Nach § 17 Abs. 1 BauNVO a.F. war die Gemeinde bei der Festsetzung an die Höchstwerte in der Tabelle gebunden („…dürfen […] folgende Obergrenzen nicht überschritten werden: …"). Sie konnte also z.B. nicht in einem Wohngebiet eine Grundflächenzahl von 0,5 festsetzen. Eine Ausnahme hiervon war nach § 17 Abs. 2 BauNVO a.F. nur zulässig, wenn besondere städtebauliche Gründe dieses erfordern. Dieses war der Fall, wenn ein Überschreiten der Obergrenze vernünftigerweise geboten war,[603] z.B. die Planungskonzeption sonst nicht realisiert werden konnte.[604] Es musste sich um eine städtebauliche Ausnahmesituation handeln, reguläre städtebauliche Gründe in einer Standardsituation reichten nicht aus.[605] **406**

Mit der Neufassung durch das Baulandmobilisierungsgesetz sind die strikten Obergrenzen in § 17 Abs. 1 BauNVO durch „Orientierungswerte für Obergrenzen" ersetzt worden („… bestehen […] folgende Orientierungswerte für Obergrenzen: …"). Dieses Änderung soll der Mobilisierung von Bauland dienen, weil dadurch etwa Nachverdichtungen erleichtert und flexibel planerisch umgesetzt werden können, soweit dies städtebaulich erforderlich ist. Hierdurch sollen insbesondere die Festsetzungsmöglichkeiten zur Erleichterung von Dachaufstockungen und -ausbauten sowie zur Flexibilisierung bei den Abstandsflächen erweitert werden. Gleichzeitig mit dieser Änderung ist für die neue Baugebietskategorie des dörflichen Wohngebiets wie bei Dorfgebieten und bei Mischgebieten für die GRZ der Orientierungswert von 0,6 und für die GFZ der Orientierungswert von 1,2 bestimmt worden. **407**

Gemäß dem Grundsatz der statischen Verweisung, nach dem sich nach dem Inkrafttreten eines Bebauungsplans ergebende Änderungen der BauNVO nicht auf die Anwendung eines bestehenden Plans auswirken, ist davon auszugehen, dass die Änderung des § 17 BauNVO sich nur für Bebauungspläne auswirkt, die nach Inkrafttreten des Baulandmobilisierungsgesetzes in Kraft gesetzt werden. Denn der Plangeber älterer Bebauungspläne ist bei seiner Beschlussfassung von der früheren Fassung der Bestimmung ausgegangen. Dies dürfte auch dem Willen des Gesetzgebers entsprechen. Denn zum einen ist dieser Grundsatz für alle Anwendungsbereiche der BauNVO grundsätzlich anerkannt und dem Gesetzgeber diese Rechtsfolge bekannt. Zum anderen hätte der Gesetzgeber bei einem entsprechenden Willen die Anord- **408**

---
602 So BVerwG Beschl. v. 25.2.1997 – 4 NB 30/96; siehe dazu auch: VG Ansbach, Beschl. v. 25.3.2020 – AN 17 S 20.00118.
603 BVerwG Urt. v. 25.11.1999 – 4 CN 17/98; BVerwG Urt. v. 31.8.2000 – 4 CN 6/99.
604 VGH Mannheim Beschl. v. 28.12.1995 – 8 S 3611/94.
605 BVerwG Urt. v. 25.11.1999 – 4 CN 17/98; BVerwG Urt. v. 31.8.2000 – 4 CN 6/99.

nung einer dynamische Verweisung bestimmen können, wie es in § 245a BauGB für die dort genannten Regelungen für Anlagen zur Kinderbetreuung sowie von Anlagen zur Nutzung solarer Strahlungsenergie und Kraft-Wärme-Kopplungsanlagen in § 3 Abs. 2 Nr. 2 BauNVO und § 14 Abs. 3 BauNVO in der ab dem 20.9.2013 geltenden Fassung geschehen ist.

c) Bauweise (§ 22 BauNVO)

409 Das Bauplanungsrecht kennt die offene, die geschlossene und die abweichende Bauweise. Bei der geschlossenen Bauweise werden die Gebäude ohne seitlichen Grenzabstand, also auf der Grenze errichtet (§ 22 Abs. 3 BauNVO). In der offenen Bauweise wird zwischen Einzelhäusern, Doppelhäusern und Hausgruppen unterschieden (§ 22 Abs. 2 BauNVO). Einzelhäuser halten zu allen Seiten einen seitlichen Grenzabstand ein, Doppelhäuser nur zu einer Seite, während sie zur anderen an die andere Doppelhaushälfte angebaut sind. Bei Hausgruppen, die nicht länger als 50 m sein dürfen, halten die beiden die Gruppe abschließenden Gebäude an der äußeren Seite einen Grenzabstand ein, während sie zur anderen, nach innen gelegenen Seite keinen Grenzabstand aufweisen, ebenso wie etwaige andere von ihnen eingeschlossene Gebäude.

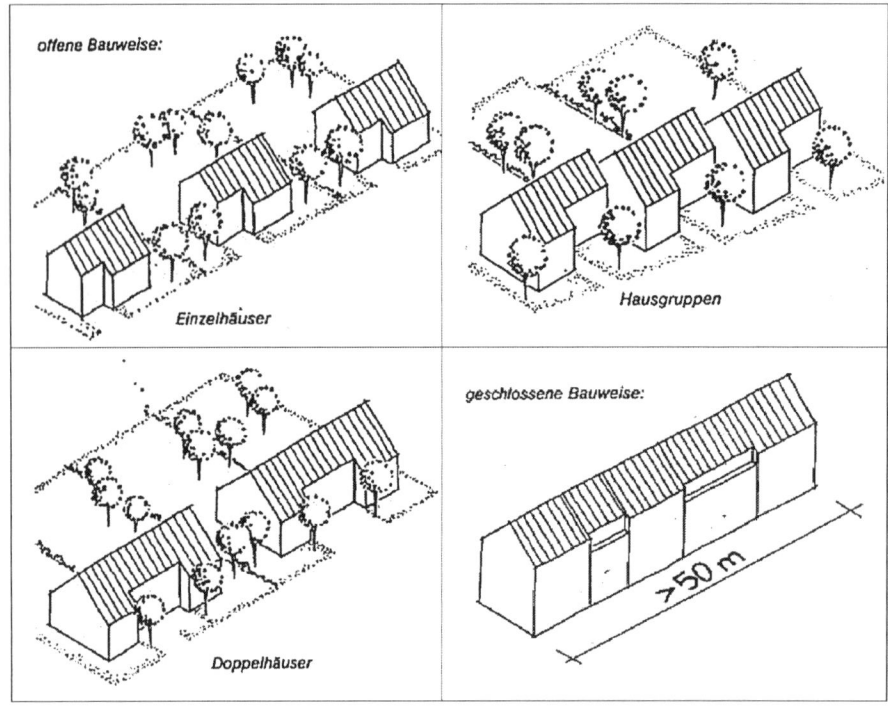

aa) Der erforderliche Grenzabstand

Fehlt es an einer (rückwärtigen) Beschränkung des Baufensters, gilt die geschlossene Bauweise für die gesamte Grundstückstiefe.[606]

410

Auch solche baulichen Anlagen sind ohne Grenzabstand zu errichten, die außerhalb des Baufensters im Wege einer Befreiung nach § 31 Abs. 2 BauGB oder durch Zulassung einer Überschreitung der Baugrenze oder Baulinie gemäß § 23 Abs. 2 S. 2 bzw. Abs. 3 S. 2 BauNVO gebaut werden dürfen.[607]

411

Das Gebot der geschlossenen Bauweise gilt für alle Geschosse.[608] Eine vollständige oder weitgehende Deckungsgleichheit der an der Grenze aneinandergebauten Gebäude ist nicht erforderlich.[609]

412

bb) Der Charakter eines Doppelhauses

Die Bewertung, ob ein Haus noch ein Doppelhaus darstellt oder doch zwei Häuser, die aneinandergebaut sind, ist oft schwierig. Die Rechtsprechung hierzu besagt: Ein Doppelhaus darf ausnahmsweise auf zwei Grundstücken ohne seitlichen Grenzabstand errichtet werden, sofern die Haushälften in „wechselseitig verträglicher und abgestimmter Weise" aneinandergebaut werden.[610] Die Gebäude müssen derart zusammengebaut werden, dass sie einen Gesamtbaukörper bilden (ein Haus, zwei Gebäude). Dabei lässt sich weder abstrakt-generell noch mathematisch-prozentual festlegen, in welchem Umfang die beiden Haushälften an der Grenze zusammengebaut sein müssen. Es genügt nicht, dass die Häuser über mehrere Meter grenzständig aneinandergebaut sind. Vielmehr enthält das Erfordernis der baulichen Einheit neben dem quantitativen auch ein qualitatives Element. Aufeinander abgestimmt sind die Hälften eines Doppelhauses, wenn sie sich in ihrer Grenzbebauung noch als „gleichgewichtig" und „im richtigen Verhältnis zueinander" und daher als harmonisches Ganzes darstellen, ohne disproportional, als zufällig an der Grundstücksgrenze zusammengefügte Einzelhäuser ohne hinreichende räumliche Verbindung zu erscheinen. Deshalb muss ein Haus, soll es Teil eines Doppelhauses sein, ein Mindestmaß an Übereinstimmung mit dem zugehörigen Nachbarhaus aufweisen, indem es zumindest einzelne der ihm Proportionen und Gestalt gebenden baulichen Elemente aufgreift. Allerdings geben regelmäßig Höhe, Breite und Tiefe, sowie die Zahl der Geschosse und die Dachform einem Haus seine maßgebliche Gestalt. Auch Übereinstimmungen oder Abweichungen in der Kubatur der Häuser infolge hervortretender Bauteile, wie Dachterrassen, Gauben oder Anbauten können mitentscheidend sein für die Beantwortung der Frage, ob noch von einer baulichen Einheit und damit von einem Doppelhaus die Rede sein kann.[611]

413

Beispiel für eine vom Gericht bejahte Erhaltung des Doppelhauscharakters: Zwar sei eine Anhebung des Dachs um ca. 0,30 m genehmigt worden. Aus dem Umstand, dass der Gebäudehöhe für das Maß der Übereinstimmung eine besondere Bedeutung zukommt, könne aber

---

606 Schilder in: Bönker/Bischopink, BauNVO, BauNVO § 22 Rn. 33, unter Berufung auf OVG Hamburg Beschl. v. 28.7.2009 – 2 Bs 67/09.
607 Schilder in: Bönker/Bischopink, BauNVO, BauNVO § 22 Rn. 15; so auch OVG Münster Beschl. v. 27.3.2003 – 7 B 2212/02. Anders zB OVG Berlin Beschl. v. 28.1.1981 – 2 S 194.80: Die im Bebauungsplan getroffene Festsetzung über die geschlossene Bauweise beziehe sich stets und nur auf die jeweils überbaubaren Grundstücksflächen, weshalb bestehende hintere Baugrenzen die Reichweite der Festsetzung nach hinten einschränkten.
608 VGH Kassel Beschl. v. 31.10.1979 – IV TG 56.79.
609 So Schilder in: Bönker/Bischopink, BauNVO, § 22 Rn. 33.
610 BVerwG Urt. v. 24.2.2000 – 4 C 12/98.
611 BVerwG Urt. v. 19.3.2015 – 4 C 12/14.

nicht gefolgert werden, die Annahme eines Doppelhauses erfordere stets die Beibehaltung einer einheitlichen Firsthöhe. Ein in wechselseitig verträglicher und abgestimmter Weise aneinandergebautes Gebäude könne auch bei unterschiedlichen Gebäudehöhen und trotz Vor- und Rücksprüngen der Gebäudeaußenwände vorliegen. Auch die genehmigten Dachgauben ordneten sich angesichts der im Verhältnis zur gesamten Dachfläche geringen Breite unter und ließen den Eindruck eines einheitlichen Baukörpers nicht entfallen. Da sie von der Länge der Dachfläche (12,49 m) nur ca. 3,60 m beanspruchen, entstehe durch die Gauben nicht der Eindruck eines zusätzlichen Geschosses. Die einheitliche Fassade des Gesamtgebäudes auf der Südseite werde durch den Eingangsbereich im Erdgeschoss nicht gestört. Auf der Nordseite entstehe zwar durch die Außentreppe und den Flur zum ersten Obergeschoss ein geschlossener Gebäudevorsprung von etwa 1,30 m gegenüber der Außenwand des Nachbarn und der offene Teil der Außentreppe trete im Erdgeschoss etwa 2,40 m vor die Außenwand. Angesichts der im Vergleich zur Größe des Gesamtbaukörpers (Breite etwa 11,85 m) geringen Ausmaße der Anbauten, stellten diese sich quantitativ nicht als erhebliche Abweichung von der einheitlichen Nordfassade dar.[612]

Weiteres Beispiel:

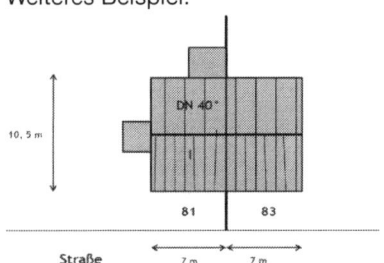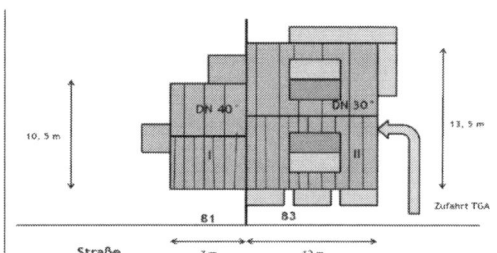

Alt-Zustand und geplanter Neubau des rechten Gebäudes; nach Verwirklichung des Vorhabens besteht kein Doppelhaus mehr.

cc) Die abweichende Bauweise

414 Nach § 22 Abs. 4 BauNVO kann im Bebauungsplan auch eine andere als die offene oder geschlossene Bauweise festgesetzt werden (abweichende Bauweise); in der Praxis spielt vor allem die sog. halboffene Bauweise eine Rolle, bei der die Grundstücke nur einseitig bis an die Grenze bebaut werden.

d) Überbaubare Grundstücksfläche (§ 23 BauNVO)

415 Während die bauliche Nutzung der Grundstücke im Geltungsbereich eines Bebauungsplans durch die Festsetzung von Grund- und Geschossflächenzahlen nur abstrakt, d.h. nicht auf das einzelne Grundstück bezogen geregelt wird, kann die Gemeinde durch die Festsetzung von Baulinien und Baugrenzen (§ 23 BauNVO) die Bebauung jedes einzelnen Grundstücks bis ins Detail festlegen. Baulinien (§ 23 Abs. 2 BauNVO) zwingen den Bauherrn dazu, exakt auf dieser Linie zu bauen. Dabei ist die Baulinie grundsätzlich in allen Geschossen einzuhalten.[613]

416 Ist eine Baugrenze festgesetzt, dürfen Gebäude und Gebäudeteile diese nicht überschreiten, das Bauvorhaben darf aber dahinter zurückbleiben; ein Vortreten von Gebäudeteilen in geringfügigem Ausmaß kann zugelassen werden (§ 23 Abs. 3 BauNVO). Die Vorschrift ist nicht nur auf Gebäude und Gebäudeteile im engeren Sin-

---

612 VGH München Beschl. v. 25.7.2019 – 1 CS 19.821.
613 Vgl. Fickert/Fieseler, BauNVO, § 23 Rn. 12.

ne anwendbar, sondern auf jede selbstständige bauliche Anlage.⁶¹⁴ Dies findet seine Begründung unter anderem im Umkehrschluss aus § 23 Abs. 5 S. 1 BauNVO. Der Verordnungsgeber wollte bauliche Anlagen außerhalb der Baugrenzen nur zulassen, soweit es sich um zur Hauptnutzung gehörige und dieser untergeordnete Nebenanlagen handelt. Eine solche liegt etwa bei einer Werbeanlage, die für Fremdwerbung gedacht und somit als eigenständige bauliche Anlage zu bewerten ist, nicht vor.⁶¹⁵

Nach § 23 Abs. 5 BauNVO können Nebenanlagen sowie Anlagen, die in den Abstandsflächen zulässig sind, auch außerhalb der überbaubaren Flächen zugelassen werden. Die Bestimmung gibt dem Bauherrn jedoch grundsätzlich keinen Rechtsanspruch auf Zulassung der Anlage auf den nicht überbaubaren Grundstücksflächen, sondern eröffnet der Baugenehmigungsbehörde einen tendenziell weiten Ermessensspielraum, innerhalb dessen etwa entgegenstehende öffentliche Belange und nachbarliche Interessen mit den Belangen des Bauherrn abzuwägen sind. Als öffentliche Belange können insbesondere städtebauliche Folgen einer Zulassung von Nebenanlagen außerhalb der überbaubaren Grundstücksflächen zu berücksichtigen sein.⁶¹⁶   417

Kann ein Vortreten von Gebäudeteilen in geringfügigem Ausmaß zugelassen werden oder sind Nebenanlagen außerhalb der überbaubaren Grundstücksfläche zugelassen, so gilt im Falle einer geschlossenen Bauweise oder eines Gebots zur Grenzbebauung bei offener Bauweise für diese Anlagen, dass auch insofern an die Grenze gebaut werden muss.   418

4. Bauvorhaben im unbeplanten Innenbereich (§ 34 BauGB)

Die Zulässigkeit von Vorhaben, die innerhalb der im Zusammenhang bebauten, aber nicht beplanten Ortsteile liegen, ist in § 34 BauGB geregelt. Nach dessen Abs. 1 ist ein Vorhaben zulässig, „wenn es sich nach Art und Maß der baulichen Nutzung, der Bauweise und der Grundstücksfläche, die überbaut werden soll, in die Eigenart der näheren Umgebung einfügt und die Erschließung gesichert ist. Die Anforderungen an gesunde Wohn- und Arbeitsverhältnisse müssen gewahrt bleiben; das Ortsbild darf nicht beeinträchtigt werden."   419

Durch § 34 BauGB wird das Faktische zum Maßstab für die Zulässigkeit weiterer Vorhaben. Man kann deshalb davon sprechen, dass das Faktische normative Kraft erlangt. Die von dem Rechtstheoretiker Georg Jellinek geprägte – allerdings in anderem Zusammenhang gemeinte – Wendung „Die normative Kraft des Faktischen" beschreibt den Umstand, dass die soziale Wirklichkeit den Rechtsetzungsprozess beeinflusst und auch das Recht sich an ihr und den sie prägenden Wertvorstellungen bewähren muss. In Anerkennung dieses Phänomens hat der Gesetzgeber in § 34 Abs. 1 BauGB ausdrücklich die soziale Wirklichkeit, der der Satzungsgeber nicht gegengesteuert hat, zum Rechtssatz erhoben.   420

a) Anwendungsbereich des § 34 BauGB

Die Bestimmung des § 34 BauGB findet nur dort Anwendung, wo Bebauung vorhanden ist, die ein solches Gewicht hat, dass sie einen städtebaulichen Ordnungsfaktor für zukünftige Bauvorhaben darstellt und so die städtebaulichen Belange des § 1 Abs. 5 BauGB gewahrt bleiben. § 34 BauGB ist kein Ersatzplan anstelle eines Be-   421

---

614 Vgl. BVerwG Urt. v. 7.6.2001 – 4 C 1/01.
615 VG Ansbach Urt. v. 28.11.2016 – AN 9 K 16.00072.
616 OVG Münster Urt. v. 21.6.2016 – 2 A 853/14.

bauungsplans, sondern lediglich ein Planersatz, solange ein Bebauungsplan noch nicht aufgestellt worden ist.[617] Diese Gesichtspunkte haben Bedeutung für die Bewertung, ob ein im Zusammenhang bebauter Ortsteil vorliegt.

422 Für die Abgrenzung des beplanten vom unbeplanten Innenbereich ist die Gültigkeit des Bebauungsplans ausschlaggebend. Ist der Bebauungsplan nicht gültig, richtet sich die materielle Legalität einer baulichen Anlage nach § 34 BauGB, es sei denn, zuvor galt ein anderer Bebauungsplan, der allerdings gegebenenfalls ebenfalls einer Gültigkeitsüberprüfung unterzogen werden muss. Das gilt auch, wenn ein bisheriger Außenbereich mit einer Bauleitplanung überzogen werden soll und sich die Frage stellt, ob der Bebauungsplan wirksam ist. Ist er es nicht, bleibt der Bereich Außenbereich und die materielle Legalität eines Vorhabens in bauplanerischer Hinsicht richtet sich nach § 35 BauGB (dazu Teil B Rn. 525). Die Abgrenzung des unbeplanten Innenbereichs von Außenbereich ist oftmals eine Wertungsfrage und kann zumeist nur nach einer sorgfältigen Untersuchung vor Ort zuverlässig beantwortet werden. In der Rechtsprechung haben sich folgende Grundsätze für die Abgrenzung herausgebildet.

aa) Allgemein gültige Grundsätze für die Abgrenzung des unbeplanten Innenbereichs vom Außenbereich

423 Bauwerke, die nicht dem ständigen Aufenthalt von Menschen dienen, werden nicht berücksichtigt. Baulichkeiten, die nur vorübergehend genutzt werden oder in einem weiteren Sinn „Nebenanlagen" zu einer landwirtschaftlichen, (klein-)gärtnerischen oder sonstigen Hauptnutzung sind, sind in aller Regel keine Bauten, die für sich genommen ein für die Siedlungsstruktur prägendes Element darstellen. Denn zur Bebauung i.S.d. § 34 Abs. 1 S. 1 BauGB gehören nur bauliche Anlagen, die geeignet sind, dem Gebiet ein bestimmtes städtebauliches Gepräge zu verleihen.[618] Gegenteilige Wertungen sind allerdings denkbar.[619]

424 Außerdem wird vertreten, dass Grundstücksflächen mit auf das Hauptgebäude bezogenen Nebenanlagen als „bebauungsakzessorisch genutzte Grundstücksteile" noch dem Innenbereich zuzurechnen sein könnten. Dies gilt aber nur für hausnahe, typische Hausgärten; bei der Abgrenzung gilt ein restriktiver Maßstab.[620] Die sog. bebauungsakzessorische Nutzung soll es dem Bauherrn ermöglichen, unmittelbar angrenzend an das Hauptgebäude in angemessenem Umfang untergeordnete Nebenanlagen im Sinn von § 14 Abs. 1 BauNVO, wie z.B. Terrassen, unterzubringen. Dagegen ist nicht bezweckt, dass dort ein weiteres Hauptgebäude bzw. Wohnhaus errichtet wird; ein größerer Umgriff verbietet sich deshalb.[621]

425 Ein Bebauungskomplex muss zudem nach der Zahl der vorhandenen Bauten ein gewisses Gewicht besitzen und Ausdruck einer organischen Siedlungsstruktur darstellen.[622] Das erfordert aber nicht, dass es sich um eine nach Art und Zweckbestimmung einheitliche Bebauung handelt. Die organische Siedlungsstruktur setzt eine städtebaulich-wertende Beurteilung voraus, die die Systemzusammenhänge insbe-

---

617 BVerwG Urt. v. 3.4.1981 – 4 C 61/78; BVerwG Urt. v. 3.12.1998 – 4 C 7/98.
618 BVerwG Beschl. v. 5.4.2017 – 4 B 46.16; BVerwG Urt. v. 30.6.2015 – 4 C 5.14; VGH München Beschl. v. 31.3.2020 – 1 ZB 19.1961.
619 OVG Münster Urt. v. 8.7.2016 – 10 A 2974/11.
620 VGH München, Beschl. v. 2.2.2016 – 9 ZB 12.1533; OVG Schleswig Beschl. v. 14.8.2014 – 1 LA 41/14; OVG Münster Beschl. v. 25.2.2014 – 2 A 1295/13.
621 VGH München Beschl. v. 31.3.2020 – 1 ZB 19.1961.
622 Vgl. VGH München Urt. v. 15.3.2017 – 2 N 15.619.

sondere zum Außenbereich berücksichtigen muss. Dabei ist auf die Siedlungsstruktur der Gemeinde im Einzelfall abzustellen.[623]

Die (be-)wertende Betrachtung der konkreten tatsächlichen Verhältnisse richtet sich allein nach optisch wahrnehmbaren Merkmalen. Da es bei der Grenzziehung zwischen Innen- und Außenbereich nur darum geht, inwieweit ein Grundstück zur Bebauung ansteht und ob sich aus dem tatsächlich Vorhandenen ein hinreichend verlässlicher Maßstab für die Zulassung weiterer Bebauung nach Art und Maß der baulichen Nutzung, der Bauweise und der überbaubaren Grundstücksfläche gewinnen lässt, sind Rechtsfragen – etwa die Frage der rechtlichen Zulässigkeit des Vorhandenen – ohne Bedeutung, ebenso wenig wie die Entstehungsweise der vorhandenen Bebauung. Deshalb sind nicht etwa ansonsten berücksichtigungsfähige bauliche Anlagen allein deshalb auszublenden, weil sie ohne Genehmigung oder genehmigungswidrig entstanden sind. Etwas anderes kann allerdings dann gelten, wenn von ihrem Fortbestand nicht ausgegangen werden kann, weil ihre Beseitigung behördlicherseits ernsthaft in Angriff genommen worden ist.[624] Vorhandene, illegal errichtete Anlagen, die Gegenstand der gegenwärtigen rechtlichen Überprüfung sind, sind hingegen auszublenden; denn Vorhaben können nicht zugleich Prüfungsmaßstab für das Vorliegen eines Bebauungszusammenhangs sein.[625]

426

Unter Umständen kann auch ein nicht (mehr) vorhandenes Gebäude berücksichtigungsfähig sein (sog. nachprägende Wirkung eines beseitigten Gebäudes).[626] In der verwaltungsgerichtlichen Rechtsprechung ist anerkannt, dass ein Altbestand, der vernichtet worden ist, nicht automatisch die prägende Kraft verliert, von der § 34 Abs. 1 BauGB es abhängen lässt, wie weit der Bezugsrahmen reicht.[627] Die Prägung dauert jedoch nur solange fort, wie mit der Wiederbebauung oder einer Wiederaufnahme der bisherigen Nutzung zu rechnen ist.[628] Dabei muss allerdings ein gewisser zeitlicher Zusammenhang zwischen dem Untergang des alten Bauwerks und dem Neubau bestehen.[629]

427

Der Bebauungszusammenhang endet stets an der Gemeindegrenze, bebaute Grundstücke auf der Nachbargemarkung bleiben unberücksichtigt.[630]

428

bb) Schwierige Abgrenzungsfälle

Das BVerwG hat in seiner Grundsatzentscheidung vom 1.12.1972[631] ausgeführt, die Festlegung des Außenbereichs folge aus dem, was er nicht ist. Die Schwierigkeiten der deshalb gebotenen Abgrenzung treten in den nachfolgenden Fallkonstellationen zu Tage: Bei der Frage, ob eine gewisse Anzahl baulicher Anlagen die Annahme rechtfertigt, es handle sich um einen im Zusammenhang bebauten Ortsteil, bei der Frage, wo die Grenze zwischen dem unbestreitbaren Innenbereich und dem unbestreitbaren Außenbereich verläuft, und bei der Frage, wann ein bislang unbebauter

429

---

623 Vgl. BVerwG Urt. v. 3.12.1998 – 4 C 7.98.
624 Vgl. zu allem: BVerwG Urt. v. 14.9.1992 – 4 C 15/90: „Zu berücksichtigen ist (...) jede vorhandene Bebauung, soweit sie nur in einer Weise geduldet wird, die keinen Zweifel daran lässt, dass sich die zuständigen Behörden mit dem Vorhandensein der Bauten abgefunden haben".
625 Vgl. BVerwG Urt. v. 6.6.2019 – 4 C 10.18.
626 OVG Münster Beschl. v. 6.5.2017 – 10 B 29/11.
627 BVerwG Urt. v. 27.8.1998 – 4 C 5/98.
628 VGH München Beschl. v. 16.11.2015 – 4 ZB 12.611.
629 BVerwG Urt. v. 19.9.1986 – 4 C 15/84; BVerwG Urt. v. 27.8.1998 – 4 C 5/98; OVG Münster Urt. v. 21.11.2005 – 10 A 1166/04.
630 BVerwG Urt. v. 26.5.1967 – IV C 25.66.
631 BVerwG Urt. v. 1.12.1972 – IV C 6.71.

Bereich sich als Baulücke darstellt und wann ein sog. Außenbereich im Innenbereich vorliegt.

(1) Abgrenzung Splittersiedlung – Ortsteil

430 Bei der Beantwortung der Frage, ob eine gewisse Anzahl baulicher Anlagen die Annahme rechtfertigt, es handle sich um einen im Zusammenhang bebauten Ortsteil, kann zunächst auf § 35 Abs. 3 S. 1 Nr. 7 BauGB zurückgegriffen werden, nach dem eine Beeinträchtigung öffentlicher Belange insbesondere vorliegt, wenn das Vorhaben die Entstehung, Verfestigung oder Erweiterung einer Splittersiedlung befürchten lässt. Denn hieraus folgt, dass eine Splittersiedlung noch keinen im Zusammenhang bebauten Ortsteil bildet, sonst wäre nämlich diese Regelung in § 35 BauGB (Außenbereich) unsinnig.

431 Im Rahmen der Abgrenzung einer Splittersiedlung von einem Ortsteil sind folgende Grundsätze zu beachten:

Ein im Zusammenhang bebauter Ortsteil i.S.d. § 34 Abs. 1 BauGB ist ein Bebauungskomplex im Gebiet einer Gemeinde, der nach der Zahl der vorhandenen Bauten ein gewisses Gewicht besitzt und Ausdruck einer organischen Siedlungsstruktur ist. Er vermittelt das Gefühl der Zusammengehörigkeit[632] und ist Ansatzpunkt für eine nach der Siedlungsstruktur angemessene Bebauung innerhalb des gegebenen Bereichs.[633] Der Ortsteil braucht sich nicht als ein Schwerpunkt der baulichen Entwicklung eines Gemeinwesens darzustellen. Das ist für das Vorliegen eines Ortsteiles lediglich ausreichend, nicht dagegen notwendig. Auch wenn es daran fehlt, kann ein – nach der Zahl seiner Bauten nicht ungewichtiger – Bebauungszusammenhang Ausdruck einer organischen Siedlungsstruktur sein.

432 Da die Angabe von Mindestzahlen nur Missverständnisse und Fehlgewichtungen hervorrufen kann, wird hier darauf verzichtet, vielmehr werden nur Beispiele aus der Rechtsprechung wiedergegeben.

Das BVerwG hat z.B. bei vier Gebäuden einen im Zusammenhang bebauten Ortsteil verneint,[634] ebenso bei zwei landwirtschaftlichen Hofstellen, einem Gewerbebetrieb und drei Wohnhäusern;[635] nach diesseitiger Ansicht ist allerdings schwerlich nachvollziehbar, wie angesichts einer solch geringen Anzahl von Bauten ein Ausdruck einer organischen Siedlungsstruktur angenommen werden kann. Der VGH Mannheim hat bei sieben teils für Wohnzwecke, teils für landwirtschaftliche Zwecke genutzten Gebäuden eine Anwendung des § 34 BauGB abgelehnt,[636] bei fünf Wohn- und fünf landwirtschaftlichen Gebäuden sowie einem Gasthaus dagegen bejaht,[637] ebenso bei zwölf Wohngebäuden,[638] andererseits aber hat der VGH München bei elf Wohngebäuden einen Ortsteil verneint.[639]

433 Die angeführten Beispiele verdeutlichen, dass die „quantitative Schwelle" für einen Ortsteil bei etwa zehn bis zwölf Gebäuden liegt, wobei dieser Wert lediglich einen groben Anhaltspunkt darstellen kann. Rechtliche Vorgaben durch die Verwaltung sind ohne Belang.

---

632 BVerwG Urt. v. 12.6.1970 – IV C 77.68.
633 BVerwG Urt. v. 6.11.1968 – IV C 31.66.
634 BVerwG Beschl. 19.4.1994 – 4 B 77/94.
635 BVerwG Urt. 16.12.1993 – 4 C 19/92.
636 VGH Mannheim Urt. v. 6.10.1992 – 8 S 594/92.
637 VGH Mannheim Urt. v. 25.3.1984 – 8 S 1895/83.
638 VGH Mannheim Urt. v. 8.7.1986 – 8 S 2815/85.
639 VGH München Urt. v. 13.7.1982 – 1 B 81 A.2189.

B. Bauplanungsrecht

Beispiel: In Bayern gilt gemäß der Entschließung des Bayerischen Staatsministeriums des Innern vom 18.10.1950[640] grundsätzlich jede Ansiedlung mit zehn oder mehr Wohngebäuden, die keine Stadt ist, als Dorf. Solche Fiktionen sind bauplanungsrechtlich unbeachtlich. Umgekehrt kann allerdings sicher davon ausgegangen werden, dass „Weiler" (nach der Entschließung des Bayerischen Staatsministeriums: jede Ansiedlung mit drei bis neun Wohngebäuden) wohl kaum den Charakter eines im Zusammenhang bebauten Ortsteils erreichen können.

In jedem Fall ist aber Voraussetzung für § 34 BauGB, dass die Bebauung nicht völlig regel- und systemlos erfolgt sein darf, sondern eine funktionsbedingte, organische Siedlungsstruktur vorhanden ist. Das BVerwG hat z.B. 30 wahllos in die Landschaft gestreute Gebäude nicht als im Zusammenhang bebauten Ortsteil angesehen;[641] das gleiche gilt für 19 Gebäude entlang einer Straße.[642]

434

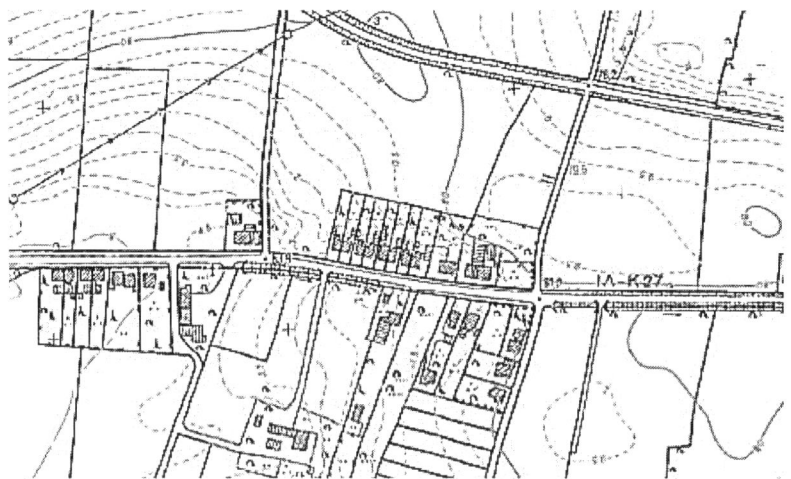

Eine regel- und systemlos entstandene Splittersiedlung im Außenbereich

(2) Grenzverlauf zwischen Innenbereich und Außenbereich

Die Außengrenze eines im Zusammenhang bebauten Ortsteils und damit die Grenze zwischen Innen- und Außenbereich verläuft grundsätzlich an der hinteren Wand des letzten Gebäudes. Hausgärten, Nebenanlagen und insbesondere Grundstücksgrenzen können den Bebauungszusammenhang nicht nach außen hin verlagern. Das BVerwG hat klargestellt: Bloße Baumreihen oder Hecken, selbst wenn sie optisch markant in Erscheinung treten und/oder ihr Bestand dauerhaft gesichert sein sollte, sind nicht geeignet, den Eindruck der Geschlossenheit und Zugehörigkeit einer Fläche zum Bebauungszusammenhang zu erzeugen.[643] Wegen der Möglichkeit der Berücksichtigung „bebauungsakzessorisch genutzter Grundstücksteile" wird auf die Ausführungen unter Teil B Rn. 424 verwiesen.

435

Oftmals endet der Bebauungszusammenhang an einer Straße. Ist z.B. südlich einer Straße ein im Zusammenhang bebauter Ortsteil feststellbar und stehen nördlich von ihr nur vereinzelte Gebäude, ist entscheidend, ob der Straße für die Frage des Vor-

436

---
640 Nr. I B1 – 68a 1.
641 BVerwG Urt. v. 31.10.1975 – IV C 16.73.
642 BVerwG Urt. v. 17.2.1984 – 4 C 56/79; vgl. auch OVG Münster Urt. v. 27.2.1996 – 11 A 1897/94.
643 BVerwG Beschl. v. 8.10.2015 – 4 B 28/15.

handenseins eines Bebauungszusammenhangs eine verbindende oder trennende Wirkung zukommt oder ob die Straße diesbezüglich keinerlei Wirkungen zu entfalten vermag.[644] Für eine trennende Wirkung kann der Ausbauzustand der Straße sprechen, ferner ihre Lage außerhalb der geschlossenen Ortslage – was mit entsprechend hohen Geschwindigkeiten der sie befahrenden Kraftfahrzeuge einhergeht.[645]

437 Von den dargestellten Grundsätzen macht die Rechtsprechung allerdings eine Ausnahme: Topographische Gegebenheiten können dazu führen, dass der Bebauungszusammenhang weiter reicht als das letzte Gebäude. Er kann durch Geländehindernisse, Erhebungen oder Einschnitte (Dämme, Böschungen, Flüsse und dergleichen) beeinflusst werden.[646] Die Berücksichtigung solcher äußerlich erkennbarer Umstände kann dazu führen, dass der Bebauungszusammenhang im Einzelfall noch ein oder mehrere unbebaute Grundstücke bis zu einer sich aus der örtlichen Situation ergebenden natürlichen Grenze miteinschließt. Auch Straßen oder Wege können in dieser Hinsicht von Bedeutung sein. Ob sie geeignet sind, einen Bebauungszusammenhang herzustellen oder eine trennende Funktion erfüllen oder für die Abgrenzung von Innen- und Außenbereich ohne jegliche Aussagekraft sind, kann stets nur das Ergebnis einer Wertung und Bewertung des konkreten Sachverhalts sein.

(3) Baulücke oder Außenbereich im Innenbereich?

438 Schließlich stellt sich oftmals die Frage, ob eine unbebaute Fläche eine Baulücke darstellt (mit der Folge, dass sie Bauland ist) oder sich als dem Außenbereich zugehörig darstellt. Ist eine allseits von Bebauung umgebene Freifläche so groß, dass sich ihre Bebauung nicht mehr als zwanglose Fortsetzung der vorhandenen Bebauung aufdrängt und sie deshalb nicht als Baulücke erscheint, liegt sie nicht mehr innerhalb eines Bebauungszusammenhangs i.S.d. § 34 Abs. 1 BauGB; sie ist damit bebauungsrechtlich Außenbereich.[647] Bei einer großen umbauten Fläche kann ein sog. Außenbereich im Innenbereich vorliegen.

439 Wie eng die Aufeinanderfolge von Baulichkeiten sein muss, um sich selbst noch als zusammenhängende Bebauung darzustellen, ist nicht nach geographisch-mathematischen Maßstäben, sondern aufgrund einer umfassenden Bewertung des im Einzelfall vorliegenden konkreten Sachverhalts zu entscheiden, so die ständige Rechtsprechung.[648] Grundlage und Ausgangspunkt der bewertenden Beurteilung sind auch hier die tatsächlichen örtlichen Gegebenheiten.[649] In einem Gebiet mit großzügig geschnittenen Grundstücken, in dem der Abstand zwischen den Gebäuden auf benachbarten Grundstücken überdurchschnittlich groß ist, wird die Annahme einer Baulücke bei deutlich größerem Abstand der Baukörper rund um das unbebaute Grundstück erlaubt sein, als dies bei einer kleinteiligen Parzellierung und Bebauung der Fall wäre. Auf jeden Fall gilt: Je homogener die Nachbarbebauung ist, umso leichter lässt sich die Frage nach der Bejahung einer Baulücke in der einen oder anderen Richtung beantworten. Jedenfalls wird ein einziges nicht bebautes Grundstück, das annähernd die gleiche Größe wie die bebauten Nachbargrundstücke aufweist, regelmäßig eine Baulücke darstellen.

---

644 BVerwG Beschl. v. 1.4.1997 – 4 B 11/97.
645 VG Gelsenkirchen Urt. v. 7.3.2016 – 9 K 4905/14.
646 BVerwG Urt. v. 12.12.1990 – 4 C 40/87.
647 BVerwG Beschl. v. 15.9.2005 – 4 BN 37/05.
648 BVerwG Urt. v. 16.9.2010 – 4 C 7.10; BVerwG Beschl. v. 8.10.2015 – 4 B 28.15.
649 BVerwG Urt. v. 14.11.1991 – 4 C 1/91.

B. Bauplanungsrecht

Das BVerwG hat die Annahme gebilligt, eine unbebaute Fläche von zwei bis drei **440** Bauplätzen könne als Baulücke angesehen werden, die den Bebauungszusammenhang nicht unterbreche. Diese aus der Erfahrung abgeleiteten Faustformel, dass die wachsende Größe einer unbebauten Fläche als Indiz gegen einen Bebauungszusammenhang spreche, sei als gedanklicher Ausgangspunkt durchaus tauglich, entbinde allerdings nicht von einer Würdigung der tatsächlichen Verhältnisse im Einzelfall.[650]

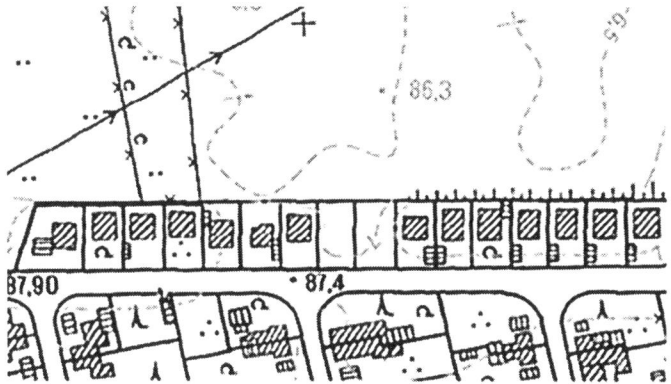

Die beiden in der Mitte des Bildes gelegenen unbebauten Grundstücke stellen sicherlich eine Baulücke dar.

(3) Abgrenzungssatzung / Klarstellungssatzung

Um Zweifel darüber auszuräumen, wo der im Zusammenhang bebauter Ortsteil endet, wenn die Bebauung nach außen hin allmählich ausläuft, können die Gemeinden nach § 34 Abs. 4 Nr. 1 BauGB die Abgrenzung durch Satzung regeln. Eine solche Abgrenzungssatzung („Klarstellungssatzung") hat nur deklaratorische Bedeutung, begründet also nicht die Innen- bzw. Außenbereichsqualität eines Grundstücks.[651] Maßgeblich ist letztlich die jeweilige tatsächliche Grundstückssituation. Die Satzung ist zu unterscheiden von der Entwicklungssatzung (§ 34 Abs. 4 S. 1 Nr. 2 BauGB, s. dazu Teil B Rn. 469) und der Ergänzungssatzung (§ 34 Abs. 4 S. 1 Nr. 3 BauGB, s. dazu Teil B Rn. 470). **441**

b) Einfügungsgebot

Für die objektiv-rechtliche Zulässigkeit eines Bauvorhabens im unbeplanten Innenbereich ist in planungsrechtlicher Sicht maßgeblich, ob es sich hinsichtlich der im Gesetz genannten Merkmale in die nähere Umgebung einfügt. Da kein Bebauungsplan existiert, folgt die Antwort auf die Frage, was mit Blick auf Art und Maß der baulichen Nutzung, Bauweise und Grundstücksfläche, die überbaut werden soll, planungsrechtlich zulässig ist, aus einer Ableitung aus dem Faktischen und einer hypothetischen Verwirklichung des zur Genehmigung gestellten Vorhabens. Bei der Auslegung von § 34 Abs. 1 BauGB können die Vorschriften die BauNVO als Auslegungs- **442**

---

650 BVerwG Beschl. v. 30.8.2019 – 4 B 8/19.
651 BVerwG Urt. v. 18.5.1990 – 4 C 37/87.

hilfe herangezogen werden, obwohl sie aus systematischen Gründen nicht originär anzuwenden ist.[652]

aa) Die maßgebliche Umgebung

443 Im Rahmen der Prüfung, ob ein Vorhaben im unbeplanten Innenbereich unter den Gesichtspunkten Art der baulichen Nutzung, Maß der baulichen Nutzung, Bauweise und Grundstücksfläche, die überbaut werden soll, materiell rechtmäßig ist, ist zunächst der maßgebliche Bereich festzustellen. Das ist die „nähere Umgebung". Dabei erfolgt die objektiv-rechtliche Prüfung nicht etwa in der Weise, dass zunächst allgemein der Umgebungsrahmen abgesteckt wird und sodann anhand der Gegebenheiten und für jedes der Merkmale des Vorhabens einzeln nach dem Sich-Einfügen in diesen umschriebenen Umgebungsbereich gefragt wird. Denn die nach § 34 Abs. 1 BauGB maßgebliche räumliche Umgebung ist nicht für alle Tatbestandsmerkmale der Bestimmung die gleiche. Vielmehr ist für jedes der Merkmale der Umgebungsrahmen gesondert festzulegen und erst hiernach festzustellen, ob das Vorhaben sich in diese konkrete Umgebung einfügt. Welcher Bereich als nähere Umgebung im Sinn des § 34 Abs. 1 BauGB maßgebend ist, hängt nämlich davon ab, inwieweit sich einerseits die Ausführung des geplanten Vorhabens auf die benachbarte Bebauung und andererseits diese Bebauung auf den bodenrechtlichen Charakter des Baugrundstücks prägend auswirken; diese Auswirkungen können je nach dem Merkmal sehr unterschiedlich sein.[653] So ist zB bei der überbaubaren Grundstücksfläche der maßgebliche Bereich in der Regel (deutlich) enger zu begrenzen als bei der Art der baulichen Nutzung. Denn die Prägung, die von der für die Bestimmung der überbaubaren Grundstücksflächen maßgeblichen Stellung der Gebäude auf den Grundstücken ausgeht, reicht im Allgemeinen (deutlich) weniger weit etwa als die Wirkungen der Art der baulichen Nutzung.[654]

bb) Die Ermittlung des Umgebungscharakters

444 Zur Vorgehensweise bei der Ermittlung des maßgeblichen Umgebungscharakters – gesondert für jedes einzelne der Merkmale – hat das BVerwG[655] herausgearbeitet:

> „Das bedeutet (…), dass – gleichsam auf der ersten Stufe der Betrachtung – alles an Bebauung in den Blick zu nehmen ist, was in der näheren Umgebung tatsächlich vorhanden ist. Eine Beschränkung auf das, was von der vorhandenen Bebauung städtebaulich wünschenswert oder auch nur vertretbar ist, darf insoweit nicht vorgenommen werden. Auch eine städtebaulich unerwünschte Bebauung darf bei der Bildung des Maßstabs „nicht einfach... von vornherein vernachlässigt werden (…). Nicht jegliche vorhandene Bebauung in der näheren Umgebung bestimmt jedoch ihren Charakter. Vielmehr muss die Betrachtung – zweitens – auf das Wesentliche zurückgeführt werden. Es muss alles außer Acht gelassen werden, was die vorhandene Bebauung nicht prägt oder in ihr gar als Fremdkörper erscheint. (…) Auszusondern sind zum einen solche baulichen Anlagen, die von ihrem quantitativen Erscheinungsbild (Ausdehnung, Höhe, Zahl usw.) nicht die Kraft haben, die Eigenart der näheren Umgebung zu beeinflussen, die der Betrachter also nicht oder nur am Rande wahrnimmt. Ihre Aussonderung hat mit dem Begriff „Fremdkörper" nichts zu tun, sondern ist Ergebnis einer Be-

---

652 BVerwG Urt. v. 19.3.2015 – 4 C 12.14.
653 BVerwG Beschl. v. 6.11.1997 – 4 B 172/97.
654 VGH München Urt. v. 7.3.2011 – 1 B 10.3042; OVG Bautzen Beschl. v. 29.12.2010 – 1 A 710/09; OVG Münster Urt. v. 9.9.2010 – 2 A 508/09; VGH Mannheim Beschl. v. 15.12.2005 – 5 S 1847/05.
655 BVerwG Urt. v. 15.2.1990 – 4 C 23/86.

schränkung auf das Wesentliche. Schon diese Beschränkung ist zwar nicht ganz frei von wertenden Elementen; sie knüpft aber noch stärker an die Feststellung des tatsächlich Gegebenen an. Zum anderen können auch solche Anlagen aus der Bestimmung der Eigenart der näheren Umgebung auszusondern sein, die zwar quantitativ die Erheblichkeitsschwelle überschreiten, aber nach ihrer Qualität völlig aus dem Rahmen der sonst in der näheren Umgebung anzutreffenden Bebauung herausfallen. Das wird namentlich dann anzunehmen sein, wenn eine singuläre Anlage in einem auffälligen Kontrast zur übrigen Bebauung steht. In Betracht kommen insbesondere solche baulichen Anlagen, die nach ihrer – auch äußerlich erkennbaren – Zweckbestimmung in der näheren Umgebung einzigartig sind. Sie erlangen die Stellung eines „Unikats" umso eher, je einheitlicher die nähere Umgebung im Übrigen baulich genutzt ist. Trotz ihrer deutlich in Erscheinung tretenden Größe und ihres nicht zu übersehenden Gewichts in der näheren Umgebung bestimmen sie nicht deren Eigenart, weil sie wegen ihrer mehr oder weniger ausgeprägt vom übrigen Charakter der Umgebung abweichenden Struktur gleichsam isoliert dastehen. Grundlage für ein solches Ausklammern ist zwar auch das tatsächlich Festgestellte; als Ergebnis beruht es aber auf einer überwiegend wertenden Betrachtung. Derartige Anlagen dürfen bei der Bestimmung der Eigenart der näheren Umgebung aber nur dann als „Fremdkörper" ausgeklammert werden, wenn sie wegen ihrer Andersartigkeit und Einzigartigkeit den Charakter ihrer Umgebung letztlich nicht beeinflussen können. Ob dies der Fall ist, muss – auf einer dritten Stufe – unter Würdigung des tatsächlich Vorhandenen ermittelt werden. Ausschlaggebend kann erneut die Größe der andersartigen Anlage sein. Einzelne bauliche Anlagen von stark abweichendem Charakter können nach Ausdehnung, Zahl und anderen Quantitätsmerkmalen ein solches Gewicht enthalten, dass sie trotz ihrer herausstechenden Andersartigkeit in einer abweichenden und verhältnismäßig einheitlich strukturierten Umgebung ihrerseits tonangebend wirken. Dafür kommen neben der Größe des Gebäudes auch die Ausstrahlungswirkungen (Immissionen) einer einzelnen baulichen Anlage auf die nähere Umgebung in Betracht. Auf diesem Wege kann sogar ein einzelner Gewerbebetrieb in einem im Übrigen einheitlich strukturierten Wohngebiet die Eigenschaft eines außer Betracht zu lassenden Fremdkörpers verlieren und seinerseits die Eigenart der Umgebung mitbestimmen. Wann dies im Einzelfall anzunehmen ist, lässt sich allerdings nicht allgemein formulieren. Allein aus dem Umstand, dass ein Gewerbebetrieb seine Umgebung stört, folgt noch nicht, dass er den Gebietscharakter mitprägt."[656]

445 Die Feststellung des Vorhandenen nimmt die von außen wahrnehmbare Erscheinung der jeweiligen baulichen Anlage im Verhältnis zu seiner Umgebung in den Blick. Vorrangig ist auf diejenigen Merkmale abzustellen, in denen die prägende Wirkung besonders zum Ausdruck kommt. Deshalb haben Gesichtspunkte der Geschossflächenzahl und der Grundflächenzahl, die sich erst durch eine genaue Berechnung ermitteln lassen, eine nur untergeordnete Bedeutung.

446 Eine widerruflich oder befristet genehmigte Bebauung, bei der die zuständige Behörde zum Ausdruck gebracht hat, dass sie sie nicht auf Dauer genehmigen oder auch nur dulden werde, ist nicht als vorhandene Bebauung zu berücksichtigen, die die Eigenart der näheren Umgebung prägt, wenn es um die Beurteilung der Zulässigkeit

---

[656] Siehe zu der Vorgehensweise auch VG Gelsenkirchen Beschl. v. 22.2.2021 – 9 L 1580/20, unter Hinweis auf BVerwG Beschl. v. 11.2.2000 – 4 B 1.00; BVerwG Beschl. v. 20.8.1998 – 4 B 79.98; BVerwG Beschl. v. 11.11.1980 – 4 B 207.80; BVerwG Urt. v. 26.5.1978 – IV C 9.77; BVerwG Urt. v. 18.10.1974 – IV C 77.73; OVG Münster Urt. v. 16.3.2012 – 2 A 1518/10; Urt. v. 9.9.2010 – 2 A 508/09; OVG Münster Urt. v. 19.4.2010 – 7 A 2362/07.

eben dieser Bebauung nach Fristablauf geht.[657] Andererseits kann auch eine aufgegebene Nutzung noch fortwirken (zur sog. nachprägenden Wirkung s. oben Rn. 427). Der Zeitraum der Fortwirkung ist bei einer nur teilweisen Einschränkung der Nutzung größer zu bemessen als bei einer vollständigen Nutzungsaufgabe.[658] Erst wenn eine Wiederaufnahme der Nutzung als ausgeschlossen erscheint, kann dies Auswirkungen auf den Gebietscharakter haben.[659]

cc) Das Sich-Einfügen nach den Merkmalen

447 In grundsätzlicher Hinsicht fügt sich ein Vorhaben in die Eigenart der näheren Umgebung ein, wenn es sich innerhalb des aus seiner näheren Umgebung hervorgehenden Rahmens hält, es sei denn, es lässt die gebotene Rücksicht auf die in der unmittelbaren Umgebung vorhandene Bebauung fehlen.[660] Für die Prüfung ist zunächst entsprechend der vom BVerwG beschriebenen Vorgehensweise alles zu „sammeln", was tatsächlich vorhanden ist; ggfs. Ist ein Unikat auszusondern. Im Übrigen gelten dieselben Grundsätze, wie sie im Zusammenhang mit der Abgrenzung des Innenbereichs vom Außenbereich dargestellt worden sind: Auf die Entstehungsgeschichte der Anlagen kommt es nicht an, so dass auch illegale Zustände berücksichtigungsfähig sind, es sei denn, vom Fortbestand kann nicht ausgegangen werden. Das gilt insbesondere auch für das Merkmal der Art der baulichen Nutzung.

(1) Nach der Art der baulichen Nutzung

448 Ist die Feststellung der tatsächlich ausgeübten Nutzungsarten in den Anlagen im maßgeblichen Umgebungsrahmen erfolgt, ist der sich daraus ergebende Charakter zu bewerten. Dazu ist der Katalog der Baugebiete der BauNVO zur Hand zu nehmen. Die Frage, ob und inwieweit die vorhandene Eigenart der näheren Umgebung des Vorhabengrundstücks der Eigenart eines Baugebiets nach der BauNVO entspricht, beurteilt sich nach den gleichen Merkmalen, wie sie für die Bestimmung der Eigenart der näheren Umgebung bei der Beurteilung der Zulässigkeit eines Vorhabens nach § 34 Abs. 1 S. 1 BauGB heranzuziehen sind.[661] Hierbei scheiden allerdings die Baugebietskategorien dörfliches Wohngebiet (§ 5a BauNVO) und urbanes Gebiet (§ 6a BauNVO) aufgrund der gesetzlichen Regelungen in § 245c Abs. 3 bzw. § 245d Abs. 1 BauGB aus; sollten die Merkmale dieser Baugebiete anzutreffen sein, erfolgt die weitere Beurteilung der planungsrechtlichen Zulässigkeit von Vorhaben in dieser Umgebung nach § 34 Abs. 1 BauGB. Bei der Einstufung in die Baugebietskategorien sind nicht nur die baulichen Anlagen in den Blick zu nehmen, die in dem jeweiligen Baugebiet allgemein zulässig sind, sondern auch die baulichen Nutzungen, die nach den Bestimmungen der BauNVO nur ausnahmsweise oder durch eine Befreiung zugelassen werden können; denn der zu bestimmende Gebietscharakter wird auch durch sie gebildet. Ist auf diesem Wege die Erkenntnis gewonnen, dass das Vorhandene einer der anzuwendenden Baugebietskategorien entspricht (sog. faktisches Baugebiet), tritt dieselbe Rechtsfolge ein, wie wenn in einem Bebauungsplan eine entsprechende Festsetzung erfolgt wäre. Denn die Zulässigkeit des Vorhabens beurteilt sich nach seiner Art dann allein danach, ob es nach der BauNVO in dem Baugebiet allgemein zulässig wäre. In konsequenter Gleichsetzung des fakti-

---

657 BVerwG Beschl. v. 23.11.1998 – 4 B 29/98.
658 VGH München Beschl. v. 24.4.2012 – 2 ZB 10.2894.
659 BVerwG Beschl. v. 29.5.2001 – 4 B 33/01; VGH München Beschl. v. 16.11.2015 – 4 ZB 12.611.
660 BVerwG Urt. v. 8.12.2016 – 4 C 7/15.
661 Vgl. BVerwG Beschl. v. 14.10.2019 – 4 B 27.19; BVerwG Beschl. v. 11.2.2000 – 4 B 1.00.

schen Baugebiets mit dem festgesetzten Baugebiet bestimmt § 34 Abs. 2 BauGB ergänzend, dass auf die nach der BauNVO ausnahmsweise zulässigen Vorhaben ist § 31 Abs. 1 und für Befreiungen § 31 Abs. 2 entsprechend anzuwenden ist.

In dem Fall, dass die nähere Umgebung Merkmale mehrerer Baugebiete aufweist (oder es sich um ein dörfliches Wohngebiet oder ein urbanes Gebiet handelt) und deshalb eine bestimmte Zuordnung nicht möglich ist, liegt eine sog. Gemengelage vor. Dort ist die Frage des Einfügens konkret und fallbezogen ohne Zuhilfenahme der BauNVO zu prüfen (§ 34 Abs. 1 BauGB). 449

(2) Nach dem Maß der baulichen Nutzung

Bedeutsam für das Einfügen in die Eigenart der näheren Umgebung nach dem Maß der baulichen Nutzung sind nach der Rechtsprechung des BVerwG solche Maße, die nach außen wahrnehmbar in Erscheinung treten und anhand derer sich die vorhandenen Gebäude in der näheren Umgebung leicht in Beziehung zueinander setzen lassen. Ihre absolute Größe nach Grundfläche, Geschosszahl und Höhe, bei offener Bebauung zusätzlich auch ihr Verhältnis zur Freifläche, prägen das Bild der maßgeblichen Umgebung und bieten sich deshalb vorrangig als Bezugsgrößen zur Ermittlung des Maßes der baulichen Nutzung an.[662] 450

Die Merkmale des § 16 BauNVO für das Maß der baulichen Nutzung sind auch für § 34 Abs. 1 BauGB relevant. Auch insofern kann auf die BauNVO als sachverständige Konkretisierung städtebaulicher Planungsgrundsätze abgestellt werden.[663] Dem abstrakten, nach Geschossflächenzahl und Grundflächenzahl bemessenen Maß der baulichen Nutzung kommt allerdings im Rahmen des § 34 Abs. 1 BauGB keine Bedeutung zu. Denn entscheidend sind nicht die Grundstücksgrenzen, sondern die optisch wahrnehmbaren Umstände, der tatsächliche Gesamteindruck,[664] etwa die Größe des Gebäudes im Verhältnis zur umgebenden Bebauung.[665] Dabei sind auch die Orientierungswerte des § 17 BauNVO nicht maßgeblich.[666] Ebenso wenig ist hinsichtlich des Sich-Einfügens nach der Zahl der Vollgeschosse die objektive Zahl der (Voll-)Geschosse maßgeblich, sondern das äußere Erscheinungsbild für den Betrachter, wie es sich im Verhältnis zu seiner Umgebungsbebauung darstellt. Nicht wahrnehmbare Vollgeschosse können das Bild der maßgeblichen Umgebung nicht prägen.[667] Die Zahl der Wohnungen ist für § 34 Abs. 1 BauGB irrelevant.[668] Der Ausbau des Dachgeschosses spielt für das Einfügen keine Rolle. Anders ist es aber, wenn durch Dachaufbauten (Dachgiebel) das Maß der baulichen Nutzung in einer nach außen sichtbaren Weise erhöht wird.[669] 451

Für die Ermittlung des in der Umgebungsbebauung vorhandenen Höhenmaßes der Bebauung kommt es auf die Höhe der Gebäude bezogen auf die Geländehöhe der jeweiligen Grundstücke an. Dies ist insbesondere dann von Bedeutung, wenn das Gelände hängig ist. Hinsichtlich der Firsthöhe bemisst sich das in der Umgebungs- 452

---

662 BVerwG Urt. v. 23.3.1994 – 4 C 18/92; BVerwG Beschl. v. 3.4.2014 – 4 B 12/14.
663 BVerwG Urt. v. 23.4.1969 – IV C 12.67.
664 BVerwG Beschl. v. 28.9.1988 – 4 B 175/88.
665 BVerwG Beschl. v. 26.7.2006 – 4 B 55/06.
666 VGH Kassel Beschl. v. 11.5.1988 – 4 TG 3492/87.
667 BVerwG Beschl. v. 27.7.2011 – 4 B 4/11.
668 OVG Koblenz Beschl. v. 29.6.1993 – 1 B 11353/93.
669 BVerwG Urt. v. 23.3.1994 – 4 C 18/92; OVG Lüneburg Beschl. v. 21.12.2005 – 1 LA 8/05; VGH Mannheim Urt. v. 14.7.2000 – 5 S 418/00.

bebauung vorhandene Maß nach dem Abstand des Firstes zu der im Lot darunter befindlichen Geländeoberfläche.[670]

453 Einfügen nach dem Maß der baulichen Nutzung bedeutet, dass das Bauvorhaben den durch die vorhandene Bebauung gebildeten Rahmen nicht überschreiten, aber auch hinter der Umgebungsbebauung nicht zurückbleiben darf.[671]

Beispiel: Ist in der Umgebung eine zwei- bis viergeschossige Bebauung vorhanden, dann kann das zu errichtende Bauwerk 2, 3 oder 4 Geschosse aufweisen, ein eingeschossiges oder fünfgeschossiges Gebäude ist demgegenüber unzulässig.

(3) Nach der Grundstücksfläche, die überbaut werden soll / der Bauweise

454 Für die Beantwortung der Frage, ob ein Vorhaben sich hinsichtlich der Grundstücksfläche, die überbaut werden soll, in die nähere Umgebung einfügt, ist von Belang, ob in der Örtlichkeit eine faktische vordere bzw. hintere Baugrenze vorhanden ist. Allein aus der Tatsache, dass die existierenden Gebäude eine gewisse Grenze nicht überschreiten, kann dies nicht abgeleitet werden; denn es genügt nicht, dass die Grenze ein „Zufallsprodukt" ist. Vielmehr muss das Einhalten der Grenze als Ausdruck einer Akzeptanz des städtebaulichen Erscheinungsbildes wirken. Umgekehrt ist ein vereinzeltes Ausbrechen aus der ansonsten gegebenen Einheitlichkeit unschädlich.

Entsprechendes gilt für die Bauweise.

(4) Rücksichtnahmegebot / „städtebauliche Spannungen"

455 Das aufgrund der vorgenannten Kriterien gewonnene Ergebnis kann nach der Rechtsprechung unter dem Gesichtspunkt des Rücksichtnahmegebotes korrekturbedürftig sein: Ein Bauvorhaben, das auf die vorhandene Umgebung nicht die gebotene Rücksicht nimmt, fügt sich nicht i.S.d. § 34 Abs. 1 BauGB ein, auch wenn im Übrigen alle oben angegebenen Merkmale des Einfügens gegeben sind.[672] Das gilt in besonderem Maße für die Art der baulichen Nutzung in Gemengelagen, in denen die Segregation verschiedener Nutzungsarten nach dem System der BauNVO nicht wirkt. Die Pflicht zur Rücksichtnahme bedeutet z.B. bei einem Nebeneinander von Wohnnutzung und gewerblicher Nutzung, dass der Inhaber eines Wohnhauses einerseits höhere Immissionen und sonstige Beeinträchtigungen hinnehmen muss als in Wohngebieten, andererseits der Gewerbetreibende sich weitergehende Einschränkung. Vergleichbare Probleme entstehen bei der Nachbarschaft von Wohnbebauung und Sportanlagen[673] sowie bei der Nachbarschaft von Wohnbebauung und Intensiv-Tierhaltung.[674] Maßstab können insoweit Regelungswerke wie die TA Lärm (Teil A Rn. 15), die LAI-Freizeitlärm-Richtlinie (Teil A Rn. 50), die 18. BImSchV (Sportanlagenlärmschutzverordnung, Teil A Rn. 25) und die Geruchsimmissionsrichtlinie (GIRL, Teil A Rn. 39) sein.

456 Darüber hinaus kann sowohl ein den vorgefundenen Rahmen überschreitendes Vorhaben ausnahmsweise zulässig sein, wenn es trotz der Überschreitung keine städtebaulichen Spannungen hervorruft, als auch umgekehrt ein den Rahmen wahrendes

---

670 OVG Koblenz Urt. v. 8.3.2017 – 8 A 10695/16.
671 BVerwG Urt. v. 26.5.1978 – IV C 9.77; OVG Münster Beschl. v. 1.12.2010 – 7 A 2904/09.
672 BVerwG Beschl. v. 6.12.1996 – 4 B 215/96; BVerwG Urt. v. 27.8.1998 – 4 C 5/98.
673 Siehe dazu: BVerwG Urt. v. 12.8.1999 – 4 CN 4/98.
674 Siehe dazu: BVerwG Urt. v. 3.4.1987 – 4 C 41/84; BVerwG Urt. v. 14.1.1993 – 4 C 19/90.

B. Bauplanungsrecht

Vorhaben ausnahmsweise unzulässig sein, wenn es nicht die gebotene Rücksicht auf die Bebauung in der Nachbarschaft nimmt.[675]

457 So ist z.b. ein Überschreiten des durch die Umgebungsbebauung gebildeten Rahmens durch die Zulassung eines weiteren Einfamilienhauses nach der Rechtsprechung ausnahmsweise dann unschädlich, wenn dadurch die „städtebauliche Harmonie" nicht beeinträchtigt wird, d.h. keine städtebaulichen Spannungen begründet oder vorhandene Spannungen verstärkt werden.[676] Diese gesetzlich nicht ausdrücklich geregelte, aber in der Rechtsprechung anerkannte Ausnahme betrifft ganz wesentlich – aber nicht nur – den Fall der Hinterlandbebauung und damit das Merkmal „Grundstücksfläche, die überbaut werden soll". In diesem Zusammenhang kommt es darauf an, ob – erstens – im Hintergelände Bebauung auf den Baugrundstücken tatsächlich vorhanden ist und – zweitens – die Zulassung des Bauvorhabens zu weiteren bodenrechtlichen Spannungen führen würde. Ist das nicht der Fall, wäre nämlich nicht zu besorgen, dass die Überschreitung des Rahmens bei Zulassung des Bauvorhabens die Gefahr nach sich zieht, dass der vorhandene Bauzustand in negativer Hinsicht städtebaulich in Bewegung und damit in Unordnung gerät.[677] Das ist insbesondere dann nicht zu besorgen, wenn das Vorhaben nicht Vorbild für weitere Bebauungsabsichten auf anderen Grundstücken sein kann, etwa weil das Vorhabengrundstück das Einzige ist, auf dem diese Bebauung möglich ist.

458 Umgekehrt kann trotz des Einhaltens des Rahmens die städtebauliche Harmonie gestört werden („Unruhe stiften" oder „die vorgegebene Situation belasten, stören oder verschlechtern"). Das kommt infrage, wenn das Vorhaben sich zwar – noch – einfügt, aber eine sog. negative Vorbildwirkung entfaltet, indem es andere gleichartige Vorhaben nach sich zieht und so die Situation „zum Umkippen" bringt.[678]

Beispiel: Die Errichtung einer Schweinemastanstalt kann in einem Dorfgebiet unzulässig sein, wenn zu erwarten ist, dass weitere Landwirte diesem Beispiel folgen werden.[679]

Weiteres Beispiel: Eine Spielhalle fügt sich in einen bisher mit Wohn- und Geschäftshäusern bebauten Bereich nicht ein, wenn mit der Ansiedlung weiterer Spielhallen und dadurch mit dem sog. trading-down-Effekt zu rechnen ist.[680]

c) Gesunde Wohn- und Arbeitsverhältnisse, keine Ortsbildbeeinträchtigung

459 § 34 Abs. 1 BauGB verlangt ferner, dass die Anforderungen an gesunde Wohn und Arbeitsverhältnisse (s. dazu § 136 Abs. 3 BauGB) gewahrt bleiben und das Ortsbild nicht beeinträchtigt wird. Diese Anforderungen haben neben dem Einfügen in die vorhandene Bebauung eine selbstständige Bedeutung.[681]

460 Eine Beeinträchtigung des Ortsbilds ist insbesondere gegeben, wenn ein Gebäude sich hinsichtlich seiner äußeren Gestaltung deutlich von der Umgebung unterscheidet und deren Erscheinungsbild negativ beeinflusst, wobei der maßgebliche Bereich weiter reicht als beim Einfügen.[682]

461 Gesunde Wohn- und Arbeitsverhältnisse sind nicht mehr gegeben, wenn das Gebäude städtebauliche Missstände aufweist. Hierbei können nur Mindestanforderun-

---
675 BVerwG Urt. v. 5.12.2013 – 4 C 5/12; VGH München Beschl. v. 19.3.2015 – 9 CS 14.2441.
676 BVerwG Urt. v. 26.5.1978 – IV C 9.77; OVG Magdeburg Beschl. v. 15.2.2021 – 2 M 121/20.
677 Vgl. OVG Münster Urt. v. 1.3.2017 – 2 A 46/16.
678 BVerwG Urt. v. 25.1.1974 – IV C 72.72.
679 Nach: BVerwG Urt. v. 4.7.1980 – IV C 101.77.
680 Nach: BVerwG Urt. v. 15.12.1994 – 4 C 13/93.
681 VGH Kassel Urt. v. 4.12.2008 – 4 A 882/08.
682 BVerwG Urt. v. 11.5.2000 – 4 C 14/98.

gen verlangt werden. Das Überschreiten der Immissionsgrenzwerte reicht dafür nicht aus.[683]

d) Schutz zentraler Versorgungsbereiche

462 Durch das EAG Bau 2004 wurde § 34 Abs. 3 BauGB neu geschaffen. Die Vorschrift untersagt im Wege einer negativen Tatbestandsvoraussetzung die Errichtung von Vorhaben, die schädliche Auswirkungen auf zentrale Versorgungsbereiche in der Gemeinde selbst oder in Nachbargemeinden erwarten lassen.[684] Sie hat vor allem Bedeutung für Einkaufszentren und großflächige Einzelhandelsbetriebe und stellt eine § 11 Abs. 3 BauNVO (s. dazu Teil B Rn. 361) vergleichbare Regelung dar.

463 Zweck der Vorschrift ist es, die sog. Fernwirkungen von Einkaufszentren und großflächigen Einzelhandelsbetrieben auf die Infrastruktur der Gemeinde selbst oder der Nachbargemeinden zu berücksichtigen. Diese Belange werden durch das Einfügungsgebot des § 34 Abs. 1 BauGB nicht erfasst, weil diese Vorschrift nur auf die nähere Umgebung abstellt. Unter den Begriff des zentralen Versorgungsbereichs fallen nicht nur tatsächlich vorhandene Bereiche dieser Art, sondern auch solche, die in Bauleitplänen als solche Bereiche ausgewiesen sind.[685] Ein zentraler Versorgungsbereich ist ein räumlich abgegrenzter Bereich mit Einzelhandelsbetrieben, Dienstleistungsbetrieben und Gaststätten mit einer über den unmittelbaren Nahbereich hinausgehenden Versorgungsfunktion.[686]

464 Eine Beeinträchtigung eines zentralen Versorgungsbereichs ist anzunehmen, wenn die Versorgungsfunktion nicht oder nur noch eingeschränkt wahrgenommen werden kann.[687] Ob dies der Fall ist, wird i.d.R. durch ein Marktgutachten, in dem der Kaufkraftverlust prognostiziert wird, ermittelt. Daneben kann auch ein Vergleich der Verkaufsfläche im zentralen Versorgungsbereich mit der Verkaufsfläche des geplanten Einzelhandelsbetriebs ein Indiz für schädliche Auswirkungen sein. Ferner kann auf die räumliche Entfernung, die Preisgestaltung und sogar auf die Parkmöglichkeiten abgestellt werden.[688] Schädliche Auswirkungen sind auch dann zu erwarten, wenn schon vorhandene Einzelhandelsbetriebe den Versorgungsbereich schädigen und die Schädigung durch einen neu hinzutretenden Einzelhandelsbetrieb verstärkt wird.[689]

e) Sonderregelungen für Gewerbebetriebe und Wohngebäude (§ 34 Abs. 3a BauGB)

465 § 34 Abs. 3a BauGB gestattet bestimmte Baumaßnahmen an Anlagen, auch wenn diese sich der Art der baulichen Nutzung nach nicht i.S.d. § 34 Abs. 1 BauGB in die nähere Umgebung einfügen. Der Anwendungsbereich der Norm ist aber beschränkt auf einen Einzelfall und auf die die Erweiterung, Änderung, Nutzungsänderung oder Erneuerung eines zulässigerweise errichteten Gewerbe- oder Handwerksbetriebs, die Erweiterung, Änderung oder Erneuerung eines zulässigerweise errichteten, Wohnzwecken dienenden Gebäudes oder die Nutzungsänderung einer zulässigerweise errichteten baulichen Anlage zu Wohnzwecken, einschließlich einer erforderli-

---

683 VGH Kassel Urt. v. 4.12.2008 – 4 A 882/08.
684 S. dazu BVerwG Urt. v. 11.10.2007 – 4 C 7/07; BVerwG Urt. v. 17.12.2009 – 4 C 1/08.
685 BVerwG Urt. v. 11.10.2007 – 4 C 7/07; BVerwG Urt. v. 17.12.2009 – 4 C 1/08.
686 BVerwG Urt. v. 17.12.2009 – 4 C 1/08.
687 BVerwG Urt. v. 11.10.2007 – 4 C 7/07; BVerwG Urt. v. 17.12.2009 – 4 C 1/08.
688 OVG Münster Urt. v. 1.7.2009 – 10 A 2350/07.
689 BVerwG Beschl. v. 12.1.2017 – 4 B 43/16.

chen Änderung oder Erneuerung. Mit dem Begriff „zulässigerweise errichtet" knüpft das Gesetz an Gesichtspunkte des Bestandsschutzes an (zum Bestandsschutz s. Teil C Rn. 517). Ist das Vorhandene nicht genehmigt (hierzu zählt auch, dass abweichend von einer Genehmigung gebaut und/oder genutzt worden ist oder ein früher bestehender Bestandsschutz untergegangen ist) und nie genehmigungsfähig gewesen ist, ist die Vorschrift nicht anwendbar.

Die Regelung stellt materiellrechtlich einen Befreiungstatbestand dar[690] und trägt dem Umstand Rechnung, dass der Bestandsschutz nur das bestehende Wohngebäude oder den bestehenden Betrieb erfasst, aber keine Veränderungen erlaubt, die über eine Instandhaltung hinausgehen (s. dazu Teil C ab Rn. 542). § 34 Abs. 3a BauGB ermöglicht es, bestehende Wohngebäude und Gewerbe- oder Handwerksbetriebe zu erweitern oder auf sonstige Weise zu verändern, wenn das sowohl mit den nachbarlichen Interessen als auch mit den öffentlichen Belangen vereinbar ist. 466

Nach § 34 Abs. 3a S. 1 BauGB kann vom Erfordernis des Einfügens nur „im Einzelfall" abgewichen werden. Aufgrund des mit dem Baulandmobilisierungsgesetzes eingefügten S. 3 kann in den Fällen des § 34 Abs. 3a S. 1 Nr. 1 b) und c), in denen es um Wohnbauvorhaben geht, kann darüber hinaus „in mehreren vergleichbaren Fällen" abgewichen werden, wenn die übrigen Voraussetzungen des S. 1 vorliegen und die Aufstellung eines Bebauungsplans nicht erforderlich ist. 467

f) Abgrenzungs-, Entwicklungs- und Ergänzungssatzungen (§ 34 Abs. 4 u. 5 BauGB)

Die Regelungen in § 34 Abs. 4 und 5 BauGB ermächtigen die Gemeinde zum Erlass von Abgrenzungssatzungen/Klarstellungssatzungen (Nr. 1), Entwicklungssatzungen (Nr. 2) und Ergänzungssatzungen (Nr. 3).[691] Während durch eine Abgrenzungssatzung lediglich die Grenze zwischen Innenbereich und Außenbereich normativ festgelegt wird, aber kein neues Baugelände entsteht, wird durch eine Entwicklungs- und Ergänzungssatzung ein bisher zum Außenbereich zählendes Gelände dem Innenbereich zugeordnet und erhält damit Baulandqualität. 468

Entwicklungssatzungen nach § 34 Abs. 4 S. 1 Nr. 2 BauGB können bereits bebaute Bereiche im Außenbereich zum Innenbereich erklären, sofern die von der Satzung erfasste Fläche im Flächennutzungsplan als Baufläche ausgewiesen ist. Die Gemeinde erhält damit die Möglichkeit, vorhandene Bebauungsansätze im Außenbereich (Splittersiedlungen i.S.d. § 35 Abs. 3 BauGB) zu Ortsteilen i.S.d. § 34 Abs. 1 BauGB zu entwickeln.[692] 469

Ergänzungssatzungen nach § 34 Abs. 4 S. 1 Nr. 3 BauGB ermöglichen es, den Verlauf des Ortsrands bei Erlass einer Satzung nach § 34 Abs. 4 Nr. 1 oder 2 BauGB durch Einbeziehung bisher unbebauter Flächen in den im Zusammenhang bebauten Ortsteil abzurunden bzw. zu begradigen. Anders als bei den sog. Abrundungssatzungen nach § 34 Abs. 4 Nr. 3 BauGB 1987 ist eine Ergänzungssatzung nach § 34 Abs. 4 Nr. 3 BauGB 1998 nicht darauf beschränkt, die vorhandene Bebauung abzurunden, sondern kann auch außerhalb der bisherigen Bebauung liegende Flächen in den Innenbereich einbeziehen, z.B. bei einer nur einseitigen Bebauung einer Straße auch die Grundstücke auf der anderen Seite der Straße zum Innenbereich erklären, sofern diese Flächen durch die angrenzende Bebauung im Innenbereich geprägt 470

---
690 BVerwG Urt. v. 15.2.1990 – 4 C 23/86.
691 Siehe dazu Stüer, Handbuch des Bau- und Fachplanungsrechts, Rn. 2811.
692 OVG Schleswig Urt. v. 17.5.2001 – 1 K 21/98.

werden.[693] Eine Ergänzungssatzung erlaubt aber nur die Ergänzung der bisherigen Bauflächen, nicht die Schaffung neuer Baugebiete; hierfür bedarf es eines Bebauungsplans.[694]

471 § 34 Abs. 5 S. 2 BauGB erlaubt ferner, einzelne Festsetzungen nach § 9 BauGB in die Satzung aufzunehmen; in Betracht kommen insoweit vor allem Bestimmungen über die Art der baulichen Nutzung und die überbaubare Grundstücksfläche. Wie die Worte „einzelne Festsetzungen" zeigen, kann in der Satzung aber keine umfassende Regelung der zulässigen baulichen Nutzung getroffen werden. Denn eine Satzung nach § 34 Abs. 4 BauGB stellt keinen Bebauungsplan-Ersatz dar. Wenn die Gemeinde dies für nötig hält, muss sie einen Bebauungsplan aufstellen.[695]

472 Satzungen nach § 34 Abs. 4 S. 1 Nr. 2 und 3 BauGB müssen gemäß § 34 Abs. 5 S. Nr. 1 BauGB mit der geordneten städtebaulichen Entwicklung vereinbar sein. Dieses ist dann der Fall, wenn die Satzung nicht im Widerspruch zum Flächennutzungsplan steht. Ferner darf weder eine Umweltverträglichkeitsprüfung erforderlich sein noch ein FFH-Gebiet beeinträchtigt werden (§ 34 Abs. 5 Nr. 2 und 3 BauGB). Wenn durch die Schaffung neuer Bauplätze städtebauliche Spannungen ausgelöst oder verstärkt werden, muss der Ausgleich der widerstreitenden Interessen durch die Aufstellung eines Bebauungsplans bewirkt werden.[696]

473 Das Verfahren zum Erlass von Satzungen nach § 34 Abs. 4 BauGB ist in § 34 Abs. 6 BauGB geregelt; diese Vorschrift verweist im Wesentlichen auf das vereinfachte Verfahren nach § 13 BauGB.

5. Nicht allgemein zulässige Vorhaben (Ausnahme, Befreiung, Erleichterung)

474 Der Gesetzgeber hat, zur Vermeidung eines allzu schematischen Vorgehens und zur Erzielung einer Einzelfallgerechtigkeit, aber auch um den Gemeinden einen weiten Planungsspielraum und den Genehmigungsbehörden einen angemessenen Handlungsspielraum zu geben, den Gemeinden und den Genehmigungsbehörden mit Ausnahmen, Befreiungen und Erleichterungen rechtliche Möglichkeiten in die Hand gegeben, um von dem möglicherweise zu starren System abzuweichen. Damit die grundlegenden Regelungen nicht konturenlos werden, gelten für die genannten Instrumente strenge Regelungen, die im Gesetz ausdrücklich genannt und, soweit erforderlich, von der Rechtsprechung weiter ausgeformt worden sind.

475 Die Bestimmungen über die Zulassung von Ausnahmen und Befreiungen gelten für Vorhaben im planungsrechtlichen Sinn. Das sind Vorhaben, die die Errichtung, Änderung oder Nutzungsänderung von baulichen Anlagen zum Gegenstand haben.

a) Unterschiedliche Ebenen zur Steuerung

476 Die Gemeinde erlässt zur städtebaulichen Lenkung von Bauvorhaben Bebauungspläne, die sie aus Flächennutzungsplänen entwickelt. Dabei steht ihr nach dem BauGB ein sehr weit reichendes, allerdings nicht unbegrenztes Planungsinstrument zur Verfügung Das Mittel ihrer Lenkung durch Bebauungspläne ist die abstrakt-generell wirkende Festsetzung nach dem BauGB und der BauNVO, einschließlich der Zulassung oder Nichtzulassung einer Ausnahme (§ 31 Abs. 1 BauGB). Damit hat die Gemeinde unmittelbaren Einfluss auf das Planungsrecht.

---

693 BVerwG Beschl. v. 3.12.2008 – 4 BN 26/08.
694 Ebenso: OVG Münster Urt. v. 2.12.2002 – 7a D 39/02.NE.
695 OVG Münster Urt. v. 2.12.2002 – 7a D 39/02.NE.
696 OVG Saarlouis Beschl. v. 14.9.1981 – 2 N 4/80; VGH München Urt. v. 4.8.1988 – 2 N 86.03043.

B. Bauplanungsrecht

477 Die Ausführung erfolgt durch die Genehmigungsbehörde. Diese kann zB durch eine einzelfallbezogene Befreiung etwaigen Besonderheiten Rechnung tragen. Das setzt allerdings voraus, dass eine schematische Anwendung der Festsetzungen in dem Bebauungsplan zu Ergebnissen führen würde, die in dieser Form mit dem Willen des Satzungsgebers, der Gemeinde, nicht vereinbar wären. Anders als dies bei Ausnahmen der Fall ist, kann die Gemeinde, ist der Bebauungsplan erst einmal erlassen, auf die Möglichkeit von Befreiungen keinen Einfluss mehr nehmen. Weil die Möglichkeit einer Befreiung von gesetzlichen Voraussetzungen abhängig ist und der Satzungsgeber sich nicht über das Gesetz stellen kann, kann die Gemeinde in dem Bebauungsplan die Zulassung von Befreiungen weder ausschließen noch generell (im Sinne einer großzügigen Handhabung) erlauben. Mittelbare Einflussmöglichkeiten bestehen allerdings insofern, als die Gemeinde in dem Bebauungsplans einschließlich dessen Begründung ihren Planungswillen zum Ausdruck bringen kann und damit, je nach Sachlage, der Genehmigungsbehörde den Weg zur Bejahung des Merkmals „die Grundzüge der Planung werden nicht berührt" (§ 31 Abs. 2, 1. Halbsatz BauGB) erleichtern oder erschweren kann. Eine darüber hinaus gehende Einflussnahme auf die Zulassung oder Verweigerung von Befreiungen seitens der Genehmigungsbehörde ist nicht möglich; einschränkende oder lenkende Zusätze wie „soll" oder „kann" verbieten sich im Zusammenhang mit planerischen Festsetzungen.

478 Von den Ausnahmen und den Befreiungen sind die Abweichungen zu unterscheiden. Auf sie kann – anders als bei Ausnahmen – die Gemeinde weder positiv oder negativ Einfluss nehmen. Auch erklären Abweichungen – anders als Befreiungen – nicht Vorschriften für im Einzelfall für unanwendbar. Vielmehr setzen sie gerade die Anwendbarkeit einer Norm voraus, bieten aber der Genehmigungsbehörde die rechtliche Möglichkeit, unter Aufrechterhaltung der grundlegenden Aussage des Bebauungsplans im Einzelfall einen (geringfügigen) Verstoß zuzulassen. Ihre rechtliche Möglichkeit ergibt sich schlicht aus dem Gesetz, wenn die darin genannten Voraussetzungen erfüllt sind. Es handelt sich um eine Art Bagatellklausel zur Vermeidung einer sonst erforderlichen Befreiung.

b) Anwendung im beplanten und unbeplanten Gebiet

479 § 31 BauGB ist zunächst für den Geltungsbereich eines Bebauungsplans anwendbar. Denn in der Einleitung sowohl des § 31 Abs. 1 BauGB als auch des § 31 Abs. 2 BauGB ist von „Festsetzungen des Bebauungsplans" die Rede. Gemeint sind damit nicht nur Bebauungspläne, die „mindestens Festsetzungen über die Art und das Maß der baulichen Nutzung, die überbaubaren Grundstücksflächen und die örtlichen Verkehrsflächen" enthalten (sog. qualifizierte Bebauungspläne, § 30 Abs. 1 BauGB). Die Bestimmung ist in gleicher Weise auf Bebauungspläne anzuwenden, die diese Voraussetzungen nicht erfüllen („einfache Bebauungspläne", § 30 Abs. 3 BauGB), wie auch auf vorhabenbezogene Bebauungspläne (§ 12 BauGB).

480 Der Anwendungsbereich der Bestimmung ist dennoch nicht auf festgesetzte Plangebiete beschränkt. Er erstreckt sich mit Blick auf die Art der baulichen Nutzung auch auf den im Zusammenhang bebauten Ortsteil nach § 34 BauGB. Das ist eigentlich systemfremd. Denn in einem im Zusammenhang bebauten Ortsteil bildet nicht eine Satzung den Maßstab für die Zulässigkeit von Vorhaben, sondern das Faktische, die vorhandene Umgebungsbebauung. Hiervon eine Ausnahme zu erteilen oder eine Befreiung auszusprechen mutet seltsam an. Jedoch hat der Gesetzgeber durch einen Kunstgriff in § 34 Abs. 2, 2. Halbsatz BauGB die Regelungen in § 31 Abs. 1 und Abs. 2 BauGB teilweise für anwendbar erklärt: „Entspricht die Eigenart der näheren Umgebung einem der Baugebiete, die in der aufgrund des § 9a erlassenen Verordnung (das ist die Baunutzungsverordnung) bezeichnet sind, beurteilt sich die Zulässigkeit des Vorhabens nach seiner Art allein danach, ob es nach der Verordnung in dem Baugebiet allgemein zulässig wäre; auf die nach der Verordnung ausnahmsweise zulässigen Vorhaben ist § 31 Abs. 1, im Übrigen ist § 31 Abs. 2 entsprechend anzuwenden." Die Gleichstellung im zweiten Halbsatz findet ihre Rechtfertigung in der im ersten Halbsatz vorgenommenen fiktiven Gleichstellung der Vorhaben im unbeplanten Innenbereich mit den Vorhaben im beplanten Bereich. Bei der Anwendung der Voraussetzung des § 31 Abs. 2 BauGB, dass die Grundzüge der Planung nicht berührt werden dürfen (dazu später), treten im Rahmen des § 34 Abs. 2 BauGB an ihre Stelle die tatsächliche städtebauliche Situation und der Rahmen, der durch die Umgebungsbebauung gebildet wird.

481 Diese Anwendungserklärung in § 34 Abs. 2 BauGB beschränkt sich nur auf die Art, nicht aber auf das Maß der baulichen Nutzung, auf die Bauweise oder die Grundstücksfläche, die überbaut werden darf. Das BVerwG hat bereits im Jahr 1969 verbindlich entschieden, dass § 31 BauGB im nicht beplanten Bereich über § 34 Abs. 2, 2. Halbsatz BauGB hinaus nicht anwendbar ist.[697]

482 Auf das Bauen im Außenbereich (§ 35 BauGB) ist § 31 BauGB nicht anwendbar. Der Außenbereich ist kein Baugebiet und dort gibt es keinen Plan und auch keinen Planersatz, von dem eine Ausnahme oder eine Befreiung erteilt werden könnte oder müsste. Dort ist ein Vorhaben zulässig oder nicht zulässig; ein „Dazwischen" gibt es nicht.

483 Ebenso wenig ist § 31 BauGB auf das Bauordnungsrecht anwendbar. Stattdessen haben die Bauordnungen der Länder eigene Abweichungs- oder Ausnahmevorschriften erlassen.

c) Ausnahme nach § 31 Abs. 1 BauGB

484 Von einer Festsetzung durch einen Bebauungsplan kann nur dann eine Ausnahme erteilt werden, wenn dieser Plan und die mit ihm getroffene Festsetzung wirksam sind und zudem nicht aufgrund einer differenzierenden Festsetzung aufgrund von § 1 Abs. 5 bis 9 BauNVO die Möglichkeit der Erteilung dieser Ausnahme ausgeschlossen worden ist (s. dazu ab Teil B Rn. 248).

485 Die Zulassung einer Ausnahme setzt nicht das Vorliegen eines Sonderfalls voraus. Es ist jedoch im Wege einer ergänzenden Prüfung nach der Gebietsverträglichkeit (s. dazu ab Teil B Rn. 255) der jeweiligen Nutzung zu fragen. Das Erfordernis der Gebietsverträglichkeit gilt nach der Rechtsprechung des BVerwG auch und insbesondere für die ausnahmsweise Zulassung von Vorhaben. Denn: *„Zwischen der jeweiligen spezifischen Zweckbestimmung des Baugebietstypus und dem jeweils zugeordneten Ausnahmekatalog besteht ein gewollter funktionaler Zusammenhang. Das bedeutet: Die normierte allgemeine Zweckbestimmung ist auch für Auslegung und Anwendung der tatbestandlich normierten Ausnahmen bestimmend."*[698]

486 In diesem Zusammenhang sind die Anforderungen des jeweiligen Vorhabens an ein Gebiet, die Auswirkungen des Vorhabens auf ein Gebiet und die Erfüllung des spezifischen Gebietsbedarfs von besonderer Bedeutung. Entscheidend ist, ob ein Vorhaben dieser Art generell geeignet ist, ein „bodenrechtlich beachtliches Störpotenzial" zu entfalten, das sich mit der Zweckbestimmung des Baugebiets nicht verträgt. Im

---

697 Urt. v. 19.9.1969 – 4 C 18.67.
698 BVerwG Beschl. v. 28.2.2008 – 4 B 60/07.

Rahmen dieser Beurteilung kommt es nicht auf die konkrete Bebauung in der Nachbarschaft an.

Eine Ausnahme darf nicht zugelassen werden, wenn das Vorhaben nicht mit § 15 Abs. 1 BauNVO vereinbar ist. Diese Bestimmung gilt nicht nur für Vorhaben, die den Festsetzungen des Bebauungsplans nicht widersprechen, sondern – erst recht – für Vorhaben, die nur im Wege einer Ausnahme zugelassen werden können.[699]

487

d) Befreiung nach § 31 Abs. 2 BauGB

Befreiungen können in unmittelbarem Zusammenhang mit der Erteilung einer Baugenehmigung ausgesprochen werden oder ohne Zusammenhang mit einer solchen, etwa wenn das Vorhaben keiner Genehmigung bedarf. Befreiungen stellen im ersten Fall, selbst wenn sie formal in Gestalt eines eigenständigen Bescheides verfügt werden, materiellrechtlich unselbständige Bestandteile der Baugenehmigung dar, die bei der bauplanungsrechtlichen Zulassung des Vorhabens im Baugenehmigungsverfahren mit zu prüfen sind. Ergeht allein ein isolierter Befreiungsbescheid oder wird dieser verweigert, ist dies ein selbstständiger Verwaltungsakt, der vor Gericht angefochten oder eingeklagt werden kann.

488

Bebauungspläne leiten ihre Bedeutung von der Legitimation der Abgeordneten in dem Gemeindeparlament ab. Die Stadtverordneten „setzen Recht", und lediglich im Rahmen dieses geschaffenen Rechts ist die Verwaltung befugt, im Einzelfall, wenn Anlass dazu besteht, flexibel zu handeln. Die Befreiung ist insoweit tendenziell immer ein Eingriff in die Planungshoheit der Gemeinde. Deshalb muss sich jede Befreiung daran messen lassen, inwieweit durch sie die Grundzüge der gemeindlichen Bauleitplanung beeinträchtigt werden; denn sonst würde der Wille der demokratisch legitimierten Gemeinderatsmitglieder übergangen. Insbesondere darf nicht durch eine Befreiung ein angeblicher Missgriff in einer Planfestsetzung ausgeglichen werden. Vielmehr hat sich bereits die Planfestsetzung an den Grundsätzen der Verhältnismäßigkeit und des Übermaßverbotes zu orientieren. Bei einem Verstoß hiergegen ist die Festsetzung ungültig und nicht zu beachten – sofern eine Aufrechterhaltung des Bebauungsplans ohne diese Festsetzung noch einen Sinn macht; gegebenenfalls ist sogar der gesamte Bebauungsplan unwirksam, wenn der verbleibende Rest nur noch einen Planungstorso darstellt. Ist der Bebauungsplan unwirksam, stellt sich die Frage einer Befreiung gar nicht erst. Denn von einer ungültigen Norm braucht und kann keine Befreiung noch erteilt werden. Das Instrument der Befreiung dient auch nicht zur Änderung von heute als unbillig angesehenen, aber seinerzeit unter Beachtung des Abwägungsgebots wirksam getroffenen Entscheidungen. Die Norm darf nicht einfach ignoriert werden; erforderlichenfalls muss eben der Plan geändert werden.

489

aa) Befreiung nur im Falle eine „Atypik"?

Eine frühere Fassung des § 31 Abs. 2 BauGB besagte, dass die Befreiung „im Einzelfall" erteilt wird. Die heutige, seit dem 1.1.1989 gültige Fassung enthält diese Formulierung nicht mehr. Das BVerwG hat aber bereits bald nach der Rechtsänderung ausgeführt, die Anwendung der Befreiungsvorschrift des § 31 Abs. 2 BauGB setze weiterhin voraus, dass ein „atypischer" Sachverhalt besteht. Ein „atypischer" Sachverhalt liege jedenfalls nicht vor, wenn die Gründe, die für eine Befreiung streiten, für

490

---

[699] BVerwG Urt. v. 25.1.2007 – 4 C 1/06.

jedes oder nahezu für jedes Grundstück im Planbereich gegeben sind.[700] Die Richtigkeit dieses Verlangens ist umstritten.[701] Allerdings dürfte die Bedeutung des Streits in der Praxis geringer sein als die Heftigkeit der wissenschaftlichen Diskussion. Denn durch die unabdingbare Voraussetzung für eine Befreiung, dass die Grundzüge der Planung nicht berührt werden dürfen, wird der Streit entschärft. Würde nämlich nicht nur in einem atypischen, sondern auch in einem „normalen" Fall eine Befreiung erteilt, würde das Berufungsfälle ermöglichen. Damit bestünde die Gefahr, dass die Planungskonzeption nicht länger berücksichtigt wird. Daher wird durch eine strenge Anwendung des Kriteriums des Verbots des Berührens von Grundzügen der Planung dasselbe erreicht, wie wenn eine Korrektur durch ein ungeschriebenes Tatbestandsmerkmal wie „atypischer Sachverhalt" oder „im Einzelfall" geprüft würde.

bb) Grundzüge der Planung

491 Das Erfordernis, dass die Grundzüge der Planung nicht berührt werden, war nach früher geltendem Recht lediglich eine von mehreren Tatbestandsalternativen für eine zulässige Befreiung. Der Gesetzgeber hat es in der jetzt gültigen Fassung gleichsam vor die Klammer gezogen und zur allgemeinen Zulässigkeitsvoraussetzung erhoben, die für alle Befreiungsfälle Geltung beansprucht. Das hat seine Rechtfertigung in dem Rechtsnormcharakter der Festsetzungen eines Bebauungsplans. Einerseits soll mit § 31 Abs. 2 BauGB im Interesse der Einzelfallgerechtigkeit und der Wahrung der Verhältnismäßigkeit für Vorhaben, die den Festsetzungen zwar widersprechen, sich mit den planerischen Vorstellungen aber gleichwohl in Einklang bringen lassen, ein Mindestmaß an Flexibilität geschaffen werden. Andererseits soll durch das Erfordernis der Wahrung der Grundzüge der Planung sichergestellt werden, dass die Festsetzungen des Bebauungsplans nicht beliebig durch Verwaltungsakte außer Kraft gesetzt werden.

492 Mit dem Begriff „Grundzüge der Planung" umschreibt das Gesetz in § 31 Abs. 2 BauGB die planerische Grundkonzeption, die den Festsetzungen eines Bebauungsplans zu Grunde liegt und in ihnen zum Ausdruck kommt. Hierzu gehören die Planungsüberlegungen, die für die Verwirklichung der Hauptziele der Planung sowie für den mit den Festsetzungen insoweit verfolgten Interessenausgleich und damit für das Abwägungsergebnis maßgeblich sind.

493 Ob die Grundzüge der Planung berührt werden, hängt von der jeweiligen Planungssituation ab. Entscheidend ist, ob die Abweichung dem planerischen Grundkonzept zuwiderläuft.[702] Dies zu erkennen setzt eine sorgfältige Auslegung des Bebauungsplans voraus. Unter Umständen muss auf die Aufstellungsvorgänge und die Begründung zurückgegriffen werden. Je tiefer die Befreiung in das Interessengeflecht der Planung eingreift, desto eher liegt der Schluss auf eine Änderung der Planungskonzeption nahe, die nur im Wege der (Um-)Planung möglich ist. Ob es sich bei einer Festsetzung um einen Grundzug der Planung handelt, kann sich auch aus der Festsetzung selbst ergeben, die auszulegen ist.

494 Ein von den Festsetzungen des Bebauungsplans abweichendes Vorhaben berührt die Grundzüge der Planung, wenn es dem planerischen Grundkonzept zuwiderläuft. Je tiefer die Befreiung in das Interessengeflecht der Planung eingreift, desto eher

---

700 So wörtlich die Leitsätze der Entscheidung vom 20.11.1989 – 4 B 163/89.
701 Vgl. dazu BVerwG Beschl. v. 5.3.1999 – 4 B 5/99; VGH München Beschl. v. 11.4.2017 – 1 ZB 14.2723.
702 BVerwG Urt. v. 9.8.2018 – 4 C 7.17.

B. Bauplanungsrecht

liegt der Schluss auf eine Änderung in der Planungskonzeption nahe, die nur im Wege der (Um-)Planung möglich ist.[703]

Weiteres Beispiel: Mit der Festsetzung einer Grundflächenzahl von 0,25 hat der Satzungsgeber die städtebauliche Intention verfolgt, eine geringe Verdichtung bei der Bebauung im Plangebiet zu erhalten. Als wesentliches Planungsziel war erkennbar, das historisch gewachsene Ortsbild im Bereich der Ortsmitte für die Zukunft zu pflegen und zu bewahren. Deshalb wurde die Höhenentwicklung der Gebäude und der Anlagen, die keine Gebäude sind, beschränkt. Eine Befreiung würde dem Ziel zuwiderlaufen.[704] 495

Festsetzungen zur überbaubaren Grundstücksfläche gehören bereits grundsätzlich zum Kern eines Bebauungsplans (vgl. § 30 Abs. 1 BauGB), so dass naheliegt, dass eine diesbezügliche Befreiung dem planerischen Grundkonzept zuwiderläuft. 496

Beispiel: Eine hintere Baugrenze ist auf sämtlichen Grundstücken im Plangebiet festgesetzt; in den hinteren Grundstücksteilen sind nur Nebengebäude erlaubt. Die Festsetzung dient daher im Sinne eines planerischen Grundkonzepts erkennbar dazu, die hinteren Grundstücksteile im gesamten Plangebiet von einer Bebauung mit Hauptgebäuden freizuhalten und zudem ein einheitliches Ortsbild herzustellen. Sie stellt einen Grundzug der Planung dar.

Weil eine Befreiung nicht als Mittel dafür herhalten darf, die von der Gemeinde getroffene planerische Regelung beiseite zu schieben, darf sie – das gilt jedenfalls für Festsetzungen, die für die Planung tragend sind – nicht aus Gründen erteilt werden, die sich in einer Vielzahl gleichgelagerter Fälle oder gar für alle von einer bestimmten Festsetzung betroffenen Grundstücke anführen ließen. Deshalb können für die Beurteilung, ob die Zulassung eines Vorhabens im Wege der Befreiung die Grundzüge der Planung berührt, auch Auswirkungen des Vorhabens im Hinblick auf mögliche Vorbild- und Folgewirkungen für die Umgebung sein.[705] Bestünde die Gefahr, dass die planungsrechtliche Lage auf Dauer „kippt", ist ohne eine Änderung des Bebauungsplans eine Genehmigung nicht möglich.[706] 497

Ebenso wenig darf von einer Festsetzung, die im Angesicht eines konkreten Falles erfolgt ist, aus Gründen befreit werden, die bereits Gegenstand der Abwägung bei der Schaffung des Bebauungsplans waren.[707] 498

Hinsichtlich der Frage, ob die Grundzüge der Planung berührt werden, ist nach der Rechtsprechung des BVerwG nicht auf den Zeitpunkt der Abwägungsentscheidung abzustellen, sondern ist die tatsächliche Entwicklung des Baugebiets in den Blick zu nehmen.[708] Ein Grundzug der Planung kann durch ein Vorhaben dann nicht mehr berührt werden, wenn er bereits durch die bisherige tatsächliche Entwicklung im Baugebiet so nachhaltig gestört ist, dass das Hinzutreten des Vorhabens nicht mehr ins Gewicht fällt. Bei der Prüfung ist der Einfluss der vorhandenen Bebauung auf das Baugrundstück sowie umgekehrt die Beziehung des Baugrundstücks zu seiner Umgebung zu betrachten; das setzt eine gewisse räumliche Nähe voraus. 499

---

703 BVerwG Urt. v. 9.6.1978 – IV C 54.75; BVerwG Beschl. v. 5.3.1999 – 4 B 5/99.
704 Nach: VG Stuttgart Urt. v. 26.2.2019 – 5 K 17767/17.
705 VGH München Beschl. v. 29.4.2020 – 15 ZB 18.96.
706 BVerwG Beschl. v. 20.11.1989 – 4 B 163/89.
707 BVerwG Urt. v. 14.7.1972 – IV C 69.70, diese Entscheidung ist zwar zu einer früheren Fassung des § 31 Abs. 2 BauGB ergangen, hat aber auch für die aktuelle Fassung Bedeutung, vgl. OVG Lüneburg Beschl. v. 2.12.2016 – 1 LA 77/16.
708 BVerwG Urt. v. 18.11.2010 – 4 C 10/09; siehe auch VGH Mannheim Beschl. v. 20.9.2016 – 3 S 864/16.

cc) Die Alternativen der Befreiungsgründe

500 Weitere Voraussetzung für eine Befreiung ist, dass entweder Gründe des Wohls der Allgemeinheit, einschließlich der Wohnbedürfnisse der Bevölkerung[709] und des Bedarfs zur Unterbringung von Flüchtlingen oder Asylbegehrenden, die Befreiung erfordern oder die Abweichung städtebaulich vertretbar ist oder die Durchführung des Bebauungsplans zu einer offenbar nicht beabsichtigten Härte führen würde.

501 Wie sich schon aus dem Begriff „Gründe des Wohls der Allgemeinheit" ergibt, sind allein private Interessen für eine Befreiung nicht ausreichend. Vielmehr muss es um öffentliche Interessen und Belange gehen. Der Begriff „deckt in seiner Abstraktheit eine Vielfalt von Sachverhalten und Zwecken" ab und „bedarf deswegen stets der Konkretisierung im Einzelfall".[710] Die Gründe beschränken sich nicht auf spezifisch bodenrechtliche Belange, sondern erfassen alles, was im Allgemeinen unter den öffentlichen Belangen oder – insoweit gleichbedeutend – den öffentlichen Interessen zu verstehen ist. So kann neben dem beispielhaft genannten Bedarf zur Unterbringung von Flüchtlingen oder Asylbegehrenden das Gemeinwohl gefördert werden durch andere soziale Einrichtungen (Krankenversorgung, Kinderbetreuung, Altenpflege), durch kulturelle Einrichtungen (Schulen, sonstige Bildungsstätten, Museen, Theater), durch sportliche Einrichtungen (Sportplätze, Badeanstalten, Turnhallen), durch Einrichtungen der Freizeitgestaltung (Spielplätze, Grünanlagen), durch Einrichtungen, die der Sicherheit der Bevölkerung dienen (Brandwachen, Polizeiwachen), durch Umweltschutzeinrichtungen (Kläranlagen, Immissionsschutzanlagen), durch Verkehrsanlagen, Versorgungsanlagen, Entsorgungsanlagen u.a.m.

502 Die Gemeinwohlinteressen „erfordern" eine Abweichung von den Festsetzungen des Bebauungsplans nicht erst dann, wenn den Belangen der Allgemeinheit auf keine andere Weise als durch eine Befreiung entsprochen werden könnte, sondern nach dem Sinn und Zweck der Vorschrift schon dann, wenn es zur Wahrnehmung des jeweiligen öffentlichen Interesses „vernünftigerweise geboten" ist, mithilfe der Befreiung das Vorhaben an der vorgesehenen Stelle zu verwirklichen.[711] Die Befreiung muss nicht schlechterdings das einzige denkbare Mittel für die Verwirklichung des jeweiligen öffentlichen Interesses sein. Dessen Erfüllung muss also nicht mit der Erteilung der Befreiung „stehen und fallen". Dass die Befreiung dem Gemeinwohl nur irgendwie nützlich oder dienlich ist, reicht allerdings nicht aus.

503 Städtebaulich vertretbar ist eine Befreiung dann, wenn eine entsprechende Festsetzung mit einer geordneten städtebaulichen Entwicklung vereinbar wäre. Dies ist dann zu bejahen, wenn sie Gegenstand einer sachgerechten Abwägung im Rahmen eines Planänderungsverfahrens sein könnte.[712] Insoweit kommt es insbesondere auf öffentliche Belange, aber auch auf private Belange, soweit diese im Falle einer Bebauungsplanung bedeutsam sein können. Sind die Festsetzungen in dem Bebauungsplan sehr differenziert, kommt eine Befreiung davon weniger in Betracht; deshalb dürfte z.B. eine Befreiung von dem ausdrücklichen Ausschluss bestimmter Nutzungen unter dem Gesichtspunkt der städtebaulichen Vertretbarkeit kaum in Betracht kommen.

504 Eine offenbar nicht beabsichtigte Härte ist nur selten anzunehmen. Nicht jede Betroffenheit rechtfertigt eine Befreiung. Denn die Festsetzungen eines die Ausnutzbar-

---

[709] Eingefügt durch das Baulandmobilisierungsgesetz.
[710] So BVerfG Urt. v. 18.12.1968 – 1 BvR 638/74.
[711] BVerwG Urt. v. 9.6.1978 – 4 V 54/75.
[712] BVerwG Urt. v. 19.9.2002 – 4 C 13/01.

keit eines Grundstücks begrenzenden Bebauungsplans stellen immer schon einen Nachteil dar. Hierfür genügt nicht schon, dass der Satzungsgeber eine bestimmte Möglichkeit baulicher Ausnutzung nicht bedacht hat. „Hinzutreten muss vielmehr weiter, dass der jeweilige Fall in bodenrechtlicher Beziehung Besonderheiten aufweist, die ihn im Verhältnis zu der im Bebauungsplan getroffenen Festsetzung als einen Sonderfall erscheinen lassen. Trifft das nicht zu, hat also der Plangesetzgeber mehr oder weniger „allgemein" etwas nicht bedacht, dann besteht Anlass, deshalb (insoweit) die Gültigkeit der planerischen Festsetzung anzuzweifeln, nicht aber eine Rechtfertigung, in einem Einzelfall oder eventuell gar in zahlreichen Einzelfällen von ihr Befreiung zu erteilen."[713] Offenbar nicht beabsichtigt ist eine Härte dann, wenn die Belange nicht Gegenstand der Abwägung im Rahmen der Erstellung des Bebauungsplans waren, weil sie der Gemeinde nicht bekannt waren oder nicht bekannt sein mussten und auch von den betroffenen Eigentümern während des Planaufstellungsverfahrens nicht vorgetragen worden waren. Auch insofern scheiden private Belange nicht von vornherein aus. Sie spielen aber nur dann eine Rolle, wenn sie grundstücksbezogen sind; persönliche (z.B. familiäre) Besonderheiten sind unmaßgeblich.[714]

Im Ergebnis gilt das Gleiche, wenn sie auf Umstände zurückzuführen sind, die insofern in die Privatsphäre des Bauherrn fallen, als sie ihre Ursache in einem nicht genehmigten Vorhaben haben. Auch wenn eine bauliche Anlage nur noch Bestandsschutz genießt, ist die Härte, die darin liegt, dass ein Vorhaben wegen Entgegenstehens einer planerischen Festsetzung nicht zulässig ist, nicht unbeabsichtigt. Denn es ist davon auszugehen, dass der Plangeber bei Erlass der Festsetzung die Existenz des Bestandsschutzes und deren rechtliche Reichweite erkannt und in Kauf genommen hat. 505

Ob eine offensichtlich nicht beabsichtigte Härte vorliegt, unterliegt voller verwaltungsgerichtlicher Kontrolle.[715] 506

dd) Die Würdigung nachbarlicher Belange und die Vereinbarkeit mit den öffentlichen Belangen

Die Anforderung der Vereinbarkeit mit den öffentlichen Belangen deckt sich weitgehend mit der Anforderung, dass die Grundzüge der Planung nicht berührt werden dürfen sowie mit einigen Elementen der Nrn. 1 und 2. Der Anwendungsbereich ist deshalb begrenzt. 507

Öffentliche Belange im Sinne dieser Vorschrift sind alle für eine Bauleitplanung relevanten städtebaulichen oder bodenrechtlichen Belange, nicht aber rein fiskalische Interessen (auch etwa der Gemeinde). Es kommt auf den Einzelfall an, wobei bei entgegenstehenden Interessen eine Abwägung nach dem Gewicht der Interessen erfolgen muss. Das Ergebnis ist einer vollen gerichtlichen Überprüfung unterworfen, d.h. es besteht kein Ermessensspielraum der Genehmigungsbehörde. 508

Das Gebot der Würdigung nachbarlicher Interessen hat im Öffentlichen Baunachbarrecht eine besonders große Bedeutung. Denn wenn bei einer Befreiung diese Belange nicht hinreichend gewürdigt worden sind, kann der Nachbar die Befreiung und die in ihrem Zusammenhang erteilte Baugenehmigung erfolgreich anfechten. Der In- 509

---

713 BVerwG Beschl. v. 6.6.1977 – 4 B 53/77.
714 BVerwG Urt. v. 14.2.1991 – 4 C 51/87.
715 BVerwG Urt. v. 9.6.1978 – IV C 54.75.

teressenausgleich zwischen Bauherrn und Nachbarn hat unter Berücksichtigung der Grundsätze zum Rücksichtnahmegebot zu erfolgen.[716]

510 Unter „Belange" sind alle Formen von planungsrechtlich relevanten Interessen zu fassen. Das sind nicht nur solche, die im Sinne des Baunachbarrechts aufgrund einer nachbarschützenden Bestimmung ein subjektives öffentliches Recht darstellen. Auf der Ebene der Abwägung der Belange ist allerdings bedeutsam, ob der nachbarliche Belang „bloß" ein Interesse (im Sinne eines reinen, nicht schutzwürdigen Affektionsinteresses) oder ein subjektives öffentliches Recht, das ihm die Rechtsordnung ausdrücklich eingeräumt hat, darstellt. Denn im zweiten Fall wird es sich eher gegenüber dem Interesse des Bauherrn durchsetzen können als im ersten.

ee) Befreiung zugunsten des Wohnungsbaus

511 § 31 Abs. 3 BauGB enthält einen neuen, mit den Baulandmobilisierungsgesetz eingeführten Befreiungstatbestand. Danach kann in einem Gebiet mit einem angespannten Wohnungsmarkt, das durch eine Rechtsverordnung der Landesregierungen nach § 201a BauGB bestimmt ist, mit Zustimmung der Gemeinde bis zum Ende der Geltungsdauer der Rechtsverordnung (spätestens mit Ablauf des 31.12.2026) im Einzelfall von den Festsetzungen des Bebauungsplans zugunsten des Wohnungsbaus befreit werden, wenn die Befreiung auch unter Würdigung nachbarlicher Interessen mit den öffentlichen Belangen vereinbar ist. § 201a BauGB enthält eine Verordnungsermächtigung zur Bestimmung von Gebieten mit einem angespannten Wohnungsmarkt. Sie hat insbesondere für die Anwendung der Regelungen in § 25 Abs. 1 S. 1 Nr. 3 BauGB und § 31 Abs. 3 Bedeutung. Ein Gebiet mit einem angespannten Wohnungsmarkt liegt vor, wenn die ausreichende Versorgung der Bevölkerung mit Mietwohnungen in einer Gemeinde oder einem Teil der Gemeinde zu angemessenen Bedingungen besonders gefährdet ist. Die Bestimmung knüpft insbesondere an überdurchschnittlich steigende und hohe Mieten und Wohnraummangel an (S. 4).

e) Abweichung

512 Mit den im Baugesetzbuch abschließend aufgeführten Möglichkeiten zur Erteilung von Abweichungen soll dem Bauherrn Gestaltungsfreiheit eingeräumt werden, die nicht an einer zu kleinlichen Handhabung der Vorschriften scheitern soll. Das Gesetz bietet die Möglichkeit,
– von der als zwingend festgesetzten Höhe baulicher Anlagen geringfügige Abweichungen zuzulassen, § 18 Abs. 2 BauNVO,
– geringfügige Überschreitungen der zulässigen Grundflächenzahl zuzulassen, § 19 Abs. 4 BauNVO,
– das Vor- und Zurücktreten von Gebäudeteilen in geringfügigem Ausmaß über die im Bebauungsplan festgesetzte Baugrenze oder Baulinie zuzulassen, § 23 Abs. 2 und 3 BauNVO; soweit der Satzungsgeber nach § 23 Abs. 2 S. 3 BauNVO von der Möglichkeit Gebrauch gemacht hat, ein Vor- oder Zurücktreten von Gebäudeteilen in geringfügigem Ausmaß zuzulassen, ist eine entsprechende Entscheidung allerdings eine Ausnahmeentscheidung nach § 31 Abs. 1 BauGB),
– Nebenanlagen im Sinne von § 14 BauNVO in der Abstandsfläche zuzulassen, § 23 Abs. 5 BauNVO.

---

[716] BVerwG Urt. v. 19.9.1986 – 4 C 8/84.; zum Rücksichtnahmegebot im Allgemeinen s. Teil D Rn. 80 ff..

B. Bauplanungsrecht

Über die Abweichung entscheidet die Baugenehmigungsbehörde im Ermessenswege; sie kann die Abweichung ablehnen, wenn sie dafür gute Gründe anführen kann. 513

f) Die Sonderregelungen in § 246 Abs. 10, 12 und 14 BauGB

Für Aufnahmeeinrichtungen, Gemeinschaftsunterkünfte oder sonstige Unterkünfte für Flüchtlinge oder Asylbegehrende in einem Gewerbegebiet hat der Gesetzgeber mit § 246 Abs. 10 und Abs. 12 BauGB – zeitlich auslaufende – Sonderregelungen für Befreiungen getroffen. 514

Er hat mit § 246 Abs. 10 BauGB (im Falle der Zulässigkeit einer Anlage für soziale Zwecke in dem Baugebiet, sei es im Wege einer Ausnahme oder allgemein) für solche Vorhaben die Möglichkeit einer Befreiung eröffnet, die ansonsten zumeist an der fehlenden Gebietsverträglichkeit gescheitert wären. 515

Während § 246 Abs. 10 BauGB „für" die genannten Einrichtungen Befreiungen erlaubt, also auch die Errichtung stationärer Gebäude in Gewerbegebieten im Blick hat, spricht § 246 Abs. 12 BauGB lediglich die Errichtung mobiler Unterkünfte und Nutzungsänderungen an. Die Bestimmung stellt dies aber einerseits nicht unter die Voraussetzung der Zulassung von Anlagen für soziale Zwecke in diesem Gebiet und lässt sie andererseits in Gewerbe- und Industriegebieten und Sondergebieten nach den §§ 8 bis 11 BauNVO zu. Unter mobilen Unterkünften sind nach der Gesetzesbegründung zu § 246 Abs. 12 BauGB Behelfsunterkünfte wie insbesondere Wohncontainer und Zelte zu verstehen.[717] Ihr charakteristisches Merkmal ist, dass die wesentlichen Elemente nach einem Rückbau an anderer Stelle wieder verwendet werden können.[718] 516

Gemeinsam ist den Regelungen der Absätze 10 und 12, dass das Vorhaben „auch unter Würdigung nachbarlicher Interessen mit öffentlichen Belangen vereinbar" sein muss. Angesichts des enormen Drucks, der auf den staatlichen Stellen ruht, und der auch von der Bevölkerung zu tragenden Pflicht, an der Lösung der Probleme mitzuwirken, ist bei der Aufgabe der Flüchtlingsunterbringung den Nachbarn auch ein „Mehr an Beeinträchtigungen zuzumuten".[719] 517

Eine gesonderte Prüfung, ob durch die Zulassung des Vorhabens Grundzüge der Planung berührt werden, ist nicht erforderlich.[720] Denn es war gerade der Wille des Gesetzgebers, eine Befreiung nach § 246 Abs. 12 BauGB auch dann zu ermöglichen, wenn die Grundzüge der Planung berührt werden.[721] Dies wird auch darin deutlich, dass der Gesetzgeber als öffentliche Belange in seiner Begründung nur „gesunde Wohn- und Arbeitsverhältnisse" hervorgehoben hat. 518

Die in § 246 Abs. 14 BauGB gebotene Möglichkeit, unter den beschriebenen Voraussetzungen „von den Vorschriften dieses Gesetzbuchs oder den aufgrund dieses Gesetzbuchs erlassenen Vorschriften in erforderlichem Umfang" abzuweichen, gibt der zuständigen Stelle eine bemerkenswerte und außergewöhnliche Freiheit. Die Regelung hat aber in der gerichtlichen Praxis bislang eine geringe Rolle gespielt. 519

---

717 S. BT-Drs. 18/6185 S. 54.
718 So OVG Hamburg Beschl. v. 14.4.2016 – 2 Bs 29/16.
719 BT-Drs. 18/6185 S. 74 f.
720 OVG Hamburg Beschl. v. 14.4.2016 – 2 Bs 29/16; Ewer/Mutschler-Siebert, NJW 2016, 11; Blechschmidt in: Ernst/Zinkahn/Bielenberg/Krautzberger, BauGB, § 246 Rn. 76 f.; Battis/Mitschang/Reidt, NVwZ 2015, 1636.
721 BT-Drs. 18/6185 S. 54.

g) Ermessensentscheidung bei der Erteilung einer Ausnahme und einer Befreiung

520 Die Entscheidung der Baugenehmigungsbehörde über die Erteilung der Ausnahme liegt in ihrem pflichtgemäßen Ermessen. Das besagt, dass auch bei Vorliegen der Voraussetzungen für eine Ausnahme die Behörde die rechtliche Befugnis hat, die Erteilung der Ausnahme abzulehnen. Der Bauherr hat nur einen Anspruch auf ermessensfehlerfreie Entscheidung.

521 Die Begründung des Bebauungsplans kann nicht als Leitlinie für die Ausübung des Ermessens dienen. Denn die Begründung ist nicht Teil des Bebauungsplans und nimmt nicht an dessen Charakter als Satzung teil und ist deshalb nicht verbindlich. Sie vermag aus diesem Grund auch nicht zur Bestimmtheit einer in ihrer Aussage zweifelhaften Festsetzung beizutragen.[722]

522 Die Behörde muss bei ihrer Entscheidung die allgemeinen verwaltungsrechtlich anerkannten Grundsätze über die Ermessensausübung berücksichtigen: Sie muss zunächst von dem richtigen tatsächlichen Sachverhalt ausgehen. Ferner muss sie den Gleichbehandlungsgrundsatz beachten: Der Bauherr hat einen Anspruch auf die Erteilung der Ausnahme bzw. Befreiung, wenn die Behörde sich durch die Erteilung von Ausnahmen bzw. Befreiungen in anderen, gleich gelagerten Fällen so sehr gebunden hat, dass die diesmalige Ablehnung gegen den Gleichheitsgrundsatz verstoßen würde.

523 Die Behörde muss ferner bei ihrer Entscheidung in einer dem Zweck der Ermächtigung entsprechenden Weise Gebrauch machen: Mit Blick auf die sich aus Art. 14 GG folgende Baufreiheit darf die Versagung darf nur aus gewichtigen städtebaulichen Gründen erfolgen.[723] Dabei reicht es nicht aus, dass die Gemeinde bestimmte dem Vorhaben entgegenstehende Planungsabsichten hat. Denn um diese zu sichern stehen der Gemeinde andere Instrumente zur Verfügung, insbesondere die Zurückstellung von Baugesuchen und die Veränderungssperre. Schließlich muss sie nach § 39 Abs. 1 S. 3 VwVfG eine Begründung fertigen, die die Gesichtspunkte erkennen lässt, von denen sie bei der Ausübung ihres Ermessens ausgegangen ist.

524 Für die Erteilung einer Ausnahme nach § 246 Abs. 11 BauGB oder einer Befreiung nach § 246 Abs. 10 oder 12 BauGB besteht ein intendiertes Ermessen.[724] Das heißt, das Ermessen ist in Richtung auf Erteilung einer Genehmigung unter Einschluss einer Ausnahme auszuüben, wenn nicht besondere Umstände vorliegen, die es als nicht mehr vertretbar erscheinen lassen, das Vorhaben zuzulassen; insoweit kommen insbesondere erhebliche Gesundheitsbeeinträchtigungen durch gewerbliche Nutzungen in Betracht.

6. Bauvorhaben im Außenbereich (§ 35 BauGB)

525 Der Außenbereich ist kein Baugebiet. Dort bauliche Anlagen zu errichten, ist im Grundsatz rechtpolitisch unerwünscht. Der Gesetzgeber war und ist sich aber bewusst, dass dieser Grundsatz nicht ohne Einschränkungen durchzuhalten ist. Aus verschiedenen Gründen hat er für privilegierte Vorhaben Ausnahmen von dem Grundsatz zugelassen, die zB ihren Grund in der Praktikabilität (vgl. etwa Vorhaben für land- und forstwirtschaftliche Betriebe nach § 35 Abs. 1 Nr. 1 und 2 BauGB), ihrer Ortsgebundenheit (vgl. etwa Betriebe nach § 35 Abs. 1 Nr. 3 BauGB) oder wegen

---

722 BVerwG Beschl. v. 15.12.2016 – 4 BN 21/16.
723 BVerwG Urt. v. 19.9.2002 – 4 C 13/01.
724 BT-Dr. 18/6185, S. 74.

ihrer Anforderungen, ihrer Wirkungen oder ihrer Zweckbestimmung (vgl. § 35 Abs. 1 Nr. 4 BauGB) haben. Darüber hinaus hat er in bestimmten Situationen in der Abwägung zwischen privaten Belangen und öffentlichen Belangen Bestandsschutzinteressen den Vorrang vor öffentlichen Belangen eingeräumt (§ 35 Abs. 4 S. 1 BauGB).

526 Entsprechend diesem Prinzip der grundsätzlichen Unzulässigkeit mit Ausnahmen auf zwei Ebenen für die privilegierte und teilprivilegierte Zulässigkeit ist zunächst zu fragen, ob eine Privilegierung vorliegt. Ist dies nicht der Fall, greift der Grundsatz ein, dass sie (nur) zugelassen werden können, wenn öffentliche Belange nicht entgegenstehen (Abs. 2), was in Abs. 3 konkretisiert wird und nach Abs. 4 unter den dort genannten Voraussetzungen überwunden werden kann.

527 Privilegierte Vorhaben sind im Außenbereich zwar generell zulässig, allerdings nur, wenn öffentliche Belange nach § 35 Abs. 3 BauGB „nicht entgegenstehen" und die Erschließung gesichert ist. Nichtprivilegierte („sonstige") Vorhaben können dagegen nur im Einzelfall genehmigt werden, wenn ihre Ausführung oder Benutzung öffentliche Belange „nicht beeinträchtigt" und ihre Erschließung gesichert ist. Dieser Unterschied bezüglich der Berücksichtigung öffentlicher Belange bedeutet nach der Rechtsprechung des BVerwG,[725] dass bei der Abwägung zwischen dem Bauvorhaben und den davon betroffenen öffentlichen Belangen die gesetzliche Privilegierung des § 35 Abs. 1 BauGB besonders berücksichtigt werden muss. Tendenziell werden öffentliche Belange deutlich eher bereits beeinträchtigt, als dass sie entgegenstehen, was aber ein Entgegenstehen auch bei privilegierten Vorhaben nicht ausschließt. Unter Umständen müssen auch Vorhaben, die an sich im Außenbereich privilegiert sind, ein Bauleitverfahren durchlaufen. So ist anerkannt, dass – über den Gesetzeswortlaut des § 35 Abs. 1 Nr. 4 BauGB hinaus – in Ausnahmefällen einem im Außenbereich privilegierten Vorhaben die Erforderlichkeit einer vorhergehenden förmlichen Bauleitplanung als „unbenannter" öffentlicher Belang entgegengehalten werden kann. Zwar ist in den gesetzlich geregelten Fällen eigentlich kein Raum für planerische Erwägungen. Jedoch ist z.B. bei einem raumbedeutsamen Vorhaben mit komplexen und schwer zu beherrschenden Umweltauswirkungen in der Nähe zu bereits vorhandener Wohnbebauung eine planerische Abstimmung des Vorhabens in die Umgebung dringend erforderlich.

528 Für das in allen Fällen verlangte Erschlossensein ist neben der wegemäßigen Erschließung auch die Strom- und Wasserversorgung sowie die Abwasserbeseitigung erforderlich. Dies setzt im Allgemeinen die für das jeweilige Vorhaben notwendigen Erschließungsmaßnahmen voraus und ist bei den unterschiedlichen Arten der Vorhaben, z.B. bei Wohnzwecken dienenden Vorhaben einerseits und gewerblichen Zwecken dienenden Vorhaben andererseits, unterschiedlich zu beurteilen; es ist vorhabenbezogen zu verstehen.[726] So können die Anforderungen an die sichere Erreichbarkeit einer Jagdhütte geringer sein als für eine Biogasanlage. Zusätzlich sind spezifische Belange des Außenbereichs auch hier zu beachten, d.h. es kann - auch mit Blick auf den Außenbereichsschutz – nicht unbedingt ein Standard verlangt werden, der sonst etwa in beplanten Gebieten vorausgesetzt wird.[727]

---

[725] BVerwG Urt. v. 25.10.1967 – IV C 86.66.
[726] BVerwG Urt. v. 13.2.1976 – IV C 53.74.
[727] VG Aachen Urt. v. 16.4.2021 – 5 K 3922/18; OVG Saarlouis Beschl. v. 9.1.2019 - 2 B 279/18; Söfker in: Ernst/Zinkahn/Bielenberg/Krautzberger, BauGB, § 35 Rn. 74.

a) Privilegierte Vorhaben

aa) Privilegierung nach § 35 Abs. 1 Nr. 1 BauGB

529 Die Privilegierung nach Nr. 1 setzt voraus, dass das Vorhaben einem land- oder forstwirtschaftlichen Betrieb dient und nur einen untergeordneten Teil der Betriebsfläche einnimmt.

530 Die Sinnhaftigkeit der Privilegierung nach § 35 Abs. 1 Nr. 1 BauGB ist offenkundig: Zum einen wäre eine landwirtschaftliche Betriebsstätte nur selten innerhalb eines anderweitig genutzten Baugebiets zumutbar und zum anderen würde die Entfernung zu den Ländereien zu unzumutbaren Belastungen für den Landwirt und die Öffentlichkeit führen. Deshalb dürfen die baulichen Anlagen eines Landwirts – einschließlich seines Wohnhauses und eines Altenteilers – privilegiert im Außenbereich errichtet und genutzt werden. Andererseits gilt es, durch eine strikt an dem Gesetzeszweck orientierte Handhabung der Bestimmung solche angeblich landwirtschaftlichen Betriebe und Anlagen von der Privilegierung auszuschließen, die nur zum Schein unterhalten werden, um ein sonst nach § 35 Abs. 2 BauGB eigentlich nicht zulässiges Bauvorhaben im Außenbereich zu verwirklichen.[728]

531 Der Wunsch, im Außenbereich zu wohnen, und die in der Praxis immer wieder sichtbar werdende Tendenz, einen der Privilegierungsfälle als Alibi zu verwenden, haben, gleichsam als Gegenreaktion, zu einer besonders strengen Rechtsprechung geführt. In deren Folge sind den Begriffen in § 35 Abs. 1 Nr. 1 BauGB Inhalte beizulegen, die sich zum Teil weit von dem entfernt haben, was umgangssprachlich hierunter verstanden wird.

(1) Landwirtschaft

532 Der Begriff der Landwirtschaft ist in § 201 BauGB gesetzlich definiert. Diese Begriffsbestimmung ist auch für § 35 Abs. 1 Nr. 1 BauGB maßgebend; darüberhinausgehend wird die Definition im Bauordnungsrecht verwandt (zB in § 31 BauO, § 62 Abs. 1 S. 1 Nr. 14 Buchst. e) BauO und § 68 Abs. 3 S. 1 Nr. 2 BauO).

533 Weil nach der Legaldefinition Tierhaltung nur dann und nur in dem Umfang zu Landwirtschaft zählt, soweit das Futter überwiegend auf den zum landwirtschaftlichen Betrieb gehörenden, landwirtschaftlich genutzten Flächen erzeugt werden kann, ist eine große Schweinemastanstalt kein landwirtschaftlicher, aber eventuell ein nach § 35 Abs. 1 Nr. 4 BauGB privilegiert zulässiger Betrieb. Die Pferdezucht zählt zur Landwirtschaft, ebenso die mit der Pferdezucht verbundene reiterliche Erstausbildung der Jungpferde. Eine bloße Pensionspferdehaltung ist nur dann Landwirtschaft, wenn sie als „bodenrechtliche Nebensache" („mitgezogene Privilegierung") zu dem landwirtschaftlichen Betrieb auf der Grundlage der eigenen Bodenertragsnutzung erfolgt".[729]

(2) Betrieb

534 Nach der Rechtsprechung der Verwaltungsgerichte stellt nicht jede landwirtschaftliche Betätigung einen landwirtschaftlichen Betrieb i.S.d. § 35 Abs. 1 Nr. 1 BauGB dar. (Die nachfolgenden Ausführungen zum Begriff des Betriebs gelten auch für Betriebe im Sinne von Nr. 2 und Nr. 4.) Nur kurzfristige land- oder forstwirtschaftliche Tätigkeit kann die Zulassung von Bauten im Außenbereich nicht rechtfertigen. Auch eine land-

---

[728] BVerwG Urt. v. 11.4.1986 – 4 C 67/82.
[729] BVerwG Beschl. v. 28.8.1998 – 4 B 66/98.

B. Bauplanungsrecht

wirtschaftliche Betätigung, die nur aus Liebhaberei betrieben wird, ist nicht privilegiert. Vielmehr ist Voraussetzung, dass es sich um einen ernsthaften, auf Dauer angelegten Betrieb handelt, der dazu bestimmt ist, mit seinem Ertrag einen Beitrag zum Lebensunterhalt des Betriebsinhabers zu leisten, also seine Existenz auf Dauer zu sichern.[730] Dabei ist nicht für entscheidend, ob tatsächlich ein Gewinn erwirtschaftet wird.[731] Maßgeblich für die Privilegierung ist vielmehr die Absicht der Gewinnerzielung, sofern diese nicht unrealistisch ist. Zur Gewinnerzielung zählt es auch, wenn die erzeugten Produkte im Haushalt des Grundstückseigentümers verbraucht werden, weil dadurch der Kauf entsprechender Produkte erspart wird.[732] Insbesondere bei Nebenerwerbsbetrieben kommt der Gewinnerzielung eine erhebliche indizielle Bedeutung für einen Betrieb i.S.d. § 35 Abs. 1 Nr. 1 BauGB zu.[733] Daneben spielen aber auch die Betriebsgröße, die Ausstattung mit Maschinen und die landwirtschaftliche Erfahrung des Betriebsinhabers eine maßgebliche Rolle.[734] Entscheidend ist, ob bei einer Gesamtwürdigung aller Umstände davon auszugehen ist, dass die landwirtschaftliche Betätigung zu Erwerbszwecken und nicht etwa aus sonstigen Gründen erfolgt.

535 Fehlt es an dem Nachweis eines Gewinns, können auch andere Indizien für die Nachhaltigkeit der Bewirtschaftung und damit für die Betriebseigenschaft im Sinne des § 35 Abs. 1 Nr. 1 BauGB sprechen. Allein der Umstand, dass keine konkreten Zahlen zur Rentabilität vorgelegt werden, kann die Annahme, dass ein langjährig geführter Betrieb nach Art und Umfang generell lebensfähig und geeignet ist, Gewinn zu erzielen, nicht erschüttern. Nachweise werden jedoch in Zweifelsfällen zu fordern sein, wenn nachvollziehbare Anhaltspunkte dafür vorliegen, dass dem Betrieb die Möglichkeit der Gewinnerzielung abzusprechen ist.[735]

536 Sog. Mischbetriebe, die sich aus verschiedenen Betriebszweigen zusammensetzen, sind als Nebenerwerbsbetriebe zulässig. Denn im Rahmen der Gewinnerzielungsabsicht sind alle landwirtschaftlichen Betätigungen in den Blick zu nehmen, die das Unternehmen ausmachen. Es ist einem Landwirt nicht verwehrt, Überschüsse aus profitablen Betriebszweigen zur „Quersubventionierung" einer weniger rentablen Sparte zu verwenden.[736] Allerdings muss gerade auch in diesen Fällen der Nebenerwerb darauf ausgerichtet sein, dem Betriebsinhaber neben seinem Hauptberuf weitere Einnahmen zu verschaffen, um damit seine Existenz zusätzlich wirtschaftlich abzusichern. Dafür ist es notwendig, dass Arbeits- und Kapitaleinsatz in einem vernünftigen Verhältnis zum erwirtschafteten Erfolg stehen.[737]

537 Eine landwirtschaftliche Betätigung allein auf gepachtetem Grund und Boden ist in der Regel nicht privilegiert. Etwas anderes gilt, wenn nur ein Teil des bewirtschafteten Grund und Bodens langfristig hinzu gepachtet ist. Auch kann nach Ansicht des BVerwG bei entsprechender Sicherung die Anwendung des § 35 Abs. 1 Nr. 1 BauGB dort bejaht werden, wo Gegenstand des Pachtvertrags nicht allein der zu bewirtschaftende Grund und Boden, sondern ein bereits bestehender landwirtschaftlicher Betrieb ist. Schließlich sind Ausnahmefälle denkbar, in denen sich der Bauherr für

---

730 BVerwG Urt. v. 11.4.1986 – 4 C 67/82; OVG Münster Urt. v. 21.7.1999 – 7 A 10/98.
731 BVerwG Urt. v. 11.4.1986 – 4 C 67/82.
732 VGH Mannheim Urt. v. 19.10.2009 – 5 S 347/09.
733 OVG Münster Urt. v. 21.7.1999 – 7 A 10/98.
734 BVerwG Urt. v. 27.1.1967 – IV C 41.65.
735 Vgl. BVerwG Urt. v. 11.10.2012 – 4 C 9.11; OVG Magdeburg Beschl. v. 22.6.2020 – 2 L 95/18.
736 BVerwG Urt. v. 16.12.2004 – 4 C 7/04.
737 VG Münster Urt. v. 5.4.2017 – 2 K 627/15.

das Vorhandensein eines Betriebes einzig auf gepachteten Grund und Boden berufen kann.[738] Das sind jedoch Ausnahmefälle.[739]

(3) Dienen

538 Schließlich muss das Bauvorhaben dem Landwirtschaftsbetrieb „dienen". Ein Vorhaben dient einem Betrieb nicht schon dann, wenn die Benutzung des Vorhabens die Bewirtschaftung des Betriebs erleichtert oder irgendwie fördert. Nicht erforderlich ist eine zwingende Notwendigkeit des Vorhabens, erst recht keine objektive Unentbehrlichkeit. Es ist nicht entscheidend, ob ein Betrieb sich auch ohne das Vorhaben sachgerecht betreiben ließe. Auch eine nach betriebswirtschaftlichen Erkenntnissen an sich nicht erforderliche Sache kann je nach der individuellen Betriebsweise tatsächlich dem Betrieb dienlich sein. Ausreichend ist, dass sie nach der individuellen Betriebsweise tatsächlich dem Betrieb gewidmet und durch diese Widmung auch gekennzeichnet ist. Für das Merkmal des Dienens muss darauf abgestellt werden, ob ein vernünftiger Landwirt auch und gerade unter Berücksichtigung des Gebotes größtmöglicher Schonung des Außenbereichs das Bauvorhaben mit etwa gleichem Verwendungszweck und mit etwa gleicher Gestaltung und Ausstattung für einen entsprechenden Betrieb errichten würde.[740]

Beispiele:
– Der Neuerrichtung eines Betriebsleiterwohnhauses für einen Betriebsnachfolger bedarf es nicht, wenn der Land- oder Forstwirt bereits über ausreichenden Wohnraum in dem betriebsnahen Wohnhaus (ggfs. des bisherigen Betriebsleiters) verfügen oder sich solchen jedenfalls schaffen kann.[741]
– Wenn ein Gebäude schon nach Gestalt und Ausstattung nicht wie ein landwirtschaftliches Betriebsgebäude, sondern eher wie ein Wohnhaus wirkt, dient es nach objektiven Kriterien nicht einem landwirtschaftlichen Betrieb, auch wenn es in dieser Ausstattung derzeit tatsächlich zur Lagerung landwirtschaftlicher Erzeugnisse und landwirtschaftlicher Kleinmaschinen genutzt wird. Dies galt in dem entschiedenen Fall galt für die Ausführung aller Fenster und Türen mit einer dreifachen Thermoverglasung und Sonnenschutzjalousien. Auch die Ausgestaltung der an den Fassaden im Obergeschoss vorgesehenen vier Zugänge als doppelflügelige Balkon- beziehungsweise Terrassentüren sei für die genehmigte landwirtschaftliche Lagernutzung völlig untypisch. Abgerundet werde die fehlende äußerliche landwirtschaftliche Prägung des Obergeschosses durch die genehmigungswidrig an der Südseite des Obergeschosses angelegte Terrasse, auf die zwei Balkon- / Terrassentüren führen. Unabhängig davon, ob und inwieweit auch die Errichtung in Massivbauweise statt in Holzkonstruktion gegen ein landwirtschaftliches Zweckgebäude zu reinen Lagerungszwecken sprechen könnte, fehle dem tatsächlich umgesetzten Obergeschoss das Gepräge, gemäß dem behaupteten Verwendungszweck, lediglich zur Lagerung landwirtschaftlich erzeugter Produkte (Getreide etc.) sowie landwirtschaftlicher Kleinmaschinen bestimmt zu sein.[742]

539 Auch solche Vorhaben sind nach § 35 Abs. 1 Nr. 1 BauGB privilegiert, die zwar selbst keine landwirtschaftliche Nutzung darstellen, aber mit dieser Nutzung in unmittelbarem Zusammenhang stehen – sog. mitgezogener Betriebsteil.[743] Ein in diesem Sinne BauGB als „Anhängsel" privilegiert mitgezogener Betriebsteil liegt nicht vor, wenn es sich um einen zweiten Betrieb neben dem Landwirtschaftsbetrieb handelt, der nach

---

738 BVerwG Urt. v. 3.11.1972 – IV C 9.70.
739 BVerwG Urt. v. 11.10.2012 – 4 C 9/11; vgl. zu einem solchen Fall auch VG Köln Urt. v. 1.3.2015 – 8 K 3306/15.
740 BVerwG Urt. v. 16.5.1991 – 4 C 2/89.
741 Nach: BVerwG Urt. v. 16.5.1991 – 4 C 2/89.
742 Nach: VGH München Beschl. v. 20.8.2019 – 15 ZB 18.2106.
743 BVerwG Beschl. v. 28.8.1998 – 4 B 66/98; BVerwG Urt. v. 19.4.1985 – 4 C 54/82.

B. Bauplanungsrecht

Umfang und Einkommen dem Landwirtschaftsbetrieb in etwa gleichkommt.[744] Ein mitgezogener Betriebsteil kann z.B. vorliegen bei
– einer Winzerstube eines Weinbaubetriebs oder einer sog. Straußenwirtschaft,[745]
– der Vermietung von Fremdenzimmern – Ferien auf dem Bauernhof-,[746]
– dem Selbstverkauf landwirtschaftlicher Produkte,[747]
– nicht aber bei einem Campingplatz.[748]

(4) Forstwirtschaft

Auch für die Privilegierung eines forstwirtschaftlichen Betriebs ist eine spezifische betriebliche Organisation, eine gewisse Nachhaltigkeit im Sinne eines auf Dauer gedachten lebensfähigen Unternehmens, ein Mindestumfang an forstwirtschaftlicher Betätigung sowie eine spezifische Organisation erforderlich. Die von dem Vorhaben in Anspruch genommene Fläche darf nur einen untergeordneten Teil der Betriebsfläche in Anspruch nehmen. Das heißt, sie muss im Verhältnis zur Freifläche, die weiterhin der Bodennutzung dient, kaum ins Gewicht fallen, sie muss als unwesentlich erscheinen. **540**

bb) Privilegierung nach § 35 Abs. 1 Nr. 2 BauGB

Die gartenbauliche Erzeugung dient der Gewinnung pflanzlicher Erzeugnisse über den Eigenbedarf hinaus. Eine unmittelbare Bodenertragsnutzung ist nicht Voraussetzung; deshalb ist der Begriff der gartenbaulichen Erzeugung auch erfüllt bei Erzeugung von Tisch- oder Hydrokulturen, bei denen die Wurzeln nicht in den Boden eindringen. Hinsichtlich der Erfordernisse an das Dienen und den Betrieb gelten die zu § 35 Abs. 1 Nr. 1 BauGB dargestellten Grundsätze. **541**

cc) Privilegierung nach § 35 Abs. 1 Nr. 3 BauGB

§ 35 Abs. 1 Nr. 3 BauGB privilegiert unter anderem öffentliche Versorgungsbetriebe. Bei diesen kommt es nicht darauf an, dass der Betreiber ein Unternehmen der öffentlichen Hand ist. Entscheidend ist, dass die Versorgungsleistung der Allgemeinheit zugutekommt, was z.B. auch bei einem privaten Elektrizitätswerk der Fall sein kann, wenn der erzeugte Strom in das öffentliche Netz eingespeist wird.[749] Auch Mobilfunkanlagen sind nach § 35 Abs. 1 Nr. 3 BauGB privilegiert. **542**

Ein ortsgebundener Betrieb i.S.d. § 35 Abs. 1 Nr. 3 BauGB liegt vor, wenn das Gewerbe nach seinem Gegenstand und seinem Wesen ausschließlich an der fraglichen Stelle betrieben werden kann. Erforderlich ist hierfür, dass der Betrieb auf die geographische oder die geologische Eigenart der Stelle angewiesen ist, weil er an einem anderen Ort seinen Zweck verfehlen würde.[750] Dabei handelt es sich i.d.R. um Anlagen zur Gewinnung von Bodenschätzen, z.B. eine Kiesgrube oder einen Steinbruch[751] oder einen Gipsabbau.[752] Grundsätzlich ist eine restriktive Anwendung dieser Vorschrift geboten. **543**

---
744 BVerwG Beschl. v. 23.7.1995 – 4 B 22/95.
745 VG Karlsruhe Urt. v. 3.11.1999 – 14 K 1859/99.
746 OVG Lüneburg Beschl. v. 29.4.2020 – 1 ME 99/19; VGH München Urt. v. 15.5.1984 – 1 B 84 A.248.
747 OVG Münster Urt. v. 21.7.1999 – 7 A 10/98.
748 VGH München Beschl. v. 20.2.2006 – 1 ZB 05.502.
749 BVerwG Urt. v. 16.6.1994 – 4 C 20/93.
750 BVerwG Urt. v. 20.6.2013 – 4 C 2/12.
751 BVerwG Urt. v. 18.5.1983 – 4 C 17/81.
752 BVerwG Urt. v. 6.10.1989 – 4 C 28/86.

Beispiel: Die Betreiberin einer Schiffswerft an der Nordsee beantragt die Erteilung einer Baugenehmigung zur Nutzung einer wenige hundert Meter im Außenbereich gelegenen Bootslagerhalle als Parkhaus für ca. 250 Kraftfahrzeuge. Ferner plant sie den Bau von schotterunterlegten Parkplätzen für ca. 750 Kraftfahrzeuge auf der Freifläche zwischen der Halle und einem Hafenschutzdamm. Die geplanten Stellplätze sind hauptsächlich für die Fahrzeuge von Gästen vorgelagerter Inseln gedacht, die beabsichtigen, mit den im Hafen ablegenden Fährschiffen überzusetzen und ihre Fahrzeuge auf dem Festland zurückzulassen. Das Vorhaben ist nicht privilegiert genehmigungsfähig. Denn das Vorhaben ist kein ortsgebundener gewerblicher Betrieb. Hierfür genügt nicht, dass sich der Standort aus Gründen der Rentabilität anbietet oder gar aufdrängt. Der beantragte Betrieb könnte auch andernorts, insbesondere auch im Innenbereich angesiedelt werden.[753]

544 Nach der Rechtsprechung des BVerwG ist auch bei den in § 35 Abs. 1 Nr. 3 BauGB zuerst (vor dem Wort „oder") genannten Anlagen Voraussetzung für eine Privilegierung, dass die jeweilige Anlage ortsgebunden ist.[754] Dies steht zwar in einem gewissen Widerspruch zum Wortlaut, wird aber nach Ansicht des Gerichts durch den Grundsatz des Gebots der Schonung des Außenbereichs gerechtfertigt. Trotz der bisweilen an dieser Rechtsprechung geübten Kritik hat das BVerwG stets daran festgehalten.

dd) Privilegierung nach § 35 Abs. 1 Nr. 4 BauGB

545 Der Privilegierungstatbestand des § 35 Abs. 1 Nr. 4 BauGB erfasst Anlagen, die wegen ihrer Eigenart, insbesondere wegen ihrer der Allgemeinheit dienenden Funktion oder wegen immissionsschutzrechtlicher Probleme, nur im Außenbereich errichtet werden sollen, sog. gesollte Vorhaben.[755] Anders als bei § 35 Abs. 1 Nr. 1 bis 3 BauGB handelt es sich dabei um die verschiedensten Anlagen mit den unterschiedlichsten Funktionen. Insofern hat die Bestimmung den Charakter eines Auffangtatbestandes.

546 Besondere Anforderungen an die Umgebung stellen Vorhaben, die ihrer Natur nach bestimmte Eigenarten ihrer Umgebung fordern, wie z.B. Thermalbäder.[756]

547 Zu den Anlagen, die so nachteilige Wirkung auf die Umgebung haben, dass sie deswegen nur im Außenbereich ausgeführt werden sollen, zählen insbesondere Betriebe, durch deren Emissionen die in der Umgebung befindlichen Menschen geschädigt oder belästigt werden können. Das sind etwa Schweinemastanlagen, andere Anlagen der Intensivtierhaltung und viele sonstige nach § 4 BImSchG zu beurteilende Anlagen.

548 Eine besondere Zweckbestimmung weisen z.B. Berg- und Skihütten und Jagdhütten auf. Denn im Innenbereich machen sie wenig Sinn. Ebenfalls gilt diese Privilegierung für Autobahnraststätten und -tankstellen.

549 Die Privilegierung scheidet aus, wenn das Vorhaben auf einen Standort im Innenbereich verwiesen werden kann.[757] Hierbei kommt es nicht auf die Beschaffenheit von Innenbereichen im Allgemeinen an, sondern auf den Innenbereich in der jeweiligen

---

753 BVerwG Urt. v. 19.4.2012 – 4 C 10/11.
754 BVerwG Urt. v. 16.6.1994 – 4 C 20/93; BVerwG Beschl. v. 23.6.1995 – 4 B 22/95.
755 BVerwG Urt. v. 16.6.1994 – 4 C 20/93.
756 Brügelmann, BauGB, § 35 Rn. 58.
757 BVerwG Beschl. v. 12.4.2011 – 4 B 6/11.

Gemeinde,[758] ob also für das Vorhaben ein Innenbereichsstandort dieser Gemeinde zur Verfügung steht.[759]

Stets bleibt zu prüfen, ob das Vorhaben im Außenbereich errichtet werden „soll". Die Weite des Tatbestands des § 35 Abs. 1 Nr. 4 BauGB muss durch eine einschränkende Auslegung dieses Tatbestandsmerkmals ausgeglichen werden.[760] Nicht alles, was wegen seiner Anforderungen oder Belastungen in Bezug auf die Umwelt nicht im Innenbereich verwirklicht werden kann, soll allein deshalb im Außenbereich gebaut werden. Sonst wäre der Außenbereich weniger geschützt als der Innenbereich. Es muss „nach Lage der Dinge geboten sein, das in Rede stehende Vorhaben gerade im Außenbereich auszuführen".[761] Das setzt voraus, dass die Errichtung im Außenbereich bauplanungsrechtlich billigenswert ist und es auch unter Berücksichtigung der städtebaulichen Funktion des Außenbereichs gerechtfertigt ist, es bevorzugt im Außenbereich zuzulassen. 550

Nicht billigenswert i.S. dieser Rechtsprechung sind Bauvorhaben, auf deren Errichtung im Außenbereich verzichtet werden kann. 551

Beispiel: Ein Gaststättenbetrieb in Ski- und Wandergebieten kann nur insoweit erforderlich sein, als es um die gastronomische Grundversorgung der Skifahrer und Wanderer geht. Für diese ist es nicht erforderlich, dass sie in kurzen zeitlichen Abständen eine Einkehrmöglichkeit vorfinden.[762]

Die Privilegierung muss als Bevorzugung unter dem Blickwinkel des Gleichheitssatzes gerechtfertigt sein.[763] Es muss ein öffentliches Interesse an der Anlage bestehen. Dieses besteht nicht, wenn die Anlage lediglich der individuellen Erholung dient und damit im Widerspruch zur Funktion des Außenbereichs als Erholungsgebiet für die Allgemeinheit steht.[764] Das öffentliche Interesse lässt sich nicht schon mit dem Umstand begründen, dass die zu errichtende Anlage jedermann gegen entsprechende Bezahlung zugänglich sein soll. 552

Beispiel: Ein Zeltplatz für Dauercamping „soll" im Außenbereich nicht errichtet werden, weil er nur der Erholung derjenigen dient, die dort einen Standplatz für ihren Wohnwagen haben.[765]

Schließlich „sollen" nicht Anlagen im Außenbereich errichtet werden, die (jedenfalls in ihrer gedachten Vielzahl) den Außenbereich belasten, weil sie bei einer Privilegierung grundsätzlich überall im Außenbereich errichtet werden könnten.[766] § 35 Abs. 1 Nr. 4 BauGB erfasst keine Vorhaben, die eine Vorbildwirkung für gleichartige Bauvorhaben hätten.[767] 553

Beispiel: Eine landwirtschaftlich-tiertherapeutische Einrichtung zählt nicht zu den Vorhaben, die im Außenbereich ausgeführt werden sollen, auch wenn die Einrichtung im Außenbereich „besonders gut" zu verwirklichen ist. Unter Berücksichtigung der sich aus dem Therapiekonzept ergebenden Zweckbestimmung des Vorhabens, insbesondere die Mobilität der pflegebedürftigen Personen zu fördern sowie u.a. die Lebensqualität zu verbessern und den Einsatz von Psychopharmaka zu reduzieren sowie des in den Blick genommenen Bildungszwecks u.a. für Schüler wird nach Ansicht des Gerichts deutlich, dass eine Vielzahl von Vorhaben dieser oder

---

758 BVerwG Beschl. v. 26.3.2014 – 4 B 3/14.
759 S. etwa zur Frage der Zulässigkeit eines Hundeasyls im Außenbereich: VG Gelsenkirchen Urt. v. 12.11.2019 – 6 K 11024/17: Die Immissionslage zwingt nicht zur Unterbringung im Außenbereich.
760 BVerwG Urt. v. 16.6.1994 – 4 C 20/93.
761 BVerwG Urt. v. 18.2.1983 – 4 C 19/81.
762 Nach: VGH München Beschl. v. 15.11.2012 – 1 ZB 10.2422.
763 BVerwG Beschl. v. 9.10.1991 – 4 B 176/91.
764 BVerwG Beschl. v. 9.10.1991 – 4 B 176/91.
765 Nach BVerwG Urt. v. 14.3.1975 – IV C 41.73.
766 BVerwG Beschl. v. 6.9.1999 – 4 B 74/99.
767 So auch: VGH München Beschl. v. 11.1.2011 – 15 ZB 8.1565.

ähnlicher Art privilegiert sein müssten, wenn man eine Privilegierung des Vorhabens anerkennen müsste. Dies würde jedoch zu einer dem Gesetzeszweck widersprechenden Ausweitung des Privilegierungstatbestands des § 35 Abs. 1 Nr. 4 BauGB auf dann bevorrechtigte Erholungsstätten für einen bestimmungsgemäß mehr oder weniger begrenzten Personenkreis führen.[768]

Beispiele, bei denen die Voraussetzungen bejaht wurden:
- Jagdhütten, soweit sie im Jagdbezirk liegen und sich größenmäßig auf die Bedürfnisse der Jagdausübung beschränken,[769]
- Schutzhütten,[770]
- Bienenhäuser.[771]

554 Grundsätzlich zulässige Vorhaben nach § 35 Abs. 1 Nr. 4 BauGB müssen sich auf das Erforderliche beschränken.

555 Die Einschränkung „es sei denn, es handelt sich um die Errichtung, Änderung oder Erweiterung einer baulichen Anlage zur Tierhaltung, die dem Anwendungsbereich der Nummer 1 nicht unterfällt und die einer Pflicht zur Durchführung einer standortbezogenen oder allgemeinen Vorprüfung oder einer Umweltverträglichkeitsprüfung nach dem Gesetz über die Umweltverträglichkeitsprüfung unterliegt" betrifft zum einen nicht landwirtschaftliche Betriebe. In landwirtschaftlichen Betrieben werden die Tiere auf der Grundlage von „überwiegend auf den zum landwirtschaftlichen Betrieb gehörenden, landwirtschaftlich genutzten Flächen" erzeugten Futter gehalten (§ 201 BauGB); die in Nr. 4 angesprochenen Anlagen sind hingegen gewerbliche Anlagen, bei denen das Futter überwiegend hinzugekauft wird. Zum anderen werden aus der Privilegierung solche Anlagen der Intensivtierhaltung herausgehalten, die einer standortbezogenen oder allgemeinen Vorprüfung oder einer Umweltverträglichkeitsprüfung unterzogen werden müssen. Maßgeblich sind die Tierarten und Größenordnungen, die sich aus den §§ 3b ff. UVPG und der Anlage 1 (Liste „UVP-pflichtiger Vorhaben") Nrn. 7.1 bis 7.11 Sp. 1 und Sp. 2 sowie der Anlage 2 (Kriterien für die Vorprüfung des Einzelfalls) zum UVPG ergeben.[772] Nutzungsänderungen sind nach dem eindeutigen Wortlaut von der Einschränkung nicht erfasst.

556 Der weitere Zusatz zu kumulierenden Vorhaben „wobei bei kumulierenden Vorhaben für die Annahme eines engen Zusammenhangs diejenigen Tierhaltungsanlagen zu berücksichtigen sind, die auf demselben Betriebs- oder Baugelände liegen und mit gemeinsamen betrieblichen oder baulichen Einrichtungen verbunden sind" greift eine Regelung in § 3b UVPG auf. Nach dessen Abs. 2 S. 1 sind kumulierende Vorhaben „mehrere Vorhaben derselben Art, die gleichzeitig von demselben oder mehreren Trägern verwirklicht werden sollen und in einem engen Zusammenhang stehen (kumulierende Vorhaben), zusammen die maßgeblichen Größen- oder Leistungswerte erreichen oder überschreiten". Ein enger Zusammenhang ist nach S. 2 gegeben, wenn diese Vorhaben entweder (1.) als technische oder sonstige Anlagen auf demselben Betriebs- oder Baugelände liegen und mit gemeinsamen betrieblichen oder baulichen Einrichtungen verbunden sind oder (2.) als sonstige in Natur und Landschaft eingreifende Maßnahmen in einem engen räumlichen Zusammenhang stehen und wenn sie einem vergleichbaren Zweck dienen.[773]

---

768 Nach: VGH München Beschl. v. 24.1.2017 – 1 ZB 14.1205.
769 BVerwG Urt. v. 8.6.1979 – IV C 23.77.
770 BVerwG Beschl. v. 6.9.1999 – 4 B 74/99.
771 VGH München Urt. v. 26.1.1998 – 15 B 95.2784.
772 Vgl. Söfker in: Ernst/Zinkahn/Bielenberg/Krautzberger, BauGB, § 35 Rn. 57b.
773 Siehe zu dieser Frage zB OVG Münster Beschl. v. 16.3.2020 – 10 A 360/18: Bei einem – wie in dem entschiedenen Fall geplanten – sogenannten Familienprojekt sei regelmäßig von Umständen auszuge-

ee) Privilegierung nach § 35 Abs. 1 Nr. 5 BauGB

§ 35 Abs. 1 Nr. 5 BauGB privilegiert der Erforschung, Entwicklung oder Nutzung der Wind- oder Wasserenergie dienende Vorhaben. Dieser Privilegierungstatbestand wurde eingeführt, weil derartige Anlagen im Regelfall nicht standortgebunden sind und damit nicht von § 35 Abs. 1 Nr. 3 BauGB erfasst werden. Die Privilegierung bedeutet aber nicht, dass Windenergieanlagen überall in der freien Landschaft errichtet werden können. Eine Errichtung in Natur- oder Landschaftsschutzgebieten scheitert in der Regel an den Bestimmungen der naturschutzrechtlichen Verordnungen.[774] Aber auch in anderen Gebieten, die nicht unter Schutz gestellt sind, kann die Genehmigung abgelehnt werden, wenn es sich um besonders reizvolle Landschaften handelt, so dass die Windenergieanlage einen Eingriff in Natur und Landschaft i.S.d. § 14 BNatSchG darstellt,[775] gegen den Artenschutz[776] oder das Rücksichtnahmegebot (S. Teil D Rn. 30 ff.) verstößt[777] oder § 35 Abs. 3 S. 3 BauGB entgegensteht, z.B. weil sie unzumutbare Lärmimmissionen verursacht oder eine optisch bedrängende oder erdrückende Wirkung auf die Nachbarschaft hat. 557

Das BVerwG hat konkrete Anforderungen für die Feststellung eines der Erforschung und Entwicklung dienenden Vorhabens aufgestellt.[778] Eine Anerkennung eines Forschungs- und Entwicklungsvorhabens ist danach nur dann möglich, wenn der Planer anhand eines Konzepts plausibel darlegt, dass die von ihm konstruierte Anlage nach gegenwärtigem Erkenntnisstand geeignet ist, die privilegierte Nutzung mehr als nur unerheblich zu verbessern, die Anlage aber praktisch noch erprobt werden muss. 558

ff) Privilegierung nach § 35 Abs. 1 Nr. 6 BauGB

Nach § 35 Abs. 1 Nr. 6 BauGB sind Biogasanlagen privilegiert. Die Anlage muss von einem oder mehreren benachbarten Landwirten betrieben werden.[779] Je Hof darf nur eine Biogasanlage betrieben werden. 559

Das Merkmal „im Rahmen eines Betriebs" bedeutet, dass die Biogasanlage nur im Anschluss an eine bereits bestehende privilegierte Anlage im Außenbereich errichtet und betrieben werden darf. Der Eingriff in den Außenbereich soll nicht in Form eines solitär stehenden Vorhabens erfolgen. Vielmehr muss an einen schon vorhandenen landwirtschaftlichen Betrieb (Nr. 1), an einen Gartenbaubetrieb (Nr. 2) oder an einen Tierhaltungsbetrieb (Nr. 4) angeknüpft und eine bereits bestehende Bebauung lediglich erweitert werden. Die Biogasanlage muss nicht untergeordnet sein, sie muss dem anderen Betrieb nicht dienen und der landwirtschaftliche Betrieb darf ausschließlich auf die Produktion von Biomasse ausgerichtet sein. All das hat das BVerwG aus dem Wortlaut der Bestimmung und der Entstehungsgeschichte der Norm abgeleitet.[780] 560

Die für den Betrieb der Anlage erforderliche Biomasse muss überwiegend, also zu mehr als 50 %, aus dem eigenen Betrieb oder aus diesem und aus nahe gelegenen 561

---

hen, aus denen sich ein die Anlagen koordinierendes und insoweit den jeweiligen Betreibern zurechenbares Verhalten hinreichend verlässlich ableiten lasse.
774 BVerwG Beschl. v. 2.2.2000 – 4 B 104/99; OVG Münster Urt. v. 15.3.2006 – 8 A 2672/03.
775 BVerwG Beschl. v. 25.6.2001 – 4 B 42/01.
776 OVG Koblenz Urt. v. 28.10.2009 – 1 A 10200/09.
777 BVerwG Beschl. v. 11.12.2006 – 4 B 72/06.
778 BVerwG Urt. v. 22.1.2009 – 4 C 17/07.
779 BVerwG Urt. v. 11.12.2008 – 7 C 6/08.
780 BVerwG Urt. v. 11.12.2008 – 7 C 6/08.

Betrieben stammen. Damit sind die Kooperationsmöglichkeiten auf den näheren Umkreis begrenzt. Einer überwiegend überregionalen Anlieferung des benötigten Rohmaterials wird aus ökologischen und volkswirtschaftlichen Gründen Grenzen gesetzt, um „Biomasse- bzw. Gülletourismus" zu unterbinden.[781] Die Genehmigungsbehörde muss die immissionsschutzrechtliche Genehmigung versagen, wenn der Antragsteller nicht nachweisen kann, dass die Biomasse überwiegend entweder von eigenen oder aber von eigenen und nahe gelegenen Betriebsflächen der Kooperationspartner stammt und ihr Bezug zumindest mittelfristig gesichert ist. Die Behörde muss diese einschränkenden Tatbestandsmerkmale selbst prüfen und darf sich nicht auf eine prognostische Abschätzung verlassen.[782]

gg) Privilegierung nach § 35 Abs. 1 Nr. 7 BauGB

562 Durch die Änderung des BauGB durch Gesetz vom 22.7.2011[783] hat der Gesetzgeber die bisherige Privilegierung von Kernenergieanlagen reduziert. Weiterhin ist ein Vorhaben privilegiert zulässig, das der Erforschung, Entwicklung oder Nutzung der Kernenergie zu friedlichen Zwecken oder der Entsorgung radioaktiver Abfälle dient, mit Ausnahme der Neuerrichtung von Anlagen zur Spaltung von Kernbrennstoffen zur gewerblichen Erzeugung von Elektrizität.

hh) Privilegierung nach § 35 Abs. 1 Nr. 8 BauGB

563 Die Privilegierung von Vorhaben, die der Nutzung solarer Strahlungsenergie in, an und auf Dach- und Außenwandflächen von zulässigerweise genutzten (zu diesem Begriff s. Teil C Rn. 517) Gebäuden dienen, wenn die Anlage dem Gebäude baulich untergeordnet ist, betrifft Gebäude, für die entweder eine (noch) wirksame Nutzungsgenehmigung vorliegt oder die materiell legal genutzt werden. Eine Scheune ist nicht materiell legal, wenn ein vernünftiger Landwirt sie gerade an dem gewählten Standort und in dieser Ausgestaltung unter Berücksichtigung der wirtschaftlichen Aspekte und des Gebots der größtmöglichen Schonung des Außenbereichs nicht errichten würde.

ii) Kein Entgegenstehen öffentlicher Belange

564 Die nach § 35 Abs. 1 BauGB privilegierten Vorhaben sind grundsätzlich im Außenbereich zulässig, sofern ihnen nicht im Einzelfall öffentliche Belange entgegenstehen. Eine Kollision zwischen dem Privilegierungstatbestand und öffentlichen Belangen muss durch eine Abwägung der betroffenen privaten und öffentlichen Interessen bewältigt werden. Dabei handelt es sich um eine sog. nachvollziehende Abwägung.[784] Zu den öffentlichen Belangen zählen insbesondere die in § 35 Abs. 3 BauGB angeführten Belange,[785] wobei dem Vorhaben aufgrund der Privilegierung ein starker Vorrang einzuräumen ist.

---

781 BT-Drs. 15/2250, S. 55.
782 BVerwG Urt. v. 11.12.2008 – 7 C 6/08.
783 BGBl. I 1509.
784 BVerwG Urt. v. 18.8.2005 – 4 C 13/04.
785 BVerwG Beschl. v. 13.11.1996 – 4 B 210/96; OVG Münster Urt. v. 4.12.2006 – 7 A 568/06.

jj) Bedeutung des Flächennutzungsplans und sonstiger Pläne

Nach § 35 Abs. 3 S. 3 BauGB hat der Flächennutzungsplan insbesondere insoweit Bedeutung, als privilegierte Vorhaben nicht errichtet werden dürfen, wenn hierfür im Flächennutzungsplan besondere Standorte dargestellt sind:[786] 565

Die Gemeinden können z.B. eine Steuerung der Standorte für Windenergieanlagen durch die Ausweisung von sog. Konzentrationszonen im Flächennutzungsplan vornehmen. Es ist den Gemeinden grundsätzlich möglich, im Rahmen eines schlüssigen Plankonzeptes anhand pauschalierend festgelegter Kriterien Windenergieanlagen an bestimmten Stellen des Gemeindegebietes zu konzentrieren und sie so an anderen Stellen des Gemeindegebietes auszuschließen. Allerdings darf das kommunale Planungskonzept nicht auf eine bloße Verhinderungsplanung hinauslaufen, etwa einen völlig ungeeigneten Standort ausweisen oder einen Standort, an dem nur eine relativ geringe Anzahl von Windenergieanlagen möglich ist. Auch muss der Ausschluss bestimmter Nutzungen auf einem Gesamtkonzept beruhen, das auch Raum für diese Nutzungen lässt.[787] Ein genereller Ausschluss von Windenergieanlagen im Flächennutzungsplan ist daher unzulässig.[788] 566

Sehen die Kommunen von einer qualifizierten Standortausweisung der Windenergieanlagen in ihrem Flächennutzungsplan oder in dem Gebietsentwicklungsplan ab, sind solche Anlagen im Außenbereich grundsätzlich privilegiert zulässig, es sei denn, sie verunstalten die Landschaft oder lösen durch Schattenwurf oder Lärm erhebliche Belästigungen aus (§ 35 Abs. 3 S. 1 Nr. 3 BauGB). 567

Der Ausschluss nach § 35 Abs. 3 S. 3 BauGB tritt nur „in der Regel" ein. Bei besonderen Verhältnissen kann daher eine privilegierte Anlage auch außerhalb einer Konzentrationszone errichtet werden.[789] Zur Sicherung erst geplanter Darstellungen eines Flächennutzungsplans nach § 35 Abs. 3 S. 3 BauGB kann ein Bauantrag gemäß § 15 Abs. 3 BauGB maximal ein Jahr lang zurückgestellt werden. 568

Vergleichbare Grundsätze gelten gemäß § 35 Abs. 3 S. 2 BauGB für die Ziele der Raumordnung und Landesplanung. Nach § 35 Abs. 3 S. 2 Hs. 1 BauGB dürfen raumbedeutsame Vorhaben den Zielen der Raumordnung (§ 3 Abs. 1 Nr. 2 ROG) nicht widersprechen. Die Vorschrift normiert also einen generellen Vorrang der Ziele der Raumordnung gegenüber der Privilegierung eines Vorhabens nach § 35 Abs. 1 BauGB. Soweit raumbedeutsame Vorhaben (§ 3 Abs. 1 ROG)[790] in einem solchen Plan enthalten sind, steht damit zugleich nach § 35 Abs. 3 S. 2 Hs. 2 BauGB fest, dass öffentliche Belange dem Vorhaben nicht entgegenstehen. Diese Regelung beruht auf der Erwägung, dass die betroffenen öffentlichen Belange bereits bei der Aufstellung des Plans zu berücksichtigen waren.[791] 569

kk) Folge der Nutzungsaufgabe

Wird die nach § 35 Abs. 1 BauGB zur privilegierten Zulässigkeit der Anlage im Außenbereich führende Nutzung eines Gebäudes aufgegeben, stellt dies regelmäßig auch eine Änderung der Anlage i.S.d. Bauplanungsrechts und des Bauordnungsrechts dar. Denn in aller Regel kann eine Baugenehmigung für eine konkrete bauli- 570

---

786 Siehe dazu insbesondere: BVerwG Urt. v. 20.5.2010 – 4 C 7/09.
787 BVerwG Urt. v. 24.1.2008 – 4 CN 2/07.
788 BVerwG Urt. v. 13.3.2003 – 4 C 4/02.
789 BVerwG Urt. v. 17.12.2002 – 4 C 15/01.
790 Vgl. auch: BVerwG Urt. v. 17.12.2002 – 4 C 15/01.
791 BVerwG Urt. v. 13.3.2003 – 4 C 3/02.

che Substanz nur mit einer dieser Substanz zugleich zugeordneten konkreten Nutzung erteilt werden. Da Bausubstanz sowie deren Nutzung bei Vorhaben im Außenbereich in der Regel in einem untrennbaren rechtlichen Zusammenhang stehen, wirkt sich die Aufgabe der Nutzung auch auf die Zulässigkeit der Bausubstanz jedenfalls dann aus, wenn durch die Aufgabe der Nutzung auch die Privilegierung nach § 35 Abs. 1 BauGB entfällt. Das gilt auch und insbesondere für Betriebswohnhäuser, die einem landwirtschaftlichen Betrieb dienen. Mit der Aufgabe der Landwirtschaft geht die Verbindung, aus der das Wohnhaus seine Privilegierung herleitet, verloren. Infolgedessen stellt sich die Fortsetzung der – nicht mehr privilegierten – Wohnnutzung als Nutzungsänderung dar.[792]

571 Anders als innerhalb des Geltungsbereichs eines qualifizierten Bebauungsplans (§ 30 Abs. 1 und 2 BauGB) oder eines im Zusammenhang bebauten Ortsteils (§ 34 BauGB) geht von einer ungenutzten Anlage im Außenbereich im Regelfall eine Störung der Rechtsordnung aus, die nur durch die Beseitigung (auch) der Bausubstanz behoben werden kann. Anders kann es nur in den eher seltenen Fällen sein, in denen ein sonstiges Vorhaben i.S.v. § 35 Abs. 2 BauGB zulässig ist oder sich die Zulässigkeit eines Außenbereichsvorhabens aus § 35 Abs. 4 BauGB oder einer Satzung der Gemeinde nach § 35 Abs. 6 BauGB ergibt. Fällt die Funktion der Anlage endgültig weg oder wird eine privilegierte Anlage jenseits dieses rechtlichen Rahmens umgenutzt, so entfällt auch die Legitimation für den Erhalt der Bausubstanz.[793]

b) Nichtprivilegierte Vorhaben (§ 35 Abs. 2 und 3 BauGB)

572 Nichtprivilegierte Vorhaben können nach § 35 Abs. 2 BauGB zugelassen werden, wenn ihre Ausführung oder Benutzung öffentliche Belange nicht beeinträchtigt und die Erschließung gesichert ist. Im Unterschied zu den privilegierten Vorhaben nach § 35 Abs. 1 BauGB (wenn öffentliche Belange nicht „entgegenstehen") führt bei nicht privilegierten Vorhaben bereits eine bloße „Beeinträchtigung" öffentlicher Belange zur Unzulässigkeit des Vorhabens. Der Umfang der erforderlichen Erschließung richtet sich nach den Erfordernissen, die das Vorhaben auslöst.

573 § 35 Abs. 3 S. 1 BauGB enthält eine – nicht erschöpfende – Aufzählung der öffentlichen Belange, bei deren Beeinträchtigung ein nichtprivilegiertes Vorhaben nicht errichtet werden darf. Trotz des Wortes „können" besteht nach allgemeiner Ansicht[794] wegen des auch im Außenbereich geltenden Grundsatzes der Baufreiheit ein Rechtsanspruch auf eine Baugenehmigung, sofern die gesetzlichen Voraussetzungen erfüllt sind.

Folgende öffentliche Belange sind in der Praxis am bedeutsamsten:

aa) Widerspruch zu den Darstellungen des Flächennutzungsplans (§ 35 Abs. 3 S. 1 Nr. 1 BauGB)

574 Die gesetzliche Regelung der Nr. 1 beruht darauf, dass im Flächennutzungsplan die Planungskonzeption der Gemeinde zum Ausdruck kommt.[795] Die gesetzliche Wirkung tritt indes nur bei einem gültigen Flächennutzungsplan ein.[796] Ist ein solcher

---

792 Vgl. VG München Gerichtsbescheid v. 5.5.2020 – M 9 K 18.5818.
793 OVG Bautzen Beschl. v. 29.6.2012 – 1 A 68/11.
794 BVerwG Urt. v. 29.4.1964 – I C 30.62.
795 BVerwG Beschl. v. 8.2.1991 – 4 B 10/91.
796 Zu den Anforderungen an eine fehlerfreie Bekanntmachung der Änderung eines Flächennutzungsplans mit dem Ziel der Darstellung einer Konzentrationszone für Windenergieanlagen siehe VG Arnsberg Beschl. v. 4.3.2021 – 4 L 911/20.

Plan von vornherein ungültig oder ungültig geworden, etwa weil er funktionslos geworden ist, kann er die Wirkung nicht entfalten. Von einem Funktionsloswerden eines Flächennutzungsplans kann dann gesprochen werden, wenn die tatsächliche Entwicklung den Darstellungen des Flächennutzungsplans in einem qualitativ und quantitativ so erheblichen Maße zuwiderläuft, dass in ihre Fortgeltung kein Vertrauen gesetzt werden kann.[797]

bb) Widerspruch zu Plänen des Umweltrechts (§ 35 Abs. 3 S. 1 Nr. 2 BauGB)

Der Belang des Widerspruchs zu Darstellungen eines Landschaftsplans oder sonstigen Plans, insbesondere des Wasser-, Abfall- oder Immissionsschutzrechts, kommt nur zum Tragen, wenn der entsprechende Plan in Kraft – ein Entwurf genügt nicht – und materiell wirksam ist. Ob ein Widerspruch vorliegt, richtet sich nach dem Inhalt, nicht nach den Erläuterungen. Wenn es sich um eine relevante tatsächliche Gegebenheit handelt, kann im Regelfall angenommen werden, dass mit ihm umweltbezogene Belange verdeutlicht werden. Aber auch wenn die angestrebte Entwicklung und die dafür vorgesehenen Maßnahmen dargestellt sind, haben diese Bedeutung für die öffentlichen Belange.[798]

cc) Schädliche Umwelteinwirkungen (§ 35 Abs. 3 S. 1 Nr. 3 BauGB)

Kann das Bauvorhaben schädliche Umwelteinwirkungen hervorrufen oder ist es solchen ausgesetzt, stellt dies einen öffentlichen Belang dar. Die Definition des Begriffs der schädlichen Umwelteinwirkungen in § 3 Abs. 1 BImSchG gilt auch für § 35 Abs. 3 S. 1 Nr. 3 BauGB.[799] Die Bestimmung soll verhindern, dass der Außenbereich mit Immissionen belastet wird, soweit ein Vorhaben nicht nach § 35 Abs. 1 Nr. 3 oder 4 BauGB privilegiert ist.[800] Andererseits soll sie aber auch die Inhaber privilegierter Betriebe vor immissionsschutzrechtlichen Abwehransprüchen schützen. Deshalb wird aus ihr ein Abwehrrecht gegen sog. „heranrückende Wohnbebauung" abgeleitet (s. dazu Teil D Rn. 77). § 35 Abs. 3 S. 1 Nr. 3 BauGB ist in seiner nachbarrechtlichen Funktion eine Kodifizierung des Gebots der Rücksichtnahme.[801]

dd) Belange des Naturschutzes, des Denkmalschutzes, der Landschaftspflege und des Ortsbildes (§ 35 Abs. 3 S. 1 Nr. 5 BauGB)

Bei § 35 Abs. 3 S. 1 Nr. 5 BauGB ist zu differenzieren zwischen Natur- und Landschaftsschutzgebieten einerseits und sonstigen Außenbereichsgebieten andererseits. Bei festgesetzten Schutzgebieten ist bereits eine Beeinträchtigung naturschutzrechtlicher Belange unzulässig. Bei sonstigen Gebieten werden öffentliche Belange erst bei einer Verunstaltung des Landschaftsbilds beeinträchtigt; dies ist der Fall bei einer Bebauung, die von dem Betrachter als grob unangemessen empfunden wird.[802]

Beispiel: Eine 13 m hohe Monumentalfigur mitten im Wald kann wegen Verunstaltung des Landschaftsbildes unzulässig sein, auch wenn sie ein Kunstwerk i.S.d. Art. 5 GG darstellt.[803]

---

797 OVG Münster Beschl. v. 14.3.2014 – 2 A 2276/13.
798 Söfker in: Ernst/Zinkahn/Bielenberg/Krautzberger, BauGB, § 35 Rn. 82.
799 BVerwG Urt. v. 25.2.1977 – IV C 22.75 („Schweinemäster-Fall").
800 BVerwG Urt. v. 2.12.1977 – IV C 75.75.
801 Siehe dazu Schulte Beerbühl, Öffentliches Baunachbarrecht, ab Rn. 424.
802 BVerwG Urt. v. 22.6.1990 – 4 C 6/87; OVG Münster Beschl. v. 4.7.2000 – 10 A 3377/98.
803 Nach BVerwG Beschl. v. 13.4.1995 – 4 B 70/95.

578 Das Verbot einer Beeinträchtigung der natürlichen Eigenart der Landschaft oder ihrer Aufgabe als Erholungsgebiet für die Allgemeinheit dient dem funktionellen Naturschutz. Bei diesem kommt es nicht auf das Maß der optischen Beeinträchtigung an. Die natürliche Eigenart der Landschaft wird gekennzeichnet durch die vorhandene Bodennutzung. Bauliche Anlagen, deren Zweckbestimmung in keinem Zusammenhang mit dieser Funktion stehen und auch nicht der allgemeinen Erholung dienen, stellen deshalb eine Beeinträchtigung der natürlichen Eigenart der Landschaft dar.[804]

579 Für die Beurteilung der Beeinträchtigung der natürlichen Eigenart der Landschaft ist nur auf die objektive Nutzungsmöglichkeit der Anlage, nicht auf seine augenblickliche Verwendung abzustellen. Ein als Wochenendhaus geeignetes Gebäude wird daher nicht dadurch zulässig, dass es nur zur Aufbewahrung von landwirtschaftlichen Geräten genutzt wird. Es kommt auch nicht darauf an, ob das Gebäude deutlich sichtbar oder – etwa durch Bepflanzung – verborgen ist. Maßgebend ist allein der Widerspruch zwischen der objektiven Zweckbestimmung des Gebäudes und der in seiner Umgebung vorhandenen Bodennutzung.[805]

ee) Entstehung, Verfestigung, Erweiterung einer Splittersiedlung (§ 35 Abs. 3 S. 1 Nr. 7 BauGB)

580 § 35 Abs. 3 S. 1 Nr. 7 BauGB will verhindern, dass der Außenbereich durch die Entstehung, Verfestigung oder Erweiterung einer Splittersiedlung planlos zersiedelt wird.[806] Eine Splittersiedlung wird erweitert, wenn sie räumlich ausgedehnt wird. Die Verfestigung einer Splittersiedlung meint die Auffüllung eines schon bisher in Anspruch genommenen räumlichen Bereichs.[807] Zu befürchten ist die Entstehung oder Verfestigung einer Splittersiedlung immer dann, wenn das Vorhaben zu einer „unerwünschten Splittersiedlung" führt und in ihm ein Vorgang der Zersiedelung gesehen werden muss. Eine unerwünschte Zersiedelung geht regelmäßig von Wohngebäuden aus.[808] Denn es ist zu befürchten, dass ein solches Bauvorhaben weitere gleichartige Bauwünsche nach sich zieht und damit „Vorbildwirkung" entfaltet.[809] Eine ungeplante Zersiedelung des Außenbereichs ist auch bei der sog. Anschlussbebauung zu befürchten, wenn nämlich im Anschluss an den Ortsrand weitere bauliche Anlagen errichtet werden, was dazu führt, dass die Ortschaft sich planlos in den Außenbereich ausdehnt.[810]

581 Dies gilt jedoch nicht, wenn sich ein Wohnbauvorhaben der vorhandenen Bebauung unterordnet und keine weitreichende oder nicht genau übersehbare Vorbildwirkung hat.[811] Entsprechendes gilt, wenn eine bereits vorhandene Splittersiedlung abgerundet, d.h. eine Baulücke zwischen den vorhandenen Gebäuden bebaut wird.[812] Es muss sich aber um die Schließung einer (letzten) Baulücke innerhalb einer Splittersiedlung handeln. Dagegen werden öffentliche Belange berührt, wenn eine Splittersiedlung so erweitert wird, dass sie zu einem Ortsteil i.S.d. § 34 Abs. 1 BauGB wird, weil eine derartige Ausweitung der Bebauung im Außenbereich eine planerische Ent-

---

804 BVerwG Urt. v. 27.1.1967 – IV C 33.65.
805 BVerwG Urt. v. 30.4.1969 – IV C 63.68.
806 BVerwG Urt. v. 26.5.1967 – IV C 25.66; OVG Münster Urt. v. 28.2.2008 – 10 A 1998/06.
807 BVerwG Beschl. v. 30.8.2019 – 4 B 8/19; BVerwG Urt. v. 3.6.1977 – 4 C 37.75; BVerwG Beschl. v. 19.4.2012 – 4 C 10.11.
808 Vgl. BVerwG Urt. v. 14.4.2000 – 4 C 5.99.
809 BVerwG Beschl. v. 2.9.1999 – 4 B 27/99.
810 BVerwG Urt. v. 25.1.1985 – 4 C 29/81.
811 OVG Münster Urt. v. 28.2.2008 – 10 A 1998/06.
812 BVerwG Urt. v. 13.7.2006 – 4 C 2/05; OVG Münster Urt. v. 27.2.1996 – 11 A 1897/94.

scheidung der Gemeinde (Bebauungsplan, Entwicklungssatzung nach § 34 Abs. 4 Nr. 2 BauGB) voraussetzt.[813] Auch einer zeitlichen Umnutzung einer im Außenbereich gelegenen, nicht privilegierten Halle stehen öffentliche Belange entgegen. Denn auch dadurch ist die Verfestigung einer Splittersiedlung zu befürchten, da auch sie die unerwünschte Wirkung entfalten kann, etwa dadurch, dass ein Berufungsfall geschaffen wird.

ff) Weitere Belange

Die Aufzählung öffentlicher Belange in § 35 Abs. 3 BauGB ist nicht abschließend, wie das Wort „insbesondere" zeigt.[814] So stellt das allgemeine Gebot der Rücksichtnahme einen sonstigen öffentlichen Belang i.S.d. § 35 Abs. 3 BauGB dar.[815] Ferner erkennt das BVerwG das Bedürfnis nach vorheriger Planung als uneingeschränkten öffentlichen Belang an.[816]   582

gg) Widerspruch zu Zielen der Raumordnung

§ 35 Abs. 3 S. 2 und 3 BauGB erzeugen eine Wirkung der Festlegung von Zielen der Raumordnung.   583

Im Sinne des Satzes 2 liegt ein Widerspruch vor, wenn es sich erstens um ein raumbedeutsames Vorhaben handelt und zweitens bei seiner Verwirklichung das Raumordnungsziel nicht mehr oder jedenfalls nicht mehr in dem raumordnerisch angestrebten Umfang erreicht werden kann. Raumbedeutsam ist eine Maßnahme dann, wenn nach den Umständen des Einzelfalls durch sie „Raum in Anspruch genommen" wird, was regelmäßig eine größere Fläche voraussetzt, ferner dass sie, z.B. durch ihre Höhe, die von ihr ausgehende Beeinflussung des Landschaftsbildes und ihr Immissionsverhalten, über ihren Standort hinausgehende Auswirkungen hat.[817]   584

§ 8 Abs. 1 ROG gibt den Ländern auf, einen Raumordnungsplan für das Landesgebiet (landesweiter Raumordnungsplan) und Raumordnungspläne für die Teilräume der Länder (Regionalpläne) aufzustellen. Die Regionalpläne sind aus dem Raumordnungsplan für das Landesgebiet zu entwickeln; dabei sind die Flächennutzungspläne und die Ergebnisse der von Gemeinden beschlossenen sonstigen städtebaulichen Planungen zu berücksichtigen (Abs. 2). Nach § 8 Abs. 7 ROG sollen die in den Raumordnungsplänen vorgenommenen Festlegungen auch Gebiete bezeichnen, (1.) die für bestimmte raumbedeutsame Funktionen oder Nutzungen vorgesehen sind und andere raumbedeutsame Nutzungen in diesem Gebiet ausschließen, soweit diese mit den vorrangigen Funktionen oder Nutzungen nicht vereinbar sind (Vorranggebiete), (2.) in denen bestimmten raumbedeutsamen Funktionen oder Nutzungen bei der Abwägung mit konkurrierenden raumbedeutsamen Nutzungen besonderes Gewicht beizumessen ist (Vorbehaltsgebiete) und/oder (3.) in denen bestimmten raumbedeutsamen Maßnahmen oder Nutzungen, die städtebaulich nach § 35 BauGB zu beurteilen sind, andere raumbedeutsame Belange nicht entgegenstehen, wobei diese Maßnahmen oder Nutzungen an anderer Stelle im Planungsraum ausgeschlossen sind (Eignungsgebiete). Bei Vorranggebieten für raumbedeutsame Nutzungen kann festgelegt werden, dass sie zugleich die Wirkung von Eignungsgebieten für raumbedeutsame Maßnahmen oder Nutzungen haben.   585

---

813 BVerwG Beschl. v. 11.10.1999 – 4 B 77/99.
814 BVerwG Urt. v. 15.5.1997 – 4 C 23/95.
815 BVerwG Beschl. v. 11.12.2006 – 4 B 72/06.
816 BVerwG Urt. v. 1.8.2002 – 4 C 5/01.
817 BVerwG Urt. v. 13.3.2003 – 4 C 4/02.

586 Das Verbot der Beeinträchtigung der Ziele der Raumordnung gilt strikt und für privilegierte und nicht privilegierte Vorhaben gleichermaßen, allerdings mit der Einschränkung für Vorhaben nach § 35 Abs. 1 BauGB, dass es nicht gilt, soweit die Belange bei der Darstellung dieser Vorhaben als Ziele der Raumordnung abgewogen worden sind.

587 Die Regelung in § 35 Abs. 3 S. 2 BauGB wendet einen rechtstechnischen „Trick" an, der auf die Entscheidung des BVerwG zum sog. Nassauskiesungskonzept zurückgeht.[818] Das Gericht hatte seinerzeit entschieden: Ist der Kiesabbau im Außenbereich einer Gemeinde überwiegend möglich und hat die Gemeinde zur räumlichen Konzentration im Flächennutzungsplan – entsprechendes gilt für einen Bebauungsplan – Kiesabbauflächen dargestellt, kann dies im Sinne einer negativen Aussage als öffentlicher Belang einem (ansonsten privilegierten) Kiesabbau an anderer Stelle des Gemeindegebietes, für die der Plan eine andere Nutzungsart darstellt, entgegengehalten werden. § 35 Abs. 3 S. 3 BauGB regelt eine solche Ausschlusswirkung für Darstellungen im Flächennutzungsplan oder als Ziele der Raumordnung und bezieht sie ausschließlich (und nur „in der Regel") auf Vorhaben nach § 35 Abs. 1 Nr. 2 bis 6 BauGB, also auch für Windkraftanlagen. Eine ausschließlich negativ wirkende „Verhinderungsplanung" ohne eine gleichzeitige positive Ausweisung geeigneter Standorte im Plangebiet ist unzulässig.

588 Das OVG Münster hat den insoweit gebotenen Abwägungsvorgang wie folgt beschrieben: „Die Ausarbeitung eines Planungskonzepts ist nach der Rechtsprechung des BVerwG auf der Ebene des Abwägungsvorgangs angesiedelt. Sie vollzieht sich abschnittsweise. Im ersten Abschnitt sind diejenigen Bereiche als Tabuzonen zu ermitteln, die sich für die Nutzung der Windenergie nicht eignen. Die Tabuzonen lassen sich in zwei Kategorien einteilen, nämlich in Zonen, in denen die Errichtung und der Betrieb von Windenergieanlagen aus tatsächlichen und/oder rechtlichen Gründen schlechthin ausgeschlossen sind (harte Tabuzonen), und in Zonen, in denen die Errichtung und der Betrieb von Windenergieanlagen zwar tatsächlich und rechtlich möglich sind, in denen nach den städtebaulichen Vorstellungen, die die Gemeinde anhand eigener Kriterien entwickeln darf, aber keine Windenergieanlagen aufgestellt werden sollen (weiche Tabuzonen)."[819] Bei der Planung von Konzentrationszonen für die Windenergienutzung verlange das Abwägungsgebot nach der Rechtsprechung des BVerwG die Entwicklung eines schlüssigen Gesamtkonzepts, das sich auf den gesamten Außenbereich des Gemeindegebietes erstrecke. Die planerische Entscheidung müsse auch deutlich machen, welche Gründe es rechtfertigen, den übrigen Planungsraum von Windenergieanlagen freizuhalten.

589 Als Konzentrationszonen für die Windenergienutzung nach § 35 Abs. 3 S. 3 BauGB darf Wald dann in Anspruch genommen werden, wenn sonst der Windenergienutzung nicht substanziell Raum gegeben werden kann.[820]

c) Begünstigte, „teilprivilegierte" Vorhaben (§ 35 Abs. 4 BauGB)

590 Die in § 35 Abs. 1 bis 3 BauGB getroffenen Regelungen würden zu überaus harten Ergebnissen führen, gäbe es nicht die Ergänzungen in Abs. 4. In diesem Absatz hat der Gesetzgeber abschließende[821] Bestimmungen in das Gesetz eingefügt, die es

---

818 BVerwG Urt. v. 4.5.1988 – 4 C 22/87.
819 Urt. v. 22.9.2015 – 10 D 82/13.NE, bestätigt durch BVerwG Beschl. v. 12.5.2016 – 4 BN 49/15.
820 Urt. v. 22.9.2015 – 10 D 82/13.NE; siehe dazu: Schink, Die planerische Steuerung von Windenergieanlagen und Abgrabungen – Harte und weiche Tabuzonen, UPR 2016, 366.
821 BVerwG Urt. v. 15.2.1990 – 4 C 23/86.

dem Bauherrn im Rahmen dieser Regelungen ermöglichen, bestehende bauliche Anlagen weiter zu nutzen, zu erweitern oder sogar zu ersetzen. Der gesetzgeberische Weg liegt darin, dass den bezeichneten Vorhaben unter den dort genannten Voraussetzungen einzelne der in Abs. 3 S. 1 genannten öffentlichen Belange nicht entgegengehalten werden können. Diese sind: dass sie den Darstellungen des Flächennutzungsplans oder eines Landschaftsplans widersprechen, die natürliche Eigenart der Landschaft beeinträchtigen oder die Entstehung, Verfestigung oder Erweiterung einer Splittersiedlung befürchten lassen. Diese Belange sind aufgrund der gesetzlichen Regelung überwindbar, die sonstigen öffentlichen Belange des § 35 Abs. 2 und 3 BauGB werden dagegen von § 35 Abs. 4 BauGB nicht berührt. Falls sie beeinträchtigt werden, kann auch ein nach § 35 Abs. 4 S. 1 BauGB beschriebenes Vorhaben nicht zugelassen werden.

Die einzelnen Tatbestände des § 35 Abs. 4 S. 1 BauGB sind nicht durch eine Kombination der verschiedenen Privilegierungen beliebig erweiterbar.[822] Weder aus dem Wortlaut noch aus dem Sinn und Zweck der Vorschrift ergibt sich aber, dass es untersagt ist, verschiedene Privilegierungsfälle – gleichzeitig oder nacheinander – in Anspruch zu nehmen, wenn denn (bei einer isolierten Betrachtung) jeweils die Voraussetzungen erfüllt sind. **591**

Die Fallgruppen setzen, abgesehen von Nr. 4, wo dies nicht aufgeführt ist, entweder ausdrücklich oder sinngemäß voraus, dass die bisherige bauliche Anlage „zulässigerweise errichtet" ist. In diesen Fällen wird oft von „überwirkendem Bestandsschutz" gesprochen.[823] Diese Bezeichnung ist allerdings insoweit wenig geglückt, als sie suggeriert, eine früher einmal entstandene schutzwürdige Position bedürfe des besonderen Schutzes, der es ihr erlaube, die Existenz oder Nutzung der Anlage aufrechtzuerhalten, obwohl – was zum Wesen des Bestandsschutzes gehört – die Rechtslage sich nachteilig verändert hat (s. dazu Teil C Rn. 517). Das ist aber nicht vorausgesetzt. **592**

aa) Begünstige Vorhaben nach § 35 Abs. 4 S. 1 Nr. 1 BauGB

Nach § 35 Abs. 4 S. 1 Nr. 1 BauGB kann einer Änderung der Nutzung eines vor mehr als sieben Jahren zulässigerweise errichteten und nach § 35 Abs. 1 Nr. 1 BauGB privilegierten Gebäudes[824] unter den weiteren in der Bestimmung genannten Voraussetzungen nicht entgegengehalten werden, dass sie die angeführten öffentlichen Belange beeinträchtige. Sinn und Zweck dieser Regelung ist es, landwirtschaftlich genutzte Gebäude (hierzu zählen nach der Rechtsprechung des OVG Münster[825] – entgegen dem scheinbar eindeutigen Wortlaut, aber aus historischen Gründen – auch Betriebe der gartenbaulichen Erzeugung), die wegen Aufgabe oder Einschränkung der Landwirtschaft (bzw. dem Gartenbau) nicht mehr in der bisherigen Weise genutzt werden, einer sinnvollen Nutzung zuführen zu können, um so den erforderlichen Strukturwandel in der Landwirtschaft zu fördern. **593**

Das Verbot einer wesentlichen Änderung beschränkt sich auf das Äußere des Gebäudes; im Inneren ist sogar die sog. Entkernung, also die vollständige Änderung **594**

---

822 BVerwG Urt. v. 12.3.1998 – 4 C 10/97.
823 VGH München Beschl. v. 25.9.2003 – 22 ZB 03.2110.
824 In der Fassung durch das Baulandmobilisierungsgesetz: „...die Änderung der bisherigen Nutzung eines Gebäudes, das unter den Voraussetzungen des Absatzes 1 Nummer 1 errichtet wurde, im Sinne des Absatzes 1 Nummer 1 unter folgenden Voraussetzungen: ...".
825 OVG Münster Urt. v. 6.7.2016 – 7 A 472/15.

des Gebäudeinneren bei Erhalt der Außenwände, zulässig.[826] Allerdings dürfen die formelle Legalität bzw. die durch die Genehmigungsfähigkeit erzeugte materielle Legalität nicht untergehen, weshalb ein Eingriff in die Statik nicht erfolgen darf.

595 § 35 Abs. 4 S. 1 Nr. 1 BauGB verlangt unter anderem eine zweckmäßige Verwendung erhaltenswerter Bausubstanz sowie einen räumlich-funktionalen Zusammenhang des Gebäudes mit der Hofstelle eines landwirtschaftlichen Betriebes. Unter Hofstelle ist ein Gebäudekomplex zu verstehen, der wesentliche Teile der Gebäude des landwirtschaftlichen Betriebs enthält und bei dem eines der Gebäude das Wohnhaus oder die Wohnung des Landwirts ist oder enthält.[827] Eine von der Hofstelle entfernt gelegene Feldscheune kann nicht unter Berufung auf § 35 Abs. 4 S. 1 Nr. 1 BauGB umgenutzt werden.[828] Nach der Rspr. des BVerwG können Gebäude, die einem landwirtschaftlichen Betrieb dienen, nur dann eine „Hofstelle" im Sinne der Norm bilden, wenn jedenfalls eines der Gebäude ein landwirtschaftliches Wohngebäude ist.[829]

596 Außerdem darf nach dem Wortlaut des § 35 Abs. 4 S. 1 Nr. 1 Buchst. c) BauGB die Aufgabe der Nutzung nicht länger als sieben Jahre zurückliegen. Zur Einhaltung der Frist kommt es auf den Antrag auf Genehmigung der Nutzungsänderung und nicht etwa auf die – in der Regel nicht nachweisbare – tatsächliche Nutzungsänderung an.[830] In Nordrhein-Westfalen ist diese Frist als Voraussetzung für die Zulässigkeit der Änderung der Nutzung eines Gebäudes einer Hofstelle im Außenbereich durch § 1 BauGB-AG NRW ausgesetzt.[831]

597 Soweit ein bisher landwirtschaftlichen Zwecken dienendes Gebäude in ein Wohngebäude umgewandelt wird, dürfen maximal fünf Wohnungen pro Hofstelle (ohne die nach § 35 Abs. 1 Nr. 1 BauGB privilegierten Wohnungen) entstehen.[832]

598 § 35 Abs. 4 S. 2 BauGB erweitert diese Privilegierung noch: In begründeten Einzelfällen gilt die Rechtsfolge des § 35 Abs. 4 S. 1 BauGB nicht nur für die Umnutzung, sondern auch für die Neuerrichtung eines ehedem landwirtschaftlichen Gebäudes, dem eine andere Nutzung zugewiesen werden soll, wenn das ursprüngliche Gebäude vom äußeren Erscheinungsbild auch zur Wahrung der Kulturlandschaft erhaltenswert ist, keine stärkere Belastung des Außenbereichs zu erwarten ist als in Fällen des S. 1 und die Neuerrichtung auch mit nachbarlichen Interessen vereinbar ist. Dabei sind gemäß S. 2 geringfügige Erweiterungen des neuen Gebäudes gegenüber dem beseitigten Gebäude sowie geringfügige Abweichungen vom bisherigen Standort des Gebäudes zulässig.

---

826 OVG Münster Beschl. v. 17.10.2011 – 2 A 2794/10.
827 BVerwG Beschl. v. 14.3.2006 – 4 B 10/06.
828 BVerwG Urt. v. 18.5.2001 – 4 C 13/00.
829 BVerwG Beschl. v. 14.3.2006 – 4 B 10/06.
830 BVerwG Beschl. v. 8.10.2002 – 4 B 54/02.
831 § 1 des Gesetzes zur Ausführung des Baugesetzbuches in Nordrhein-Westfalen (BauGB-AG NRW) vom 3.2.2015 lautet: „Die Sieben-Jahres-Frist nach § 35 Absatz 4 Satz 1 Nummer 1 Buchstabe c des Baugesetzbuches (BauGB) ist als Voraussetzung für die Zulässigkeit der Änderung der Nutzung eines Gebäudes einer Hofstelle im Außenbereich nicht anzuwenden." § 2 Satz 3 des Gesetzes, der ein Außerkrafttreten des Gesetzes mit Ablauf des 31.12.2018 geregelt hatte, ist mit Artikel 1 des Gesetzes zur Änderung des Gesetzes zur Ausführung des Baugesetzbuches in Nordrhein-Westfalen – Änderungsgesetz BauGB-AG NRW – vom 21.6.2018 aufgehoben worden. (BauGB-AG in Kraft getreten am 11.2.2015 – GV. NRW. S. 211; geändert durch Gesetz vom 21.7.2018 – GV. NRW. S. 408, in Kraft getreten am 28.7.2018.).
832 Durch das Baulandmobilisierungsgesetz wurde die Zahl von drei auf fünf angehoben.

bb) Begünstige Vorhaben nach § 35 Abs. 4 S. 1 Nr. 2 BauGB

Nach § 35 Abs. 4 S. 1 Nr. 2 BauGB kann ein zulässigerweise errichtetes (zu dem Begriff s. Teil C ab Rn. 517), aber nunmehr Missstände oder Mängel aufweisendes (sog. abgängiges) Wohngebäude abgerissen und an seiner Stelle ein gleichartiges[833] Wohngebäude errichtet werden. Vorhergehender Abriss und Neuerrichtung müssen einen einheitlichen Lebenssachverhalt bilden, zwischen beidem darf keine zeitliche Zäsur eingetreten sein. Voraussetzung ist ferner, dass das zerstörte Gebäude baurechtlich zulässig war. **599**

Ferner muss das alte Haus seit längerer Zeit vom Eigentümer selbst bewohnt werden oder worden sein[834] und das neue Haus ebenfalls dem Eigentümer und seiner Familie als Wohnung dienen.[835] Die Regelung soll verhindern, dass wohlhabende Personen baufällige Wohngebäude im Außenbereich aufkaufen und sich damit die Möglichkeit verschaffen, im Außenbereich nach dem Abbruch des alten Hauses ein modernes Wohngebäude zu errichten. **600**

Bei der Frage nach der künftigen Eigenbedarfsnutzung des Ersatzgebäudes handelt es sich um eine Prognoseentscheidung. Besteht begründeter Verdacht, dass der Neubau veräußert oder an familienfremde Personen vermietet werden soll, ist es Sache des Bauherrn darzutun, dass er das Gebäude für den Eigenbedarf bzw. für seine Familie benutzen wird. Ggf. kann der Baugenehmigung eine Nebenbestimmung beigefügt werden, dass das Ersatzgebäude auch in Zukunft von dem Eigentümer selbst genutzt werden muss. **601**

Wer zum Haushalt gehört, richtet sich nach § 18 Abs. 2 Wohnraumförderungsgesetz. Zum Haushalt rechnen danach neben dem Bauherrn als Eigentümer der Ehegatte, der Lebenspartner und der Partner einer sonstigen auf Dauer angelegten Lebensgemeinschaft sowie deren Verwandte in gerader Linie und zweiten Grades in der Seitenlinie, Verschwägerte in gerader Linie und zweiten Grades in der Seitenlinie, Pflegekinder ohne Rücksicht auf ihr Alter und Pflegeeltern. Zum Haushalt zählen die genannten Personen auch, wenn sie erst alsbald in den Haushalt aufgenommen werden sollen. **602**

An das Merkmal „Tatsachen rechtfertigen die Annahme, dass das neu errichtete Gebäude für den Eigenbedarf des bisherigen Eigentümers oder seiner Familie genutzt wird" sind keine allzu hohen Anforderungen zu stellen, da die Vorstellungen kaum nachweisbar sind. Das Vorhaben ist unzulässig bei objektiven Anhaltspunkten dafür, dass es nicht für den Eigenbedarf geplant ist, weil es etwa nach Zuschnitt und Größe dafür nicht geeignet ist. Zweifel gehen zulasten des Bauherrn.[836] **603**

Die Bestimmung setzt nicht den vollständigen Abriss des alten Bauwerks voraus. Es ist also auch zulässig, dass einzelne Teile stehen bleiben, etwa weil sie in das neue Bauwerk integriert werden können.[837] **604**

Mit „Wohngebäude" ist nur ein Gebäude gemeint, das zum nicht nur vorübergehenden Aufenthalt (für Eigentümer/Besitzer sowie seine Familie) bestimmt ist, also nicht Wochenend-/Ferienhäuser.[838] **605**

---

833 Vgl. hierzu und zu den nachfolgend angesprochenen Tatbestandsmerkmalen insbesondere OVG Münster Urt. v. 6.2.2015 – 2 A 1394/13.
834 Geändert durch das Baulandmobilisierungsgesetz.
835 VGH Mannheim Urt. v. 29.8.2005 – 5 S 2372/03.
836 Vgl. Brügelmann, BauGB, § 35 BauGB Rn. 138.
837 Söfker in: Ernst/Zinkahn/Bielenberg/Krautzberger, BauGB, § 35 BauGB Rn. 147.
838 BVerwG Beschl. v. 25.6.2001 – 4 B 42/01.

606 „Gleichartigkeit" des Wohngebäudes bedeutet Gleichartigkeit im Standort, im Bauvolumen, in der Nutzung und in der Funktion. Gemeint ist eine Übereinstimmung des alten und des neuen Gebäudes in bodenrechtlicher Hinsicht. Entscheidend für die Gleichartigkeit ist nicht das quantitative Verhältnis zwischen dem ursprünglich vorhanden gewesenen Gebäude und dem Ersatzbau, sondern vielmehr, wie sich die Erweiterung auf die vom Ersatzbau betroffenen öffentlichen Belange auswirkt. Allerdings sind gemäß § 35 Abs. 4 S. 2 BauGB geringfügige Erweiterungen des neuen Gebäudes gegenüber dem beseitigten Gebäude sowie geringfügige Abweichungen vom bisherigen Standort des Gebäudes zulässig.

607 Missstände liegen nach § 177 Abs. 2 BauGB insbesondere vor, wenn die bauliche Anlage nicht den allgemeinen Anforderungen an gesunde Wohn- und Arbeitsverhältnisse entspricht. Mängel (§ 177 Abs. 3 BauGB) bestehen insbesondere dann, wenn durch Abnutzung, Alterung, Witterungseinflüsse oder Einwirkungen Dritter die bestimmungsgemäße Nutzung der baulichen Anlage nicht nur unerheblich beeinträchtigt wird, die bauliche Anlage nach ihrer äußeren Beschaffenheit das Straßen- oder Ortsbild nicht nur unerheblich beeinträchtigt oder die bauliche Anlage erneuerungsbedürftig ist.

cc) Begünstige Vorhaben nach § 35 Abs. 4 S. 1 Nr. 3 BauGB

608 § 35 Abs. 4 S. 1 Nr. 3 BauGB erlaubt den alsbaldigen Wiederaufbau eines im Außenbereich zulässigerweise errichteten (zu dem Begriff s. Rn. 699 ff.), durch Brand, Naturereignisse oder andere außergewöhnliche Ereignisse zerstörten Gebäudes.

609 Die Zerstörung muss durch ein „außergewöhnliches" Ereignis (hierzu zählt auch die mutwillige Zerstörung von Menschenhand, sofern diese „von außen" kommt)[839] erfolgt sein. Ein eigener Eingriff oder menschliches Versagen oder eine Zerstörung durch natürlichen Verfall infolge mangelhafter Pflege reichen nicht aus.[840]

610 Der Wiederaufbau muss „alsbald" erfolgen. Der Bauherr muss seine Absicht des Wiederaufbaus (mit einem Genehmigungsantrag oder einer gleichwertigen Erklärung) zu einem Zeitpunkt zu erkennen geben, in dem die bodenrechtliche Situation des Grundstücks infolge nachwirkender Prägung durch das zerstörte Gebäude für den Wiederaufbau noch gegeben ist.[841] Das BVerwG hat hierfür folgende Zeitspanne zwischen der Vernichtung des alten Gebäudes und der eindeutigen Offenbarung der Absicht des Wiederaufbaus angenommen: Bei einem Zeitraum bis zu einem Jahr ist stets ein alsbaldiger Aufbau zu bejahen; bei ein bis zwei Jahren ist dieses in der Regel der Fall; bei mehr als zwei Jahren kann dagegen nur bei besonderer Fallgestaltung noch von einem alsbaldigen Wiederaufbau gesprochen werden (sog. Zeitmodell des BVerwG[842]).

611 Gemäß § 35 Abs. 4 S. 2 BauGB sind auch hier geringfügige Erweiterungen des neuen Gebäudes gegenüber dem zerstörten Gebäude sowie geringfügige Abweichungen vom bisherigen Standort des Gebäudes zulässig.

dd) Begünstige Vorhaben nach § 35 Abs. 4 S. 1 Nr. 4 BauGB

612 Privilegiert ist auch „die Änderung oder Nutzungsänderung von erhaltenswerten, das Bild der Kulturlandschaft prägenden Gebäuden, auch wenn sie aufgegeben sind,

---
839 BVerwG Urt. v. 18.8.1982 – 4 C 45/79.
840 BVerwG Urt. v. 13.3.1981 – 4 C 2/78.
841 BVerwG Urt. v. 8.6.1979 – IV C 23.77.
842 BVerwG Urt. v. 21.8.1981 – 4 C 65/80; BVerwG Urt. v. 8.6.1979 – IV C 23.77. Vgl. dazu auch Teil C Rn. 380.

B. Bauplanungsrecht

wenn das Vorhaben einer zweckmäßigen Verwendung der Gebäude und der Erhaltung des Gestaltwerts dient". Es muss sich um ein „Gebäude" handeln; sonstige bauliche Anlagen fallen nicht unter die Bestimmung. Unerheblich ist, welchem Zweck es dient und ob es sich um ein privilegiertes Gebäude oder ein sonstiges Gebäude handelt. Das Gebäude muss das Bild der Kulturlandschaft prägen. Das ist der Fall, wenn es nach seinem äußeren (optischen) Erscheinungsbild für die Baugestaltung und Baukultur einer Epoche aussagekräftig und für den Charakter der es umgebenden Kulturlandschaft typisch ist. Zwischen dem Bauwerk und der Kulturlandschaft muss eine erkennbare Wechselbeziehung in dem Sinne bestehen, dass die Kulturlandschaft ihre besondere Eigenart auch durch das Bauwerk erhält.[843] Bei Gebäuden, die unter Denkmalschutz stehen, ist das zumeist gegeben. Das ist aber nicht zwingend, da auch Gebäude, die einen Fremdkörper in der Landschaft darstellen und deshalb nicht unter Nr. 4 fallen, unter Denkmalschutz stehen können.[844] Der Sinn dieser Regelung ist es, dem drohenden Verfall von Baudenkmälern und anderen kulturell bedeutsamen Bauwerken vorzubeugen.

Zwar ist die Vorschrift nicht auf unwesentliche Änderungen oder Nutzungsänderungen beschränkt. Ausgeschlossen sind indes Veränderungen bei einem das Bild der Kulturlandschaft prägenden Gebäude, die einer Neuerrichtung oder Erweiterung i.S.d. § 35 Abs. 4 S. 1 Nrn. 2, 3, 5 und 6 BauGB gleichkommen. Die Erweiterung einer baulichen Anlage ist vielmehr an die Voraussetzungen der Nummern 5 und 6 geknüpft.[845] Zwar schließt der Begünstigungstatbestand nach § 35 Abs. 4 S. 1 Nr. 4 BauGB eine erneute Änderung oder Nutzungsänderung bei Vorliegen der genannten Voraussetzungen nicht aus;[846] anders als § 29 Abs. 1 BauGB, bei dem unter den Begriff der „Änderung" baulicher Anlagen jegliche Umgestaltungen städtebaulich relevanter Art wie „Erweiterungen" fallen[847] erlaubt § 35 Abs. 4 S. 1 Nr. 4 BauGB jedoch unter dem Begriff der „Änderung" keine Erweiterung im Sinne einer Vergrößerung. Dies folgt aus dem Umstand, dass die Privilegierung nach Nr. 4 in § 35 Abs. 4 S. 3 BauGB nicht genannt wird.[848]

613

Das Vorhaben muss einer zweckmäßigen Verwendung des Gebäudes und der Erhaltung des Gestaltwerts dienen. Der Zweck muss nicht in der Erhaltung des Gebäudes liegen, sondern darf ein wirtschaftlicher sein.[849]

614

ee) Begünstige Vorhaben nach § 35 Abs. 1 S. 1 Nr. 5 BauGB

Nach § 35 Abs. 4 S. 1 Nr. 5 BauGB kann ein zulässigerweise errichtetes (zu dem Begriff Teil C Rn. 525 ff.) Wohngebäude – die Vorschrift gilt nicht für Ferienhäuser[850] – auf bis zu höchstens zwei Wohnungen erweitert werden, soweit dieses zur Befriedigung der Wohnbedürfnisse angemessen ist und bei einer Errichtung einer weiteren Wohnung Tatsachen die Annahme rechtfertigen, dass das Gebäude vom bisherigen Eigentümer oder seiner Familie selbst genutzt wird. Das Gebäude darf aber nach der Erweiterung nur maximal zwei Wohnungen aufweisen. Der Anbau darf kein selbstständig nutzbares Gebäude sein. Eine solche Baumaßnahme wäre keine nach § 35 Abs. 4 S. 1 Nr. 5 BauGB allein genehmigungsfähige Erweiterung eines Wohngebäu-

615

---

843 OVG Münster Urt. v. 12.10.1999 – 11 A 5673/97.
844 OVG Koblenz Urt. v. 24.2.1983 – 1 A 166/81.
845 VG Münster Urt. v. 5.4.2017 – 2 K 893/15.
846 Söfker in: Ernst/Zinkahn/Bielenberg/Krautzberger, BauGB, § 35 Rn. 157 a. E.
847 BVerwG Urt. v. 14.4.2000 – 4 C 5/99.
848 VG Münster Urt. v. 5.4.2017 – 2 K 893/15.
849 Söfker in: Ernst/Zinkahn/Bielenberg/Krautzberger, BauGB, § 35 BauGB Rn. 156.
850 BVerwG Beschl. v. 6.10.1994 – 4 B 178/94.

des, sondern die Errichtung eines weiteren Wohngebäudes; das stünde nicht nur in klarem Widerspruch zum Wortlaut des Gesetzes, sondern würde einer vom Gesetzgeber missbilligten Zersiedelung des Außenbereichs Vorschub leisten. Selbstständig benutzbar ist ein Gebäude, das tatsächlich unabhängig von sonstigen baulichen Anlagen genutzt werden kann. Durch eine bauliche Verbindung mit anderen Gebäuden oder Anlagen wird die funktionale Selbstständigkeit nicht in Frage gestellt.[851] Die Erweiterung darf insgesamt die bauliche Identität des Altbaus nicht in Frage stellen, dieser muss „die Hauptsache bleiben".

616 § 35 Abs. 4 S. 1 Nr. 5 Buchst. a) BauGB spricht von einem zulässigerweise errichteten „Gebäude"; damit ist ein Wohngebäude gemeint. Dies ergab sich in der bis zum 31.12.1997 geltenden Fassung des § 35 Abs. 4 S. 1 Nr. 5 BauGB aus dem Wortlaut, der von der Erweiterung von zulässigerweise errichteten Wohngebäuden sprach. Die Neufassung durch das Bau- und Raumordnungsgesetz vom 18.8.1997[852] hat daran nichts geändert, sondern verfolgte insoweit allein redaktionelle Ziele. Denn die Vorschrift dient weiterhin dazu, die Bevölkerung mit Wohnraum zu versorgen.[853] Auf § 35 Abs. 4 S. 1 Nr. 5 BauGB kann sich also nicht berufen, wer erst mit der Erweiterung eines zulässigerweise errichteten Gebäudes eine Umnutzung hin zu einer Wohnnutzung vornimmt.[854]

617 Ein Doppelhaus ist nach der Rechtsprechung des BVerwG[855] grundsätzlich als „ein Wohngebäude" i.S.d. § 35 Abs. 4 S. 1 Nr. 5 BauGB anzusehen. Durch diese spezifisch bauplanungsrechtliche, eher restriktive Auslegung des Wohngebäudebegriffs soll vermieden werden, dass jede Doppelhaushälfte unter Inanspruchnahme der Vergünstigung nochmals um eine Wohnung erweitert werden kann. Die im Außenbereich an sich unzulässige bauliche Erweiterung von Wohngebäuden soll die Möglichkeit einer angemessenen Versorgung des Eigentümers und seiner Familie mit Wohnraum erleichtern, zugleich aber auch Grenzen für die Erleichterung zu setzen. Nach dem Ansatz des BVerwG ist es deshalb ohne Belang, ob das in Rede stehende Bauwerk bauordnungsrechtlich oder etwa im Sinne der BauNVO zwei Gebäude darstellt.[856]

618 Eine zweite Wohnung darf nur eingerichtet werden, wenn das gesamte Gebäude vom Eigentümer und seiner Familie bewohnt wird;[857] damit soll das sozialpolitisch erwünschte Zusammenleben von zwei Generationen unter einem Dach ermöglicht werden.

ff) Begünstige Vorhaben nach § 35 Abs. 4 S. 1 Nr. 6 BauGB

619 § 35 Abs. 4 S. 1 Nr. 6 BauGB erlaubt die angemessene Erweiterung eines bestehenden, zulässigerweise errichteten (zu dem Begriff s. Teil C Rn. 525 ff.) Gewerbebetriebs. Dabei darf der Betrieb nicht im Wege der „Salamitaktik" mehrmals unter dem Deckmantel der Angemessenheit erweitert werden, wenn dadurch eine insgesamt im Verhältnis zum Ursprungsbestand nicht mehr angemessene Vergrößerung erreicht wird.[858] Die Erweiterung muss in zweifacher Hinsicht angemessen sein: zum einen in

---

851 BVerwG Beschl. v. 13.12.1995 – 4 B 245/95.
852 BGBl I, 2081.
853 BVerwG Beschl. v. 16.1.2014 – 4 B 32/13.
854 So Külpmann, jurisPR-BVerwG 19/2016, Anmerkung zu BVerwG Urt. v. 3.8.2016 – 4 C 3/15, unter Hinweis auf BVerwG Beschl. v. 13.9.1988 – 4 B 155/88.
855 BVerwG Urt. v. 27.8.1998 – 4 C 13/97; vgl. auch Brügelmann, BauGB, § 35 Rn. 152.
856 S. dazu auch: OVG Münster Beschl. v. 20.7.2010 – 10 A 1420/09.
857 BVerwG Beschl. v. 10.3.1988 – 4 B 41/88.
858 BVerwG Urt. v. 16.12.1993 – 4 C 19/92.

Bezug auf das vorhandene Gebäude, zum anderen in Bezug auf den vorhandenen Betrieb.[859]

Mit Gewerbe sind alle „klassischen" Gewerbe gemeint, auch ein Landhandel oder ein Handwerksbetrieb,[860] aber auch die freien Berufe (vgl. zu diesem Begriff § 13 BauNVO). Hierzu zählt aber nicht die Erweiterung der Landwirtschaft um landwirtschaftsfremde Betriebsbereiche; diese können aber evtl. als mitgezogene Privilegierung zulässig sein. **620**

Der Begriff der Erweiterung umfasst alle betrieblich-baulichen Tätigkeiten an dieser Stelle, auch die Erweiterung von Lager- und Stellplätzen, aber nicht die Errichtung eines gesamten neuen Betriebes. Privilegiert ist auch die teilweise Erneuerung von Anlagen, z.B. der Abriss einer alten und Wiederaufbau einer größeren neuen Maschinenhalle.[861] **621**

gg) Schonungsgebot und Verpflichtungserklärung

Die nach § 35 Abs. 1 bis 4 BauGB zulässigen Vorhaben müssen nach § 35 Abs. 5 BauGB in flächensparender und den Außenbereich schonender Weise ausgeführt werden.[862] Ferner ist für Vorhaben nach § 35 Abs. 1 Nr. 2 bis 6 BauGB als weitere Zulässigkeitsvoraussetzung eine Verpflichtungserklärung abzugeben, das Vorhaben nach dauerhafter Aufgabe der zulässigen Nutzung zurückzubauen und Bodenversiegelungen zu beseitigen. Die Baugenehmigungsbehörde soll die Einhaltung der Verpflichtungen durch nach Landesrecht vorgesehene Baulast oder in anderer Weise sicherstellen. **622**

d) Außenbereichssatzung

Durch § 35 Abs. 6 BauGB wird die Möglichkeit geschaffen, dass die Gemeinde durch eine Satzung für vorhandene Splittersiedlungen im Außenbereich eine Bebauung mit Wohngebäuden sowie mit kleinen Handwerks- oder Gewerbebetrieben vorsieht.[863] Die Außenbereichssatzung unterscheidet sich von einer Innenbereichssatzung nach § 34 Abs. 4 BauGB vor allem dadurch, dass nicht die Schaffung bzw. Erweiterung eines Ortsteils i.S.d. § 34 Abs. 1 BauGB bezweckt wird, sondern die von der Außenbereichssatzung erfasste Fläche weiterhin zum Außenbereich gehört; sie erlaubt auch nicht die Erweiterung einer Splittersiedlung zu einem Ortsteil i.S.d. § 34 BauGB,[864] sondern hat nur eine Lückenschließungsfunktion.[865] Ein aus vier Wohnhäusern bestehender Bebauungszusammenhang kann schon eine „Wohnbebauung von einigem Gewicht" i.S.d. § 35 Abs. 6 S. 1 BauGB sein.[866] **623**

7. Bauen im Vorgriff auf einen Bebauungsplan (§ 33 BauGB)

§ 33 BauGB findet auf alle Fälle der §§ 30, 34 und 35 BauGB Anwendung, sofern sich ein Bebauungsplan in der Aufstellung befindet. Die Vorschrift bezweckt, eine Bebauung gemäß einem Bebauungsplan bereits in dem Zeitraum zwischen dessen **624**

---

859 BVerwG Urt. v. 16.12.1993 – 4 C 19/92.
860 BVerwG Urt. v. 16.12.1993 – 4 C 19/92.
861 VGH München Urt. v. 19.3.1985 – 26 B 82 A.2195.
862 Zum sog. Schonungsgebot siehe BVerwG Urt. v. 19.6.1991 – 4 C 11/89; OVG Lüneburg Urt. v. 31.3.1995 – 1 L 4063/93.
863 S. dazu: VGH München Urt. v. 12.8.2003 – 1 BV 02.1727.
864 OVG Lüneburg Beschl. v. 27.7.2000 – 1 L 4472/99.
865 BVerwG Urt. v. 13.7.2006 – 4 C 2/05.
866 VGH München Urt. v. 12.8.2003 – 1 BV 02.1727.

endgültiger Konzeption und dem Inkrafttreten nach § 10 BauGB zuzulassen; der bauwillige Bürger soll nicht darunter leiden, dass sich das Bebauungsplanverfahren noch eine gewisse Zeit hinzieht.[867]

625 Voraussetzung für eine Genehmigung nach § 33 BauGB ist deshalb, dass das Verfahren zur Aufstellung eines Bebauungsplans bereits so weit fortgeschritten ist, dass mit der Realisierung der vorliegenden Plankonzeption konkret zu rechnen ist – materielle Planreife.[868] Zumindest die Auslegung nach § 3 BauGB und die Beteiligung der Träger öffentlicher Belange nach § 4 BauGB müssen in der Regel abgeschlossen sein – formelle Planreife (§ 33 Abs. 1 Nr. 1 BauGB); hiervon ist aber nach § 33 Abs. 2 BauGB eine Ausnahme möglich.[869] Die Erteilung einer Baugenehmigung auf der Grundlage des § 33 BauGB scheidet aus, wenn die Genehmigungsbehörde zu erkennen gibt, dass sie den Bebauungsplan in dieser Form nicht genehmigen wird, wenn beachtliche Bürgereinwendungen vorliegen oder wenn der Bebauungsplan inhaltliche Mängel aufweist, insbesondere im Hinblick auf § 1 Abs. 5 bis 7 BauGB bedenklich ist.[870] Formelle Planreife setzt ferner voraus, dass das Verfahren zur Aufstellung des Bebauungsplans nicht „stecken geblieben ist", also kontinuierlich weiter betrieben wird.[871]

626 § 33 BauGB ermöglicht nur die Erteilung einer Genehmigung eines Bauvorhabens, das sonst vor Inkrafttreten des Bebauungsplans nicht genehmigt werden könnte. § 33 BauGB kann dagegen nicht die Errichtung eines Bauvorhabens verhindern, das nach der derzeitigen Rechtslage zulässig, nach dem zukünftigen Bebauungsplan aber unzulässig wäre. Denn § 33 BauGB dient nicht der Sicherung der Bauleitplanung während der Planaufstellung, hierfür sieht das BauGB vielmehr eine Veränderungssperre nach §§ 14 ff. BauGB vor.

627 Eine trotz fehlender Planreife gemäß § 33 BauGB erteilte Baugenehmigung ist auf die Klage eines Nachbarn nicht schon aus diesem Grunde aufzuheben. Erfolg hat eine Nachbarklage vielmehr nur dann, wenn das Vorhaben gegen nachbarschützende Vorschriften – eventuell eines Vorgängerbebauungsplans – verstößt bzw. sich bei einer gebotenen Beurteilung nach §§ 34 und 35 BauGB als rücksichtslos gegenüber dem Nachbarn erweist.[872]

8. Einvernehmen nach § 36 BauGB

628 Da durch die Genehmigung von Bauvorhaben, die nicht auf einem Bebauungsplan beruhen, die Planungshoheit der Gemeinde beeinträchtigt werden kann, dürfen Baugenehmigungen nach §§ 31, 33, 34 und 35 BauGB nur im Einvernehmen mit der Gemeinde erteilt werden. Das Einvernehmen wird nur verwaltungsintern erklärt, nach außen hin (gegenüber dem Bauherrn) ergeht nur eine Entscheidung der Bauaufsichtsbehörde.[873]

629 Die Gemeinde muss über die Erteilung des Einvernehmens innerhalb von zwei Monaten entscheiden, sonst gilt das Einvernehmen als erteilt (§ 36 Abs. 2 S. 2 BauGB).

---

867 BVerwG Urt. v. 1.8.2002 – 4 C 5/01.
868 BVerwG Beschl. v. 10.6.1970 – IV B 163.68; OVG Münster Beschl. v. 14.3.2001 – 7 B 355/01.
869 OVG Münster Beschl. v. 15.2.1991 – 11 B 2659/90.
870 BVerwG Beschl. v. 25. 11. 1991 – 4 B 212/91.
871 BVerwG Urt. v. 1.8.2002 – 4 C 5/01.
872 Vgl. VG Würzburg Beschl. v. 29.6.2020 – W 4 S 20.918; VGH Mannheim Urt. v. 29.10.2003 – 5 S 138/03; zum Nachbarrechtsschutz im Zusammenhang mit § 33 BauGB vgl. auch VGH München Beschl. v. 18.2.2020 – 15 CS 20.57.
873 BVerwG Urt. v. 19.11.1965 – IV C 184.65.

Die Frist beginnt aber erst nach Vorlage der vollständigen Planunterlagen, deren Unvollständigkeit die betroffene Gemeinde als Obliegenheit rügen muss, um ihre Rechte zu wahren;[874] andernfalls läuft die Zwei-Monats-Frist auch bei unvollständigen Unterlagen ab.[875] Die Gemeinde kann die Frist dazu nutzen, ein nicht erwünschtes Bauvorhaben, das aber nach der bestehenden Rechtslage zugelassen werden müsste, durch einen Beschluss zur Aufstellung eines Bebauungsplans nach § 2 Abs. 1 BauGB sowie eine Veränderungssperre nach § 14 Abs. 1 BauGB zur Sicherung dieser Planung zu verhindern. Unter diesem Blickwinkel sichert die Bestimmung im Rahmen ihrer Anwendbarkeit die Gewährleistung der gemeindlichen Planungshoheit nach Art. 28 Abs. 2 GG. Andererseits ist die Gemeinde nicht aus sich heraus vom Gesetz dazu berufen, die Unversehrtheit des Außenbereichs und Belange des Naturschutzes zu wahren; vielmehr kommt ihr diese Aufgabe nur im Rahmen und zur Sicherung ihrer gemeindlichen Planungshoheit zu. Umgekehrt wäre das Beteiligungserfordernis nach § 36 BauGB überflüssig, wenn die Gemeinde bereits aus sich heraus Sachwalterin des Außenbereichsschutzes nach § 35 BauGB wäre.[876]

Über die Erteilung des Einvernehmens entscheidet der Gemeinderat (bzw. ein Gemeinderatsausschuss) und nicht der Bürgermeister, da der Gemeinderat Inhaber der Planungshoheit ist. **630**

Das Einvernehmen darf nur aus den sich aus §§ 31 bis 35 BauGB ergebenden Gründen versagt werden.[877] Die Gemeinde kann sich bei der Versagung des Einvernehmens auf alle in den Bestimmungen genannten Versagungsgründe stützen, also auch auf solche, die nicht dem Schutz ihrer Planungshoheit dienen, z.B. die in § 35 Abs. 3 Nr. 5 BauGB angeführten Belange des Naturschutzes und der Landschaftspflege oder der fehlenden Erschließung.[878] Aus bauordnungsrechtlichen Gründen darf das Einvernehmen nicht versagt werden. **631**

Wird das Einvernehmen der Gemeinde nicht erteilt, muss die Bauaufsichtsbehörde die Baugenehmigung ablehnen, auch wenn sie selbst das Bauvorhaben für genehmigungsfähig hält, oder aber sie muss das Einvernehmen ersetzen (§ 36 Abs. 2 S. 3 BauGB). Von der durch § 36 Abs. 2 S. 3 BauGB eröffneten Möglichkeit, dass eine durch Landesrecht zu bestimmende Behörde das Einvernehmen ersetzen kann, wenn eine Gemeinde ihr nach § 36 Abs. 1 S. 1 und 2 BauGB erforderliches Einvernehmen rechtswidrig versagt hat, hat das Land NRW in § 73 Abs. 1 BauO – in Anpassung an die entsprechende Bestimmung der MBO – Gebrauch gemacht. Nach § 73 Abs. 3 BauO gilt die Genehmigung zugleich gegenüber der Gemeinde als Ersatzvornahme i.S.d. § 123 GO NRW und ist zu begründen. Die Gemeinde kann abweichend von § 123 GO NRW nicht gesondert gegen die Baugenehmigung klagen, soweit diese als Ersatzvornahme gilt. Der Gemeinde ist vor Erlass der Zustimmung Gelegenheit zu geben, binnen angemessener Frist erneut über das gemeindliche Einvernehmen zu entscheiden (Abs. 4). **632**

Ist das Einvernehmen für einen Bauvorbescheid erteilt oder ersetzt worden, bedarf es keines erneuten Einvernehmens oder einer entsprechenden Ablehnung bei der Baugenehmigung, wenn das zum Gegenstand des Bauantrags gemachte Vorhaben unter planungsrechtlichen Aspekten mit dem im Vorbescheid erfassten Vorhaben **633**

---

874 OVG Münster Beschl. v. 21.12. 2010 – 8 B 1426/10.
875 BVerwG Beschl. v. 11.8.2008 – 4 B 25/08; OVG Münster Urt. v. 28.11.2007 – 8 A 2325/06.
876 Vgl. VG Frankfurt Beschl. v. 28.4.2020 – 8 L 3670/19.F, unter Hinweis auf VGH Kassel Beschl. v. 27.9.2004 – 2 TG 1630/04.
877 BVerwG Beschl. v. 26.2.1990 – 4 B 31/90.
878 BVerwG Urt. v. 20.5.2010 – 4 C 7/09.

identisch ist.[879] Ändert der Bauherr das Vorhaben – etwa durch Verlegung des Standortes –, muss die Gemeinde erneut nach ihrem Einvernehmen gefragt werden.[880]

634 In § 36 Abs. 2 BauGB wird § 14 BauGB nicht als Versagungsgrund angeführt. Hierbei handelt es sich um ein Redaktionsversehen, da das Erfordernis des Einvernehmens gerade dazu dient, der Gemeinde die Möglichkeit zu eröffnen, zur Verhinderung des Vorhabens eine Veränderungssperre zu erlassen und eine Ausnahme von der Veränderungssperre nach § 14 Abs. 2 S. 2 BauGB nur im Einvernehmen mit der Gemeinde erteilt werden darf.

635 Der Bauantragsteller darf darauf vertrauen, dass über eine Teilfrage des Genehmigungsverfahrens innerhalb der Zwei-Monats-Frist Klarheit geschaffen wird. Deshalb kann die Erteilung des Einvernehmens nach Ablauf der Frist nicht widerrufen oder zurückgenommen werden; denn dies würde dem Sinn der Vorschrift widersprechen, innerhalb der Frist klare Verhältnisse über die Einvernehmenserklärung der Gemeinde zu schaffen.[881] Dagegen kann die Gemeinde vor Ablauf der Zwei-Monats-Frist gegenüber der Bauaufsichtsbehörde das Einvernehmen auch dann noch versagen, wenn sie verwaltungsintern zuvor das Einvernehmen bereits erteilt hat. Denn Zweck des Einvernehmenserfordernisses ist der Schutz der durch Art. 28 Abs. 2 S. 1 GG gewährleisteten Planungshoheit der Gemeinde, die das Recht der Gemeinde als Selbstverwaltungskörperschaft auf Planung und Regelung der Bodennutzungen in ihrem Gebiet umfasst.[882]

636 Die Baugenehmigungsbehörde ist an eine Erteilung des Einvernehmens nicht gebunden, sondern kann den Bauantrag gleichwohl ablehnen. Erteilt die Bauaufsichtsbehörde trotz fehlenden Einvernehmens der Gemeinde die Baugenehmigung, kann die Gemeinde wegen Verletzung ihrer Planungshoheit gegen die erteilte Genehmigung Klage erheben.[883] Weil eine Gemeinde ihr Einvernehmen nach § 36 Abs. 2 S. 1 BauGB zB für ein Außenbereichsvorhaben nur aus den sich aus den § 35 BauGB ergebenden Gründen versagen darf, sind auf ihre Klage die Voraussetzungen des § 35 BauGB in vollem Umfang nachzuprüfen.[884]

637 Beispiel: Ein vor langer Zeit für einen im Außenbereich gelegenen landwirtschaftlichen Betrieb genehmigtes Gebäude, ein Altenteiler-Wohnhaus, sollte nach einer zwischenzeitlichen anderweitigen Nutzung nunmehr gewerblichen Zwecken dienen. Die Gemeinde verweigerte das gemeindliche Einvernehmen, weil das Vorhaben nicht (teil-)privilegiert sei. Die Bauaufsichtsbehörde ersetzte das verweigerte Einvernehmen. Die dagegen von der Gemeinde erhobene Klage hatte Erfolg. Die genehmigte Nutzungsänderung war nicht nach § 35 Abs. 4 S. 1 Nr. 1 BauGB teilprivilegiert, da das Bestandsgebäude bereits vor Aufgabe der Landwirtschaft nicht mehr nach § 35 Abs. 1 Nr. 1 BauGB privilegiert war. Nach § 35 Abs. 4 S. 1 Nr. 1 BauGB setzt die Teilprivilegierung voraus, dass die bisherige Nutzung eines Gebäudes im Sinne des Abs. 1 Nr. 1 geändert werden soll. Gebäude im Sinne des § 35 Abs. 1 Nr. 1 BauGB sind nur solche, die einem land- oder forstwirtschaftlichen Betrieb dienen. Zwar dient ein Betriebsleiter- und Altenteiler-Wohnhaus einem landwirtschaftlichen Betrieb. Jedoch hatte die Beendigung der Nutzung als Altenteilerhaus durch den Vater des Voreigentümers im Jahre 2008 zu einer dauerhaften Entprivilegierung als Altenteilerhauses geführt. Wird ein Bauwerk, das für einen nach § 35 Abs. 1 BauGB im Außenbereich privilegierten Zweck genutzt worden ist, für einen anderen Zweck genutzt, liegt darin nicht nur eine Nutzungsänderung, sondern zugleich auch eine Funk-

---

879 OVG Münster Beschl. v. 18.12.2002 – 7 B 811/02.
880 OVG Münster Urt. v. 28. 11. 2007 – 8 A 2325/06.
881 BVerwG Urt. v. 19.2.2004 – 4 CN 16/03; Söfker in: Ernst/Zinkahn/Bielenberg/Krautzberger, BauGB, § 36 Rn. 32.
882 OVG Bln-Bbg Beschl. v. 6.5.2016 – OVG 10 S 16.15.
883 BVerwG Beschl. v. 24.6.2010 – 4 B 60/09.
884 BVerwG Urt. v. 20.5.2010 – 4 C 7/09.

tionsänderung, die zu einer Entprivilegierung führt. Diese Entprivilegierung fand bereits 2008 statt (zur Frage des Untergangs einer Baugenehmigung durch Nutzungsänderung oder Nutzungseinstellung siehe Teil C Rn. 379). Diese Grundsätze hatte die Gemeinde erkannt, die Bauaufsichtsbehörde indes nicht. Die von der Bauaufsicht erteilte Genehmigung mit der Ersetzung des Einvernehmens war rechtswidrig und verletzte die Gemeinde in ihren Rechten als Trägerin der Planungshoheit und damit in ihrer Selbstverwaltungsgarantie.[885]

638 Ebenso kann die Gemeinde auf Aufhebung der Genehmigung klagen, wenn die Bauaufsichtsbehörde eine Baugenehmigung unter Missachtung eines Bebauungsplans erteilt, ohne eine einvernehmensbedürftige Befreiung zu erteilen.[886]

639 Da das Einvernehmen ein verwaltungsinterner Vorgang und damit kein Verwaltungsakt ist, muss bei einem versagten Einvernehmen der Bauherr auf Erteilung der Baugenehmigung und nicht etwa auf Erteilung des Einvernehmens klagen.[887] Beklagter ist demnach die Baugenehmigungsbehörde; die Gemeinde ist aber beizuladen.[888]

9. Öffentliche Bauten und Vorhaben der Landesverteidigung

640 Bauvorhaben des Bundes oder der Länder mit besonderer öffentlicher Zweckbestimmung können nach § 37 BauGB auch abweichend von §§ 30 bis 36 BauGB errichtet werden. Der Sinn dieser Vorschrift liegt darin, dass notwendige öffentliche Bauten, insbesondere technische Anlagen wie Fernsehtürme, Fernmeldeeinrichtungen, Forschungsvorhaben, aber auch Strafanstalten, psychiatrische Landeskrankenhäuser u.Ä., die wegen ihrer besonderen Eigenarten und Auswirkungen nicht nach §§ 30, 34, 35 BauGB genehmigungsfähig sind, gleichwohl errichtet werden können. § 37 BauGB stellt somit materiellrechtlich eine Befreiungsregelung dar.[889]

641 Die Zustimmung ist ein Verwaltungsakt, bei dem zwischen den Belangen des öffentlichen Bauherrn und den städtebaulichen Interessen an der Einhaltung der §§ 30 ff. BauGB abzuwägen ist und mit dem die Zulässigkeit des öffentlichen Bauvorhabens verbindlich festgestellt wird.[890]

642 Erteilt die Gemeinde ihr nach § 36 BauGB erforderliches Einvernehmen zu einem Bauvorhaben des Bundes oder Landes nicht, wird dieses nach § 37 Abs. 1 BauGB bei Vorhaben mit besonderer öffentlicher Zweckbestimmung durch eine Entscheidung der höheren Verwaltungsbehörde ersetzt.

643 Für Vorhaben der Landesverteidigung, die nach § 79 Abs. 6 BauO weder einer Genehmigung noch einer Zustimmung bedürfen, aber der Bauaufsichtsbehörde in geeigneter Weise zur Kenntnis gebracht werden müssen, enthält § 37 Abs. 2 BauGB eine Sonderregelung. Derartige Vorhaben können sogar gegen den Willen der Gemeinde und der höheren Verwaltungsbehörde errichtet werden.[891] Erforderlich ist aber eine konsensuale Entscheidung des betroffenen s im Einvernehmen mit anderen zu beteiligenden Bundesministerien und der zuständigen obersten Landesbehörde.

---

885 Nach: VG München Gerichtsbescheid v. 5.5.2020 – M 9 K 18.5818.
886 BVerwG Urt. v. 27.11. 981 – 4 C 36/78.
887 BVerwG Urt. v. 25.10.1967 – IV C 129.65.
888 BVerwG Urt. v. 7.2.1986 – 4 C 43/83.
889 BVerwG Urt. v. 3.12.1992 – 4 C 24/90; OVG Münster Beschl. v. 9.9.2003 – 10 B 1593/03.
890 BVerwG Urt. v. 3.12.1992 – 4 C 24/90; VGH Kassel Beschl. v. 7.12. 2000 – 4 TG 3044/99.
891 BVerwG Urt. v. 3.12.1992 – 4 C 24/90.

10. Erschließung des Bauvorhabens

644 Nach allen Tatbeständen der §§ 30 ff. BauGB darf eine Baugenehmigung nur erteilt werden, wenn die Erschließung gesichert ist. Unter Erschließung ist der Anschluss an die Straße, die Abwasserbeseitigung sowie die Wasserversorgung zu verstehen.[892] Eine gesicherte Erschließung setzt voraus, dass im Zeitpunkt der Bezugsfertigkeit des Gebäudes die erforderlichen Erschließungsanlagen hergestellt und dauerhaft benutzbar sind.[893]

645 Die wegemäßige Erschließung ist als gesichert anzusehen, wenn das Bauvorhaben mit öffentlichen Fahrzeugen (Müllabfuhr, Feuerwehr, Krankenwagen, Post) erreicht werden kann und der zu erwartende Verkehr nicht zu einer Überbelastung der Straße führt.[894] Hierfür reicht es bei Wohngebäuden aus, dass Großfahrzeuge in die Nähe des Gebäudes gelangen können und kleinere Fahrzeuge (Krankenwagen) über einen kurzen Wohnweg[895] notfalls unmittelbar bis zum Grundstück fahren können; ein Stichweg von nur knapp 3 m Breite kann daher ausreichen.[896] Ein öffentlicher Feldweg oder Wirtschaftsweg ist zur Erschließung eines landwirtschaftlichen Anwesens nur geeignet, wenn er über die gesamte Zufahrtsstrecke so breit ist, dass die Zufahrt von Personenkraftwagen, kleineren Kraftfahrzeugen der Polizei, der Feuerwehr, des Rettungswesens und der Ver- und Entsorgung sowie kleineren landwirtschaftlichen Fahrzeugen tatsächlich möglich ist. Bei Jagdhäusern, Gartenhäusern und ähnlichen Bauvorhaben kann eine Erschließung durch eine befestigte Straße nicht verlangt werden. Bei nichtprivilegierten Wohngebäuden sind an die Erschließung keine geringeren Anforderungen zu stellen als im Innenbereich.[897]

646 Grenzt ein Baugrundstück nicht unmittelbar an eine öffentliche Straße und ist ein Überqueren anderer Grundstücke erforderlich ist, ist notwendig, dass der Zugang zur öffentlichen Straße nicht nur tatsächlich, sondern auch in rechtlicher Hinsicht dauerhaft gesichert ist. Eine schuldrechtliche Vereinbarung mit dem Wegeeigentümer genügt daher nicht, vielmehr ist eine dingliche Sicherung, z.B. durch Grunddienstbarkeit oder durch Baulast, erforderlich.[898]

647 Eine ordnungsgemäße Abwasserbeseitigung ist in der Regel nur durch einen Anschluss an eine Kanalisation gewährleistet.[899] Ist dies nicht möglich, kann eine gesicherte Erschließung nur angenommen werden, wenn eine anderweitige Abwasserbeseitigung wasserrechtlich zugelassen worden ist.[900]

---

892 BGH Urt. v. 7.3.1985 – III ZR 126/83; BVerwG Urt. v. 4.10. 1974 – IV C 59.72; BVerwG Urt. v. 7.2.1986 – 4 C 30/84.
893 BVerwG Urt. v. 28.10.1981 – 8 C 4/81; BVerwG Urt. v. 20.5.2010 – 4 C 7.09.
894 BVerwG Urt. v. 28.10.1981 – 8 C 4/81.
895 BVerwG Urt. v. 10.12.1993 – 8 C 59/91.
896 BVerwG Urt. v. 4.6.1993 – 8 C 33/91; einschränkend aber BVerwG Beschl. v. 2.9.1999 – 4 B 47/99.
897 BVerwG Urt. v. 7.2.1986 – 4 C 30/84; VGH Mannheim Urt. v. 2.10.1978 – III 2139/77: Zur Abwicklung eines reibungslosen Kraftfahrzeugverkehrs und zum Schutze des Fußgängerverkehrs muss die Wegeanlage in einem Gebiet, das immerhin mehrere Wohnbauten erfasst, so breit sein, dass sie einen Begegnungsverkehr ermöglicht. Nicht ausreichend ist ein 2,50 m breiter Weg, der lediglich mit einer Bitumenkiesdecke versehen ist. Siehe auch VG Saarlouis Urt. v. 19.3.2013 – 5 K 623/12: Eine nur 3 m breit asphaltierte Straße ohne Ausweichstellen, Fußgängerwege und Beleuchtung auf einer Länge von 170 m stellt keine gesicherte wegemäßige Erschließung dar.
898 BVerwG Urt. v. 3.5.1988 – 4 C 54.85; vgl. dazu VG Arnsberg Beschl. v. 4.3.2021 – 4 L 911/20.
899 VGH Mannheim Beschl. v. 29.6.1993 – 8 S 256/93.
900 VGH Mannheim Beschl. v. 29.6.1993 – 8 S 256/93; zu den Anforderungen an die Erschließung im Einzelnen siehe: Brügelmann, BauGB, § 30 Rn. 13 ff.

B. Bauplanungsrecht

In den Fällen der §§ 30, 34 BauGB muss gewährleistet sein, dass die Erschließungsanlagen jedenfalls bei Fertigstellung des Bauvorhabens vorhanden sind.[901] Dieses ist der Fall, wenn die Gemeinde sich selbst zur Durchführung der Erschließung bereit erklärt hat oder aber einen Erschließungsvertrag mit einem Dritten geschlossen hat. **648**

Die Rechtsprechung hat trotz der Regelung des § 123 Abs. 3 BauGB, wonach kein Anspruch auf die Erschließung besteht, in bestimmten Fällen einen solchen Anspruch angenommen, wenn nämlich das Erschließungsermessen der Gemeinde auf null reduziert ist.[902] So kann z.b. aus der Aufstellung eines Bebauungsplans ein Anspruch des Eigentümers eines vom Bebauungsplan erfassten Grundstücks auf den Bau der Erschließungsanlagen innerhalb eines angemessenen Zeitraums folgen, sofern das Grundstück durch den Bebauungsplan eine zuvor vorhandene Erschließung verliert.[903] Das Gleiche gilt, wenn das Grundstück mit Zustimmung der Gemeinde bereits bebaut wurde.[904] **649**

Schließlich muss die Gemeinde in der Regel auf das Angebot eines Dritten eingehen, die notwendigen Erschließungsanlagen auf eigene Kosten zu bauen.[905] Dieser Grundsatz gilt aber nur bei Angeboten, deren Verwirklichung zu erwarten ist.[906] Die gemeindliche Erschließungsaufgabe verdichtet sich nach Treu und Glauben zu einer Erschließungspflicht, wenn sich die Gemeinde nach Erlass eines qualifizierten Bebauungsplans entschließt, den Plan zwar nicht aufzuheben, aber von der Durchführung der Erschließung abzusehen. Dem steht es gleich, wenn sie unter diesen Voraussetzungen die Durchführung der Erschließung ungebührlich verzögert.[907] Eine Gemeinde, die einen qualifizierten Bebauungsplan erlassen hat, dann jedoch erkennen muss, aus wirtschaftlichen Gründen zur Erschließung außerstande zu sein, kann ein Angebot der Erschließung durch die Betroffenen, dessen Annahme weder aus sachlichen noch persönlichen Gründen unzumutbar ist, nicht ablehnen, ohne dadurch selbst erschließungspflichtig zu werden.[908] **650**

---

901 BVerwG Urt. v. 21.2.1986 – 4 C 10.83.
902 BVerwG Urt. v. 22.1.1993 – 8 C 46/91; OVG Lüneburg Beschl. v. 11.8.2008 – 1 ME 83/08.
903 BVerwG Beschl. v. 22.3.1999 – 4 B 10/99.
904 BVerwG Urt. v. 22.1.1993 – 8 C 46/91.
905 BVerwG Beschl. v. 22.3.1999 – 4 B 10/99.
906 BVerwG Beschl. v. 13.2.2002 – 4 B 88/01.
907 BVerwG Urt. v. 22.1.1993 – 8 C 46/91, Leitsatz 4.
908 BVerwG Urt. v. 22.1.1993 – 8 C 46/91, Leitsatz 5.

C. Bauordnungsrecht

I. Allgemeines

1. Überblick über die Rechtsquellen

1 Das Bauordnungsrecht hat sich aus dem früheren Baupolizeirecht entwickelt und gehört zum Recht der Gefahrenabwehr. Als spezialgesetzliche Materie geht es dem allgemeinen Ordnungsrecht vor, das jedoch subsidiär zur Anwendung kommt, zB bei den Fragen der Verhältnismäßigkeit (§ 15 OBG) und der Störerhaftung (§§ 17 bis 20 OBG).

In Nordrhein-Westfalen ist das Bauordnungsrecht im Wesentlichen in der Landesbauordnung („BauO") geregelt (Einzelheiten siehe unter Teil C Rn. 12 ff.).

2. Abgrenzung zum Privatrecht

2 Das Bauordnungsrecht regelt die öffentlich-rechtlichen Beziehungen eines Bauvorhabens und die daraus entstehenden Pflichten der Beteiligten gegenüber der Öffentlichkeit, deren Interessen die Bauaufsichtsbehörde wahrnimmt. Demgegenüber betrifft das private Baurecht die Beziehungen von Privatpersonen untereinander. Dabei kann es etwa um die Beziehungen der am Bau beteiligten Parteien untereinander gehen (zB Mängelhaftung) oder um „Streitigkeiten über den Gartenzaun", soweit sie dem privaten Nachbarrecht unterfallen.[909]

3. Begriffe des Bauordnungsrechts

3 In jedem Rechtsgebiet wird mit Begriffen gearbeitet. Dabei wird zT auf Begriffe des allgemeinen Sprachgebrauchs zurückgegriffen, die für das Bauordnungsrecht bedeutsam sind und als bekannt vorausgesetzt und nicht weiter definiert werden. Das führt bisweilen zu Problemen, da das allgemeine Verständnis nicht immer einheitlich ist und nicht dem juristischen Verständnis entspricht. Dies gilt zB für den Begriff des Wohngebäudes, der, anders als in einigen anderen Bundesländern,[910] in der nordrhein-westfälischen BauO nicht legal definiert ist. Für solche Fälle hilft es gelegentlich, auf allgemein zugänglichen Quelle zurückzugreifen. Manche Begriffe haben eine fachspezifische Bedeutung, die sich aus Normen ergibt. So ist zB eine Treppe nach DIN 18065:2015–03 3.1 ein „fest mit dem Bauwerk verbundenes, unbewegbares Bauteil, bestehend aus mindestens einem Treppenlauf zum Überwinden von Höhenunterschieden zwischen mindestens zwei unterschiedlichen Ebenen durch stufenweises Steigen". In einem solchen Fall macht es Sinn, die Begriffsbestimmung auch für das öffentliche Baurecht zu verwenden.

4 Im Idealfall definiert das Gesetz den Begriff für den Anwendungsbereich des Gesetzes selbst. Für die BauO geschieht dies für viele Bereiche in § 2 BauO; gesetzliche Ergänzungen wären wünschenswert.

---

909 Siehe zur Abgrenzung: Schulte Beerbühl, Öffentliches Baunachbarrecht, ab Rn. 9.
910 ZB § 2 Abs. 3 der Landesbauordnung für Baden-Württemberg vom 5.3.2010 (in der Fassung vom 21.11.2017): „Wohngebäude sind Gebäude, die überwiegend der Wohnnutzung dienen und außer Wohnungen allenfalls Räume für die Berufsausübung freiberuflich oder in ähnlicher Art Tätiger sowie die zugehörigen Garagen und Nebenräume enthalten."; § 2 Abs. 4 der Niedersächsischen Bauordnung vom 3.4.2012 (in der Fassung vom 12.9.2018): „Wohngebäude sind Gebäude, die nur Wohnungen oder deren Nebenzwecken dienende Räume, wie Garagen, enthalten."

C. Bauordnungsrecht

a) Bauordnungsrechtlicher Vorhabenbegriff

Soweit in der BauO und in der vorliegenden Darstellung des Bauordnungsrechts von "Bauen" die Rede ist, ist dieser Begriff nicht allein in dem umgangssprachlichen Sinn eines Errichtens (baulicher) Anlagen durch Zusammenfügen von Bauteilen zu verstehen. Die Bauordnung bestimmt vielmehr, dass auch andere bauordnungsrechtlich relevante Vorgänge einer bauaufsichtlichen Kontrolle unterworfen sind (§ 58 Abs. 2 S. 1 BauO: Errichtung, Änderung, Nutzungsänderung und Beseitigung sowie Nutzung und Instandhaltung von Anlagen). Auch regelt § 60 Abs. 1 S. 1 BauO, dass die Errichtung, Änderung und Nutzungsänderung von Anlagen der Baugenehmigung bedürfen, soweit in den §§ 61 bis 63, 78 und 79 BauO nichts anderes bestimmt ist. (Die Beseitigung von Anlagen ist vielfach unter bestimmten Voraussetzungen genehmigungsfrei; in den anderen Fällen ist sie lediglich anzeigebedürftig.)

Andererseits differenziert das Gesetz oft nicht zwischen "Bauen" und "Nutzen" und anderen bauordnungsrechtlich relevanten Vorgängen. Soweit nichts anderes offenkundig ist, meint der Gesetzgeber, wenn er vom Bauen spricht, gleichzeitig auch die anderen Vorgänge. Ein typisches Beispiel hierfür ist § 74 Abs. 7 BauO: Danach darf vor Zugang der "Baugenehmigung" mit der "Bauausführung" nicht begonnen werden (womit selbstverständlich nur nicht verfahrensfreie Anlagen und Einrichtungen gemeint sind). Die Regelung ist nicht nur auf die Errichtungen, sondern auch auf Nutzungsänderungen zu beziehen.

b) Vorhaben und Prüfungsgegenstand

aa) Vorhaben

Der Begriff des (Bau-)Vorhabens wird in zahlreichen bauplanungsrechtlichen und bauordnungsrechtlichen Bestimmungen benutzt. Er wird aber weder in den Bestimmungen des Bauplanungsrechts noch in der Bauordnung definiert. Im rein umgangssprachlichen Sinn stellt sich als Vorhaben das dar, was jemand rein tatsächlich "vorhat", also zu verwirklichen beabsichtigt. Diese streng subjektive Betrachtungsweise ist allerdings im Baurecht verfehlt.

(1) Bestimmung des Vorhabens anhand des Bauantrags

Vorhaben im Sinne des öffentlichen Baurechts ist zunächst das, was der Bauherr in seinem Bauantrag zum Ausdruck bringt. Welchen Inhalt ein Bauantrag hat, ist im jeweiligen Einzelfall durch Auslegung entsprechend den Grundsätzen des Bürgerlichen Gesetzbuchs zu ermitteln.

Die Auslegung hat sich vorrangig am Wortlaut des Textes einschließlich der Bauvorlagen zu orientieren. Allerdings ist der wirkliche Wille zu erforschen und nicht am buchstäblichen Sinne des Ausdrucks zu haften (vgl. § 133 BGB). Wirklicher Wille ist dabei nicht der innere, nicht zum Ausdruck gebrachte Wille, sondern nur der erklärte Wille. Für die Auslegung des erklärten Willens ist nach § 157 BGB maßgeblich, wie derjenige, für den die Erklärung bestimmt ist, nämlich die Baubehörde (vgl. § 85 Abs. 1 S. 1 BauO), diese nach Treu und Glauben (§ 242 BGB) unter Berücksichtigung aller Umstände verstehen durfte (sog. objektiver Empfängerhorizont). Ist zB Gegenstand des zur Genehmigung gestellten Bauvorhabens ein Gebäude mit einer zeichnerisch dargestellten Dachneigung von 30 Grad, kennzeichnet dies das Vorhaben, auch wenn der Bauherr von vornherein "vorhat", abweichend von der beantragten Genehmigung eine Dachneigung von 40 Grad auszuführen; denn diesen abweichenden Willen kann das Bauamt nicht erkennen.

(2) Verfahrensfreie Vorhaben

10 Auch verfahrensfreie Vorhaben sind Bauvorhaben im Sinne des Bauordnungsrechts. An sie stellt die Bauordnung in mehreren Bestimmungen rechtliche Anforderungen. § 60 Abs. 2 BauO stellt klar, dass solche Vorhaben nicht von der Verpflichtung zur Einhaltung der Anforderungen, die durch öffentlich-rechtliche Vorschriften an Anlagen gestellt werden, entbunden sind.

(3) Ein Vorhaben, mehrere Vorhaben, welches Vorhaben?

11 Die grundsätzliche Befugnis des Bauherrn, das Bauvorhaben – im verfahrensrechtlichen Sinne – zu bestimmen, ist nicht unbeschränkt. Dies gilt insbesondere insofern, als es nicht in seiner Macht steht, im Genehmigungsverfahren Elemente voneinander zu trennen, die aus Rechtsgründen keiner getrennten Betrachtung zugänglich sind. Die damit zusammenhängenden Fragen stellen sich zunächst im Falle einer gleichzeitigen Beantragung beider Teile. Sie sind aber ebenso anzuwenden, wenn ein Teil bereits existiert und ein weiterer Teil – eventuell unter Änderung des bisherigen Bestandes – hinzukommen soll. Da insbesondere der zweite Fall besondere Probleme aufwirft, soll im Folgenden insbesondere hierauf eingegangen werden.

12 Ob eine getrennte Betrachtung möglich ist, hängt davon ab, ob beide Teile in konstruktiver und funktioneller Weise zusammengehören – im Sinne eines Aufeinanderangewiesenseins[911] – oder voneinander trennbar sind.[912] Im Falle einer Untrennbarkeit ist es dem Bauherrn verwehrt, vom Bauamt zu verlangen, nur den neuen Teil zu betrachten. Denn dieses kann nicht die Augen davor verschließen, wenn ein Bauvorhaben den Altbestand in baurechtlich relevanter Weise ändert. Ist eine solche Änderung kann unwesentlich, dann hat sie in der Regel keine baurechtlichen Folgen. Soweit jedoch das Bauplanungsrecht und das Bauordnungsrecht für Änderungen Anforderungen aufstellen und an Änderungen Rechtsfolgen knüpfen, sind zumeist wesentliche Änderungen (auch im Sinne der soeben angesprochenen Erweiterungen) gemeint. Bei einer wesentlichen Änderung einer baulichen Anlage ist stets davon auszugehen, dass sich eine getrennte Betrachtung des Altbestandes und des Änderungsgegenstandes verbietet, mit anderen Worten das Bauvorhaben unweigerlich mit einer Änderung des Altbestandes verbunden ist, die einer ganzheitlichen Betrachtung im Sinne einer Neuerrichtung zu unterziehen ist.[913]

13 Allgemein gesprochen ist eine isolierte Betrachtung ist immer schon dann nicht möglich, wenn durch das Vorhaben die Genehmigungsfrage für den Altbestand neu aufgeworfen wird.[914] Das ist immer der Fall, wenn sich diesbezüglich eine Änderung der bauordnungsrechtlichen oder bauplanungsrechtlichen Beurteilung ergeben kann, weil zB durch die Baumaßnahme der Baukörper verbreitet wird und damit die Frage des Abstandsflächenrechts neu aufgeworfen wird, die Verschiebung des Baukörpers für das Einfügungsgebot nach § 34 BauGB Bedeutung hat,[915] die Vergröße-

---

911 VGH München Beschl. v. 21.1.2008 – 1 ZB 05.1454.
912 Vgl. BVerwG Beschl. v. 8.12.1964 – I B 208.64; OVG Münster Beschl. v. 4.9.2001 – 10 B 332/01; VGH Kassel Urt. v. 24.11.1995 – 4 UE 239/92; OVG Weimar Urt. v. 28.5.2003 – 1 KO 42/00; VGH Kassel Urt. v. 20.1.2005 – 3 UE 2553/04; VGH München Beschl. v. 15.4.2010 – 1 ZB 08.2661; VGH Kassel Urt. v. 6.4.1989 – 4 UE 3377/87.
913 BVerwG Urt. v. 17.6.1993 – 4 C 17/91: „Eine Beschränkung auf den hinzukommenden Teil würde außer acht lassen, daß auch der bereits vorhandene Teil der erweiterten Anlage zur Disposition steht, wenn er in der neuen Gesamtanlage aufgeht."
914 OVG Münster Beschl. v. 4.5.2004 – 10 A 1476/04.
915 OVG Münster Urt. v. 7.11.1996 – 7 A 4820/95.

rung des baulichen Bestands das Maß der baulichen Nutzung vergrößert[916] oder sich infolge des Hinzukommens von Stellplätzen oder Betriebsbereichen die Immissionslage ändert.[917] In all diesen Fällen ist nicht nur eine Trennung des Neuen vom Alten nicht möglich, sondern – daraus folgend – führt die Ausführung zu einem neuen Ganzen, das sich vom Alten qualitativ so sehr unterscheidet, dass es die Errichtung einer neuen Anlage (als „aliud") darstellt. Im Wesentlichen können zwei Kriterien zu einer notwendigen einheitlichen Betrachtungsweise führen:

(a) Konstruktive Zusammengehörigkeit

Stehen beide Teile in konstruktiver Hinsicht eng miteinander in Verbindung, verbietet sich eine rechtliche Trennung. So kann zB ein Gebäude, das anstelle des gebotenen Abstands von 3 m nur einen Abstand von 2,50 m zur Grenze einhält, nicht in einen legalen Teil (der die Abstandfläche wahrt) und einen illegalen Teil (der die Abstandsfläche nicht wahrt) aufgeteilt werden. Die objektive, bautechnische Betrachtung hat Vorrang, auch wenn der Bauherr ausweislich der Formulierung in seinem Bauantrag von einer Trennung ausgeht und den Teilen unterschiedliche Funktionen zuweist.

14

Beispiel: „Aus den im Verwaltungsvorgang enthaltenen Fotos lässt sich entnehmen, dass das Dach der „beiden Teilabschnitte" der im Bau befindlichen Anlage über eine gemeinsame Mittelkonstruktion miteinander verbunden ist und die beiden „Teilabschnitte" insoweit über drei gemeinsame Holzstützen verfügen. Demgemäß handelt es sich um eine wesentliche funktionale Verbundenheit. Dessen ungeachtet wird die Annahme eines einheitlichen Gebäudes jedoch auch dadurch bestätigt, dass die beiden „Gebäudeabschnitte" über exakt dieselben Maße verfügen (jeweils ca. 5 x 5 x ca. 2,5 m) und auch dem äußeren Erscheinungsbild nach dem Eindruck eines in sich abgeschlossenen Gebäudes vermitteln. Unbeachtlich ist, dass der Antragsteller unter Vorlage von Bauzeichnungen zu einem Carport geltend macht, dass es beabsichtigt sei, einen Carport (ca. 5 x 5 x 2,5 m) und einen „Abstellraum" (ebenfalls ca. 5 x 5 x 2,5 m) als selbstständig nutzbare Anlagen zu errichten."[918]

15

Ebenso wenig kann, wenn auf ein legales Gebäude mit einem Geschoss ein illegales zweites Geschoss aufgesetzt wird, allein das erste Geschoss als weiterhin legal und das zweite Geschoss als illegal betrachtet werden. Entsprechendes gilt für ein gesetzeswidriges Dach; auch dieses „infiziert" gleichsam das gesamte Gebäude mit der Rechtswidrigkeit.

16

Untrennbarkeit in konstruktiver Hinsicht besteht beim Hinzutreten eines neuen Teils insbesondere immer schon dann, wenn die Teile derart eng miteinander in Verbindung stehen sollen, dass durch die beabsichtigten Maßnahmen die Standfestigkeit des gesamten bisherigen Bestandes infrage steht.[919] Immer dann, wenn durch die neue Baumaßnahme keine bloße unwesentliche Änderung durchgeführt, sondern der Altbestand seiner bisherigen Identität beraubt wird, handelt es sich – rechtlich betrachtet – um eine (Neu-)Errichtung einer baulichen Anlage, die gleichzeitig mit der Beseitigung des bisherigen Bestandes einhergeht. Bei einer Erweiterung eines bestehenden Gebäudes ist in der Regel von einer Unteilbarkeit auszugehen.[920]

17

---

916 VGH München Beschl. v. 30.3.2021 – 1 CS 20.2637, unter Bezugnahme auf BVerwG Urt. v. 14.4.2000 – 4 C 5.99, und Urt. v. 27.8.1998 – 4 C 5.98.
917 OVG Münster Urt. v. 15.3.2018 – 10 A 3042/15.
918 Aus: VG Köln Beschl. v. 7.6.2020 – 23 L 987/20.
919 Siehe OVG Münster Beschl. v. 27.8.2002 – 10 B 1233/02, zum Einbau einer Stahlbetondecke.
920 BVerwG Urt. v. 17.6.1993 – 4 C 17/91; OVG Lüneburg Urt. v. 25.3.2021 – 1 LB 80/20.

18 Beispiele für eine gebotene einheitliche Betrachtung:
- Auf eine 3 m breite Grenzgarage wird eine Dachterrasse errichtet; es ist nicht nur die Dachterrasse illegal (weil nicht privilegiert), sondern ihre konstruktive Verbindung mit der Garage macht auch diese illegal.
- Bei einer konstruktiv einheitlichen Einfriedung kann diese nicht in einen rechtlich zulässigen und einen – etwa wegen des Überschreitens der zulässigen Höhe – unzulässigen Teil getrennt werden, ebenso nicht in einen genehmigungsbedürftigen und einen genehmigungsfreien Teil.
- Das OVG Münster hat unter Berufung auf den Beschluss des BVerwG vom 4.2.2000[921] entschieden, bei einer Aufstockung eines Gebäudes um ein Walmdach handle es sich um eine Veränderung der Dachform, die einer isolierten Betrachtung zugänglich sei (sehr zweifelhaft).[922]

(b) Funktionale Zusammengehörigkeit

19 Das zuvor Ausgeführte gilt in gleicher Weise für die Nutzung einer Anlage. Denn die Errichtung einer baulichen Anlage und deren Funktion sind in der Regel nicht voneinander zu trennen (Prinzip der Einheit von Substanz und Funktion). Denn die Existenz einer baulichen Anlage macht in der Regel ohne die Nutzung in der ihr zugedachten Funktion wenig Sinn. Außerdem erhalten in vielen Fällen bauliche Anlagen erst durch die ihnen zugedachte Funktion ihre Rechtfertigung. Das gilt zB für Anlagen, die im Außenbereich einem landwirtschaftlichen Betrieb dienen; hierbei wird gerade danach gefragt, ob sie – in einem weiteren Sinne – für den Betrieb erforderlich sind.[923] Dem entspricht es, dass vom Bestandsschutz nur die der Anlage zugedachte Funktion gedeckt ist; eine mit der genehmigten Funktion nicht mehr übereinstimmende andersartige Funktion ist von der Genehmigung und damit von dem Bestandsschutz nicht mehr gedeckt.[924]

20 Beispiele für eine mögliche getrennte Betrachtung:
- Der Bauherr beabsichtigt, auf zwei nebeneinander gelegenen Grundstücke jeweils ein Einfamilienhaus zu errichten. Es steht ihm frei, für die Gebäude zwei Bauanträge (zwei Bauvorhaben) oder einen Bauantrag (ein Bauvorhaben) zu stellen, da beide Planungen rechtlich und funktional voneinander unabhängig verwirklicht werden können.
- Zwei Spielhallen auf einem Grundstück sind nicht als Einheit zu betrachten, unabhängig davon, ob sie gewerberechtlich eine Einheit bilden.[925]

21 Beispiele für eine gebotene einheitliche Betrachtung:
- Zu einem bestehenden Betriebsgebäude tritt ein baulich isoliertes Gebäude hinzu; wenn die Gesamtbetriebsfläche zu den genehmigungsrelevanten und daher durch die Genehmigung beschränkten Merkmalen des Altvorhabens gehört, kann eine einheitliche Betrachtungsweise geboten sein, was namentlich im Einzelhandelsbereich denkbar ist.[926]
- Ein Gartenhaus, eine Einfriedung und ein Schwimmbecken im Außenbereich sind als Gesamtanlage zu sehen.[927]
- Die Wasserrutsche eines Freibads ist als integrierter Bestandteil des Freibads zu sehen.[928]

---

921 4 B 106/99.
922 OVG Münster Beschl. v. 19.2.2021 – 2 A 4375/19.
923 S. BVerfG Beschl. v. 13.12.1995 – 1 BvR 1713/92; BVerwG Urt. v. 10.12.1982 – 4 C 52.78; BVerwG Beschl. v. 21.6.1994 – 4 B 108.94; BVerwG Beschl. v. 9.9.2002 – 4 B 52.02; BVerwG Urt. v. 15.11.1974 – IV C 32.71.
924 BVerwG Urt. v. 15.11.1974 – IV C 32.71.
925 BVerwG Urt. v. 20.8.1992 – 4 C 57.89.
926 OVG Lüneburg Urt. v. 25.3.2021 – 1 LB 80/20; s. auch BVerwG Urt. v. 15.11.1991 – 4 C 17.85.
927 VGH Kassel Urt. v. 7.6.2001 – 9 UE 3983/96.
928 OVG Münster Beschl. v. 22.8.2003 – 7 B 1537/03.

C. Bauordnungsrecht

– Ein Vorhaben zur Errichtung einer Tankstelle wird nachträglich insoweit geändert, als es um eine 3 m hohe und 21 m lange Schallschutzwand ergänzt wird; es handelt sich nicht um zwei, sondern um ein Vorhaben.[929]
– In einem Abstand von 2,50 m stellt der Bauherr eine Luftwärmepumpe zur Beheizung eines Gebäudes auf; aufgrund des unmittelbarem Funktionszusammenhangs mit dem Innengerät ist die Pumpe Bestandteil einer Anlage ist und damit des Gebäudes (s. dazu unter Teil C Rn. 39).

Beispiel für eine teils einheitliche, teils getrennte Betrachtung: Die Kläger wehren sich gegen drei Genehmigungen, und zwar für den Umbau des zur Hofstelle gehörenden Rinderstalles zu einem Abferkelstall, für die Neuerrichtung eines Leersauenstalls sowie für die Errichtung eines Ferkelaufzuchtstalls. Die Errichtung des Leersauenstalls und Errichtung eines Abferkelstalls sind ein aus betrieblichen Gründen einheitlich zu beurteilendes, gegenüber der Errichtung des Ferkelaufzuchtstalls selbstständiges und vorrangiges Vorhaben anzusehen. Denn während der Leersauenstall und der Abferkelstall unabdingbare Voraussetzungen des geplanten Schweinezuchtbetriebs sind, ist der Ferkelaufzuchtstall kein notwendiger Bestandteil. Der Betrieb kann auch in der Weise geführt werden, dass die Ferkel nicht im Betrieb aufgezogen, sondern an einem Mastbetrieb verkauft werden. Dies praktiziert der Bauherr schon seit einiger Zeit.[930]

bb) Prüfungsgegenstand

Aus dem Gesagten folgt zwanglos, dass die Frage, was Gegenstand der Prüfung durch das Bauamt ist, von der Trennbarkeit abhängt, also davon, ob die Gegenstände einer isolierten Prüfung zugänglich sind. 22

Fehlt es an der Trennbarkeit, ist Gegenstand der Prüfung nicht die Änderung für sich allein, sondern das Gesamtvorhaben in seiner geänderten Gestalt.[931] Eine früher erteilte Genehmigung (für den „Altbau") bleibt nur dann unabhängig von dem jetzigen Vorhaben bestehen, wenn sich die Änderungen vom Bestand abtrennen lassen, ohne dessen Genehmigungsfrage dem Grunde nach neu aufzuwerfen.[932] Das beruht darauf, dass Gegenstand der bauordnungsrechtlichen und bauplanungsrechtlichen Beurteilung nicht nur die Errichtung, Änderung oder Nutzungsänderung einer baulichen Anlage ist, sondern vor allem das vom Bauherrn angestrebte Ergebnis seiner Baumaßnahme.[933] 23

cc) Folgen für das Genehmigungsverfahren

Ist in dem oben beschriebenen Sinn vom Bauherrn zwar ein einheitlicher Bauantrag gestellt, eine zwingende Einheit aber nicht gegeben, so können, wenn ein Teil genehmigungsfähig ist, der andere aber nicht, dem entsprechend für den einen Teil eine Genehmigung und für den anderen Teil eine Ablehnung ergehen; dies setzt allerdings weiter voraus, dass dies dem mutmaßlichen Willen des Bauherrn entspricht und die Identität des zu genehmigenden Vorhabens gewahrt bleibt;[934] daran fehlt es etwa, wenn durch die Aufteilung ein aliud („etwas anderes") gegenüber dem ursprünglich beabsichtigten Vorhaben entstünde.[935] 24

---

929 OVG Münster Beschl. v. 22.4.2013 – 2 A 1891/12.
930 VGH München Beschl. v. 21.1.2008 – 1 ZB 05.1454, 1456.
931 BVerwG Urt. v. 17.6.1993 – 4 C 17.91; BVerwG Beschl. v. 4.2.2000 – 4 B 106.99; BVerwG Beschl. v. 28.7.2010 – 4 B 20.10; VG Berlin Beschl. v. 18.9.2020 – 13 L 149/20. Nach VG Stuttgart Urt. v. 22.10.2020 – 2 K 1074/19, ist auch naturschutzrechtlich bei der Erweiterung eines Vorhabens nicht auf die Wirkung der Erweiterung als solcher, sondern auf die Wirkung des gesamten erweiterten Vorhabens abzustellen.
932 BVerwG Urt. v. 4.6.1980 – 4 C 99.77; BVerwG Urt. v. 17.6.1993 – 4 C 17.91; BVerwG Beschl. v. 2.4.2000 – 4 B 106/99; OVG Münster Urt. v. 11.7.2002 – 10 A 5372/99.
933 OVG Münster Urt. v. 15.3.2018 – 10 A 3042/15.
934 VGH Mannheim Urt. v. 5.4.2006 – 8 S 1737/05.
935 OVG Münster Urt. v. 9.8.1978 – VII A 981/76; vgl. auch VGH Mannheim Urt. v. 28.3.2001 – 8 S 2120/00.

25 Stellt die Abweichung von dem genehmigten Vorhaben eine unwesentliche Änderung dar und wird sie zur Genehmigung gestellt (Änderungsgenehmigung oder Nachtragsgenehmigung im eigentlichen Sinne), erledigt sich damit die früher erteilte Genehmigung nicht. In einem solchen Fall hat die Prüfung der baurechtlichen Frage sich nur auf das zu erstrecken, was durch die Änderungsgenehmigung berührt wird; dementsprechend steht auf einen Rechtsbehelf eines Nachbarn hin nicht (erneut) die gesamte baurechtliche Rechtslage auf dem Prüfstand, sondern nur die durch die Änderung betroffenen Teile.

26 Stellt sich hingegen die Anlage bereits durch eine Umgestaltung ihrer selbst, also ohne die Hinzufügung eines selbstständigen oder unselbständigen Teils, als etwas von der bisherigen Anlage grundlegend Verschiedenes dar, hat dies Auswirkungen auf die für den Altbestand erteilte Genehmigung: Sie verliert ihre Wirksamkeit (Näheres dazu unter Teil C Rn. 369 ff.). Diese Folge tritt von Rechts wegen ein, ohne dass der Bauherr oder die Genehmigungsbehörde darauf Einfluss nehmen könnten. Maßgeblich ist jeweils der Inhalt des Antrags; die Bezeichnung ist allenfalls ein Indiz.[936] Die auf den Antrag ergehende Genehmigung löst neue Rechtsmittelfristen aus, und zwar für den Bauherrn als auch für einen Nachbarn.

c) Nutzungsänderung

27 Grundsätzlich genehmigungsbedürftig ist nicht nur die erstmalige Nutzungsaufnahme einer baulichen Anlage, sondern auch die (wesentliche) Änderung der Nutzung (Nutzungsänderung in bauordnungsrechtlichen Sinn). Dabei ist bei der Frage, ob eine (wesentliche) Nutzungsänderung vorliegt, auf den letzten genehmigten Zustand abzustellen. Etwaige spätere ungenehmigte Änderungen haben außer Betracht zu bleiben.

28 Gegenüber der bisherigen Genehmigungslage stellt sich eine Änderung als baulich relevante Nutzungsänderung dar, wenn sich die neue Nutzung von der bisherigen dergestalt unterscheidet, dass sie anderen oder weitergehenden Anforderungen bauordnungs- oder bauplanungsrechtlicher Art unterworfen ist oder unterworfen werden kann, d.h. schon dann, wenn die Möglichkeit besteht, dass die Zulässigkeit des geänderten Vorhabens nach den Bauvorschriften anders beurteilt werden kann.[937] Diese Begriffsbestimmung hat ihre Rechtfertigung in dem Charakter des Baugenehmigungsverfahrens als eines präventiven Prüfverfahrens. Die Änderung der Zweckbestimmung einer baulichen Anlage oder ihrer Teile muss bereits dann präventiv geprüft werden können, wenn die Möglichkeit besteht, dass eine andere Beurteilung nach den in Betracht kommenden öffentlich-rechtlichen Vorschriften erfolgen kann. Nicht erforderlich ist hingegen, dass eine andere Beurteilung auch tatsächlich erfolgt; eine derartige Erkenntnis kann das Ergebnis der Prüfung, nicht aber ihre Voraussetzung sein.

29 Ob eine von der bisherigen Nutzungsweise einer baulichen Anlage abweichende Nutzung in bauordnungsrechtlicher Hinsicht eine Nutzungsänderung darstellt, ist zB von großer Bedeutung, wenn dieser Vorgang eine bestehende Anlage betrifft, die ohne Einhaltung von Abstandsflächen oder mit geringeren Tiefen der Abstandsflächen als nach § 6 Abs. 5 BauO besteht. Eine Nutzungsänderung dieser Anlage ist dann nämlich nur dann zulässig, wenn der Abstand des Gebäudes zu den Nachbargrenzen mindestens 2,50 m beträgt; darüber hinaus gehende Änderungen und Nut-

---

936 OVG Münster Beschl. v. 4.5.2004 – 10 A 1476/04; VG Gelsenkirchen Urt. v. 19.1.2016 – 5 K 4164/12.
937 Ständige Rspr., vgl. etwa OVG Münster Beschl. v. 16.3.2007 – 7 B 134/07.

zungsänderungen können (nur) unter Würdigung nachbarlicher Belange und der Belange des Brandschutzes gestattet werden (§ 6 Abs. 11 S. 1, 2. Alt., S. 2 BauO).
Ein Übergang von einer der in der BauNVO im Rahmen der Aufzählung der in einem Baugebiet allgemein oder ausnahmsweise zulässigen Nutzungsformen zu einer anderen der dort aufgezählten Nutzungsformen stellt stets eine Nutzungsänderung dar.

30

Beispiele, in denen eine Nutzungsänderung anzunehmen ist:

31

– Bisherige Nutzung: Wohnhaus; neue Nutzung: Unterbringung von zehn pflegebedürftigen Personen, von denen mehrere bettlägerig sind. Es bedarf der Prüfung, ob die Einrichtung als Sonderbau besonderen Brandschutzvorschriften unterworfen ist.[938]
– Von dem mit der Baugenehmigung genehmigten Warensortiment weicht das nunmehr vertriebene Sortiment in erheblicher Weise ab. Weil das zu verkaufende Sortiment den Inhalt der Genehmigung bestimmt, stellt der Sortimentswechsel eines Einzelhandelsbetriebs regelmäßig eine Nutzungsänderung dar.[939] Das Gleiche gilt, wenn der Sortimentswechsel nicht vollständig, aber im Hinblick auf den weit überwiegenden Teil des Sortiments erfolgt. Das gilt insbesondere, wenn das nunmehr vertriebene Sortiment anders als das frühere in besonderer Weise zentrenrelevant ist und die Nutzungsänderung deshalb schon im Hinblick auf § 34 Abs. 3 BauGB anderen bauplanungsrechtlichen Anforderungen unterworfen sein kann.[940]
– Bisherige Nutzung: Wohnzimmer in einem Wohnhaus; neue Nutzung: Durchführung von Fitnesskursen in gewerblicher Tätigkeit.[941]
– Bisherige Nutzung: Wochenendhaus; neue Nutzung: dauerhaftes Wohnen. Das Nutzen eines Gebäudes zu dauerhaftem Wohnen stellt eine andere Art der Nutzung im Sinne der BauNVO dar.[942]
– Bisherige Nutzung: Ladengeschäft; neue Nutzung: Wettbüro. Ein Wettbüro ist eine Nutzungsart, die auf keinen feststehenden Betriebstyp zutrifft und sich in verschiedenen Formen betreiben lässt, die sich unter Zulässigkeitsgesichtspunkten deutlich voneinander abheben und deshalb zur Nutzung eines Ladengeschäfts, in dem typischerweise Waren verkauft werden, wesentliche Unterschiede aufweisen kann.[943]
– Bisherige Nutzung: Elektroeinzelhandelsbetrieb mit Anlieferung von Waren nur tagsüber; neue Nutzung: Anlieferung auch nachts. Mit der Aufnahme des Nachtbetriebs geht eine Änderung der Emissionsverhältnisse des gewerblichen Betriebs einher, die der bauaufsichtlichen Prüfung auf der Grundlage immissionsschutzrechtlicher Vorgaben bedarf.
– Jede Änderung, die eine Neuberechnung der erforderlichen Stellplätze veranlasst, ist eine Nutzungsänderung.[944]

Beispiele, in denen keine Nutzungsänderung anzunehmen ist:

32

– Änderungen in der Raumverteilung eines Gebäudes, z.B. eines Wohnhauses. Bisheriges Wohnzimmer wird Schlafzimmer; bisheriges Kinderzimmer wird Arbeitszimmer. Die Änderungen stellen grundsätzlich keine Nutzungsänderungen dar, sofern nicht an die neue Nutzung besondere rechtliche Anforderungen gestellt werden (können), wie etwa bei der Unterbringung eines Rechtsanwaltsbüros in einem Teil des Wohnhauses (Prüfung bauplanungsrechtlicher und bauordnungsrechtlicher Fragen, zB hinsichtlich des Stellplatzbedarfs).
– Eine bloße Nutzungsintensivierung ist keine Nutzungsänderung.[945]

---

938 OVG Münster Beschl. v. 23.9.2009 – 7 B 1065/09.
939 Vgl. OVG Münster Beschl. v. 29.3.1999 – 10 B 417/99, betreffend einen großflächigen Einzelhandelsbetrieb, Urt. v. 5.9.1997 – 7 A 2902/93; VGH München, Beschl. v. 9.9.2013 – 14 ZB 12.1899, betreffend die Änderung von Einzelhandelsgeschäft zu Drogeriemarkt; OVG Münster. Beschl. v. 15.11.2006 – 10 B 2211/06.
940 VG Gelsenkirchen Beschl. v. 30.7.2015 – 6 L 1220/15.
941 VG Gelsenkirchen Beschl. v. 7.5.2020 – 6 L 410/20.
942 OVG Münster Beschl. v. 15.4.2020 – 10 B 186/09.
943 OVG Münster Beschl. v. 9.4.2009 – 7 B 378/09.
944 OVG Münster Urt. v. 7.11.1991 – 11 A 487/89.
945 BVerwG Beschl. v. 11.7.2001 – 4 B 36/01: „Weiterentwicklung eines als Tanzsaal genehmigten Vorhabens zu Diskothek".

d) Anlage/bauliche Anlage

33 Das Gesetz unterscheidet zwischen Anlagen und baulichen Anlagen. Nach § 2 Abs. 1 S. 4 BauO sind Anlagen „bauliche Anlagen und sonstige Anlagen und Einrichtungen im Sinne des § 1 Absatz 1 Satz 2". Mit dieser Legaldefinition wurde die in der BauO 2000 an mehreren Stellen benutzte Wendung „baulichen Anlagen und sonstige Anlagen und Einrichtungen im Sinne des § 1 Absatz 1 Satz 2" ersetzt. Die gesetzliche Bestimmung des (Ober-)Begriffs „Anlagen" sollte den Sprachgebrauch vereinheitlichen und straffen.

34 Bauliche Anlagen sind nach § 2 Abs. 1 S. 1 BauO „mit dem Erdboden verbundene, aus Bauprodukten hergestellte Anlagen". Die Verbindung der baulichen Anlage mit dem Erdboden muss nicht in direkter Weise erfolgen. Es genügt eine indirekte Verbindung durch Befestigung an eine bereits vorhandene bauliche Anlage, die ihrerseits mit dem Erdboden verbunden ist, z.B. eine Parabolantenne auf dem Dach.

35 Ein Materialcontainer oder eine Hundehütte, die nicht im Boden verankert und deshalb nicht in einem engeren Sinne mit dem Erdboden verbunden sind, sind kraft der gesetzlichen Regelung in § 2 Abs. 1 S. 2 BauO dennoch als mit dem Erdboden verbunden anzusehen, wenn und weil sie durch eigene Schwere auf dem Erdboden ruhen.[946] Allerdings wird nicht jeder Gegenstand, der durch seine Schwere auf dem Erdboden ruht, hierdurch zu einer baulichen Anlage. Nach der Rechtsprechung des OVG Münster[947] setzt dies ein spezifisches, funktionsbezogenes „Verharren" des Gegenstands voraus. Dies fehlt bei Gegenständen, die leicht beweglich und jederzeit ortsveränderlich sind. Was hingegen erst durch den Einsatz technischer Mittel von der Stelle bewegt werden kann oder erst in seine Bestandteile zerlegt werden muss, um bewegt werden zu können, unterliegt der BauO.

36 Dieselbe Rechtsfolge tritt ein, wenn die Anlage auf ortsfesten Bahnen begrenzt beweglich ist oder nach ihrem Verwendungszweck dazu bestimmt ist, überwiegend ortsfest benutzt zu werden. Fahrzeuge oder Anhänger, an denen Werbemittel angebracht sind, können nach der Rechtsprechung des OVG Münster[948] als – baugenehmigungsbedürftige – ortsfeste Werbeanlagen gelten, wenn sie das Merkmal der Ortsfestigkeit erfüllen. Dies hängt maßgeblich davon ab, „ob die Gesamtumstände den Schluss rechtfertigen, dass die Teilnahme des Anhängers am Straßenverkehr – jedenfalls vorübergehend – beendet ist und die an ihm angebrachten Werbemittel an einem günstigen Standort ihrem erkennbaren Bestimmungszweck nach ihre Werbewirkung entfalten sollen".[949]

Beispiel: Ein Anhänger wird über einen Zeitraum von mehreren Tagen so abgestellt und auf eine stark befahrene Kreuzung ausgerichtet, dass seine Werbeflächen, auf denen auf einen Antikmarkt hingewiesen wird, vom öffentlichen Verkehrsraum her deutlich sichtbar sind. An diesem Standort kann er seine Werbewirkung besonders gut entfalten.[950]

37 Die in § 2 Abs. 1 S. 3 BauO aufgeführten Anlagen werden zum Teil nur in Folge der Fiktion als bauliche Anlagen behandelt. Das trifft z.B. für Aufschüttungen, Abgrabungen und Lagerplätze zu, die nicht zwingend aus Bauprodukten hergestellt werden müssen.

---

946 OVG Münster Beschl. v. 4.5.2010 – 10 B 418/10.
947 OVG Münster Beschl. v. 17.6.2011 – 2 A 1276/10.
948 OVG Münster Beschl. v. 22.7.2003 – 10 B 890/03; OVG Münster Beschl. v. 13.9.2010 – 10 B 698/10.
949 OVG Münster Beschl. v. 13.9.2010 – 10 B 698/10.
950 Nach: OVG Münster Beschl. v. 13.9.2010 – 10 B 698/10.

C. Bauordnungsrecht

Werbeanlagen (Werbeplakate, Schaukästen) und Warenautomaten erfüllen in der Regel die Voraussetzungen einer baulichen Anlage. Soweit sie – wie Bemalungen[951] oder Beschriftungen – keine baulichen Anlagen sind, gilt die Bauordnung dennoch für sie. Denn an sie hat die Bauordnung in § 10 BauO besondere Anforderungen gestellt (§ 1 Abs. 1 S. 2 BauO). 38

e) Gebäude

Die Bauordnung definiert in § 2 Abs. 2 Gebäude als „selbständig benutzbare, überdeckte bauliche Anlagen, die von Menschen betreten werden können und geeignet oder bestimmt sind, dem Schutz von Menschen, Tieren oder Sachen zu dienen". Dieser Verwendungszweck bedingt neben einer die Niederschläge ableitenden Überdachung regelmäßig seitliche Raumabschlüsse, die das Gebäude gegen Witterungseinflüsse von außen abschirmen.[952] 39

Bei Anbauten mit eigenem Zugang kommt es in Bezug auf die Abgrenzung von selbstständigem Bauwerk und Gebäudebestandteil darauf an, ob dieser funktional mit dem vorhandenen Gebäude verbunden ist. So können etwa zwei Anlagenteile durch eine gemeinsame Deckenkonstruktion zu einer funktionalen Einheit verbunden sein und damit ein einziges Gebäude bilden. Dies kann Bedeutung für die Frage der Größe des Gebäudes und damit die Verfahrensfreiheit nach § 62 Abs. 1 Nr. 1 BauO haben.[953] Selbstständige Benutzbarkeit setzt nicht Abtrennung oder Abtrennbarkeit von anderen baulichen Anlagen voraus, weshalb aneinander gebaute bauliche Anlagen auch dann mehrere Gebäude i. S. d. § 2 Abs. 2 BauO sein können, wenn sie über eine gemeinsame Trennwand oder durchlaufende Stahlbetondecken verfügen. Mit anderen Worten ist nicht entscheidend, ob das Gebäude bei statischer bzw. baukonstruktiver Betrachtung für sich Bestand haben könnte oder aber von dem anderen Gebäude aus konstruktiven Gründen nicht getrennt werden kann. Allerdings kann in den Fällen, in denen Gebäude gemeinsame Bauteile aufweisen, eine wertende Betrachtung zur Frage erforderlich sein, ob es sich um zwei Gebäude oder ein Gebäude handelt. So kann zB ein über eine Garage bis zur Grundstücksgrenze hin abgeschlepptes Dach die Prüfung erfordern, ob das Wohnhaus bis an die Grundstücksgrenze herangebaut ist oder nicht. In die Wertung ist einzustellen, ob bei natürlicher Betrachtungsweise, in die die baukonstruktiven Merkmale der Bauausführung sowie das Erscheinungsbild und die Funktion der betrachteten Bauteile einzubeziehen sind, das grenzständig errichtete Gebäude und das (Haupt-)Gebäude als zwei voneinander unabhängige Gebäude erscheinen und ob das grenzständige Gebäude weiterhin nur den Eindruck eines – grenzständigen – Anbaus an das (Haupt-)Gebäude vermittelt.[954] Dies kann für die Einhaltung des gesetzlichen Abstands und die Anwendbarkeit der Privilegierungsvorschrift des § 6 Abs. 8 BauO von Bedeutung sein. 40

Ein Technikcontainer für eine Mobilfunkanlage ist ein Gebäude, da er von Menschen betreten werden kann und dem Schutz von Sachen zu dienen bestimmt ist.[955] 41

Ein wesentlicher Bestandteil eines Gebäudes ist Teil des Gebäudes und teilt deshalb dessen rechtliches Schicksal. Das gilt zB für das Außenteil einer Luftwärmepumpe, das in unmittelbarem Funktionszusammenhang mit dem Innengerät steht und damit 42

---

951 Zu einem Fall der Bemalung einer Giebelwand siehe OVG Münster Beschl. v. 6.1.2020 – 10 A 1191/19.
952 OVG Münster Beschl. v. 17.11.2009 – 7 B 1350/09.
953 Vgl. VG Köln Beschl. v. 7.7.2020 – 23 L 987/20.
954 OVG Münster Beschl. v. 8.7.2009 – 7 B 369/09.
955 OVG Münster Beschl. v. 23.7.2008 – 10 A 2957/07.

Bestandteil einer Anlage ist, die der Beheizung des Hauses dient. Es hat keine eigenständige, hiervon ablösbare Bedeutung und ist durch die Zuleitungen baulich mit dem Wohnhaus verbunden. Dies hat zur Folge, dass das Gebäude bis an den äußersten Bereich dieser Anlage reicht und damit unter Umständen in der Abstandsfläche steht.[956] Auch ein aus der Gebäudewand austretender Bauteil oder eine über das Mauerwerk eines Wohnhauses hinausragende Überdachung, zB eine Terrassenüberdachung, sind Bestandteile des Gebäudes und müssen sich, sofern nicht sondergesetzliche Bestimmungen etwas anderes aussagen (zB für das Abstandsflächenrecht bei Bauteilen und Vorbauten nach § 6 Abs. 6 BauO sowie für das Erfordernis einer Gebäudeabschlusswand bei einer Terrassenüberdachung nach § 30 Abs. 10 BauO), den für das Gebäude geltenden Regeln unterordnen.

f) Gebäudeklassen

43 Die mit der BauO 2018 neu vorgenommene Einteilung in fünf Gebäudeklassen folgt dem Beispiel anderer Landesbauordnungen und hat Bedeutung für das gesamte Gesetz. Darüber hinaus differenziert das Gesetz gelegentlich weiter, indem etwa nur Wohngebäude der Gebäudeklassen 1 und 2 mit nicht mehr als drei oberirdischen Geschossen angesprochen sind (§ 6 Abs. 5 S. 5 BauO).

g) Sonderbauten und Behelfsbauten

44 Die BauO kennt neben den Standardbauten weitere Kategorien von Bauten, die als bauliche Anlagen besonderer Art oder Nutzung („kleine Sonderbauten") besondere Anforderungen oder Erleichterungen erfahren können oder für die von Gesetzes wegen („große Sonderbauten") besondere Anforderungen gelten. Für Behelfsbauten und untergeordnete Gebäude gelten besondere Regeln (§ 51 BauO).

aa) Sonderbauten (§ 50 BauO)

(1) Kleine Sonderbauten (§ 50 Abs. 1 BauO)

45 Kleine Sonderbauten sind bauliche Anlagen, die sich hinsichtlich ihres Gefahrenpotentials von Wohngebäuden oder in der Nutzung vergleichbarer Gebäude unterscheiden, ohne zum Katalog der in § 50 Abs. 2 BauO aufgezählten Anlagen zu gehören.

46 Es handelt sich um solche Bauten, die eigentlich „normale" bauliche Anlagen wären, die aber wegen ihrer besonderen Art oder Nutzung besonderer Betrachtung bedürfen und an die deswegen Anforderungen und Erleichterungen gestellt werden dürfen. Diese Sonderbauten unterscheiden sich von dem „Normalfall" eines Gebäudes über rechteckigem Grundriss insbesondere durch Schwierigkeiten der Brandbekämpfung, häufig wechselnden Benutzer- oder Besucherkreis, Besonderheiten der körperlichen oder geistigen Leistungsfähigkeit von Benutzern oder Besuchern, besonderes Gefahrenpotential, hohen Verschleiß der für die Standsicherheit wesentlichen Bauteile, besondere Nutzungsformen oder die Größe des Vorhabens.[957] Bei der Beurteilung sind nicht nur die Bauzeichnungen heranzuziehen, sondern es ist eine verständige Würdigung des gesamten Sachverhalts vorzunehmen.

47 Die Rechtsfolge, nämlich die Befugnis, in Verwirklichung der allgemeinen Anforderungen des § 3 Abs. 1 S. 1 BauO und unter Berücksichtigung der allgemeinen mate-

---

[956] VG Köln Urt. v. 13.3.2020 – 8 K 16093/17; OVG Münster Beschl. v. 30.11.2016 – 7 A 263/16; VG Düsseldorf Urt. v. 16.12.2015 – 28 K 3757/14.
[957] OVG Münster Beschl. v. 11.1.2008 – 10 A 1277/07.

riellen Anforderungen der BauO Gefahren für die öffentliche Sicherheit und Ordnung zu verhindern, ist gerade darauf zurückzuführen, dass es sich um eine Anlage dieser besonderen Art oder Nutzung im Einzelfall handelt, die eben dieses Handeln erfordert. Dasselbe gilt für Erleichterungen, die gestattet werden können, soweit es der Einhaltung von Vorschriften wegen der besonderen Art oder Nutzung baulicher Anlagen oder Räume oder wegen besonderer Anforderungen nicht bedarf (§ 50 Abs. 1 S. 2 BauO).

§ 50 Abs. 1 S. 3 BauO führt in 24 Nummern auf, worauf die Anforderungen und Erleichterungen sich insbesondere erstrecken können. **48**

Einige der Anordnungen greifen erheblich in die Planung ein, so etwa die unter Nr. 1 genannte „Anordnung der baulichen Anlagen auf dem Grundstück" oder die unter Nr. 2 genannten Abstände von Nachbargrenzen, von anderen baulichen Anlagen auf dem Grundstück und von öffentlichen Verkehrsflächen sowie auf die Größe der freizuhaltenden Flächen der Grundstücke. In solchen Fällen kann nicht etwa im Wege einer Anordnung aufgegeben werden, dass die Gebäude auf eine andere Weise als geplant angeordnet werden müssen. Denn etwas anderes als das Geplante bauen zu müssen, wäre mit der Baufreiheit nicht zu vereinbaren. Vielmehr ist ein den Anforderungen nicht entsprechendes Vorhaben abzulehnen und darauf hinzuweisen, dass mit einer anderen Anordnung der Gebäude das Vorhaben genehmigungsfähig wäre. Eine Auflage auszusprechen wäre verfehlt (s. dazu ab Teil C Rn. 248).

Anders ist es hingegen bei Anordnungen, die selbstständig neben das beantragte Vorhaben treten und zusätzlich erforderlich sind, um den Besonderheiten gerecht zu werden. Das gilt etwa für Brandschutzanlagen, -einrichtungen und -vorkehrungen (Nr. 7) und den Umfang, den Inhalt und die Zahl besonderer Bauvorlagen, insbesondere eines Brandschutzkonzepts (Nr. 19). Solche selbstständigen Anordnungen stellen in der Regel („echte") Auflagen, die selbstständig anfechtbar sind. Wegen der Einzelheiten wird auf die Ausführungen unter C Rn. 248 verwiesen. **49**

(2) Große Sonderbauten (§ 50 Abs. 2 BauO)

§ 50 Abs. 2 BauO enthält eine abschließende Aufzählung der großen Sonderbauten. Bei diesen hat der Gesetzgeber aufgrund der Art der Nutzung, der Größe der Nutzfläche oder wegen eines sonstigen besonderen Gefährdungspotentials selbst entschieden, dass sie besonders zu behandeln sind. **50**

Dazu zählen zB Verkaufsstätten, deren Verkaufsräume und Ladenstraßen einschließlich ihrer inneren Bauteile eine Fläche von insgesamt mehr als 2 000 m² haben (Nr. 4)[958] und „Gebäude mit Nutzungseinheiten zum Zwecke der Pflege oder Betreuung von Personen mit Pflegebedürftigkeit oder Behinderung, deren Selbstrettungsfähigkeit eingeschränkt ist, wenn die Nutzungseinheiten a) einzeln für mehr als sechs Personen oder b) für Personen mit Intensivpflegebedarf bestimmt sind, oder c) einen gemeinsamen Rettungsweg haben und für insgesamt mehr als zwölf Personen be- **51**

---

[958] Aus der Begründung des Gesetzgebers: Die Größe der Verkaufsstätten werde von bisher 700 m² auf 2 000 m² angehoben; dies entspreche der Rechtsprechung zur Größe großflächiger Einzelhandelsbetriebe. Das ist offenkundig unrichtig, denn die Großflächigkeit beginnt nach der Rechtsprechung des BVerwG (Urt. v. 24.11.2005 – 4 C 10/04) bei 800 m².

stimmt sind.⁹⁵⁹ Nach der Gesetzesbegründung⁹⁶⁰ handelt es sich bei Nutzungseinheiten zum Zwecke der Pflege oder Betreuung um solche, die von vornherein nur einer solchen Nutzung gewidmet werden und in die Menschen nur deshalb einziehen, um dort gepflegt oder betreut zu werden. Eine Wohnung, in der aufgrund eines Unfalls pflegebedürftig gewordene Ehepartner weiterleben, gehöre nicht zum Sonderbau. Derartige Nutzungseinheiten fielen nicht in den Anwendungsbereich von § 47 Abs. 5 BauO bzw. § 50 Abs. 2 Nr. 8 BauO und würden nicht in die Regelungen der jeweiligen Buchstaben a) und b) und demzufolge auch nicht in die Additionsregelung des Buchstaben c) einbezogen.

52   Für große Sonderbauten ist nicht das vereinfachte, sondern das umfassende Genehmigungsverfahren durchzuführen (§§ 64, 65 BauO) und mit den Bauvorlagen ist ein Brandschutzkonzept einzureichen (§ 70 Abs. 2 S. 3 BauO).

bb) Behelfsbauten und untergeordnete Gebäude (§ 51 BauO)

53   Auf Anlagen, die nach ihrer Ausführung für eine dauernde Nutzung nicht geeignet sind oder die für eine begrenzte Zeit aufgestellt werden sollen (Behelfsbauten) sind die §§ 26 bis 50 BauNVO nicht anzuwenden; für sie gelten mit Blick auf den Brandschutz besondere Regeln. Auch auf andere untergeordnete Gebäude sind die Bestimmungen nicht anzuwenden (Abs. 2).

h) Geschoss

54   Die in § 2 Abs. 5 BauO vorgenommene Definition eines Geschosses hat für die Einteilung in Gebäudeklassen (§ 2 Abs. 2 BauO), für das Maß der Abstandsflächen (§ 6 Abs. 5 S. 5 BauO) und für zahlreiche Brandschutzvorschriften (zB § 31 Abs. 4 Nr. 3 BauO und § 33 Abs. 1 S. 1 BauO) Bedeutung.

55   Die Aussage, dass Hohlräume zwischen der obersten Decke und der Bedachung, in denen Aufenthaltsräume nicht möglich sind, keine Geschosse sind, nimmt Bezug auf die in § 2 Abs. 7 BauO enthaltene Definition des Aufenthaltsraums. Problematisch ist die Anknüpfung daran, dass Aufenthaltsräume „nicht möglich sind". Da § 46 BauO für Aufenthaltsräume rechtliche Vorgaben hinsichtlich der erforderlichen Raumhöhe und der ausreichenden Belichtung macht, wären zB Räume mit ausreichender Raumhöhe, aber nicht ausreichender Belichtung keine Aufenthaltsräume, könnten aber durch einen verfahrensfreien Einbau von Fenstern die Anforderungen erfüllen. In einem solchen Fall wäre durch geringen Aufwand ein Aufenthaltsraum „möglich". Deshalb sagt die Handlungsempfehlung des Ministeriums zu § 2 Abs. 5 BauO, dass in einem solchen Fall der Hohlraum ab einer lichten Höhe von 2,30 m als Geschoss bzw. bei Vorliegen der Voraussetzungen des § 2 Absatz 6 BauO als Vollgeschoss zu qualifizieren sei.⁹⁶¹

---

959 Bemerkenswert ist, dass einerseits die Regelung unter a) ab sieben Personen gilt („mehr als sechs"), andererseits § 47 Abs. 5 BauO im Zusammenhang mit Wohnungen klarstellt, dass „an Nutzungseinheiten zum Zwecke der Pflege oder Betreuung von Personen mit Pflegebedürftigkeit oder Behinderung, deren Selbstrettungsfähigkeit eingeschränkt ist, (…) keine Anforderungen wie an Sonderbauten (§ 50) zu stellen [sind], wenn die Nutzungseinheiten 1. einzeln für weniger als sechs Personen, (…) bestimmt; was bei sechs Personen gilt, ist nicht geregelt, auch nicht durch das Änderungsgesetz zur BauO 2018.
960 Zu § 50 Abs. 2 BauO.
961 Das VG Magdeburg (Beschl. v. 7.5.2020 – 4 B 220/19) fragt danach, ob der Raum „aufenthaltsraumverdächtig" ist. Entscheidend sei insoweit etwa, ob der Raum u.a. die für einen Aufenthaltsraum erforderlichen (notwendigen) Fenster hat, ob er über eine Treppe erreichbar ist, ob die Decke unter dem Raum statisch so ausgelegt ist, wie dies für eine Nutzung als Aufenthaltsraum (Verkehrslast) erforderlich ist oder ob der Raum innerhalb der nach den Regeln der EnEV wärmegedämmten Gebäudehülle liegt. Nur

i) Vollgeschoss

Die Bauordnung benötigt den Begriff des Vollgeschosses nicht; die in § 2 Abs. 6 BauO enthaltene Definition „Vollgeschosse sind oberirdische Geschosse, die eine lichte Höhe von mindestens 2,30 m haben." hat allein planungsrechtliche Bedeutung, weil § 20 Abs. 1 BauNVO bestimmt, dass als Vollgeschosse im Sinne der BauNVO Geschosse gelten, die nach landesrechtlichen Vorschriften Vollgeschosse sind oder auf ihre Zahl angerechnet werden. **56**

Der gegenüber früheren Fassungen der Bauordnung geänderte Vollgeschossbegriff wirkt sich nur auf Vorhaben innerhalb eines im Zusammenhang bebauten Ortsteils (§ 34 BauGB) und auf Bebauungspläne, die nach Inkrafttreten der BauO inkraftgetreten sind, aus. Eine nachträgliche Wirkung auf zuvor erlassene Bebauungspläne ist abzulehnen, weil der damalige Plangeber die neue Fassung der Bauordnung nicht in seinen Willen aufnehmen konnte (statische Verweisung).[962] **57**

j) Aufenthaltsraum

Für die Qualifikation eines Raumes als Aufenthaltsraum ist entscheidend, ob er zum nicht nur vorübergehende Aufenthalt von Menschen bestimmt oder geeignet ist (§ 2 Abs. 7 BauO). **58**

Typische Aufenthaltsräume sind Wohnzimmer, Schlafzimmer, Kinderzimmer, Arbeitszimmer, Werkstätten, Verkaufsräume, Besprechungszimmer u. Ä. Keine Aufenthaltsräume sind etwa Heizräume, Lagerräume, Wasch- und Toilettenräume, Saunen, Speisekammern oder Kegelbahnen. Hobbyräume sind von der Rechtsprechung jedenfalls dann nicht als Aufenthaltsräume eingeordnet worden, wenn sie sich im Kellergeschoss befinden.[963] **59**

k) Garage

Die in § 2 Abs. 8 S. 2 BauO enthaltene Definition für Garagen („Garagen sind Gebäude oder Gebäudeteile zum Abstellen von Kraftfahrzeugen und/oder Fahrrädern.") soll mit dem Satzteil „oder Gebäudeteile" der Lösung eines Jahrzehnte alten Problems der Privilegierung von nicht selbstständigen Garagengebäuden dienen (Näheres dazu unter Teil C Rn. 160 ff.). **60**

4. Präventives Verbot mit Erlaubnisvorbehalt

a) Grundsätzliche Bauverbot

Nach seinem Normgefüge ist das Bauordnungsrecht in der Weise ausgestaltet, dass in weiten Bereichen ein grundsätzliches Bauverbot besteht. Nach § 62 Abs. 1 BauO bedürfen die Errichtung, Änderung und Nutzungsänderung von Anlagen der Baugenehmigung, soweit in den §§ 61 bis 63, 78 und 79 BauO nichts anderes bestimmt ist. Ohne die erforderliche Genehmigung darf nicht gebaut werden; erst wenn die Genehmigung erteilt ist, darf mit der Bauausführung begonnen werden (§ 74 Abs. 7 **61**

---

wenn die vorgenannten Kriterien vorliegen und es im Übrigen nur eines geringen baulichen Aufwandes bedarf, um ihn endgültig als Aufenthaltsraum nutzbar zu machen (Putz, Fußbodenbelag, Deckenverkleidung, Heizkörper usw.), könne davon gesprochen werden, dass der Raum auch zum Aufenthalt von Menschen „geeignet" ist.
962 So auch OVG Münster Beschl. v. 3.5. 2018 – 10 A 2937/15, und die Handlungsempfehlung zu § 6 Abs. 6 BauO.
963 VGH München Urt. v. 11.5.1976 – 320 I 72; VGH München Beschl. v. 17.1.2001 – 2 ZS 01.112.

BauO). Die Baugenehmigung beseitigt die bis dahin bestehende formelle Sperre. Insofern steht das Bauen – von den bezeichneten Ausnahmen abgesehen – unter einem präventiven Verbot mit Erlaubnisvorbehalt.[964]

b) Ausnahmen von der Genehmigungsbedürftigkeit

62 Nur bestimmte, vom Gesetzgeber als nicht „kontrollbedürftig" (weil tendenziell ungefährlich) angesehene Vorhaben sind hiervon ausgenommen (§ 62 BauO), z.B. nach § 62 Abs. 1 S. 1 Nr. 1 Buchst. b BauO „Garagen einschließlich überdachter Stellplätze mit einer mittleren Wandhöhe bis zu 3 m und einer Brutto-Grundfläche bis zu insgesamt 30 m², außer im Außenbereich" und nach § 62 Abs. 1 S. 1 Nr. 7 Buchst. a BauO „Mauern einschließlich Stützmauern und Einfriedungen mit einer Höhe bis zu 2 m, außer im Außenbereich".

63 Die Bestimmung kommt allerdings nur dann zur Anwendung, wenn das Vorhaben selbstständig als Einzelvorhaben ausgeführt wird. Denn Ziel der Verfahrensfreiheit ist es, weniger bedeutsame Vorhaben von der Baugenehmigungspflicht freizustellen, wenn sie nicht in einem räumlichen, zeitlichen und funktionellen Zusammenhang mit einem anderen (Gesamt-)Vorhaben stehen. Ist das Vorhaben dagegen Bestandteil einer genehmigungsbedürftigen Baumaßnahme, ist es der Genehmigungsbedürftigkeit unterworfen.[965] Besteht das Gesamtvorhaben ausschließlich aus Teilen, die allesamt nach den unterschiedlichen Tatbeständen des § 62 BauO verfahrensfrei sind, ist das Vorhaben als verfahrensfreies Gesamtvorhaben zu beurteilen.[966]

64 Terrassenüberdachungen mit einer Fläche bis zu 30 m² und einer Tiefe bis zu 4,50 m, Balkonverglasungen sowie Balkonüberdachungen bis 30 m² Grundfläche, Wintergärten bis 30 m² Brutto-Grundfläche bei Gebäuden der Gebäudeklassen 1 bis 3 mit einem Mindestabstand von 3 m zur Nachbargrenze sind verfahrensfrei (§ 62 Abs. 1 S. 1 Nr. 1 Buchst. g BauO). Zutreffend weist in diesem Zusammenhang die Handlungsempfehlung des Ministeriums (s. dazu Teil A Rn. 15) darauf hin, dass es sich bei einem Wintergarten im Sinne der Bestimmung nicht um eine Erweiterung der Gebäudehülle handeln darf, sondern um einen verglasten, unbeheizten Anbau. Erfährt dieser Anbau eine Ergänzung durch eine Heizung, verliert er seine Bevorrechtigung; es entsteht eine Erweiterung der Gebäudehülle, die zum einen eine Genehmigungsbedürftigkeit nach sich zieht und zum anderen oftmals erhebliche planungsrechtliche Fragen aufwirft.

65 Terrassen sind befestigte Flächen, die ebenerdig oder allenfalls geringfügig erhöht dem Aufenthalt im Freien dienen und nicht durch massive Außenwände abgeschlossen sind. Nur die Überdachung solcher ebenerdigen Terrassen ist von § 62 Abs. 1 Nr. 1 Buchst. g BauO erfasst, nicht aber die Überdachung von „Terrassen" auf Dächern.[967]

66 Soweit ein präventives Verbot nicht vorliegt, bedeutet dies nicht, dass in baurechtlicher Sicht eine generelle Handlungsfreiheit besteht. Vielmehr gilt, dass die Genehmigungsfreiheit nach den §§ 61 bis 63, 78 und 79 Abs. 1 S. 1 BauO sowie die Beschränkung der bauaufsichtlichen Prüfung nach § 64 BauO nicht von der Verpflichtung zur Einhaltung der bauordnungsrechtlichen Anforderungen entbinden; dasselbe gilt für die Einhaltung des Planungsrechts. Bauaufsichtlichen Eingriffsbefugnisse bleiben unberührt (§ 62 Abs. 2 BauO).

---

964 OVG Münster Beschl. v. 29.5. 2008 – 10 B 616/08.
965 OVG Bln-Bbg Beschl. v. 14.10.2009 – 2 S 54/09.
966 So zutreffend die Gesetzesbegründung zu § 62 BauO.
967 So zutreffend die Handlungsempfehlung des Ministeriums.

Sog. Fliegende Bauten (bauliche Anlagen, die geeignet und bestimmt sind, an verschiedenen Orten wiederholt aufgestellt und zerlegt zu werden) bedürfen, (nur) bevor sie erstmals aufgestellt und in Gebrauch genommen werden, einer Ausführungsgenehmigung (§ 78 BauO), jedoch keiner eigentlichen Baugenehmigung.

67

Schließlich bedürfen nicht verfahrensfreie Bauvorhaben unter den in § 79 BauO genannten Voraussetzungen keiner Genehmigung, Genehmigungsfreistellung, Bauüberwachung und Bauzustandsbesichtigung, sondern nur einer bauaufsichtlichen Zustimmung.

68

5. Die Verfahrensarten

a) Das vereinfachte Baugenehmigungsverfahren

Das „vereinfachte Genehmigungsverfahren"[968] gilt für die „Errichtung und Änderung von Anlagen, die keine großen Sonderbauten sind" (§ 64 S. 1 BauO); es wird auch durchgeführt, wenn durch eine Nutzungsänderung eine Anlage entsteht, die kein großer Sonderbau ist (§ 64 S. 3 BauO). Was ein großer Sonderbau ist, definiert § 50 Abs. 2 BauO abschließend; für diese gilt § 65 BauO.

69

Neben der Prüfung bauplanungsrechtlicher und ausgewählter bauordnungsrechtlicher Vorschriften gibt die Bauordnung – dem Wortlaut nach – die Prüfung der Vereinbarkeit mit den Brandschutzvorschriften lediglich für den Fall auf, dass es sich um einen Sonderbau handelt, wobei wiederum der Fall von Garagen mit einer Nutzfläche über 100 m² bis 1 000 m² ausgenommen ist.

70

Die Rechtsprechung wendet die Bestimmung äußerst restriktiv an: Nach ihr ist die Bauaufsichtsbehörde trotz des abweichenden Wortlauts der Bestimmung grundsätzlich befugt, Brandschutzbelange zu prüfen, wenn sie Rechtsverstöße erkennt, die außerhalb ihrer obligatorischen Prüfungspflicht liegen. Sie ist hierzu sogar verpflichtet, wenn die Gefährdung hochwertiger Rechtsgüter wie Leben oder Gesundheit von Menschen droht oder brandschutzrechtlich relevante Maßnahmen alleiniger Genehmigungsgegenstand sind. „Es besteht nämlich kein Anspruch auf die Erteilung einer Baugenehmigung, bei deren Ausnutzung offenkundig ein Verstoß gegen Vorschriften des öffentlichen Baurechts eintreten würde und dessen Verwirklichung daher sofort mit einer Baueinstellungsverfügung, einem Nutzungsverbot oder einer Beseitigungsverfügung repressiv unterbunden werden müsste."[969] Es wäre widersinnig und läge weder im öffentlichen Interesse noch im Interesse des Bauherrn, wenn es der Genehmigungsbehörde untersagt wäre, einen solchen erkannten Rechtsverstoß zum Anlass für die Verweigerung einer Genehmigung zu nehmen und sie verpflichtet wäre, „sich künstlich dumm zu stellen". Denn sie müsste sofort nach Beginn der Ausnutzung der Genehmigung, erst recht bei Aufnahme der Nutzung, wegen des Verstoßes gegen öffentlich-rechtliche Vorschriften zur Gefahrenabwehr repressiv gegen den Bauherrn vorgehen. Dieser könnte der Verfügung die Existenz der Genehmigung nicht entgegenhalten, da das Bauamt diese Fragen nicht geprüft hätte und deshalb von der Legalisierungswirkung (s. dazu ab C Rn. 365) nicht umfasst würden.

71

---

968 Mit dem Änderungsgesetz zur Bauordnung 2018 kehrt der Gesetzgeber zum früher verwandten Begriff zurück und gibt die zwischenzeitlich benutzte Bezeichnung „einfaches Genehmigungsverfahren" wieder auf.
969 OVG Münster Urt. v. 28.1.2009 – 10 A 1075/08.

72 Diese Grundsätze sind auch in anderen Bundesländern anerkannt[970] und werden vom BVerwG gebilligt.[971] Die Baurechtsbehörde kann dementsprechend auch im vereinfachten Baugenehmigungsverfahren die Erteilung der beantragten Baugenehmigung wegen des Fehlens eines Sachbescheidungsinteresses versagen, wenn das Bauvorhaben im Widerspruch zu Anforderungen steht, die nicht Gegenstand des eingeschränkten Prüfungsprogramms sind, und dieser Widerspruch nicht behoben werden kann.

Beispiel: Ein Bauherr beantragt im vereinfachten Genehmigungsverfahren die Genehmigung zur Errichtung eines Wohnhauses; die Fenster im 2. Obergeschoss, die als zweiter Rettungsweg dienen müssen, sind für diesen Zweck zu gering dimensioniert. Das Bauamt darf und muss die Genehmigung verweigern.[972]

73 § 64 Abs. 2 BauO enthält eine verfahrensrechtliche Sonderregelung für vorübergehende Nutzungsänderungen im Außenbereich. Diese bedürfen keiner Genehmigung, auch nicht in einem vereinfachten Verfahren, sondern nur einer sogenannten Nutzungsänderungsanzeige gegenüber der Gemeinde unter Beifügung der für eine Prüfung erforderlichen Bauvorlagen. Erforderlich sind zum einen alle Unterlagen, aus denen sich die Anwendbarkeit dieser Regelung ergibt; das sind der Standort des Vorhabens außerhalb des Außenbereichs, die Erkennbarkeit einer bloßen Nutzungsänderung (also insbesondere keine Errichtung oder – wesentliche – Änderung der Anlage) sowie die verbindliche Erklärung, dass die Nutzungsänderung für eine Dauer von bis zu zwölf Monaten durchgeführt werden soll. Zum anderen muss sich aus den Unterlagen die Genehmigungsfähigkeit nach Maßgabe des § 64 Abs. 1 BauO ergeben; zwar bedarf es bei dieser Verfahrensart keines legalisierenden Verwaltungsaktes – die Nutzungsänderung kann aufgenommen werden, wenn die Gemeinde nicht innerhalb von vier Wochen nach Eingang der vollständigen Anzeige erklärt, dass das vereinfachte Baugenehmigungsverfahren durchgeführt werden soll (§ 64 Abs. 2 S. 2 BauO) -, die Gemeinde soll aber durch die Pflicht des Bauherrn zur Vorlage der Unterlagen in die Lage versetzt werden, die Vereinbarkeit des Vorhabens mit den (nach Maßgabe des § 64 Abs. 1 BauO reduzierten) Vorschriften präventiv zu prüfen.

74 Weil Anwendbarkeitsvoraussetzung für diese privilegierende Verfahrensvorschrift die Beschränkung der Dauer der Nutzungsänderung auf bis zu zwölf Monate ist, ist eine über diesen Zeitraum dauernde Nutzungsänderung formell illegal und gibt für die Bauaufsicht Anlass zu entsprechenden Maßnahmen. Dies wird allerdings schon deshalb zu praktischen Problemen führen, weil die von der Gemeinde oftmals verschiedene Bauaufsicht von dem Vorgang keine Kenntnis bekommen hat – lediglich die Gemeinde ist befasst gewesen – und Gemeinde (und gegebenenfalls Bauaufsicht) von einem Überschreiten der Frist nur dann Kenntnis bekommen werden, sofern sie von sich aus die Ablauf dieser Frist nachhalten.

b) Das Freistellungsverfahren

75 Seit 1990 sind in die Landesbauordnung verschiedene Regelungen zu Verfahrensabläufen eingeführt worden, die nicht in eine zulassende oder ablehnende Genehmigungsentscheidung münden, aber an enge Bedingungen geknüpft sind. Die Voraus-

---

970 Vgl. u.a. OVG Bautzen Urt. v. 9.11.2015 – 1 A 317/14; VGH Kassel Beschl. v. 1.10.2010 – 4 A 1907/10.Z; OVG Koblenz Urt. v. 22.10.2008 – 8 A 10942/08; VGH Mannheim Urt. v. 21.2.2017 – 3 S 1748/14; VGH München Beschl. v. 6.6.2002 – 14 B 99.2545.
971 BVerwG Urt. v. 24.10.1980 – 4 C 3.78; BVerwG Beschl. v. 20.7.1993 – 4 B 110.93.
972 Nach: OVG Münster Urt. v. 28.1.2009 – 10 A 1075/08.

C. Bauordnungsrecht

setzungen und Rechtsfolgen der Freistellung sind im Laufe der Jahre ständig geändert worden. Das Verfahren ist rechtpolitisch stets umstritten gewesen.

Die aktuelle BauO regelt in § 63 das Freistellungsverfahren. In den Genuss dieses Verfahrenswegs können folgende Vorhaben kommen: Errichtung, Änderung oder Nutzungsänderung von
1. Wohngebäuden der Gebäudeklassen 1 bis 3,
2. sonstigen Gebäuden der Gebäudeklassen 1 und 2, sowie
3. Nebengebäuden und Nebenanlagen für Gebäude nach Nr. 1 und 2.

Er kann nicht beschritten werden für Sonderbauten nach § 50 BauO sowie für die Errichtung, Änderung oder Nutzungsänderung bestimmter weiterer in § 63 Abs. 2 S. 2 BauO beschriebener Vorhaben.

Zu den Voraussetzungen für die Durchführbarkeit einer Genehmigungsfreistellung zählt, dass das Vorhaben im Geltungsbereich eines Bebauungsplans im Sinne des § 30 Abs. 1 oder der §§ 12, 30 Abs. 2 BauGB liegt, es den Festsetzungen des Bebauungsplans und den Regelungen örtlicher Bauvorschriften nicht widerspricht oder keiner Ausnahme oder Befreiung nach § 31 BauGB bedarf, die Erschließung gesichert ist, es keiner Abweichung nach § 69 BauO bedarf und die Gemeinde nicht innerhalb der Frist von einem Monat nach Vorlage der erforderlichen Unterlagen bei ihr erklärt, dass das vereinfachte Baugenehmigungsverfahren durchgeführt werden soll, oder eine vorläufige Untersagung nach § 15 Abs. 1 S. 2 BauGB beantragt. Auch bei Vorliegen der Voraussetzungen besteht keine Pflicht zur Durchführung dieses Verfahrensweges; es kann beantragt werden, dass das vereinfachte Baugenehmigungsverfahren durchgeführt wird.

Der Verfahrensweg läuft über die Gemeinde: Nach Einreichung erforderlichen Unterlagen bei der Gemeinde legt diese, soweit sie nicht selbst Bauaufsichtsbehörde ist, eine Ausfertigung der Unterlagen der Unteren Bauaufsichtsbehörde vor. Weder die Gemeinde noch die Bauaufsichtsbehörde sind verpflichtet, die Unterlagen zu prüfen. Einen Monat danach darf mit der Bauausführung begonnen werden. Wenn allerdings die Gemeinde dem Bauherrn vor Ablauf der Frist schriftlich mitteilt, dass kein Genehmigungsverfahren durchgeführt werden soll und sie eine vorläufige Untersagung nicht beantragen wird, darf die Bauherrschaft schon früher mit der Ausführung des Bauvorhabens beginnen.

Das Verfahren der Genehmigungsfreistellung führt zu keinem das Vorhaben legitimierenden Verwaltungsakt. Das hat erhebliche Konsequenzen für den Nachbarrechtsschutz: Weder beginnen reguläre Rechtsmittelfristen (zum Rechtsverlust s. Teil D Rn. 141 ff.) zulasten des Nachbarn zu laufen, noch kann dieser das Vorhaben zur gerichtlichen Kontrolle stellen, da weder Gemeinde noch Genehmigungsbehörde das Vorhaben auf seine Rechtmäßigkeit hin überprüft haben. Dem Nachbarn bleibt allein die Möglichkeit, das Vorhaben zu „beobachten" und, falls erforderlich, einen Antrag auf bauaufsichtliches Einschreiten zu stellen. Stellt sich im Laufe des Baufortschritts tatsächlich eine Nachbarrechtswidrigkeit heraus, kann diese uU nur durch einen (Teil-)Abriss behoben werden.

c) Das umfassende Baugenehmigungsverfahren („Vollverfahren")

Das „klassische", umfassende Baugenehmigungsverfahren wird nur für große Sonderbauten (§ 50 Abs. 2 BauO) durchgeführt (§ 65 BauO). Bei diesen prüft die Bauaufsichtsbehörde die Übereinstimmung mit dem gesamten Katalog des Bauplanungs- und Bauordnungsrechts sowie mit anderen öffentlich-rechtlichen Vorschriften, deren

Einhaltung nicht in einem anderen Genehmigungs-, Erlaubnis- oder sonstigen Zulassungsverfahren geprüft wird, allerdings ohne die Anforderungen des baulichen Arbeitsschutzes.

d) Die referenzielle Baugenehmigung

82 Die referenzielle Baugenehmigung – der Gesetzeswortlaut verwendet den orthographisch unzutreffenden Begriff „referentielle Baugenehmigung" – ist ein mit der Bauordnung 2018 neu in das Gesetz aufgenommenes Konstrukt. Um von der Möglichkeit dieses Weges Gebrauch machen zu können, müssen die folgenden Voraussetzungen erfüllt sein:

83 Die zu errichtenden Gebäude – es muss sich um ein „serielles Bauvorhaben"[973] handeln – liegen innerhalb desselben Bebauungsplans. Ein Gebäude (das ist das „Referenzgebäude") wird im vereinfachten Verfahren genehmigt; die „Bezugsgebäude" werden angezeigt und die Bauvorlagen und die bautechnischen Nachweise sowie die erforderlichen Bescheinigungen von Sachverständigen für die Bezugsgebäude werden spätestens mit der Anzeige des Baubeginns eingereicht. Als Rechtsfolge tritt für die Bezugsgebäude eine Genehmigungsfiktion ein.

84 Die Folgen eines gestörten Verfahrensablaufs – einschließlich einer Abweichung des Bezugsgebäudes von dem Referenzgebäude – bleiben einer Klärung durch Wissenschaft und Rechtsprechung vorbehalten.[974]

6. Die Grundstruktur des Baugenehmigungsverfahrens

85 Eine Baugenehmigung ergeht nur auf Antrag (§ 70 Abs. 1 BauO), sie ist damit ein „mitwirkungsbedürftiger Verwaltungsakt". Dies hat seinen Grund darin, dass nicht die Behörde bestimmen kann, ob und was an baulichen Anlagen errichtet werden soll, sondern dieses Recht allein dem Bauherrn zusteht. Es liegt allein in seiner, auf Art. 14 Abs. 1 S. 1 GG beruhenden Dispositionsbefugnis zu entscheiden, ob er bauen will. Hat er sich zu diesem grundsätzlichen Schritt entschieden, beschreibt er dieses Vorhaben in seinem Antrag an die Genehmigungsbehörde, die über die Genehmigungsfähigkeit des Vorhabens befindet. Ist es in dieser von ihm geplanten Form

---

973 Die Handlungsempfehlung des Ministeriums meint hierzu: „Um ein serielles Bauvorhaben im Sinne der Vorschrift handelt es sich dann, wenn es neben dem Referenzgebäude mindestens zwei Bezugsgebäude gibt („weiteren" Bezugsgebäude, § 66 Absatz 5 Nummer 2). Außerdem muss eine große Ähnlichkeit zwischen dem Referenzgebäude und den Bezugsgebäuden vorliegen, denn die Bezugsgebäude werden „anhand" des Referenzgebäudes errichtet. Die Bezugsgebäude müssen demgemäß derselben Gebäudeklasse angehören und über dieselbe Statik sowie dieselbe Kubatur verfügen."

974 Die Handlungsempfehlung des Ministeriums macht zu Recht auf diese Probleme aufmerksam: „Da die untere Bauaufsichtsbehörde lediglich die Bauvorlagen für das zu genehmigende Referenzgebäude prüft, aber weder die Anzeige der Bezugsgebäude noch die zugehörigen Bauvorlagen (und zwar weder auf Vollständigkeit noch materiell) zu prüfen hat, liegt es allein im Verantwortungsbereich des Bauherrn, dass die o.a. Tatbestandsvoraussetzungen erfüllt werden. Liegen die Tatbestandsvoraussetzungen nicht vor, handelt es sich bei den Bezugsgebäuden um nicht genehmigte Anlagen. Gleiches gilt, wenn das errichtete Bezugsgebäude ein Aliud gegenüber der sich aus den Bauvorlagen ergebenden Planung darstellt. Repressives Einschreiten ist dann geboten. Auch die Bezugsgebäude müssen alle öffentlichrechtlichen Anforderungen einhalten (vgl. § 66 Absatz 7 i. V. m. § 74 Absatz 1 BauO). Erfüllt die Planung (und Ausführung) des Bezugsgebäudes diese Anforderung nicht und verstößt beispielsweise gegen Bauplanungs- oder Abstandsflächenrecht ist die Genehmigungsfiktion zwar eingetreten, dann ist allerdings die Rücknahme der Baugenehmigung und repressives Einschreiten zu prüfen. Die für das Referenzgebäude ein Baugenehmigungsverfahren durchzuführen, ist eine Bauüberwachung und beispielsweise auch eine Bauzustandsbesichtigung des Referenzgebäudes möglich, §§ 83 Absatz 1 und 2, 84 BauO. Für die Bezugsgebäude gilt dies nicht, weil für diese die Bauvorlagen nicht geprüft werden (s.a. zu § 83)."

nicht genehmigungsfähig, kann er das gesamte Vorhaben aufgeben oder es so umplanen, dass es genehmigungsfähig ist. Auf Antrag beginnt eine bauaufsichtliche Prüfung dieses neuen Bauantrags.

Es ist nicht Aufgabe und nicht einmal das Recht der Baugenehmigungsbehörde, das Bauvorhaben so zu ändern, dass es genehmigungsfähig ist, etwa durch Veränderung der aus den Bauzeichnungen ersichtlichen Maße, auch wenn das beantragte Vorhaben nicht genehmigungsfähig und das vom Bauamt geänderte genehmigungsfähig wäre. Die Befugnis der Behörde, durch geeignete Nebenbestimmungen dafür Sorge zu tragen, dass das beantragte und genehmigte Vorhaben nicht gegen Rechtsvorschriften verstößt, insbesondere keine Gefahren oder Störungen der Öffentlichkeit oder konkreter Dritter verursacht (s. dazu Teil C ab Rn. 283), bleibt davon unberührt. 86

Die Baugenehmigungspraxis stellt sich mitunter anders dar: So werden gelegentlich der Baugenehmigung Texte hinzugefügt, die undifferenzierte und verwirrende Überschriften tragen und materiellrechtliche Änderungen des Vorhabens darstellen. Entsprechendes gilt für die Bauvoranfrage. 87

II. Anspruch auf Erteilung einer Baugenehmigung / eines Vorbescheides

1. Formelle Voraussetzungen

a) Sachbescheidungsinteresse

Wie für jeden begünstigenden Verwaltungsakt bedarf der Bauherr für eine Baugenehmigung und einen Vorbescheid eines Sachbescheidungsinteresses. Denn auch im Baurecht gilt der allgemeine Grundsatz, dass eine Behörde einen Antrag wegen des Fehlens eines Sachbescheidungsinteresses ablehnen darf, wenn der Antragsteller aus Gründen, die jenseits des Verfahrensgegenstands liegen, von der beantragten Baugenehmigung keinen Gebrauch machen darf oder sie ihm aus sonstigen Gründen nichts nützt. Das gilt unabhängig davon, ob sich diese Gründe aus dem öffentlichen Recht oder aus dem Zivilrecht ergeben. Erforderlich ist jedoch, dass es sich um ein Hindernis handelt, das sich „schlechthin" nicht ausräumen lässt.[975] Die Baurechtsbehörde kann die Erteilung der beantragten Baugenehmigung oder eines Vorbescheids auch dann versagen, wenn das Bauvorhaben im nicht behebbarem Widerspruch zu Anforderungen steht, die nicht Gegenstand des Prüfungsprogramms sind.[976] 88

aa) Fehlendes privates Recht

Ist der Bauherr nicht Eigentümer des Grundstücks, ist das grundsätzlich kein zwingender Grund für das Verneinen seines Sachbescheidungsinteresses. Denn nach § 7 Abs. 4 BauO wird die Baugenehmigung „unbeschadet der Rechte Dritter erteilt". Mit dieser gegenüber den Vorgängerfassungen der BauO geänderten Formulierung ist offenbar gemeint, dass die Baugenehmigung unbeschadet der *privaten* Rechte Dritter erteilt wird (so § 75 Abs. 3 S. 1 BauO 2000). Denn die Genehmigungsbehörde soll nicht der Frage nachgehen müssen, ob privatrechtliche Gründe, etwa eine zivilrecht- 89

---

[975] BVerwG Urt. v. 24.10.1980 – 4 C 3.78; BVerwG Beschl. v. 20.7.1993 – 4 B 110.93.
[976] VGH Mannheim Urt. v. 21.2.2017 – 3 S 1748/14; OVG Bautzen Urt. v. 9.11.2015 – 1 A 317/14; VGH Kassel Beschl. v. 1.10.2010 – 4 A 1907/10.Z; OVG Koblenz Urt. v. 22.10.2008 – 8 A 10942/08.

liche Vereinbarung mit einem Nachbarn, der Verwirklichung des Bauvorhabens entgegenstehen. Auch ist unter bauordnungsrechtlichen Gesichtspunkten ein Nichteigentümer berechtigt, einen Bauantrag für ein Grundstück zu stellen,[977] was das Bauamt nicht nachprüfen müssen soll. Erginge hingegen tatsächlich, wie der Wortlaut sagt, die Baugenehmigung unbeschadet jeglicher Rechte Dritter, also auch öffentlich-rechtlicher Rechte, hieße dies, dass im Genehmigungsverfahren solche nicht geprüft würden. Das ist erkennbar nicht rechtens und sollte wohl auch nicht ausgesprochen werden. Die Gesetzesmaterialien geben für eine solche Absicht keinen Anhalt.

90 Hat die Genehmigungsbehörde allerdings begründete Zweifel daran, dass der Eigentümer mit der Bebauung des Grundstücks (überhaupt oder mit einer Bebauung in dieser Weise) einverstanden ist, ist sie nach § 70 Abs. 3 S. 3 BauO berechtigt, nach pflichtgemäßem Ermessen die Zustimmung des Eigentümers einzufordern.[978]

91 Auch wenn der Bauherr lediglich der Erbbauberechtigte ist und zur baulichen Veränderung der Zustimmung des Grundstückseigentümers bedarf und dieser die Zustimmung verweigert, ist die Verwirklichung des Bauvorhabens ersichtlich ausgeschlossen und die Baugenehmigung für den Bauherrn nutzlos.

Beispiel: Der Erbbauberechtigte beabsichtigt, auf dem einer Kirchengemeinde gehörenden Grundstück ein Bordell zu errichten. Die Eigentümerin verwahrt sich gegen dieses Ansinnen. Da der Erbbauberechtigte keinen Anspruch gegen sie auf Zustimmung zu dem Vorhaben hat und deshalb die Verwirklichung ausgeschlossen erscheint, fehlt dem Antrag das Sachbescheidungsinteresse. Er ist ablehnen.[979]

bb) Werbeanlage im öffentliche Straßenraum

92 Soll eine Werbeanlage in der Weise errichtet werden, dass sie in den öffentlichen Straßenraum ragt, ist entscheidend, ob damit ein schlechthin unausräumbares Hindernis besteht. Dafür kommt es auf die Haltung der betroffenen Straßeneigentümers an.

Beispiel: Der Klägerin erstrebt eine Baugenehmigung für eine Werbeanlage, die mit ihrer lediglich etwa 5 cm weiten Auskragung in den Luftraum 7 m oberhalb der benachbarten städtischen Wegeparzelle hineinragen würde. Dem Antrag fehlte es nicht deswegen an einem Sachbescheidungsinteresse. Denn es war nicht ersichtlich, dass die Genehmigung damit für die Klägerin nutzlos wäre. Eine entsprechende Nutzung des Luftraums über der Wegeparzelle würde deren Gemeingebrauch nicht beeinträchtigen, so dass ihre Zulässigkeit gemäß § 23 Abs. 1 StrWG nach bürgerlichem Recht zu beurteilen wäre. Dass das Eigentumsrecht der Stadt einer solchen Nutzung durch die Klägerin zwingend entgegensteht, vermochte das Gericht angesichts der bestehenden Wertungsspielräume bei der Prüfung eines Ausschließungsinteresses des Eigentümers im Sinne des § 905 S. 2 BGB, die den Gerichten einer anderen Gerichtsbarkeit unterliegt, nicht festzustellen.[980] Anderes gilt, wenn feststeht, dass die Stadt die beantragte Überbauung in den Straßenraum nicht zulässt.[981]

cc) Besonderheiten bei einem Vorbescheid

93 Das Sachbescheidungsinteresse für einen Vorbescheid (§ 71 BauO) ist über die genannten Gründe hinaus dem Bauherrn abzusprechen, wenn bereits feststeht, dass er unter keinen Voraussetzungen in einem späteren Verfahren die Baugenehmigung

---

977 Das Recht zu bauen folgt nämlich nicht nur aus Art. 14 GG, sondern auch aus der allgemeinen Handlungsfreiheit, Art. 2 Abs. 1 GG, vgl. OVG Münster Urt. v. 28.1.2009 – 10 A 1075/08.
978 OVG Münster Urt. v. 28.1.2009 – 10 A 1075/08.
979 Abgewandelt nach VGH München Urt. v. 27.1.2017 – 15 B 16.1834.
980 OVG Münster Beschl. v. 22.6.2017 – 10 A 167/16.
981 VG Köln Urt. v. 6.8.2013 – 2 K 4151/12.

erlangen kann. Hierzu zählt auch, dass der Antragsteller die erforderliche Zustimmung einer anderen Stelle offensichtlich nicht erreichen kann.

Beispiel: Ein Hindernis für die Ausnutzung eines Vorbescheides als vorweggenommener Teil einer entsprechenden Baugenehmigung kann sich aus dem Umstand ergeben, dass die Verwirklichung des Vorhabens, das Gegenstand des Vorbescheides sein soll, die Beseitigung der noch vorhandenen Anlage voraussetzen würde; unterliegt diese jedoch als Baudenkmal einem sich aus § 7 Abs. 1 S. 1 iVm § 9 Abs. 1 Buchst. a DSchG ergebenden grundsätzlichen Beseitigungsverbot, fehlt für den Vorbescheid das Sachbescheidungsinteresse.[982]

Weiteres Beispiel: Ein Bauherr begehrt mit einer Bauvoranfrage die Feststellung, dass er auf einem bestimmten Grundstück einen Lebensmittelmarkt errichten darf. Weil das Vorhaben über eine bislang nicht bestehende Zufahrt an eine Landstraße außerhalb der Ortsdurchfahrt angeschlossen werden soll, bedarf es zur Genehmigung und Realisierung des Bauvorhabens der Zustimmung der Straßenbaubehörde nach § 25 Abs. 1 Nr. 2 StrWG. Ist ausgeschlossen, dass die Zustimmung erteilt wird, kann das letztlich geplante Vorhaben nicht realisiert werden; eine positive Beantwortung seiner Frage ist für den Bauherrn nicht nützlich. Deshalb muss die Frage nach der möglichen Zustimmung bereits jetzt beantwortet und im Falle der Verneinung der Vorbescheid verweigert werden.[983]

b) Formelle Antragsvoraussetzungen

Ein Bauantrag ist nur dann genehmigungsfähig, wenn er den formellen Antragsvoraussetzungen entspricht. Erfüllt er die Anforderungen nicht, kann das unter Umständen nachgeholt werden. **94**

aa) Bauvorlageberechtigung

Grundsätzlich gilt, dass Bauvorlagen für die Errichtung und Änderung von Gebäuden von einer Entwurfsverfasserin oder einem Entwurfsverfasser, die/der bauvorlageberechtigt ist, unterschrieben sein müssen (§ 67 Abs. 1 S. 1 BauO). § 67 Abs. 2 BauO nimmt einige Vorhaben von diesem Gebot aus. Bauvorlageberechtigt ist – vereinfacht ausgedrückt –, wer die Bezeichnung Architektin/Architekt, Bauingenieurin/Bauingenieur oder Innenarchitektin/Innenarchitekt führen darf. § 67 Abs. 3 BauO konkretisiert und ergänzt dies weiter; die nachfolgenden Absätze enthalten unter anderem Regelungen zur Anerkennung von Abschlüssen und Niederlassungen anderer Bundesländer und Staaten. **95**

bb) Bestimmtheit des Bauvorhabens

Aufgrund des (idealtypischen) Bildes eines Bauantrags, über den entweder mit der Stattgabe oder der Ablehnung entschieden werden könnte, versteht sich von selbst, dass der Antrag so präzise zu stellen ist, dass das Vorhaben umfassend beurteilt und der Bauantrag sachgerecht bearbeitet werden kann.[984] Widersprüchliche Angaben in den Bauzeichnungen, etwa über die Höhe von Bauteilen in verschiedenen Ansichtszeichnungen, stehen einer Genehmigungsfähigkeit zwingend entgegen. Die Bestimmtheit muss sich auch auf die beabsichtigte Nutzungsart beziehen. **96**

Die hinreichende Bestimmtheit ist auch bei der Bauvoranfrage (§ 77 BauO) von großer Bedeutung. Weil der Vorbescheid eine feststellende, die Genehmigungsbehörde bindende Wirkung hat, ist sowohl bei der Stellung der Frage als auch bei ihrer Beantwortung große Präzision vonnöten. Eine nur vage Frage, die wesentliche Gesichtspunkte letztlich offenlässt, vermag für das sich anschließende Genehmigungs- **97**

---

982 OVG Münster Beschl. v. 12.4.2013 – 10 A 671/11.
983 Nach: OVG Münster Beschl. v. 30.8.2011 – 2 A 1476/09.
984 Zu den Folgen einer Unvollständigkeit siehe: OVG Münster Beschl. v. 6.10.2014 – 2 A 434/13; VG Köln Urt. v. 31.10.2012 – 23 K 2670/12.

verfahren keine klare Aussage darüber treffen, welche Genehmigungsvoraussetzung „abgearbeitet" worden ist. Eine Voranfrage ist zudem sachlich nicht bescheidungsfähig, wenn dabei Teile eines Vorhabens aus der Fragestellung so ausgeklammert werden, dass eine verbindliche bauplanungs- oder bauordnungsrechtliche Beurteilung nicht möglich ist.

Beispiel: Der Bauherr stellt einen Antrag auf Erteilung eines Vorbescheides für eine Dia-Projektionswerbeanlage unter Ausklammerung des exakten Anbringungsortes und der exakten Maße der Werbeanlage, aber unter Bezugnahme auf die Skizze im Maßstab 1<50 über den ungefähren Anbringungsort und die ungefähre Größe der Projektionsfläche. Der Vorbescheid ist mangels hinreichender Bestimmtheit – der Anbringungsort ist für die Beurteilung der Zulässigkeit von wesentlicher Bedeutung – auf der Grundlage der Bauordnung ausgeschlossen.[985]

cc) Vorgaben aus der Bauordnung und der Bauprüfverordnung

98 Nach § 70 Abs. 2 S. 1 BauO sind mit dem Bauantrag alle für die Beurteilung des Bauvorhabens und die Bearbeitung des Bauantrags erforderlichen Unterlagen (Bauvorlagen) einzureichen. Nähere Vorgaben ergeben sich aus der BauPrüfVO NRW.

99 Zu den einzureichenden Bauvorlagen gehört bei manchen Bauvorhaben ein Brandschutzkonzept, das nach § 70 Abs. 2 S. 3 BauO bei großen Sonderbauten (§ 50 Abs. 2 BauO) zwingend mit dem Bauantrag einzureichen ist. Darüber hinaus kann ein Brandschutzkonzept auch bei den sog. kleinen Sonderbauten (§ 50 Abs. 1 S. 1 BauO, s. dazu Teil C Rn. 45 ff.) verlangt werden. Dafür können im Einzelfall zur Verwirklichung der allgemeinen Anforderungen nach § 3 Abs. 1 BauO besondere Anforderungen gestellt werden. Diese Anforderungen können sich unter Anderem erstrecken auf „Umfang, Inhalt und Zahl besonderer Bauvorlagen, insbesondere eines Brandschutzkonzepts" (§ 50 Abs. 1 S. 3 Nr. 19 BauO).

Was zu den Bauvorlagen zählt, ergibt sich darüber hinaus insbesondere aus der Bauprüfverordnung.

Beispiel: Der Bauherr beantragt einen Vorbescheid für eine in einem vereinfachten Baugenehmigungsverfahren zu beantragende Baugenehmigung, ohne in dem Lageplan die Höhenlage der Eckpunkte der baulichen Anlage bezogen auf das aktuelle amtliche Höhenbezugssystem an der Geländeoberfläche auf dem Vorhabengrundstück eingetragen zu haben. Das Bauamt hält den Antrag für unvollständig, weil die Angabe der Höhenlage der Eckpunkte der baulichen Anlage fehle. Der Bauherr macht geltend, weil der Lageplan die Höhe des Erdgeschossfußbodens mit 50,20 m über NN angegeben habe und sich daraus die Höhe der Geländeoberfläche ergebe, sei die Eintragung ausreichend. Der Wortlaut des § 3 Abs. 1 S. 4 Nr. 12 BauPrüfVO, der auch für das vereinfachte Genehmigungsverfahren entsprechende Anwendung findet (§ 16 S. 1 BauPrüfVO, § 10 Abs. 1 Nr. 2 BauPrüfVO), verlangt ausdrücklich auch die Angabe der Höhenlage der Eckpunkte der baulichen Anlage bezogen auf das aktuelle amtliche Höhenbezugssystem an der Geländeoberfläche; dies ist ein weiteres Erfordernis neben der Angabe der Höhenlage des Erdgeschossfußbodens. Ob sich aus der im Lageplan angegebenen Höhe des Erdgeschossfußbodens die Höhe der Geländeoberfläche ermitteln lässt, ist angesichts des eindeutigen Wortlauts unerheblich.[986]

Weiteres Beispiel: Was zu den zu einem Bauantrag im vereinfachten Genehmigungsverfahren einzureichenden Bauvorlagen zählt, ergibt sich aus § 10 BauPrüfVO. Bei Bauanträgen auf Erteilung einer Baugenehmigung für eine Nutzungsänderung ordnet § 10 Abs. 3 S. 4 BauPrüfVO an, dass § 10 Abs. 1 S. 2 der Verordnung sinngemäß gilt. Nach dieser Bestimmung sind einem Bauantrag die Berechnungen oder Angaben zur Kostenermittlung (§ 6) in zweifacher Ausfertigung beizufügen. Nach § 6 Nr. 1 BauPrüfVO in der zum Zeitpunkt der Antragstellung geltenden Fassung – waren Berechnungen und Angaben zur Kostenermittlung, bei Gebäuden eine nachprüfbare Berechnung des Brutto-Rauminhaltes nach DIN 277 Teil 1 (Ausgabe 2005) oder für Gebäude, für die landesdurchschnittlichen Rohbauwertsätze je Kubikmeter Brutto-Raumin-

---

985 Nach: OVG Münster Urt. v. 6.2.2003 – 10 A 3464/01.
986 Nach: OVG Münster Beschl. v. 21.4.2020 – 7 A 591/19.

C. Bauordnungsrecht

halt nicht festgelegt sind, die Berechnung der veranschlagten (geschätzten) Rohbaukosten vorzulegen.[987] Solange die Vorlage der erforderlichen Berechnungen zur Kostenermittlung fehlt, besteht kein Anspruch auf eine Genehmigung.

dd) Behandlung des Bauantrags und Folgen eines unvollständigen oder mangelhaften Bauantrags

§ 71 BauO soll der Beschleunigung des Baugenehmigungsverfahrens dienen. Zu diesem Zweck schreibt das Gesetz eine Vorgehensweise vor, bei der unter anderem für die Genehmigungsbehörde Bearbeitungsfristen gelten, Pflichten zur Aufforderung einer Beseitigung der Mängel (im Folgenden „Mängelbeseitigungsaufforderung") entstehen und Wege der Beteiligung anderer Stellen beschrieben werden.[988] **100**

(1) Prüfpflicht

Nach § 71 Abs. 1 BauO hat die Bauaufsichtsbehörde innerhalb von zehn Arbeitstagen nach Eingang den Bauantrag und die Bauvorlagen auf Vollständigkeit zu prüfen. Dabei wird als Arbeitstag ein Tag zu verstehen sein, an dem tatsächlich, betriebsüblich oder üblich die Arbeit aufgenommen werden muss, also die Tage einer Woche von montags bis freitags ohne Feiertage.[989] Die vorzunehmende Prüfung hat sich auf Formalien zu beschränken; eine Prüfung der materiellen Genehmigungsfähigkeit kann und braucht in der Zeit nicht zu erfolgen. **101**

Ein Bauantrag ist unvollständig, wenn nicht sämtliche zur bauaufsichtlichen Prüfung erforderlichen Unterlagen eingereicht werden,[990] insbesondere wenn er selbst die formellen und inhaltlichen Vorgaben nicht beachtet oder die mit ihm einzureichenden Bauvorlagen hinsichtlich ihres Umfangs und ihrer Anzahl nicht die Vorgaben der BauPrüfVO einhalten, also etwa der erforderliche Lageplan nicht vorliegt oder dieser die gebotenen Angaben nicht enthält oder wenn ein erforderliches Brandschutzkonzept fehlt. **102**

Ein nicht gestellter Antrag auf Abweichung, Befreiung oder Ausnahme führt nicht dazu, dass der Bauantrag unvollständig ist, selbst wenn einem Antrag, wäre er gestellt, stattgegeben werden könnte und damit der Bauantrag genehmigungsfähig wäre. Fehlt ein solcher Antrag, ist der Bauantrag entscheidungsreif, nämlich abzulehnen.[991] Die Berechtigung der Genehmigungsbehörde, den Bauherrn hierauf hinzuweisen, bleibt allerdings davon unberührt. **103**

Fehlt die Unterschrift unter den Bauantrag, ist dieser nicht unvollständig, sondern nicht wirksam gestellt. Denn § 70 Abs. 1 BauO setzt für einen wirksamen Bauantrag voraus, dass dieser schriftlich gestellt wird. Der entsprechend anzuwendende § 126 Abs. 1 BGB bestimmt, dass, wenn durch Gesetz schriftliche Form vorgeschrieben ist, die Urkunde von dem Aussteller eigenhändig durch Namensunterschrift oder **104**

---

[987] Vgl. dazu die Bekanntmachung des Ministeriums für Bauen, Wohnen, Stadtentwicklung und Verkehr vom 8.8. 2016, MBl. NRW 2016, S. 491 ff. i.V.m. Nr. 1 der Anlage.
[988] Siehe auch: Art. 65 Abs. 2 BayBO: „Ist der Bauantrag unvollständig oder weist er sonstige erhebliche Mängel auf, fordert die Bauaufsichtsbehörde den Bauherrn zur Behebung der Mängel innerhalb einer angemessenen Frist auf. Werden die Mängel innerhalb der Frist nicht behoben, gilt der Antrag als zurückgenommen, wenn der Antragsteller auf diese Rechtsfolge hingewiesen worden ist".
[989] So auch die Gesetzesbegründung zu § 71 Abs. 1 S. 1.
[990] OVG Münster Beschl. v. 24.6.2015 – 2 A 326/15.
[991] So auch die Handlungsempfehlung: „Ist ein Antrag auf Abweichung dem Bauantrag nicht beigefügt, hindert dies nicht dessen Prüffähigkeit, sondern lediglich die Genehmigungsfähigkeit. Eine Nachforderung im Sinne des § 71 Absatz 1 BauO NRW 2018 ist daher nicht zulässig. Allerdings sollte die Bauaufsichtsbehörde die Bauherrschaft auffordern, einen Antrag auf Abweichung zu stellen, wenn sie erkennt, dass so die Genehmigungsfähigkeit des Bauantrages erreicht werden kann."

mittels notariell beglaubigten Handzeichens unterzeichnet werden muss. Nach § 125 S. 1 BGB ist ein „Rechtsgeschäft, welches der durch Gesetz vorgeschriebenen Form ermangelt", nichtig.[992]

105 Sobald der Bauantrag und die Bauvorlagen vollständig sind, hat die Bauaufsichtsbehörde unverzüglich dem Bauherrn ihren Eingang und den von ihr ermittelten Zeitpunkt der Entscheidung über den Bauantrag mitzuteilen sowie die Gemeinde und die berührten Stellen nach Abs. 3 zu hören, außer in Fällen der elektronisch abgewickelten Verfahren (§ 71 Abs. 2 S. 1 und 2 BauO); ferner hat sie die Stellen zu hören, deren Aufgabenbereich berührt wird, und erforderlichenfalls eine Antragskonferenz einzuberufen. Die Entscheidung hat innerhalb von drei Monaten, im vereinfachten Baugenehmigungsverfahren und bei einer Bauvoranfrage innerhalb von sechs Wochen zu erfolgen. Diese Frist beginnt, sobald die Bauvorlagen vollständig und alle für die Entscheidung notwendigen Stellungnahmen und Mitwirkungen vorliegen; Näheres regelt § 71 Abs. 6 S. 2 BauO.

106 Mit dem gegenüber der Vorläuferfassung neu eingefügten Abs. 6 hat der Gesetzgeber eine Bearbeitungsfrist gesetzt und damit die Anwendung des § 42a VwVfG NRW mit der dort geregelten Genehmigungsfiktion ermöglicht. Gemäß § 42a Abs. 2 S. 3 und 4 VwVfG NRW kann die Frist einmal angemessen verlängert werden, wenn dies wegen der Schwierigkeit der Angelegenheit gerechtfertigt ist; die Fristverlängerung ist zu begründen und rechtzeitig mitzuteilen.

(2) Die Mängelbeseitigungsaufforderung

107 Gemäß § 71 Abs. 1 S. 3 BauO fordert die Bauaufsichtsbehörde, sofern der Bauantrag unvollständig (s. dazu Teil C Rn. 102) ist „oder sonstige erhebliche Mängel" aufweist, „unverzüglich unter Nennung der Gründe die Bauherrschaft zur Behebung der Mängel innerhalb einer angemessenen Frist auf". Wesentliche Mängel liegen etwa dann vor, wenn aus dem Bauantrag einschließlich der Bauvorlagen das Bauvorhaben nicht hinreichend bestimmt hervorgeht und deshalb eine materielle Prüfung des Vorhabens nicht möglich ist. Das betrifft zB die Nutzungsart, die Höhe von Wänden oder sonstige wesentliche Beschreibungen dessen, was geplant ist. Insbesondere Widersprüchlichkeiten sind aufzuklären. Ist allerdings auch ohne die erforderliche Klarheit bereits erkennbar, dass das Vorhaben aus materiellen Gründen nicht genehmigungsfähig sein wird, ist die Aufforderung nicht erforderlich.

Die Aufforderung ist an die Bauherrschaft zu richten, nicht an den Entwurfsverfasser.[993]

108 Welche Frist angemessen ist, hängt von der Möglichkeit der Beschaffung der fehlenden Unterlagen oder der Beseitigung des Mangels ab. Zur Vermeidung von Missverständnissen ist die Nennung eines Datums als Fristende sinnvoll. Ist eine unangemessene Frist gesetzt, tritt die Rechtsfolge des § 71 Abs. 1 S. 3 BauO nicht ein.

109 Eine Fristverlängerung ist im Rahmen des § 31 Abs. 7 VwVfG möglich. Danach können Fristen, die von einer Behörde gesetzt sind, verlängert werden. Sind solche Fristen bereits abgelaufen, so können sie rückwirkend verlängert werden, insbesondere wenn es unbillig wäre, die durch den Fristablauf eingetretenen Rechtsfolgen beste-

---

992 Anders die Handlungsempfehlung zu § 71 Abs. 1 S. 2 Alt. 1 BauO, die dies – ohne Begründung – als einen Fall der Unvollständigkeit ansieht.
993 So auch Boeddinghaus/Hahn/Schulte u.a., Bauordnung NRW, 60. Update April 2021, b) Behandlung mangelhafter Bauanträge, Rücknahmefiktion (S. 2 und 3).

hen zu lassen. Die entgegenstehende Einschätzung des Ministeriums[994] in seiner Handlungsempfehlung unterliegt angesichts des eindeutigen Wortlauts Bedenken.

Das Gesetz verlangt nicht, dass auf die Rechtsfolge der fiktiven Antragsrücknahme hingewiesen wird. Darin unterscheidet sich die Bestimmung von den in Art. 62 Abs. 2 BayBO (s.o. Teil C Rn. 80) und der in § 92 Abs. 2 S. 1 und 3 VwGO enthaltenen, vergleichbaren Regelung und ist aufgrund des Überraschungseffekts unter dem Gesichtspunkt des fairen Verfahrens nicht unbedenklich. **110**

Nach Sinn und Zweck der Bestimmung wird zu verlangen sein, dass die Behörde im Rahmen ihrer Mängelbeseitigungsaufforderung alle zu diesem Zeitpunkt bereits erkennbaren Unvollständigkeiten und Mängel aufzeigt und deren Behebung verlangt. Ergeben sich erst bei der daraufhin erfolgten Nachreichung weitere Unklarheiten, ist die Behörde nicht gehindert, insoweit ein weiteres Verlangen an den Bauherrn zu richten. **111**

Der Rechtscharakter einer Mängelbeseitigungsaufforderung ist nicht abschließend geklärt. Das Ministerium[995] vertritt die Auffassung, bei der Nachforderung von Unterlagen nach § 71 Abs. 1 S. 2 BauO handle es sich um einen Verwaltungsakt, da an das Verstreichen der mit der Nachbesserungsaufforderung verbundenen Frist unmittelbar eine nachteilige Rechtsfolge geknüpft sei. Dies deckt sich mit der für das bayerische Recht geltenden Rechtsprechung und Literatur.[996] Insoweit ist allerdings zu bedenken, dass das bayerische Bauordnungsrecht in Art. 76 S. 3 BayBO den Bauaufsichtsbehörden die rechtliche Möglichkeit gibt, im Wege einer Ordnungsverfügung zu verlangen, dass ein Bauantrag gestellt wird. Wird diesem Verlangen nur unzureichend, nämlich mit einem unvollständigen oder mangelhaften Bauantrag, entsprochen, liegt es nahe, das Nachbesserungsverlangen ebenfalls mittels Ordnungsverfügung (und damit Verwaltungsakt) auszusprechen. Dies ist in NRW anders (s. Teil C Rn. 450). Eine unbesehene Übertragung der Grundsätze ist deshalb zweifelhaft. **112**

Hat die Aufforderung Verwaltungsaktcharakter, ist sie mit der Anfechtungsklage angreifbar. Da für eine Anordnung der sofortigen Vollziehung kaum Anlass und Erfordernis bestehen dürfte, hätte die Klage aufschiebende Wirkung (§ 80 Abs. 1 S. 1 VwGO). Während des Laufs des Klageverfahrens könnte – ohne die Folge der fiktiven Antragsrücknahme – der Mangel über die gesetzte Frist hinaus beseitigt werden und damit das gesetzliche Ziel verfehlt werden. **113**

Die gesetzliche Rechtsfolge der fiktiven Antragsrücknahme tritt ein, wenn die Mängel – gemeint ist auch die Unvollständigkeit – innerhalb der Frist nicht behoben werden. Die fiktive Rücknahme des Bauantrags hat unter anderem zur Folge, dass der Bauantrag nicht weiter bearbeitet zu werden braucht und die gesetzliche Frist, nach deren Ablauf eine Untätigkeitsklage erhoben werden kann, nicht zu laufen beginnt.[997] **114**

Die Wirkung tritt ein, ohne dass es einer Einstellung des Verfahrens bedarf.[998] Insoweit gilt dasselbe wie bei einer (fiktiven) Klagerücknahme, bei der nach § 92 Abs. 3 VwGO vorgesehene Einstellungsbeschluss lediglich deklaratorische Bedeu- **115**

---

994 „Eine rückwirkende Fristverlängerung ist wegen der mit Ablauf der Frist gesetzlich fingierten Rücknahme des Antrags nicht mehr möglich. Eine Verlängerung der von der Bauaufsichtsbehörde gesetzten Frist vor Fristablauf ist allerdings nicht ausgeschlossen, vgl. § 31 Absatz 7 Satz 1 VwVfG NRW."
995 Handlungsempfehlung zu § 71 Abs. 1 S. 2 und 3.
996 Vgl. VG Würzburg Urt. v. 24.1.2013 – W 5 K 11.852.
997 Zu einem solchen Fall siehe VGH München Beschl. v. 1. 12. 2020 – 15 ZB 20.1985.
998 Vgl. dazu VG Würzburg Urt. v. 24.1.2013 – W 5 K 11.852.

tung hat. Aus Gründen der Rechtsklarheit ist aber auch im Baugenehmigungsverfahren ein feststellender Bescheid sinnvoll, um dem Bauherrn die rechtsstaatlich gebotene Möglichkeit einer Überprüfung der Rechtmäßigkeit des Verwaltungshandelns zu ermöglichen. Ob und gegebenenfalls welches Rechtsmittel im Falle einer fiktiven Antragsrücknahme gegeben sind, ist für das nordrhein-westfälische Bauordnungsrecht noch nicht abschließend geklärt.[999]

2. Materielle Genehmigungsfähigkeit

116 Alleinige Anspruchsgrundlage für Baugenehmigungen in Nordrhein-Westfalen ist § 74 Abs. 1 BauO. Danach ist die Baugenehmigung zu erteilen, „wenn dem Vorhaben öffentlich-rechtliche Vorschriften nicht entgegenstehen". Diese Bestimmung ist gemäß § 77 Abs. 1 S. 4 BauO auf Vorbescheide entsprechend anwendbar, so dass der Bauherr einen Anspruch auf den beantragten Vorbescheid hat, wenn die an die Genehmigungsbehörde herangetragene Frage bejaht werden kann, weil ihr öffentlich-rechtliche Vorschriften nicht entgegenstehen.

117 Mit dem Gebot der Prüfung öffentlich-rechtlicher Vorschriften bezieht sich § 74 Abs. 1 BauO zwar primär auf solche des Bauplanungs- und des Bauordnungsrechts. Die Prüfungspflicht erstreckt sich aber darüber hinaus auch auf einige andere öffentlich-rechtliche Bestimmungen. Es gilt die sogenannte „Schlusspunkttheorie", das entspricht dem ausdrücklichen Willen des Landesgesetzgebers.[1000] Die Theorie besagt, dass eine Baugenehmigung nicht erteilt werden darf, solange eine nach anderen Fachgesetzen für das Bauvorhaben erforderliche weitere Genehmigung fehlt.[1001]

Beispiel: Das zu bebauende Grundstück liegt in einem Landschaftsschutzgebiet und bedarf deshalb einer landschaftsrechtlichen Gestattung. Nach den Festsetzungen des einschlägigen Landschaftsplans ist es nämlich verboten, in diesem Gebiet bauliche Anlagen zu errichten oder deren Nutzung zu ändern, wie es hier geplant ist. Über eine entsprechende landschaftsrechtliche Gestattung in Gestalt einer Ausnahme oder einer Befreiung verfügt der Bauherr nicht. Er hat gegenwärtig keinen Anspruch auf Erteilung der Baugenehmigung.[1002]

118 Die Schlusspunkttheorie bedeutet allerdings nicht, dass die Genehmigungsbehörde beliebig in Aufgabenbereiche anderer Fachbehörden eingreifen darf oder muss. Es bleibt grundsätzlich deren Kompetenz, die ihnen zugewiesenen Fragen zu beantworten. Ob die Baugenehmigungsbehörde in ihrer abschließenden Entscheidung verbindlich über Rechtsfragen aus anderen als bauordnungs- oder bauplanungsrechtlichen Bestimmungen befinden darf, hängt davon ab, ob ihr diese Kompetenz ausdrücklich zugewiesen worden ist.

119 Ein eigenes Prüfungsrecht steht der Bauaufsichtsbehörde in solchen Bereichen nicht zu, in denen aufgrund der besonderen Bedeutung der zu entscheidenden Fragen ein gesondertes Genehmigungs-, Bewilligungs-, Erlaubnis- oder Zustimmungsverfahren rechtlich ausgebildet worden ist. Das ist zB der Fall für die erforderliche Zustimmung der Straßenbaubehörde, wenn im Bereich eines straßenrechtlichen Anbauverbots an einer klassifizierten Straße eine Baugenehmigung für eine Anlage im straßenrechtlichen Sinn (etwa eine Grundstückszufahrt) errichtet werden soll. In einem solchen Fall bleibt die Straßenbaubehörde für die Zustimmung zuständig (vgl. § 9 Abs. 2 FStrG und § 25 Abs. 1 StrWG NRW). Gleiches gilt für das Denkmalrecht: Bevor eine

---
999 Zur Rechtslage in Bayern siehe VG Würzburg Urt. v. 24.1.2013 – W 5 K 11.852.
1000 Vgl. Landtagsdrucksache 17/2166 S. 192.
1001 Vgl. OVG Münster Urt. v. 30.10.2009 – 10 A 1074/08; OVG Münster Urt. v. 11.9.2003 – 10 A 4694/01; VG Köln Urt. v. 1.9.2017 – 2 K 4709/16.
1002 Nach: VG Köln Urt. v. 23.7.2019 – 2 K 8046/18.

C. Bauordnungsrecht

Baugenehmigung betreffend ein in die Denkmalliste eingetragenes Denkmal erteilt wird, die eine denkmalrechtliche Erlaubnis einschließt, ist das „Benehmen" der Landschaftsbehörde einzuholen (§ 9 Abs. 3 i.V.m. § 21 Abs. 4 DSchG NRW).

Von den beschriebenen Fällen sind diejenigen zu unterscheiden, in denen eine Sonderordnungsbehörde – ohne in ein baurechtliches Genehmigungsverfahren eingebunden zu sein – in eigener Zuständigkeit mit Außenwirkung im Verhältnis zu dem Bürger eine Verwaltungsentscheidung zu treffen hat. Denn dann hat die Baugenehmigungsbehörde weder ein originäres Prüfungsrecht – dies ist der anderen Behörde zugewiesen – noch ist sie von der Entscheidung der anderen Behörde abhängig. Vielmehr ergehen in verschiedenen Verwaltungsverfahren zwei voneinander unabhängige Entscheidungen. Das trifft etwa für gewerberechtliche Erlaubnisse zu. 120

Schließlich bestimmt in umgekehrter Richtung § 61 BauO, dass bestimmte Gestattungen eine Baugenehmigung nach § 60 BauO sowie eine Zustimmung nach § 79 BauO einschließen. So gilt zB nach § 61 Abs. 1 S. 1 Nr. 1 BauO für wasserrechtlich relevante Vorhaben, die einer Bewilligung oder Erlaubnis (§§ 7 und 8 WHG) oder einer Anlagengenehmigung nach Landeswasserrecht bedürfen, das wasserrechtliche Verfahrensrecht; ausgenommen sind – wegen des bau(-ordnungs-)rechtlichen Schwerpunkts – Gebäude, die Sonderbauten sind. 121

Der Schwerpunkt der Prüfung der Genehmigungsfähigkeit eines Bauvorhabens liegt auf den Gebieten des Bauplanungsrechts und des Bauordnungsrechts. Hinsichtlich der von der Genehmigungsbehörde zu prüfenden Fragen aus dem Bereich des Bauplanungsrechts wird auf die vorstehenden Ausführungen im Teil B verwiesen. Im Folgenden sollen die typischerweise problematischen materiellrechtlichen Fragen aus dem Bauordnungsrecht angesprochen werden. 122

a) Allgemeine Anforderungen (§ 3 BauO)

In einer Art Generalklausel des Bauordnungsrechts ordnet § 3 BauO an, dass Anlagen so anzuordnen, zu errichten, zu ändern und instand zu halten sind, dass die öffentliche Sicherheit und Ordnung, insbesondere Leben, Gesundheit und die natürlichen Lebensgrundlagen, nicht gefährdet werden; dies gilt auch für die Beseitigung von Anlagen und bei der Änderung ihrer Nutzung. Anlagen müssen bei ordnungsgemäßer Instandhaltung die allgemeinen Anforderungen ihrem Zweck entsprechend dauerhaft erfüllen und ohne Missstände benutzbar sein. Dabei sind die der Wahrung der Belange dienenden allgemein anerkannten Regeln der Technik zu beachten. Der jeweils Verantwortliche muss für die Erfüllung der Vorgaben sorgen und die Anlage instandhalten. Das ist nicht bloß eine allgemeine Zielvorgabe, sondern kann in Verbindung mit der allgemeinen Ermächtigungsgrundlage des § 58 Abs. 2 BauO im Falle einer konkreten Gefahr für die Schutzgüter des Bauordnungsrechts entsprechende Ordnungsverfügungen rechtfertigen. 123

§ 3 BauO gehört im vereinfachten Genehmigungsverfahren (§ 64 BauO) nicht zum obligatorischen Prüfungsprogramm. Einer in diesem Rahmen erteilten Genehmigung kann nicht ohne Weiteres entnommen werden, dass die Voraussetzungen der Bestimmung geprüft werden und sich ihre Feststellungswirkung auf sie erstreckt. Infolgedessen kann ein Nachbar sie nicht mit Erfolg mit dem Argument anfechten, gegen die Bestimmung sei verstoßen worden (siehe zu dieser Frage Teil C Rn. 70). Etwas anderes gilt allerdings bei einem Verstoß gegen erhebliche Rechtsgüter; insoweit 124 wird auf die Ausführungen unter Teil C Rn. 71 verwiesen. Nach dieser Maßgabe kann die Bestimmung im Einzelfall nachbarschützenden Charakter haben.[1003]

b) Erschlossensein (§ 4 BauO)

125 Das Erschlossensein ist Grundvoraussetzung für die Genehmigungsfähigkeit eines Vorhabens. Während in früheren Fassungen der Bauordnung noch ein sog. bauordnungsrechtliches Erschlossensein verlangt worden war, beschränkt sich § 4 Abs. 1 BauO darauf, dass Gebäude nur errichtet werden dürfen, wenn gesichert ist, dass ab Beginn ihrer Nutzung das Grundstück in für die Zufahrt und den Einsatz von Feuerlösch- und Rettungsgeräten angemessener Breite an einer befahrbaren öffentlichen Verkehrsfläche liegt oder wenn das Grundstück eine befahrbare, öffentlich-rechtlich gesicherte Zufahrt zu einer befahrbaren öffentlichen Verkehrsfläche hat und die erforderlichen Anlagen zur Versorgung mit Löschwasser vorhanden und benutzbar sind. Wohnwege, an denen nur Gebäude der Gebäudeklassen 1 bis 3 zulässig sind, brauchen nur befahrbar zu sein, wenn sie länger als 50 m sind.

126 Nach Sinn und Zweck der Vorschrift muss die Verkehrsfläche selbst, und zwar in ihrem gesamten Verlauf bis zum Grundstück hin, eine angemessene Breite aufweisen. Abzustellen ist dabei auf ein durchschnittliches Kraftfahrzeug. Das Grundstück muss auch von Fahrzeugen erreicht werden können, die ggf. im öffentlichen Interesse auf das Grundstück gelangen müssen, wie z.B. Kraftfahrzeuge der Feuerwehr und der Polizei.

127 Die in Ermangelung einer öffentlichen Verkehrsfläche alternativ ausreichende öffentlich-rechtliche Sicherung einer privaten Verkehrsfläche erfolgt idR durch die Eintragung einer Baulast (Erschließungsbaulast, vgl. Teil C Rn. 349). Diese enthält die Verpflichtung des Eigentümers (oder sonst dinglich Berechtigten) des belasteten Grundstücks, dass geduldet wird, dass ein bestimmtes Grundstück oder auch nur ein Teil davon als Zufahrt zu einer bestimmten öffentlichen Verkehrsfläche benutzt wird. Zur Bestimmung der Fläche bietet sich eine farbliche Hervorhebung der betroffenen Fläche in einem Lageplan an. Sinnvoller Weise wird auch geregelt, dass sie von dem Begünstigten unterhalten wird. Entfällt das Bedürfnis nachträglich, kommt ein Anspruch auf Löschung der Baulast in Betracht (s. Teil C ab Rn. 356).

128 Andere Sicherungsmittel sind nicht geeignet, die Erschließung zu gewährleisten. Auch eine entsprechende Festsetzung in einem Bebauungsplan – Geh- und Fahrrecht – genügt nicht, da aus der Festsetzung selbst noch kein Anspruch auf die Benutzung folgt. Ein dinglich gesichertes Wegerecht nach §§ 1018, 1019 BGB reicht ebenso wenig wie die Einräumung eines Notwegerechts nach § 917 BGB. Der Nachbar kann vielmehr ein Abwehrrecht haben, wenn eine rechtswidrige Baugenehmigung dadurch in sein durch Art. 14 GG geschütztes Eigentumsrecht eingreift, dass sie wegen Fehlens einer anderweitigen Erschließung den Zwang zur Duldung eines Notwegerechts bewirkt (s. dazu Teil D Rn. 19 ff.).

129 Der in § 4 Abs. 1 S. 2 BauO ausgesprochene Verzicht auf das Erfordernis der Befahrbarkeit bezieht sich nur auf Wohnwege. Das sind dem Anliegerverkehr gewidmete Wege, an denen ausschließlich Wohngrundstücke liegen oder zulässig sind. Grundstücke jenseits einer Entfernung von 50 m sind nicht erschlossen und deshalb nicht bebaubar. Das gilt auch dann, wenn sie in einem Bebauungsplan als Bauland ausgewiesen sind.

1003 VG Düsseldorf Urt. v. 3.12.2020 – 9 K 2356/19.

Die weiteren notwendigen Anforderungen sind in dem bauplanungsrechtlichen Erfordernis der gesicherten Erschließung enthalten. Das gilt insbesondere für die Anforderung, dass Gebäude nur errichtet werden dürfen, wenn die Versorgung mit Trink- und Löschwasser vorhanden und benutzbar ist, und die Anforderung, dass Gebäude nur errichtet werden dürfen, wenn die erforderlichen Abwasseranlagen vorhanden und benutzbar sind und die Abwasserbeseitigung entsprechend den wasserrechtlichen Vorschriften gewährleistet ist.

c) Abstandsflächen (§ 6 BauO)

Das in § 6 BauO normierte nordrhein-westfälische Abstandsflächenrecht soll einen gerechten Ausgleich zwischen den Interessen der Bauherrschaft einerseits und den öffentlichen und den nachbarlichen Interessen andererseits schaffen.

aa) Schutzziele

Die Betrachtung der Schutzziele der Abstandsflächenvorschriften verdient besonderer Beachtung, nachdem der Gesetzgeber in § 6 Abs. 14 S. 1 BauO deren Wahrung nunmehr ausdrücklich als Tatbestandsvoraussetzung für eine „Abweichung von den Abstandsflächen"[1004] bezeichnet hat.

Die Vorschriften über die Abstandsflächen dienen dem Schutz des Gebäudes selbst, der Einhaltung der planungsrechtlichen Vorgaben und dem Nachbarschutz. Insbesondere soll die Vorschrift durch Mindestabstände die Gefahr der Brandübertragung, der Beeinträchtigung der Belichtung und der Belüftung, der unangemessenen optischen Beengung oder der Störung des Wohnfriedens vorbeugen und ganz allgemein vermeiden, dass die Lebensäußerungen in der Nachbarschaft wohnenden und arbeitenden Menschen zu intensiv aufeinander einwirken (sog. Sozialabstand).[1005] Daneben haben die Abstandsflächenvorschriften die städtebauliche Aufgabe, einer geordneten Bebauung im Interesse gesunder Wohn- und Arbeitsverhältnisse zu dienen.[1006] Das gilt auch für Werbeanlagen. Auch diese müssen die nach § 6 BauO vorgegebene Abstandsfläche einhalten.[1007]

bb) Regelung der Zumutbarkeit

Vorrangig legt das Planungsrecht durch Bebauungspläne und, soweit solche nicht bestehen, durch das Faktische (§ 34 Abs. 1 BauGB) mithilfe von Aussagen über die zulässige Bauweise fest, was dem jeweils benachbarten Grundstückseigentümer an Nähe zuzumuten ist. Die Abstandsflächenvorschriften regeln in dem vom Planungsrecht für bauordnungsrechtliche Regelungen gelassenen Spielraum in ihrer Zielrichtung nicht primär, wie weit der Bauherr seine Anlagen an die Nachbargrenze heranbauen darf, sondern legen fest, welches Heranbauen (d.h. in welchem Umfang und bei welchen Anlagen) der Nachbar zu dulden verpflichtet ist. Wenn beide Aspekte sich auch bedingen und zwei Seiten derselben Münze darstellen, ist doch diese Er-

---

1004 Gemeint ist: von den Abstandsflächen*vorschriften*; denn von Flächen kann nicht abgewichen werden, sondern nur von Vorschriften, die die einzuhaltenden Flächen benennen.
1005 Vgl. OVG Münster Beschl. v. 23.7.2008 – 10 A 2957/07.
1006 OVG Münster Beschl. v. 9.7.2009 – 10 A 1817/07; Reichel/Schulte, Handbuch Bauordnungsrecht, 3. Kapitel, Rn. 40; Radeisen in: Boeddinghaus/Hahn/Schulte u.a., Bauordnung für das Land Nordrhein-Westfalen, 59. Update Januar 2021, c) aliud.
1007 OVG Münster Beschl. v. 6.7.1988 – 11 B 1504/88; OVG Lüneburg Urt. v. 18.2.1999 – 1 L 4263/96; OVG Bln-Bbg Beschl. v. 23.2.2007 – 2 N 228.05; OVG Bautzen Urt. v. 16.4.1999 – 1 S 39/99; VGH München Urt. v. 28.6.2005 – 15 BV 04.2876.

kenntnis bedeutsam für den Charakter der Abstandsflächenvorschriften und die in ihnen enthaltenen Ausnahmen und Privilegierungen und die Folgen von Verstößen gegen sie.

135 Auszugehen ist von dem Grundsatz, dass ein möglichst großer Abstand wünschenswert wäre, um Gefahren und Störungen jeglicher Art zu vermeiden. Indem das Gesetz dem Bauherrn und der Baugenehmigungsbehörde die Einhaltung exakt berechenbarer Maße der Tiefe der Abstandsflächen und die Fernhaltung nicht privilegierter Anlagen gebietet, kommt die grundsätzliche Wertung des Gesetzes zum Ausdruck, dass die Nichteinhaltung der gebotenen Abstände abstrakt-generell auch unmittelbar die geschützten Nachbarinteressen an einem effektiven Brandschutz, einer ausreichenden Licht- und Luftzufuhr und allgemein einem einzuhaltenden Sozialabstand beeinträchtigt.[1008] Sind nicht alle Voraussetzungen einer (weitergehenden) Privilegierung erfüllt, gilt folglich die grundsätzliche Aussage des Verbots und gleichzeitig der Nachbarrechtsverletzung.

136 Bei Verletzung nachbarschützender Bestimmungen des öffentlichen Baurechts hat der Nachbar in aller Regel einen Anspruch auf Einschreiten. Entsprechend löst die Nichteinhaltung der erforderlichen Abstandsflächen unabhängig vom Grad der mit der Abstandsflächenunterschreitung verbundenen Beeinträchtigung des Nachbarn grundsätzlich einen nachbarlichen Abwehranspruch aus, dem die Bauaufsichtsbehörde – zB mit einer Beseitigungsverfügung – Rechnung tragen muss.[1009] Denn der Gesetzgeber hat dadurch, dass er feste und durch Messung überprüfbare Maße bestimmt hat, gleichzeitig bestimmt, was der Nachbar hinzunehmen und was er nicht hinzunehmen hat. Diese Grenze ist bereits überschritten, wenn die Abstandsfläche auch nur im Zentimeterbereich nicht eingehalten wird. „Mit der Abstandsflächenregelung unterstellt der Gesetzgeber nicht, dass eine Beeinträchtigung des Nachbarn bei einem die Abstandsflächenregelungen nicht vollständig ausnutzenden Bauwerk völlig fehlt und erst dann abrupt einsetzt, wenn die Abstandswerte unterschritten werden. Es wurde lediglich gesetzlich verankert, dass das Heranrücken eines Bauwerks und die damit verbundene Beeinträchtigung des Nachbarn erst dann rechtlich mit der Folge des Entstehens eines nachbarlichen Abwehranspruchs relevant werden, wenn die gesetzlich festgelegten Abstandswerte unterschritten werden."[1010]

137 Allenfalls in besonders gelagerten Einzelfällen kann auch die Entscheidung, aufgrund der speziellen Situation von einem Einschreiten abzusehen, ausnahmsweise noch ermessensgerecht sein. Hierzu bedarf es allerdings besonderer Gründe, die es rechtfertigen, auch unter Berücksichtigung der vom Abstandsflächenrecht vorgenommenen Bewertung der nachbarlichen Interessen von der Durchsetzung des Nachbarschutzes (vorerst) abzusehen.[1011]

1008 OVG Münster Beschl. v. 18.5.2015 – 2 A 126/15.
1009 OVG Münster Beschl. v. 5.2.2019 – 2 A 3131/18; OVG Münster Beschl. v. 19.12.2016 – 2 B 1168/16; OVG Münster Beschl. v. 18.5.2015 – 2 A 126/15.
1010 OVG Münster Urt. v. 14.1.1994 – 7 A 2002/92; vgl. auch OVG Saarlouis Urt. v. 6.3.1987 – 2 R 180/84, Orientierungssatz 2: „Auch ein dem Bauwichgebot unterworfenes Gebäude, das statt der vorgeschriebenen 3 m nur einen Grenzabstand von 2,99 m einhält, verstößt gegen die ‚zentimeterscharfe' Abstandsverpflichtung."
1011 Vgl. OVG Münster Beschl. v. 7.8.2014 – 7 A 2263/13; OVG Münster Urt. v. 25.10.2010 – 7 A 290/09 (betreffend den Fall, dass das vom Abstandsflächenverstoß betroffene Grundstück nicht in einer Weise genutzt wird, die im Hinblick auf die vom Abstandsflächenrecht geschützten Belange schutzbedürftig sind und eine solche Nutzung auch nicht absehbar ist); OVG Münster Beschl. v. 14.2.2012 – 2 A 2463/11 (verbliebene geringfügige Mauerreste). Vgl. zu dieser Problematik insbesondere Teil C Rn. 468.

C. Bauordnungsrecht

Weil die im Abstandsflächenrecht zu berücksichtigenden städtebaulichen Aspekte **138** nicht zur Disposition Einzelner stehen und deshalb eine „Vereinbarung unter Nachbarn" diese Aspekte nicht überwinden kann, ist es mehr als bedenklich, wenn – was in der Praxis nicht unüblich ist – aufgrund solcher nachbarlichen Einverständniserklärungen abstandsflächenrechtliche Rechtsverstöße als überwindbar angesehen werden. Denn die Regelungen über Abstände und Abstandsflächen dienen nicht allein dem Nachbarschutz; sie haben auch eine objektiv-rechtliche städtebauliche Funktion. Bedeutung können Einverständniserklärungen betroffener Nachbarn nur insofern haben, als sie Auswirkung auf die Möglichkeit des Nachbarn haben, seine Rechte geltend zu machen (s. dazu Teil D ab Rn. 142).

cc) Vorrang des Planungsrechts

Als landesrechtliche Vorschriften treten die Regelungen in § 6 BauO hinter bundes- **139** rechtliche Normen zurück und tragen dem Vorrang des Planungsrechts Rechnung: Soweit eine planungsrechtliche (und damit bundesrechtliche) Regelung die Frage nach der erforderlichen Abstandsfläche beantwortet, trifft § 6 BauO keine Aussage. Das wird besonders deutlich in § 6 Abs. 1 S. 3 Nr. 1 und 2 BauO:

Die Alternative der Nr. 1 liegt vor, wenn aufgrund eines wirksamen qualifizierten Be- **140** bauungsplans (§ 30 BauGB iVm § 9 Abs. 1 Nr. 2 BauGB, § 22 BauNVO)[1012] oder nach dem Maßstab der Umgebungsbebauung (§ 34 Abs. 1 BauGB) eine Bauweise vorgeschrieben ist, bei der kein Grenzabstand eingehalten zu werden darf. In der geschlossenen Bauweise kann der Grenzanbau in der vollen planungsrechtlich zulässigen Tiefe erfolgen.[1013]

Nach § 6 Abs. 1 S. 3 Nr. 2 BauO ist eine Abstandsfläche nicht erforderlich gegenüber **141** Grundstücksgrenzen, gegenüber denen nach planungsrechtlichen Vorschriften ohne Grenzabstand gebaut werden darf (aber nicht muss), wenn gesichert ist, dass auf dem Nachbargrundstück ohne Grenzabstand gebaut wird. Das Dürfen folgt auch hier aus dem Planungsrecht, und zwar aus dem Bebauungsplan oder dem Faktischen als Planersatz. Eine verbindliche geschlossene Bauweise schließt die Möglichkeit der Nr. 2 aus. Infrage kommt dieses Dürfen insbesondere bei Festsetzung einer offenen Bauweise, aber auch bei einer abweichenden Bauweise (§ 22 Abs. 1 bis 3 bzw. Abs. 4 BauNVO, s. dazu Teil B ab Rn. 414). Hinsichtlich der Frage, ob nach planungsrechtlichen Vorschriften an die Grenze gebaut werden darf, ist auch zu prüfen, ob das Vorhaben mit dem planungsrechtlichen Rücksichtnahmegebot vereinbar ist.[1014] Ob das Vorhaben innerhalb der überbaubaren Grundstücksfläche liegt, ist nach dem Wortlaut – anders als bei früheren Fassungen der Bestimmung – nicht bedeutsam.

Als Sicherungsmittel kommt zunächst eine rechtliche Sicherung in Frage, die nicht **142** öffentlich-rechtlicher Art sein muss. Es ist eine Vereinbarung erforderlich, die bis zur Erteilung der Baugenehmigung widerrufen werden kann. Insbesondere ist aber eine Baulast nach § 85 BauO geeignet, als rechtliche Sicherung zu dienen (zu Baulasten allgemein Teil C Rn. 333 ff.).

In der Rechtsprechung ist anerkannt, dass die Sicherungsfunktion auch durch eine **143** hinreichend gewichtige, tatsächlich vorhandene Bebauung übernommen werden

---

[1012] OVG Münster Beschl. v. 15.3.2011 – 7 A 753/10.
[1013] VG Köln Beschl. v. 29.3.2021 – 23 L 360/21; Radeisen in: Boeddinghaus/Hahn/Schulte u. a., Bauordnung für das Land Nordrhein-Westfalen, Stand: 59. Update, Januar 2021, § 6 Rn. 74.
[1014] OVG Münster Urt. v. 13.112.1995 – 7 A 159/94.

kann, die aufgrund der faktischen Verhältnisse gewährleistet, dass auf Dauer keine rechtswidrigen Zustände entstehen.[1015] Es muss eine Bebauung auf dem Nachbargrundstück vorhanden sein, die nach Dimensionierung, Substanz und Funktion geeignet ist, als dauerhafte Anbausicherung zu dienen. Nicht jede bauliche Anlage, die selbst Abstandsflächen auslöst, hat das hierfür erforderliche Gewicht. Eine Überdachung, die relativ leicht zu beseitigen ist, kann deshalb nicht als einer öffentlich-rechtlichen Sicherung gleichwertig erachtet werden.[1016] Etwas anders kann aber für einen massiven Wintergarten gelten.[1017] Für eine ausreichende tatsächliche Sicherung ist nicht erforderlich, dass der Grenzanbau auf dem Nachbargrundstück in Höhe und Tiefenerstreckung dem Bauvorhaben weitgehend entspricht.[1018]

dd) Bezugsobjekte der Abstandsflächenregelung

(1) Gebäude und diesen gleichgestellte Anlagen

144 Bezugsobjekte der Abstandsflächenregelung sind zunächst Gebäude. Der Begriff des Gebäudes wird in § 2 Abs. 2 BauO gesetzlich definiert. Da § 6 Abs. 1 S. 1 BauO den Grundsatz aufstellt, dass vor den Außen"wänden" Abstandsflächen einzuhalten sind, sind nur Anlagen gemeint, die zum benachbarten Grundstück gerichtete Wände haben.

145 § 6 Abs. 1 S. 2 BauO erweitert den Anwendungsbereich des S. 1 und damit – anders als früher § 6 Abs. 10 BauO 2000 – gleichzeitig aller Absätze des § 6 BauO – auf andere Anlagen, die nicht Gebäude sind: S. 1 gilt entsprechend für andere Anlagen gegenüber Gebäuden und Grundstücksgrenzen soweit sie (1.) höher als 2 m über der Geländeoberfläche sind und von ihnen Wirkungen wie von Gebäuden ausgehen oder (2.) höher als 1 m über der Geländeoberfläche sind und dazu geeignet sind, von Menschen betreten zu werden. Bei diesen Anlagen wird aufgrund ihrer Höhe oder der Möglichkeit, dass Menschen sie betreten können, vermutet, dass sie nachteilige Wirkungen auf den Sozialfrieden haben können.

146 Die Bestimmung erfasst nur selbstständige bauliche Anlagen, die keine Gebäude sind. Gebäude oder solche Teile von Gebäuden, die bautechnisch und funktional untrennbarer Teil eines Gebäudes sind, sind nicht erfasst;[1019] letztere teilen das rechtliche Schicksal des Gebäudes. Das gilt zB für das Außenteil einer Luftwärmepumpe, das in unmittelbarem Funktionszusammenhang mit dem Innengerät steht und damit Bestandteil einer Anlage ist, die der Beheizung des Hauses dient s.o. Teil C Rn. 42. Dies hat zur Folge, dass das Gebäude bis an den äußersten Bereich dieser Anlage reicht und damit unter Umständen in der Abstandsfläche steht.[1020] Auch eine an ein Gebäude angebrachte Sichtschutzwand ist unselbstständiger Bestandteil des Gebäudes und löst deshalb über § 6 Abs. 1 S. 1 BauO als Teil des Gebäudes Abstandsflächen aus.

1015 OVG Münster Beschl. v. 23.6.2017 – 7 A 398/17.
1016 OVG Münster Urt. v. 20.2.2006 – 7 A 1358/04.
1017 OVG Münster Beschl. v. 15.4.2009 – 10 A 358/09.
1018 Siehe zu einem solchen Fall: OVG Münster Urt. v. 13.12.1995 – 7 A 159/94; vgl. auch VG Düsseldorf Beschl. v. 4.12.2018 – 9 L 3222/18.
1019 OVG Münster Beschl. v. 17.6.2011 – 2 A 1276/10.
1020 VG Köln Urt. v. 13.3.2020 – 8 K 16093/17; OVG Münster Beschl. v. 30.11.2016 – 7 A 263/16; VG Düsseldorf Urt. v. 16.12.2015 – 28 K 3757/14.

C. Bauordnungsrecht

(a) § 6 Abs. 1 S. 2 Nr. 1 BauO

Soweit in Nr. 1 das Höhenmaß auf die Geländeoberfläche Bezug nimmt, ist § 2 Abs. 4 BauO anzuwenden. Danach ist Geländeoberfläche die Fläche, die sich aus der Baugenehmigung oder den Festsetzungen des Bebauungsplans ergibt, im Übrigen die natürliche Geländeoberfläche. Ist in einer Baugenehmigung eine Erhöhung der Geländeoberfläche geregelt, darf diese nicht dazu dienen, die Abstandsflächenvorschriften zu unterlaufen, insbesondere auch nicht, eine höhere bauliche Ausnutzbarkeit des Baugrundstücks zu ermöglichen.[1021] Nach § 8 Abs. 5 BauO dürfen Veränderungen der Geländeoberfläche nur genehmigt werden, wenn dadurch keine Nachteile für Nachbargrundstücke oder öffentliche Verkehrsflächen entstehen und das Straßen-, Orts- oder Landschaftsbild nicht gestört wird.

Die „natürliche" Geländeoberfläche ist nicht der vor jedweder Bebauung vorgefundene Zustand, sondern das Geländeniveau, das vor Durchführung der in Rede stehenden Baumaßnahme vorgefunden wird; dies gilt jedenfalls für die Geländeverhältnisse, die von den Beteiligten unangefochten hingenommen worden sind.[1022]

Beispiel: „Als natürliche Geländeoberfläche im Sinne von § 2 Abs. 4 BauO sind (…) diejenigen Geländeverhältnisse zugrunde zu legen, die vor der Errichtung des Wohngebäudes bestanden haben. Die natürliche Geländeoberfläche hat sich durch die langjährig unverändert gebliebene Aufschüttung nicht etwa nachträglich dahin gehend verändert, dass deren Oberfläche zur natürlichen Geländeoberfläche geworden wäre. Dies schon deshalb nicht, weil die Aufschüttung von den Beteiligten nicht hingenommen worden ist."[1023] Bereits die Mutter des Klägers hatte sich bei der Beklagten über die Aufschüttung, die sich auch auf das Nachbargrundstück erstreckt, mehrfach beschwert. Auch der Kläger hat die vorgenommenen Geländeveränderungen nicht hingenommen, sondern sich unmittelbar nach Erwerb seines Miteigentumsanteils an dem Grundstück bei der Beklagten danach erkundigt, ob die Aufschüttung genehmigt worden sei. Zu einem Begehren auf bauaufsichtliches Einschreiten gegen die Aufschüttung ist es zunächst allein deshalb nicht gekommen, weil die Beklagte auch ihm gegenüber die Rechtmäßigkeit der Aufschüttung behauptet hat.

Da bauliche Anlagen auf Baugrundstücken errichtet werden und nicht auf Nachbargrundstücken, ist für die Berechnung der Höhe das Maß von der Oberfläche auf eben diesem Baugrundstück zu nehmen. Das gilt auch für eine Bebauung, bei der eine Außenwand exakt auf der Grenze steht. Besteht zwischen dem Baugrundstück und dem Nachbargrundstück eine Geländestufe, die zum Nachbargrundstück abfällt, mag aus dessen Sicht eine „höhere" Anlage sichtbar sein, als bei einer Betrachtung allein des Baugrundstücks. Das liegt indes in der Situationsbedingtheit der Topographie der Grundstücke und ist, soweit die Stufe nicht in unzulässiger Weise hergestellt worden ist, vom Nachbarn hinzunehmen.[1024]

Die Beantwortung der Frage, ob von einer Anlage Wirkungen wie von Gebäuden ausgehen, hat anhand des Gebäudetypischen zu erfolgen, vor dem § 6 BauO schüt-

---

1021 OVG Münster Urt. v. 26.4.2010 – 7 A 2162/09.
1022 OVG Münster Beschl. v. 16.1.2006 – 7 B 1963/05.
1023 Aus: OVG Münster Urt. v. 8.3.2012 – 10 A 215/10.
1024 Siehe dazu auch die Handlungsanweisung des Ministeriums zu § 6 Abs. 4: „Die Geländeoberfläche ergibt sich aus der Baugenehmigung oder aus den Festsetzungen eines Bebauungsplanes, im Übrigen ist die natürliche Geländeoberfläche zu Grunde zu legen. Ist in einem Bauantrag die Veränderung der Geländeoberfläche beantragt (Darstellung ursprüngliche Geländeoberfläche und geplante Geländeoberfläche), ist für die Berechnung der Abstandsflächen die geplante Geländeoberfläche maßgeblich. Die Bauaufsichtsbehörden haben bei der Prüfung über die Zulässigkeit der Veränderung der Geländeoberfläche § 8 Absatz 3 BauO zu beachten. Unterer Bezugspunkt für die Wandhöhe ist die auf dem Baugrundstück selbst „festgelegte" Geländeoberfläche, nicht das Geländeniveau auf dem Nachbargrundstück."

zen kann und soll.¹⁰²⁵ Hierbei sind die unter Teil C Rn. 132 ff. bezeichneten Schutzziele der Abstandsflächenvorschriften heranzuziehen.

152 Beispiele:
- „Die Anhebung des Geländes um bis zu 2,13 m in einem Bereich, in dem das Gelände zum Nachbargrundstück hin deutlich abfällt, kann bei einer Nutzung des hinteren Grundstücksbereichs des Klägers als Garten den Nachbarschaftsfrieden erheblich stören. Denn jeder, der sich im hinteren Bereich des Grundstücks der Beigeladenen bewegt, erhält aus einer stark erhöhten Position Einblick in den geschützten Ruhebereich des dem Kläger gehörenden Grundstücks und auf die sich dort aufhaltenden Personen. Dieser gesteigerten Einsichtsmöglichkeit kann wegen des dank der Aufschüttung erheblichen Höhenunterschiedes der Grundstücke auch mit einer Bepflanzung in üblicher Höhe kaum begegnet werden. Solche einseitigen Beobachtungspositionen in unmittelbarer Grenznähe mit dem Ziel der Erhaltung des Wohnfriedens zu verhindern, gehört zu den Aufgaben des Abstandflächenrechts."¹⁰²⁶
- „Die genehmigte Nutzung der baulichen Anlage als Gehege für 3 Wölfe ist schon im Hinblick auf die Anwesenheit der Wölfe im unmittelbaren Grenzbereich, deren Bewegung, den von ihnen ausgehenden Gerüchen und ihren Lebensäußerungen bis hin zu ihrem Geheul geeignet, zu Beeinträchtigungen zu führen, die in ihren Wirkungen denen vergleichbar sind, die von Gebäuden ausgehen, und zur Wahrung des Sozialabstandes nicht in der Abstandfläche stattfinden sollen."¹⁰²⁷

Weitere Beispiele für eine gebäudegleiche Wirkung: Mobilfunkanlage,¹⁰²⁸ Pergola,¹⁰²⁹ Aufsatzrohre mit Antennenhalterungen und Antennen,¹⁰³⁰ Ballfangzaun,¹⁰³¹ aus Pflanzringen bestehende Stützwand,¹⁰³² Werbeanlage.¹⁰³³

(b) § 6 Abs. 1 S. 2 Nr. 2 BauO

153 § 6 Abs. 1 S. 2 Nr. 2 BauO erfasst auch andere (bauliche) Anlagen als Gebäude, soweit sie höher als 1 m über der Geländeoberfläche sind und dazu geeignet sind, von Menschen betreten zu werden. Als bauliche Anlagen gelten gem. § 2 Abs. 1 BauO unter anderem das Geländeniveau verändernde Anschüttungen. Liegt eine einheitliche Aufschüttung auch nur teilweise höher als 1 m über der vorhandenen Geländeoberfläche, löst sie als begehbare Fläche Abstandsflächen aus, sofern sie, was in der Regel der Fall sein wird, geeignet ist, von Menschen betreten zu werden.¹⁰³⁴ Bei abgeböschtem Gelände darf der Böschungsfuß nicht innerhalb der Abstandsfläche liegen.¹⁰³⁵

1025 OVG Münster Beschl. v. 18.5. 2015 – 2 A 126/15; VG Aachen Urt. v. 16.11.2020 – 5 K 971/18.
1026 OVG Münster Urt. v. 8.3.2012 – 10 A 215/10 (zu § 6 Abs. 10 BauO aF).
1027 OVG Münster Beschl. v. 5.5. 2006 – 10 B 205/06 (zu § 6 Abs. 10 BauO aF) betreffend einen ca. 3 Meter hohen Metallgitterzaun und die Nutzung einer ca. 1 300 qm großen Grundstücksfläche zur Haltung und Unterbringung von drei Wölfen.
1028 VG Münster Urt. v. 25.9.2009 – 2 K 185/09 (zu § 6 Abs. 10 aF).
1029 OVG Münster Beschl. v. 18.5. 2015- 2 A 126/15.
1030 OVG Münster Urt. v. 27.5. 2019 – 10 A 1860/17.
1031 OVG Münster Beschl. v. 25.8. 2016 – 7 A 2281/13.
1032 OVG Münster Beschl. v. 14.2.2006 – 10 A 676/05 (zu § 6 Abs. 10 BauO aF); nach § 6 Abs. 8 S. 1 Nr. 6 BauO sind allerdings mittlerweile „Stützmauern und geschlossene Einfriedungen in Gewerbe- und Industriegebieten, außerhalb dieser Baugebiete mit einer Höhe bis zu 2 m" in der Abstandsfläche privilegiert.
1033 VG Gelsenkirchen Urt. v. 6.5.2021 – 5 K 5497/19. Allerdings braucht nach der Rspr. des OVG Münster eine Werbeanlage als Anlage mit gebäudegleicher Wirkung vor der Außenwand eines Gebäudes, an das sie angebracht werden soll, gar keine Abstandsflächen aufzuweisen hat, Urt. v. 12.5.2016 – 10 A 2452/14.
1034 VG Minden Urt. v. 17.10.2013 – 1 K 991/10.
1035 VG Köln Beschl. v. 13.1.2021 – 23 L 2028/20.

C. Bauordnungsrecht 221

Kann eine dafür nicht vorgesehene Anlage nur mühsam unter Verwendung von Hilfs- 154
mitteln (zB Leitern) betreten werden, fällt dies nicht unter die Bestimmung.

(2) Anlagen nach § 6 Abs. 8 BauO

In § 6 Abs. 8 BauO bestimmt der Gesetzgeber, dass die dort genannten Gebäude 155
von dem Gebot, Abstandsflächen freizuhalten, und von dem Verbot, in der Abstandsfläche errichtet zu werden, ausgenommen sind. Die Regelung spricht aus rechtspolitischen Gründen eine Privilegierung aus und ist deshalb nicht analog auf andere als die beschriebenen Anlagen anwendbar. Liegt auch nur eine der Privilegierungsvoraussetzungen nicht vor, ist die Anlage in der Abstandsfläche objektiv rechtswidrig. Die Nachbarzustimmung ist zur Beurteilung der Rechtslage ohne Bedeutung.[1036]

Der „Urfassung" dieser Bestimmung (§ 7 Abs. 4 BauO vom 25.6.1962[1037]) lag das 156
verkehrspolitische Ziel zugrunde, den Straßenraum von abgestellten Kraftfahrzeugen zu entlasten. Weil wegen der geringen Größe der meisten Grundstücke Garagen außerhalb der Abstandsflächen der Wohngebäude nicht realisierbar sind und ihre Existenz an der Nachbargrenze für zumutbar gehalten wird, sind sie für dort zulässig erklärt worden.

Nachdem mit der am 1.1.2019 in Kraft getretenen Fassung des § 6 Abs. 8 BauO eine 157
in vielerlei Hinsicht gesetzestechnisch völlig misslungene Regelung geschaffen worden war und mit der Handlungsempfehlung des Ministeriums – gewissermaßen zur Überbrückung – den Bauaufsichtsbehörden die Anwendung in einer mit dem Wortlaut des Gesetzes kaum noch zu vereinbarenden Weise aufgegeben worden war („Bis zu einer Änderung des Gesetzestextes werden die Bauaufsichtsbehörden gebeten, die Aufzählung in Nummer 1 wie folgt anzuwenden:..."), hat die Bestimmung nunmehr eine Fassung, die sich weitgehend an den Text der Handlungsempfehlung anlehnt, aber dennoch viele Fragen offenlässt.

(a) Die privilegierten Anlagen

Die danach privilegierten Anlagen lassen sich zunächst in folgende Gruppen eintei- 158
len:
1. Gebäude sowie Garagen,
2. Feuerstätten,
3. Zufahrten zu Tiefgaragen und Stellplätze, soweit diese überdacht sind,
4. Aufzüge zu Tiefgaragen,
5. gebäudeunabhängige Solaranlagen mit einer Höhe bis zu 3 m, Solaranlagen an und auf Gebäuden nach Nummer 1 sowie
6. Stützmauern und geschlossene Einfriedungen.

(aa) Die privilegierten Anlagen nach Nr. 1

Die Erlaubnis der Errichtung und Nutzung von Gebäuden (Nr. 1, 1. Alt.) ist dem Wort- 159
laut nach nicht auf eine bestimmte Nutzungsweise (etwa eine, die dem Wohnen dient) beschränkt.[1038] Das führt dazu, dass in dem Gebäude – vorbehaltlich der pla-

---
1036 OVG Münster Beschl. v. 21.9.2012 – 7 A 796/11.
1037 GVBl S. 373.
1038 Die BauO 2000 sah vor, dass „Gebäude mit einer mittleren Wandhöhe bis zu 3 m über der Geländeoberfläche an der Grenze, die als Garage, Gewächshaus oder zu Abstellzwecken genutzt werden" privilegiert waren.

nungsrechtlichen Zulässigkeit – auch eine gewerbliche Nutzung (als Lager) oder eine Nutzung zum Halten von Tieren zulässig ist. Einziges ausschließendes Kriterium ist neben den Maximalmaßen, dass das Gebäude keine Aufenthaltsräume enthalten darf.

160 Der Begriff der Garage (Nr. 1 2. Alt.) ist in § 2 Abs. 8 S. 2 BauO legaldefiniert: Es sind dies „Gebäude oder Gebäudeteile zum Abstellen von Kraftfahrzeugen und/oder Fahrrädern." Enthält ein Gebäude, zB ein Wohnhaus, an der Grenze einen Raum, der zum Abstellen von Kraftfahrzeugen dient, ist dies ein solcher dem Abstellen von Kraftfahrzeugen dienender Gebäudeteil, auch wenn er bautechnisch (insbesondere statisch) in das Wohnhaus integriert ist.

161 Mit den gesetzlichen Wendungen „Gebäudeteile" bzw. „die keine selbstständigen Gebäude sind" ist ein seit Jahren schwelendes Problem[1039] gelöst: Auf einem bautechnisch einheitlichen, über 3 m breiten Garagenbaukörper darf nunmehr ohne Verstoß gegen § 6 Abs. 1 S. 1 Nr. 1 BauO eine Dachterrasse errichtet werden, sofern sie den Grenzabstand von 3 m einhält, ohne dass die Privilegierung untergeht. Der grenznahe, zum Abstellen von Kraftfahrzeugen bestimmte Teil verliert den Charakter einer privilegierten Garage nicht dadurch, dass der weiter entfernte Teil einer anderen Nutzung zugeführt wird, dies auch dann nicht, wenn es sich bautechnisch um nur einen Baukörper handelt.

162 Eine andere Funktion als die des Abstellens steht dem Begriff der Garage entgegen; lediglich Abstellräume sind als Ausnahme von diesem Grundsatz erlaubt. Infolgedessen sind wie nach früheren Fassungen der Bauordnung im grenznahen 3-m-Bereich auf dem Dach der Garage ruhende Terrassen und Vergleichbares nicht zulässig.[1040] Entsteht durch eine vom Wohnhaus über die Garage verlaufendes „abgeschlepptes" Dach ein trapezförmiger Hohlraum, ist dieser unschädlich, solange er nicht über die bezeichneten Nutzungen hinaus, etwa zu Wohnzwecken, genutzt wird. Der Zusatz in § 6 Abs. 8 S. 1 Nr. 1 BauO „dies gilt auch für Garagen, die keine selbstständigen Gebäude sind" hat unter diesem Blickwinkel keine weiterführende Aussagekraft. Denn der Begriff „Gebäudeteile" (§ 2 Abs. 8 S. 2 BauO) besagt nicht mehr als der Satzteil „die keine selbstständigen Gebäude sind".

163 Die Bestimmung enthält keine Angaben darüber, an welcher Stelle die mittlere Wandhöhe von 3 m einzuhalten ist. Nach Sinn und Zweck der Vorschrift, die insbesondere auch die Begrenzung der Belastung des Nachbarn im Blick hat, ist davon auszugehen, dass dies an der Grenze gilt. Allenfalls wäre die beschriebene Möglichkeit eines abgeschleppten Dachs nicht zu verwirklichen. Denn bei einer Höhe der Grenzwand an der Nachbargrenze von 3 m überstiegen die übrigen Wände unweigerlich die 3-m-Marke.

164 Für die Berechnung der Wandhöhe ist wegen Fehlens anderer Berechnungsmethoden § 6 Abs. 4 BauO entsprechend anzuwenden, obwohl diese Bestimmung vorrangig der Bestimmung der Abstandsfläche dient und keinen Verweis enthält.[1041] Auch hier ist Wandhöhe das Maß von der Geländeoberfläche bis zur Schnittlinie der Wand mit der Dachhaut oder bis zum oberen Abschluss der Wand des Gebäudes bzw. der Garage. Bei geneigter Geländeoberfläche ist die im Mittel gemessene Wandhöhe

---

1039 Vgl. nur OVG Münster Beschl. v. 22.4. April 2004 – 10 B 828/04.
1040 Vgl. VG Gelsenkirchen Beschl. v. 15.10.2014 – 9 L 1395/14; VG Köln Urt. v. 11.6.2019 – 2 K 2220/18.
1041 § 6 Abs. 11 S. 2 bis 4 BauO 2000 enthielt noch die Aussage: „Absatz 4 gilt nicht. Die Höhe von Giebelflächen ist bei der Berechnung der mittleren Wandhöhe zu berücksichtigen. Die Höhe von Dächern und Dachteilen mit einer Dachneigung von mehr als 30° werden der mittleren Wandhöhe hinzugerechnet."

maßgebend. Ebenfalls wird zur Wandhöhe die Höhe des Dachs vollständig hinzugerechnet, wenn dieses eine Dachneigung von mehr als 70 Grad hat; die Höhe eines Dachs mit einer Dachneigung von mehr als 45 Grad wird zu einem Drittel hinzugerechnet. Faktisch wird dies dazu führen, dass Gebäude oder Garagen, die an der Grenze eine Höhe von 3 m haben, Neigungsdächer mit einer Neigung von maximal 45 Grad aufweisen werden.

Stellplätze (§ 2 Abs. 8 S. 1 BauO) sind nicht genannt, da sie keine Wände haben und § 6 Abs. 1 S. 2 BauO nicht eingreift; sie lösen deshalb keine Abstandsflächen aus und sind in solchen zulässig. **165**

Etwas anderes gilt für Carports. Solche überdachte Stellplätze sind Garagen im Sinne des § 6 Abs. 8 S. 1 Nr. 1 BauO, da sie Gebäude zum Abstellen von Kraftfahrzeugen und/oder Fahrrädern sind (§ 2 Abs. 8 S. 2 BauO). Obwohl sie im Grundsatz keine Wände haben, die Abstandsflächen auslösen könnten, ist durch das Änderungsgesetz zur Bauordnung 2018 § 6 Abs. 8 S. 1 Nr. 3 BauO dahin gehend ergänzt, dass von der Privilegierung auch Stellplätze erfasst sind, soweit diese überdacht sind. **166**

(b) Die maximale Länge der Grenzbebauung

Die Anlage darf an einer benachbarten Grundstücksgrenze nicht länger als 9 m sein; stehen privilegierte Anlagen an mehreren Nachbargrenzen, darf ihre Länge auf einem Grundstück zu allen Nachbargrenzen insgesamt 15 m nicht überschreiten. Die genannten 15 m sind das Maß dessen, was allen unmittelbaren Nachbarn eines Grundstücks an privilegierter Grenzbebauung Abstandsflächenrechtlich zuzumuten ist. Wird die Gesamtlänge solcher (im Grundsatz privilegierter) Anlagen überschritten, entfällt die Privilegierung, und zwar für jede der Anlagen. Infolge dessen kann sich jeder Nachbar, an dessen Grenze eine dieser Anlagen steht, gegen eine Genehmigung zur Wehr setzen bzw. deren Beseitigung verlangen, ohne dass es auf die Länge der Grenzbebauung an seiner Seite ankommt. Dabei ist auch unerheblich, ob sich die anderen Grenznachbarn mit der Überschreitung des Zulässigen an ihrer Seite abgefunden haben.[1042] **167**

Die Frage, ob eine oder mehrere Nachbargrenzen vorliegen, ist aus der Sicht des Baugrundstücks zu beantworten. Bei einem leichten Verschwenken der Grenze wird zumeist noch von „einer" Grundstücksgrenze auszugehen sein. In der Praxis und der Rechtsprechung wird dies bisweilen bis zu einem Verschwenken von 135 Grad, der Hälfte zwischen 90 Grad und 180 Grad, angenommen.[1043] **168**

Im Sinne des § 6 Abs. 8 S. 2 BauO ist eine Grenze zu einer öffentlichen Verkehrsfläche keine Nachbargrenze. Deshalb gilt weder die einseitige Längenbegrenzung von 9 m noch die Gesamtlängenbegrenzung von 15 m an solche Grenzen; deren Bebauung wird nicht auf die maximal zulässige Grenzbebauung angerechnet. Auch soweit zugunsten benachbarter Grundstücke eine Abstandsflächenbaulast übernommen ist, wird diese Länge der Grenzbebauung nicht auf die zulässige Gesamtlänge angerechnet. Die baurechtliche Genehmigungspraxis lässt, in Übereinstimmung mit der Handlungsempfehlung des Ministeriums, auch Abstandsflächenbaulasten für „Teillängen" eines Gebäudes zu,[1044] was aber nicht unbedenklich ist, weil eine Aufteilung **169**

1042 OVG Münster Beschl. v. 7.9.2010 – 10 B 846/10.
1043 Vgl. dazu VG Köln Beschl. v. 3.2.2016 – 2 L 61/16, mit Hinweis auf die Rspr. des OVG Münster zu dieser Frage.
1044 Handlungsempfehlung zu § 6 Abs. 1 S. 2 BauO.

von einheitlichen Gebäuden in einen zulässigen und einen unzulässigen Teil dem Bauordnungsrecht fremd ist.

170 Während nach früherer Rechtslage noch galt, dass die der Nachbargrenze zugekehrten Wände keine Öffnungen aufweisen durften, ist dieses Erfordernis mit der Fassung der BauO 2018 weggefallen. Der Gesetzgeber hielt dieses Gebot nicht für erforderlich, weil nach § 131 Abs. 3 SBauVO Wände von Garagen, soweit sie weniger als 2,50 m gegenüber einer Nachbargrenze errichtet werden, als Gebäudeabschlusswände (feuerhemmend oder nichtbrennbar) errichtet werden müssen und Gebäudeabschlusswände nach § 30 BauO keine Öffnungen haben dürfen.[1045]

(c) Entprivilegierung

171 Die Privilegierung nach § 6 Abs. 8 BauO kann dadurch entfallen, dass in dem Gebäude in nicht unerheblichem Umfang eine andere Nutzung als die genehmigte stattfindet. Ist die privilegierte Nutzung erkennbar dauerhaft aufgegeben, verliert die etwaige Genehmigung – etwa als notwendige Garage für ein Wohnhaus – ihre Wirksamkeit. Wird eine Nutzung aufgenommen, die nach Abs. 8 nicht zulässig ist, verliert das Gebäude auch seine materielle Rechtmäßigkeit; das wirkt sich insbesondere im Hinblick auf das Wegfallen des Genehmigungserfordernisses (s. § 62 Abs. 1 S. 1 Nr. 1 Buchst. a BauO) aus. Das OVG Münster hat bislang die Frage offengelassen, inwieweit eine Grenzgarage neben dem Abstellen von Kraftfahrzeugen oder Fahrrädern (vgl. § 2 Abs. 8 BauO) auch anderen Zwecken dienen darf. Jedenfalls müssen sich Nebennutzungen – ihre grundsätzliche Zulässigkeit unterstellt – in grenzständig errichteten Garagen im Hinblick auf die Privilegierung des § 6 Abs. 8 BauO der Hauptnutzung nach Art und Umfang deutlich unterordnen.

Beispiel: Eine mit der Funktion einer Grenzgarage unvereinbare Nutzung liegt vor, wenn das gesamte Gebäude für einen nicht unerheblichen Zeitraum als Brennholzlager genutzt wird und dadurch das Abstellen eines Kraftfahrzeugs unmöglich wird.[1046]

(3) Vorgänge an bestehenden Gebäuden

172 In § 6 Abs. 11 BauO nimmt das Gesetz bestimmte Vorgänge an „bestehenden Gebäuden" von dem Gebot zur Einhaltung der Abstandsfläche ganz oder teilweise aus. Mit dieser Regelung hat der Gesetzgeber praktischen Gründen, insbesondere dem Interesse an einer sinnvollen Nutzung bestandsgeschützter Gebäude, Rechnung tragen wollen. Gleichzeitig hat er auf die Rechtsprechung zur Frage der Einhaltung von Abstandsflächen im Falle von Nutzungsänderungen und baulichen Änderungen bei bestandsgeschützten Gebäuden reagiert. Mit dem Begriff „bestehend" meint der Gesetzgeber nämlich nichts anderes als „rechtmäßig bestehend".[1047] Das ist anzunehmen, wenn die Errichtung der Anlage entweder formell legal (d.h. durch eine Genehmigung gedeckt) oder materiell legal (d.h. in Übereinstimmung mit den materiellrechtlichen Vorschriften) errichtet worden ist. Ist für das Gebäude vor langer Zeit eine Genehmigung erteilt worden, diese aber wegen einer wesentlichen Änderung des Gebäudes oder wegen einer Nutzungsänderung untergegangen, handelt es sich nicht mehr um ein (rechtmäßig) bestehendes Gebäude (Wegen des Entstehens und Fortbestandes der in § 6 Abs. 11 BauO vorausgesetzten schutzwürdigen Position wird auf die Ausführungen Teil C Rn. 525 ff. verwiesen).

1045 Das schließt aber nach der Handlungsempfehlung nicht aus, dass offene Garagen (z.B. Carports) auch ohne Wand errichtet werden dürfen.
1046 Nach: OVG Münster Beschl. v. 27.7.2004 – 7 A 755/03.
1047 OVG Münster Urt. v. 27.1.2015 – 7 A 351/13; OVG Münster Beschl. v. 17.7.2012 – 2 A 2843/11.

Liegt keiner der Privilegierungsfälle des § 6 Abs. 11 S. 1 BauO vor, kommt eine Ermessensentscheidung nach S. 2 in Betracht. In Fällen einer Nutzungsänderung ist zu berücksichtigen, in welchem Maße die Belange des Nachbarn durch eine neue Nutzung betroffen werden und wie berechtigt sein Interesse ist, dass eine solche nur aufgenommen wird, wenn die Mindestanforderungen an die Abstandsflächen eingehalten werden, wie sie der Gesetzgeber z.B. in § 6 Abs. 11 S. 1 Nr. 2 BauO bei bestehenden Gebäuden für den Regelfall als Mindestmaß vorschreibt. Auf der anderen Seite ist zu berücksichtigen, wie berechtigt das Interesse des Bauherrn daran ist, die vorhandene Bausubstanz nutzen zu können, auch wenn dies zu gewissen tatsächlichen Beeinträchtigungen des Nachbarn führen wird. Die Frage ist also nicht, ob der betroffene Nachbar bauplanungsrechtlich mit einer bestimmten Art der Nutzung im Grundsatz rechnen muss, sondern, ob sein Interesse an der Einhaltung der abstandrechtlichen Mindestvorgaben gegenüber dem Interesse des Bauherrn an der (sinnvollen) Nutzung seiner vorhandenen Bausubstanz (ausnahmsweise) zurücktritt.

Beispiel: Der Abstand des Gebäudes zur Grenze beträgt nur 0,50 m. Der Bauherr begehrt die Genehmigung zur Nutzungsänderung von einer Nutzung als Vereinsgeschäftsstelle zur gastronomischen Nutzung täglich, einschließlich Sonn- und Feiertagen, bis in die sog. Kernzeit der Nacht (24.00 Uhr bis 5.00 Uhr). Das Interesse des Nachbarn ist vorrangig; dessen Rechtsmittel gegen die Genehmigung hat Erfolg.[1048]

173

Mit dem (Wieder-)Einfügen des Satzes 3, der durch die Vorläuferfassung des § 6 Abs. 11 BauO gestrichen worden war, wird bewirkt, dass sich die Regeln nach den Sätzen 1 und 2 nicht auf abstandsflächenrechtlich privilegierte Garagen und Gebäude nach Absatz 8 beziehen. Andernfalls könnten zB Garagen als Neubau nach Absatz 8 ohne Abstandsfläche an der Nachbargrenze errichtet werden und die Nutzung dieser bestehenden Garage dann auf Grundlage von § 6 Abs. 11 BauO in Wohnraum geändert werden.

174

(4) Berechnung der erforderlichen Abstandsfläche

§ 6 Abs. 4 BauO erklärt, wie die Höhe „H" zu ermitteln ist. Die Abstandsfläche bemisst sich nach der Wandhöhe; diese wird von der Geländeoberfläche (unterer Bezugspunkt) bis zur Schnittlinie der Wand mit der Dachhaut oder bis zum oberen Abschluss der Wand (oberer Bezugspunkt) gemessen. Bei geneigter Geländeoberfläche ist die im Mittel gemessene Wandhöhe maßgebend (§ 6 Abs. 4 S. 1 bis 4 BauO).

175

(a) Berechnung der Wandhöhe

§ 6 Abs. 4 S. 8 BauO besagt, unter welchen Voraussetzungen Dächer, Dachteile Giebelflächen, Dachgauben und Dachaufbauten hinzugerechnet werden. Während für Dächer und Dachteile der Grad der Dachneigung maßgeblich ist (bei mehr als 70 Grad voll, bei mehr als 45 Grad zu einem Drittel, Entsprechendes gilt für Giebelflächen im Bereich von so geneigten Dächern und Dachteilen), ist bei „Dachgauben und Dachaufbauten" maßgeblich, ob deren Gesamtlänge (besser: Gesamtbreite) mehr als die Hälfte der darunterliegenden Gebäudewand beträgt; dann wird auch deren Höhe zu einem Drittel der Wandhöhe hinzugerechnet.

176

Die Begriffe Dachgauben und Dachaufbauten werden vom Gesetzgeber nicht definiert, sondern als bekannt vorausgesetzt. Nach dem Verständnis der Rechtsprechung ist „Dachaufbau" der Oberbegriff für alle Aufbauten auf einem Dach. Dachaufbauten können selbstständige oder unselbständige Dachaufbauten sein; die Ab-

177

1048 Nach: OVG Münster Beschl. v. 28.4.2010 – 7 A 2065/08.

grenzung erfolgt danach, ob der Aufbau bei wertender Betrachtung (noch) als Bestandteil des Daches anzusehen ist oder ob er als weitgehend selbstständiger Bauteil in Erscheinung tritt. Als mögliche Kriterien für die vorzunehmende Wertung kommen zB in Betracht: die Unterordnung des Dachaufbaus nach Ausmaß und Gestaltung im Verhältnis zum Dach, die Funktion des Dachaufbaus und der Umfang der zusätzlichen Auswirkungen, die der Dachaufbau auf die durch die Abstandsflächenvorschriften geschützten Belange haben kann.[1049] Dachgauben treten statisch gegenüber der äußeren Gebäudewand zurück, ruhen nicht auf ihr.[1050] Sie sind als unselbständige Dachaufbauten Teil des Dachs und lösen keine eigene Abstandsflächen aus. Stellt sich ihre vordere Wand jedoch funktional als Teil der Außenwand des Gebäudes dar, weil dort die Außenwand nach oben verlängert wird, handelt es sich nicht um eine Dachgaube, sondern um einen Dachaufbau.[1051]

(b) Bestimmung der Tiefe der Abstandsfläche

178 § 6 Abs. 5 BauO gibt an, wie die rechtlich erforderliche Tiefe der Abstandsfläche zu berechnen ist. Die Bestimmung stellt ein nach verschiedenen Kriterien abgestuftes System dar. Handelt es sich um ein Vorhaben nach S. 5, dann ist nur das dortige Maß von 3 m einzuhalten. Da diese Bevorzugung nur bei einem Wohngebäude (siehe zu diesem Begriff Teil C Rn. 3) anzuwenden ist, verliert das Gebäude dieses Recht bei einer Umwandlung zu einem anderen Gebäude, also zB bei der Nutzung einer Nutzungseinheit zu gewerblichen Zwecken, die die Genehmigungsfrage neu aufwirft.

179 Gilt eine städtebauliche Satzung oder eine Satzung nach § 89 BauO, sind nur deren Vorgaben einzuhalten. Ist der Bereich nicht von einer solchen Satzung erfasst, liegt das Baugrundstück aber in einem faktischen oder festgesetzten Gewerbegebiet, Industriegebiet, Kerngebiet oder urbanen Gebiet oder geht es um eine Antennenanlage im Außenbereich, genügt eine Tiefe von 0,2 H, in Kerngebieten von 0,25 H, jedoch jeweils mindestens 3 m; zu öffentlichen Verkehrs-, Grün- und Wasserflächen beträgt die Tiefe der Abstandsfläche in Kerngebieten und urbanen Gebieten 0,2 H, mindestens 3 m. Stets gilt zu angrenzenden anderen Baugebieten die jeweils größere Tiefe der Abstandsfläche. Sind all die genannten Fälle nicht einschlägig, gilt der Grundsatz des § 6 Abs. 5 S. 1 BauO, dass die Tiefe der Abstandsfläche 0,4 H, mindestens 3 m beträgt.

180 Die Absätze 10 und 11 enthalten weitere Gestattungsmöglichkeiten für geringere Abstandsflächen als sie nach Absatz 5 erforderlich wären:

Liegen sich Wände desselben Gebäudes oder Wände von Gebäuden auf demselben Grundstück gegenüber, so können nach § 6 Abs. 10 BauO durch die Bauaufsichtsbehörde geringere Abstandsflächen als nach Absatz 5 gestattet werden, wenn die Belichtung der Räume nicht wesentlich beeinträchtigt wird und wenn wegen des Brandschutzes Bedenken nicht bestehen.

181 Schließlich können nach § 6 Abs. 12 S. 1 BauO in überwiegend bebauten Gebieten geringere Tiefen der Abstandsflächen gestattet oder verlangt werden, wenn die Ge-

---

1049 Vgl.: OVG Münster Beschl. v. 13.1.2004 – 10 B 1811/03; OVG Münster Beschl. v. 29.4.2010 – 7 B 201/10; OVG Münster Beschl. v. 14.5. 2007 – 7 A 2327/06; OVG Münster Beschl. v. 13.1.2004 – 10 B 1811/03.
1050 Vgl.: OVG Münster Beschl. v. 14.11.2001 – 10 B 860/01; OVG Münster Beschl. v. 14.5. 2007 – 7 A 2327/06; VG Minden Beschl. v. 18.5. 2012 – 9 L 273/12; VG Aachen Urt. v. 19.6.2012 – 3 K 1072/10.
1051 Vgl. OVG Münster Beschl. v. 14.11.2001 – 10 B 860/01; OVG Münster Beschl. v. 22.8.1996 – 10 A 1811/96.

staltung des Straßenbildes oder besondere städtebauliche Verhältnisse dies auch unter Würdigung nachbarlicher Belange rechtfertigen. Dies ist für historisch oder städtebaulich erhaltenswerte Ortsteile relevant.[1052] Diese Aussage wird durch eine Neuerung ergänzt: In den Gebieten nach Satz 1 kann gestattet werden, dass an der Stelle eines Gebäudes, das die Abstandsflächen nicht einhält, aber Bestandsschutz genießt, ein nach Kubatur gleichartiges Gebäude errichtet wird, wenn das Vorhaben ansonsten dem öffentlichen Recht entspricht und die Rechte der Angrenzer nicht nachteilig betroffen werden. Die Bestimmung setzt einerseits voraus, dass das Gebäude Bestandsschutz genießt. Der Bestandsschutz muss also entstanden sein und darf bislang nicht untergegangen sein. Der Landesgesetzgeber verwendet hiermit erstmals überhaupt den Begriff des Bestandsschutzes, ohne ihn zu definieren. Gemeint ist erkennbar, dass eine schutzwürdige Rechtsposition (durch formelle oder materielle Legalität) entstanden sein muss; eine nachteilige Rechtsänderung, die das eigentliche Wesen des Bestandsschutzes ausmacht und die Durchsetzungskraft des Eigentumsrechts begründet (s. dazu ausführlich Teil C Rn. 539 ff.), soll nach dem Gesetzeszweck nicht Tatbestandsvoraussetzung sein. In seinen Rechtsfolgen geht die Bestimmung weit über das hinaus, was § 6 Abs. 11 BauO ermöglicht, indem sie die Errichtung eines Ersatzbaus, sonstige erhebliche Änderungen unter Beseitigung des Beseitigung des Bestandsschutzes oder eine Nutzungsänderung ermöglicht, ohne dass es darauf ankäme, in welchem Abstand das Gebäude zur Grenze steht. Wenn hingegen der Bestandsschutz erhalten bleibt, ist nicht Abs. 12 einschlägig, sondern Abs. 11.[1053]

182 Soweit das Gesetz „ein nach Kubatur gleichartiges Gebäude" erlaubt, ist einerseits allein die Kubatur, nicht aber die innere Aufteilung oder Nutzungsart von Bedeutung. Andererseits wird keine völlige Identität der Kubatur verlangt, sondern nur eine „gleichartige", was eine Wertung im Einzelfall erfordert.

183 Die Übereinstimmung mit den Vorschriften des öffentlichen Rechts verlangt insbesondere (aber nicht nur) einen Blick auf brandschutzrechtliche Fragestellungen. Aus systematischen Gründen sind hier abstandsflächenrechtliche Fragen ohne Bedeutung. Auch bei der Frage, ob die Rechte der Angrenzer (nicht: Nachbarn, deren Kreis über die Eigentümer der angrenzenden Grundstücke hinausgehen kann) nicht nachteilig betroffen werden, sind deren Rechte hinsichtlich der Einhaltung der gesetzlichen Abstandsregeln auszuklammern.

(c) Nichtberücksichtigung bestimmter Bauteile

184 Nach § 6 Abs. 6 Nrn. 1 bis 3 BauO werden bestimmte Bauteile, insbesondere Vorbauten, bei der Bestimmung der Abstandsfläche nicht berücksichtigt. Während in den Nrn. 1 und 2 Maximalmaße genannt sind, ist die Regelung in Nr. 3 auslegungsbedürftig: Nach § 6 Abs. 6 Nr. 3 BauO „bei Gebäuden an der Grundstücksgrenze die Seitenwände von Vorbauten und Dachaufbauten (zu diesem Begriff oben unter Teil C Rn. 177), auch wenn sie nicht an der Grundstücksgrenze errichtet werden." Diese Regelung ist anzuwenden auf Vorbauten und Dachaufbauten von Gebäuden an der

---

1052 Vgl. dazu: OVG Münster Beschl. v. 5.7.2015 – 7 B 420/15.
1053 So auch die Handlungsempfehlung zu § 12: „§ 6 Absatz 12 BauO gilt gleichermaßen für einen Austausch von Gebäudeteilen, wenn dadurch der Bestandsschutz des Gebäudes verloren geht. Bleibt beim Austausch von Gebäudeteilen der Bestandsschutz des Gebäudes erhalten, ist Absatz 11 einschlägig." Damit wird derjenige bevorzugt, der gleich das gesamte Gebäude beseitigt, was mit dem gesetzgeberischen Ziel der Förderung der „Revitalisierung alter Gebäudesubstanz im innerstädtischen Bereich" (so die Gesetzesbegründung zu § 6 Ans. 1 BauO) kaum zu vereinbaren ist.

Grundstücksgrenze, die nicht Bestandteil des Dachs sind, und schafft eine gegenüber früheren Fassungen der Bauordnung neue Privilegierung für Gebäudeteile, die sonst in der Abstandsfläche bedeutsam wären.

185 Da das Gesetz von Gebäuden „an" der Grundstücksgrenze spricht, ist unerheblich, ob das Gebäude unmittelbar auf der Grenze steht oder in geringem Abstand davon.[1054] Wenn auch allein von „Vorbauten und Dachaufbauten" die Rede ist und das Gesetz, anders als frühere Fassungen dies taten, nicht „untergeordnete" Vorbauten anspricht, sind dennoch nach Sinn und Zweck der Vorschrift und aus systematischen Gründen Begrenzungen vorzunehmen: So kann nach – zutreffender – Ansicht des VG Gelsenkirchen nicht mehr von einem Vorbau gesprochen werden, wenn der Bauteil die Traufkante des Gebäudes und damit die Außenwand, vor die er vortritt, in der Höhe überragt und bis ins Dach aufsteigt.[1055] Ferner ist dem Wortsinn nach ein Vorbau nur ein solcher Gebäudeteil, der sich der Seitenwand des Vorbaus der Außenwand quantitativ unterordnet und nicht eigenständig wirkt oder als Wand eines eigenen Raumes in Erscheinung tritt. Auch wenn das Gesetz bei Nr. 3 keine Maximalmaße nennt, muss doch eine wertende Betrachtung der Relation des vortretenden Gebäudeteils zu dem Gesamtgebäude (oder doch zumindest zu der betreffenden Gebäudewand) zu dem Ergebnis kommen, dass Ersterer sich dem Letzteren unterordnet.[1056]

(d) Energieeinsparungsmaßnahmen und Solaranlagen

186 § 6 Abs. 7 BauO erlaubt Maßnahmen zum Zwecke der Energieeinsparung und Solaranlagen an bestehenden Gebäuden, ohne dass sie bei der Abstandsflächenberechnung berücksichtigt werden. Dies gilt für Maßnahmen, die eine Stärke von nicht mehr als 0,30 m, einschließlich der Bekleidung, aufweisen und mindestens 2,50 m von der Nachbargrenze zurückbleiben. Diese Privilegierung setzt voraus, dass es sich um ein „bestehendes" Gebäude handelt. Damit ist entsprechend der Nomenklatur der Bauordnung ein rechtmäßig errichtetes Bestandsgebäude gemeint (siehe dazu Teil C Rn. 523, 525 ff.).[1057] Da das Gesetz nicht vorschreibt, dass es sich um Gebäude handelt, die vor dem 1.1.2019 errichtet wurden, ist die nachträgliche Anbringung von Solaranlagen auch an Gebäuden möglich, die danach errichtet werden. Bestimmungen des zivilen Nachbarrechts bleiben unberührt.

ee) Abweichung von den Abstandsflächenvorschriften (§ 6 Abs. 14 BauO)

187 Mit dem Änderungsgesetz zur Bauordnung 2018 hat der Gesetzgeber einen zusätzlichen Absatz zur Regelung der Zulässigkeit von Abweichungen von den Abstandsflächenvorschriften angefügt. Diese Bestimmung ist im Zusammenhang mit der ebenfalls neu eingefügten Regelung in § 69 Abs. 1 S. 2 bis 6 und Abs. 1a BauO zu sehen, auf die an anderer Stelle ausführlich eingegangen wird. Jene Bestimmungen gelten auch für Abstandsflächenvorschriften, was daraus deutlich wird, dass sowohl in § 69 Abs. 1 S. 2 BauO als auch in § 69 Abs. 1 S. 3 BauO „§ 4 bis § 16" angesprochen sind, also § 6 BauO mitumfasst ist. Daraus folgt, dass für Abweichungen von Abstandsflächenvorschriften zum einen die Voraussetzungen in § 69 BauO ebenso er-

---

1054 Die Handlungsempfehlung des Ministeriums spricht indes nur den Fall der geschlossenen Bauweise, also des Bauens auf der Grenze an.
1055 VG Gelsenkirchen Beschl. v. 28.1.2021 – 6 L 24/21, unter Verweis auf Kockler in: BeckOK BauO NRW, § 6 Rn. 125.
1056 VG Gelsenkirchen Beschl. v. 28.1.2021 – 6 L 24/21; VG Gelsenkirchen Urt. v. 26.6.2020 – 9 K 5477/17; Johlen in: Gädtke/Czepuck/Johlen/Plietz/Wenzel, BauO NRW, § 6 Rn. 486.
1057 VG Gelsenkirchen Beschl. v. 28.1.2021 – 6 L 24/21.

C. Bauordnungsrecht

füllt sein müssen und zum anderen die in § 6 Abs. 14 BauO neu eingefügte, die Bestimmung in Abs. 14 also nicht isoliert betrachtet werden kann.

Nach § 6 Abs. 14 BauO kann eine Abweichung von den Abstandsflächen nach § 69 zugelassen werden, wenn deren Schutzziele gewahrt bleiben (S. 1). Eine atypische Grundstückssituation ist nicht erforderlich (2). Der letztgenannte Satz ist erkennbar eine Reaktion auf die Rechtsprechung zur Frage der Abweichung von Abstandsflächenvorschriften, die – erkennbar zum Unwillen des Gesetzgebers, der Abweichungen hatte erleichtern wollte – über Jahre hin bei allen Rechtsänderungen am Erfordernis einer Atypik festgehalten hatte. Auf die Folgen dieser Regelung wird im Zusammenhang mit § 69 BauO eingegangen werden. Das nunmehr im Gesetzeswortlaut aufgeführte Erfordernis der Wahrung der Schutzziele ist keine Neuigkeit, sondern eine Selbstverständlichkeit und hat insofern allein klarstellende Funktion. Denn eine Abweichung durfte schon bisher nicht den Schutzzielen der Abstandsflächenvorschriften zuwiderlaufen, ebenso wie für Abweichungen von anderen Bestimmungen und bauplanungsrechtlichen Befreiungen gilt, dass sie mit dem Zweck der Bestimmung in Übereinstimmung stehen müssen. **188**

d) Garagen und Stellplätze für KFZ und Fahrräder

aa) Herstellungspflicht und Ablösung

§ 48 BauO enthält Regelungen über die Anlegung von Stellplätzen, Garagen und Fahrradabstellplätzen. Unausgesprochen geht die Bestimmung davon aus, dass immer dann, wenn Anlagen errichtet werden oder durch Nutzungsänderung entstehen, bei denen ein Zu- oder Abgangsverkehr zu erwarten ist, Stellplätze in ausreichender Zahl und Größe und in geeigneter Beschaffenheit herzustellen sind (notwendige Stellplätze und Garagen). Geregelt wird nur die rechtstechnische Möglichkeit, eine solche Verpflichtung zu schaffen und ihren Inhalt genauer zu gestalten. Ferner enthält Abs. 2 einen Katalog von Verwendungsmöglichkeiten für die Stellplatzablösung. **189**

Primäre Rechtsquelle ist eine kommunale Regelung; insofern kommen eine Festlegung durch Bebauungsplan (§ 89 Abs. 2 BauO) oder durch eine örtliche Bauvorschrift (§ 89 Abs. 1 Nr. 4 BauO) infrage. Sofern solche Satzungen nicht existieren ist auf die vom Land nach § 87 Abs. 1 Nr. 7 BauO zu erlassende Rechtsverordnung zurückzugreifen. **190**

Der Inhalt der von der Gemeinde zu erlassenen Satzungsregelung bzw. der vom Land zu erlassenden Verordnung ist im Gesetz nicht vorgegeben. Macht die Gemeinde von ihrer Regelungskompetenz Gebrauch, wird sie sinnvollerweise mindestens festlegen: **191**

– die Zahl, Größe und Beschaffenheit der Stellplätze, die unter Berücksichtigung der Sicherheit und Leichtigkeit des Verkehrs, der Bedürfnisse des ruhenden Verkehrs und der Erschließung durch Einrichtungen des öffentlichen Personennahverkehrs für Anlagen erforderlich sind,
– den Mehrbedarf bei Änderungen und Nutzungsänderungen der Anlagen sowie
– die Ablösung der Herstellungspflicht und die Höhe der Ablösungsbeträge.

Die Aussage, dass die Garagen und Stellplätze auf dem Baugrundstück oder in zumutbarer Entfernung davon auf einem geeigneten Grundstück, dessen Benutzung für diesen Zweck öffentlich-rechtlich gesichert wird, herzustellen sind, lässt im Hinblick auf die Entfernung von der die Pflicht auslösenden Anlage weder der gemeindlichen Satzung noch der Rechtsverordnung einen unbegrenzten Spielraum. Ihren Zweck, die öffentlichen Verkehrsflächen von dem ruhenden Verkehr zu entlasten, der **192** von baulichen Anlagen ausgelöst wird, können nur Garagen und Stellplätze erfüllen, die sich in deren Nähe befinden. Nach allgemeiner Erfahrung werden Stellplätze für Kraftfahrzeuge nicht angenommen, wenn diese mehr als 300 m vom Baugrundstück entfernt liegen; Fahrradabstellplätze werden nach allgemeiner Erfahrung nur angenommen, wenn der Weg vom Abstellplatz zu der baulichen Anlage nur wenige Schritte beträgt.[1058] Ferner wird zu verlangen sein, dass keine Hindernisse tatsächlicher, planungsrechtlicher oder bauordnungsrechtlicher Art oder allgemein aus Gründen der öffentlichen Sicherheit und Ordnung, insbesondere des Verkehrs, entgegenstehen. „Gefangene" Stellplätze (hintereinanderliegende Stellplätze, bei denen der hintere nur über den davor liegenden Stellplatz befahren werden kann) können im Regelfall nicht als notwendige Stellplätze anerkannt werden.[1059] Die Gemeinde kann in ihrer Stellplatzsatzung hierzu abweichende Regelungen treffen.

193 Weiterhin muss, wenn eine Herstellungspflicht dem Grunde nach begründet wird, geregelt werden, in welchem Umfang die Abstellplätze hergestellt werden müssen. Eine vor Jahrzehnten erstellte Richtzahlentabelle (Anlage zu Nr. 51.11 der nicht mehr gültigen Verwaltungsvorschriften zur BauO) hatte für die verschiedenen Arten von Gebäuden die Zahl der zu fordernden Stellplätze vorgegeben. Mit der Novellierung der BauO 1995 wurde von dem Prinzip der schematischen Vorgabe von Stellplatzzahlen abgewichen. Stattdessen wurde es den Bauaufsichtsbehörden auferlegt, jeweils im Einzelfall den Bedarf an notwendigen Stellplätzen zu ermitteln und dabei vor allem die Erreichbarkeit des jeweiligen Gebäudes mit Mitteln des öffentlichen Personenverkehrs zu berücksichtigen. Auch diese Aufgabe wird nunmehr den Gemeinden übertragen. Sie müssen diese Entscheidung in Ausübung ihres Satzungsermessens einzelfallbezogen und unter Berücksichtigung des Individualverkehrs und des öffentlichen Personennahverkehrs treffen. Eine grobe Orientierung an der Stellplatz-Richtzahlentabelle mag allerdings weiterhin sinnvoll sein.[1060]

194 Selbstverständlich entscheiden die Gemeinden auch darüber, wie sie die Ablösebeträge einsetzen. Sie unterliegen dabei allerdings den von der Rechtsprechung entwickelten Grundsätzen über die gruppennützige Verwendung von Sonderabgaben.

bb) Anordnung von Stellplätzen und Garagen

195 In früheren Fassungen enthielt die BauO noch eine ausdrückliche Bestimmung über die Anordnung von Stellplätzen und Garagen: § 51 Abs. 7 BauO 2000: „Stellplätze und Garagen müssen so angeordnet und ausgeführt werden, dass ihre Benutzung die Gesundheit nicht schädigt und Lärm oder Gerüche das Arbeiten und Wohnen, die Ruhe und die Erholung in der Umgebung nicht über das zumutbare Maß hinaus stören. Es kann verlangt werden, dass anstelle von Stellplätzen Garagen hergestellt werden." Diese Bestimmung ist gestrichen worden. Das führt jedoch zu keiner materiellrechtlichen Rechtsänderung. Vielmehr ist das Verbot des unzumutbaren Störens nunmehr aus dem in § 15 BauNVO enthalten Rücksichtnahmegebot abzuleiten.[1061]

[1058] So jedenfalls die Begründung zu § 48 Abs. 3 BauO in der am 1.1.2019 in Kraft getreten, mit dem Änderungsgesetz aber wieder gestrichenen Fassung.
[1059] Ebenso VGH München Urt. v. 27.5. 2020 – 1 B 19.544.
[1060] Vgl. VG Düsseldorf Urt. v. 19.11.2012 – 25 K 5958/11.
[1061] BVerwG Urt. v. 7.12.2000 – 4 C 3.00; BVerwG Urt. v. 7.12.2006 – 4 C 11.05. Einzelheiten dazu siehe oben Teil B Rn. 364 ff.

C. Bauordnungsrecht

e) Standsicherheit

196 Nach § 12 Abs. 1 BauO muss jede bauliche Anlage im Ganzen und in ihren Teilen sowie für sich allein standsicher sein. Die Standsicherheit anderer baulicher Anlagen und die Tragfähigkeit des Baugrundes des Nachbargrundstücks darf nicht gefährdet werden, Abs. 2. Dies ist auch bei der Bauausführung sicher zu stellen. Der Gesetzgeber trägt damit der Erkenntnis Rechnung, dass Mängel einer baulichen Anlage, die die Standsicherheit betreffen, zu einem vollständigen oder jedenfalls teilweisen Einsturz der baulichen Anlage führen können und damit eine erhebliche Gefahr für Leben und Gesundheit darstellen. Hieraus folgt, dass bereits die fehlende Standsicherheit nur eines Gebäudeteils dazu führt, dass die in Rede stehende bauliche Anlage grundsätzlich insgesamt nicht mehr als standsicher angesehen werden kann.[1062] Standsicherheit meint vor dem Hintergrund der intendierten Gefahrenabwehr eine Sicherheit in Bezug auf das Umfallen und Abbrechen von Gebäudeteilen.[1063] Wenn die Standsicherheit eines Gebäudes nur durch behelfsmäßige Abstützmaßnahmen bewirkt werden kann, ist dem gesetzlichen Gebot nicht Genüge getan.[1064] Für eine Ordnungsverfügung, die ein Nutzungsverbot wegen fehlender Standsicherheit zum Gegenstand hat, genügt, dass die Standsicherheit einer baulichen Anlage ungeklärt ist und hinreichenden Zweifeln unterliegt.[1065] Denn das Fehlen der Standsicherheit kann erhebliche Gefahren für Leib und Leben mit sich bringen.[1066]

f) Brandschutz

197 Der vorbeugende Brandschutz hat im Bauordnungsrecht eine überragende Bedeutung. Auslöser für das verschärfte Bewusstsein ist unter anderem die Brandkatastrophe am Düsseldorfer Flughafen im Jahr 1996 gewesen. Durch die Neufassung der BauO sind die Bestimmungen neu strukturiert worden.

198 § 14 BauO skizziert, gleich einer Generalklausel des Brandschutzes, in allgemeiner Form die rechtlichen Anforderungen, die alle baulichen Anlagen erfüllen müssen: „Anlagen sind so anzuordnen, zu errichten, zu ändern und instand zu halten, dass der Entstehung eines Brandes und der Ausbreitung von Feuer und Rauch (Brandausbreitung) vorgebeugt wird und bei einem Brand die Rettung von Menschen und Tieren sowie wirksame Löscharbeiten möglich sind. Zur Brandbekämpfung muss eine ausreichende Wassermenge zur Verfügung stehen." Die Konkretisierungen, etwa die Anforderungen an Rettungswege, an Zugänge und Zufahrten oder an das Brandverhalten von Baustoffen und Bauteilen, erfolgen in zum Teil sehr detaillierten Bestimmungen in der BauO, in der SBauVO und anderen untergesetzlichen Normen wie Richtlinien und DIN-Normen, ferner in der lfd. Nr. A 2.2.1 der Verwaltungsvorschrift Technische Baubestimmungen NRW (VV TB NRW).[1067]

1062 VG Düsseldorf Beschl. v. 20.7.2015 – 11 L 2249/15.
1063 VG Gelsenkirchen Urt. v. 18.6.2015 – 5 K 5741/14.
1064 VG Düsseldorf Beschl. v. 20.7.2015 – 11 L 2249/15.
1065 VG Gelsenkirchen Urt. v. 12.9.2014 – 9 K 2342/13; OVG Münster Urt. v. 3.2.1994 – 10 A 1149/91.
1066 Zu einem solchen Fall s. VG Gelsenkirchen Beschl. v. 25.1.2021 – 6 L 86/21; vgl. auch OVG Münster Beschl. v. 20.7.2020 – 2 A 2321/19.
1067 Unter lfd. Nr. A 2.2.1 VV TB NRW (Runderlass des Ministeriums für Heimat, Kommunales, Bau und Gleichstellung – 614 – 408 – vom 7.12.2018, GV. NRW. S. 421) sind die Anforderungen an Planung, Bemessung und Ausführung gem. § 88 Abs. 2 mit Technischen Regeln eingeführt; ein Überblick darüber die findet sich bei Radeisen in: Boeddinghaus/Hahn/Schulte u.a., Bauordnung für das Land Nordrhein-Westfalen, 59. Update Januar 2021, A Abwehrender und vorbeugender Brandschutz, Rn 7.

199 Der erste Satzteil des § 14 S. 1 BauO beschreibt den vorbeugenden Brandschutz (oder die Brandverhütung); dieser umfasst alle Maßnahmen, die im Vorfeld, dh vor Errichtung einer Anlage oder vor Nutzungsaufnahme, getroffen werden. Es ist zu gewährleisten, dass einer Entstehung und Ausbreitung von Bränden durch bauliche, anlagentechnische und organisatorische Maßnahmen entgegengewirkt wird und die Auswirkung von Bränden soweit es geht eingeschränkt wird. Die Kontrolle erfolgt vorzugsweise im Baugenehmigungsverfahren, sofern ein solches durchgeführt wird und brandschutzrechtliche Fragen Prüfungsgegenstand sind. Andernfalls liegt die Verantwortung für die Gewährleistung eines hinreichenden Brandschutzes, insbesondere auch zur Einhaltung der Rechtsvorschriften, in der Person der hierfür zuständigen am Bau Beteiligten. Die nach § 14 BauO bezweckte Vermeidung der Ausbreitung von Feuer und Rauch dient nicht nur dem Schutz des Objekts, in dem der Brand seinen Ursprung hat, und seiner Bewohner, sondern auch dem Schutz der Nachbargebäude, die nicht von Feuer und Rauch betroffen sein sollen, und auch deren Bewohner.

200 Der zweite Satzteil des § 14 S. 1 BauO spricht den abwehrenden Brandschutz an. Das ist insbesondere das Tätigkeitsfeld der Feuerwehr. Um die Rettung von Menschen und Tieren durch die Feuerwehr zu ermöglichen, müssen geeignete und ausreichend bemessene Rettungswege zur Verfügung stehen. Ferner müssen die Löschfahrzeuge in die Lage versetzt werden, im Brandfall das Brandgeschehen zu erreichen. Dazu enthalten die BauO und die Richtlinien für die Feuerwehr detaillierte Vorgaben.

201 Für Gebäude, Betriebe und Einrichtungen, die in erhöhtem Maße brand- oder explosionsgefährdet sind oder in denen bei Ausbruch eines Brandes oder bei einer Explosion eine große Anzahl von Personen oder bedeutende Sachwerte gefährdet werden können, gilt nach § 26 des Gesetzes über den Brandschutz, die Hilfeleistung und den Katastrophenschutz (BHKG)[1068] ein besondere Pflicht zur Überwachung mittels einer Brandverhütungsschau. Diese dient der Feststellung brandschutztechnischer Mängel und Gefahrenquellen sowie der Veranlassung von Maßnahmen, die der Entstehung eines Brandes und der Ausbreitung von Feuer und Rauch vorbeugen und bei einem Brand oder Unglücksfall die Rettung von Menschen und Tieren, den Schutz von Sachwerten sowie wirksame Löscharbeiten ermöglichen. Sie ist Aufgabe der Gemeinde und beginnend mit der Nutzung oder Inbetriebnahme je nach Gefährdungsgrad in Zeitabständen von längstens sechs Jahren durchzuführen. Eigentümer sowie Besitzer von Gebäuden und Grundstücken sind verpflichtet, die Brandverhütungsschau und die Anbringung von Feuermelde- und Alarmeinrichtungen, Kommunikationseinrichtungen für Zwecke des Brandschutzes, der Hilfeleistung und des Katastrophenschutzes sowie von Hinweisschildern zur Gefahrenbekämpfung ohne Entschädigung zu dulden. Von Schadenfeuern, Unglücksfällen oder öffentlichen Notständen Betroffene sind verpflichtet, den beim Einsatz tätigen Kräften Zutritt zu gestatten und Arbeiten zur Abwendung der Gefahr zu dulden (§ 44 BHKG).

aa) Sichere Rettung von Mensch und Tier

202 Das Gebot des § 14 S. 1 BauO stellt Anforderungen an die Standsicherheit und verlangt ausreichende und funktionierende Flucht- und Rettungswege (im Folgenden nur: Rettungswege). Die gefährdeten Personen sollen sich selbst retten können und erforderlichenfalls, sofern eine Selbstrettung nicht mehr möglich ist, gerettet werden

---

[1068] BHKG v. 17.12.2015 GV. NRW. 2015, 886, zuletzt geändert durch Artikel 8 des Gesetzes vom 17.5.2018 (GV. NRW. 244).

C. Bauordnungsrecht

können. Darüber hinaus sollen die Voraussetzungen für eine wirksame Löschung des Brandes geschaffen werden. Die BauO stellt zum Teil sehr detaillierte Anforderungen an die Rettungswege. Mängel innerhalb der Rettungswege indizieren stets eine erhebliche (konkrete) Gefahr, sobald die Anlage von Menschen benutzt wird.

(1) Der erste Rettungsweg

Nicht jeder Raum erfordert die Qualität eines Rettungswegs; das Erfordernis ergibt sich aus seiner Anordnung und Beschaffenheit, seiner Nutzung und der hierauf bezogenen gesetzlichen Bestimmung. Soweit die Flure, Treppen und Treppenräume eine bestimmte Brandschutzqualität aufweisen müssen, nennt das Gesetz sie „notwendige Flure", „notwendige Treppen" etc. **203**

(a) Erforderlichkeit eines ersten Rettungswegs

Jeder Aufenthaltsraum und jede Nutzungseinheit mit einem Aufenthaltsraum, jedes nicht zu ebener Erde liegende Geschoss, jeder benutzbare Dachraum eines Gebäudes sowie jeder Kellerraum erfordern (zumindest) *einen* Rettungsweg in einer gesetzlich beschriebenen Brandschutzqualität: **204**

- Nach § 34 Abs. 1 BauO müssen jedes nicht zu ebener Erde liegende Geschoss und der benutzbare Dachraum eines Gebäudes über mindestens eine Treppe zugänglich sein (notwendige Treppe); statt notwendiger Treppen sind Rampen mit flacher Neigung zulässig.
- § 35 Abs. 2 S. 1 BauO regelt ergänzend, dass von jeder Stelle eines Aufenthaltsraumes sowie eines Kellergeschosses mindestens ein Ausgang in einen notwendigen Treppenraum oder ins Freie in höchstens 35 m Entfernung erreichbar sein muss.
- Schließlich bestimmt § 36 Abs. 1 S. 1 BauO, dass Flure, über die Rettungswege aus Aufenthaltsräumen oder aus Nutzungseinheiten mit Aufenthaltsräumen zu Ausgängen in notwendige Treppenräume oder ins Freie führen (notwendige Flure), so angeordnet und ausgebildet sein müssen, dass die Nutzung im Brandfall ausreichend lang möglich ist.

Die BauO definiert den Begriff der Nutzungseinheit nicht, sondern setzt ihn voraus; besonders im Bereich des Brandschutzes ist er von Bedeutung. Mit Blick auf des Prinzip des Brandschutzes, zwei voneinander unabhängige Rettungswege zu gewährleisten, wird man als Nutzungseinheit unter Umständen sogar einen einzigen Raum ausreichen lassen können. Denn es kommt darauf an, ob ein Nutzer zur Selbstrettung ohne Weiteres in einen anderen Raum und von dort aus nach draußen gelangen kann. Bei einem abgeschlossenen Einzimmerappartement oder einem Gastzimmer in einer Hotelanlage ist das nicht der Fall.[1069] **205**

(b) Anforderungen an den ersten Rettungsweg

Der erste, in der Regel baulich ausgeführte Rettungsweg ist der „normale" Weg zu der Nutzungseinheit, also derjenige, über den der Nutzer im Regelfall zu der und in die Nutzungseinheit gelangt. Dieser Weg hat (als „Fluchtweg") insbesondere für die Selbstrettung besondere Bedeutung. Aber auch für die Rettungskräfte, die im Falle einer nicht mehr möglichen Selbstrettung gefährdeter Personen und/oder zur Durch- **206**

[1069] Radeisen in: Boeddinghaus/Hahn/Schulte u.a., Bauordnung für das Land Nordrhein-Westfalen, 59. Update Januar 2021, I. Grundsatz: 2 Rettungswege, Rn. 20; OVG Münster Beschl. v. 7.7.1997 – 10 A 3367/94.

führung von Löscharbeiten in die Nutzungseinheit gelangen können müssen, ist er der beste Weg. Denn er ist in der Regel leicht erkennbar, gut nutzbar und mit einer besonderen Brandschutzqualität ausgestattet. Wegen der besonderen Bedeutung des ersten Rettungswegs stellt die BauO hohe Anforderungen an ihn. Diese beziehen sich insbesondere auf die Zugänglichkeit der Gebäude, die (notwendigen) Flure, die (notwendigen) Treppen und die (notwendigen) Treppenräume (s. o.).

207 Erfüllt ein geplantes Vorhaben bereits die vorgesehenen Anforderungen an den ersten Rettungsweg nicht, ist das Vorhaben materiell rechtswidrig. Ob ein zweiter Rettungsweg, der zumeist eine mindere Qualität aufweist, zur Verfügung steht, ist dann unerheblich. Hieraus folgt, dass in diesem Fall für ein Vorhaben, sofern es einer Genehmigung bedarf und die Frage des Vorhandenseins ausreichender Rettungswege Prüfgegenstand ist, die Genehmigung nicht erteilt werden kann. Ist das Vorhaben nicht genehmigungsbedürftig oder liegt die Prüfung außerhalb des obligatorischen Prüfungsrahmens, führt dies ebenfalls zum Verbot der Errichtung und Nutzung der Anlage, da auch nicht genehmigungsbedürftige Anlagen die materiellen Anforderungen erfüllen müssen (§ 60 Abs. 2 BauO).

208 Verliert der Rettungsweg im Laufe der Zeit die an ihn zu stellenden Anforderungen, werden das Vorhaben und seine Nutzung, weil die Genehmigung den Rettungsweg mitumfasste, formell illegal und, weil es nicht genehmigungsfähig ist, materiell illegal.

(2) Der zweite Rettungsweg

209 Wegen der Gefahr, dass der erste, vorrangige Rettungsweg nicht gangbar ist, weil er zerstört, versperrt oder verraucht ist, ist grundsätzlich – mit Ausnahmen – ein *zweiter* Rettungsweg erforderlich, an den aber geringere Anforderungen gestellt werden.

210 Der zweite Rettungsweg hat im besten Fall die gleiche Qualität wie der erste (§ 33 Abs. 2 S. 2 1. Alt. BauO: „Der zweite Rettungsweg kann eine weitere notwendige Treppe (…) sein."). Das Gesetz erlaubt jedoch auch eine umständlichere und deshalb weniger sichere Ausgestaltung (§ 33 Abs. 2 S. 2 2. Alt. BauO „(…) oder eine mit Rettungsgeräten der Feuerwehr erreichbare Stelle der Nutzungseinheit (…)"). Dass in diesen Fällen die Selbstrettung Betroffener und die Erreichbarkeit für Rettungskräfte mit einer erhöhten Gefahr für die diesen nicht optimalen zweiten Rettungsweg benutzenden Personen verbunden ist, nimmt das Gesetz hin. Bei allen nachfolgend zu beschreibenden Einschränkungen der Anforderungen ist deshalb die allgemeine Regelung in der Generalklausel zu beachten, wonach bei einem Brand die Rettung von Menschen und Tieren sowie wirksame Löscharbeiten möglich sein müssen. Bei Zweifeln über die Anforderungen im Einzelnen kann unter Umständen dieses Gebot die Antwort geben.

(a) Erforderlichkeit des zweiten Rettungswegs

211 § 33 Abs. 1 BauO, die zentrale Norm der BauO zum Erfordernis eines zweiten Rettungswegs, besagt: „Für Nutzungseinheiten mit mindestens einem Aufenthaltsraum wie Wohnungen, Praxen, selbstständige Betriebsstätten müssen in jedem Geschoss mindestens zwei voneinander unabhängige Rettungswege ins Freie vorhanden sein; beide Rettungswege dürfen jedoch innerhalb des Geschosses über denselben notwendigen Flur führen."

212 Nähme man den ersten Halbsatz dieser Bestimmung wörtlich, würde das Gebot eines zweiten Rettungswegs auch für Geschosse im Keller oder Dach gelten, in denen sich kein Aufenthaltsraum befindet. Das wäre systemfremd. Zwar mögen sich Perso-

C. Bauordnungsrecht

nen kurzfristig auch in Räumen aufhalten, die keine Aufenthaltsräume im rechtlichen Sinne sind, doch ist allgemein anerkannt, dass insofern keine abstrakte Gefahr (zu dem Begriff der Gefahr s. Teil C Rn. 402 ff.) besteht, die Anlass sein müsste, dass der Gesetzgeber dafür die Herstellung eines zweiten Rettungswegs fordert. So hat denn auch das Bauministerium des Landes NRW in seiner Handlungsanweisung an die Bauaufsichtsbehörden gemeint, „nach Sinn und Zweck der Vorschrift als auch nach der Gesetzesbegründung (könne) die Anforderung nur so verstanden werden, dass zwei Rettungswege nur in Geschossen nachgewiesen werden müssen, in denen sich Aufenthaltsräume befinden. Beispielsweise müssten für einzelne Abstellräume im Keller oder im Dach eines Gebäudes, die einer Wohnung in einem anderen Geschoss zugeordnet sind, weiterhin keine Rettungswege nachgewiesen werden".[1070]

Ein zweiter Rettungsweg ist, insoweit abweichend von dem Grundsatz des § 33 Abs. 1 BauO, nicht erforderlich, wenn die Rettung über einen Treppenraum möglich ist, in den Feuer und Rauch nicht eindringen können (Sicherheitstreppenraum), § 33 Abs. 3 BauO. Voraussetzung dafür ist allerdings, dass der Sicherheitstreppenraum sicher erreichbar ist, nämlich insbesondere über einen notwendigen Flur.[1071] **213**

(b) Anforderungen an den zweiten Rettungsweg (Überblick)

Nachfolgend soll ein kurzer Überblick über die wichtigsten Regelungen zu den Anforderungen an den zweiten Rettungsweg nach der BauO gegeben werden. **214**

(aa) Notwendige Flure und offene Gänge

Führt der erste Rettungsweg aus bestimmten Gebäuden oder Nutzungseinheiten nicht unmittelbar ins Freie, sondern über einen Flur, muss dieser bei bestimmten Gebäuden die Qualität eines „notwendigen Flurs" aufweisen. Das gilt auch für den zweiten Rettungsweg. **215**

Abgesehen von den nachstehend aufgeführten Gebäuden, Nutzungseinheiten und Wohnungen müssen in allen Anlagen die Flure, über die (erste oder zweite) Rettungswege aus Aufenthaltsräumen oder aus Nutzungseinheiten mit Aufenthaltsräumen zu Ausgängen ins Freie führen, so angeordnet und ausgebildet sein müssen, dass die Nutzung im Brandfall ausreichend lang möglich ist (§ 36 Abs. 1 S. 1 BauO). Notwendige Flure sind nicht erforderlich: in Wohngebäuden der Gebäudeklassen 1 und 2, in sonstigen Gebäuden der Gebäudeklassen 1 und 2, ausgenommen in Kellergeschossen, innerhalb von Nutzungseinheiten mit nicht mehr als 200 m² und innerhalb von Wohnungen, innerhalb von Nutzungseinheiten, die einer Büro- oder Verwaltungsnutzung dienen, mit nicht mehr als 400 m² und unter Umständen auch für Teile davon. **216**

Notwendige Flure müssen so breit sein, dass sie für den größten zu erwartenden Verkehr ausreichen; sie sind durch nichtabschließbare, rauchdichte und selbstschließende Abschlüsse in Rauchabschnitte zu unterteilen. Die Breite eines notwendigen Flures sollte die Breite von notwendigen Treppen nicht unterschreiten, so dass im Regelfall von einer Breite von mindestens 1 m auszugehen ist. Größere Breiten **217**

1070 Eine Änderung oder Klarstellung ist durch das Änderungsgesetz zur Bauordnung 2018 nicht erfolgt.
1071 Nach § 33 Abs. 2 S. 4 Nr. 2 BauO ist ein zweiter Rettungsweg außerdem nicht erforderlich für zu ebener Erde liegende Räume, die einen unmittelbaren Ausgang ins Freie haben, der von jeder Stelle des Raumes in höchstens 15 m Entfernung erreichbar ist. Der Verzicht auf einen zweiten Rettungsweg gilt nur für Räume mit direktem Ausgang ins Freie und nicht für Nutzungseinheiten mit mehreren Räumen, wie Wohnungen.

können sich durch Anforderungen aus der barrierefreien Nutzung eines Gebäudes oder für Sonderbauten, zB aufgrund von Sonderbauvorschriften, ergeben.

218 Ferner stellt die BauO Anforderungen an die Feuerwiderstandsfähigkeit und das Brandverhalten der Wände notwendiger Flure sowie an die Dichtigkeit der Türen. § 36 Abs. 6 Nr. 3 BauO verlangt darüber hinaus, dass Fußbodenbeläge mindestens schwerentflammbar[1072] sind.

(bb) Notwendige Treppen

219 Soweit die Rettungswege nicht zu ebener Erde liegen, verlaufen sie über (jeweils „notwendige") Flure und Treppen und durch Treppenräume. Diese Bauteile müssen, damit sie die ihnen zugedachte Funktion erfüllen können, strenge Anforderungen erfüllen. Die Anforderungen betreffen ihre Anordnung und Ausführung, ihre Maße, ihre Feuerwiderstandsfähigkeit sowie das Brandverhalten ihrer Baustoffe. Ein Überblick:

220 § 33 Abs. 2 S. 1 BauO schreibt vor, dass für Nutzungseinheiten nach Abs. 1 (also solche mit mindestens einem Aufenthaltsraum wie Wohnungen, Praxen, selbstständige Betriebsstätten), die nicht zu ebener Erde liegen, der erste Rettungsweg über eine „notwendige Treppe" führen muss.

221 § 34 Abs. 3 und 4 BauO beschreibt die Anforderungen an solche notwendigen Treppen (wobei hierfür auch Rampen mit flacher Neigung zulässig sind, einschiebbare Treppen und Rolltreppen hingegen nicht). Ferner stellt die BauO – nach den Gebäudeklassen gestaffelte – Anforderungen an die Feuerwiderstandsfähigkeit und das Brandverhalten ihrer Wände auf. Die nutzbare Breite der Treppenläufe und Treppenabsätze notwendiger Treppen muss für den größten zu erwartenden Verkehr ausreichen. Die in NRW mit einer Verwaltungsvorschrift als Technische Baubestimmung eingeführte DIN 18065:2015–03 enthält Maßangaben zur Breite.

222 Treppen müssen einen festen und griffsicheren Handlauf aufweisen, und, sofern die Verkehrssicherheit dies erfordert, auf beiden Seiten und mit Zwischenhandläufen. Eine vorhandene zweite Treppe entspricht nicht den Anforderungen eines zweiten Rettungsweges, wenn sie die genannten Anforderungen an notwendige Treppen nicht erfüllt.[1073]

(cc) Notwendige Treppenräume

223 Vorrangig gilt im Brandschutz ein System der horizontalen Brandabschnitte. In einem mehrgeschossigen Gebäude durchbrechen Treppen regelmäßig dieses System. Wegen der für die Treppen notwendigen Deckenöffnungen besteht die Gefahr, dass Feuer und Rauch in andere Geschosse übertragen werden. Zur Sicherstellung der Rettungswege aus den Geschossen ins Freie muss deshalb jede notwendige Treppe in einem eigenen, durchgehenden Treppenraum liegen. Diese notwendigen Treppenräume müssen so angeordnet und ausgebildet sein, dass die Nutzung der notwendigen Treppen im Brandfall ausreichend lang möglich ist (§ 35 Abs. 1 S. 1 und 2 BauO).

224 Dieses Erfordernis gilt allerdings nicht in Gebäuden der Gebäudeklassen 1 und 2, für die Verbindung von höchstens zwei Geschossen innerhalb derselben Nutzungseinheit von insgesamt nicht mehr als 200 m², wenn in jedem Geschoss ein anderer Rettungsweg erreicht werden kann, sowie für Außentreppen, wenn ihre Nutzung ausrei-

---

1072 S. DIN 4102 – B1; DIN EN 13051 – B.
1073 VG Gelsenkirchen Urt. v. 12.9.2014 – 9 K 2342/13.

chend sicher ist und im Brandfall nicht gefährdet werden kann oder innerhalb von Wohnungen.

§ 35 Abs. 2 BauO enthält Regelungen über die höchst zulässige Länge der Flure, über die die notwendigen Treppenräume zu erreichen sein müssen, und die Anordnung der Treppenräume innerhalb des Gebäudes. Hat der notwendige Treppenraum keinen unmittelbaren Ausgang ins Freie, was eigentlich Grundforderung des Brandschutzes ist, muss der Raum zwischen dem notwendigen Treppenraum und dem Ausgang ins Freie mindestens so breit sein wie die dazugehörigen Treppenläufe, Wände haben, die die Anforderungen an die Wände des Treppenraumes erfüllen, rauchdichte und selbstschließende Abschlüsse zu notwendigen Fluren aufweisen und ohne Öffnungen zu anderen Räumen, ausgenommen zu notwendigen Fluren, sein (§ 35 Abs. 3 BauO). **225**

Das Gesetz stellt Anforderungen an die Feuerwiderstandsfähigkeit der Wände notwendiger Treppenräume, die von der jeweiligen Gebäudeklasse abhängen, und nennt Vorgaben für zB Bekleidungen, Dämmstoffe, Wände, Decken sowie Bodenbeläge. Öffnungen in notwendigen Treppenräumen müssen Feuerschutz- und Rauchschutzabschlüsse mit bestimmten Anforderungen und Funktionen erfüllen. Sie müssen zu beleuchten sein; wenn sie ohne Fenster sind und das Gebäude höher als 13 m ist, müssen sie eine Sicherheitsbeleuchtung haben. Schließlich stellt das Gesetz Anforderungen zur Rauchableitung auf, damit das Schutzziel der Unterstützung wirksamer Löscharbeiten durch die Feuerwehr erreicht werden kann.[1074] **226**

Neben diese die bauliche Beschaffenheit eines notwendigen Treppenraumes beschreibenden Regelungen treten die allgemeinen bauordnungsrechtlichen Anforderungen, die sich aus § 14 BauO ergeben. Dem stehen störende, im Treppenraum gelagerte Gegenstände entgegen.[1075] Das gilt zum einen dann, wenn diese Gegenstände brennbar sind (sog. Brandlasten). Denn im Brandfall können brennbare Gegenstände zur Gefahr werden; der Umstand, dass die Bauordnungen, wie oben beschrieben, Anforderungen an die Feuerwiderstandsfähigkeit der Bekleidungen von Treppenräumen stellen, macht deutlich, dass das dadurch erreichte Schutzniveau nicht durch noch erheblich leichter in Brand geratende Gegenstände unterlaufen werden darf. Hinzu kommt, dass der Durchgangsbereich (für gefährdete Personen und Retter) nicht erschwert werden darf. Erfahrungsgemäß führt ein Brand innerhalb kürzester Zeit zu einer erheblichen Rauchbildung. Außerdem ist im Falle der dann zu erwartenden Verqualmung eines Rettungswegs die (Selbst-)Rettung erheblich erschwert; das gilt auch für Gegenstände, die selbst nicht brennbar sind, aber im Wege stehen. Dabei ist auch zu berücksichtigen, dass Möbelstücke im Brandfall umkippen und/oder durch in der Paniksituation eines Brands flüchtende Personen verschoben werden können. Damit sind sie nicht nur geeignet, die Bedingungen der Flucht und der Rettung von Menschen zu verschlechtern, sondern auch die Bedingungen wirksamer Löscharbeiten durch die eintreffenden Einsatzkräfte der Feuerwehr.[1076] **227**

(c) **Erleichterungen für den zweiten Rettungsweg**

Zur Art des zweiten Rettungswegs bestimmt § 33 Abs. 2 S. 2 BauO, dass dieser eine weitere notwendige Treppe, die den Anforderungen des § 34 BauO entsprechen **228**

1074 Vgl. dazu: VG München Beschl. v. 18.12.2015 – M 8 S 15.5198.
1075 Vgl. zum nachstehenden OVG Münster Beschl. v. 20.2.2013 – 2 A 239/12.
1076 Vgl. OVG Münster Beschl. v. 20.2.2013 – 2 A 239/12; VG Düsseldorf Urt. v. 13.2.2009 – 25 K 7918/08.

muss, oder eine mit Rettungsgeräten der Feuerwehr erreichbare Stelle der Nutzungseinheit sein kann.

229 Eine Notleiter (auch mit Rückenschutz) gemäß DIN 14094–1 genügt den Anforderungen nicht.[1077] Denn wenn die Nutzer einer Wohnung im Brandfall auf eine Selbstrettung angewiesen sind, muss der zweite Rettungsweg so beschaffen sein, dass er auch von älteren und/oder gebrechlichen Personen sowie von Kindern gefahrfrei genutzt werden kann. Das ist bei einer Notleiter nicht der Fall, weil ihre Nutzung ein gewisses Maß an körperlicher Beweglichkeit und Geschicklichkeit erfordert, das bei dem genannten Personenkreis nicht vorausgesetzt werden kann.

230 Alternativ kommt eine mit Rettungsgeräten der Feuerwehr erreichbare Stelle der Nutzungseinheit in Betracht. „Erreichbar" in diesem Sinne ist die Stelle nur dann, wenn – erstens – die Einsatzstelle in tatsächlicher Hinsicht hinreichend sicher zu Fuß oder mit dem erforderlichen Fahrzeug erreicht werden kann und eine geeignete Fläche zum Aufstellen des Fahrzeugs zur Verfügung steht ist und – zweitens – die Feuerwehr tatsächlich über das erforderliche Rettungsgerät verfügt.

231 § 33 Abs. 3 S. 2 BauO besagt darüber hinaus, dass der zweite Rettungsweg über Rettungsgeräte der Feuerwehr nur zulässig ist, wenn keine Bedenken wegen der Personenrettung bestehen. Bedenken bestehen insbesondere, wenn wegen einer großen Anzahl von Personen in einer Nutzungseinheit oder wegen einer erhöhten Hilfsbedürftigkeit der Personen (zB kranke Personen oder Menschen mit Behinderungen, Kleinkinder) eine Rettung über die Feuerwehrleiter so erschwert ist, dass sie nicht in vertretbarer Zeit durchgeführt werden kann.

(aa) Erreichbarkeit

232 Die Anforderungen an die Erreichbarkeit sind in § 5 BauO beschrieben.

233 Neben § 5 BauO sind in der Sonderbauverordnung in Bezug auf die Rettungswege weitere Anforderungen enthalten: § 7 SBauVO (Bemessung der Rettungswege von Versammlungsstätten), § 31 SBauVO (Rettungswege, Flächen für die Feuerwehr von Versammlungsstätten), § 49 SBauVO (Rettungswege von Beherbergungsstätten), § 66 SBauVO (Rettungswege von Verkaufsstätten), § 81 SBauVO (Rettungswege auf dem Grundstück, Flächen für die Feuerwehr für Verkaufsstätten), §§ 94 bis 97 SBauVO (Rettungswege von Hochhäusern), § 129 SBauVO (Rettungswege von Garagen).

234 Wichtige Richtlinien sind: Richtlinie über den baulichen Brandschutz im Industriebau – Industriebaurichtlinie,[1078] Richtlinie über bauaufsichtliche Anforderungen an Schulen – Schulbaurichtlinie[1079] sowie Richtlinie über bauaufsichtliche Anforderungen an den Bau und Betrieb von Einrichtungen mit Pflege- und Betreuungsleistungen.[1080] Schließlich ist für Fliegende Bauten der Erlass des Ministeriums für Bauen und Verkehr über Fliegende Bauten[1081] und allgemein für Arbeitsstätten die Arbeitsstättenregel ASR A 2.2 – Maßnahmen gegen Brände – Ausgabe 11/2012[1082] – zu beachten.

1077 OVG Münster Urt. v. 22.2.2010 – 7 A 1235/08.
1078 IndBauR, RdErl. d. Ministeriums für Bauen, Wohnen, Stadtentwicklung und Verkehr – VI.1 – 190 v. 4.2.2015, MBl. NRW 2015, S. 204.
1079 SchulBauR, RdErl. des Ministeriums für Wirtschaft, Energie, Bauen, Wohnen und Verkehr – X.1 – 170 v. 5.11.2010, MBl. NRW. 2010 S. 830, geänd. durch RdErl. v. 20.11.2015, MBl. NRW. 2015 S. 796.
1080 RdErl. d. Ministeriums für Wirtschaft, Energie, Bauen, Wohnen und Verkehr – X.1 – 141.01 – v. 17.3.2011, MBl. NRW. 2011 S. 125.
1081 FlBau NRW, RdErl. d. Ministeriums für Bauen und Verkehr – VI A 3 – 125 – v. 20.2.2008, MBl. NRW. 2008 S. 114, geändert d. RdErl. v. 22.5.2012, MBl. NRW. 2012 S. 460.
1082 GMBl 2014, S. 286.

Nach § 5 Abs. 1 S. 1 BauO ist von öffentlichen Verkehrsflächen „insbesondere für die **235** Feuerwehr ein geradliniger Zu- oder Durchgang zu rückwärtigen Gebäuden zu schaffen, zu anderen Gebäuden ist er zu schaffen, wenn der zweite Rettungsweg dieser Gebäude über Rettungsgeräte der Feuerwehr führt". Dabei meint das Gesetz mit rückwärtigen Gebäuden solche, die nicht unmittelbar vom Straßenraum aus zu erreichen sind, also Hauser in zweiter oder dritter Reihe. „Andere Gebäude", zu denen er zu schaffen ist, sind alle anderen Gebäude oder Gebäudeteile, für deren Rettungsweg die Rettungsgeräte der Feuerwehr einen Zu- oder Durchgang erfordern, weil sie nicht (hinreichend) von der Vorderseite aus erreichbar sind.

Das Erfordernis eines gradlinigen Zugangs liegt darin begründet, dass ansonsten die **236** langen Leitern nicht durch einen verwinkelten Hausflur getragen werden können, wenn der Angriff und/oder die Rettung an einer Gebäuderückseite erfolgen muss.

Auch wenn das im Gesetz nicht ausdrücklich gesagt ist, genügt auch ein Weg durch **237** eine fremde Nutzungseinheit nicht. Dabei sind nicht die Eigentumsverhältnisse maßgeblich, sondern die Tatsache, dass dort mit Einrichtungsgegenständen zu rechnen ist, die im Brandfall die Verbringung von Rettungsgeräten zur Rückseite des Gebäudes gravierend erschweren können. Solchermaßen eventuell gegebene Zugangsschwierigkeiten können dazu führen, dass der Beginn von Rettungsaktionen an den Fenstern der rückwärtigen Wohneinheiten in Obergeschossen eines Hinterhauses oder an der Rückseite eines Gebäudes entscheidend verzögert würde.

Als Stellen, die mit Rettungsgeräten der Feuerwehr erreicht werden können, gelten **238** Fenster, Balkone oÄ (zu den erforderlichen Maßen s. Teil C Rn. 248 ff.). Ob die Austrittstelle im zweiten Rettungsweg von der Feuerwehr erreicht werden kann, hängt auch von der Ausstattung der Feuerwehr ab. Die Fenster von Gebäuden der Gebäudeklassen 1 bis 3 haben in aller Regel Brüstungshöhen von nicht mehr als 8 m über der Geländeoberfläche. Die Fenster können dann mit Tragleitern erreicht werden, die zur Regelausstattung der Feuerwehr gehören. Zu höher gelegenen Fenstern ist gem. § 5 Abs. 1 S. 2 BauO in den Fällen des § 5 Abs. 1 S. 1 anstelle eines Zu- oder Durchgangs eine Zu- oder Durchfahrt zu schaffen. Bei Gebäuden, die ganz oder mit Teilen mehr als 50 m von einer öffentlichen Verkehrsfläche entfernt sind, sind Zufahrten oder Durchfahrten zu den vor und hinter den Gebäuden gelegenen Grundstücksteilen und Bewegungsflächen herzustellen, wenn sie aus Gründen des Feuerwehreinsatzes erforderlich sind. Ist für die Personenrettung der Einsatz von Hubrettungsfahrzeugen erforderlich, sind die dafür erforderlichen Aufstell- und Bewegungsflächen vorzusehen.

Zu- und Durchfahrten, Aufstellflächen und Bewegungsflächen müssen für Feuer- **239** wehrfahrzeuge ausreichend befestigt und tragfähig sein. Sie sind als solche zu kennzeichnen und ständig frei zu halten. Die Kennzeichnung von Zufahrten muss von der öffentlichen Verkehrsfläche aus sichtbar sein. (§ 5 Abs. 2 BauO). Die Detailanforderungen ergeben sich aus der „Richtlinie über Flächen für die Feuerwehr" aus 2009 („MRFIFw"), die als Technische Baubestimmung eingeführt ist. Damit ergeben sich wegen der größeren Fahrzeugbreiten von Feuerwehrfahrzeugen teilweise höhere Anforderungen als dies früher der Fall war. So erhöht sich zB die Mindestbreite für Aufstellflächen auf dem Grundstück von 3,00 m auf 3,50 m, die Gesamtbreite von Aufstellflächen rechtwinklig zu einer Außenwand von 5,50 m auf 6,00 m. Entsprechen Zu- und Durchfahrten sowie Aufstellflächen nicht mehr den heute geltenden Anforderungen, könnten sie also heute nicht mehr genehmigt werden, genießen sie nur noch Bestandsschutz. (Zu den gravierenden Folgen insbesondere im Falle des Untergangs des Bestandsschutzes und dem dann entstehenden Gebot der Anpassung an das geltende Recht s. Teil C Rn. 542 ff.).

240 Die Ermöglichung wirksamer Rettungsarbeiten setzt naturgemäß voraus, dass die Zufahrtmöglichkeit uneingeschränkt und ohne Behinderungen gewährleistet wird. Daran fehlt es, wenn die Straßenverhältnisse durch parkende Pkws sowie der Baumwuchs vor dem Gebäude das Erreichen der Wohnungen verhindern.[1083]

(bb) Vorhandensein der Rettungsgeräte

241 § 33 Abs. 3 BauO konkretisiert die Erfordernisse weiter dahin gehend, dass die Feuerwehr über die erforderlichen Rettungsgeräte wie Hubrettungsfahrzeuge verfügt. Ist die örtliche Feuerwehr nicht mit Kraftfahrdrehleitern ausgestattet, so dürfen Gebäude, deren zweiter Rettungsweg über Fenster oder sonstige zum Anleitern geeignete Stellen mit einer Brüstungshöhe von mehr als 8 m führt, nicht errichtet werden. Ein Bauherr oder ein Nutzer eines Gebäudes hat, auch nach dem BHKG (Fundstelle s.o. Teil C Fn. 160), keinen Anspruch darauf, dass die Feuerwehr über die erforderlichen Rettungsgeräte verfügt, also erforderlichenfalls anschafft.[1084]

242 Verliert die Gemeinde ihre Finanzkraft und stehen die erforderlichen Rettungsgeräte nicht mehr zur Verfügung, ist dies keine Frage des Bestandsschutzes, sondern – davon zu unterscheiden – einer bestandskräftigen Baugenehmigung. Denn es hat sich nicht die Rechtslage geändert, wie für den Bestandsschutz vorausgesetzt, sondern die Sachlage. Unter Umständen kommt zur Gefahrenabwehr ein Nachverlangen nach § 58 Abs. 6 S. 1 BauO in Betracht.

bb) Anforderungen an Bauteile (Überblick)

(1) Anforderungen an Brandwände

243 Die BauO stellt Anforderungen an Brandwände, die aufgrund ihrer Nähe zum Nachbargrundstück als Gebäudeabschlusswände auszubilden sind. Diese Gebote und Verbote sind – im klassischen Sinn – nachbarschützend.[1085]

244 Brandwände sind als Gebäudeabschlusswände (raumabschließende Bauteile zum Abschluss von Gebäuden) auszubilden, wenn die Abschlusswand an oder mit einem Abstand von weniger als 2,5 m gegenüber der Grundstücksgrenze errichtet wird, es sei denn, dass ein Abstand von mindestens 5 m zu bestehenden oder nach den baurechtlichen Vorschriften zulässigen künftigen Gebäuden gesichert ist. Für Gebäude ohne Aufenthaltsräume und ohne Feuerstätten mit nicht mehr als 50 m² Brutto-Rauminhalt gilt diese Pflicht allerdings nicht. Ferner gilt nach § 30 Abs. 10 BauO die Pflicht nicht für seitliche Wände von Vorbauten, wenn sie von dem Nachbargebäude oder der Nachbargrenze einen Abstand einhalten, der ihrer eigenen Ausladung entspricht, mindestens jedoch 1 m beträgt.[1086]

[1083] VG Gelsenkirchen Beschl. v. 9.1.2014 – 5 L 1372/13. S. dazu auch Teil C Rn. 441.

[1084] VG Köln Urt. v. 27.1.2009 – 2 K 245/08: Zwar besagt § 3 Abs. 1 BHKG, dass die Gemeinden für den Brandschutz und die Hilfeleistung die Gemeinden den örtlichen Verhältnissen entsprechende leistungsfähige Feuerwehren als gemeindliche Einrichtungen unterhalten; subjektive Rechte des Bürgers in Bezug auf die Einrichtung der Feuerwehren und ihre Ausstattung wollte das Gesetz jedoch nicht begründen.

[1085] VGH München Beschl. v. 8.3.2018 – 15 CE 17.2599; VG Cottbus Beschl. v. 29.1.2019 – 3 L 688/18; VG Ansbach Urt. v. 5.3.2020 – AN 17 K 17.00172. Anderes gilt bei Brandwänden innerhalb ausgedehnter Gebäude, vgl. VGH Mannheim Urt. v. 26.2.1992 – 3 S 2947/91.

[1086] Zu den Anforderungen an die Baustoffe von Gebäudeabschlusswänden mit Blick auf ihr Brandverhalten und ihre Feuerwiderstandsfähigkeit s. DIN 4102 Teil 3.

C. Bauordnungsrecht

Öffnungen in Gebäudeabschlusswänden sind seit jeher unzulässig (vgl. § 30 Abs. 8 S. 1 BauO, zur Frage eines behaupteten Bestandsschutzes bei einer vorhandenen Öffnung s. unter Bestandsschutz Teil C Rn. 536). Allerdings kann uU eine bestehende Öffnung in der Gebäudeabschlusswand auch durch eine Brandschutzverglasung geschlossen werden, so dass diese Ausführung nicht gegen das Öffnungsverbot verstößt.[1087] Zwar muss eine Gebäudeabschlusswand auch unter zusätzlicher mechanischer Beanspruchung feuerbeständig sein und zudem aus nichtbrennbaren Baustoffen bestehen; eine Brandwand muss aber nicht zwingend als Mauerwerk ausgeführt werden.[1088]

(2) Anforderungen an Dächer

Die BauO stellt insbesondere dem Brandschutz dienende Anforderungen an Dächer auf. Einige der Regelungen bezwecken ausdrücklich den Schutz von Gebäuden dagegen, dass sie durch ein fremdes Brandgeschehen in Mitleidenschaft gezogen werden (s. § 32 Abs. 1 BauO: „Bedachungen müssen gegen eine Brandbeanspruchung von außen durch Flugfeuer und strahlende Wärme ausreichend lang widerstandsfähig sein (harte Bedachung)."). Unter bestimmten Voraussetzungen ist dieses Erfordernis nicht gegeben (§ 32 Abs. 2 BauO).

(3) Anforderungen an Fenster, Türen und sonstige Öffnungen

Um eine wirksame Rauchableitung zu ermöglichen, schreibt § 37 Abs. 4 S. 1 BauO vor, dass jedes Kellergeschoss ohne Fenster mindestens eine Öffnung ins Freie haben muss.

Fenster, die als zweite Rettungswege nach § 33 Abs. 2 S. 2 BauO dienen (sog. Rettungsfenster), müssen im Lichten mindestens 0,90 m x 1,20 m groß und nicht höher als 1,20 m über der Fußbodenoberkante angeordnet sein. Nach einer Aussage des OVG Münster[1089] dürfen sie liegend oder stehend angeordnet werden.[1090] Diese Aussage (in einem orbiter dictum ohne Entscheidungsrelevanz) erscheint allerdings verfehlt. Denn aus dem Sprachgebrauch, den allgemein anerkannten Regeln der Bautechnik und den sonst angewandten Regeln für Maßangaben,[1091] ergibt sich ein Verständnis der Bestimmung, bei dem das waagerechte Maß zunächst genannt wird. Außerdem spricht die Funktionalität für dieses Verständnis der Maßangaben. Denn eine tragbare Leiter wird vorzugsweise in die Fensteröffnung gestellt und die Einsatzkraft steigt seitlich an der Leiter vorbei – bei einer Breite der Öffnung von 0,90 m bleibt noch ausreichend Platz dafür – durch das Fenster in den Raum. Bei einem Einsatz mit Atemschutzgerät kommt ihm die Höhe von 1,20 m zugute.[1092] Beim Ein- und Aussteigen in oder aus einer Fensteröffnung setzt sich die Einsatzkraft zuerst

---

1087 VGH München Urt. v. 9.3.2016 – 15 B 13.2435; VGH München Beschl. v. 10.1.2020 – 15 ZB 19.425.
1088 OVG Münster Beschl. v. 4.4.2012 – 2 A 1221/11.
1089 OVG Münster Urt. v. 28.1.2009 – 10 A 1075/08.
1090 OVG Münster Urt. v. 28.1.2009 – 10 A 1075/08.
1091 Vgl. die in den Regeln für Wandöffnungen normierten „Maßangaben von Wandöffnungen" in Abschn. 8.7 DIN 1356–1: 1995–02 Bauzeichnungen, s. auch die „Bezeichnung der Wandöffnung für eine Tür" in Abschn. 3 DIN 18100: 1983–10 Wandöffnungen für Türen.
1092 So auch Radeisen in: Jäde/Dirnberger/Michel, Bauordnungsrecht Thüringen, 69. Update September 2020, VI. Fenster und Öffnungen, die als zweiter Rettungsweg dienen (Abs. 5), Rn. 22; wortgleich ders. in den Kommentierungen zur BauO Sachsen und zur BauO Brandenburg, anders aber Radeisen in: Boeddinghaus/Hahn/Schulte u.a., Bauordnung für das Land Nordrhein-Westfalen, 59. Update Januar 2021, 1. Fenster im Erdgeschoss und in Obergeschossen, Rn. 77, trotz des gleichen Wortlauts des Gesetzes.

auf die Brüstung der Öffnung („Reitersitz"). Beim Ein-, Aus- und Übersteigen hält sich die Einsatzkraft an den Sprossen fest.[1093] Dasselbe gilt für das Verlassen des Raumen durch Einsatzkräfte und etwaige zu rettende Personen.

249 Diesem Erfahrungssatz folgend ordnen mehrere Bauordnungen und das Arbeitsstättenrecht ausdrücklich eine solche Anordnung der Maßeinheiten an.[1094] Schließlich ist eine Beliebigkeit der Anordnung im Sinne eines „so oder so" systemwidrig, wie das OVG Münster in der zitierten Entscheidung zuvor zutreffend ausgeführt hat; denn wenn bei einem Einstellen der Leiter in das Fenster die Höhe der verbleibenden Öffnung 0,90 m oder 1,20 m sein könnte fragt sich, warum nicht auch eine Höhe von zB 1 m ausreichend wäre.

250 Die in den Bundesländern vorgeschriebenen Mindestmaße für Rettungsfenster differieren zum Teil erheblich gegenüber den für NRW genannten Maßen. Eine Abweichung von den in der BauO vorgeschriebenen Maßen lässt sich nicht mit der Begründung rechtfertigen, in anderen Ländern würden geringere Maße ausreichen.[1095] Die in dem föderativen System der Bundesrepublik Deutschland angelegten Besonderheiten der unterschiedlichen Regelungen sind zu akzeptieren.[1096]

251 Liegen die Rettungsfenster in Dachschrägen oder Dachaufbauten, so darf ihre Unterkante oder ein davor liegender Austritt von der Traufkante horizontal gemessen nicht mehr als 1 m entfernt sein (§ 37 Abs. 5 BauO); zuvor legal eingebaute Fenster mit einem größeren Abstand genießen Bestandsschutz (dazu s. Teil C Rn. 525 ff.).

g) Barrierefreiheit

252 Das gesetzgeberische Ziel, eine weitgehende Barrierefreiheit in baulichen Anlagen zu erreichen, wird durch zahlreiche Bestimmungen in der BauO und anderen Normensammlungen erstrebt. Nach der Legaldefinition in § 2 Abs. 10 BauO sind bauliche Anlagen barrierefrei, „soweit sie für alle Menschen, insbesondere für Menschen mit Behinderungen, in der allgemein üblichen Weise, ohne besondere Erschwernis und grundsätzlich ohne fremde Hilfe auffindbar, zugänglich und nutzbar sind."

253 Insbesondere § 49 BauO enthält Vorgaben für das barrierefreie Bauen. Während Abs. 1 in allgemeiner Weise vorschreibt, dass in Gebäuden der Gebäudeklasse 3 bis 5 mit Wohnungen die Wohnungen im erforderlichen Umfang barrierefrei sein müssen, regelt Abs. 2 das Gebot der Barrierefreiheit mit Blick auf öffentlich zugängli-

---

1093 Aus: Nr. 12 der Feuerwehr Dienstvorschrift 10 (FwDV 10), Stand November 2019: „Beim Ein- und Aussteigen in oder aus einer Fensteröffnung setzt sich die Einsatzkraft zuerst auf die Brüstung der Öffnung („Reitersitz")."
1094 ZB. Art. 35 Abs. 4 S. 1 BayBO: „Fenster, die als Rettungswege nach Art. 31 Abs. 2 Satz 2 dienen, müssen in der Breite mindestens 0,60 m, in der Höhe mindestens 1 m groß, von unten nicht zu öffnen und nicht höher als 1,20 m über der Fußbodenoberkante angeordnet sein."; Ähnlich § 37 Abs. 5 BauOBln; § 20 Abs. 2 DVO-NBauO; § 13 Abs. 4 LBOAVO; für das Arbeitsstättenrecht für Notaustiege: Abschn. 6 Abs. 8 ASR A2.3 Fluchtwege und Notausgänge; in der Technischen Regel für Arbeitsstätten – ASR A 2.3 – Ausgabe August 2007 (zul. geänd. GMBl 2014 S. 286) werden die Anforderungen nach § 4 Abs. 4 ArbStättV konkretisiert.
1095 S. zB s. den zuvor wiedergegebenen Art. 35 Abs. 4 S. 1 BayBO.
1096 VG Düsseldorf Urt. v. 2.3.2016 – 28 K 2758/15, unter Hinweis auf OVG Münster Urt. v. 28.1.2009 – 10 A 1075/08: „Das von der Klägerin zur Darlegung der fehlenden konkreten Gefahr herangezogene „Bemessungsverfahren zur Beurteilung von Rettungswegfenstern als Orientierungshilfe zum Umgang mit Abweichungen", Dietrich/Rassek, Rettungswegfenster – wie groß ist groß genug?, Brandschutz – Deutsche Feuerwehrzeitung 2004, 107 ff., legt nur die Minimalanforderungen dar, unter denen eine Rettung noch möglich sein soll. Eine Unterschreitung der gesetzlich vorgesehenen Fenstermaße birgt selbst dann, wenn diese im Einzelfall einen Rettungseinsatz noch ermöglichen, immer eine Einschränkung der Bewegungsmöglichkeiten der Feuerwehrleute und kann eine Rettung erschweren oder zeitlich verzögern."

che bauliche Anlagen; diese müssen „im erforderlichen Umfang" barrierefrei sein. § 49 Abs. 2 S. 2 und 5 BauO enthält eine Legaldefinition für öffentliche Zugänglichkeit und Abs. 2 S. 3 eine nicht abschließende Aufzählung von Beispielen. Nach Abs. 3 gelten die Abs. 1 und 2 jeweils nicht, soweit die Anforderungen wegen schwieriger Geländeverhältnisse oder wegen ungünstiger vorhandener Bebauung nur mit einem unverhältnismäßigen Mehraufwand erfüllt werden können.

Die baulichen Anforderungen an die Barrierefreiheit werden mit der als Technische Baubestimmung eingeführten DIN 18040-1 und 2 (VV TB zur DIN 18040-1 und 2) definiert. **254**

Seit dem 1.1.2020 ist für neu zu errichtende öffentlich-zugängliche Gebäude gemäß § 49 Absatz 2 BauO für große Sonderbauten (§ 50 Abs. 2 BauO) – mit Ausnahme von Gebäuden im Zuständigkeitsbereich von Polizei und Justiz – ein sogenanntes „Barrierefrei-Konzept" zu erstellen (§ 9a BauPrüfVO). Dieses ist eine schutzzielorientierte objektkonkrete Bewertung der baulichen, technischen und organisatorischen Anforderungen der Barrierefreiheit, die für die Prüfung im Genehmigungsverfahren relevant sind. Der Nachweis der Barrierefreiheit muss insbesondere Angaben über die barrierefreie Erreichbarkeit der baulichen Anlage, barrierefreie Gebäudezugänge, die Ausführung der PKW-Stellplätze und deren Abmessungen, die Flurbreiten, die Türbreiten, Türschwellen, Türanschläge und Türöffnungsmöglichkeiten, die Aufzüge und Fahrtreppen, die Treppen und Handläufe, die Rampen einschließlich Neigungen und Gefälle, die Anordnung von Bedienelementen, die barrierefreien Sanitärräume und die barrierefreie Anordnung der Sanitärobjekte, die Abmessungen der Bewegungsflächen, die Orientierungshilfen sowie Ausführungen zu § 49 Abs. 3 BauO enthalten. Konkrete gesetzliche Vorgaben gelten ferner für notwendige Spielplätze, die barrierefrei sein müssen (§ 8 Abs. 4 S. 4 BauO), notwendige Aufzüge, die in Gebäuden mit mehr als drei oberirdischen Geschossen in ausreichender Zahl vorhanden sein müssen (§ 39 Abs. 4 BauO) und für deren Maße und Beschaffenheit das Gesetz konkrete Vorgaben macht, Abstellflächen für Kinderwagen und Mobilitätshilfen, die in Gebäuden der Gebäudeklassen 3 bis 5 mit Wohnungen vorhanden und leicht und barrierefrei erreichbar sein müssen. **255**

Das Gesetz nimmt ferner Rücksicht auf die Belange von Rollstuhlfahrern, indem bei der Bemessung der Abstandsflächen Vorbauten nicht berücksichtigt werden, wenn sie, neben anderen Anforderungen, nicht mehr als 1,60 m vor die Außenwand vortreten. Damit soll eine Konstruktionsstärke der Umwehrung von 10 cm bei einer Bewegungsflächentiefe von 1,50 m für Rollstuhlfahrer sichergestellt werden. **256**

§ 50 Abs. 1 iVm Abs. 2 Nr. 16 BauO bestimmt, dass die Anforderungen und Erleichterungen an sog. kleine Sonderbauten sich auf die barrierefreie Nutzbarkeit erstrecken können. **257**

h) Verunstaltungsverbot

Die von der Bauordnung erfassten Anlagen müssen nach Form, Maßstab, Verhältnis der Baumassen und Bauteile zueinander, Werkstoff und Farbe so gestaltet werden, dass sie nicht verunstaltet wirken (§ 9 Abs. 1 BauO). Außerdem sind sie mit ihrer Umgebung so in Einklang zu bringen, dass sie das Straßen-, Orts- und Landschaftsbild nicht verunstalten und deren beabsichtigte Gestaltung nicht stören (Abs. 2). **258**

Verunstaltung setzt voraus, dass die bauliche Anlage über das Unschöne hinaus das Gesamtbild ihrer Umgebung in solcher Weise stört, dass der für ästhetische Eindrücke offene Betrachter, der sog. gebildete Durchschnittsmensch, in seinem ästheti- **259** schen Empfinden nicht bloß beeinträchtigt, sondern verletzt wird und die bauliche Anlage damit als hässlich empfindet.[1097] Auch ein bereits – etwa durch Werbeanlagen – verunstaltetes Gebäude kann noch weiter verunstaltet werden. Ebenso können Werbeanlagen auch bei einem nicht besonders schutzwürdigen Straßenbild oder Ortsbild weiter verunstaltend wirken.[1098] Es ist in erster Linie Aufgabe des Verunstaltungsverbots Auswüchse zu unterbinden, nicht aber bestimmte ästhetische Wertvorstellungen zur Stadtbildgestaltung zu verwirklichen.[1099] Das Verunstaltungsverbot gestattet der Bauaufsichtsbehörde daher nicht, dem Bauherrn ästhetische Vorstellungen aufzuzwingen. Auch ein nach Ansicht der Baubehörde unschönes Gebäude muss, sofern die Grenze zwischen Unschönheit und eindeutiger Hässlichkeit noch nicht überschritten ist, genehmigt werden.

260 „Verunstaltet" ist ein unbestimmter Rechtsbegriff und verwaltungsgerichtlich voll nachprüfbar.

Beispiel für eine Bejahung der verunstaltenden Wirkung von Baumaßnahmen in einer Dachfläche: „Ob eine mehr oder weniger große „Aufbrechung" der Dachfläche etwa durch einen Balkon, eine Terrasse oder eine Gaube verunstaltend wirkt, lässt sich nur anhand der Umstände des jeweiligen Einzelfalles beurteilen (…). Für diese Beurteilung ist maßgeblich, ob sich ein Dachaufbau dem Dach als grundlegendes Bauteil eines jeden Gebäudes und herausragendes Gestaltungselement noch unterordnet. Das ist regelmäßig nur gegeben, wenn Gauben in einer begrenzten Zahl mit beschränktem Ausmaß vorhanden sind. Außerdem sollten sie vom First, der Traufe und den seitlichen Dachrändern ausreichend abgesetzt sein, um die Konturen des Daches nicht zu verwischen (…). Bei dieser Betrachtung ist insbesondere nicht jeder Dachaufbau isoliert zu betrachten, sondern die Dachfläche stellt eine Einheit dar, die in ihrer Gesamtheit eine bestimmende ästhetische Wirkung auf den Betrachter hat (…). Der massive Anbau im 1. Dachgeschoss führt zu einem erheblichen Eingriff in die äußere Gestalt des Gebäudes. Er weckt gemeinsam mit den vorhandenen Dachgauben im 1. Dachgeschoss den Eindruck einer Fortführung der Außenwand in den Dachbereich hinein. Zwar ist vor den beidseitigen Dachgauben noch eine schmale Fläche mit Dachziegeln bedeckt. Dies führt angesichts der Breite des massiven Anbaus, der sich der rückwärtigen Außenwand nicht dem Dach unterordnet, nicht dazu, dass das Dach noch als eigenständiges Gestaltungselement erkennbar bleibt. Bereits der Anbau verdeckt den Traufbereich des Daches erheblich. Gleichzeitig sind die Gauben im 1. Dachgeschoss von den seitlichen Dachrändern nicht abgesetzt. Die Konturen des Daches sind deshalb nicht mehr wahrnehmbar. Die Dachfläche wird durch den Anbau und die Gauben in der 1. Dachgeschossebene weitgehend aufgelöst, was eine starke „Kopflastigkeit" hervorruft. Dies stellt sich dem Betrachter als ein hässlicher, das ästhetische Empfinden verletzender Zustand dar."[1100]

261 Eine Verunstaltung liegt auch vor, wenn durch die Werbeanlage der Ausblick auf begrünte Flächen verdeckt wird (§ 10 Abs. 2 S. 3 BauO). Auch die störende Häufung von Werbeanlagen ist ein Unterfall des Verunstaltungsverbots und nach § 10 Abs. 2 S. 5 BauO unzulässig (Näheres dazu Teil C Rn. 266 f.).

i) Werbeanlage

262 § 10 BauO enthält neben einer Definition von Werbeanlagen (Abs. 1) Regeln für deren Zulässigkeit, aber auch für deren Nichtanwendbarkeit auf bestimmte Anlagen. Dabei differenziert das Gesetz in einer auf den ersten Blick gesetzestechnisch etwas verwirrenden Weise zwischen Werbeanlagen, die bauliche Anlagen sind, und Werbe-

---

1097 Std. Rspr. seit BVerwG Urt. v. 28.6.1955 – I C 146.53; vgl. auch OVG Weimar Urt. v. 26.10.2005 – Az: 1 KO 69/04.
1098 VG Köln Urt. v. 2.9.2014 – 2 K 307/14.
1099 Vgl. BVerwG Beschl. v. 13.4.1995 – 4 B 70.95; BVerwG Urt. v. 28.6.1955 – I C 146.53; OVG Münster Beschl. v. 26. 6.2014 – 10 A 1261/13; OVG Münster Urt. v. 11.9.1997 – 11 A 5797/95.
1100 Aus: OVG Weimar Urt. v. 19.9.2012 – 1 KO 286/12 mit Hinweisen auf: VGH Mannheim Urt. v. 4.7.2000 – 5 S 418/00; VGH München Urt. v. 8.11.1991 – 26 B 90.3380.

anlagen, die keine baulichen Anlagen sind. Diese Unterschiede finden sich wieder in § 2 Abs. 1 S. 1 bzw. § 2 Abs. 1 S. 4 BauO, wirken sich aber in der Rechtsanwendung nicht aus. Denn wenn § 10 Abs. 2 S. 1 BauO sagt, dass für Werbeanlagen, die bauliche Anlagen sind, die in diesem Gesetz an bauliche Anlagen gestellten Anforderungen gelten, bedeutet dies zum einen, dass auf sie das Verbot der Verunstaltung nach § 9 Abs. 1 und 2 BauO Anwendung findet, und zum anderen, dass sie durch sie die Sicherheit und Leichtigkeit des öffentlichen Verkehrs durch Anlagen oder deren Nutzung nicht gefährdet werden dürfen (§ 16 Abs. 2 BauO). Eben dies ist auch die explizite Aussage des § 10 Abs. 2 S. 2 BauO.

aa) Werbeanlage und Verunstaltung

Für Werbeanlagen gelten über den Verweis auf das allgemeine Verunstaltungsverbot hinaus weitere Regeln, die sachlich dem Verunstaltungsverbot zuzurechnen sind: Dies ist zum einen die Aussage, dass Verunstaltung auch vorliegt, wenn durch Werbeanlagen der Ausblick auf begrünte Flächen verdeckt oder die einheitliche Gestaltung und die architektonische Gliederung baulicher Anlagen gestört wird (§ 10 Abs. 2 S. 3 BauO) und zum anderen das Verbot der störenden Häufung von Werbeanlagen (§ 10 Abs. 2 S. 5 BauO). Letzteres ist ein Unterfall des allgemeinen Verunstaltungsgebots. 263

(1) Verdeckung von begrünten Flächen

§ 10 Abs. 2 S. 3 BauO benennt eine spezielle Form der Verunstaltung, die der Gesetzgeber an dem oftmals krassen optischen Gegensatz zwischen auffällig gestalteten kommerziellen Werbeplakaten und durch Bepflanzung naturnah angelegten Flächen mit der ihnen innewohnenden andersartigen Ästhetik, die das Orts- und Straßenbild regelmäßig aufwerten, festgemacht hat. Dabei ist unerheblich, in welchem Verhältnis die Werbeanlage und die begrünte Fläche, die verdeckt zu werden droht, im Blickfeld des Betrachters flächenmäßig zueinander stehen. Erforderlich ist eine bewertende Betrachtung, bei der alle Umstände des Einzelfalles zu berücksichtigen sind. So können zB die Größe der Fläche, auf der die Werbebotschaft dargestellt werden soll, die Ausrichtung und Entfernung der Werbeanlage zu der begrünten Fläche, deren Ausdehnung und ihr konkreter Bewuchs oder die möglichen Blickbeziehungen des Betrachters zu der begrünten Fläche von Bedeutung sein.[1101] 264

Eine als Verunstaltung geltende Verdeckung des Ausblicks auf begrünte Flächen ist nur anzunehmen, wenn es sich um eine nennenswerte, nicht nur unbedeutende Begrünung handelt. Dabei ist aber ohne Belang, ob und in welchem Maß begrünte Flächen Ausdruck einer landschaft- oder umgebunggestaltenden Konzeption sind; wild gewachsene Büsche und Wildkräuter sind nicht weniger geschützt als „gepflegte" Pflanzen und gestaltete Grünanlagen.[1102] 265

(2) Verbot der störenden Häufung

Das Verbot der störenden Häufung von Werbeanlagen verlangt zunächst nach der Festlegung, wann eine Häufung anzunehmen ist. Diese setzt nach der Rechtsprechung ein räumlich dichtes Nebeneinander einer Mehrzahl gleicher oder verschiedener Anlagen der Außenwerbung voraus. Dabei sind Werbeanlagen jeder Art in die Betrachtung einzubeziehen. Es kommt nicht darauf an, ob es sich um Fremd- oder 266

1101 OVG Münster Beschl. v. 1.4.2020 – 10 A 2328/19.
1102 VG Gelsenkirchen Urt. v. 30.1.2014 – 5 K 2997/12.

Eigenwerbung, genehmigungsfreie oder genehmigungspflichtige Werbung handelt. Nicht genehmigte Anlagen sind dann zu berücksichtigen, wenn mit ihrer Beseitigung in absehbarer Zeit nicht zu rechnen ist.[1103] Eine Häufung von Werbeanlagen liegt nur vor, wenn mehrere, mindestens aber drei Werbeanlagen in eine enge räumliche Beziehung gebracht werden. Der Begriff der Häufung erfordert, dass diese verschiedenen Werbeanlagen gleichzeitig im Gesichtsfeld des Betrachters liegen und ihre optische Wirkung gleichzeitig gemeinsam ausüben. Das Straßenbild darf nicht in verschiedene Teilstrecken aus unterschiedlicher Blickrichtung gleichsam zerlegt werden.[1104]

267 Die Störung setzt voraus, dass der für die Häufung maßgebliche örtliche Bereich im Gesichtsfeld des Betrachters derart mit Werbeanlagen überladen ist, dass das Auge keinen Ruhepunkt mehr findet und das Bedürfnis nach werbungsfreien Flächen stark hervortritt. Wann die störende Wirkung eintritt, hängt wesentlich von dem Baugebietscharakter, der vorhandenen Bebauung und der tatsächlichen Nutzung des Gebiets ab.[1105] Das Verbot der störenden Häufung von Werbeanlagen betrifft auch nachkommende Anlagen der Außenwerbung. Dabei kommt der Grundsatz der Priorität zur Anwendung.[1106]

bb) Verbot von schädlichen Umwelteinwirkungen

268 Nach § 10 Abs. 1 S. 4 BauO darf der Betrieb von Werbeanlagen darf nicht zu schädlichen Umwelteinwirkungen führen. „Schädliche Umwelteinwirkungen" sind gemäß § 3 Abs. 1 BImSchG Immissionen, die nach Art, Ausmaß oder Dauer geeignet sind, Gefahren, erhebliche Nachteile oder erhebliche Belästigungen für die Allgemeinheit oder die Nachbarschaft herbeizuführen. Gemäß § 3 Abs. 2 BImSchG sind Immissionen „auf Menschen, Tiere und Pflanzen, den Boden, das Wasser, die Atmosphäre sowie auf Kultur- und sonstige Sachgüter einwirkende (…) Geräusche, Erschütterungen, Licht (…) und ähnliche Umwelteinwirkungen." Das gilt auch zB für Lichtimmissionen, die Insekten Schäden zuführen. Insbesondere aber sind auch Menschen als Schutzobjekt des Immissionsschutzrechts Anspruchsinhaber etwaiger Abwehrrechte.

cc) Anbringungsorte von Werbeanlagen

269 Die Absätze 3 und 4 enthalten Regeln zum zulässigen Anbringungsort von Werbeanlagen. Dabei sind von einzelnen Verboten Ausnahmen für den Fall gemacht, dass es sich um Werbeanlagen „an der Stätte der Leistung" handelt (§ 10 Abs. 3 S. 2 Nr. 1 und § 10 Abs. 4 S. 1 und 2 BauO). Eine Stätte der Leistung muss dort angenommen werden, wo eine beworbene Ware bzw. Dienstleistung nicht nur hergestellt, erbracht, angeboten, gelagert oder verwaltet, sondern auch direkt von einem potenziellen Abnehmer nachgefragt wird.[1107] Ist dies nicht zu bejahen, handelt es sich um „Fremdwerbung", ansonsten um „Eigenwerbung".

1103 Zu allem Vorstehenden: OVG Münster Urt. v. 20.2.2004 – 10 A 3279/02.
1104 OVG Münster Urt. v. 28.8.2013 – 10 A 1150/12.
1105 VG Köln Urt. v. 2.9.2014 – 2 K 307/14.
1106 OVG Münster Urt. v. 20.2.2004 – 10 A 3279/02; für ein Beispiel für die gerichtliche Begründung einer störenden Häufung von Werbeanlagen siehe OVG Münster Urt. v. 28.8.2013 – 10 A 1150/12.
1107 VG Aachen Urt. v. 5.11.2020 – 3 K 716/17; vgl. dazu auch Johlen, in: Gädtke/Czepuck/Johlen/Plietz/Wenzel, BauO NRW, § 13 Rn. 111 m.w.N.

§ 10 Abs. 4 BauO erlaubt in Kleinsiedlungsgebieten, Dorfgebieten, reinen und allgemeinen Wohngebieten[1108] nur Werbeanlagen an der Stätte der Leistung sowie Anlagen für amtliche Mitteilungen und zur Unterrichtung der Bevölkerung über kirchliche, kulturelle, politische, sportliche und ähnliche Veranstaltungen; die jeweils freie Fläche dieser Anlagen darf auch für andere Werbung verwendet werden. Dabei sind die genannten Baugebietstypen dieselben, die auch die BauNVO kennt; das gilt auch für faktische Baugebiete. Mit anderen Worten: Was zB ein faktisches allgemeines Wohngebiet iSd § 10 Abs. 4 BauO ist, ergibt sich aus den zu § 4 BauNVO entwickelten Grundsätze.[1109] **270**

Allerdings gelten für die Festlegung der näheren Umgebung Besonderheiten: Während es für die Bestimmung der näheren Umgebung nach § 34 Abs. 1 BauGB im Wesentlichen darauf ankommt, wie sich das Vorhaben auf die Umgebung auswirkt und wie die Umgebung auf das Vorhaben einwirkt bzw. die Umgebung den bodenrechtlichen Charakter des Baugrundstücks prägt oder doch beeinflusst, darf bei der Bestimmung der maßgeblichen näheren Umgebung im Sinne des § 10 Abs. 4 BauO nicht allein auf den Standort abgestellt werden; wegen der baugestalterischen Zielsetzung der bauordnungsrechtlichen Bestimmung kommt es hierbei stärker auf die Auswirkungen der Werbeanlage auf die Umgebung als auf die Prägung des Standortes durch die Umgebung an. Da in besonderer Weise auf den optischen Einwirkungsbereich der Werbeanlage abzustellen ist, ist die nähere Umgebung hier regelmäßig enger zu fassen als bei § 34 Abs. 1 BauGB. **271**

dd) Verkehrsgefährdung

Voraussetzung für eine Verkehrsgefährdung im Sinne des § 10 Abs. 2 S. 2, § 16 Abs. 2 BauO ist die Erwartung, dass ein durchschnittlicher Verkehrsteilnehmer durch die geplante Werbeanlage abgelenkt wird. Dabei ist auf die jeweiligen örtlichen Verhältnisse abzustellen; eine abstrakte Gefährdung genügt nicht. Entscheidend ist, ob durch die geplante Werbeanlage ein Zustand geschaffen wird, der eine konkrete Verkehrsgefährdung erwarten lässt. **272**

Zunächst sind die örtlichen Verhältnisse in den Blick zu nehmen. Dabei kann die Frage eine Rolle spielen, ob es sich im Bereich des Anbringungsortes um einen bekannten Unfallschwerpunkt handelt. Aus der Zahl etwaiger Unfälle kann geschlossen werden, ob bereits ohne Weiteres eine schwierige Verkehrssituation vorhanden ist. Sodann ist die Wirkung der Werbeanlage zu würdigen. Jede Werbeanlage ist dazu bestimmt, die Aufmerksamkeit auf sich zu lenken; das gilt auch für Verkehrsteilnehmer, darunter auch Autofahrer. Schließlich ist bei der Beurteilung, ob von einer Werbeanlage eine konkrete Straßenverkehrsgefährdung ausgeht, auch die Art der Werbeanlage von Bedeutung. **273**

Von Werbeanlagen ohne Bildwechsel gehen nach der Rechtsprechung nur ganz ausnahmsweise verkehrsgefährdende Wirkungen aus, nämlich dann, wenn die Werbeanlage in ihrer konkreten Ausgestaltung besonders auffällig ist, vom Üblichen stark abweicht, die verkehrliche Situation in der Nähe der vorgesehenen Anbringungsstelle außergewöhnlich schwierig ist oder mit greller Beleuchtung oder mit Lichteffekten Aufmerksamkeit erregt wird. Bei Werbeanlagen mit Bildwechsel ist das anders. Zwar **274**

1108 Mit dem Änderungsgesetz zur Bauordnung 2018 ist eine Anpassung der Bestimmung an die zuvor erfolgte die Einführung des dörflichen Wohngebiets (§ 5a BauNVO) durch das Baulandmobilisierungsgesetz nicht erfolgt, obwohl sie nahe läge; eine ergänzende Auslegung im Sinne einer Erstreckung der Regelung auf diese Gebiete verbietet sich angesichts des klaren Wortlauts.
1109 VG Aachen Urt. v. 5.11.2020 – 3 K 716/17.

ist der Verkehrsteilnehmer heutzutage bereits mit zahlreichen Ablenkungen konfrontiert, dass er dadurch gegenüber weiteren Ablenkungen unempfindlich geworden ist, ist eine oftmals vorgetragene Behauptung, die allerdings angesichts der sich immer stärker in den Vordergrund drängenden Werbebotschaften regelmäßig unbeachtlich ist.[1110]

j) Gestaltungssatzungen

275 § 89 BauO enthält eine umfassende Ermächtigung zum Erlass örtlicher Bauvorschriften durch Satzung. Diese Satzungen können unter anderem Vorschriften über besondere Anforderungen an die äußere Gestaltung baulicher Anlagen sowie von Werbeanlagen und Warenautomaten zur Erhaltung und Gestaltung von Ortsbildern (Abs. 1 Nr. 1.), über das Verbot von Werbeanlagen und Warenautomaten aus ortsgestalterischen Gründen (Abs. 2 Nr. 2) sowie über die Begrünung baulicher Anlagen (Abs. 2 Nr. 7). enthalten. Gemäß § 89 Abs. 2 S. 1 BauO können die örtlichen Bauvorschriften durch selbstständige Satzungen oder durch Bebauungsplan erlassen werden.

276 Ob die Gemeinde eine solche Gestaltungsvorschrift erlässt, liegt in ihrem Ermessen, das allerdings durch das Übermaßverbot und durch Art. 14 GG beschränkt ist.[1111] Wie sich aus dem Wortlaut klar ergibt, darf eine örtliche Bauvorschrift nach § 89 Abs. 1 Nr. 1 und 2 BauO nur zur Durchführung baugestalterischer Absichten erlassen werden. Dabei geht die Befugnis zum Erlass der Bauvorschrift über die Abwehr von Verunstaltungen hinaus und erfasst auch die sogenannte positive Gestaltungspflege. Erforderlich ist, dass ein Konzept für die Ausgestaltung eines bestimmten Teils des Gemeindegebietes vorhanden ist.[1112]

277 Ein Verbot der Errichtung von Werbeanlagen durch den Satzungsgeber ist dann gerechtfertigt und somit verhältnismäßig, wenn die ortsgestalterischen Gründe ein entsprechendes Verbot erfordern. Das beurteilt sich nach der konkreten Schutzwürdigkeit und Schutzbedürftigkeit des jeweiligen Bereichs. Fremdwerbeanlagen können deshalb in Gebieten, die neben einer Wohnnutzung auch durch eine gewerbliche Nutzung geprägt werden, wie Misch- und Kerngebiete, grundsätzlich nicht generalisierend ausgeschlossen werden.[1113]

278 Der Geltungsbereich von Gestaltungssatzungen muss grundsätzlich räumlich kleiner sein als das gesamte Gemeindegebiet. Zur Bestimmung des räumlichen Geltungsbereichs kann die Gemeinde diesen kartografisch erfassen, indem sie die Grenzen eines oder mehrerer Geltungsbereiche in eine Planzeichnung – etwa auf der Basis der Deutschen Grundkarte – einträgt. Sie kann aber den Geltungsbereich auch textlich umschreiben.[1114]

3. Die Entscheidung über den Bauantrag

279 Nach Prüfung der Genehmigungsfähigkeit des Vorhabens kommen mehrere weitere Entwicklungen in Frage:

Ist das Bauvorhaben uneingeschränkt genehmigungsfähig, ergeht die Genehmigung. Aber auch bei einer grundsätzlichen Genehmigungsfähigkeit ist oftmals sinn-

---
1110 OVG Münster Urt. v. 28.8.2013 – 10 A 1150/12; OVG Münster Beschl. v. 27.3.2020 – 10 A 1795/19.
1111 Vgl. OVG Münster Urt. v. 29.1.1999 – 11 A 4952/97, mit zahlreichen weiteren Nachweisen.
1112 Vgl. VG Gelsenkirchen Urt. v. 22.1.2019 – 6 K 5395/17.
1113 Vgl. BVerwG Urt. v. 16.3.1995 – 4 C 3/94; OVG Münster Urt. v. 6.2.1992 – 11 A 2232/89; VG Gelsenkirchen Urt. v. 22.1.2019 – 6 K 5395/17.
1114 OVG Münster Urt. v. 26.3.2003 – 7 A 1002/01.

voll, wenn nicht sogar zwingend geboten, durch Ergänzungen – insbesondere im Interesse des Umwelt- und Naturschutzes – Rechtssicherheit herbeizuführen und Hinweise zu geben.

Kommt die Genehmigungsbehörde zu der Erkenntnis, dass das Vorhaben auf keinen **280** Fall genehmigungsfähig ist und die Genehmigungsfähigkeit auch nicht durch nahe liegende Änderungen (dazu sogleich) herbeigeführt werden kann, wird sie ihn zu der beabsichtigten Ablehnung des Vorhabens anhören und, falls der Bauherr unverändert an dem Vorhaben festhält, die Ablehnung aussprechen. Die Genehmigung nur eines Teils des Vorhabens und Ablehnung des anderen Teils ist nur in den seltensten Fällen möglich, nämlich dann, wenn es sich um rechtlich und tatsächlich voneinander abtrennbare Teile handelt und davon ausgegangen werden kann, dass dies dem Willen des Bauherrn entspricht, also nicht angenommen werden muss, er wolle das Vorhaben nur verwirklichen, wenn es vollständig genehmigt wird.[1115]

Ist ein Vorhaben in der Form, in der es zur Genehmigung gestellt ist, nicht uneinge- **281** schränkt genehmigungsfähig, kommt in Betracht, durch verwaltungsverfahrensrechtliche und bauordnungsrechtliche Mittel eine Übereinstimmung mit den öffentlich-rechtlichen Vorschriften herbeizuführen. Hierfür stehen der Genehmigungsbehörde verschiedene Instrumente zur Verfügung.

a) Die Instrumente des Genehmigungsverfahrens

Als Instrumente des Baugenehmigungsverfahrens kommen insbesondere Nebenbe- **282** stimmungen (§ 36 VwVfG), aber auch Befreiungen (s. dazu schon oben Teil B Rn. 488 ff.), Abweichungen und Baulasten infrage. Soweit Hinweise in Baugenehmigungen erteilt werden (zB der übliche Hinweis auf das Gesetz zur Vermeidung von Schwarzarbeit), sind diese bisweilen rechtlich geboten; eine klare, für den Bauherrn verständliche Abgrenzung zu wirklichen Nebenbestimmungen fehlt indes gelegentlich und ist doch unbedingt vonnöten. Eine korrekte Kennzeichnung, die den beabsichtigten Charakter erkennen lässt (zB „H" für Hinweis, „A" für Auflage), ist das Mindeste was ein Bauherr erwarten kann.

aa) Nebenbestimmungen

Die in Baugenehmigungen oftmals sogenannten „Nebenbestimmungen" oder „Auf- **283** lagen" tragen diese Bezeichnung nur selten zu Recht.

(1) „echte" Auflage / „modifizierende Auflage"

In problematischen Bereichen kann die Beifügung einer Nebenbestimmung (zB einer **284** Auflage) oder einer sonstigen verbindlichen Aussage eine sinnvolle und zur Wahrung von Nachbarrechten gebotene „flankierende Maßnahme" sein, um auf diese Weise dem Bauvorhaben eine Genehmigungsfähigkeit und Nachbarrechtskonformität zu sichern oder zu verschaffen. So kann die Baugenehmigung für einen Bolzplatz, die keine Nebenbestimmungen zum Schutze der benachbarten Anlieger enthält (Begrenzung des Personenkreises, Regelung der Öffnungszeiten usw.), gegen das Gebot der Rücksichtnahme verstoßen.[1116] Eine rechtssichere Nebenbestimmung kann geeignet sein, das Problem zu lösen.

[1115] Vgl. dazu: BVerwG Beschl. v. 6.2.2013 – 4 B 39/12.
[1116] OVG Münster Urt. v. 8.7.1986 – 11 A 1288/85.

(a) Abgrenzung zur Inhaltsbestimmung

285 Von Auflagen sind Inhaltsbestimmungen abzugrenzen. Diese haben insbesondere im Bereich des – auch baurechtlich relevanten – Immissionsschutzrechts (vgl. § 22 BImSchG) Bedeutung. Sie konkretisieren das, was der Bauherr zu beachten hat, ohne von dem Bauantrag für das Bauvorhaben abzuweichen (s. dazu Teil C Rn. 286 ff.), aber auch ohne dem Bauherrn ein bestimmtes, über die Verwirklichung des Bauvorhabens hinausgehendes positives Tun oder Unterlassen aufzugeben (s. dazu Teil C Rn. 288 ff.). Oftmals bewegen sie sich im Grenzbereich zwischen Hinweisen und Wiedergabe dessen, was in von dem Bauherrn vorgelegten immissionsschutzrechtlichen Gutachten bereits enthalten ist. Für ihre rechtliche Einordnung ist eine Auslegung im Einzelfall entscheidend, wobei der Zweckrichtung der Aussage eine entscheidende Bedeutung zukommt.

(b) Qualifikation als „echte" oder „modifizierende Auflage"

286 Die als „Auflage" bezeichneten Ergänzungen stellen oftmals, sofern sie sich nicht in Wirklichkeit ohnehin als Hinweis auf eine bestehende Rechtslage erweisen, rechtlich betrachtet als Änderung des Bauvorhabens dar (dazu sogleich). Das ist mit Blick auf das Wesen des Baugenehmigungsverfahrens problematisch. Denn eine Baugenehmigung ergeht nur auf Antrag (§ 70 Abs. 1 BauO), sie ist ein mitwirkungsbedürftiger Verwaltungsakt (s.o. Teil C Rn. 85 ff.). Dies hat seinen Grund darin, dass nicht die Behörde bestimmen kann, ob und was an baulichen Anlagen errichtet werden soll, sondern dieses Recht allein dem Bauherrn zusteht. Hat dieser sich zu diesem grundsätzlichen Schritt entschieden, beschreibt er das Vorhaben in seinem Antrag an die Genehmigungsbehörde, die über die Genehmigungsfähigkeit des Vorhabens befindet. Der Gegenstand der Baugenehmigung wird durch den Bauantrag des Bauherrn bestimmt, und die Baugenehmigungsbehörde darf kein vom Bauantrag abweichendes Vorhaben genehmigen, auch nicht durch Beifügung einer so bezeichneten Auflage.[1117] Im Grundsatz gilt: Ist das Vorhaben nach Ansicht der Genehmigungsbehörde in der von dem Bauherrn geplanten Form nicht genehmigungsfähig, hat die Behörde ihm dies mitzuteilen; der Bauherr kann das Vorhaben aufgeben. Er kann es auch so weit umplanen, dass es genehmigungsfähig ist; auf Antrag beginnt dann eine bauaufsichtliche Prüfung dieses geänderten Bauvorhabens.

(aa) Modifizierende Auflage

287 In vielen Fällen ist es allerdings üblich, dass die Behörde, anstatt den Antrag abzulehnen, ein (nach ihrer Einschätzung) nicht genehmigungsfähiges Vorhaben durch sogenannte Grüneintragungen in den Bauzeichnungen und entsprechende textliche Ausführungen in der Genehmigung in ein genehmigungsfähiges verändert und dieses sogleich genehmigt. Soweit die Änderungen über bloße Marginalien hinausgehen ist diese – aus vermeintlicher Bürgernähe geübte und oftmals zu Unrecht als Vermeidung von „bloßem Formalismus" gerechtfertigte – Praxis aus den genannten, in der Struktur des Genehmigungsverfahrens angelegten Gründen rechtlich nicht unproblematisch. Eine solche Änderung wird als „modifizierende Auflage" bezeichnet. Dieser Begriff ist insoweit irreführend, als es sich nicht wirklich um eine Auflage im Sinne des § 36 VwVfG handelt. Richtig an dem Begriff ist allerdings, dass eine Modifikation erfolgt; denn das Vorhaben wird geändert. Sinngemäß erklärt die Genehmigungsbehörde mit der modifizierenden Auflage, dass das Vorhaben „so nicht" ge-

---

1117 Vgl. BVerwG Urt. v. 4.7.1980 – 4 C 99.77.

nehmigungsfähig ist, „stattdessen" aber ein (etwas) anderes Vorhaben genehmigungsfähig wäre und gewissermaßen mit der Genehmigung „angeboten" wird.[1118]

(bb) „Echte" Auflage

Von der modifizierenden Auflage ist die „echte" Auflage im Sinne von § 36 VwVfG **288** abzugrenzen. Sie ist nur anzunehmen, wenn deutlich erkennbar neben die – uneingeschränkte – Genehmigung des beantragten Bauvorhabens selbstständig ein weiteres bauaufsichtliches Verlangen tritt. Die Behörde erklärt in diesem Fall, dass das Vorhaben genehmigt wird, aber außerdem noch etwas anderes geschehen muss („Ja, aber außerdem: ..."). Das BVerwG hat die „echte" Auflage in Abgrenzung zur modifizierenden Auflage so gekennzeichnet: „Die Aufhebung der einer Genehmigung beigefügten Auflage setzt materiellrechtlich voraus, dass der rechtswidrige Teil des Verwaltungsaktes in der Weise selbstständig abtrennbar ist, dass der nicht aufgehobene Teil des Verwaltungsakts ohne Änderung seines Inhalts sinnvoller- und rechtmäßigerweise bestehen bleiben kann. Steht dagegen die angefochtene Nebenbestimmung mit dem eigentlichen Inhalt des Verwaltungsaktes in einem solchen Zusammenhang, dass sie die mit dem Verwaltungsakt ausgesprochene Rechtsgewährung inhaltlich einschränkt und dass nach Aufhebung der Nebenbestimmung der bestehenbleibende Teil des Verwaltungsaktes entgegen dem geltenden Recht eine uneingeschränkte Begünstigung enthielte, so schließt dies materiellrechtlich die isolierte Aufhebung aus (vgl. zum Verfahrensrecht hierzu auch § 113 Abs. 1 Satz 1 VwGO)."[1119] Solche Auflagen, die die Bezeichnung Auflage wirklich verdienen, sind eher selten. Ob eine modifizierende Auflage der ersten Art oder eine „echte Auflage" der zweiten Art vorliegt, ist im Wege einer Auslegung zu ermitteln; der von der Behörde benutzte Begriff stellt allenfalls ein Indiz dar.

(cc) Funktion der „echten" Auflage

Die einer Baugenehmigung beigefügte Auflage muss geeignet sein, das angestrebte **289** Ziel, etwa die Wahrung der Nachbarrechte, ausreichend zu wahren. Sie muss zur Konfliktbewältigung realistischer Weise geeignet sein; andernfalls ist die Baugenehmigung rechtswidrig und vom Nachbarn mit Erfolg anfechtbar.[1120] Wird zB in eine Baugenehmigung die Bestimmung aufgenommen, dass der Beurteilungspegel der vom Gesamtbetrieb einschließlich des Fahrverkehrs ausgehenden Geräusche an den nördlich des Betriebsgeländes gelegenen Wohngebäuden den Immissionsrichtwert für die Nacht von 45 dB(A) nicht überschreiten darf, so ist eine derartige Bestimmung im Grundsatz zum Nachbarschutz geeignet, wenn die Anlage bei regelmäßigem Betrieb so genutzt werden kann, dass die entstehenden Immissionen die für die Nachbarschaft maßgebliche Zumutbarkeitsgrenze nicht überschreiten. Eine Auflage ist hingegen unbeachtlich, wenn sie zB die Geräusche nicht wirksam auf ein dem Nachbarn zumutbares Maß begrenzt. Überschreiten die bei der Nutzung einer Anlage entstehenden Immissionen bei regelmäßigem Betrieb die für die Nachbarschaft maßgebliche Zumutbarkeitsgrenze, dann genügt es zur Sicherung der Nachbarrechte nicht, in der Baugenehmigung den maßgeblichen Immissionsrichtwert als Grenzwert festzulegen (und womöglich „weitere Nebenbestimmungen vorzubehal-

---

1118 S. Reichel/Schulte BauordnungsR-HdB 14. Kapitel Rn. 46; OVG Magdeburg Urt. v. 20.4.2016 – 2 L 64/14; zur Abgrenzung s. auch BVerwG Urt. v. 17.10.2012 – 4 C 5/11; VG Lüneburg Urt. v. 7.5.2015 – 2 A 210/12.
1119 BVerwG Urt. v. 17.2.1984 – 4 C 70/80, sog. Pipeline-Fall.
1120 Vgl. zB VG Hamburg Beschl. v. 12.2.2016 – 7 E 6816/15.

ten"). Vielmehr muss die genehmigte Nutzung schon in der Baugenehmigung durch konkrete Regelungen eingeschränkt werden.[1121] Die Zielvorgabe unrealistischer oder nicht kontrollierbarer Werte ist nicht geeignet, Nachbarrechte zu schützen und deshalb unbeachtlich.[1122]

290 Auflagen, die das Vorhaben so weit verändern, dass das zur Genehmigung gestellte Vorhaben nicht mehr dem wirklichen Typ solcher Gewerbebetriebe entspricht, sind nachbarrechtswidrig und unzulässig. Diese rechtlich gebotene, sog. typisierende Betrachtung entspricht einem praktischen Bedürfnis bei der Rechtsanwendung. Denn nur bei Anwendung dieses Grundsatzes ist eine klare Unterscheidung der in einer bestimmten Umgebung zulässigen Vorhaben von den unzulässigen möglich. Durch eine stark individualisierte, „maßgeschneiderte" Baugenehmigung mit zahlreichen Nebenbestimmungen, mit der ein Vorhaben für eine an sich ungeeignete Umgebung passend gemacht werden soll, entstehen unweigerlich Schwierigkeiten. Die Einhaltung immissionsrelevanter Nebenbestimmungen bedarf nämlich einer ständigen, nur schwer praktikablen Überwachung. Das stellt einen Verstoß gegen das Rücksichtnahmegebot dar und kann zB in einem im Zusammenhang bebauten Bereich (§ 34 BauGB) dazu führen, dass das Vorhaben in dem Wohngebiet trotz bescheinigter Einhaltung der Immissionsrichtwerte sich nach der Art der baulichen Nutzung nicht in die nähere Umgebung einfügt.[1123]

291 Die Auflage, Fenster und Türen eines Veranstaltungsraumes nachts stets geschlossen zu halten, ist emissionswirksam und üblich. Auch die Einhaltung des Verbotes einer Nutzung einer zugehörigen Dachterrasse während der Nachtstunden, erscheint nicht von vorneherein ausgeschlossen. Verstöße gegen die geeigneten und erfüllbaren Nebenbestimmungen berühren die Rechtmäßigkeit der Baugenehmigung nicht, sondern betreffen allenfalls deren Vollzug. Sie sind gegebenenfalls ordnungsrechtlich zu verfolgen und zu ahnden.[1124]

(dd) Beispiele zur Abgrenzung

292 **Beispiel** für eine „modifizierende Auflage": Eine Baugenehmigung enthält den Zusatz „Der Baukörper ist, um die Abstandsfläche einzuhalten, um 30 cm nach Norden zu verschieben." Mit der Änderung soll subjektiven Nachbarrechten Rechnung getragen werden. Das genehmigte Vorhaben ist allerdings ein anderes als das beantragte.[1125] Eine solche Änderung verbietet sich.

Beispiele für „echte Auflagen":
- In den Seniorenwohngruppen, die mit der Baugenehmigung im zweiten und dritten Obergeschoss eines Gebäudes zugelassen werden, sind nach der Vorgabe in der Baugenehmigung die Türen zu den Bewohnerzimmern dichtschließend und selbstschließend mit Freilauftürschließern auszuführen.[1126]
- Einer Baugenehmigung für eine Kindertagesstätte wird die „Bedingung" (in Wirklichkeit: Auflage) beigefügt, dass in Abstimmung mit dem Amt für Straßen und Verkehrstechnik der Gemeinde eine Hinweisbeschilderung im Einmündungsbereich einer Straße zu installieren ist, die darauf hinweist, dass im Wendehammerbereich dieser Straße keine Haltemöglichkeit für den Hol- und Bringverkehr besteht. Ferner sind die Eltern zu Beginn des Kindergartenjahres auf diesen Umstand hinzuweisen.[1127]

1121 OVG Münster Beschl. v. 29.1.2016 – 2 A 2423/15; VGH München Urt. v. 18.7.2002 – 1 B 98.2945.
1122 Weiteres Beispiel für eine ungeeignete Auflage: OVG Münster Urt. v. 10.8.2007 – 10 B 401/07.
1123 Zu einem solchen Fall vgl. OVG Münster Urt. v. 21.3.1995 – 11 A 1089/91.
1124 VG Ansbach Beschl. v. 29.3.2016 – AN 9 S 15.02341.
1125 Abgewandelt nach Reichel/Schulte BauordnungsR-HdB 14. Kapitel Rn. 46.
1126 OVG Münster Beschl. v. 4.6.2020 – 10 A 2913/19.
1127 VG Köln Urt. v. 28.1.2014 – 2 K 6818/12.

- Einer Baugenehmigung wird eine Auflage beigefügt, nach der das Regenwasser auf dem eigenen Grundstück zu versickern ist.[1128]
- Ein Landwirt beantragt die Genehmigung eines Ersatzwohnhauses für sein bisheriges, abgängiges landwirtschaftliches Wohngebäude. Um zu gewährleisten, dass nach Errichtung des neuen Gebäudes das alte beseitigt wird, wird in die Baugenehmigung als Auflage aufgenommen: „Innerhalb von drei Monaten nach Bezugsfertigkeit des Ersatzwohnhauses ist das bisherige Wohngebäude zu beseitigen."
- Einer Baugenehmigung zur Änderung/Erweiterung eines Pflegeheims ist ua eine Auflage beigefügt, in der es auszugsweise heißt: „Um das Schließen von Türen, eine Evakuierung oder eine Verlegung in einen Sicheren Bereich zu gewährleisten muss nachts eine Aufsichtsperson pro 40 Personen anwesend sein. Somit ist für 102 pflegebedürftige Personen das Aufsichtspersonal in der Nachtschicht auf drei Personen zu erhöhen.".[1129]

(c) Rechtsschutzmöglichkeiten des Bauherrn

293 Modifizierende Auflagen bedeuten, dass das Bauamt den Bauantrag – konkludent – ablehnt und einen vom Bauherrn nicht gestellten Bauantrag genehmigt. Nimmt der Bauherr die damit einhergehende Änderung des Bauvorhabens bereitwillig hin und nutzt er die Genehmigung in diesem Sinne aus, ergeben sich keine weiteren rechtlichen Probleme. Denn die Genehmigung wird mit diesem Inhalt bestandskräftig und entfaltet damit die üblichen Wirkungen von Baugenehmigungen, insbesondere die Legalisierungswirkung.

294 Ist der Bauherr mit der Modifikation nicht einverstanden, kann er nicht gegen die Modifikation klagen; denn diese ist kein von der Genehmigung abtrennbarer anfechtbarer Verwaltungsakt. Auch kann er keine Anfechtungsklage gegen die gesamte Genehmigung erheben, da dieser Bescheid für ihn keine Belastung darstellt; eine Genehmigung, auch wenn sie nicht seinem Antrag entspricht, *verpflichtet* nicht dazu, eine Anlage zu errichten, sie *berechtigt* nur dazu. Ihm steht aber die Möglichkeit zu, eine Verpflichtungsklage zu erheben mit dem Rechtsschutzziel, die Behörde unter Aufhebung des (als solchen zu verstehenden) Ablehnungsbescheides zu verpflichten, ihm auf seinen seinerzeitigen Bauantrag hin die begehrte Genehmigung (ohne die Modifikation) zu erteilen.

295 „Echte" Auflagen stellen selbstständige Verwaltungsakte dar und können Gegenstand einer Anfechtungsklage sein.

(d) Rechtliche Möglichkeiten der Bauaufsicht

(aa) Rechtliche Möglichkeiten der Bauaufsicht im Falle von modifizierenden Auflagen

296 Nimmt der Bauherr die Genehmigung zwar hin, führt aber das Vorhaben in der Form aus, in der er es zu Genehmigung gestellt hat, also ohne die behördlich vorgenommene Modifikation, macht er durch die bewusste Abweichung von dem genehmigten Vorhaben deutlich, dass er eben dieses nicht verwirklichen will. Damit erledigt sich die Baugenehmigung „auf sonstige Weise", s. § 43 Abs. 2 VwVfG. Der Bauherr errichtet, da für sein Vorhaben keine Genehmigung existiert, einen Schwarzbau; dies berechtigt die Bauaufsicht zu den nach der BauO vorgesehenen bauaufsichtlichen Maßnahmen (dazu eingehend Teil C Rn. 399 ff.). Die Bauaufsicht hat jedoch keine rechtliche Möglichkeit, die „modifizierende Auflage" zwangsweise durchzusetzen.

[1128] OVG Münster Urt. v. 24.2.2016 – 7 A 1623/14.
[1129] VG Köln Urt. v. 6.12.2018 – 8 K 12117/16.

297 Ist zB einem Bauherrn eine Baugenehmigung für die Errichtung eines Mehrfamilienhauses erteilt worden, allerdings mit vier statt der in den Bauvorlagen vorgesehenen zwei notwendigen Stellplätze („Stellplatzauflage"), und stellt der Bauherr nur zwei her, kann die Bauaufsicht nicht Jahre später eine Ordnungsverfügung mit dem Gebot zur Herstellung der weiteren zwei Stellplätze erlassen. Vielmehr ist die Genehmigung für das gesamte Objekt – einschließlich der Stellplätze – unwirksam geworden. Denn der Bauherr hat durch die wesentliche Abweichung von der Genehmigung zum Ausdruck gebracht, dass er die ihm erteilte Genehmigung, zu der auch die Stellplätze gehörten, nicht ausnutzen wolle. Die Genehmigung des Mehrfamilienhauses kann nicht von den Stellplätzen getrennt werden, da es sich um notwendige Stellplätze handelt, die streng akzessorisch zur Herstellung des Hauptgebäudes sind. Das Bauordnungsrecht ermächtigt die Bauaufsichtsbehörden nicht, von einem Bauherrn die Fertigstellung eines Vorhabens entsprechend der Baugenehmigung zu verlangen.[1130] Hier wäre lediglich eine Nutzungsuntersagung für einzelne Wohnungen infrage gekommen.

(bb) Rechtliche Möglichkeiten der Bauaufsicht im Falle von „echten Auflagen"

298 Eine selbstständig anfechtbare „echte" Auflage ist, wenn sie bestandskräftig wird, geeignet, als Ordnungsverfügung zu dienen, aus der nach Auflauf der gesetzten Frist vollstreckt werden kann. Enthält zB die Baugenehmigung für ein Ersatzwohnhaus die Aufforderung, binnen drei Monaten nach dessen Bezugsfertigkeit den Altbau zu beseitigen, stellt dies eine vollstreckungsfähige Ordnungsverfügung dar.

299 Darüber hinaus darf nach § 49 Abs. 2 Nr. 2 VwVfG ein rechtmäßiger begünstigender Verwaltungsakt, auch nachdem er unanfechtbar geworden ist, ganz oder teilweise mit Wirkung für die Zukunft widerrufen werden, wenn mit dem Verwaltungsakt eine Auflage verbunden ist und der Begünstigte diese nicht oder nicht innerhalb einer ihm gesetzten Frist erfüllt hat. Ein Schadensersatzanspruch nach § 49 Abs. 6 S. 1 VwVfG besteht in solchen Fällen nicht. In dem zuvor beschriebenen Beispielsfall entfiele durch den Widerruf die Genehmigung für das Ersatzwohnhaus.

(2) Widerrufsvorbehalt

300 Bei einem Widerrufsvorbehalt (§ 36 Abs. 2 Nr. 3 VwVfG) erteilt die Behörde zwar die Genehmigung, behält sich aber gleichzeitig vor, diese zu widerrufen, falls ein bestimmtes, noch ungewisses Ereignis eintritt. Widerrufsvoraussetzung ist, dass der Widerrufsvorbehalt (noch) wirksam, also weder gemäß § 44 VwVfG NRW nichtig noch im Sinne von § 43 Abs. 2 VwVfG NRW erledigt ist.

Beispiel: In einer Grenzwand werden Fenster genehmigt, allerdings unter dem Vorbehalt des jederzeitigen Widerrufs für den Fall einer grenzständigen oder grenznahen Bebauung auf dem Nachbargrundstück, weil der Bebauungsplan eine geschlossene Bauweise – also ohne seitlichen Grenzabstand (§ 22 Abs. 3 Hs. 1 BauNVO) – festsetzt, so dass die Wand an sich ohne Öffnungen zur Nachbargrenze ausgeführt werden müsste.[1131]

(3) Auflagenvorbehalt

301 Der Vorbehalt der nachträglichen Aufnahme, Änderung oder Ergänzung einer Auflage (§ 36 Abs. 2 Nr. 5 VwVfG) ist insbesondere in einer Situation gerechtfertigt, in der sich noch nicht abschätzen lässt, ob mit dem genehmigten Vorhaben öffentlichen –

1130 VG Münster Urt. v. 12.1.2017 – 2 K 2724/14; vgl. auch VG Münster Urt. v. 16.12.2013 – 2 K 2833/13.
1131 OVG Münster Beschl. v. 13.12.2012 – 2 B 1250/12.

C. Bauordnungsrecht

vor allem nachbarlichen – Interessen hinreichend Genüge getan ist. So kann sich etwa erst beim Betrieb einer Anlage herausstellen, dass die Emissionen so erheblich sind, dass sie als schädliche Umwelteinwirkungen einzustufen sind; das kann Auflagen zum Schutz der Umwelt erfordern. Ähnliches gilt für den Fall, dass mehr als die genehmigten Stellplätze erforderlich sind.

(4) Bedingung

Eine aufschiebende Bedingung in einer Baugenehmigung führt dazu, dass, solange sie nicht eingetreten ist, die Baugenehmigung nicht ausgenutzt werden kann. 302

Beispiel: Die Baugenehmigungen für zwei Bauvorhaben auf den Grundstücken I. Straße 63 einerseits und I. Straße 63a anderseits stehen unter der aufschiebenden Bedingung, dass der Bauaufsichtsbehörde vor Baubeginn der Nachweis über die erfolgte grundbuchrechtliche Teilung des Baugrundstücks erbracht wird.[1132]

Wird eine Genehmigung erteilt „unter der Bedingung, dass zwei weitere Stellplätze hergestellt werden," ist dies schon deshalb sinnwidrig, weil bis zur Herstellung der Stellplätze die Bedingung nicht eingetreten ist und die Bauausführung nicht genehmigt ist; dies soll aber nicht das Ziel der Regelung sein. 303

Eine auflösende Bedingung führt zum Wegfall einer bis zum Eintritt der Bedingung noch wirksamen Baugenehmigung. 304

Beispiel: Ein Landwirt beantragte die Genehmigung eines Ersatzwohnhauses für sein bisheriges, abgängiges landwirtschaftliches Wohngebäude. Um zu gewährleisten, dass nach Errichtung des neuen Gebäudes das alte beseitigt wird, wurde in die Baugenehmigung als Bedingung aufgenommen, dass innerhalb von drei Monaten nach Bezugsfertigkeit des Ersatzwohnhauses das bisherige Wohngebäude beseitigt wird. Dies führt dazu, dass bei nicht fristgemäßer Beseitigung des Altbaus die Genehmigung des Ersatzwohnhauses entfällt. Sinnvoller wäre der oben (s. Teil C Rn. 288) beschriebene Weg einer Auflage, die den Altbau zum Gegenstand hat (oder einer entsprechenden Baulast, zur Baulast s. Teil C Rn. 333 ff.).

(5) Befristung

Bei der Befristung (§ 36 Abs. 2 Nr. 1 VwVfG) einer Baugenehmigung beginnt oder endet die Berechtigung, von ihr Gebrauch zu machen, von dem Eintritt eines bestimmten Zeitpunkts ab, der in Form eines Datums oder einer Zeitspanne festgelegt werden kann. Vor bzw. nach Ablauf der Frist darf von der Genehmigung kein Gebrauch (mehr) gemacht werden. 305

Beispiel: Eine Nutzungsänderungsgenehmigung wird – unter Befreiung von den Festsetzungen zur Art der baulichen Nutzung – befristet für die Dauer von einem Jahr erteilt, weil der Bauherr glaubhaft versichert hat, danach das Gebäude zu beseitigen.

Nach § 78 Abs. 5 S. 1 BauO wird die Ausführungsgenehmigung für einen sog. Fliegenden Bau für eine bestimmte Frist erteilt, die höchstens fünf Jahre betragen soll; sie kann auf schriftlichen Antrag von der für die Erteilung der Ausführungsgenehmigung zuständigen Behörde jeweils bis zu fünf Jahren verlängert werden.[1133] 306

bb) Abweichung

§ 69 BauO – ergänzt durch § 6 Abs. 14 BauO – hat durch das Änderungsgesetz zur BauO 2018 umfangreiche Änderungen erfahren, die über weite Teile des Gesetzgebungsverfahrens nicht Gegenstand der Diskussion gewesen waren. Die Bestimmun- 307

1132 OVG Münster Beschl. v. 18.3.2014 – 2 B 256/14.
1133 VG Gelsenkirchen Beschl. v. 29.1.2018 – 5 L 3389/17.

gen werfen zahlreiche Fragen auf; deren abschließende Beantwortung wird Aufgabe der Praxis und Rechtsprechung sein.

(1) Grundlagen: Regelfall – Ausnahme

308 Alle baurechtlichen Vorschriften über Befreiungen, Ausnahmen und Zulassung von Abweichungen sind vor dem Hintergrund der verfassungsrechtlichen Garantie des Eigentums und der Baufreiheit zu sehen. Deren Beschränkung durch bauplanungs- oder bauordnungsrechtliche, auch gestalterische Regelvorschriften kann nur dann verfassungsmäßig erfolgen, wenn der Gesetzgeber zugleich für Sonderfälle ein Instrument zur Verfügung stellt, das trotz der an sich strikten Bindung des Eigentümers und Bauherrn an die Rechtsnorm zur Vermeidung von Rechtsschematismus und im Interesse der Einzelfallgerechtigkeit und der Verhältnismäßigkeit ein Mindestmaß an Flexibilität schafft. Dies gilt allerdings nur für solche besonderen Vorhaben, die den gesetzlichen Regelungen und Festsetzungen zwar widersprechen, sich aber gleichwohl mit den gesetzgeberischen Vorstellungen im Kern in Einklang bringen lassen.

309 Dabei darf in der Rechtsanwendung der Abweichungsvorschrift des § 69 BauO das Gewicht der Ausnahme im Verhältnis zur Regel in quantitativer und in qualitativer Hinsicht nicht so schwerwiegend sein, dass die Regelanforderung ausgehöhlt wird und die Gefahr entsteht, dass die Erreichung ihres Zwecks vereitelt und die Regelfestsetzung unbeachtlich wird. Deshalb kann eine Abweichung nur dann zugelassen werden, wenn im Einzelfall das Bauvorhaben so erhebliche Besonderheiten im Vergleich zu den übrigen Grundstücken aufweist, dass von einem wirklichen Ausnahmefall gesprochen werden muss, der nach einer abweichenden, besonderen rechtlichen Behandlung verlangt.[1134] Als Instrument zur Legalisierung gewöhnlicher Rechtsverletzungen darf § 69 BauO nicht dienen.[1135] Dem entspricht die Handlungsempfehlung des Ministeriums (zu § 69 Abs. 1 BauO in der Fassung von 2018), die zutreffend ausführt: „Da die BauO den Normalfall eines Wohngebäudes betrachtet, müsste gerade für eine einem Wohngebäude dienende Abweichung gem. Absatz 1 Satz 2 eine Besonderheit vorliegen, die vom Gesetzgeber so nicht berücksichtigt wurde." Das gilt insbesondere auch für das Abstandsflächenrecht.

(2) Voraussetzungen

(a) Anforderungen nach § 69 Abs. 1 S. 1 BauO

310 Eine Abweichung von Anforderungen der Bauordnung oder von aufgrund der Bauordnung erlassener Vorschriften (zB der SBauVO) können nach dem Einleitungssatz des § 69 Abs. 1 S. 1 BauO erteilt werden, sie
– mit den öffentlichen Belangen, insbesondere den Anforderungen des § 3 BauO (Gebot, Anlagen so anzuordnen, zu errichten, zu ändern, instand zu halten, zu beseitigen und in ihrer Nutzungsart zu ändern, dass die öffentliche Sicherheit und Ordnung, insbesondere Leben, Gesundheit und die natürlichen Lebensgrundlagen, nicht gefährdet werden) vereinbar ist,

---

1134 VG Münster Urt. v. 13.4.2012 – 10 K 1572/10.
1135 Std. Rspr. des OVG Münster zu den vorangegangenen Fassungen der Abweichungsvorschrift, zB OVG Münster Beschl. v. 2.3.2007 – 10 B 275/07; OVG Münster Beschl. v. 22.1.2007 – 10 B 2456/06; OVG Münster Beschl. v. 5.9.2012 – 2 B 1048/12.

C. Bauordnungsrecht

- sie den Zweck der jeweiligen Anforderung (zB Brandschutzbelange) berücksichtigt und
- sie hinreichend die öffentlich-rechtlich geschützten nachbarlichen Belange würdigt.

Das Gebot der hinreichenden Würdigung der öffentlich-rechtlich geschützten nachbarlichen Belange besagt: Die Abweichung darf nicht erteilt werden, wenn die Würdigung zu dem Ergebnis führt, dass die durch die nachbarschützende Bestimmung gewährleisteten Rechte gegenüber den Interessen des Bauherrn vorrangig sind. Soweit in Sonderregelungen bereits im Sinne einer speziellen Abweichungsregelung eine „Verteilung" der Belange vorgenommen ist, gehen diese Bestimmungen vor. So ist die Frage, ob und in welchem Umfang bei bestehenden Gebäuden, welche die (heutigen) Abstandsflächenvorgaben unterschreiten, Änderungen zugelassen werden können, in § 6 Abs. 11 S. 1 und 2 BauO speziell geregelt. Im Anwendungsbereich dieser Bestimmungen bleibt für Abweichungen nach § 69 BauO regelmäßig kein Raum.[1136] Das gilt trotz der neu in das Gesetz aufgenommenen Bestimmung des § 6 Abs. 14 BauO. Denn wäre es zulässig, über den Regelungsbereich des § 6 Abs. 11 S. 1 BauO hinaus und des Weiteren über den sich aus § 6 Abs. 11 S. 2 BauO ergebenden Rahmen hinaus noch geradezu schrankenlos Abweichungen für die in diesen Bestimmungen angesprochenen Fälle zuzulassen, würden diese Bestimmungen leerlaufen, was angesichts des jüngsten gesetzgeberischen Eingriffs in § 6 Abs. 11 BauO (Wiederaufnahme des S. 3) erkennbar nicht gewollt ist. Vielmehr ist weiterhin davon auszugehen, dass das rechtlich etablierte System des Vorrangs von Sonderregelungen gegenüber allgemein gehaltenen Öffnungsklauseln nicht aufgegeben werden sollte. 311

Bei der gebotenen Abwägung der nachbarlichen Belange ist das Interesse des Bauherrn an einer bestimmten Nutzung der Bausubstanz umso gewichtiger, je stärker er in den Möglichkeiten, die vorhandene Bausubstanz sinnvoll anderweitig zu nutzen, eingeschränkt ist. Es ist hingegen nicht vergleichbar gewichtig, wenn alternative nachbarverträglichere Nutzungsmöglichkeiten gegeben sind.[1137] Stehen Nachbarinteressen im Raum, kommt eine Abweichung nur in Betracht, wenn aufgrund der besonderen Umstände des Einzelfalles der Nachbar nicht schutzbedürftig ist oder die Gründe, die für eine Abweichung streiten, objektiv derart gewichtig sind, dass die Interessen des Nachbarn ausnahmsweise zurücktreten müssen.[1138] 312

(b) Abweichungen nach § 69 Abs. 1 S. 2 BauO

§ 69 Abs. 1 S. 2 BauO verpflichtet die Genehmigungsbehörde zur Erteilung einer Abweichung „von den § 4 bis 16 und § 26 bis 47 sowie § 49 dieses Gesetzes" unter den nachbezeichneten Voraussetzungen. 313

Der Gesetzgeber hat damit in einem rechtstechnischen Rundumschlag (abgesehen von den Regelungen des Bauproduktenrechts) nahezu alle materiellrechtlichen Bestimmungen des nordrhein-westfälischen Bauordnungsrechts[1139] dem Anwendungs- 314

1136 VG Gelsenkirchen Urt. v. 14.1.2014 – 6 K 2222/11, zu § 73 BauO 2000 und § 6 Abs. 15 BauO 2000.
1137 VG Gelsenkirchen Urt. v. 14.1.2014 – 6 K 2222/11.
1138 (vgl. OVG Münster Beschl. v. 28.8.1995 – 7 B 2117/95; OVG Münster Urt. v. 29.8.1997 – 7 A 629/95; OVG Münster Beschl. v. 10.2.1999 – 7 B 974/98; OVG Münster Beschl. v. 5.10.1998 – 7 B 1850/98; OVG Münster Beschl. v. 10.2.1999 – 7 B 974/98; VGH München Urt. v. 14.12.1994 – 26 B 93.4017; OVG Koblenz Urt. v. 3.11.1999 – 8 A 10951/99.
1139 § 4 Bebauung der Grundstücke mit Gebäuden, § 5 Zugänge und Zufahrten auf den Grundstücken, § 6 Abstandsflächen, § 7 Teilung von Grundstücken, § 8 Nicht überbaute Flächen der bebauten Grundstü-

bereich dieser Bestimmung unterworfen und dabei auch Bestimmungen nicht ausgelassen, deren Bedeutung für die in Rede stehende Fragestellung eher zweifelhaft ist (zB § 10 Anlagen der Außenwerbung, Warenautomaten, § 11 Baustelle, § 12 Standsicherheit, § 13 Schutz gegen schädliche Einflüsse).

315 Bedeutsames Unterscheidungsmerkmal dieser Regelung gegenüber denjenigen in § 69 Abs. 1 S. 3 BauO ist die Voraussetzung, dass es sich um eine „bestehende Anlage" handelt. Entsprechend dem Vorverständnis des Gesetzgebers[1140] genügt dafür nicht, dass sie schlicht existiert, sondern dass sie formell oder materiell rechtmäßig besteht. Ein Abweichen von der seinerzeitigen Genehmigung oder ein Untergang der schutzwürdigen Rechtsposition (s. dazu insbesondere Teil C Rn. 542 ff.) steht dem Abweichungsgrund zwingend entgegen.

316 Die mit der Nr. 1 genannten Vorhaben umfassen nahezu das gesamte Spektrum dessen, was auf baurechtlichen Vorhaben infrage kommt. Allerdings muss die Baugenehmigung oder die Kenntnisgabe für die Errichtung des Gebäudes mindestens fünf Jahre zurückliegen. Eine bloße materielle Legalität, wie sie ansonsten für das Entstehen von Bestandsschutz als ausreichend angesehen wird, genügt hier nicht; denn das Gesetz knüpft mit seiner Frist ausdrücklich an einen (ausreichend: stillschweigenden) Legalisierungsakt an. Die Regelung in Nr. 2 (Vorhaben zur Einsparung von Wasser oder Energie) entspricht im Wesentlichen der Vorgängerregelung; Nr. 3 (Erhaltung und weitere Nutzung von Denkmälern) ist neu in das Gesetz aufgenommen worden.

317 Anders als noch die Vorgängerregelung enthält § 69 Abs. 1 S. 2 BauO nicht mehr den Zusatz „Unter den Voraussetzungen des Satzes 1 sind Abweichungen zuzulassen, wenn…". Auch wenn der Verzicht auf diese Aussage den Eindruck erwecken könnte, die Voraussetzungen des S. 1 seien nicht mehr zu prüfen, sind sie doch aus systematischen Gründen unabdingbar. Dies folgt zu einen daraus, dass ansonsten für die grundsätzliche Aussage in S. 1 kaum ein Anwendungsbereich verbliebe und die Bestimmung leerliefe, da aufgrund der umfassenden Aufzählung nahezu alle materiellrechtlichen Bestimmungen unter S. 2 und S. 3 fallen. Zum anderen wäre es mit den Grundsätzen der Rechtsstaatlichkeit und Verpflichtung des Gesetzgebers, für einen gerechten Ausgleich öffentlicher und nachbarlicher Interessen Sorge zu tragen, nicht vereinbar, wenn das Gebot zur Einhaltung elementarer sicherheitsrechtlicher Bestimmungen und Berücksichtigung eigentumsrechtlicher Interessen der Beliebigkeit ausgesetzt würde. Eben dies würde aber geschehen, wenn der Zweck der Anforderung, die öffentlich-rechtlich geschützten nachbarlichen Belange und die öffentlichen Belange, insbesondere die Anforderungen des § 3 BauO allein durch ein Vorhaben nach Nr. 1 bis 3 unbeachtlich würden. Eine Abweichung nach S. 2 kommt deshalb nur infrage, wenn zugleich die Voraussetzungen des S. 1 erfüllt sind.

---

cke, Kinderspielplätze, § 9 Gestaltung, § 10 Anlagen der Außenwerbung, Warenautomaten, § 11 Baustelle, § 12 Standsicherheit, § 13 Schutz gegen schädliche Einflüsse, § 14 Brandschutz, § 15 Wärme-, Schall- und Erschütterungsschutz, § 16 Verkehrssicherheit, § 26 Allgemeine Anforderungen an das Brandverhalten von Baustoffen und Bauteilen, § 27 Tragende Wände, Stützen, § 28 Außenwände, § 29 Trennwände, § 30 Brandwände, § 31 Decken, § 32 Dächer § 33 Erster und zweiter Rettungsweg, § 34 Treppen, § 35 Notwendige Treppenräume, Ausgänge, § 36 Notwendige Flure, offene Gänge, § 37 Fenster, Türen, sonstige Öffnungen, § 38 Umwehrungen, § 39 Aufzüge, § 40 Leitungsanlagen, Installationsschächte und -kanäle, § 41 Lüftungsanlagen, § 42 Feuerungsanlagen, sonstige Anlagen zur Wärmeerzeugung, Brennstoffversorgung, § 43 Sanitäre Anlagen, Wasserzähler, § 44 Aufbewahrung fester Abfallstoffe, § 45 Blitzschutzanlagen, § 46 Aufenthaltsräume, § 47 Wohnungen, § 49 Barrierefreies Bauen.

1140 Siehe auch § 6 Abs. 11 BauO.

C. Bauordnungsrecht

(c) Abweichungen nach § 69 Abs. 1 S. 3 BauO

Auch § 69 Abs. 1 S. 3 BauO ist auf § 4 bis 16 und § 26 bis 47 BauO anwendbar, auf § 49 Abs. 1 BauO allerdings nur die Regelung in Nr. 2. Sie erlaubt für Neubauten eine Ermessensentscheidung zur Erteilung einer Abweichung, (1.) wenn Grunde des allgemeinen Wohl die Abweichung erfordern, (2.) bei Nutzungsänderungen oder (3.) wenn die Einhaltung der Vorschrift im Einzelfall zu einer offenbar nicht beabsichtigten Härte führen würde. Der erste und der letzte Abweichungsgrund sind erkennbar aus der Befreiungsvorschrift des § 31 Abs. 2 BauGB übernommen.[1141] S. 5 erläutert, dass Gründe des allgemeinen Wohl insbesondere bei Vorhaben zur Deckung dringenden Wohnbedarfs, bei Vorhaben zur Berücksichtigung der Belange des Klimaschutzes und der Klimaanpassung oder aus Gründen der Stadtentwicklung vorliegen. **318**

Auch eine Abweichung nach S. 3 kommt nur infrage, wenn zugleich die Voraussetzungen des S. 1 erfüllt sind. **319**

(d) Erfordernis einer Atypik?

Nach bisherigem Recht galt: Steht eine Abweichung von zwingendem Recht – etwa von § 6 BauO oder von § 30 Abs. 2, Abs. 8 BauO – in Rede, setzt die Zulassung einer Abweichung in diesem Sinne grundsätzlich eine (auf die jeweilige Vorschrift, von der abgewichen werden soll, abgestimmte) atypische (Grundstücks-)Situation voraus. Das war insbesondere für das Abstandsflächenrecht bedeutsam. Vor allem für diesem Bereich war anerkannt, dass grundsätzlich nur eine grundstücksbezogene Atypik eine Abweichung von den Abstandsflächenvorschriften rechtfertigt.[1142] Diese Atypik konnte sich aus Besonderheiten der Lage und des Zuschnitts der benachbarten Grundstücke zueinander oder aus topografischen Besonderheiten des Geländeverlaufs ergeben, nicht aber aus den Wünschen eines Eigentümers, sein Grundstück stärker auszunutzen als dies nach § 6 BauO zulässig wäre.[1143] **320**

Für den Bereich der Abweichung von Abstandsflächenvorschriften hat nunmehr § 6 Abs. 14 S. 2 BauO klar geregelt, dass eine atypische Grundstückssituation nicht erforderlich sei. Diese gesetzgeberische Entscheidung ist unter rechtsstaatlichen Gesichtspunkten nicht unbedenklich. Denn das Abstandflächensystem bringt die schutzwürdigen und schutzbedürftigen Interessen der betroffenen Grundstücksnachbarn sowie die relevanten öffentlichen Belange regelmäßig schon in einen gerechten Ausgleich. Auch verbietet das Erfordernis, Gesetze gleichmäßig, d.h. unter Wahrung des Rechtsstaatsprinzips und des Gleichheitssatzes auszulegen und zu vollziehen, ein mehr oder minder beliebiges Abweichen von den Abstandsflächenvorschriften.[1144] Mit diesen Vorschriften hat der Gesetzgeber nicht nur die zu schützenden Rechtsgüter festgelegt, sondern auch die Art und Weise, in der diesen An- **321**

1141 Dabei meint der Gesetzgeber wohl statt des „allgemeinen Wohls" eher das „Wohl der Allgemeinheit", so wie es in § 31 Abs. 2 BauGB heißt.
1142 OVG Münster Beschl. v. 5.11.2007 – 7 E 737/07; OVG Münster Urt. v. 29.8.2012 – 2 A 723/11; OVG Münster Urt. v. 3.5. 2007 – 7 A 2364/06; OVG Münster Beschl. v. 2.3.2007 – 10 B 275/07; OVG Münster Beschl. v. 22.1.2007 – 10 B 2456/06; OVG Münster Beschl. v. 1.10.2008 – 7 B 1069/08; OVG Münster Beschl. v. 5.9.2012 – 2 B 1048/12; VG Aachen Urt. v. 19.6.2012 – 3 K 1072/10; VG Gelsenkirchen Urt. v. 14.1.2014 – 6 K 2222/13.
1143 VG Aachen Urt. v. 19.6.2012 – 3 K 1072/10; OVG Münster Beschl. v. 22.1.2007 – 10 B 2456/06; OVG Münster Beschl. v. 5.3.2007 – 10 B 274/07: „Die Unterschreitung der Abstandsfläche von 4,6 bzw. 6 cm resultiert nicht aus einer besonderen Grundstückssituation, sondern ist allein auf eine stärkere als nach § 6 BauO zulässige Ausnutzung des Grundstücks zurückzuführen."
1144 VG Aachen Urt. v. 19.6.2012 – 3 K 1072/10.

forderungen Rechnung zu tragen ist. Allenfalls durch eine konsequenten Betrachtung der zu wahrenden Schutzziele (§ 6 Abs. 14 S. 1 BauO) kann diesen rechtsstaatlichen Bedenken noch Rechnung getragen werden.

322 Darüber hinaus enthält § 69 Abs. 1 S. 6 BauO eine rechtstechnische Überraschung: „Bei Vorhaben nach Satz 2 und 3 folgt die Atypik bereits aus dem festgestellten Sonderinteresse." Der Gesetzgeber geht also für Abweichungen von dem Erfordernis einer Atypik aus – was aufgrund des Einschlusses des § 6 BauO in die Aufzählung („4 bis § 16") auch für die Abstandsflächenvorschriften gelten muss – und fingiert deren Vorliegen anhand des „festgestellten Sonderinteresses". Letzteres ist im Erfüllen einer Fallgruppen der Nummern 1 bis 3 der Sätze 2 oder 3 zu sehen.

(e) Verweis auf § 58 Abs. 5 und 88 Abs. 1 S. 3 BauO

323 Nach § 69 Abs. 1a S. 1 BauO bleiben die § 58 Abs. 5 und 88 Abs. 1 S. 3 BauO unberührt. § 58 Abs. 5 BauO enthält die Ermächtigung, Sachverständige, sachverständige Stellen und Prüfingenieurinnen oder Prüfingenieure für den Brandschutz heranzuziehen oder zu beauftragen. Nach § 88 Abs. 1 S. 3 BauO kann „von den in den Technischen Baubestimmungen enthaltenen Planungs-, Bemessungs- und Ausführungsregelungen abgewichen werden, wenn mit einer anderen Lösung in gleichem Maße die Anforderungen erfüllt werden und in der Technischen Baubestimmung eine Abweichung nicht ausgeschlossen ist". In diesem Rahmen sind auch Abweichungen von Maßvorgaben möglich. Es ist Aufgabe des Bauherrn, darzulegen und im Streitfall zu beweisen, dass mit der anderen Lösung in gleichem Maße die Anforderungen erfüllt werden.

(3) Verfahren

(a) Antrag

324 Gemäß § 69 Abs. 2 S. 1 BauO ist die Zulassung von „Abweichungen nach Abs. 1 S. 1 und 2" schriftlich zu beantragen. Die Nennung lediglich dieser beiden Sätze (und nicht auch des S. 3) beruht offenbar auf einem redaktionellen Versehen. Es ist davon auszugehen, dass das Antragserfordernis auch für S. 3 gilt. Denn materielle oder verfahrensrechtliche Gründe dafür, dass für die gebundene Entscheidung ein Antrag erforderlich ist, für die Ermessensentscheidung hingegen nicht, sind nicht ersichtlich. Nicht zuletzt wird dies auch daran erkennbar, dass § 64 Abs. 1 S. 1 Nr. 2 BauO in seiner Neufassung „beantragte Abweichungen im Sinne des § 69 Absatz 1 und Absatz 2 Satz 3" als Prüfungsgegenstand bezeichnet, also auch für Fälle des § 69 Abs. 1 S. 3 BauO von einem erforderlichen Antrag ausgeht. Der verfehlte Hinweis wird auf eine unterbliebene Anpassung im Anschluss an die kurzfristige Ergänzung des Gesetzentwurfs zurückzuführen sein; dies gilt auch für § 69 Abs. 2 S. 3 BauO und für § 69 Abs. 3 S. 1 BauO.

325 Das Fehlen eines Abweichungsantrags führt weder zu einer Unvollständigkeit des Bauantrags noch leidet dieser an einem Mangel (§ 71 Abs. 1 S. 3 BauO). Dies folgt daraus, dass die Abweichung ihrer Funktion nach über den Verstoß gegen Rechtsvorschriften „hinweghebt" und es bei einem Fehlen des Antrags bei dem Verstoß bleibt; damit ist der Bauantrag negativ bescheidungsreif. Um darzulegen, dass die Voraussetzungen für eine Abweichung erfüllt sind, sind die mit der gesetzlichen An-

forderung verfolgten Ziele zu bestimmen und den Gründen gegenüberzustellen, die im Einzelfall für die Abweichung streiten.[1145]

Als ausreichender Antrag mit Begründung zur Abweichung von technischen Anforderungen/Technischen Baubestimmungen wird auch anzusehen sein, dass der Bauherr durch den Beauftragten mit Unterlagen über einen Gleichwertigkeitsnachweis die baurechtliche Schutzzielerfüllung nachweist, indem – sinnvoller Weise – **326**
1. die gesetzmäßige Ausführung beschrieben wird,
2. der hinter der gesetzlichen Regelung stehende Sinn wiedergegeben werden,
3. die von der gesetzmäßigen Ausführung abweichende eigene Planung nachvollziehbar erläutert wird und
4. bewiesen wird, dass und warum auf die geplante Weise das gesetzliche Ziel in ebenso guter Weise und ohne Abstriche hinsichtlich der öffentlichen Interessen erreicht wird.

(b) Zuständigkeit

Gemäß § 69 Abs. 3 S. 1 und 2 BauO entscheidet bei nicht genehmigungsbedürftigen Bauvorhaben die Gemeinde über Abweichungen von örtlichen Bauvorschriften sowie Ausnahmen und Befreiungen von den Festsetzungen eines Bebauungsplanes oder einer sonstigen städtebaulichen Satzung. Bei genehmigungsbedürftigen Bauvorhaben lässt die Bauaufsichtsbehörde die Abweichungen im Einvernehmen mit der Gemeinde zu. Nach § 69 Abs. 3 S. 3 BauO iVm § 36 Abs. 2 S. 2 BauGB gilt das Einvernehmen der Gemeinde als erteilt, wenn es nicht binnen zwei Monaten nach Eingang des Ersuchens der Genehmigungsbehörde verweigert wird. Die Gemeinde bzw. die Bauaufsichtsbehörde haben über den Abweichungsantrag innerhalb von 6 Wochen nach Eingang des vollständigen Antrags bei ihr zu entscheiden (§ 69 Abs. 3 S. 4 BauO). **327**

(c) Verfahrenserleichterung bei Brandschutzfragen

Nach § 69 Abs. 1a S. 2 BauO bedarf es der Zulassung einer Abweichung dann nicht, wenn ein staatlich anerkannter Sachverständiger für die Prüfung des Brandschutzes das Vorliegen der Voraussetzungen für Abweichungen von den Anforderungen an den Brandschutz bescheinigt hat; das gilt sowohl im Falle einer umfassenden Prüfung der Übereinstimmung mit den öffentlich-rechtlichen Vorschriften als auch in dem Fall, in dem die Anlage keiner Genehmigung bedarf oder Vorschriften des Brandschutzes nicht geprüft werden. Diese Regelung macht den nach § 69 Abs. 2 S. 1 BauO eigentlich erforderlichen Antrag entbehrlich und ersetzt die gesonderte Abweichungszulassung durch die Bauaufsicht. Da aber einerseits mit dieser allein auf die Anforderungen an den Brandschutz bezogenen Aufgabenverlagerung erkennbar keine materiellrechtlichen Abstriche an das Vorliegen der gesetzlichen Voraussetzungen für eine Abweichung nach § 69 Abs. 1 S. 1 BauO verbunden sein sollen, andererseits aber die Prüfung der dort genannten Aspekte nicht im Aufgaben- und Verantwortungsbereich des Sachverständigen liegen soll und kann, bleiben die Fragen der Würdigung der öffentlich-rechtlich geschützten nachbarlichen Belange und der öffentlichen Belange als materiellrechtliche Voraussetzungen für eine Überwindung des Rechtsverstoßes im Aufgabenbereich der Genehmigungsbehörde; diese hat im Falle des Überwiegens der genannten Belange die Genehmigung zu verweigern bzw. bei verfahrensfreien Vorhaben diese zu verbieten. **328**

1145 Vgl. OVG Koblenz Urt. v. 3.11.1999 – 8 A 10951/99.

(4) Ermessensausübung

329 Soweit die Entscheidung über die Zulassung einer Abweichung im pflichtgemäßen Ermessen der Genehmigungsbehörde steht (§ 69 Abs. 1 S. 3 BauO: „kann") besteht kein Anspruch auf Zulassung der Abweichung, sondern nur auf fehlerfreie Ermessensausübung.[1146]

(5) Rechtsfolge einer fehlerhaften Abweichungsentscheidung

330 Da eine Abweichungsentscheidung dazu dient, den ansonsten bestehenden Verstoß gegen öffentlich-rechtliche Vorschriften zu beheben, verfehlt eine rechtswidrige Abweichung dieses Ziel; die Maßnahme, der sie dient, bleibt rechtswidrig. Das gilt für eine Baugenehmigung ebenso wie ein verfahrensfreies baurechtliches Vorhaben des Bauherrn. Fehlt eine Abweichungsentscheidung ganz, tritt dieses Ergebnis erst recht ein.

331 Hat die Norm, deren Verstoß beseitigt werden soll, den Zweck, Rechte eines Dritten zu begründen oder zu schützen („nachbarschützende Norm"), führt eine rechtswidrige – erst recht eine fehlende – Abweichung stets dazu, dass der Nachbar in seinen subjektiven öffentlichen Rechten verletzt wird.[1147] Ob er aufgrund besonderer Umstände evtl. nicht dazu berechtigt ist, das Recht geltend zu machen, ändert daran nichts (zum Rechtsverlust und zu unzulässigen Rechtsausübung s. Teil D Rn. 141 ff).

(6) Folgen des Erfordernisses einer Abweichung

332 Bereits die Tatsache, dass für ein Vorhaben eine Abweichung erforderlich ist, hat verfahrensrechtliche Folgen:
- § 63 Abs. 2 S. 1 Nr. 4 BauO setzt für die Möglichkeit einer Genehmigungsfreistellung unter anderem voraus, dass das Vorhaben keiner Abweichung nach § 69 BauO bedarf.
- Im vereinfachten Genehmigungsverfahren (§ 64 BauO) prüft die Bauaufsichtsbehörde auch beantragte Abweichungen im Sinne des § 69 Abs. 1 und Abs. 2 S. 3 BauO.
- Im Rahmen der Beteiligung der Angrenzer und der Öffentlichkeit (§ 72 BauO) soll die Bauaufsichtsbehörde die Eigentümer angrenzender Grundstücke (Angrenzer) vor Erteilung von Abweichungen und Befreiungen benachrichtigen, wenn zu erwarten ist, dass öffentlich-rechtlich geschützte nachbarliche Belange berührt werden (§ 72 Abs. 1 S. 1).
- Dem entspricht es, dass nach § 74 Abs. 2 S. 2 BauO die Baugenehmigung (nur) insoweit zu begründen ist, als Abweichungen oder Befreiungen von nachbarschützenden Vorschriften zugelassen werden und die Angrenzerin oder der Angrenzer nicht nach § 72 Abs. 2 BauO zugestimmt hat.
- Nach § 74 Abs. 6 S. 1 BauO ist die Gemeinde, wenn sie nicht Bauaufsichtsbehörde ist, von der Erteilung, Verlängerung, Ablehnung, Rücknahme und dem Widerruf einer Baugenehmigung, Teilbaugenehmigung, eines Vorbescheids, einer Zustimmung, einer Abweichung, einer Ausnahme oder einer Befreiung zu unterrichten.

1146 OVG Münster Beschl. v. 5.11.2007 – 7 E 737/07.
1147 VG Gelsenkirchen Urt. v. 14.1.2014 – 6 K 2222/11; vgl. zur Frage des Nachbarschutzes bei Abweichungen nur Hartmann, in: Schönenbroicher/Kamp, BauO, § 73 Rn. 24 f.

dd) Baulast

Ist ein Bauvorhaben gegenwärtig nicht genehmigungsfähig, etwa weil es nicht hin- 333
reichend erschlossen ist oder die erforderlichen Stellplätze nicht zur Verfügung stehen, kann es möglicherweise durch Übernahme einer Baulast genehmigungsfähig werden. Zur Erreichung des Ziels kann der Grundstückseigentümer (oder der Erbbauberechtigte) zur Sicherung seiner öffentlich-rechtlichen Verpflichtung eine Baulast übernehmen und sich damit zu einem das Baugrundstück betreffenden Tun, Dulden oder Unterlassen verpflichten (§ 85 Abs. 1 BauO).[1148]

(1) Wesen und Zweck der Baulast

Eine bauordnungsrechtliche Baulast führt die fehlende tatsächliche Voraussetzung 334
der Erfüllung des Baugenehmigungstatbestands an anderem Ort herbei. Zusätzlich sichert sie deren Bestehen. Bildlich beschrieben führt eine bauordnungsrechtliche Baulast zur örtlich-räumlichen Verschiebung der Erfüllung vom Bau- auf ein anderes Grundstück.[1149]

Gegenstand der Baulast muss eine dem öffentlichen Baurecht zuzurechnende 335
Pflicht sein. Rein privatrechtliche Verpflichtungen sind baulastuntauglich. Zudem kann Gegenstand nur die Übernahme einer öffentlich-rechtlichen Verpflichtung sein, die nicht bereits aufgrund öffentlich-rechtlicher Vorschrift besteht. Denn die Baulast soll nicht als „doppelter Boden" fungieren.[1150]

Eine ein anderes Grundstück desselben Eigentümers belastende Baulast wird als Ei- 336
gentümerbaulast (Eigenverpflichtung), eine ein Grundstück eines anderen Eigentümers belastende Baulast als Fremdbaulast bezeichnet. Im zweiten Fall, in dem ein Dritter beteiligt ist, etwa der Grundstückseigentümer, über dessen Grundstück die Erschließung genommen werden darf oder auf dessen Grundstück der Stellplatz nachgewiesen wird, liegt der Baulast eine zivilrechtliche Vereinbarung zwischen dem Bauherrn (dem Baulastberechtigten) und dem Dritten (dem Baulastverpflichteten) zugrunde.

Eine öffentlich-rechtliche Beziehung zwischen dem Baulastverpflichteten und dem 337
Baulastbegünstigten ergibt sich aus der Verpflichtungserklärung und der Eintragung der Baulast nicht. Auch ist die Baulast kein Instrument zur öffentlich-rechtlichen Absicherung von privatrechtlichen Einigungen zwischen Bauherrn und Nachbarn. Die Bestellung der Baulast begründet für den Eigentümer des begünstigten Grundstücks keine subjektiven Rechte.[1151]

Die der Baulastbewilligung zugrundeliegende Verpflichtungserklärung ist eine einsei- 338
tige, schriftlich gegenüber der Bauaufsichtsbehörde abzugebende, empfangsbedürftige Willenserklärung. Die Eintragung in das Baulastverzeichnis wirkt konstitutiv.

Baulasten und Grunddienstbarkeiten (§§ 1018 ff. BGB) unterscheiden sich schon 339
durch die Zuordnung zu unterschiedlichen Rechtsbereichen, nämlich der Baulast

---

1148 Kemper in: StichwortKommentar Nachbarrecht, Stichwort Baulasten, Rn. 10, unterscheidet zwischen: Abstandsflächenbaulast, Anbaubaulast, Bauteilerhaltungsbaulast, Brandschutzbaulast, Flächenbaulast, Grenzbebauungsbaulast, Leitungsbaulast, Spielplatzbaulast, Stellplatz- und Abstellanlagenbaulast für Kraftfahrzeuge und Fahrräder, Vereinigungsbaulast, Zufahrtsbaulast, Erschließungsbaulast §§ 30 sowie 33 BauGB, Entschädigungsverzichtbaulast (§ 32 BauGB) und Rückbau- und Entsiegelungsbaulast (§ 35 Abs. 5 BauGB); in der vorliegenden Darstellung wird nur auf die gebräuchlichsten Formen eingegangen.
1149 Kemper in: StichwortKommentar Nachbarrecht, Stichwort Baulasten, Rn. 10.
1150 Vgl. nur VGH Mannheim Urt. v. 10.1.2007 – 3 S 1251/06, zu einem Vermietungsverbot.
1151 OVG Münster Urt. v. 21.11.2017 – 2 A 1393/16.

zum öffentlichen Recht und der Grunddienstbarkeit zum Zivilrecht. Anders als die Baulast begründet die Dienstbarkeit ein privatrechtliches Rechtsverhältnis zwischen Grundeigentümern. Eine Baulast ist deshalb anders als eine Dienstbarkeit der Dispositionsfreiheit der beteiligten Privaten entzogen. Eine Grunddienstbarkeit dagegen können Begünstigter und Verpflichteter bilateral privat und ohne Mitwirkung der Bauaufsichtsbehörde modifizieren oder sogar aufheben. Dass dies für eine Baulast ausgeschlossen ist, begründet die Verlässlichkeit dieses Instruments und der zu seiner Umsetzung eingerichteten Baulastenverzeichnisse. Die Baulast bewirkt so den Höchstgrad an Verlässlichkeit der sich aufgrund des Inhalts des Baulastenverzeichnisses ergebenden Tatsachen- und Rechtslage.[1152]

340 Eine Baulast ist nicht bedingungsfeindlich. Wird eine Baulast übernommen, um ein Genehmigungshindernis für ein konkretes Vorhaben in einem Baugenehmigungsverfahren auszuräumen, ist eine Bedingung allerdings nur zulässig, wenn dadurch der Schutzzweck der Baulast nicht beeinträchtigt wird. Dabei muss aus Gründen der Rechtssicherheit die Bedingung ausreichend bestimmt sein.[1153]

Beispiel: Eine Abstandsflächenbaulast soll nach dem Inhalt der Vereinbarung im Fall „gegenseitiger Grenzbebauung" entfallen. Die Formulierung „gegenseitiger Grenzbebauung" ist hinreichend bestimmt. Sie nimmt nämlich Bezug auf § 6 Abs. 1 S. 2 Buchst. b) BauO, wonach eine Abstandsfläche nicht erforderlich ist gegenüber Grundstücksgrenzen, gegenüber denen nach planungsrechtlichen Vorschriften ohne Grenzabstand gebaut werden darf, wenn gesichert ist, dass auf dem Nachbargrundstück ohne Grenzabstand gebaut wird.[1154] Es ist zwar anerkannt, dass nicht jegliche Grenzbebauung die Anforderungen des § 6 Abs. 1 S. 2 Buchst. b) BauO erfüllt, sondern nur eine Bebauung von hinreichendem Gewicht, wobei der Bestand dauerhaft gewährleistet sein muss. Dieses Verständnis von Grenzbebauung kann für die Auslegung der Baulast herangezogen werden. Eine Anschüttung kann insoweit genügen. Denn Aufschüttungen zählen nach § 2 Abs. 1 S. 3 Nr. 1 BauO zu den baulichen Anlagen im Sinne des Bauordnungsrechts. Deswegen können auch Aufschüttungen vom Wortsinn des Begriffs der „Bebauung" umfasst sein.[1155]

341 Ist zwischen dem Baulastbegünstigten und dem Baulastverpflichteten eine Verpflichtungsvereinbarung abgeschlossen worden, kann dem Eigentümer des belasteten Grundstücks ein Anspruch gegenüber der Bauaufsichtsbehörde auf Eintragung seiner Verpflichtungserklärung zustehen. Er kann auch aus dem Rechtsverhältnis zu dem Baulastbegünstigten diesem gegenüber verpflichtet sein, seinen Eintragungsanspruch gegenüber der Behörde durchzusetzen. Andererseits hat der Baulastbegünstigte gegenüber der Bauaufsichtsbehörde keinen Anspruch auf Eintragung. Ihm bleibt nur die Möglichkeit, seinen Anspruch gegenüber dem Baulastverpflichteten auf Abgabe einer Verpflichtungserklärung und/oder Durchsetzung eines Eintragungsanspruchs gegenüber der Bauaufsichtsbehörde auf der Grundlage des zwischen ihm und dem Baulastverpflichteten bestehenden Rechtsverhältnisses geltend zu machen und gegebenenfalls (zivil-)gerichtlich durchzusetzen.[1156] Subjektiv-öffentliche Rechte des Baulastbegünstigten können sich allenfalls mittelbar aus der Missachtung einer Baulast ergeben, wenn dadurch zugleich eine Norm verletzt wird, die dem Baulastbegünstigten gegenüber drittschützenden Charakter hat. Das kommt etwa bei einer Abstandsflächenbaulast infrage, da den Vorschriften über die erforderliche Abstandsfläche nachbarschützende Wirkung zukommt.[1157]

1152 Kemper in StichwortKommentar Nachbarrecht, Stichwort Baulasten, Rn. 10.
1153 VG Aachen Urt. v. 30.3.2017 – 5 K 1234/15.
1154 OVG Münster Beschl. v. 17.8.2005 – 7 B 1288/05.
1155 OVG Münster Urt. v. 10.5. 2019 – 7 A 1271/17.
1156 OVG Münster Beschl. v. 14.1.2014 – 2 B 1476/13; VG Köln Beschl. v. 25.5.2020 – 8 L 731/20.
1157 VG Aachen Urt. v. 30.3.2017 – 5 K 1234/15; VGH Mannheim Beschl. v. 9.12.1997 – 5 S 2568/97.

C. Bauordnungsrecht

(2) Auslegung einer Baulast

Welchen Inhalt eine Baulast hat, ist im jeweiligen Einzelfall durch Auslegung der Baulasterklärung entsprechend den Grundsätzen des Bürgerlichen Gesetzbuchs zu ermitteln. Die Auslegung hat sich vorrangig am Wortlaut des Textes und an dem zu Grunde gelegten Lageplan zu orientieren. Allerdings ist der wirkliche Wille zu erforschen und nicht am buchstäblichen Sinne des Ausdrucks zu haften (vgl. § 133 BGB). Wirklicher Wille ist nicht der innere, nicht zum Ausdruck gebrachte Wille, sondern nur der erklärte Wille. Für die Auslegung des erklärten Willens ist nach § 157 BGB maßgeblich, wie derjenige, für den die Erklärung bestimmt ist, nämlich der Adressat der Baulast, hier also die Baubehörde (vgl. § 85 Abs. 1 S. 1 BauO), diese nach Treu und Glauben (§ 242 BGB) unter Berücksichtigung aller Umstände, insbesondere nach dem Inhalt der Verpflichtungserklärung, verstehen durfte (sog. objektiver Empfängerhorizont).[1158]

342

(3) Die Frage des Verbrauchtseins/der Vorhabenbezogenheit einer Baulast

Wird die Baulast aus Anlass oder bei Gelegenheit eines Bauvorhabens abgegeben, stellt sich die Frage, ob die Begünstigung auf einen einmaligen Vorgang, ein einziges „Vorhaben", beschränkt ist und mit der Verwirklichung dieses Vorhabens gewissermaßen „verbraucht" wird. Eine Erweiterung des auf der Grundlage der Baulast errichteten Gebäudes oder dessen Ersetzung durch einen Neubau würde dann nicht mehr von der Baulast gedeckt. Die Entscheidung hängt davon ab, wie der Inhalt der jeweiligen konkreten Baulast bei verständiger Würdigung auszulegen ist. Eine Auslegung der Baulast kann ergeben, dass sie über die Errichtung des ihren Anlass bildenden Vorhabens hinaus auch künftige Änderungen eben dieses Vorhabens deckt, wenn und soweit solche Änderungen mit dem Inhalt der übernommenen Verpflichtung vereinbar sind. Der in diesem Zusammenhang oft verwandte Begriff der „Vorhabenbezogenheit der Baulast" ist insoweit missverständlich.[1159] Die Einschränkung der Baulast auf die Sicherung eines konkreten Vorhabens setzt dabei voraus, dass das Vorhaben in der Baulast unmissverständlich und eindeutig so konkret bezeichnet wird, dass sich die Rechtswirkungen der Baulast in diesem Sinne hinreichend verlässlich eingrenzen lassen.[1160]

343

Beispiele:
- Wird in der Baulast das Gebäude als „Wohnhaus mit Einliegerwohnung" beschrieben, kann eine Änderung des Vorhabens dergestalt, dass die Wohnfläche erheblich vergrößert wird, von der Verpflichtungserklärung gedeckt sein. Eine Änderung der Nutzung – ggfs. auch nur eines Teils davon – zu gewerblichen Zwecken ist jedoch nicht von der Baulast gedeckt.[1161]
- Die Abstandsflächenbaulast lautet: „Verpflichtung, an der Südgrenze des Flurstücks 1250 angrenzend an den künftigen Wohnhausneubau auf dem Flurstück 1249 und 8,50 m von der Grenze der M1. Straße entfernt eine Fläche von 13,24 m x 3,00 m (…) von jeder Bebauung freizuhalten und auf die hier vorgeschriebenen Bauwiche, Abstände und Abstandsflächen nicht anzurechnen." Das im Jahr 1970 hierauf aufbauende Einfamilienhaus wurde später beseitigt und es soll nunmehr ein größeres Gebäude errichtet werden. Die Baulast war nicht lediglich vorhabenbezogen, sie ist nicht mit der Errichtung des Einfamilienhauses im Jahr 1970 „verbraucht". Die Baulast war allein grundstücksbezogen und deckte auch dieses Vorhaben. Es kommt auch nicht darauf an, ob innerhalb des durch die Baulast abgesteckten Rahmens ein Vorhaben verwirklicht werden soll, das zu wesentlich größeren Belastungen für das Nachbargrundstück führt. Gegenüber dem Bestand gegebene Veränderungen in

---

1158 OVG Münster Urt. v. 6.12.2018 – 7 A 991/16; OVG Münster Urt. v. 21.11.2017 – 2 A 1393/16.
1159 So auch: OVG Münster Urt. v. 15.5.2008 – 7 A 1838/07.
1160 Siehe: OVG Münster Beschl. v. 4.9.2020 – 7 A 2858/18.
1161 Nach: VG Münster Urt. v. 27.4.2010 – 2 K 1571/09.

Bezug auf Beeinträchtigungen des Nachbarn sind vielmehr allein im Rahmen des Rücksichtnahmegebots zu prüfen.[1162]

(4) Arten von Baulasten

(a) Abstandsflächenbaulast

344 Nach § 6 Abs. 2 BauO müssen zwar die erforderlichen Abstandsflächen auf dem Grundstück selbst liegen. Sie dürfen sich aber ganz oder teilweise auf andere Grundstücke erstrecken, wenn öffentlich-rechtlich – sinnvollerweise durch eine Baulast – gesichert ist, dass sie nur mit in der Abstandsfläche zulässigen baulichen Anlagen überbaut werden; Abstandsflächen dürfen auf die auf diesen Grundstücken erforderlichen Abstandsflächen nicht angerechnet werden. Bei einer solchen Abstandsflächenbaulast wird die Abstandsfläche ganz oder teilweise auf das Nachbargrundstück verlagert, um die bauliche Ausnutzbarkeit des „begünstigten" Grundstücks zu erweitern und zugleich zu sichern. Für die abstandsrechtliche Beurteilung des begünstigten Grundstücks ist damit nicht die tatsächliche Grundstücksgrenze maßgeblich, sondern die fiktive Größe des um die Baulastfläche vergrößerten Grundstücks.[1163] Dem Belasteten verbleibt das Eigentum an der mit der Baulast belasteten Fläche mit der Folge, dass er diese auch zu solchen baulichen Zwecken nutzen darf, die generell in den Abstandsflächen eines Gebäudes zulässig sind.

345 Eine Abstandsflächenbaulast ist auch geeignet, die nach § 6 Abs. 8 S. 2 BauO begrenzte Gesamtlänge der privilegierten Bebauung je Nachbargrenze (9 m) und auf einem Grundstück zu allen Nachbargrenzen (insgesamt 15 m) vergrößern. Nach Auffassung des Bauministeriums sind Abstandsflächenbaulasten sind auch für „Teillängen" eines Gebäudes möglich.[1164]

346 Eine Abstandsflächenbaulast kann zur Gewährleistung des Brandschutzabstandes dienen: Nach § 30 Abs. 1 S. 1 Nr. 1 BauO sind Brandwände unter anderem erforderlich als Gebäudeabschlusswand, ausgenommen von Gebäuden ohne Aufenthaltsräume und ohne Feuerstätten mit nicht mehr als 50 m³ Brutto-Rauminhalt, wenn diese Abschlusswände an oder mit einem Abstand von weniger als 2,50 m gegenüber der Nachbargrenze errichtet werden, es sei denn, dass ein Abstand von mindestens 5 m zu bestehenden oder nach den baurechtlichen Vorschriften zulässigen künftigen Gebäuden öffentlich-rechtlich gesichert ist. Die öffentlich-rechtliche Sicherung, dass kein Gebäude in dem 5-m-Bereich errichtet wird, ergibt sich regelmäßig aus einer entsprechenden (Flächen-)Baulast.[1165] Allerdings kommt in gleicher Weise auch die Festsetzung einer nicht überbaubaren Grundstücksfläche nach § 23 BauNVO als öffentlich-rechtliche Sicherung in Betracht.[1166]

(b) Stellplatzbaulast

347 Nach § 48 Abs. 1 S. 1 BauO sind die sich aus der gemeindlichen Satzung oder der Rechtsverordnung ergebenden notwendigen Stellplätze und Garagen sowie Fahrradabstellplätze auf dem Baugrundstück oder in zumutbarer Entfernung davon auf einem geeigneten Grundstück, dessen Benutzung für diesen Zweck öffentlich-rechtlich gesichert wird, herzustellen. Bereits die Vorläuferfassung, in deren Text sich das

---

1162 Nach: OVG Münster Beschl. v. 4.9.2020 – 7 A 2858/18.
1163 OVG Münster Beschl. v. 17.9.2004 – 7 B 1494/04.
1164 Handlungsempfehlung zu § 6 Abs. 8 S. 2 BauO.
1165 Zu einer unwirksamen und aufgrund zu geringer Tiefe nicht ausreichenden Sicherung siehe: VG Köln Beschl. v. 5. 12. 2018 – 23 L 2254/18.
1166 VG Aachen Urt. v. 19.6.2012 – 3 K 1073/10.

Erfordernis einer öffentlich-rechtlichen Sicherung nicht fand, enthielt nach der dazu gegebenen Handlungsanweisung des Ministeriums nach Sinn und Zweck das Gebot, dass die Stellplätze auf dem Baugrundstück selbst oder in dessen Nähe herzustellen seien. Soweit sie nicht auf dem Baugrundstück hergestellt werden könnten, könne nur durch eine öffentlich-rechtliche Sicherung die langfristige Verfügbarkeit der Stellplätze nachgewiesen werden.[1167]

348 Ist eine Stellplatzbaulast bestellt, kann sich im Falle einer Änderung der Anlage, der der Stellplatz dienen soll, die Frage stellen, ob die Baulast weiterhin gilt und ausreicht. Die Antwort ergibt sich aus einer Auslegung der Baulast. Ist die Sicherung eindeutig zweckbezogen (siehe dazu schon oben Teil C Rn. 343) und fällt der Zweck dauerhaft weg, zB weil die Baugenehmigung, für die sie bestimmt war, untergegangen ist, verliert sie ihre Funktion; dies führt zu einem Anspruch des Baulastverpflichteten auf Verzicht.[1168]

(c) Erschließungsbaulast/Zuwegungsbaulast

349 Das nach Aufgabe des bauordnungsrechtlichen Gebots des Erschlossenseins verbliebene, in § 4 Abs. 1 S. 1 BauO genannte Erfordernis einer Erreichbarkeit für den Einsatz von Feuerlösch- und Rettungsgeräten steht uneingeschränkt neben dem (nunmehr allein) bauplanungsrechtlichen Erfordernis des „allgemeinen" Erschlossenseins. Für beide Fälle gilt, dass „gesichert" sein muss, dass das Grundstück in einer angemessenen Breite an einer befahrbaren öffentlichen Verkehrsfläche liegt oder das Grundstück eine befahrbare, öffentlich-rechtlich gesicherte Zufahrt zu einer befahrbaren öffentlichen Verkehrsfläche hat und die erforderlichen Anlagen zur Versorgung mit Löschwasser vorhanden und benutzbar sind. Das öffentliche Interesse an der Baulast liegt in diesem Fall in der Vermeidung eines bauordnungs- und bauplanungswidrigen Zustands und nicht etwa in der Bedienung von privaten Interessen des Eigentümers des begünstigten Grundstücks.[1169]

350 Die zuvor (s.o. Teil C Rn. 343) beschriebene Problematik des Erstreckens einer Baulast auch auf eine andere oder anders genutzte Anlage als zum Zeitpunkt der Baulastbestellung stellt sich im Falle einer Erschließungsbaulast in besonderem Maße. Auch hier ist, ausgehend von einer sachdienlichen Auslegung, die Frage des „Verbrauchs" der Baulast zu beantworten.

351 Besondere Bedeutung hat eine der Erreichbarkeit der Anlage durch die Feuerwehr dienende Baulast.[1170] Dies gilt sowohl für verlangte Wegeführungen als auch für Aufstellflächen (§ 5 Abs. 1 S. 5 BauO: „Soweit erforderliche Flächen nicht auf dem Grundstück liegen, müssen sie öffentlich-rechtlich gesichert sein.").[1171]

(d) Vereinigungsbaulast

352 Im Grundsatz geht die Bauordnung davon aus, dass ein Gebäude nur auf einem Grundstück errichtet wird. Als Ausnahme davon sagt § 4 Abs. 2 S. 1 BauO, dass ein Gebäude auf mehreren Grundstücken zulässig ist, wenn öffentlich-rechtlich gesi-

---

1167 Handlungsempfehlung zu § 48 Abs. 1 S. 4 BauO.
1168 Zu einem solchen Fall vgl. VG Minden Urt. v. 3.1.2017 – 1 K 1816/16.
1169 OVG Münster Beschl. v. 7.12.2009 – 7 A 3150/09.
1170 Vgl. dazu OVG Münster Beschl. v. 17.1.2019 – 10 A 3076/17.
1171 Zu einem solchen Fall siehe OVG Münster Urt. v. 19.2.2020 – 10 A 2662/17: Bauzeichnungen, in denen die als zweiter Rettungsweg dienenden Fenster farbig umrandet sind, und ein Lageplan wurden in der Baugenehmigung als wesentliche Bestandteile der Verpflichtungserklärung bezeichnet. Eine entsprechende Baulast wurde in das Baulastenverzeichnis eingetragen.

chert ist, dass dadurch keine Verhältnisse eintreten können, die Vorschriften dieses Gesetzes oder den aufgrund dieses Gesetzes erlassenen Vorschriften zuwiderlaufen. Diese Sicherung kann durch eine „Vereinigungsbaulast" geschehen, die allerdings nicht das vorrangige und alleinige Sicherungsinstrument ist, wenn es um die Bebauung auf mehreren Grundstücken geht.

353 Sind verschiedene Personen Eigentümer der vereinigten Grundstücke, hat dies Folgen für nachbarrechtliche Abwehransprüche gegeneinander: Sie werden nunmehr so gesehen, als würden sie ihre Grundstücke zivilrechtlich zu einem Buchgrundstück vereinigen.[1172] Gegenseitige Abwehrrechte können nicht geltend gemacht werden.

354 Werden Grundstücke miteinander verschmolzen, führt dies nicht dazu, dass eine auf einem der bisherigen Einzelgrundstücken liegende Baulast nunmehr sich auf beide erstreckte.[1173]

(5) Verzicht und Löschung

(a) Verzicht

355 Nach § 85 Abs. 3 BauO geht die Baulast durch schriftlichen Verzicht der Bauaufsichtsbehörde unter. Der Verzicht ist zu erklären, wenn ein öffentliches Interesse an der Baulast nicht mehr besteht. Das kann nur in Fällen angenommen werden, in denen sich gegenüber der Situation, in der die Baulast übernommen wurde, eine Änderung ergeben hat, aufgrund derer die die Baulast begründenden Umstände nicht mehr sicherungsbedürftig oder sicherungsfähig sind; baurechtswidrige Zustände dürfen durch den Verzicht nicht geschaffen werden. Nicht jede Änderung der tatsächlichen oder rechtlichen Verhältnisse führt zum Wegfall des öffentlichen Interesses.

Beispiel: Zum Zeitpunkt der Eintragung diente die Erschließungsbaulast der verkehrsmäßigen Erschließung des Baugrundstücks über den A-Weg. Damals war ein anderer, hinter dem Baugrundstück entlangführender Weg („B-Weg") straßen- und wegerechtlich lediglich der Benutzung durch Fußgänger und Radfahrer gewidmet; zu jener Zeit war daher in bauordnungsrechtlicher Hinsicht eine verkehrsmäßige Erschließung des Grundstücks der Beigeladenen nur über die private Zufahrt zum A-Weg möglich. Später wurde der B-Weg teilweise dem Anliegerverkehr gewidmet, so dass es sich bei ihm nun um eine „öffentlichen Verkehrsfläche" im Sinne des § 4 Abs. 1 Nr. 1 BauO handelt. Das öffentliche Interesse an dem Bestehen einer öffentlichrechtlichen Zufahrtsicherung über den A-Weg ist durch die Widmungserweiterung des B-Weges nicht entfallen. Denn der B.-Weg ist nicht „befahrbar" im Sinne der vorgenannten Vorschrift, er verfügt nicht – wie erforderlich – über eine ausreichende Breite und Befestigung für die Benutzung von Feuerwehr- und Rettungsfahrzeugen.[1174]

(b) Löschung

356 Anspruchsgrundlage für eine Löschung ist Art. 14 Abs. 1 GG. Ein auf diese Norm gestützter Löschungsanspruch zielt auf Beseitigung einer Eigentumsbeeinträchtigung, die darin besteht, dass das Grundstück des Belasteten ausweislich des bei der Bauaufsichtsbehörde geführten Baulastenverzeichnisses rechtwidrigen öffentlich-rechtli-

---

[1172] VG Gelsenkirchen Beschl. v. 7. 12. 2018 – 6 L 1707/18; OVG Lüneburg Beschl. v. 4.3.2015 – 1 LA 177/14; VG Arnsberg, Beschl. v. 4.9.2015 – 4 L 1082/15.
[1173] VG Gelsenkirchen Urt. v. 9.4.2019 – 6 K 9528/17, unter Hinweis auf § 890 BGB und §§ 1018 ff. BGB; siehe dazu auch OVG Münster Urt. v. 1.6.2015 – 8 A 1760/13.
[1174] Nach: VG Gelsenkirchen Urt. v. 12.7.2012 – 5 K 2628/10.

C. Bauordnungsrecht

chen Beschränkungen unterliegt, die für den Rechts- und insbesondere für den Grundstücksverkehr von erheblicher Bedeutung sein können.[1175]

Ein Baulastenverzeichnis ist nur dann unrichtig, wenn und soweit darin eine Baulast eingetragen ist, die entweder von vornherein nicht entstanden ist oder nicht mehr besteht.[1176] Von vornherein unwirksam ist eine Baulast vor allem dann, wenn die Eintragungsverfügung einen unzulässigen oder unbestimmten Inhalt hat oder die zwingenden Formvorschriften der § 85 Abs. 2 BauO und § 18 BauPrüfVO nicht gewahrt wurden.[1177] **357**

Ob ein Baulastbegünstigter ein Rechtsmittel gegen eine ohne sein Einverständnis erfolgte Löschung einer Baulast einlegen kann, ist zweifelhaft. Zwar vermittelt eine Baulast regelmäßig dem Begünstigten keine subjektiv-öffentlichen Rechte. Ob daraus auch folgt, dass Rechte des Begünstigten auch durch einen behördlichen Verzicht auf eine Baulast von vornherein nicht verletzt werden können,[1178] ist umstritten. Es käme auch in Betracht, dass ein Grundstückseigentümer, dem erst die Baulast die Genehmigungsfähigkeit eines Bauvorhabens auf dem begünstigten Grundstück eröffnet hat, ein Anfechtungsrecht gegenüber dem nachträglichen Verzicht der Bauaufsichtsbehörde auf die Baulast hat.[1179] Denn nur so hat er die Möglichkeit, rechtlich überprüfen zu lassen, ob das öffentliche Interesse an der Baulast tatsächlich bedeutungslos geworden und deshalb für die Sicherung der baurechtlichen Legalität des Bauobjekts nicht mehr erforderlich ist.[1180] **358**

b) Die Erteilung der Genehmigung

Nach § 74 Abs. 2 S. 1 BauO ergeht die Baugenehmigung schriftlich. Die in einem späteren Verfahren vorgetragene Behauptung, das Vorhaben sei mündlich, stillschweigend oder konkludent erteilt oder abgeändert worden, ist deshalb stets unbeachtlich. Die gesetzlich vorgesehene Schriftform kann nicht mit dem Hinweis auf Treu und Glauben umgangen werden.[1181] Ist streitig, ob eine Baugenehmigung erteilt wurde, trifft die Beweislast denjenigen, der sich auf sie beruft.[1182] **359**

Die Genehmigung muss hinreichend bestimmt sein. Um dem Bestimmtheitsgebot zu genügen, muss die Baugenehmigung insbesondere Art und Umfang des genehmigten Vorhabens inhaltlich bestimmt festlegen. Der Bauherr und ein etwaig betroffener Nachbar mussen der Baugenehmigung eindeutig entnehmen können, welche baulichen Maßnahmen durch die Baugenehmigung gestattet werden. Hierzu sind der Bauschein und die diesen erläuternden und konkretisierenden, mit Zugehörigkeitsvermerk versehenen Bauvorlagen heranzuziehen und objektiv zu würdigen. Auf Unterlagen, die nicht mit dem Zugehörigkeitsvermerk versehen sind, kommt es nicht **360**

1175 Vgl. OVG Münster Urt. v. 18.7.1995 – 11 A 11/94; OVG Münster Urt. v. 10.10.1996; Kamp in: Schönenbroicher/Kamp, Kommentar zur Bauordnung Nordrhein-Westfalen, § 83 Rn. 119.
1176 VG Gelsenkirchen Urt. v. 12.7.2012 – 5 K 2628/10.
1177 OVG Münster Beschl. v. 30.10.2013 – 2 A 2554/12.
1178 So OVG Münster Urt. v. 17.11.1986 – 7 A 2169/85; VG Mainz Urt. v. 8.3.2017 – 3 K 617/16.MZ.
1179 So OVG Lüneburg Urt. v. 2.7.1991 – 6 L 132/89; zur Anfechtbarkeit des Baulastverzichts durch den Begünstigten vgl. auch VGH Mannheim Beschl. v. 4.4.2013 – 8 S 304/13; OVG Hamburg Urt. v. 3.6.1982 – Bf II 8/81; VG Schwerin Beschl. v. 5.6.2019 – 2 B 33/19 SN; VGH Mannheim Beschl. v. 6.5.2020 – 8 S 455/20.
1180 So OVG Lüneburg Urt. v. 2.7.1991 – 6 L 132/89.
1181 OVG Münster Beschl. v. 3.2.2003 – 22 B 2177/02.
1182 St. Rspr. seit BVerwG Urt. v. 23.2.1979 – IV C 86.76; OVG Münster Beschl. v. 26.2.2021 – 2 A 499/20.

an, weil sie nicht Gegenstand der Baugenehmigung werden. Auch mündliche oder stillschweigende Abreden nehmen nicht am Inhalt der Baugenehmigung teil.[1183]

361 Die Baugenehmigung ist nur insoweit zu begründen, als Abweichungen oder Befreiungen von nachbarschützenden Vorschriften zugelassen werden und, so der Wortlaut des § 72 Abs. 2 BauO „die Angrenzerin oder der Angrenzer" nicht nach zugestimmt haben. Das Gesetz verwendet nicht mehr den früheren Begriff „der Nachbar". Das ist inkonsequent, da die Wirkung nachbarschützender Bestimmungen über den Bereich der angrenzenden Grundstücke hinaus geht.[1184] Sinnvoll im Sinne einer rechtssicheren Praxis ist eine weite Auslegung des Begriffs.

362 Wegen der Befugnis der Genehmigungsbehörde, die Genehmigung unter Auflagen, Bedingungen und dem Vorbehalt der nachträglichen Aufnahme, Änderung oder Ergänzung einer Auflage sowie befristet zu erteilen, wird auf die Ausführungen in Teil C ab Rn. 283 verwiesen.

363 Mit der Genehmigung ist dem Bauherrn eine Ausfertigung seiner mit einem Genehmigungsvermerk versehenen Bauvorlagen zuzustellen (§ 74 Abs. 1 S. 3 BauO). Erst nach Zugang der Baugenehmigung darf mit den Bauarbeiten begonnen werden (§ 75 Abs. 7 BauO). Eine „vorläufige" Baugenehmigung kennt die Bauordnung nicht. Der Beginn der Bauarbeiten für die Baugrube und/oder für einzelne Bauteile bzw. Bauabschnitte kann auf schriftlichen Antrag allerdings schon vor Erteilung der Baugenehmigung schriftlich gestattet werden (Teilbaugenehmigung nach § 76 Abs. 1 BauO), wenn die Baubehörde in der Lage ist, die bauplanungsrechtliche und bauordnungsrechtliche Zulässigkeit des Vorhabens anhand des Bauantrags zu übersehen und zu beurteilen.

c) Wirkungen der Baugenehmigung

364 Eine wirksame Baugenehmigung hat zwei Wirkungen: die Legalisierungswirkung und die Baufreigabe. Das gilt auch für eine nachträglich erteilte Baugenehmigung: Auch diese stellt fest, dass die vorhandene bauliche Anlage materiell rechtmäßig ist und gestattet ihre weitere Nutzung. Daraus leitet das OVG Münster[1185] ab, dass es in einem Verfahren auf nachträgliche Legalisierung eines errichteten Gebäudes nicht allein auf die eingereichten Bauvorlagen ankommt, sondern ergänzend auf die tatsächlich bestehenden Verhältnisse (Gebäudeabmessungen, Grenzabstände usw.). Der Fortbestand der beiden Wirkungen der Baugenehmigung ist grundsätzlich voneinander unabhängig.

aa) Legalisierungswirkung

365 Mit der Erteilung der Genehmigung bringt die Genehmigungsbehörde zum Ausdruck, dass das Vorhaben im Zeitpunkt der Genehmigung mit den öffentlich-rechtlichen Vorschriften in Einklang steht. Denn diese Voraussetzung hat sie geprüft (§ 74 Abs. 1 BauO). Die Bejahung ihres Vorliegens wird von der Rechtsprechung von einer bloßen Anerkennung der Tatbestandsvoraussetzung für den Genehmigungsan-

---

1183 So OVG Münster Beschl. v. 20.5.2014 – 2 A 1690/13.
1184 Zum Begriff des Nachbarn in nachbarrechtlicher Hinsicht siehe Schulte Beerbühl in: Öffentliches Baunachbarrecht, Rn. 17 ff., ders. in: StichwortKommentar Nachbarrecht, Stichwort Nachbar in öffentlich-rechtlicher Sicht.
1185 OVG Münster Urt. v. 18.10.2011 – 10 A 26/09.

spruch gewissermaßen in den Rang einer selbstständigen Feststellung erhoben.[1186] Die Legalisierungswirkung entsteht mit dem Wirksamwerden der Genehmigung, mithin auch dann, wenn diese rechtswidrig (aber nicht nichtig) ist. Sie dauert so lange an, wie die Baugenehmigung wirksam ist.

Beispiel: Ist im Jahr 1955 ein mehrgeschossiges Wohnhaus genehmigt worden, das über keinen baulichen zweiten Rettungsweg verfügte, besagt die Legalisierungswirkung der Baugenehmigung, dass das Vorhaben mit den seinerzeit geltenden öffentlich-rechtlichen Vorschriften in Einklang stand. Im damaligen Zeitpunkt war die Aussage richtig. Sie hat auch heute noch Gültigkeit, sofern die Genehmigung in diesem Punkt ihre Wirksamkeit noch entfaltet. Auf die heutige Rechtslage bezogen wäre die Aussage allerdings nicht richtig. Das führt zum Wesen des Bestandsschutzes hin.[1187]

Ähnliches gilt für den Vorbescheid: Vor Einreichung des Bauantrags ist auf Antrag 366 der Bauherrin oder des Bauherrn zu einzelnen Fragen des Bauvorhabens („Bauvoranfrage") ein Vorbescheid zu erteilen (§ 77 Abs. 1 BauO). Mit seiner Wirkung entspricht er einem Ausschnitt aus dem feststellenden Teil der Baugenehmigung. Seine für drei Jahre bestehende Bindungswirkung, die auf schriftlichen Antrag bis zu einem Jahr verlängert werden kann (§ 77 Abs. 1 S. 2 und 3 BauO) bewirkt, dass in einem späteren Genehmigungsverfahren die zuvor zugunsten des Bauherrn beantwortete Frage nicht nunmehr zu seinen Lasten beantwortet werden kann; das gilt, soweit der Vorbescheid einem Dritten gegenüber bestandskräftig geworden ist, auch diesem gegenüber. Als Verwaltungsakt mit feststellendem Charakter kann er Gegenstand eines verwaltungsgerichtlichen Verfahrens sein; insbesondere kann ein Dritter ihn anfechten, soweit er von ihm betroffen ist und er die Feststellungswirkung für ein nachfolgendes Baugenehmigungsverfahren nicht gegen sich gelten lassen will. Ist hingegen der Vorbescheid dem Dritten gegenüber nicht bekannt gegeben und somit nicht bestandskräftig geworden, sind die durch ihn geregelten Fragen auch im gegen die Baugenehmigung gerichteten Anfechtungsprozess weiter zu prüfen.[1188]

bb) Baufreigabe

Die „Baufreigabe" ist die Erlaubnis zum Baubeginn, also den Beginn der eigentlichen 367 Bauausführung. Bezogen auf die Erlaubnis einer gegenüber der bisherigen Nutzung andersartigen Nutzung (Nutzungsänderung) bedeutet die Baufreigabe, dass die Nutzungsänderung mit Wirksamwerden der Nutzungsänderungsgenehmigung vorgenommen werden darf.

Mit der Ausnutzung der Genehmigung entfällt die Wirkung der Baufreigabe wieder. 368 Sie kann kein zweites Mal als Rechtfertigung für einen Baubeginn für ein identisches Vorhaben dienen, etwa wenn das zuerst errichtete zerstört worden ist. Sie berechtigt auch nur zur Ausführung des genehmigten Vorhabens und nicht eines anderen Vorhabens, mögen auch für dieses andere Vorhaben die materiellrechtlichen Genehmigungsvoraussetzungen ebenfalls erfüllt sein. Wird die genehmigte Nutzung in einer erkennbar dauerhaften Weise eingestellt, kann der Bauherr nicht ohne Weiteres zu der früheren Nutzung zurückkehren; denn die damalige Genehmigung ist verbraucht (s. auch dazu die Ausführungen zum Untergang des Bestandsschutzes Teil C Rn. 542 ff.).

[1186] Vgl. BVerwG Urt. v. 17.10.1989 – 1 C 18.87; BVerwG Beschl. v. 14.6.2011 – 4 B 3.11; VGH Mannheim Urt. v. 29.9.2015 – 3 S 741/15; siehe zu dieser Wirkung auch VG Aachen Urt. v. 1.4.2020 – 3 K 1357/16.
[1187] S. dazu Teil C Rn. 525 ff.
[1188] VG Köln Beschl. v. 19.8.2013 – 2 L 1134/13.

d) Der Fortbestand der Baugenehmigung

369 Nach § 43 Abs. 2 VwVfG bleibt ein Verwaltungsakt und damit auch eine Baugenehmigung wirksam, solange und soweit er nicht zurückgenommen, widerrufen, anderweitig aufgehoben oder durch Zeitablauf oder auf andere Weise erledigt ist. Die Wirkungen einer Baugenehmigung können zudem aus in der Bauordnung spezialgesetzlich geregelten Gründen entfallen.

aa) Kein Untergang der Baugenehmigung bei Rechtsnachfolge

370 Die Rechtswirkungen einer Baugenehmigung gehen nicht durch einen Übergang des Eigentums an dem Grundstück und der baulichen Anlage auf einen Rechtsnachfolger unter; vielmehr gilt sie auch für und gegen diesen. Dies beruht auf ihrem Charakter als sachbezogener („dinglicher") Verwaltungsakt und gilt auch für etwaige mit der Genehmigung verbundene Nebenbestimmungen. Ist die Baugenehmigung einer bestimmten Person erteilt worden, weil diese eine privilegierte Nutzung ausüben will, z.B. einem Landwirt, ändert eine Rechtsnachfolge nichts am Fortbestand der Baugenehmigung. Das Vorhaben kann von dem Rechtsnachfolger allerdings nur ausgeführt oder fortgesetzt werden, wenn er die privilegierte Nutzung fortsetzt.

bb) Rücknahme der Baugenehmigung

371 Gemäß § 48 VwVfG kann ein rechtswidriger Verwaltungsakt, auch nachdem er unanfechtbar geworden ist, ganz oder teilweise mit Wirkung für die Zukunft oder für die Vergangenheit zurückgenommen werden, ein begünstigender Verwaltungsakt – wie eine Baugenehmigung – aber nur innerhalb eines Jahres seit dem Zeitpunkt, zu dem die Behörde von den Tatsachen, welche die Rücknahme des rechtswidrigen Verwaltungsaktes rechtfertigen, Kenntnis genommen hat (Abs. 4). Die Jahresfrist beginnt nach ständiger Rechtsprechung des BVerwG erst zu laufen, wenn dem nach der behördeninternen Geschäftsverteilung zuständigen Amtswalter alle für die Rücknahme erheblichen Tatsachen vollständig und zweifelsfrei bekannt sind. Hierzu gehört neben der bloßen (Er-)Kenntnis der Rechtswidrigkeit des früheren Bescheids auch die Kenntnis aller für einen möglichen Vertrauensschutz und für die zu treffende Ermessensentscheidung wesentlichen Umstände. Dies gilt auch für den Fall, in dem die Behörde von der maßgeblichen Tatsache auch schon im Zeitpunkt des Erlasses des Verwaltungsakts Kenntnis hatte, also bei voller Kenntnis des entscheidungserheblichen Sachverhalts unrichtig entschieden hat, aber weitere Sachaufklärung erforderlich ist, um unter sachgerechter Ausübung ihres Ermessens über die Rücknahme des Verwaltungsakts zu entscheiden; dies setzt, sofern dadurch weitere entscheidungserhebliche Tatsachen ermittelt werden können, auch eine Anhörung des Betroffenen voraus.[1189]

cc) Widerruf der Baugenehmigung

372 § 49 Abs. 2 S. 1 Nr. 3 VwVfG lässt den Widerruf einer rechtmäßigen begünstigenden Baugenehmigung, auch nachdem sie unanfechtbar geworden ist, ganz oder teilweise mit Wirkung für die Zukunft zu, wenn die Behörde aufgrund nachträglich eingetretener Tatsachen berechtigt wäre, den Verwaltungsakt nicht zu erlassen, und wenn ohne den Widerruf das öffentliche Interesse gefährdet würde.

373 Beispiel: Vor einiger Zeit wurde auf der Grundlage von § 35 Abs. 4 S. 1 Nr. 5 BauGB eine Baugenehmigung für einen Anbau an ein im Außenbereich stehendes Gebäude erteilt. Noch bevor

---

1189 VGH München Beschl. v. 30.3.2020 – 1 ZB 18.555.

der Anbau errichtet wird, brennt das bestehende Gebäude ab. Die Baugenehmigung wird nach § 49 Abs. 2 S. 1 Nr. 3 VwVfG widerrufen. Da für die Genehmigung Grundvoraussetzung war, dass ein Wohngebäude vorhanden war und diese Voraussetzung nun nicht mehr erfüllt ist, sind im Nachhinein die Voraussetzungen für die Genehmigung weggefallen. Ohne den Widerruf der Baugenehmigung würde das öffentliche Interesse an der größtmöglichen Schonung des Außenbereichs gefährdet. Dies ist insbesondere immer dann gegeben, wenn – wie in dem entschiedenen Fall – ein Vorhaben eine Vorbildfunktion besitzen würde mit der Folge, dass noch weitere Bauten hinzutreten könnten.[1190]

dd) Erledigung durch Zeitablauf

Die Geltungsdauer einer Baugenehmigung kann befristet werden (zur Befristung siehe Teil C Rn. 305 ff.). Das kommt etwa in Betracht, wenn ein Gebäude für die Unterbringung eines bestimmten Personenkreises (z.B. Asylbewerber, Nutzung für soziale Zwecke) nur für eine begrenzte Zeit ermöglicht werden soll, danach das Gebäude aber wieder für Wohnzwecke zur Verfügung stehen soll. Nach Ablauf der Befristung verliert die Genehmigung ihre Gültigkeit. Eine Fortführung der bisherigen Nutzung nach Ablauf einer Befristung ist ebenso zu sehen wie die erstmalige Aufnahme einer ungenehmigten Nutzung. Denn auch in diesem Fall bedarf es einer erneuten umfassenden bauaufsichtlichen Kontrolle.[1191] Die Unwirksamkeit tritt von selbst ein, einer Aufhebung bedarf es nicht.[1192] **374**

ee) Erledigung auf sonstige Weise

Anerkannte Fallgruppen für eine Erledigung auf sonstige Weise sind insbesondere der Verzicht des Berechtigten auf die sich aus dem Verwaltungsakt ergebende Rechtsposition sowie der Wegfall des Regelungsobjekts. **375**

(1) Verzicht

Der Bauherr kann die Erklärung, dass er auf die für eine Anlage erteilte Genehmigung verzichte, ausdrücklich oder konkludent abgeben. Probleme wirft insbesondere der zweite Fall auf, weil hierbei nach dem Erklärungswillen geforscht werden muss. **376**

(a) Verzicht durch neuen Bauantrag?

Mit einem neuen Bauantrag kann der Bauherr zum Ausdruck bringen, dass er im Falle der Genehmigung des Vorhabens die vorhandene Genehmigung nicht länger auszunutzen gedenkt. Etwas anderes kann aber gelten, wenn der Bauherr sich vorbehält, das ursprüngliche Vorhaben doch ausführen zu wollen, oder grundsätzlich an dem jüngst genehmigten Vorhaben festhalten will, aber eine Änderung anstrebt; dies kann eine Aufgabe der früheren Genehmigung, aber auch nur deren Änderung bedeuten. Nur im ersten Fall kann der Antrag als Erklärung gedeutet werden, dass von der bisherigen Genehmigung kein Gebrauch mehr gemacht werden soll, und dies auch nur dann, wenn aus ihr hervorgeht, dass das zuvor genehmigte Vorhaben nicht ausgeführt werden soll. **377**

1190 Nach: VGH München Beschl. v. 12.8.2019 – 2 CS 19.1316.
1191 Vgl. zu einem solchen Fall: VG Gelsenkirchen Beschl. v. 6.3.2012 – 6 L 1402/11.
1192 Zu einem solchen Fall s. OVG Bln-Bbg Beschl. v. 22.7.2020 – OVG 10 S 47/20.

(b) Verzicht durch Nutzungsänderung

378 Bauliche Anlagen haben in der Regel keinen Sinn allein in ihrer Existenz. Sie dienen bestimmten Zwecken und sollen zweckentsprechend genutzt werden. Mit der Änderung der Funktion wird dem Vorhaben die Identität entzogen. Gegenstand der erneuten Beurteilung hat dann die bauliche Anlage in ihrer geänderten Funktion zu sein. Inwieweit eine bestimmte Art der Nutzung einer baulichen Anlage trotz einer Änderung der Nutzung weiterhin in ihrem Bestand geschützt ist, richtet sich danach, ob und gegebenenfalls in welchem Maße die bebauungsrechtliche Situation nach der Verkehrsauffassung als noch von der bisherigen Nutzung geprägt erscheint. Die bebauungsrechtliche Situation wird nach der Verkehrsauffassung besonders dann nicht mehr von der bisherigen Nutzung geprägt, wenn der Berechtigte in dem Gebäude oder der sonstigen baulichen Anlage erkennbar nicht nur vorübergehend eine andersartige Nutzung aufnimmt und dies nach außen sichtbar wird.[1193] Eine Nutzungsänderung in diesem Sinn ist jedenfalls dann gegeben, wenn ein Übergang von einer der Nutzungskategorien, wie sie in den Baugebietsvorschriften der Baunutzungsverordnung beschrieben sind, zu einer anderen Nutzungskategorie erfolgt.

Beispiele:
- In einem Gebäude war bis vor dreieinhalb Jahren – bestandsgeschützt – ein Altenheim untergebracht gewesen. Der Kläger hat in dem Gebäude eine Hotel-Pension eröffnet und diese Art der Nutzung – unter anderem durch an der Straße aufgestellte Werbeschilder – nach außen kenntlich gemacht. Damit hat im Vergleich zur früheren Nutzung des Hauses ein Wechsel in der Nutzungsart stattgefunden. Die bebauungsrechtliche Situation des Gebäudes ist nach dieser tatsächlichen Veränderung nicht mehr durch die vormals dort ausgeübte Nutzung als Altenheim geprägt.[1194]
- Der Übergang von einem bislang bestandsgeschützten Tankstellenbetrieb zu einem Gebrauchtwagenhandel stellt nicht lediglich eine besondere Nutzungsvariante, sondern eine Nutzungsänderung dar.[1195]

(c) Verzicht durch Nutzungsaufgabe

379 Nicht immer findet unmittelbar nach der Aufgabe der genehmigten Nutzung eine neue Nutzung statt. Wenn die genehmigte Nutzung endgültig aufgegeben und nicht nur vorübergehend unterbrochen wird, verliert eine Baugenehmigung verliert ihre Wirksamkeit.[1196] Bis hierher besteht in der Rechtsprechung noch Einigkeit. Unstimmigkeiten beginnen bei der Dogmatik und damit, welche Kriterien für die Beantwortung der Frage, wann eine endgültige Aufgabe der Nutzung anzunehmen ist, anzuwenden sind.

(aa) Das Zeitmodell des BVerwG

380 Das BVerwG hat in seiner Rechtsprechung zur erleichterten Zulassung der „alsbaldigen Neuerrichtung eines zulässigerweise errichteten, durch Brand, Naturereignisse oder andere außergewöhnliche Ereignisse zerstörten, gleichartigen Gebäudes an gleicher Stelle" (§ 35 Abs. 4 S. 1 Nr. 3 BauGB) ein sog. Zeitmodell entworfen, das es auf die Beurteilung der Fortdauer des Bestandsschutzes (und damit der Fortgeltung der Baugenehmigung) überträgt: Im ersten Jahr nach der Zerstörung eines Bauwerks rechne die Verkehrsauffassung stets mit dem Wiederaufbau; eine Einzelfall-

---

1193 BVerwG Urt. v. 25.3.1988 – 4 C 21.85; BVerwG Urt. v. 18.5.1990 – 4 C 49.89; OVG Münster Beschl. v. 2.8.2007 – 7 A 880/07.
1194 Aus: BVerwG Urt. v. 25.3.1988 – 4 C 21/85.
1195 Nach: BVerwG Beschl. v. 1.11.1994 – 4 B 220/94.
1196 BVerwG Urt. v. 18.5.1990 – 4 C 49.89.

prüfung erübrige sich. Im zweiten Jahr nach der Zerstörung spreche für die Annahme, dass die Verkehrsauffassung einen Wiederaufbau noch erwarte, eine Regelvermutung, die im Einzelfall jedoch entkräftet werden könne, wenn Anhaltspunkte für das Gegenteil vorhanden seien. Nach Ablauf von zwei Jahren kehre sich diese Vermutung um; es sei davon auszugehen, dass die Grundstückssituation nach so langer Zeit für eine Neuerrichtung nicht mehr offen sei. Der Bauherr habe besondere Gründe dafür darzulegen, dass die Zerstörung des Gebäudes noch keinen als endgültig erscheinenden Zustand herbeigeführt habe.[1197]

381 Dies hat das Gericht auf die Frage des Untergangs des Bestandsschutzes durch Nichtnutzung übertragen. Es hat mit Beschluss vom 5.6.2007[1198] eine Entscheidung der Vorinstanz[1199] gebilligt, in der diese – gewissermaßen zur Plausibilisierung des Leerstandes eines Wohnhauses für dreieinhalb Jahre – darauf abgestellt hatte, dass das Gebäude nach einem Wasserschaden leer gestanden habe und mit einer Reparatur gewartet habe und damit die Vermutung, es sei eine endgültige Aufgabe der Wohnnutzung beabsichtigt gewesen, widerlegt habe. Ähnlich hat das BVerwG in seinem Urteil vom 18.5.1995[1200] in seinem Leitsatz 2 formuliert: „Ist die baurechtlich genehmigte Nutzung eines Gebäudes (hier: für eine Autolackiererei) für mehr als ein Jahr nicht ausgeübt worden, so ist auch die vor Ablauf des zweiten Jahres wiederaufgenommene Nutzung nicht mehr vom Bestandsschutz gedeckt, wenn Umstände vorlagen, aus denen nach der Verkehrsauffassung geschlossen werden konnte, mit der Wiederaufnahme der ursprünglichen Nutzung sei nicht mehr zu rechnen."

(bb) Anwendung des § 43 Abs. 2 VwVfG

382 Die Rechtsprechung des BVerwG ist immer wieder kritisiert worden. Manche Gerichte verweigern dem BVerwG offen die Gefolgschaft,[1201] andere folgen ihm scheinbar[1202] und nehmen „im Rahmen der Rechtsprechung des BVerwG" Wertungen vor, die in Wirklichkeit die Grenzen ignorieren und die aus verfahrensrechtlichen Gründen – es werden allein landesrechtliche Bestimmungen herangezogen – unangreifbar sind. Diese Gerichte wenden § 43 Abs. 2 VwVfG an und fragen danach, ob aus dem Verhalten des Bauherrn ein hinreichend schlüssiger Wille dafür ablesbar ist, auf die Baugenehmigung zu verzichten, oder ob Anhaltspunkte für eine – ggf. stillschweigende – Übereinkunft der Beteiligten vorliegen, die Baugenehmigung habe sich erledigt (sei obsolet). Nach dieser Rechtsprechung gilt: Wenn die bauliche Anlage in weiterhin nutzbarer Weise fortbesteht und keine neue, andersartige Nutzung an die Stelle der genehmigten Nutzung tritt, erlischt die Baugenehmigung nur dann, wenn sich der (tatsächliche) Verzicht auf die weitere Nutzung der baulichen Anlage zugleich als (rechtlicher) Verzicht auf die Baugenehmigung darstellt.[1203] Ob das der Fall ist, ist im Wege einer Gesamtbetrachtung aus der Sicht eines objektiven Dritten un-

---

1197 BVerwG Urt. v. 18.5.1995 – 4 C 20/94; vgl. auch BVerwG Urt. v. 21.8.1981 – 4 C 65.80; BVerwG Beschl. v. 17.5.1988 – 4 B 82.88.
1198 4 B 20/07.
1199 VGH München Urt. v. 1.2.2007 – 2 B 05.2470.
1200 4 C 20/94.
1201 VGH Kassel Beschl. v. 12.4.2016 – 4 A 1438/15.Z: „Das vom BVerwG zu § 35 Abs. 4 Satz 1 Nr. 3 BauGB entwickelte Zeitmodell [...] ist auf den Fall der Nutzungsunterbrechung nicht anzuwenden."
1202 OVG Münster Beschl. v. 9.8.2013 – 2 A 2520/12: „Das „Zeitmodell" kann insofern nicht mehr als eine grobe Richtschnur, eine Art Auslegungshilfe bei der Subsumtion des § 43 Abs. 2 VwVfG NRW darstellen, die stets mit dem allgemeinen Terminus der Erledigung und den besonderen Einzelfallumständen abzugleichen ist. Ein rein schematisches Vorgehen, das maßgeblich auf den Zeitablauf abstellt, ist grundsätzlich nicht möglich."
1203 OVG Lüneburg Beschl. v. 25.3.2021 – 1 MN 20/21.

ter Berücksichtigung aller Umstände des Einzelfalls zu beurteilen. In dem Verhalten des Eigentümers muss sein dauerhafter und endgültiger Verzichtswille hinreichend eindeutig zum Ausdruck kommen.[1204]

(2) Wegfall des Regelungsobjekts

383 Eine Baugenehmigung kann durch Wegfall des Regelungsobjekts unwirksam werden, insbesondere wenn durch eigene Maßnahmen des Bauherrn an der genehmigten Anlage eine andere Anlage entsteht als die seinerzeit genehmigte. Auch insoweit ist entscheidend, ob eine wesentliche Änderung anzunehmen ist.

384 Die nachstehend dargestellten Grundsätze sind in der Rechtsprechung ganz überwiegend zur Frage des Untergangs des Bestandsschutzes (s. dazu ab Teil C Rn. 542 ff.) herausgearbeitet worden. Dort gilt, dass durch einen erheblichen Eingriff in die Bausubstanz der Bestandsschutz verloren geht. Stets dann, wenn infolge der Änderung das ursprüngliche Gebäude nicht mehr als „Hauptsache" erscheint und durch die Änderung etwas anderes, ein „aliud",[1205] entstanden ist, hat es seine Identität verloren und der Bauherr kann sich nicht mehr auf den Eigentumsschutz aus Art. 14 GG berufen. Diese Grundsätze sind uneingeschränkt auf die Frage des Untergangs einer Baugenehmigung übertragbar. Mit Blick auf Nutzungsänderungen ist seit langem anerkannt, dass zur Frage des Untergangs des Bestandsschutz infolge von Nutzungsänderung und Nutzungsaufgabe die Bestimmung des § 43 Abs. 2 VwVfG über die Wirksamkeit von Verwaltungsakten anzuwenden ist; für bautechnische Eingriffe in die Bausubstanz kann aus dogmatischen Gründen nichts anderes gelten.

(a) Bautechnische Veränderungen

385 Die Frage, wann eine bauliche Anlage durch bautechnische Veränderungen ihre Identität verliert, kann nicht abstrakt-generell beantwortet werden. Die höchstrichterliche Rechtsprechung betont wieder, dass die Abgrenzung eine Frage „tatrichterlicher Würdigung" ist.[1206] Das bedeutet nichts anderes, als dass das Gericht und selbstverständlich auch die Verwaltung sich in jedem Fall eine eigene Überzeugung darüber bilden müssen, ob der Bestandsschutz noch erhalten ist; unter Umständen müssen (Bau-) Fachleute bei dieser Beurteilung helfen. Dessen ungeachtet haben sich in der Rechtsprechung Fallgruppen herausgebildet, in denen durch einen Eingriff in den vorhandenen Baubestand der Bestandsschutz untergegangen ist. Selbstverständlich beeinflusst nicht jedwede Arbeit an einer baulichen Anlage deren Identität. Besonders schwierig ist allerdings die Abgrenzung der (Neu-) Errichtung zu Instandsetzungsarbeiten, die die Wirksamkeit der Baugenehmigung in der Regel unberührt lassen.

386 Ausgangspunkt für die Überlegung ist, dass die Baugenehmigung dem Grunde nach nur das Recht gewährt, das Bauwerk so zu unterhalten und zu nutzen, wie es auf-

---

1204 S. aus der umfangreichen Rechtsprechung zB: OVG Weimar Beschl. v. 29.11.2007 – 1 EO 658/99; VGH München Beschl. v. 6.2.2014 – 1 ZB 11.1675; OVG Münster Beschl. v. 18.4.2017 – 2 A 916/15; OVG Münster Beschl. v. 9.8.2013 – 2 A 2520/12; OVG Koblenz, Urt. v. 12.3.2013 – 8 A 11152/12; OVG Lüneburg Beschl. v. 3.1.2011 – 1 ME 209/10; OVG Lüneburg Beschl. v. 25.3.2021 – 1 MN 20/21OVG Bautzen Beschl. v. 28.10.2019 – 1 B 7/19; VGH Mannheim Beschl. v. 22.7.2016 – 8 S 969/16; VGH Mannheim Urt. v. 4.3.2009 – 3 S 1467/07; OVG Bln-Bbg Urt. v. 8.11.2018 – OVG 2 B 4.17.
1205 BVerwG Urt. v. 19.10.1966 – IV C 16.66; BVerwG Urt. v. 16.2.1973 – IV C 61.70.
1206 BVerwG Beschl. v. 27.7.1994 – 4 B 48/94.

grund der Genehmigung errichtet wurde, und dass diese nicht einen Ersatzbau anstelle des (bestands-) geschützten Bauwerks rechtfertigt.[1207]

Das BVerwG hat bereits mit Urteil vom 18.10.1974[1208] ausgeführt, Kennzeichen der Identität sei die Übereinstimmung im Standort, im Bauvolumen und in der Zweckrichtung und weiterhin, ob ein „adäquates Verhältnis" zwischen dem ursprünglichen Gebäude und den Instandsetzungsmaßnahmen dergestalt bestehe, dass das ursprüngliche Gebäude als die Hauptsache erscheine. Auch eine Summe genehmigungsfreier Baumaßnahmen ist nach diesen Grundsätzen geeignet, die Wirksamkeit einer Baugenehmigung zu beenden.[1209] Insbesondere aber führt die (Wieder-) Herstellung eines teilweise vernichteten bestandsgeschützten Bauwerks, welche die statische Neuberechnung (nicht nur eines Teilbereichs sondern) des gesamten Gebäudes erforderlich macht, zu etwas Neuem, das nicht mehr mit dem bestandsgeschützten ursprünglichen „Eigentum" identisch ist und deshalb nicht dessen Bestandsschutz gegenüber dem nunmehr geltenden, ihm entgegenstehenden Baurecht genießt. Denn die durch die statische Berechnung festzustellende Standfestigkeit eines Gebäudes ist ein wesentliches Element seines Bestandes wie auch seiner Nutzbarkeit. Deshalb kann sie, so das BVerwG, als ein dem Eigentumsschutz des Art. 14 Abs. 1 GG gerecht werdendes Kriterium für die Unterscheidung zwischen dem ursprünglichen und dem infolge Wiederherstellung „neuen" Bauwerk dienen (qualitativer Gesichtspunkt). Bestandsschutz ermögliche dem Eigentümer den Austausch beschädigter Gebäudeteile so lange, wie die Identität der Hauptsache noch gewahrt bleibe.[1210] Bei einem Eingriff in die Bausubstanz, die in dem beschriebenen Sinn die Identität der baulichen Anlage ändert, geht der Bestandsschutz unter. Übertragen auf die Frage der Wirksamkeit einer Baugenehmigung (s. dazu zuvor Teil C Rn. 375 ff.) bedeutet dies, dass in den beschriebenen Fällen diese untergeht.

387

Beispiele:
- Durch den Neueinbau einer Stahlbetondecke anstelle einer Holzbalkendecke in ein kleines Gebäude geht ein bisheriger Bestandsschutz unter. Denn die Änderung der Deckenkonstruktion wirkt sich auf die Statik des Gebäudes aus und erfordert in bauordnungsrechtlicher Hinsicht eine erneute Überprüfung der Standsicherheit.[1211]
- Durch Bauarbeiten wurde Wohnraum von 13,92 m² neu geschaffen und Teile der Außenwand wurden verschoben. Der bisher eingeschossige Anbau wurde um ein zweites Vollgeschoss mit Satteldach aufgestockt, eine circa 2,30 m breite Gaube mit zwei Fenstern wurde eingebaut und die Garage vergrößert. Damit wurde ein mit dem bisherigen Gebäude nicht mehr identischer Baukörper geschaffen.[1212]

Unter Umständen kann bereits die Verwendung eines durch die fortgeschrittene Bautechnik entwickelten moderneren Baumaterials die Anfertigung einer neuen Statik für das gesamte Gebäude erfordern, obwohl keine Änderung im Bauvolumen oder der Bausubstanz vorliegt. Wo moderneres Baumaterial zur Wiederherstellung eines teilweise zerstörten Bauwerks verwendet wird mit der Folge, dass gerade (auch) wegen der Neuheit dieses Materials eine statische Neuberechnung des ge-

388

1207 BVerwG Urt. v. 19.10.1966 – IV C 16.66; BVerwG Urt. v. 22.9.1967 – IV C 109.65; BVerwG Urt. v. 25.11.1970 – IV C 119.68; BVerwG Urt. v. 16.2.1973 – IV C 61.70.
1208 IV C 75.71.
1209 BVerwG Beschl. v. 21.3.2001 – 4 B 18/01, zum Untergang des Bestandsschutzes.
1210 So auch VGH Mannheim Urt. v. 17.9.1998 – 3 S 1934/96.
1211 Nach OVG Münster Beschl. v. 27.8.2002 – 10 B 1233/02.
1212 OVG Münster Urt. v. 16.8.2011 – 10 A 1224/09. Siehe auch OVG Münster Beschl. v. 26.2.2021 – 2 A 499/20: „Denn jedenfalls durch die ungenehmigte Einziehung einer bis heute vorhandenen Zwischendecke, die auch nach Auffassung des damaligen Bauherrn eine neue statische Berechnung erforderlich machte, ist die Bandbreite der erteilten Baugenehmigung verlassen worden und ein aliud entstanden."

samten Bauwerks erforderlich wird, erweist sich nach der Rechtsprechung gerade durch diesen Umstand, dass das wiederhergestellte ein „neues", mit dem ursprünglichen nicht mehr identisches Bauwerk ist.[1213]

389 Schließlich ist das ursprüngliche Gebäude nicht mehr die ursprüngliche Anlage, wenn die für die Instandsetzung notwendigen Arbeiten den Aufwand für einen Neubau erreichen oder gar übersteigen, wobei „Luxusaufwendungen" nicht in die Berechnung einzubeziehen sind.[1214]

Beispiel: Die Umbauarbeiten haben einen Umfang erreicht, der in quantitativer Hinsicht an den einer Neuerrichtung eines Gebäudes in vergleichbarer Lage heranreicht. Die Baukosten haben nach dem Vortrag des Klägers insgesamt 130.000 EUR für die Positionen Rohbau, Dachdecker, Fensterbau, Estrich, Fliesen, WDVS, Trockenbau, Lüftung, Heizung/Sanitär, Elektro, Fußböden, Maler und Innentüren eingenommen. Selbst wenn einzelne Positionen hierbei unberücksichtigt blieben, kann nicht mehr von einer reinen Instandhaltung ausgegangen werden.[1215]

(b) Verfall

390 Ist die bauliche Anlage verfallen, ist sie nicht mehr für die bisherige Nutzung offen und verliert damit ihre baurechtliche Existenzberechtigung. Damit gehen die Baugenehmigung und insbesondere ein hierauf gegründeter Bestandsschutz unter. Zwar räumt Art. 14 Abs. 1 GG dem Berechtigten zum Schutz seines Vertrauens in den Fortbestand seiner bisherigen Rechtsposition eine gewisse Zeitspanne ein, innerhalb derer der Bestandsschutz noch nachwirkt und noch Gelegenheit besteht, an den früheren Zustand anzuknüpfen.[1216] Dies schließt daran an, dass der Bestandsschutz als Abwehrrecht verhindern soll, dass eine vorhandene und funktionsentsprechende, nutzbare Bausubstanz vernichtet wird.[1217] Diese Schutzwürdigkeit besteht aber nicht mehr, wenn äußerlich erkennbar dokumentiert wird, dass die Anlage aufgegeben worden ist.

ff) Untergang der Baugenehmigung nach § 75 BauO

391 Gemäß § 75 Abs. 1, 1. Alt. BauO erlöschen die Baugenehmigung und die Teilbaugenehmigung, wenn innerhalb von drei Jahren nach Erteilung der Genehmigung mit der Ausführung des Bauvorhabens nicht begonnen wird. Die Frist kann auf schriftlichen Antrag jeweils bis zu einem Jahr – auch rückwirkend, wenn der Antrag vor Fristablauf bei der Bauaufsichtsbehörde eingegangen ist – verlängert werden (§ 75 Abs. 2 BauO). Die Frist zum Beginn der Bauarbeiten beginnt nach § 43 Abs. 1 S. 1 VwVfG i.V.m. § 31 Abs. 2 VwVfG mit dem Tag, der auf die Bekanntgabe der Genehmigung folgt. Ihr Ende bemisst sich nach den Bestimmungen des BGB (§§ 188 ff. BGB).

(1) Kein rechtzeitiger Beginn der Bauarbeiten

392 Mit der Bauausführung wird „begonnen" durch ein tatsächliches Handeln, nämlich eine bauliche Tätigkeit, die in einem unmittelbaren, objektiven und nicht lediglich aus der Sicht des Bauherrn bestehenden Zusammenhang mit dem genehmigten Bauvorhaben steht. Durch einen Vergleich des Bauscheins, der genehmigten Bauzeichnungen und etwaiger sonstiger genehmigter Anlagen mit der vom Bauherrn in Angriff

---

1213 So BVerwG Beschl. v. 24.5.1993 – 4 B 77/93.
1214 BVerwG Beschl. v. 24.10.1980 – IV C 81.77.
1215 Nach VG Münster Urt. v. 3.3.2016 – 2 K 1089/14.
1216 OVG Koblenz Urt. v. 22.4.1999 – 1 A 11193/98.
1217 OVG Münster Urt. v. 3.2.1994 – 10 A 1149/91.

genommenen baulichen Tätigkeit lässt sich objektiv feststellen, ob dieser mit der Ausführung des Vorhabens, so wie es genehmigt wurde, begonnen hat.[1218]

Beispiel: Innerhalb der Geltungsdauer der Baugenehmigung sind bei einem vorhandenen Altbau neue Kellerfensteröffnungen und eine Außenwandisolierung angebracht worden. Diese Arbeiten waren in den Bauzeichnungen nicht dargestellt und folglich nicht mit genehmigt worden. Sie wahrten damit nicht die Frist zur Geltung der Baugenehmigung.[1219]

Die Maßnahme, die der Bauausführung dienen soll, braucht weder quantitativ noch qualitativ bedeutend zu sein, muss aber deutlich den Beginn der Bauausführung erkennen lassen. Bloße Vorbereitungs- oder Sicherungsmaßnahmen oder die Durchführung nicht genehmigungsbedürftiger Bauarbeiten genügen nicht. Das gilt insbesondere auch für Behördengänge, das Aufstellen eines Baucontainers sowie die Anzeige des Baubeginns,[1220] das Aufstellen des Bauschildes oder der Baubude, die Herstellung von Anschlüssen, das Lagern von Material und Geräten.[1221] Das Ausheben der Baugrube für einen genehmigten Keller ist hingegen ein Baubeginn.[1222] **393**

Der Ablauf der Geltungsdauer kann dadurch gehemmt sein, dass der Bauherr durch Umstände, die nicht in seiner Person liegen, gehindert ist, die Bauarbeiten fristgerecht aufzunehmen, so etwa, wenn die Baugenehmigung mit einer aufschiebenden Frist versehen ist oder der Bauherr erst nach Ablauf einer bestimmten Frist von ihr Gebrauch machen darf.[1223] Auch ein hoheitlicher Eingriff, z.B. eine Stilllegung der Bauarbeiten, kann ein solches Hemmnis sein, es sei denn, die Verfügung ist ergangen, weil der Bauherr von den genehmigten Bauvorlagen abgewichen ist. Anderweitige Einwirkungen, die es für den Bauherrn unzumutbar machen, die Bauarbeiten zu beginnen oder durchzuführen, stehen einem solchen hoheitlichen Eingriff gleich.[1224] Auch für den Fall, dass ein Dritter einen Rechtsbehelf gegen eine bauaufsichtliche Zulassung einlegt, ist anerkannt, dass die Frist für die Geltung einer Baugenehmigung nicht abläuft, wenn die Verzögerung des Baubeginns durch den Rechtsbehelf eines Nachbarn entstanden ist.[1225] Dies gilt, obwohl der Rechtsbehelf keine aufschiebende Wirkung hat (§ 212a Abs. 1 BauGB) und deshalb der Bauherr eigentlich bauen darf. **394**

Wird ein genehmigtes Vorhaben durch eine weitere Genehmigung ergänzt, beginnt die Frist durch diese weitere Genehmigung nur dann neu, wenn diese eine wirkliche neue Baugenehmigung darstellt. Im Falle einer bloßen Nachtragsgenehmigung (zum Begriff der Nachtragsgenehmigung s. Teil C Rn. 25 f.) behält die Ausgangsgenehmigung ihre Bedeutung für den Fristbeginn.[1226] Insofern erlangt die Unterscheidung zwischen wesentlicher und unwesentlicher Änderung besondere Bedeutung.[1227] **395**

(2) Mehr als einjährige Unterbrechung der Bauarbeiten

Die Wirkung der Unwirksamkeit der Baugenehmigung tritt auch ein, wenn der Bauherr für einen über ein Jahr andauernden Zeitraum keinerlei Bautätigkeiten in Ausführung der Baugenehmigung vornimmt oder vornehmen lässt (§ 75 Abs. 1, 2. Alt. **396**

1218 OVG Münster Beschl. v. 2.2.2012 – 2 B 1525/11.
1219 Nach OVG Münster Urt. v. 16.10.2008 – 7 A 696/07.
1220 VGH München Beschl. v. 20.4.2020 – 15 ZB 20.426.
1221 OVG Saarlouis Urt. v. 3.12.1982 – 2 R 182/81.
1222 Vgl. VGH München Urt. v. 15.1.1979 – 67 XIV 75; OVG Lüneburg Beschl. v. 7.7.1981 – 1 B 64/81.
1223 Johlen in: Gädtke/Czepuck/Johlen/Plietz/Wenzel, BauO NRW, § 77 Rn. 5.
1224 OVG Münster Urt. v. 16.10.2008 – 7 A 696/07.
1225 VGH München Beschl. v. 20.4.2020 – 15 ZB 20.426; VGH Mannheim Urt. v. 25.3.1999 – 8 S 218/99.
1226 VG Gelsenkirchen Urt. v. 3.3.2016 – 9 K 2050/14; VGH München Urt. v. 22.3.1984 – 2 B 82 A.301.
1227 OVG Münster Beschl. v. 2.2.2012 – 2 B 1525/11.

BauO). Auch insoweit gilt das zum Baubeginn Gesagte; genehmigungswidrige, zögerliche oder stückwerkhafte Baumaßnahmen wahren die Frist nicht.[1228]

4. Bauüberwachung und Bauzustandsbesichtigung

397 Der Bauaufsichtsbehörde obliegt während der Ausführung die Bauüberwachung (§ 83 BauO), allerdings nur in dem Umfang der im Baugenehmigungsverfahren zu prüfenden Bauvorlagen. Zu den Pflichten des Bauherrn gehört uA, dass Baustellen – so § 11 Abs. 1 BauO – so einzurichten sind, dass bauliche Anlagen ordnungsgemäß errichtet, geändert oder beseitigt werden können und Gefahren oder vermeidbare Belästigungen nicht entstehen. Zum Schutz der Nachbarschaft enthalten insbesondere die allgemeinen Bestimmungen des BImSchG sowie die Allgemeine Verwaltungsvorschrift zum Schutz gegen Baulärm – Geräuschimmissionen – (AVV Baulärm) vom 19.8.1970[1229] Regelungen.[1230]

398 Nach § 84 Abs. 1 S. 1 BauO führt die Bauaufsichtsbehörde eine Bauzustandsbesichtigung zur Fertigstellung des Rohbaus und der abschließenden Fertigstellung genehmigter Anlagen durch. Über den Verweis in S. 2 ergibt sich, dass die Bauzustandsbesichtigung sich auf den Umfang der im Baugenehmigungsverfahren zu prüfenden Bauvorlagen beschränkt und stichprobenhaft durchgeführt werden kann. Bei Vorhaben, die im vereinfachten Genehmigungsverfahren nach § 64 BauO genehmigt werden, kann die Bauaufsichtsbehörde auf die Bauzustandsbesichtigung verzichten. Über das Ergebnis der Besichtigung ist auf Verlangen der Bauherrin oder des Bauherrn eine Bescheinigung auszustellen (§ 84 Abs. 5 S. 2 BauO). Die Bescheinigung legalisiert eine von einer Genehmigung abweichende Bauausführung nicht.[1231] Die Erteilung einer solchen Bescheinigung durch die Baugenehmigungsbehörde ist zwar die formale Voraussetzung dafür, die bauliche Anlage zu nutzen (vgl. § 84 Abs. 8 S. 1 BauO). Die Benutzung darf unbeschadet der Schlussabnahme jedoch nur im Rahmen der Baugenehmigung erfolgen. Auch nach erfolgter Schlussabnahme können weiterhin Maßnahmen gefordert werden, um übersehene oder aus sonstigen Gründen nicht beanstandete Verstöße gegen das materielle Baurecht zu beseitigen.[1232] Nach ständiger Rechtsprechung kann aus einer beanstandungsfrei verlaufenen Schlussabnahme auch nicht auf eine rechtsbeachtliche Duldung geschlossen werden.[1233]

III. Bauaufsichtliche Maßnahmen

399 Die Bauaufsichtsbehörden haben bei der Errichtung, Änderung, Nutzungsänderung und Beseitigung sowie bei der Nutzung und Instandhaltung von Anlagen darüber zu wachen, dass die öffentlich-rechtlichen Vorschriften und die aufgrund dieser Vorschriften erlassenen Anordnungen eingehalten werden, soweit nicht andere Behör-

---

1228 OVG Münster Urt. v. 16.10.2008 – 7 A 696/07; OVG Bln-Bbg Beschl. v. 21.10.2005 – OVG 2 S 104.05.
1229 Beilage zum BAnz. Nr. 160 v. 1.9.1970; sie gilt gemäß § 66 Abs. 2 BImSchG auch nach Inkrafttreten des BImSchG fort.
1230 Eingehend zum Nachbarrechtsschutz hinsichtlich der von Baustellen ausgehenden Emissionen: Kemper in: StichwortKommentar Nachbarrecht, Stichwort Baustelle, und Schulte Beerbühl in: Stichwort-Kommentar Nachbarrecht, Stichwort Lärm, Baustelle.
1231 OVG Münster Beschl. v. 21.9.2012 – 7 A 796/11 mwN; OVG Münster Urt. v. 20.8.1992 – 7 A 2702/91. Ebenso wenig folgt aus katastermäßigen Einmessungen die baurechtliche Legalität des in Katasterkarten wiedergegebenen Bestands: OVG Münster Beschl. v. 30.12.2008 – 7 B 1900/08.
1232 VG Gelsenkirchen Beschl. v. 15.10.2014 – 9 L 1395/14; VG Köln Beschl. v. 4.3.2020 – 23 L 347/20.
1233 VG Gelsenkirchen Urt. v. 9.4.2019 – 6 K 8502/17 mwN.

C. Bauordnungsrecht

den zuständig sind. Sie haben in Wahrnehmung dieser Aufgaben nach pflichtgemäßem Ermessen die erforderlichen Maßnahmen zu treffen (§ 58 Abs. 2 S. 1 und 2 BauO). So wie zuvor schon § 61 Abs. 1 S. 1 und 2 BauO 2000 ermächtigen die neuen Ermächtigungsgrundlagen die Bauaufsichtsbehörde, die notwendigen Maßnahmen zu treffen, um eine im einzelnen Fall bestehende Gefahr für die öffentliche Sicherheit und Ordnung abzuwehren. Sie ist grundsätzlich zum Einschreiten ermächtigt, wenn und soweit ein bauliches Geschehen oder ein baulicher Zustand mit dem formellen und/oder materiellen Recht nicht übereinstimmt.[1234]

400 Das Gesetz formuliert einen Überwachungsbefehl an die Bauaufsichtsbehörden. Dieser bedeutet nicht, dass die Bauaufsichtsbehörden gleichsam flächendeckend ständig die Errichtung, Nutzung und Instandhaltung aller baulichen Anlagen in ihrem Zuständigkeitsbereich zu kontrollieren haben. Dazu bestünde kein Anlass und damit wären sie auch überfordert. Sofern sie allerdings von Amts wegen oder aufgrund eines Hinweises von einem möglichen Rechtsverstoß Kenntnis erlangen, müssen sie der Frage nachgehen, ob die Eingriffsvoraussetzungen vorliegen. Eine Praxis dergestalt, dass anonyme Hinweise grundsätzlich nicht verfolgt werden, ist mit der Aufgabenstellung der Bauaufsichtsbehörden und dem eindeutigen Wortlaut der Ermächtigungsgrundlage („haben darüber zu wachen") nicht zu vereinbaren.

401 Das Gesetz nennt in den § 58 Abs. 2 BauO und §§ 80 bis 82 BauO nicht ausdrücklich als Voraussetzung, dass eine Gefahr vorliegen muss, sagt aber in § 58 Abs. 1 S. 1 BauO, dass die den Bauaufsichtsbehörden obliegenden Aufgaben als solche der Gefahrenabwehr gelten. Die Formulierungen in § 13 S. 1 BauO, § 15 Abs. 2 S. 1 und Abs. 3 BauO, § 42 Abs. 4 und Abs. 5 S. 2 BauO und § 58 Abs. 6 BauO machen darüber hinaus deutlich, dass in diesen Regelungsbereichen nicht nur die Abwehr von Gefahren, sondern (wie § 15 Abs. 1 S. 2 BauNVO) auch die Abwehr von unzumutbaren Belästigungen (insbesondere durch Immissionen)[1235] gesetzliches Schutzziel ist. § 17 Abs. 2 BauO und § 23 Abs. 2 S. 2 BauO verweisen ausdrücklich auf das allgemeine Gebot nach § 3 Abs. 1 BauO, Anlagen so anzuordnen, zu errichten, zu ändern und instand zu halten, dass die öffentliche Sicherheit und Ordnung, insbesondere Leben, Gesundheit und die natürlichen Lebensgrundlagen, nicht gefährdet werden, hin. Schließlich verdeutlichen die Formulierungen in § 29 Abs. 2 Nr. 2 BauO, § 31 Abs. 2 S. 2 Nr. 1 BauO, § 78 Abs. 8 BauO und – insbesondere – § 59 Abs. 1 BauO die Aufgabe der Bauaufsichtsbehörden zur präventiven und repressiven Gefahrenabwehr.

402 Nach der Definition des Preußischen Oberverwaltungsgerichts[1236] ist eine Gefahr ein Zustand, der nach verständigem Ermessen den Eintritt eines Schadens mit Wahrscheinlichkeit erwarten lässt. Das BVerwG[1237] betont, dass hinsichtlich des Grades der Wahrscheinlichkeit differenziert werden muss je nachdem, welches Schutzgut auf dem Spiel steht. Ist der möglicherweise eintretende Schaden sehr groß, dann können an die Wahrscheinlichkeit des Schadenseintritts nur geringere Anforderungen gestellt werden. Das führt zu einer Pflicht der Ordnungsbehörden zu vorsorglichem Verhalten. Auch wenn die Wahrscheinlichkeit eines s nach aller Erfahrung äußerst gering ist und in aller Regel allenfalls die nur entfernte Möglichkeit eines Scha-

---

[1234] VG Aachen Urt. v. 16.4.2021 – 5 K 3922/18, zu dem sog. Protestcamp im Hambacher Forst; OVG Münster Beschl. V. 16.10.2001 – 7 B 1939/00.
[1235] Das BImSchG verwendet mehrfach die Formulierung „schädlichen Umwelteinwirkungen oder sonstigen Gefahren, erhebliche Nachteile oder erhebliche Belästigungen", zB in § 17 Abs. 1 und § 19 Abs. 1 BImSchG.
[1236] Urt. v. 23.3.1933 – 2I V.C.22/33.
[1237] Z.B. Urt. v. 26.6.1970 – IV C 99.67.

denseintritts besteht oder bestand, „muss wegen des damit verbundenen – wenn auch noch so entfernten – Risikos dieser (Schein)gefahr nachgegangen werden, weil – wenn entgegen aller Wahrscheinlichkeit die Gefahr sich verwirklichen sollte – der dann zu gewärtigende Schaden so groß wäre, dass ein Eingreifen trotz der nur entfernten Möglichkeit des Schadenseintritts nicht nur gerechtfertigt, sondern sogar geboten ist. (…) Das bedeutet, dass bei der Gefahr besonders großer Schäden ausnahmsweise zur „hinreichenden Wahrscheinlichkeit" in der erwähnten Faustformel auch die entfernte Möglichkeit eines Schadenseintritts gehört."[1238]

403 Deshalb ist zB bei einem Verstoß gegen das Verbot einer Öffnung in einer Gebäudeabschlusswand (§ 30 Abs. 2 S. 1 Nr. 1, Abs. 8 S. 1 BauO, sofern nicht ein Ausnahmetatbestand nach § 30 Abs. 10 BauO eingreift) stets von einer (abstrakten) Gefahr auszugehen. Ob dies eine entsprechende Ordnungsverfügung rechtfertigt, hängt vom Einzelfall ab: Wird das Gebäude derzeit und in absehbarer Zeit nicht bewohnt, wird ein Einschreiten nicht erforderlich sein; wird das Gebäude bewohnt und die Bedingungen des § 30 Abs. 1 S. 1 Nr. 1 BauO für eine ausreichende öffentlich-rechtliche Sicherung eines Abstands von mindestens 5 m zu bestehenden oder nach den baurechtlichen Vorschriften zulässigen künftigen Gebäuden nicht erfüllt, liegt eine eine Ordnungsverfügung rechtfertigende konkrete Gefahr vor. Auf ein vermeintliches „vorsichtiges" Verhalten der Bewohner kommt es nicht an.

404 Aufgrund der Tatsache, dass eine Verpflichtung der Bauaufsichtsbehörden zum Überwachen des Einhaltens der gesetzlichen Bestimmungen und zum Ergreifen der erforderlichen Maßnahmen besteht, kommt ein „Verwirken der Eingriffsbefugnisse" nicht in Betracht. Denn Verwirken können nur Rechte, nicht aber Pflichten.[1239] Das Gebrauchmachen von der Eingriffsermächtigung kann sich jedoch gegebenenfalls als ermessensfehlerhaft erweisen (s. dazu Teil C Rn. 461 ff.).

1. Die bauaufsichtlichen Verfügungen nach § 58 Abs. 2 und §§ 80 bis 82 BauO

a) Die Ermächtigungsgrundlagen

405 Bis zum Inkrafttreten der BauO 2018 war § 61 Abs. 1 BauO 2000 die wichtigste Eingriffsnorm des nordrhein-westfälischen Bauordnungsrechts. Sie verdrängte die ordnungsbehördliche Generalklausel des § 14 OBG. Durch die Neufassung der Bauordnung ist die Regelung nunmehr in § 58 Abs. 2 BauO zu finden. Sie wird allerdings ergänzt durch die Regelungen in den §§ 80 bis 82 BauO. Dabei wird die Bestimmung des § 80 BauO in der Praxis und in der Ausbildung wohl eine eher geringe Rolle spielen; deshalb konzentriert sich die nachfolgende Darstellung auf die §§ 58, 81 und § 82 BauO.

406 Die §§ 80 bis 82 BauO stellen erkennbar Spezialregelungen dar, die – aufgrund des rechtswissenschaftlichen Grundsatzes „lex specialis derogat legi generali" (Das spezielle Gesetz verdrängt die allgemeinen Gesetze.) dem § 58 Abs. 2 BauO vorgehen. Ermächtigungsgrundlage für Verfügungen nach §§ 80 bis 82 BauO sind diese Bestimmungen, § 58 Abs. 2 BauO braucht in einer Verfügung nicht genannt zu werden. Andererseits schadet die Nennung nicht; auch umgekehrt ist eine Ordnungsverfü-

---

1238 Aus: BVerwG Urt. v. 26.6.1970 – IV C 99.67.
1239 OVG Koblenz Urt. v. 12.6.2012 – 8 A 10291/12; OVG Münster Beschl. v. 29.10.2010 – 7 A 1219/10; VGH Mannheim Urt. v. 1.4.2008 – 10 S 1388/06.

gung vom Gericht nicht allein deswegen aufzuheben, weil sie zu Unrecht allein § 58 Abs. 2 BauO als Ermächtigungsgrundlage nennt.[1240]

407 Die Schaffung neuer Ermächtigungsgrundlagen in § 81 Abs. 1 BauO für Einstellungsverfügungen, § 82 S. 1 BauO für Beseitigungsverfügungen und § 82 S. 2 BauO für Nutzungsuntersagung darf nicht zu der Annahme führen, die Rechtslage habe sich geändert. Die rechtlichen Voraussetzungen auf der Tatbestandsseite und die rechtlichen Möglichkeiten auf der Rechtsfolgenseite sind unverändert. Das gilt auch für § 58 Abs. 2 BauO. Auch insoweit bleibt die Rechtslage unverändert gegenüber § 61 Abs. 1 BauO 2000; lediglich der Anwendungsbereich ist, weil die meisten Fälle von Ordnungsverfügungen nunmehr in § 81 und § 82 BauO angesprochen sind, deutlich reduziert. Geändert und vollends neu ist allerdings die Regelung in § 81 Abs. 2 BauO; jedenfalls bietet die Bestimmung nunmehr eine ausdrückliche Ermächtigung zu den dort genannten Möglichkeiten.

408 Die Bestimmungen des allgemeinen Ordnungsrechts (z.B. über die Störerauswahl) und des Verwaltungsverfahrensrechts (z.B. über die Anhörung und die Ermessensentscheidung) bleiben neben den genannten Bestimmungen anwendbar.

b) Die wichtigsten Arten von Ordnungsverfügungen

aa) Untersagung der Fortsetzung der Bauarbeiten (Stilllegung, Baustopp)

409 Nach § 81 Abs. 1 S. 1 BauO kann die Bauaufsichtsbehörde, wenn Anlagen im Widerspruch zu öffentlich-rechtlichen Vorschriften errichtet, geändert oder beseitigt werden, die Einstellung der Arbeiten anordnen.

(1) Errichtung, Änderung oder Beseitigung

410 Unter Errichtung ist die erstmalige Herstellung einschließlich der Wiederherstellung einer zerstörten Anlage zu verstehen. Mit dem Vorgang der Errichtung wird schon begonnen, wenn die ersten Bauarbeiten zur Verwirklichung des Vorhabens in Angriff genommen werden. Das Heranschaffen von Baumaterialien und das Einrichten der Baustelle stellen allerdings noch keine Bauarbeiten dar, sondern sind lediglich deren Vorbereitungen.

411 Der Begriff der Änderung ist ambivalent. Es muss unterschieden werden zwischen wesentlicher und unwesentlicher Änderung. Die BauO verwendet an mehreren Stellen die Begriffe „Änderung" oder „geändert", sagt aber nicht, ob eine wesentliche oder auch nur eine unwesentliche Änderung gemeint ist (s. zu dieser Problematik schon oben Teil C Rn. 12, 17 und 25). In den meisten Fällen wird aus rechtssystematischen Gründen von einer wesentlichen Änderung auszugehen sein. Eine solche ist – insbesondere in Abgrenzung zur Instandhaltung – anzunehmen, wenn der vorhandene Baubestand in seiner Substanz umgestaltet wird. Es kann ein Anbau, ein Umbau oder ein Erweiterungsbau entstehen. Ist die Änderung so massiv, dass eine grundlegende Beseitigung der vorhandenen Substanz erfolgt und erfolgen muss, handelt es sich nicht mehr um eine Änderung, sondern um eine Beseitigung sowie eine Neuerrichtung.

412 Der Begriff der Beseitigung umfasst nunmehr das, was nach der früheren Gesetzessprache (und nach der Rechtsprechung) zum einen unter Beseitigung (im Sinne eines Beiseiteräumens ohne Substanzzerstörung) und zum anderen unter Abbruch

---

[1240] Ausführlich dazu: VG Gelsenkirchen Urt. v. 1.10.2020 – 5 K 3313/19, mwN, in diesem Sinne wohl auch OVG Münster Beschl. v. 8.5.2020 – 2 B 457/20.

(mit Substanzzerstörung) verstanden wurde. Diese unterschiedliche Begrifflichkeit war sinnvoll, da an die Vorgänge im Hinblick auf die Eingriffsmöglichkeiten der Behörde unterschiedliche Rechtsfolgen angeknüpft wurden (siehe dazu Teil C Rn. 432). Nunmehr ist unter dem Begriff der Beseitigung auch eine solche mit vollständiger Zerstörung der Bausubstanz zu verstehen.

413 Instandsetzungsmaßnahmen sind verfahrensfrei und rechtfertigen folglich keine Stilllegungsverfügung. Das sind Maßnahmen, die dazu dienen, die Gebrauchsfähigkeit und den Wert von Anlagen und Einrichtungen unter Belassung von Konstruktion und äußeren Gestalt zu erhalten. Hier liegt die Schnittstelle zwischen wesentlichen und unwesentlichen Änderungen (s. o Teil C Rn. 411).

(2) Nichtbeachtung von Verfahrenspflichten

414 Maßgebliche Tatbestandsvoraussetzung für den Erlass einer Stilllegungsverfügung ist der Verstoß gegen öffentlich-rechtliche Vorschriften, hierzu zählen auch Verfahrensvorschriften.

415 Die Ausführung eines nicht verfahrensfreien Vorhabens ohne die erforderliche Legitimation stellt einen Verstoß gegen § 60 Abs. 1 BauO dar und ist aus formalen Gründen rechtswidrig und deshalb „formell" illegal. Das gilt neben der Ausführung ohne eine jemals erteilte Legitimation auch für die Fälle, in denen eine einmal erteilte Genehmigung ihre Wirksamkeit verloren hat.[1241]

416 Eine Bauausführung ist auch rechtswidrig, wenn sie erfolgt, obwohl sie erst erfolgen (oder fortgesetzt) darf, wenn bestimmte Verfahrensvoraussetzungen erfüllt sind, zB der Bauherr bestimmte Handlungen vorgenommen haben muss, bevor er zu den Baumaßnahmen berechtigt ist. Insofern sind besonders bedeutsam (Aufzählung nicht vollständig):
- § 62 Abs. 3 BauO: Anzeigepflicht bei der verfahrensfreien Beseitigung von Anlagen;
- § 63 Abs. 3 BauO: Im Verfahren der Genehmigungsfreistellung Wartepflicht nach der Einreichung von Unterlagen, uU Vorlagepflicht von Nachweisen und Bescheinigungen;
- § 74 BauO: Pflicht zur Absteckung, Vorliegen von Unterlagen an der Baustelle, Baubeginnanzeige;
- § 84 Abs. 2 BauO Anzeigepflicht für Rohbauabnahme und Fertigstellung, Einreichung von Bescheinigungen und Kooperationspflicht, Wartepflicht;
- § 68 Abs. 1 BauO: Mit der Anzeige des Baubeginns Einreichung der in Bezug genommenen bautechnischen Nachweise und anderer Bescheinigungen.

417 Ein Verstoß gegen materiellrechtliche Bestimmungen ist nicht erforderlich. Denn die Stilllegungsverfügung dient gerade dazu, eine Überprüfung der Baumaßnahme mit Blick auf die öffentlich-rechtlichen Vorschriften zu ermöglichen. Zur Sicherung der formalen Ordnungsfunktion des Baugenehmigungsverfahrens und zur Verhinderung der Entstehung oder Verfestigung eines baurechtswidrigen Zustands genügt der durch Tatsachen belegte „Anfangsverdacht" eines formell illegalen Vorhabens.[1242] Auch soll der Vorteil, den der ohne die erforderliche Baugenehmigung Bauende gegenüber dem gesetzestreuen Bürger dadurch erlangt, dass er eine nicht zugelassene Baumaßnahme bzw. Nutzung schon vor der Erteilung der Baugenehmigung ver-

---

1241 S. dazu oben Teil C Rn. 369 ff.; zu einem Fall, in dem die Genehmigung ihre Wirksamkeit verloren hat VG Köln Beschl. v. 16.6.2016 – 23 L 1244/16.
1242 OVG Münster Beschl. v. 12.10.2012 – 2 B 1135/12.

wirklicht, durch die Stilllegung oder Nutzungsuntersagung weitgehend aufgehoben werden.[1243] Hieraus ergibt sich allerdings auch eine Einschränkung: Diese gilt für den Fall, dass ein Bauantrag gestellt worden ist, das Vorhaben auch nach Auffassung der zuständigen Bauaufsichtsbehörde genehmigungsfähig ist und der Erteilung der Baugenehmigung auch sonst keine Hindernisse entgegenstehen; dann wäre eine Stilllegung unverhältnismäßig und darf nicht erfolgen.[1244]

(3) Nichtbeachtung materiellrechtlichen Vorschriften

418 Bestehen für ein Vorhaben keine verfahrensrechtlichen Vorgaben, bedarf es insbesondere keiner Genehmigung, müssen dennoch materiellrechtliche Vorschriften beachtet werden. § 60 Abs. 2 BauO besagt ausdrücklich, dass auch dann eine Untersagung der Fortsetzung der Bauarbeiten ausgesprochen werden kann.

(4) Regelungsinhalt

419 Damit der Verstoß gegen das formelle Baurecht nicht weiter verfestigt wird und um eine Überprüfung der Übereinstimmung mit dem öffentlichen Baurecht zu ermöglichen, kann die Fortsetzung der Arbeiten, auch der Gesamtbaumaßnahme einschließlich etwaiger legaler Teile, untersagt werden. Bestehen Anhaltspunkte, dass entsprechende Arbeiten unmittelbar bevorstehen, kann eine (vorbeugende) Stilllegungsverfügung ergehen.[1245]

420 Was genau dem Bauherrn verboten werden soll, muss in der Verfügung konkret bestimmt werden. Werden jegliche Bauarbeiten verboten, sind auch Sicherungsmaßnahmen untersagt. Es bleibt der Behörde unbenommen, von sich aus oder auf einen entsprechenden Antrag des Bauherrn hin, bestimmte Arbeiten von dem Verbot auszunehmen.

(5) Ergänzende Maßnahmen nach § 81 Abs. 2 BauO

421 Nach § 81 Abs. 2 BauO kann die Bauaufsichtsbehörde die Baustelle versiegeln oder die an der Baustelle vorhandenen Bauprodukte, Geräte, Maschinen und Bauhilfsmittel in amtlichen Gewahrsam bringen, wenn unzulässige Arbeiten trotz einer schriftlich oder mündlich verfügten Einstellung fortgesetzt werden. Diese mit Wirkung vom 1.1.2019 neu in die BauO eingefügte Bestimmung hat Vorbilder in anderen Landesbauordnungen, so etwa in den Bauordnungen von Bayern, Schleswig-Holstein und Niedersachsen.[1246]

422 Für die Ingewahrsamnahme gelten die gleichen Voraussetzungen wie für eine Versiegelung (siehe dazu Teil C Rn. 512). Da sie einen schweren Eingriff darstellt, sollte sie nur in den notwendigsten Fällen angewendet werden. Der Gegenstand kann an einen Ort verbracht werden, der der Aufsicht der Bauaufsichtsbehörde unterliegt. Er kann aber auch an Ort und Stelle verwahrt werden, zB so versiegelt oder befestigt werden, dass er nicht verwendet oder fortgeschafft werden kann. Dass die Bauprodukte, Bauteile, Geräte, Maschinen usw. nicht dem Bauherrn gehören, sondern zB dem Bauunternehmer, steht der amtlichen Ingewahrsamnahme nicht entgegen. Denn auf privatrechtliche Verhältnisse hat die Behörde insoweit keine Rücksicht zu

---
1243 OVG Münster Beschl. v. 7.10.2005 – 10 B 1394/05.
1244 Vgl. OVG Münster Beschl. v. 29.4.2016 – 7 B 16/16; VG Aachen Urt. v. 3.3.2016 – 5 K 972/14; VG Köln Beschl. v. 16.6.2016 – 23 L 1244/16; VG Köln Beschl. v. 7.7.2020 – 23 L 987/20.
1245 So auch die Handlungsempfehlung zu § 81 Abs. 1 BauO.
1246 Siehe zur Versiegelungsanordnung zB VG Augsburg Urt. v. 7.7.2008 – Au 5 K 07.483.

nehmen. Die Kosten für die Versiegelung und den amtlichen Gewahrsam hat der Adressat der Verfügung als Veranlasser zu tragen. Zu den Kosten zählen insbesondere die Kosten für die Aufbewahrung von Baumaterialien, Geräten usw.

bb) Untersagung der Fortsetzung der Nutzung (Nutzungsuntersagung)

423 Eine Nutzungsuntersagung (§ 82 Abs. 1 S. 2 BauO) kann ergehen, wenn Anlagen im Widerspruch zu öffentlich-rechtlichen Vorschriften genutzt werden.[1247] Dies ist insbesondere dann gegeben, wenn eine diese Nutzung erlaubende Genehmigung nicht vorliegt. Das betrifft neben dem Fall, dass gar keine Nutzungsgenehmigung für diese Anlage vorliegt, auch das Abweichen von einer genehmigten Nutzung, also die ungenehmigte Nutzungsänderung (zum Begriff der Nutzungsänderung im bauordnungsrechtlichen Sinn siehe Teil C Rn. 27 ff.).

424 Eine Nutzungsuntersagung kann in aller Regel ermessensfehlerfrei allein auf die formelle Illegalität der Nutzung gestützt werden.[1248] Stützt eine Bauaufsichtsbehörde ein Nutzungsverbot aber jeweils tragend sowohl auf die formelle als auch auf die materielle Illegalität der Nutzung bzw. der baulichen Anlage, unterstellt sie damit diese zweifache Begründung auch dem gerichtlichen Prüfungsprogramm. Und die Verfügung erweist sich als rechtswidrig, wenn zwar die formelle Illegalität vorliegt, die materielle aber nicht.[1249]

425 Eine Nutzungsuntersagung allein wegen formeller Illegalität ist allerdings dann (ausnahmsweise) unverhältnismäßig, wenn (siehe zu dieser Einschränkung schon oben bei der Stilllegungsverfügung Teil C Rn. 417)
– der erforderliche Bauantrag gestellt,
– dieser nach Auffassung der Baugenehmigungsbehörde genehmigungsfähig ist und
– der Erteilung der Baugenehmigung auch sonst keine Hindernisse entgegenstehen.[1250]

Kann zB nach einer Nutzungsänderung aufgrund der neuen Öffnungszeiten und der von dem Vorhaben ausgehenden Emissionen nicht ohne Weiteres von einer Genehmigungsfähigkeit ausgegangen werden, ist eine Nutzungsuntersagung verhältnismäßig.[1251]

426 Für die Entscheidung der Behörde über das Einschreiten gegen illegale Nutzungen baulicher Anlagen und insbesondere für ihre Ermessensbetätigung sind die Aspekte der Effektivität der Gefahrenabwehr und des Grundsatzes der Verhältnismäßigkeit maßgeblich (s. hierzu insbesondere Teil C Rn. 475 ff.). Deshalb ist eine bauaufsichtliche Nutzungsuntersagung unter Effektivitätsgesichtspunkten regelmäßig gegenüber

---

1247 Für die Frage, ob ein Verstoß gegen öffentlich-rechtliche Vorschriften vorliegt, kommt es grundsätzlich auf eine ex-ante-Sicht an, das heißt die Sicht für einen vernünftigen Beobachter im Zeitpunkt des behördlichen Einschreitens. Ein Anfangsverdacht genügt für die Rechtmäßigkeit der Maßnahme, auch wenn sich später, bei einer zurückblickenden Sicht (ex post), bei der bessere Erkenntnismöglichkeiten vorliegen, herausstellt, dass doch keine Störung vorlag, OVG Münster Beschl. v. 12.10.2012 – 2 B 1135/12.
1248 Nach Teilen der Rspr. setzt die einer Wohnraumnutzung grundsätzlich deren materielle Rechtswidrigkeit voraus: VGH München Urt. v. 5.12.2005 – 1 B 03.2608; VG Ansbach Beschl. v. 10.8.2020 – AN 17 E 20.00981.
1249 VG Gelsenkirchen Beschl. v. 22.2.2021 – 9 L 1580/20.
1250 Vgl. etwa OVG Münster Beschl. v. 18.7.2016 – 7 B 745/16; OVG Münster Beschl. v. 16.5. 2017 – 7 B 426/17; OVG Münster Beschl. v. 14.2.2014 – 2 B 1181/13; VG Gelsenkirchen Beschl. v. 17.8.2018 – 6 L 1403/18.
1251 Zu einem solchen Fall s. OVG Münster Beschl. v. 16.5.2017 – 7 B 426/17.

C. Bauordnungsrecht

demjenigen auszusprechen, der die tatsächliche Verfügungsgewalt über den Teil der baulichen Anlage hat, dessen Nutzung untersagt werden soll; soweit dieser Teil vermietet ist, ist dies der Mieter. Allerdings ist es rechtmäßig, neben der Nutzungsuntersagung gegenüber dem Mieter zusätzlich gegenüber dem Eigentümer der Wohnung ein Verbot auszusprechen, die Wohnung nach der Räumung durch den Mieter Dritten zur Wohnnutzung zu überlassen oder sie selbst zu nutzen.[1252]

Eine Nutzungsuntersagungsverfügung beinhaltet regelmäßig nicht nur das Gebot, die beanstandete Nutzung (einmalig) einzustellen, sondern auch das Verbot, auf Dauer dieselbe oder eine vergleichbare Nutzung dort wieder aufzunehmen. Die Erledigung einer so zu verstehenden Nutzungsuntersagung tritt nur dann ein, wenn die endgültige Einstellung des Betriebs nachgewiesen ist. Ist ein solcher Nachweis nicht erbracht oder besteht der Verdacht einer nur vorübergehenden Einstellung des Betriebs, tritt dagegen keine Erledigung ein. Sinn der Nutzungsuntersagungsverfügung ist es nämlich auch, undurchsichtige tatsächliche Verhältnisse mit zu erfassen und eine Neuaufnahme des Betriebes zu unterbinden.[1253] **427**

Beispiel: Einem Betreiber wird die Nutzung von Räumen als Wettbüro und Internet-Café untersagt. Der Rechtsnachfolger (zur Frage der Rechtsnachfolge siehe Teil C Rn. 501 ff.) macht geltend, die Räumlichkeiten hätten objektiv nicht (mehr) ein wettbürotypisches Erscheinungsbild. Die endgültige Aufgabe der Nutzung der Räumlichkeiten für diese Zwecke ist damit aber noch nicht nachgewiesen, wenn die Räumlichkeiten nach ihrer Ausstattung objektiv nach wie vor geeignet sind, als Wettbüro genutzt zu werden. Hier hatte der Rechtsnachfolger im Wesentlichen von seinem Rechtsvorgänger die Einrichtungsgegenstände übernommen: Typisch für ein Wettbüro sind dabei insbesondere Bildschirme, auf denen in einem Wettbüro Ergebnisse von Sportereignissen sowie Gewinnquoten von Wettanbietern angezeigt werden. Da diese noch vorhanden waren, war der Nutzungsuntersagung nicht nachgekommen worden.[1254] **428**

Ob auch die Forderung, vorhandene Möbel zu beseitigen, von der Ermächtigung zu einem Nutzungsverbot gedeckt ist, ist nicht abschließend geklärt. Bislang hatte das OVG Münster gemeint: Die Nutzung eines für diese Zwecke nicht genehmigten Raumes oder Gebäudes, zB eines Nebengebäudes als Aufenthaltsraum, liege nicht erst dann vor, wenn in diesem Raum/Gebäude gewohnt werde, wenn also eine vorhandene Zimmereinrichtung tatsächlich zum Aufenthalt genutzt werde. Sie beginne vielmehr bereits mit dem Einrichten der Räume mit Zimmermöbeln. Weil bereits das Vorhalten dieser benutzbaren Zimmereinrichtung die fragliche Nutzung sei und zu einer Perpetuierung dieser Nutzung führe, könne umgekehrt diese im Falle ihrer Rechtswidrigkeit untersagt werden. Deshalb sei von der Ermächtigungsgrundlage auch die Aufforderung, die für die Nutzung typischen Einrichtungsgegenstände (bei Wohnen zB Küchenmöbel, Küchengeräte, Wohnmobiliar etc.) zu entfernen, umfasst.[1255] Mit Beschluss vom 4.3.2021[1256] hat es diese Rechtsprechung aufgegeben und erklärt, eine Nutzungsuntersagung befolge der Ordnungspflichtige regelmäßig durch das bloße Unterlassen der ihm untersagten Nutzung. Nur darauf sei eine bauaufsichtliche Nutzungsuntersagung im Allgemeinen gerichtet. Wolle die Bauaufsichtsbehörde den Ordnungspflichtigen darüber hinaus auch zu bestimmten Handlungen verpflichten, die sich nicht in der Aufgabe der Nutzung erschöpfen, müsse sie die Baurechts- **429**

[1252] OVG Münster Beschl. v. 30.3.2017 – 7 B 46/17.
[1253] OVG Münster Beschl. v. 8.2.2012 – 2 A 417/11.
[1254] Nach OVG Münster Beschl. v. 8.2.2012 – 2 A 417/11.
[1255] OVG Münster Beschl. v. 31.10.2000 – 10 B 1597/00; OVG Münster Beschl. v. 23.2.1999 – 10 B 13/99; OVG Münster Beschl. v. 10.5.1996 – 10 B 1053/96; vgl. auch OVG Bln-Bbg Beschl. v. 19.1.2017 – OVG 2 S 48.16; VGH München Beschl. v. 23.7.2018 – 15 ZB 17.1094; VGH München Urt. v. 19.11.2007 – 25 B 05.12; VG Cottbus Beschl. v. 26.3.2020 – 3 L 647/19.
[1256] 10 B 153/21.

widrigkeit des Zustandes, der durch die von dem Ordnungspflichtigen verlangten Handlungen verändert werden solle, im Einzelnen feststellen und prüfen, ob die rechtlichen Voraussetzungen für dieses Verlangen (und gegebenenfalls für die Anordnung seiner sofortigen Vollziehung) gegeben seien.

cc) Gebot der Beseitigung der Anlage

430 Mit dem Gebot der Beseitigung einer Anlage (§ 82 Abs. 1 S. 1 BauO) gibt das Gesetz den Bauaufsichtsbehörden das „schärfste Schwert" an die Hand. Entgegen dem Wortlaut des Gesetzes genügt nicht allein, dass die Anlage im Widerspruch zu öffentlich-rechtlichen Vorschriften errichtet oder geändert wird. Wegen des Konflikts mit Art. 14 GG gelten Einschränkungen, die über die Anforderungen an Stilllegungsverfügungen und Nutzungsuntersagungen deutlich hinausgehen. Diese beruhen darauf, dass die Befolgung einer Beseitigungsverfügung unter bestimmten Umständen die Zerstörung von Bausubstanz nach sich zieht. In Anbetracht der intensiven Beeinträchtigung, die eine Beseitigungsanordnung insbesondere wegen der regelmäßigen Endgültigkeit der Beseitigung bedeutet, setzt der Erlass einer Beseitigungsverfügung regelmäßig voraus, dass die Anlage materiell baurechtswidrig ist.[1257] Es wird deshalb nach der Genehmigungsfähigkeit gefragt, auch wenn ein Bauantrag nicht gestellt ist; ist das Vorhaben materiell genehmigungsfähig – und sei es auch nur im Wege einer Ausnahme, Befreiung oder Abweichung – darf die Beseitigung nicht verlangt werden. Die Konsequenzen in der Praxis sind beträchtlich: Die Bauaufsichtsbehörden (und im gerichtlichen Verfahren die Gerichte) sind gehalten, die materielle Legalität/Illegalität des Vorhabens zu untersuchen, obwohl kein prüffähiger Bauantrag, insbesondere auch nicht die ansonsten unerlässlichen Bauvorlagen (Lageplan, Bauzeichnungen etc.) der Behörde bzw. dem Gericht vorliegen.

431 Zu dem berechtigten Beseitigungsverlangen macht allerdings die BauO eine ausdrückliche Ausnahme für den Fall, dass ein Vorhaben im Wege der Genehmigungsfreistellung errichtet worden ist und nach Durchführung des Bauvorhabens die Nichtigkeit des Bebauungsplans festgestellt, wird. Dann ist das Vorhaben zwar im Nachhinein als materiell rechtwidrig anzusehen; seine Beseitigung darf wegen eines Verstoßes gegen bauplanungsrechtliche Vorschriften, der auf der Nichtigkeit des Bebauungsplans beruht, nicht verlangt werden, es sei denn, dass eine Beeinträchtigung von Rechten Dritter dies erfordert (§ 63 Abs. 7 S. 1 BauO).

432 Ist die Beseitigung der Anlage nicht mit einer Substanzzerstörung verbunden (z.B. bei einem schlichten Abtransport eines Containers oder der Beseitigung eines Werbebanners), ist diese zusätzliche Voraussetzung der materiellen Illegalität nicht berechtigt. Dies rechtfertigt die Rechtsprechung damit, dass in einem solchen Fall der mit der Beseitigungsverfügung verbundene Eingriff im Wesentlichen nicht über die Auswirkungen einer Nutzungsuntersagung hinausgeht. Voraussetzung ist, dass die Beseitigung der baulichen Anlage ohne erheblichen Substanzverlust und oder andere – absolut und im Wert zu baulichen Anlage gesehen – hohe Kosten für Entfernung und Lagerung möglich ist.[1258]

433 Die Bauaufsichtsbehörde ist regelmäßig gehalten, den <u>vollständigen</u> Abriss eines illegalen (zB die Abstandsflächen nicht einhaltenden) Gebäudes anzuordnen, sofern dieses weder bautechnisch noch nach den Vorstellungen des Bauherrn teilbar ist.

1257 Vgl. nur OVG Münster Urt. v. 28.1.2016 – 10 A 447/14; OVG Münster Urt. v.15.4.2005 – 7 A 19/03; Hahn in: Boeddinghaus/Hahn/Schulte u.a., BauO, § 82 Rn. 3 f. m.w.N.; Wenzel in: Gädtke/Czepuck/ Johlen/Plietz/Wenzel, BauO NRW, § 61 Rn. 68.
1258 VG Gelsenkirchen Urt. v. 27.1.2016 – 6 K 1071/14.

Deshalb ist es rechtswidrig, bei einer Grenzgarage mit abstandsflächenwidrigen zehn Metern Länge zu verlangen, dass diese um einen Meter zurückgebaut wird. Denn es ist nicht Aufgabe der Bauaufsicht, für den Bauherrn die Planung eines bauordnungsrechtlich beanstandungsfreien Vorhabens zu übernehmen. Auch darf dem Bauherrn nicht gegen seinen Willen eine neue Anlage aufgedrängt werden. Das gilt auch mit Blick auf die Regelung in § 82 Abs. 1 S. 1 BauO, nach der auch eine „teilweise" Beseitigung bei Vorliegen der gesetzlichen Voraussetzungen möglich ist. Vielmehr setzt auch der Wortlaut der Neufassung eine entsprechende „Teilbarkeit" vor.[1259]

Mit Inkrafttreten des Änderungsgesetzes zur BauO ist die Ermächtigungsgrundlage **434** ergänzt worden (Abs. 2): Soweit bauliche Anlagen nicht genutzt werden und im Verfall begriffen sind, kann die Bauaufsichtsbehörde die Grundstückseigentümerin oder den Grundstückeigentümer und Erbbauberechtigte verpflichten, die Anlage abzubrechen oder zu beseitigen. Die Bestimmungen des Denkmalschutzgesetzes bleiben unberührt. Dieser Regelung hätte es aus rechtlichen Gründen nicht bedurft; denn wenn die genannten Voraussetzungen erfüllt sind, ist eine (etwaige) Genehmigung untergegangen (s. Teil C Rn. 390), und bei auch materieller Illegalität konnte bisher schon eine Beseitigungsverfügung ergehen.

dd) Sonstige Ordnungsverfügungen

Nachdem die BauO eigene, selbstständige Ermächtigungsgrundlagen für Stille- **435** gungsverfügungen, Beseitigungsverfügungen und Nutzungsuntersagungen enthält, ist auf die allgemeine Ermächtigungsgrundlage in § 58 Abs. 2 BauO (als einzige zu nennende Ermächtigungsgrundlage) nur für sonstige behördliche Maßnahmen (Duldungsgebote und Handlungsgebote) zurückzugreifen. Zu diesen zählen insbesondere:

(1) Gebot zur Duldung des Betretens

Gemäß § 58 Abs. 7 BauO sind die mit dem Vollzug der Bauordnung beauftragten **436** Personen berechtigt, in Ausübung ihres Amtes Grundstücke und Anlagen einschließlich der Wohnungen zu betreten.[1260] Dem Zitiergebot entsprechend weist S. 2 darauf hin, dass das Grundrecht der Unverletzlichkeit der Wohnung nach Art. 13 GG insoweit eingeschränkt wird. Zwar ist die Bauaufsichtsbehörde danach von Rechts wegen berechtigt, ein Gebäude zu betreten; weigert der Berechtigte sich indes, dies zuzulassen, ist eine Verfügung mit dem Gebot zur Duldung des Betretens das geeignete Mittel, sich einen vollstreckungsfähigen Titel zu verschaffen. Das Gebot kann zur effektiven Wahrnehmung der bauaufsichtlichen Aufgaben mit einer Anordnung der sofortigen Vollziehung (§ 80 Abs. 2 S. 1 Nr. 4 VwGO) versehen werden.

Die Betretensbefugnis umfasst, da der Begriff „Vollzug" in einem weiten Sinn zu ver- **437** stehen ist, sowohl die Besichtigung als auch die Dokumentierung des Zustands und der Nutzung einer baulichen Anlage. Nicht mehr „in Ausübung des Amtes" geschieht das Betreten erst, wenn es keinen Bezug zum bauaufsichtsbehördlichen Überwachungsauftrag mehr hat.[1261]

[1259] VG Köln Beschl. v. 24.3.2020 – 23 L 347/20.
[1260] Nach Ansicht des VG Schwerin Beschl. v. 15.8. 2019 – 2 B 1203/19 SN, ist die Befliegung eines Grundstücks mit einer Drohne von dem Betretensrecht erfasst.
[1261] OVG Münster Beschl. v. 9.8.2012 – 2 B 914/12.

438 Bei einer auf der Grundlage von § 58 Abs. 7 BauO durchgeführten Betretung und Besichtigung handelt es sich nicht um eine Durchsuchung im Sinne des Art. 13 Abs. 2 GG. Zweck einer Durchsuchung ist es, etwas aufzuspüren, was der Inhaber der Wohnung von sich aus nicht herausgeben oder offenlegen will. Ein Betreten und Besichtigen i.S.v. § 58 Abs. 7 BauO verfolgt dagegen nicht den Zweck, verborgene Dinge oder Sachverhalte aufzuspüren. Vielmehr geht es allein um die Überwachung, ob öffentlich-rechtliche Bauvorschriften eingehalten worden sind. Das bauaufsichtsbehördliche Betreten fällt damit (nur) in den Anwendungsbereich des Art. 13 Abs. 7 GG, wonach Eingriffe und Beschränkungen zur Gefahrenabwehr zulässig sind, eine konkrete Gefahr braucht nicht vorzuliegen. Eingriffe und Beschränkungen in die Unverletzlichkeit der Wohnung sind bereits dann zulässig, wenn sie dem Zweck dienen, einen Zustand nicht eintreten zu lassen, der seinerseits eine dringende Gefahr für die öffentliche Sicherheit und Ordnung darstellen würde. Es genügt, dass Anhaltspunkte dafür vorliegen, dass ein Verstoß gegen öffentlich-rechtliche Vorschriften gegeben ist, ausreichend ist ein Verstoß gegen die Genehmigungsbedürftigkeit.

Beispiel: Es soll durch die Besichtigung einer Garage geklärt werden, ob diese für eine andere als die genehmigte Nutzung verwendet wird. Eine Verwendung für andere Zwecke – hier bestand der Verdacht auf einen auf dem Grundstück betriebenen Internet-Versandhandel – könnte sowohl formell- als auch materiellrechtlich gegen das Bauordnungsrecht verstoßen und würde zugleich Fragen des Nachbarschutzes aufwerfen. Für eine solche, von der Baugenehmigung abweichende Nutzung der Garage bestanden hinreichende Anhaltspunkte. Die Nutzung der Garage für einen anderen als den vorgesehenen Zweck war nicht nur von Nachbarn bei der Behörde beanstandet worden, sondern es lagen auch Fotos vor, die den Verdacht einer abweichenden Nutzung begründeten.[1262]

(2) Gebot, einen Nachweis über die Standsicherheit vorzulegen

439 In der Rechtsprechung besteht Einigkeit darüber, dass, wenn durch objektive Anhaltspunkte konkrete Zweifel an der Standsicherheit einer baulichen Anlage begründet sind, die allgemeine Ermächtigungsgrundlage (früher § 61 Abs. 1 BauO, heute § 58 Abs. 2 BauO) die zuständige Bauaufsichtsbehörde ermächtigt, dem Verantwortlichen aufzugeben, durch einen Sachverständigen nachweisen zu lassen, dass eine Standsicherheit noch gegeben ist.[1263]

440 Zwar hat die Behörde nach § 24 Abs. 1 VwVfG entsprechend dem Untersuchungsgrundsatz den Sachverhalt von Amts wegen zu ermitteln und sich die notwendigen Tatsachenerkenntnisse zur Feststellung des Vorliegens einer Gefahr selbst zu verschaffen. Auch dürfen nach § 20 Abs. 2 S. 1 OBG Ordnungsverfügungen nicht lediglich den Zweck haben, die den Ordnungsbehörden obliegende Aufsicht zu erleichtern. Bei erheblichen Zweifeln an der Standsicherheit eines Gebäudes stellt es allerdings nach der Rechtsprechung eine die Gefahrenabwehr fördernde Maßnahme dar, wenn die Bauaufsichtsbehörde vom Eigentümer die Einholung eines Sachverständigengutachtens über die Standsicherheit zur Vorbereitung der eigentlichen Gefahrenabwehrmaßnahmen verlangt.

Beispiel: Bei einer Ortsbesichtigung wurde dokumentiert, dass bereits wenige Tage, nachdem die Feuerwehr herabgefallenen Dachziegel entfernt hatte, neue Dachziegel herabgefallen waren. Weitere Ortsbesichtigungen belegten, dass Gesimsstücke, Ortgangpfannen, Lisenen und Putzstücke fehlten. Es gab konkrete Anzeichen für Setzbewegungen im Mauerwerk. In der Stellungnahme eines Ingenieurbüros für Tragwerksplanung und Architektur hieß es zwar, es sei

---

1262 Nach: VG Gelsenkirchen Beschl. v. 25.5. 2016 – 6 I 1252/16.
1263 Vgl. etwa OVG Münster Urt. v. 20.7.2020 – 2 A 2321/19; s. auch VG Düsseldorf Urt. v. 3.12.2020 – 9 K 2356/19: Aufforderung zur Beibringung eines Standsicherheitsnachweises in einer Nebenbestimmung zu einer Baugenehmigung.

C. Bauordnungsrecht

nicht davon auszugehen, dass einstürzende oder herabfallende Teile der Fassade oder des Erkers den öffentlichen Straßenraum gefährdeten, allerdings wurde darin ausdrücklich die Notwendigkeit von erforderlichen Sanierungsarbeiten gesehen, deren genauer Umfang noch festgelegt werden müsse. Die somit an den genannten Baulichkeiten festgestellten sanierungsbedürftigen Schäden rechtfertigten den Erlass der der Gefahrerforschung dienenden Verpflichtung zur Vorlage eines Standsicherheitsnachweises.[1264]

(3) Gebote zur Gewährleistung von Brandschutz

Bei Gefahren durch Brand, der in der Regel zu einer erheblichen Gefahr für Leben und Gesundheit von Menschen führt, ist die ordnungsbehördliche Eingriffsschwelle tendenziell niedrig. Deshalb ist die Bauaufsicht berechtigt, gefahrenabwehrend tätig werden, sobald eine gewisse Wahrscheinlichkeit für einen Schadenseintritt gegeben ist.[1265] Um schwerwiegende Brandgefahren abzuwehren, darf die Bauaufsichtsbehörde besondere Anforderungen stellen, die ohne Eingehung von Kompromissen in jeder Hinsicht „auf der sicheren Seite" liegen. So ist zB in einem Hotelgebäude, das von einer Vielzahl von Personen betreten wird und das im Brandfall bei der Rettung von Menschen besondere Schwierigkeiten für die Feuerwehr aufwirft, ist namentlich die zuverlässige Sicherstellung der notwendigen Rettungswege von elementarer Bedeutung.[1266] **441**

Die Ermöglichung wirksamer Rettungsarbeiten setzt naturgemäß voraus, dass die Zufahrtmöglichkeit uneingeschränkt und ohne Behinderungen gewährleistet wird. Eine effiziente und zeitnahe Rettung ist nicht gewährleistet, wenn die Straßenverhältnisse durch parkende Pkws sowie den Baumwuchs vor dem Gebäude das Erreichen der Wohnungen verhindern. Die Rechtsprechung hat Gebote, die der Gewährleistung der Rettungswege dienen, für rechtmäßig erachtet. Das gleiche gilt für Handlungsgebote zur freien Räumung eines Fluchtweges. **442**

Beispiele:
- Das VG Gelsenkirchen hat eine Anordnung der sofortigen Vollziehung einer Verfügung mit den Geboten, eine vorschriftsmäßige Feuerwehrzufahrt herzustellen, den Baumbewuchs auf dem Grundstück erheblich einzukürzen sowie für die Zeit des Übergangs den zweiten Rettungsweg aus den Dachgeschosswohnungen mit Ersatzkonstruktionen wie Gerüsttreppenanlagen sicherzustellen bestätigt. Das Anleitern war aufgrund des mittlerweile hohen Baumwuchses für einige die Wohnungen im Dachgeschossbereich nicht (mehr) möglich.[1267]
- An einem mehrgeschossigen Gebäude sind mehrere brandschutztechnische Mängel festgestellt worden. Unter anderem verfügt das Gebäude nicht über einen unabhängigen baulichen 2. Rettungsweg und der vorhandene Rettungsweg ist über Rettungsgeräte der Feuerwehr nicht oder nur teilweise sichergestellt. Die Behörde erließ die Anordnung, bis zur abschließenden dauerhaften Fertigstellung/Sicherung des 2. Rettungsweges für alle Wohneinheiten des Gebäudes den vorläufigen 2. Rettungsweg herzustellen, so dass aus jeder Wohnung über mindestens ein Fenster oder einen Balkon geflüchtet/gerettet werden kann; die Anordnung enthielt den Hinweis, dass dies zB durch die Errichtung sicher benutzbarer Gerüsttreppen möglich sei. Der dagegen gerichtete Antrag hatte keinen Erfolg.[1268]

Dasselbe gilt für einen Fluchtweg, wenn sich in diesem störende Gegenstände, insbesondere Brandlasten befinden. Der Durchgangsbereich (für gefährdete Personen und Retter) darf nicht erschwert werden. Dort vorhandene Möbelstücke können im Brandfall umkippen und/oder durch in der Paniksituation eines Brands flüchtende Personen verschoben werden. Damit sind sie geeignet, die Bedingungen der Flucht **443**

1264 Nach: OVG Münster Urt. v. 20.7.2020 – 2 A 2321/19.
1265 OVG Münster Beschl. v. 20.2.2013 – 2 A 239/12.
1266 OVG Münster Beschl. v. 4.7.2014 – 2 B 508/14.
1267 Beschl. v. 9.1.2014 – 5 L 1372/13.
1268 OVG Saarlouis Beschl. v. 27.7.2020 – 2 B 113/20.

und der Rettung von Menschen und wirksamer Löscharbeiten durch die eintreffenden Einsatzkräfte der Feuerwehr zu verschlechtern. Deshalb ist die Behörde berechtigt, deren Beseitigung zu verlangen.[1269]

(4) Duldungsverfügung/Duldungsgebot als Annex

444 Steht der von der Behörde verlangten Maßnahme eine zivilrechtliche Rechtsposition eines Dritten entgegen, berührt dies nicht die Rechtmäßigkeit der Verfügung. Denn der Dritte mag zur Duldung bereit sein, so dass die Befolgung der Verfügung möglich ist. Allerdings kann sie nicht gegen dessen Willen vollstreckt werden. Nach ständiger Rechtsprechung ist bereits die Androhung einer Vollstreckungshandlung der Beginn der Verwaltungsvollstreckung, so dass bei Erlass der Androhung auch bereits die Vollstreckungsvoraussetzungen vorliegen müssen. Schon die Androhung unmittelbaren Zwangs erfordert danach, dass der Pflichtige der Verfügung auch nachkommen kann, ohne in zivilrechtliche Rechte Dritter einzugreifen.[1270] Dieses Vollzugshindernis kann erforderlichenfalls durch eine gegen den Dritten gerichtete Duldungsverfügung ausgeräumt werden, mit der dieser zur Duldung der Vollstreckungsmaßnahme verpflichtet wird.[1271]

445 Eine Duldungsverfügung ist nur dann erforderlich, wenn andernfalls dem Pflichtigen eine Unterlassungs- oder Handlungspflicht aufgegeben würde, an deren freiwilliger Befolgung er aufgrund seiner Rechtsbeziehungen zu einem Dritten unter Umständen gehindert wäre. Das ist bei einem Mietverhältnis nicht der Fall, wenn dem Mieter eine weitere Nutzung der Mietsache untersagt werden soll. Denn der Befolgung der Nutzungsuntersagungsverfügung durch den Mieter stehen keine Rechte des Vermieters entgegenstehen. Durch den Mietvertrag werden nämlich Mieter zwar berechtigt, aber – von besonderen Ausnahmen abgesehen – nicht verpflichtet, eine Räumlichkeit zu nutzen. Insofern besteht ein erheblicher Unterschied zu einer an den Mieter gerichteten Beseitigungsverfügung für eine bauliche Anlage. Dort greift der Mieter in der Regel in bestehende Rechte des Vermieters ein, will er der Beseitigungsverfügung Folge leisten. Bei einer an den Mieter gerichteten Nutzungsuntersagungsverfügung besteht aber grundsätzlich kein Bedürfnis für eine Duldungsverfügung.[1272] Das gilt auch im Hinblick auf einen etwaigen vom Mieter verschiedenen Hauptmieter.[1273] Anders ist es in der umgekehrten Situation, in der allein dem Vermieter gegenüber eine Nutzungsuntersagung ergeht. Denn dann würde der Vermieter mit Maßnahmen zur Verhinderung der Nutzung der Mietsache, zB dem Verschließen oder der Wegnahme der Mietsache, dem Mieter (voraussichtlich) ohne dessen Willen den Besitz entziehen; das wäre eine verbotene Eigenmacht, § 858 Abs. 1 BGB.[1274]

1269 OVG Münster Beschl. v. 20.2.2013 – 2 A 239/12.
1270 VG Düsseldorf Beschl. v. 14.12.2020 – 9 L 2067/20.
1271 Vgl. BVerwG Urt. v. 28.4.1972 – IV C 42.69; BVerwG Beschl. v. 24.7.1998 – 4 B 69.98; OVG Münster Urt. v. 9.12.1994 – 10 A 1753/91; OVG Münster Beschl. v. 15.11.2012 – 7 B 1098/12; OVG Greifswald Urt. v. 4.9.2013 – 3 L 108/11; VG Düsseldorf Beschl. v. 14.12.2020 – 9 L 2067/20; VGH Kassel Beschl. v. 1. 12. 2014 – 3 B 1633/14.
1272 Vgl. VGH München Beschl. v. 9.6.1986 – 2 CB 85.A 1564; VGH Kassel Beschl. v. 15.9.1994 – 4 TH 655/94; VG Neustadt (Weinstraße) Beschl. v. 6. 12. 2010 – 4 L 1123/10.NW; Wenzel in: Gädtke/Czepuck/Johlen/Plietz/Wenzel, BauO NRW, § 61 Rn. 45; Hahn in: Boeddinghaus/Hahn/Schulte u.a., BauO, § 61 Rn. 89; vgl. auch: OVG Münster Beschl. v. 24.11.1988 – 7 B 2677/88; VG Gelsenkirchen Urt. v. 12.9.2014 – 9 K 2342/13; anders offenbar VG Gelsenkirchen Beschl. v. 12.1.2018 – 6 L 3121/17.
1273 VGH Kassel Beschl. v. 1.12.2014 – 3 B 1633/14.
1274 VG Düsseldorf Beschl. v. 14.12.2020 – 9 L 2067/20.

Die materielle Rechtmäßigkeit einer Duldungsverfügung setzt deren Erforderlichkeit **446** voraus.¹²⁷⁵ Eine Duldungsverfügung ist erforderlich, wenn die Gefahr besteht, dass ein Dritter unter Berufung auf eigene Rechte den Vollzug der Ordnungsverfügung verhindert. In einem gegen die Duldungsverfügung gerichteten Klageverfahren zB eines Miteigentümers, ist die an einen weiteren Miteigentümer gerichtete Beseitigungsanordnung grundsätzlich auf ihre Rechtmäßigkeit zu prüfen, und zwar auch dann, wenn sie dem Beseitigungsverpflichteten gegenüber in Bestandskraft erwachsen ist.¹²⁷⁶

Beispiel: Ein Bauherr ist durch Ordnungsverfügung aufgefordert worden, den Nachweis eines staatlich anerkannten Sachverständigen über die Standsicherheit des Mauerwerksverbundes der Giebelwand seines Gebäudes vorzulegen und näher bezeichneten Mängel an dem Gebäude zu beseitigen. Die Erfüllung dieser Pflichten erfordert die Betretung des Nachbargrundstücks und die dortige Errichtung und Benutzung eines Baugerüstes. Dessen Eigentümer hat dem Betreten widersprochen. Das begründet die Gefahr, dass der Vollzug der Ordnungsverfügung verhindert und damit die Effektivität der bauaufsichtlichen Gefahrenabwehr beeinträchtigt wird. Ihm gegenüber kann und muss eine Duldungsverfügung ergehen.

Sofern wegen des Erfordernisses einer zügigen Gefahrenabwehr an der Vollstreckung der Ordnungsverfügung ein besonderes öffentliches Interesse besteht, besteht in der Regel auch an der sofortigen Vollziehbarkeit der Duldungsverfügung ein besonderes öffentliches Interesse; dann kann deren sofortige Vollziehbarkeit nach § 80 Abs. 1 S. 2 Nr. 4 VwGO angeordnet werden.¹²⁷⁷ **447**

Die Duldungsanordnung kann als Verwaltungsakt mit der Anfechtungsklage (§ 113 **448** Abs. 1 VwGO) angegriffen werden,¹²⁷⁸ die Anordnung der sofortigen Vollziehung mit einem Antrag auf Gewährung vorläufigen Rechtsschutzes (§ 80 Abs. 5 VwGO).

(5) kein Handlungsgebot zur Herstellung von Anlagen

Erlaubt eine Genehmigung die Herstellung einer baulichen Anlage in einer Weise, die **449** von der Planung des Bauherrn abweicht, und hat das Bauamt mit der Genehmigung – systemwidrig (s. dazu Teil C Rn. 286 ff.) – den Bauantrag abgeändert (zB einen oder mehrere Stellplätze, die der Bauherr nicht vorgesehen hatte, in die grüngestempelten Unterlagen eingetragen), so kann das Bauamt, wenn der Bauherr diese Änderung nicht umgesetzt hat (zB die Stellplätze nicht hergestellt hat), dies nicht mit einer Gebotsverfügung durchsetzen. Denn der Bauherr ist trotz der Eintragung nicht verpflichtet, die Stellplätze herzustellen. Er ist überhaupt nicht verpflichtet, die Baugenehmigung auszunutzen; denn aus der Genehmigung ergibt sich keine Pflicht zu bauen, sie ist nur eine Erlaubnis. Der Bauherr ist allerdings gehalten, wenn er baut, sich an die Genehmigung zu halten; tut er das nicht, kann die Bauaufsicht einschreiten, indem die Bauausführung untersagt wird oder, wenn die Nutzung aufgenommen wird, deren Fortsetzung untersagen. Gegebenenfalls, wenn die Anlage in der ausgeführten Weise auch materiellrechtlich illegal ist, kann auch die Beseitigung verlangt werden. Sind seit der Erteilung der Genehmigung mehr als drei Jahre vergangen und ergibt eine Wertung, dass der Bauherr durch das abweichende Bauen zu erkennen gegeben hat, dass er das genehmigte Vorhaben nicht ausführen wollte, kommt in Betracht, dass die Genehmigung ihre Wirksamkeit verloren hat.¹²⁷⁹ Hat sich mittler-

---

1275 VG Gelsenkirchen Beschl. v. 30.6.2020 – 6 L 502/20; OVG Koblenz Beschl. v. 8.12.2003 – 8 B 11827/03.
1276 So OVG Münster Beschl. v. 13.2. 2014 – 2 A 983/13.
1277 VG Gelsenkirchen Beschl. v. 30.6.2020 – 6 L 610/20.
1278 VG Gelsenkirchen Beschl. v. 15.12.2010 – 6 L 994/10.
1279 Zu einem solchen Fall siehe VG Münster Urt. v. 12.1.2017 – 2 K 2724/14.

weile die Rechtslage so geändert, dass die ursprüngliche Genehmigung nicht ein weiteres Mal erteilt werden kann, kann die Anlage auch nicht durch eine erneute Genehmigung legalisiert werden.

(6) kein Handlungsgebot zur Stellung eines Bauantrags

450 Die nordrhein-westfälische Bauordnung ermächtigt die Bauaufsichtsbehörden nicht, mittels einer Ordnungsverfügung von dem Bauherrn einen Bauantrag oder eine einem Bauantrag gleichzustellende Eingabe in Form von prüffähigen Bauvorlagen zu verlangen. Eine derartige Ermächtigung besteht auch nicht aus allgemeinem Verwaltungsverfahrensrecht.[1280] Werden keine prüffähigen Unterlagen vorgelegt, kann die Behörde allerdings die sich aus den §§ 58 Abs. 2, 81 und 82 BauO ergebenden Mittel ergreifen und sogleich über die allgemeine Ermächtigungsgrundlage des § 58 Abs. 2 BauO die Unterlagen anfordern, die sie notwendig braucht, um Gefahren ermitteln zu können, die von dem stillgelegten bzw. von der Nutzungsuntersagung betroffenen Objekt ausgehen und die sie anderweitig nicht oder nur mit unverhältnismäßigem Aufwand ermitteln könnte.[1281]

c) Baueinstellungsverfügung und Nutzungsuntersagung als Dauerverwaltungsakte

451 Die Anordnung einer Baueinstellung und die Nutzungsuntersagung sind Verwaltungsakte mit Dauerwirkung (Dauerverwaltungsakte). Denn eine Baueinstellungsverfügung beinhaltet nicht nur das Gebot, die Bauarbeiten (einmalig) einzustellen, sondern auch das Verbot, die Bautätigkeit wieder aufzunehmen. Ebenso beinhaltet die Nutzungsuntersagung neben dem Gebot der Nutzungseinstellung auch das Verbot, dieselbe oder eine vergleichbare Nutzung dort wieder aufzunehmen. Die Voraussetzungen des Erlasses müssen folglich während der gesamten Geltungsdauer der Verfügung bestehen.[1282] Deshalb ist im Gerichtsverfahren nicht auf die Sach- und Rechtslage bei Erlass der Verfügung abzustellen, sondern auf diejenige im Zeitpunkt der Entscheidung. Auch muss die Bauaufsichtsbehörde fortlaufend im Blick halten, ob sich die Sach- und/oder Rechtslage nach Erlass der Anordnung ändern.[1283] In einem Gerichtsverfahren ist sie gehalten, gegebenenfalls ihre Verfügung aufzuheben, wenn die Gründe für das Gebot nicht mehr bestehen.

d) Duldung / faktisches Nichteinschreiten

452 Duldet die Bauaufsicht im Bewusstsein der Illegalität einer Anlage diese, ohne sich in einer vertrauensbildenden Weise dazu zu äußern („passive" oder „faktische" Duldung) kann der Pflichtige daraus keinen Anspruch darauf herleiten, dass der illegale Zustand auch künftig hingenommen wird. Bei einer passiven/faktischen Duldung ist ein späteres bauaufsichtliches Einschreiten daher jederzeit zulässig.[1284] Wenn eine rechtswidrige bauliche Anlage über lange Zeit hinweg bestanden hat, ohne dass die Bauaufsichtsbehörde Veranlassung zum Einschreiten gesehen hat, können sich al-

---

1280 Anders ist die Rechtslage zB in Bayern: Nach Art. 76 S. 3 BayBO (Beseitigung von Anlagen, Nutzungsuntersagung) kann die Bauaufsichtsbehörde verlangen, dass ein Bauantrag gestellt wird.
1281 VG Münster Urt. v. 16.12.2013 – 2 K 2833/13.
1282 VGH München Beschl. v. 22.2.2017 – 1 ZB 14.1609.
1283 OVG Bln-Bbg Beschl. v. 22.12.2016 – OVG 10 S 42.15; VG Düsseldorf Urt. v. 2.3.2016 – 28 K 2758/15; OVG Münster Urt. v. 19.12.1995 – 11 A 2734/93; vgl. hierzu auch BVerwG Beschl. v. 23.1.1989 – 4 B 132/88.
1284 OVG Münster Urt. v. 21.9.2012 – 2 A 1637/11; VG Gelsenkirchen Beschl. v. 25.7.2013 – 5 L 624/13.

C. Bauordnungsrecht

lerdings gesteigerte Anforderungen an die Ermessensbetätigung und deren Begründung ergeben.[1285]

Mit einer „aktiven Duldung" (gelegentlich auch in Form einer ausdrücklichen „Gestattung" oder „Belassung") gibt die Baubehörde in Kenntnis der formellen und gegebenenfalls materiellen Illegalität eines Vorhabens – in der Regel durch einen hierauf bezogenen Verwaltungsakt – zu erkennen, dass sie sich auf Dauer mit dessen Existenz abzufinden gedenkt.[1286] Wegen ihrer weitreichenden, einer Zusage (§ 38 VwVfG) nicht einzuschreiten nahe kommenden Wirkung setzt die aktive Duldung aus Bestimmtheitsgründen voraus, dass die zuständige Behörde erklärt, ob und in welchem Umfang, unter welchen Voraussetzungen und über welchen Zeitraum hinweg sie einen illegalen Zustand hinnehmen will.[1287] Allein aus Gründen der Rechtsklarheit wird man verlangen müssen, dass eine länger andauernde Duldung oder Duldungszusage, soll sie Vertrauensschutz vermitteln, schriftlich erfolgt.[1288] **453**

Wegen des Charakters einer aktiven Duldung als Verwaltungsakt kann sie unter den Voraussetzungen des § 48 Abs. 1 S. 2, Abs. 3 VwVfG oder nach § 49 Abs. 2 S. 1 Nr. 5 VwVfG widerrufen oder zurückgenommen werden.[1289] **454**

e) weitere Voraussetzungen

Sind die in § 58 Abs. 2 S. 1 BauO bzw. § 81 BauO oder § 82 BauO beschriebenen Voraussetzungen erfüllt, haben die Bauaufsichtsbehörden „nach pflichtgemäßem Ermessen die erforderlichen Maßnahmen zu treffen" (§ 58 Abs. 2 S. 2 VwGO); das gilt auch für Maßnahmen nach § 81 und 82 BauO. Das Ermessen kann aber ausnahmsweise gebunden sein (s. dazu Teil C Rn. 464 ff.). Eine Ermessensreduzierung auf null ist zB bei Verstößen gegen Bestimmungen zur Gewährleistung eines hinreichenden Brandschutzes stets gegeben,[1290] darüber hinaus zumeist in Fällen des Nachbarschutzes. **455**

aa) Erforderlichkeit der Maßnahme

Indem das Gesetz vorschreibt, dass „die erforderlichen Maßnahmen" zu ergreifen sind, verlangt es eine Verhältnismäßigkeitsprüfung. Eine Maßnahme darf nicht zu einem Nachteil führen, der zu dem erstrebten Erfolg erkennbar außer Verhältnis steht (§ 15 Abs. 2 OBG). Es ist deshalb zu fragen, ob die Verfügung unterbleiben muss, weil der Verstoß nicht so schwer wiegt, als dass er die Maßnahme rechtfertigt. Bei der Abwägung der widerstreitenden Interessen stehen sich insbesondere das Eigentumsrecht (Art. 14 GG) und die durch die Vorschriften des Baurechts gewährleisteten öffentlichen Interessen gegenüber. Je schwerer der Eingriff in das Eigentumsrecht wiegt, umso schwerer müssen die öffentlichen Interessen wiegen, wollen sie die Erforderlichkeit der Maßnahme begründen. **456**

Beispiel: In einem nur zu gewerblichen Zwecken genehmigten Gebäude in einem Gewerbegebiet wird eine „freie" Wohnnutzung durchgeführt. Allerdings ist sicher, dass das Gebäude in zwei Wochen abgebrochen wird. Für die verbleibende Zeit mit hoheitlichen Mitteln die Nutzung zu untersagen, nur um den Gebietscharakter zu bewahren, dürfte, wenn sonstige Bedenken gegen die Wohnnutzung nicht bestehen, kaum erforderlich sein.

1285 OVG Magdeburg Beschl. v. 30.11.2006 – 2 M 264/06.
1286 Vgl. OVG Münster Beschl. v. 20.1.2015 – 2 B 1447/14; OVG Münster Beschl. v. 28.8.2014 – 7 B 940/14; OVG Münster Beschl. v. 24.1.2006 – 10 B 2159/05.
1287 Zu einem solchen Fall s. OVG Münster Urt. v. 24.2.2016 – 7 A 1623/14.
1288 Vgl. OVG Münster Urt. v. 22.8.2005 – 10 A 4694/03; OVG Münster Beschl. v. 28.8.2014.
1289 OVG Münster Urt. v. 24.2.2016 – 7 A 1623/14.
1290 Vgl. nur OVG Koblenz Urt. v. 12.12.2012 – 8 A 10875/12.

457 Außerdem verlangt der Grundsatz der Verhältnismäßigkeit, dass die Ordnungsbehörden von mehreren möglichen und geeigneten Maßnahmen diejenige zu treffen haben, die die einzelne Person und die Allgemeinheit voraussichtlich am wenigsten beeinträchtigt (§ 15 Abs. 1 OBG).

458 Das Ergreifen einer in diesem Sinne objektiv nicht erforderlichen Maßnahme ist rechtswidrig, wobei diese Frage vom Gericht im Streitfall vollumfänglich zu überprüfen ist.

bb) Ziel des Handelns

459 Ziel des behördlichen Handelns hat zu sein, den festgestellten Verstoß gegen öffentlich-rechtliche Vorschriften zu beseitigen. Dabei muss das dem Pflichtigen aufgegebene Tun oder Unterlassen letztendlich darauf gerichtet sein, dass gar kein Verstoß mehr besteht. Deshalb ist eine Verfügung, die den Anschein erweckt, mit ihrer Befolgung sei die Rechtsordnung wiederhergestellt, zur Erreichung dieses Ziel ungeeignet, wenn die Befolgung den Verstoß gegen das Recht nur verändert oder reduziert, der nach Befolgung der Verfügung erreichte Zustand aber weiterhin rechtswidrig ist. Daraus, dass die Behörde grundsätzlich die Möglichkeit hat, von einem Einschreiten gegen rechtswidrige Zustände ganz abzusehen, kann nicht zwingend gefolgert werden, dass es dann erst recht in ihrem Ermessen stehen müsse, anstelle einer zur völligen Beseitigung des Zustandes geeigneten Maßnahme eine weniger scharfe, den Rechtsverstoß lediglich mildernde Maßnahme zu ergreifen. Denn die Behörde wirkt mit dem Erlass einer zur Herstellung rechtmäßiger Zustände ungeeigneten Maßnahme, etwa einer Teilabrissverfügung – anders als im Fall des rein passiven Absehens von einem Einschreiten – aktiv an der Beibehaltung oder Veränderung rechtswidriger Zustände mit. Deshalb handelt die Behörde rechtswidrig, wenn sie nach Feststellung umfangreicher formell und materiell illegaler Um- und Erweiterungsbaumaßnahmen an einem zum Wohnen genutzten Schwarzbau im Außenbereich nur den Teilrückbau, nicht aber den vollständigen Abbruch anordnet.[1291]

460 Nur in Ausnahmefällen können sich Maßnahmen, die lediglich auf eine (erhebliche) Reduzierung des Rechtsverstoßes hinwirken, als ermessensgerecht darstellen, wenn der Verpflichtete in schutzwürdiger Weise darauf vertrauen darf, dass die Behörde nicht die vollständige Beseitigung des rechtswidrigen Zustandes verfolgen werde. Eindeutig vorläufige Sicherungsmaßnahmen, die erkennen lassen, dass weitere Maßnahmen zu erwarten sind (etwa Stilllegungsverfügungen zu einer illegalen Baustelle, denen eine Abrissverfügung folgen kann), sind ebenfalls zulässig.[1292]

f) Ermessen

461 Liegen die Voraussetzungen für ein Einschreiten vor, ist die Behörde nicht frei bei ihrer Entscheidung. Die Bauaufsicht muss ihr Ermessen entsprechend dem Zweck der Ermächtigung ausüben und die gesetzlichen Grenzen des Ermessens einhalten (§ 40 VwVfG NRW).

aa) Grundsätze

462 Eine ordnungsgemäße Ermessensausübung setzt voraus, dass der der Entscheidung zugrundeliegende Sachverhalt vollständig und zutreffend ermittelt wird und alle

---

1291 VG Münster Urt. v. 20.8.2013 – 2 K 2297/12; OVG Münster Urt. v. 22.8.2005 – 10 A 4694/03; OVG Weimar Urt. v. 19.9.2012 – 1 KO 286/12.
1292 Vgl. zu allem: BVerfG Stattgebender Kammerbeschluss v. 2.9.2004 – 1 BvR 1860/02.

wesentlichen Umstände berücksichtigt werden.¹²⁹³ Geht die Behörde zu Unrecht davon aus, sie sei aufgrund eines subjektiven öffentlichen Nachbarrechts zum Einschreiten verpflichtet, trifft dies aber nicht zu, fußt ihre Entscheidung auf einer unrichtigen Tatsachengrundlage und ist bereits deshalb ermessensfehlerhaft. So ist zB eine Beseitigungsverfügung rechtwidrig, wenn sie wegen eines vermeintlichen Anspruchs des Nachbarn auf bauaufsichtliches Einschreiten ergeht, dieser aber in Wirklichkeit verwirkt ist.¹²⁹⁴

463 Das Gebot, das Ermessen entsprechend dem Zweck der Ermächtigung ausüben, ist verfehlt, wenn bei der Entscheidung auf Gesichtspunkte abgestellt wird, auf die es im Gefahrenabwehrrecht nicht ankommt. Wenn zB eine Bauaufsichtsbehörde bei der Ausübung ihres Ermessens im Rahmen einer Nutzungsuntersagung zur Inanspruchnahme eines Ordnungspflichtigen tragend darauf abstellt, dass dieser „aufgrund seiner Tätigkeit als Rechtsanwalt besondere Rechtskenntnisse im Verwaltungsrecht besitzt", orientiert sie sich nicht mehr am Zweck der Ermächtigungsnorm für den Erlass einer Nutzungsuntersagung. Denn für eine Bestimmung des Maßes der persönlichen Schuld an einem festgestellten Rechtsverstoß ist im Gefahrenabwehrrecht kein Raum; subjektive Handlungselemente wie Vorsatz oder Fahrlässigkeit dürfen daher keine Rolle spielen.¹²⁹⁵

bb) Ermessensbindung

(1) Ermessensbindung durch den Gleichheitsgrundsatz

464 Der Gleichheitsgrundsatz (Art. 3 GG) verbietet willkürliches Verhalten. Die Behörde ist deshalb nicht befugt, gleich gelagerte Fälle ohne sachlichen Grund ungleich zu behandeln oder bei ihrem Einschreiten eine Auswahl zu treffen, die keinen Bezug zur Sache hat. Der Gleichbehandlungsgrundsatz verlangt aber nicht, dass die Bauaufsichtsbehörde gegen rechtswidrige Zustände, die bei einer Vielzahl von Grundstücken vorliegen, stets flächendeckend einschreitet. Vielmehr darf die Bauaufsichtsbehörde – etwa in Ermangelung ausreichender personeller und sachlicher Mittel – auch anlassbezogen vorgehen und sich auf die Regelung von Einzelfällen beschränken, sofern sie hierfür sachliche Gründe anzuführen vermag.¹²⁹⁶ Dem baupolizeilichen Einschreiten können Fälle, in denen noch nicht (gleichermaßen) eingeschritten wird, nur ausnahmsweise dann entgegengehalten werden, wenn es nach der Art des Einschreitens an jedem System fehlt, für diese Art des (auch zeitlich differenzierten) Vorgehens keinerlei einleuchtende Gründe sprechen und die Handhabung deshalb als willkürlich angesehen werden muss.¹²⁹⁷

Beispiel für ein sachgerechtes Kriterium: Die Bauaufsichtsbehörde will gegen die dauerhafte Wohnnutzung von Gebäuden in einem Wochenendhausgebiet vorgehen. Nach einem von ihr ausgearbeiteten Konzept erlässt sie Nutzungsuntersagungen nur gegen einen bestimmten Personenkreis, wobei sie soziale Gesichtspunkte in den Vordergrund stellt, indem sie z.B. nach dem Alter der Bewohner und/oder der Dauer der Wohnnutzung differenziert. Dies ist im Grundsatz nicht zu beanstanden.

1293 Vgl. Ramsauer in: Kopp/Ramsauer, VwVfG, Rn. 89; VG Köln Beschl. v. 5.4.2019 – 8 L 34/19.
1294 Zu einem solchen Fall s. VG Minden Urt. v. 19.11.2013 -1 K 2482/12; OVG Münster Beschl. v. 7.8. 2014 – 7 A 2263/13; OVG Münster Urt. v. 25.10. 2010 – 7 A 290/09; OVG Münster Beschl. v. 14.2.2012 – 2 A 2463/11.
1295 Vgl. VG Aachen Beschl. v. 16.6.2020 – 3 L 1162/19; OVG Münster Beschl. v. 14.3.2013 – 2 B 219/13.
1296 BVerwG Beschl. v. 22.4.1995 – 4 B 55/95.
1297 OVG Münster Beschl. v. 3.1.2003 – 7 B 2395/02; OVG Bln-Bbg Beschl. v. 19.12.2012 – OVG S 97.11.

465 Eine Stichtagsregelung, nach der die Behörde nur gegen ungenehmigte Nutzungen vorgeht, die nach einem bestimmten Zeitpunkt aufgenommen worden sind, um so die Verschlechterung einer vorgefundenen Situation zu verhindern, ist ein vertretbares, den Gleichheitsgrundsatz nicht verletzendes Kriterium.[1298]

Beispiel: Als Stichtag für den Erlass von Nutzungsuntersagungen wegen Dauerwohnnutzungen in einem Wochenendgebiet wurde an den Beginn der Verteilung von Hinweisblättern und damit an die Schutzwürdigkeit des Vertrauens angeknüpft. Es ist nicht sachwidrig denjenigen, dem die Rechtswidrigkeit seiner Nutzung unmittelbar nach deren Aufnahme vor Augen geführt wird, anders zu behandeln als denjenigen, der die rechtswidrige Nutzung schon seit langer Zeit ausübt.[1299]

(2) Ermessensbindung bei Gefahr für Leib und Leben

466 Das Ermessen kann sich im Falle einer konkreten Gefahr für Leben und Gesundheit zu einer Verpflichtung zum Einschreiten verdichten (Ermessenreduzierung auf null), zB bei einem Verstoß gegen Bestimmungen des Brandschutzes. Weil bei einem bewussten Belassen der Situation in Kauf genommen würde, dass Menschen zu erheblichem Schaden kommen, lässt sich ein Absehen von ordnungsbehördlichen Maßnahmen kaum vertreten.

(3) Ermessensbindung für Nachbarschutz

467 Eine Ermessensbindung ist zumeist gegeben, wenn ein Nachbar, zu dessen Lasten gegen eine nachbarschützende Bestimmung verstoßen wird, ein Einschreiten verlangt. Dessen Anspruch auf Einschreiten beruht auf (einer Umkehrung) der jeweiligen Ermächtigungsgrundlage. Die Verpflichtung besteht allerdings nicht, soweit das nachbarliche Recht untergegangen ist oder nach Treu und Glauben nicht ausgeübt werden darf.[1300]

468 Allenfalls in besonders gelagerten Einzelfällen kann auch die Entscheidung, von einem Einschreiten abzusehen, noch ermessensgerecht sein. Das gilt aber nur bei Vorliegen besonderer Gründe.[1301] Die bloß bekundete Bereitschaft des Pflichtigen, zB ein nachbarrechtswidriges Gebäude zurückzubauen, reicht dazu regelmäßig nicht aus, auch nicht der Eingang eines Antrags auf Rückbau des Gebäudes oder das Angebot eines Austauschmittels. Die Pflicht des Bauherrn ist erst erfüllt, wenn ein taugliches Austauschmittel, das den Nachbarrechtsverstoß ebenso beseitigt wie der vollständige Abbruch, ausgeführt ist.[1302]

g) Frist

469 Auch bei der Nennung der dem Adressaten einer Bauordnungsverfügung zu setzenden Frist muss die Behörde eine sachgerechte Ermessensentscheidung treffen.

470 Bei einer Stilllegungsverfügung wird in aller Regel ein sofortiger, „fristloser" Baustopp sinnvoll und rechtmäßig sein.

1298 S. BVerfG stattgebender Kammerbeschluss v. 2.9.2004 – 1 BvR 1860/02, sog. Pirmasenser Amnestie; VG Düsseldorf Urt. v. 19.8.2020 – 16 K 6797/18.
1299 VG Düsseldorf Urt. v.19.8.2020 – 16 K 6797/18.
1300 Siehe zu einem solchen Fall: OVG Münster Beschl. v. 12.10.2012 – 2 B 1135/12; Einzelheiten dazu unter Teil D Rn. 141 ff.
1301 Vgl. OVG Münster Beschl. v. 7.8. 2014 – 7 A 2263/13; OVG Münster Urt. v. 25.10.2010 – 7 A 290/09; OVG Münster Beschl. v. 14.2. 2012 – 2 A 2463/11.
1302 OVG Münster Beschl. v. 5.2.2019 – 2 A 3131/18.

C. Bauordnungsrecht

Die in einer Nutzungsuntersagung ausgesprochene Frist muss sich einerseits an dem Rechtsverstoß und den von ihm ausgehenden Gefahren und andererseits an den Problemen, die das Gebot der Aufgabe der Nutzung für den Adressaten aufwirft, orientieren.[1303] **471**

Insofern ist bedeutsam, ob lediglich eine formelle Illegalität vorliegt oder ein materiellrechtlicher Rechtsverstoß. Im ersten Fall muss zB bei einer Nutzungsuntersagung gegenüber dem Mieter (zur Störerauswahl s. unter Teil C Rn. 475 ff.) berücksichtigt werden, dass es der Mieter einer formell illegal genutzten baulichen Anlage anders als der Eigentümer regelmäßig nicht in der Hand hat, in Reaktion auf eine Anhörung zur beabsichtigten Nutzungsuntersagung unverzüglich einen Bauantrag zu stellen, um den formellen Mangel zu beheben.[1304] Auch bei materiellrechtlichen Verstößen ist, sofern keine Sicherheitsaspekte entgegenstehen, dem Mieter, um eine Wohnungslosigkeit zu vermeiden, eine hinreichende Frist zur Auswahl einer neuen Wohnung und für den Umzug dorthin zur Verfügung zu gewähren. Dabei können die persönlichen und wirtschaftlichen Verhältnisse des Mieters ebenso von Bedeutung sein wie die Situation des örtlichen Wohnungsmarktes. Beides muss gegebenenfalls ermittelt werden.[1305] Allerdings wird zB eine Untersagung der Wohnnutzung in einem Dachgeschoss ohne zweiten Rettungsweg dringlicher und deshalb mit einer kürzeren Frist zu versehen sein, als die Untersagung einer aus lediglich planungsrechtlichen Gründen unzulässigen Nutzung.[1306] **472**

Bei einer Abbruch- und Beseitigungsverfügung wird ebenfalls auf die Erfordernisse und Möglichkeiten im Einzelfall abzustellen sein. **473**

h) Bestimmtheit

Für alle Maßnahmen gilt, dass sie hinreichend bestimmt sein müssen. Der Inhalt, also in der Regel das Gebot oder Verbot, muss so klar und unzweifelhaft sein, dass aus ihm – wenn auch erst nach Auslegung des Wortlauts – hervorgeht, was der Adressat tun oder unterlassen soll.[1307] Fehlt eine klare und unzweideutige Regelung, nach der der Adressat sein Verhalten ausrichten kann, führt dies nicht nur zu Schwierigkeiten bei dem Adressaten, sondern bringt auch die Behörde (und im Streitfall die Gerichte) in Bedrängnis, wenn sie im Rahmen einer Kontrolle und gegebenenfalls eines Vollstreckungsverfahrens die Frage beantworten müssen, ob der Adressat sich entsprechend dem Gebot oder Verbot verhalten hat. **474**

Beispiel: Die auf das Abstellen eines zu Werbezwecken genutzten Anhängers bezogene Formulierung in einer Ordnungsverfügung „Künftig ist diese rechtswidrige Inanspruchnahme des öffentlichen Straßenraums zu unterlassen" ist zu unbestimmt. Abgesehen davon, dass das Wort „rechtswidrige" nur als Teil der Begründung Sinn macht, nicht aber im Tenor des Bescheides, ist nicht klar, ob wirklich, was rechtlich zweifelhaft wäre, der gesamte öffentliche Straßen-

---

1303 Vgl. aber OVG Greifswald Beschl. v. 3.12.2008 – 3 M 153/08; OVG Koblenz Urt. v. 4.2.1998 – 11 A 10814.97; OVG Bln-Bbg Beschl. v. 16.3.2009 – OVG 1 S 224.08; VG Düsseldorf Urt. v. 2.3.2016 – 28 K 2758/15, wonach es bei Unterlassungspflichten – hier einer sofort vollziehbaren Nutzungsuntersagung – grundsätzlich keiner Fristgewährung bedarf.
1304 OVG Münster Beschl. v. 27.7.2018 – 10 B 850/18.
1305 Vgl. OVG Münster Beschl. v. 27.7.2018 – 10 B 850/18; siehe aber VG Gelsenkirchen Beschl. v. 10.10.2018 – 9 L 1698/18.
1306 Vgl. VG Düsseldorf Urt. v. 2.3.2016 – 28 K 2758/15. Zu den in der Rechtsprechung gebilligten Fristen im Zusammenhang mit Maßnahmen zur Gewährleistung des Brandschutzes siehe Schulte Beerbühl in: StichwortKommentar Nachbarrecht, Stichwort Brandschutz Rn. 141.
1307 BVerwG Urt. v. 29.9.1992 – 1 C 36/89; BVerwG Urt. v. 15.2.1990 – 4 C 41.87; BVerwG Beschl. v. 12.12.1996 – 4 C 17.95; OVG Münster Urt. v. 11.6.1992 – 20 A 2485/89; OVG Münster Beschl. v. 11.5.2000 – 10 B 306/00; OVG Münster Beschl. v. 23.11.2020 – 10 A 2316/20; OVG Münster Beschl. v. 21.2.2008 – 7 B 107/08.

raum zur Verbotszone erklärt werden soll, oder, was in der Begründung des Bescheides anklang, aber nicht hinreichend abgrenzbar war, nur eine Aufstellung in deutlicher Entfernung zum bisherigen Standort.[1308]

i) Die in Betracht kommenden Adressaten

475 Hinsichtlich der in Betracht kommenden Adressaten gelten die Grundsätze zum allgemeinen Ordnungsrecht.[1309] Die Störerauswahl muss sich am Grundsatz der Effektivität der Gefahrenabwehr orientieren. Außerdem ist die Leistungsfähigkeit des Ordnungspflichtigen maßgebliches Kriterium.[1310] Es besteht kein generelles Rangverhältnis zwischen der Inanspruchnahme des Verhaltens- und des Zustandsverantwortlichen, zumeist ist aber aus Effektivitätsgesichtspunkten eine Auswahl vorgegeben.

aa) Verhaltensstörer

476 Verursacht eine Person eine Gefahr, so sind die Maßnahmen gegen diese Person zu richten (Verhaltensstörer, § 17 Abs. 1 OBG). Verursacher im Sinne von § 17 OBG ist nach allgemeinem Polizei- und Ordnungsrecht derjenige, dessen Verhalten die Gefahr „unmittelbar" herbeigeführt, also bei einer wertenden Zurechnung die polizeirechtliche Gefahrenschwelle überschritten hat. Personen, die entferntere, nur mittelbare Ursachen für den eingetretenen Erfolg gesetzt, also nur den Anlass für die unmittelbare Verursachung durch andere gegeben haben, sind in diesem Sinne keine Verursacher.

477 Verursacht eine Person, die zu einer Verrichtung bestellt ist, die Gefahr in Ausführung der Verrichtung, so können Maßnahmen auch gegen die Person gerichtet werden, die die andere zu der Verrichtung bestellt hat (§ 17 Abs. 3 OBG).

Beispiel: Verlässt ein LKW das Betriebsgelände vor dem in der Betriebsbeschreibung genannten und in der Genehmigung erlaubten Betriebsbeginn, kann die Untersagungsverfügung auch gegen den Auftraggeber des Fahrers gerichtet werden.

478 Auch ein „Hintermann" kann (mit-)verantwortlich sein, wenn dessen Handlung zwar nicht die polizeirechtliche Gefahrenschwelle überschritten hat, aber mit der durch den Verursacher unmittelbar herbeigeführten Gefahr oder Störung eine natürliche Einheit bildet, die die Einbeziehung des Hintermanns in die Polizeipflicht rechtfertigt. Eine derartige natürliche Einheit besteht typischerweise beim „Zweckveranlasser" als demjenigen, der die durch den Verursacher bewirkte Polizeiwidrigkeit gezielt ausgelöst hat.[1311]

1308 Nach OVG Münster Beschl. v. 19.6.2015 – 11 A 2046/13. Siehe auch zu dem zu unbestimmten Verbot, einen Stellplatz „als Stellplatzfläche für LKW oder Anhänger" zu nutzen: VG Gelsenkirchen Beschl. v. 22.2.2021 – 9 L 1580/20. Das OVG Münster (Beschl. v. 21.1.2021 – 10 A 4608/19) hielt das Gebot, „den ehemaligen Kellerschacht des ihm gehörenden Hauses D2.-straße 32 ordnungsgemäß schließen zu lassen" – anders als die Vorinstanz – für ausreichend bestimmt. Zur Frage, ob die Forderung, „vor den Balkonen der rückwärtig gelegenen Wohneinheiten an jeder Gebäudehälfte aller drei Gebäude eine Aufstellfläche für die tragbaren Leitern der Feuerwehr freizuhalten" hinreichend bestimmt ist siehe VG Düsseldorf Beschl. v. 10.12.2020 – 11 L 2893/19.
1309 Allgemein zur Aufklärungspflicht der Behörde hinsichtlich der Person des Störers siehe OVG Münster Beschl. v. 28.4.2014 – 10 A 1018/13.
1310 OVG Münster Beschl. v. 8.5. 2020 – 2 B 461/20.
1311 BVerwG Beschl. v. 12.4.2006 – 7 B 30/06; OVG Münster Beschl. v. 28.4.2014 – 10 A 1018/13.

Beispiel: Jemand nimmt billigend in Kauf, dass die Lieferanten (entgegen der Genehmigung) unter Verwendung eines ihnen überlassenen Schlüssels nachts Waren für das Betriebsgelände anliefern.[1312]

Der Verwalter nach dem Wohnungseigentumsgesetz (WEG) kann als Handlungsstörer in Anspruch genommen werden, da er gemäß § 27 Abs. 1 Nr. 2, Abs. 3 S. 1 Nr. 3 WEG ein eigenes selbstständiges Recht hat, die für die ordnungsgemäße Instandhaltung und Instandsetzung erforderlichen Maßnahmen im Namen der Gemeinschaft der Wohnungseigentümer und mit Wirkung für und gegen sie zu treffen.[1313] **479**

Bei baurechtswidrig vermieteten Wohnungen ist eine Nutzungsuntersagung grundsätzlich an den Mieter zu richten. Denn in der Regel kann nur durch die Inanspruchnahme des Inhabers der tatsächlichen Gewalt über die jeweiligen Räumlichkeiten eine materiell illegale Nutzung effektiv beendet werden, wohingegen eine Inanspruchnahme des Eigentümers zeitintensiver und bereits deswegen weniger effektiv ist. Der Eigentümer müsste nämlich das bestehende Mietverhältnis kündigen und unter Umständen die Räumung der baulichen Anlage zwangsweise durchsetzen.[1314] **480**

Unter Umständen kann es erforderlich und rechtmäßig sein, neben der Nutzungsuntersagung gegenüber dem Mieter auch gegenüber dem Eigentümer einer Wohnung ein Verbot auszusprechen, die Wohnung nach der Räumung durch den Mieter zu Wohnnutzung zu überlassen oder sie selbst zu nutzen.[1315] Eine solche flankierende Inanspruchnahme des Vermieters bzw. Eigentümers ist von der Rechtsprechung als ermessensgerecht anerkannt, wenn präventiv der Gefahr begegnet werden soll, dass nach dem erzwungenen) Auszug des Mieters die illegale Nutzung fortgesetzt wird.[1316] Die Behörde muss mit dem Einschreiten gegen den Vermieter bzw. Eigentümer nicht etwa zuwarten, bis der Mieter die untersagte Nutzung (ggfls. nach behördlicher Räumung) aufgegeben hat.[1317] **481**

In Fällen der illegalen Prostitutionsausübung besteht keine Verpflichtung, vorrangig vor dem jeweiligen Eigentümer die Mieter oder sonstigen Nutzungsberechtigten als Verantwortliche heranzuziehen. Denn für die Behörde sind in diesen Fällen die jeweiligen Mieter bzw. Nutzungsberechtigten in der Regel nur schwer zu ermitteln und ihnen gegenüber ausgesprochenen Untersagungen sind nicht gleich effektiv wie eine Inanspruchnahme des Eigentümers.[1318] In diese Fallgruppe gehören etwa bordellartige Betriebe, in denen die Mieter die Räume nur tage- oder gar stundenweise mieten und deshalb nicht oder nur schwer greifbar sind.[1319] **482**

Nach der Rechtsprechung des OVG Münster folgt aus der Rechtsmacht des Vermieters über die Nutzung der Wohnung unter Umständen auch ein Handlungsgebot zum aktiven Tätigwerden. Der Vermieter hat danach die ihm zur Verfügung stehenden eigentumsrechtlichen und mietvertraglichen Möglichkeiten zu ergreifen, um baurechtswidrige Nutzungen abzustellen oder ihre (Wieder-)Aufnahme zu verhindern.[1320] Denn nur der Grundstückseigentümer habe es in der Hand, nachhaltig für eine bau- **483**

1312 Nach OVG Münster Beschl. v. 11.4.2007 – 7 A 678/07.
1313 OVG Münster Beschl. v. 14.12.2010 – 7 B 1314/10.
1314 VG Gelsenkirchen Beschl. v. 21.11.2014 – 6 L 1176/14.
1315 OVG Münster Beschl. v. 1.3.2011 – 7 B 18/11.
1316 VG Aachen Beschl. v. 16.6.2020 – 3 L 1162/19; vgl. auch OVG Münster Beschl. v. 24.11.1988 – 7 B 2677/88; OVG Münster Beschl. v. 13.1.1993 – 7 B 4794/92.
1317 Vgl. OVG Münster Beschl. v. 30.3.2017 – 7 B 46/17.
1318 VG Münster Urt. v. 1.9.2020 – 2 K 2532/19, unter Hinweis auf VG Hamburg Beschl. v. 21.11.2016 – 9 E 5604/16, und OVG Koblenz Beschl. v. 13.7.2010 – 8 A 10623/10.
1319 VG Aachen Beschl. v. 16.6.2020 – 3 L 1162/19.
1320 So OVG Münster Beschl. v. 20.12.2010 – 2 B 1694/10.

rechtmäßige Nutzung der Räumlichkeiten zu sorgen. Daraus folge, dass es in der (Zustands-)Verantwortlichkeit eines Grundstückseigentümers und Vermieters liegt, die Vertragsverhältnisse mit den Mietern eines Gebäudes so zu gestalten, dass eine (Wieder-)Aufnahme einer baurechtswidrigen Nutzung rechtlich unmöglich wird. Er hat die ihm möglichen Mittel auszuschöpfen, um dieses Ziel zu erreichen.[1321]

Beispiel: Der Eigentümer einer Wohnungsanlage ist gehalten, die Vertragsverhältnisse mit den Mieterinnen des Gebäudes so zu gestalten, dass eine (Wieder-)Aufnahme der rechtswidrigen Prostitutionsnutzung rechtlich unmöglich wird. Dazu gehört auch die Pflicht, nach Abschluss eines Mietvertrags zu kontrollieren, ob eine Wohnung zur Prostitutionsausübung genutzt wird, wenn der begründete Verdacht für eine solche Nutzung besteht, um darauf unverzüglich reagieren zu können.[1322]

bb) Zustandsstörer

484 Geht von einer Sache oder einem Tier eine Gefahr aus, so sind die Maßnahmen gegen den Eigentümer zu richten (§ 18 OBG). Eine Kenntnis des Eigentümers von der materiellen oder formellen Illegalität der Anlage oder Nutzung ist keine Voraussetzung für die Inanspruchnahme; die Ordnungspflicht ist von subjektiven Handlungselementen wie Vorsatz, Fahrlässigkeit und Verschulden unabhängig.[1323]

485 In diesem Zusammenhang kann bedeutsam sein, ob eine Eigentumsübertragung an einen Dritten in Ansehung der drohenden Verfügung erfolgt und deshalb sittenwidrig und nach § 138 BGB unwirksam ist;[1324] dann bleibt der Verkäufer der pflichtige Eigentümer und Zustandsstörer. Die Ordnungsbehörde kann (unter Umständen: muss, § 18 Abs. 2 S. 2 OBG) ihre Maßnahmen auch gegen den Inhaber der tatsächlichen Gewalt richten, auch wenn dieser nicht der Eigentümer ist.

486 Ist eine Sache als Scheinbestandteil im Sinne von § 95 Abs. 1 S. 1 BGB nur zu einem vorübergehenden Zweck mit dem Grund und Boden verbunden worden, wird sie nicht wesentlicher Bestandteil von Grund und Boden des Grundstückseigentümers. Das hat zur Folge, dass dann die Verfügung nicht gegen den Grundstückseigentümer, sondern den Eigentümer des Scheinbestandteils als den wirklichen Störer zu richten ist.[1325] Bei Pächtern, Mietern und in ähnlicher Weise schuldrechtlich Berechtigten spricht eine tatsächliche, auf der Lebenserfahrung beruhende Vermutung dafür, dass sie die verbundenen oder eingefügten Sachen nur in ihrem eigenen Interesse und daher auch nur für die Vertragszeit mit dem Gegenstand der Pacht, Miete usw. verbinden oder darin einfügen, nicht hingegen die Sache nach Beendigung des Vertragsverhältnisses dem Grundstückseigentümer zufallen lassen wollten. Das gilt insbesondere, wenn das Bauwerk nur den Zwecken des berechtigten Pächters dient.[1326]

cc) Nichtstörer

487 Gemäß § 19 OBG NRW kann die Ordnungsbehörde Maßnahmen gegen Personen, die nicht Verhaltens- oder Zustandsstörer sind, richten, wenn eine gegenwärtige erhebliche Gefahr abzuwehren ist, Maßnahmen gegen Verhaltens- und Zustandsstörer

---

1321 OVG Münster Beschl. v. 19.4.2016 – 2 A 1778/15.
1322 Nach OVG Münster Beschl. v. 20.12.2010 – 2 B 1694/10.
1323 Vgl. OVG Münster Beschl. v. 14.3.2013 – 2 B 219/13; OVG Münster Beschl. v. 18.11.2008 – 7 A 103/08.
1324 Zu einem solchen Fall s. OVG Bln-Bbg Urt. v. 8.12.2016 – OVG 2 B 7.14.
1325 VG Düsseldorf Beschl. v. 14.12.2020 – 9 L 2067/20 unter Berufung auf BGH Urt. v. 5.5.1971 – VIII ZR 197/69 und Urt. v. 5.3.1958 - V ZR 264/56.
1326 BGH Urt. v. 12.7.1984 – IX ZR 124/83; BGH Urt. v. 4.7.1984 – VIII ZR 270/83.

C. Bauordnungsrecht

nicht oder nicht rechtzeitig möglich sind oder keinen Erfolg versprechen, die Ordnungsbehörde die Gefahr nicht oder nicht rechtzeitig selbst oder durch Beauftragte abwehren kann und die Personen ohne erhebliche eigene Gefährdung und ohne Verletzung höherwertiger Pflichten in Anspruch genommen werden können. So kann etwa eine Duldungsverfügung gegen den Eigentümer eines Nachbargrundstücks gerichtet werden, wenn dieser das Betreten und die Nutzung seines Grundstückes zur Beseitigung der Mängel am Grundstück des Ordnungspflichtigen verweigert hat und das Tätigwerden zur Beseitigung einer gegenwärtigen erheblichen Gefahr für Leib und Leben von Personen geboten ist.[1327]

dd) Störerauswahl

Gibt es eine Mehrzahl von Störern, muss die Behörde entscheiden, ob sie gegen alle vorgeht oder nur gegen einzelne. Will die Behörde bei einer Mehrheit von Nutzern oder Eigentümern gegen nur einen oder nur einen Teil von ihnen vorgehen, bedarf dies einer fehlerfreien Ermessensentscheidung. Wie bei jeder Ermessensentscheidung muss die Behörde auch bei der Störerauswahl zur rechtmäßigen Ausübung ihres Ermessens zunächst alle vom Zweck der Ermächtigungsgrundlage her dafür relevanten Tatsachen umfassend und zutreffend ermitteln und in der Folge diese Tatsachen bei der Entscheidung über die Rechtsfolge einbeziehen. **488**

Allerdings kann eine solche Auswahlentscheidung nur dann sachgerecht erfolgen, wenn die Behörde Kenntnis davon hat, dass ein von dem Eigentümer abweichender Mieter existiert und wer diese Person ist. Hat der Eigentümer die Behörde insofern im Unklaren gelassen, kann er der Behörde insofern kein Fehler vorwerfen. Hat zB eine Person sich gegenüber der Bauaufsichtsbehörde als Grundstückseigentümerin und Bauherrin und als die maßgeblich Verfügungsberechtigte oder wirtschaftlich Verantwortliche geriert und einen Hinweis auf die Verantwortlichkeit anderer Personen für den baurechtswidrigen Zustand unterlassen, muss sie sich an dem hierdurch hervorgerufenen Anschein ihrer (Mit-)Verantwortung solange festhalten lassen, als dieser Anschein gegenüber der Bauaufsichtsbehörde aufrechterhalten bleibt.[1328] Es ist daher nicht ermessensfehlerhaft, wenn die Behörde eine Anordnung gegen denjenigen richtet, der sich immer wieder als der maßgebliche Verfügungsberechtigte oder wirtschaftlich Verantwortliche gerierte, so dass die Behörde den Eindruck gewinnen konnte, durch die Maßnahmen ihm gegenüber würde die öffentliche Ordnung am wirksamsten wiederhergestellt.[1329] **489**

j) Anordnung der sofortigen Vollziehung

Nach § 80 Abs. 1 VwGO haben Widerspruch und Anfechtungsklage aufschiebende Wirkung; das gilt auch bei rechtsgestaltenden und feststellenden Verwaltungsakten sowie bei Verwaltungsakten mit Doppelwirkung (§ 80a). Im öffentlichen Bauordnungsrecht, in dem es um Gefahrenabwehr geht, muss jedoch oftmals verhindert werden, dass durch die schlichte Einlegung einer Anfechtungsklage die Vollziehbarkeit der Verfügung verhindert und die Befolgungspflicht aufgeschoben wird. Deshalb ist das Mittel der Anordnung der sofortigen Vollziehung (§ 80 Abs. 2 S. 1 Nr. 4 VwGO), die die aufschiebende Wirkung entfallen lässt, von großer Bedeutung. **490**

1327 VG Gelsenkirchen Beschl. v. 30.6.2020 – 6 L 610/20.
1328 OVG Weimar Beschl. v. 27.2.1997 – 1 EO 233.96; OVG Münster Urt. v. 6.9.1993 – 11 A 694.90; VGH Mannheim Urt. v. 26.11.1980 – 3 S 2005.80.
1329 VGH München Beschl. v. 23.3.2020 – 1 ZB 18.1772.

aa) Allgemeines

491 Die Anordnung kann im öffentlichen Interesse „oder im überwiegenden Interesse eines Beteiligten" erfolgen, also auch im überwiegenden Interesse eines Nachbarn zur Wahrung dessen Nachbarrechte. Dieses öffentliche Interesse oder Drittinteresse muss das Interesse an der Erhaltung des Suspensiveffektes eines Rechtsbehelfs überwiegen. Dazu reicht regelmäßig das Interesse, das den Erlass des Verwaltungsakts als solchen rechtfertigt, nicht aus. Vielmehr muss das die sofortige Vollziehung rechtfertigende Interesse gerade darauf gerichtet sein, dass die von der Behörde getroffene Maßnahme bereits vor Abschluss des sich möglicherweise anschließenden Rechtsschutzverfahrens in der Hauptsache umgesetzt wird.

bb) Rechtliche Voraussetzungen

492 Mit Blick auf Stilllegungsverfügungen,[1330] Nutzungsuntersagungen und Duldungsanordnungen ist die Anordnung der sofortigen Vollziehung in der Regel allein mit Blick auf das Ziel der Vermeidung einer sonst zu befürchtenden Fortsetzung oder Verfestigung des Zustandes oder auch nur zur Vermeidung einer Vorbildwirkung unproblematisch möglich.[1331] Andernfalls würde nämlich der Vorteil, zB eine nicht zugelassene Nutzung bis zum Eintritt der Bestandskraft einer sie untersagenden Ordnungsverfügung wegen der aufschiebenden Wirkung der dagegen gerichteten Klage fortführen bzw. aufnehmen zu können, einen erheblichen Anreiz bieten, dies auch tatsächlich zu tun. Auf diese Weise würde nicht nur die Ordnungsfunktion des Bauaufsichtsrechts entwertet, sondern auch der gesetzestreue Bürger, der die Errichtung bzw. Nutzung einer baulichen Anlage nur auf der Grundlage einer vollziehbaren Baugenehmigung verwirklicht, gegenüber dem – bewusst oder unbewusst – rechtswidrig Handelnden in bedenklicher, das Rechtsbewusstsein der Allgemeinheit erschütternder Weise bevorzugt. Nur durch unverzügliches Durchgreifen durch Anordnung des Sofortvollzuges können diese bedeutenden Allgemeininteressen gewahrt werden.[1332]

493 Bei einer Nutzungsuntersagung im Hinblick auf Wohnnutzung ist allerdings in jedem Einzelfall zu prüfen, ob allein der Gesichtspunkt der formellen Illegalität die Anordnung der sofortigen Vollziehung der Nutzungsuntersagung rechtfertigt. Andererseits können Sicherheitsaspekte wie fehlende Standsicherheit oder unzureichender Brandschutz durchaus Grund sein. Stets sind die persönlichen und wirtschaftlichen Verhältnisse eines Mieters ebenso von Bedeutung wie die Situation des örtlichen Wohnungsmarktes.[1333]

494 Eine Anordnung der sofortigen Vollziehung einer Beseitigungsverfügung in Form einer Abbruchverfügung kommt grundsätzlich nur in Frage, wenn – neben der formellen und materiellen Illegalität der betroffenen Bausubstanz – ein besonders starkes, das Eigentumsinteresse des Betroffenen überwindendes Vollzugsinteresse der Öffentlichkeit oder, wenn die Behörde im Interesse eines Dritten (Nachbarn) tätig wird, des Dritten vorliegt; beides ist bei einer erheblichen Gefahr für Leben und Gesundheit stets gegeben. Die Zurückhaltung wird mit den gewichtigen Auswirkungen

---

1330 Siehe zur Frage, ob ein Antrag auf Gewährung vorläufigen Rechtsschutzes aufgrund des Baufortschritts vor dem Hintergrund des Rechtsschutzbedürfnisses noch zulässig ist: OVG Münster Beschl. v. 6.8.2019 – 7 B 525/19; OVG Münster Beschl. 17.10.2000 – 10 B 1053/00.
1331 Zu einem Ausnahmefall s. OVG Münster Beschl. v. 4.7.2014 – 2 B 508/14.
1332 Zur Nutzungsuntersagung: OVG Münster Beschl. v. 24.1.2006 – 10 B 2159/05; OVG Münster Beschl. v. 23.6.2020 – 2 B 632/20; VG Minden Beschl. v. 6.12. 2018 – 1 L 1373/18; VG Gelsenkirchen Beschl. v. 26.2.2020 – 6 L 1172/19; OVG Bln-Bbg Beschl. v. 22.7.2020 – OVG 10 S 47/20.
1333 Vgl. OVG Münster Beschl. v. 27.7.2018 – 10 B 850/18; VG Köln Beschl. v. 5.4.2019 – 8 L 34/19.

eines solchen Eingriffs in die Bausubstanz begründet, der unumkehrbar und deshalb nur unter strengen Voraussetzungen zulässig sei. Deshalb sei es regelmäßig schon aus Gründen der Gewährung effektiven Rechtsschutzes geboten, dem Interesse des Eigentümers an dem Erhalt der aufschiebenden Wirkung seiner Klage den Vorrang einzuräumen.[1334] Auch die offensichtliche Rechtmäßigkeit einer Beseitigungsanordnung allein genügt in der Regel nicht, um deren sofortige Vollziehung zu rechtfertigen.[1335]

Ausnahmen von dieser Regel sind allerdings anerkannt: Eine sofort vollziehbare Beseitigungsanordnung allein wegen formeller oder materieller Illegalität ist zulässig
- wenn eine erhebliche Gefahrenlage besteht, deren Beseitigung ohne Abriss der Bausubstanz nicht möglich wäre;[1336]
- wenn die Beseitigung ohne nennenswerten Eingriff in die Substanz (Substanzzerstörung) möglich ist, z.B. bei Containern[1337] und oft auch bei Werbeanlagen;[1338]
- wenn eine Vorbildwirkung vermieden werden soll; dabei muss die Vorbildwirkung eines illegal ausgeführten Vorhabens eine Nachahmung schon bis zum bestands- oder rechtskräftigen Abschluss der Hauptsache befürchten lassen, so dass im Einzelfall der Ausweitung der Störung der öffentlichen Sicherheit und Ordnung rasch vorgebeugt werden muss.[1339]

495

cc) Begründungserfordernis

Die Behörde hat stets das besondere Interesse an der sofortigen Vollziehung des Verwaltungsakts schriftlich zu begründen, es sei denn die Behörde trifft bei Gefahr im Verzug, insbesondere bei drohenden Nachteilen für Leben, Gesundheit oder Eigentum vorsorglich eine als solche bezeichnete Notstandsmaßnahme im öffentlichen Interesse (§ 80 Abs. 3 VwGO). Aus der Begründung muss hinreichend nachvollziehbar hervorgehen, dass und aus welchen besonderen Gründen die Behörde im konkreten Fall dem besonderen öffentlichen Interesse an der sofortigen Vollziehung des Verwaltungsakts Vorrang vor dem Aufschubinteresse des Betroffenen einräumt. Pauschale und nichtssagende formelhafte Wendungen genügen dem Begründungserfordernis nicht. Allerdings kann sich die Behörde auf die den Verwaltungsakt selbst tragenden Erwägungen stützen und darauf Bezug nehmen, wenn diese zugleich die Dringlichkeit der Vollziehung ergeben. Die Begründung kann auch je nach den Umständen des konkreten Falles knappgehalten werden; sind die Gründe, aus denen die sofortige Vollziehung im öffentlichen Interesse dringlich ist, offensichtlich oder dem Betroffenen bekannt, kann ein Hinweis auf die offenkundigen oder bekannten Umstände in der schriftlichen Begründung ausreichen.[1340]

496

1334 OVG Münster Beschl. v. 26.8.2003 – 7 B 1306/03; so auch OVG Greifswald Beschl. v. 6.2. 2008 – 3 M 9/08; Finkelnburg/Dombert/Külpmann, Vorläufiger Rechtsschutz im Verwaltungsstreitverfahren, Rn. 1288 m.w.N.
1335 OVG Bln-Bbg Beschl. v. 29.3.2012 – OVG 10 S 17.11.
1336 VG Gelsenkirchen Beschl. v. 18.9.2015 – 9 L 1306/15 (Anordnung der sofortigen Vollziehung einer Abbruchverfügung wegen fehlender Standsicherheit des gesamten Gebäudes).
1337 OVG Münster Beschl. v. 26.8.2003 – 7 B 1606/03.
1338 VG Minden Beschl. v. 11.10.2010 – 9 L 408/10.
1339 So OVG Greifswald Beschl. v. 6.2. 2008 – 3 M 9/08; OVG Bln-Bbg Beschl. v. 17.7.2015 – OVG 10 S 14.15.
1340 OVG Münster Beschl. v. 22.1.2001 – 19 B 1757/00.

k) Rechtmäßiges Bestehen und Bestandsschutz als Gegenrechte

497 Trotz Vorliegens der Tatbestandsvoraussetzungen für ein Einschreiten (oder im Falle eines Anspruchs auf bauaufsichtliches Einschreiten, erforderlich sind hierfür zunächst materielle Rechtswidrigkeit und Rechtsverletzung des Nachbarn) kann die Verfügung nicht erlassen werden (und ein Nachbar mit seinem Begehren nicht erfolgreich sein), wenn der Bauherr geltend machen kann, dass die Anlage rechtmäßig besteht oder Bestandsschutz genießt (Einzelheiten dazu Teil C Rn. 523, 525 ff.). Allerdings kann sich ein bestehender Bestandsschutz nicht immer gegen ein ordnungsbehördliches Verlangen durchsetzen (dazu Teil C Rn. 499 ff. und 519).

2. Das Anpassungsverlangen nach § 59 BauO

498 Besonders im Rahmen des vorbeugenden Brandschutzes, aber auch ansonsten stets, wenn eine Gefahr für Leben und Gesundheit in Rede steht, hat die Bestimmung des § 59 BauO[1341] über das sogenannte Anpassungsverlangen große Bedeutung.

499 Die Bestimmung knüpft mit ihrer Formulierung „Entsprechen rechtmäßig bestehende Anlagen nicht den Vorschriften dieses Gesetzes oder Vorschriften, die aufgrund dieses Gesetzes erlassen worden sind," an das Vorliegen von Bestandsschutz an (siehe zu diesem Merkmal im Einzelnen Teil C Rn. 517 ff.). Wenn aber nicht hinreichend sicher festgestellt werden kann, ob eine Anlage Bestandsschutz genießt oder nicht, ist dies unerheblich. Die Behörde kann ihre Verfügung alternativ auf § 59 Abs. 1 BauO – die Bestimmung stellt verschärfte Voraussetzungen für ein Anpassungsverlangen an aktuelle baurechtliche Anforderungen auf (nämlich eine Gefahr für Leben oder Gesundheit) – oder § 58 Abs. 2 BauO stützen, wenn der für beide Vorschriften erforderliche Verstoß gegen baurechtliche Normen und eine Gefahr für Leben oder Gesundheit gegeben ist.[1342] Denn der Kern der Bestimmung und ihr Sinn liegen darin, die Bauaufsichtsbehörde zu berechtigen, unabhängig von der Frage der formellen Legalität (und damit auch im Falle einer bestandsgeschützten Anlage und Nutzung) eine Anpassung an die derzeit geltenden Bestimmungen zu verlangen. Wegen des Verhältnisses der Spezialnorm des § 59 BauO zur allgemeineren Norm des § 58 Abs. 2 BauO steht die erstgenannte Bestimmung Maßnahmen zur Gefahrenabwehr nach § 58 Abs. 2 BauO nicht entgegen, auch wenn sich die maßgeblichen Bauvorschriften nicht geändert haben. Denn: „Die Bauordnung ermöglicht es ebenso wenig wie frühere baurechtliche Vorschriften, eine bauliche Anlage in einer Art zu nutzen, die mit Gefahren verbunden ist. Besteht eine Gefahr, ist eine auf Gefahrenbeseitigung gerichtete Ordnungsverfügung aufgrund von § 61 Abs. 1 Satz 2 BauO (heute: § 58 Abs. 2 BauO) grundsätzlich möglich. Dies gilt in Sonderheit, wenn die Ordnungsverfügung – wie beim Brandschutz – dem Schutz von Leben und Gesundheit dient."[1343]

500 Der Schutz der hochwertigen Güter Leben und Gesundheit rechtfertigt es, den Bestandsschutz zurücktreten zu lassen. Mehr als ein Verstoß gegen die gesetzlichen Bestimmungen und die Nutzung der Anlage ist in der Regel nicht erforderlich; denn damit ist bereits eine (konkrete) Gefahr indiziert. Eine solche konkrete Gefahr liegt vor, wenn aus einer tatsächlich vorhandenen Situation hinreichend wahrscheinlich

---

1341 Diese Bestimmung ist nahezu wortgleich mit § 87 BauO 2000. Die zu dieser Vorschrift ergangene Rechtsprechung ist uneingeschränkt auf § 59 BauO anzuwenden.
1342 OVG Münster Beschl. v. 21.9.2012 – 2 B 967/12.
1343 OVG Münster Beschl. v. 4.7.2014 – 2 B 666/14; OVG Münster Beschl. v. 1.7.2011 – 2 B 740/11; OVG Münster Urt. v. 25.8. 2010 – 7 A 749/09; OVG Münster Urt. v. 15.7.2002 – 7 A 3098/01; OVG Münster Beschl. v. 23.2. 2021 – 7 B 1885/20; OVG Münster Beschl. v. 6.3.2017 – 2 B 1271/16.

eine Gefährdung der bedrohten Rechtsgüter folgt. Die Anforderungen an die Wahrscheinlichkeit von der Qualität des möglicherweise eintretenden Schadens ab. Auch wenn die Wahrscheinlichkeit eines Schadenseintritts nach aller Erfahrung äußerst gering ist und in aller Regel allenfalls die nur entfernte Möglichkeit eines Schadenseintritts besteht oder bestand, „muss wegen des damit verbundenen – wenn auch noch so entfernten – Risikos dieser (Schein)gefahr nachgegangen werden, weil – wenn entgegen aller Wahrscheinlichkeit die Gefahr sich verwirklichen sollte – der dann zu gewärtigende Schaden so groß wäre, dass ein Eingreifen trotz der nur entfernten Möglichkeit des Schadenseintritts nicht nur gerechtfertigt, sondern sogar geboten ist (…). Das bedeutet, dass bei der Gefahr besonders großer Schäden ausnahmsweise zur „hinreichenden Wahrscheinlichkeit" in der erwähnten Faustformel auch die entfernte Möglichkeit eines Schadenseintritts gehört."[1344] Bei Gefährdungen von Leben oder Gesundheit als geschützten Rechtsgütern sind deshalb an die Feststellung der Wahrscheinlichkeit des Schadenseintritts keine übermäßig hohen Anforderungen zu stellen. In im Zusammenhang mit dem Brandschutz betont das OVG Münster in seiner ständigen Rechtsprechung, dass mit der Entstehung eines Brandes praktisch jederzeit gerechnet werden muss. Der Umstand, dass in vielen Gebäuden jahrzehntelang kein Brand ausgebrochen ist, beweise nicht, dass insoweit keine Gefahr besteht, sondern stellt für die Betroffenen lediglich einen Glücksfall dar, mit dessen Ende jederzeit gerechnet werden kann.[1345] Deshalb darf die Bauaufsichtsbehörde, um schwerwiegenden Brandgefahren abzuwehren, besondere Anforderungen stellen, die ohne Eingehung von Kompromissen in jeder Hinsicht „auf der sicheren Seite" liegen.[1346]

3. Rechtsnachfolge

Grundsätzlich wirkt die bauaufsichtliche Ordnungsverfügung auch gegen den Rechtsnachfolger des Adressaten.[1347] **501**

Das gilt zunächst für ein Handlungsgebot, zB ein Beseitigungsgebot. Denn die Verfügung aktualisiert in einem solchen Fall eine grundstücksbezogene, den jeweiligen Eigentümer (oder sonstigen Zustandsstörer) treffende Ordnungspflicht. Das BVerwG hat schon früh – anders als die seinerzeit ganz überwiegend vertretene Auffassung im Schrifttum – entschieden, „dass die gegen den Eigentümer erlassene Anordnung der Beseitigung eines Bauwerks jedenfalls grundsätzlich und insbesondere im Fall der Gesamtrechtsnachfolge gegen den Rechtsnachfolger wirkt".[1348] Das beruht darauf, dass das Handlungsgebot nicht persönliche Rechte oder Pflichten des Adressaten betrifft.[1349] Es kommt nicht auf individuelle Merkmale oder Eigenschaften des Trägers der Rechte an. Dass ein Verwaltungsakt stets notwendig an eine Person **502**

1344 BVerwG Urt. v. 26.6.1970 – IV C 99.67.
1345 Vgl. etwa: Beschl. v. 22.7.2002 – 10 B 508/01.
1346 OVG Münster Beschl. v. 20.2.2013 – 2 A 239/12; OVG Münster Urt. v. 21.9.2012 – 2 A 182/11; das OVG Münster betont, dass deshalb bei der gerichtlichen Überprüfung einer behördlichen Gefahrenabwehrmaßnahme im Bereich des Brandschutzes im Hinblick auf die mit der Entstehung und Ausbreitung von Bränden verbundenen extremen Gefahren Großzügigkeit geboten sei. In einer Gefahrensituation sei es Sache der Bauaufsichtsbehörde, im Interesse der Brandsicherheit effektiv und schnell zu handeln.
Vgl. OVG Münster Beschl. v. 20.2. 2013 – 2 A 239/12.
1347 OVG Magdeburg Beschl. v. 14.1.1986 – 1 B 137/85.
1348 BVerwG Urt. v. 22.1.1971 – IV C 62.66; gleiches gilt für andere Bauordnungsverfügungen, vgl. OVG Münster Beschl. v. 8.2.2012 – 2 A 417/11; VG Düsseldorf Urt. v. 14.1.2011 – 25 K 2745/10.
1349 BVerwG Urt. v. 16.3.2006 – 7 C 3.05; Ramsauer in: Kopp/Ramsauer, VwVfG, § 13 Rn. 59; Schmitz in: Stelkens/Bonk/Sachs, VwVfG, § 13 Rn. 50.

adressiert werden muss und insoweit immer personenbezogen ist, reicht für die Annahme einer Persönlichkeit von Rechten und Pflichten nicht aus.[1350]

503 Unter den Begriff des dadurch gekennzeichneten sog. dinglichen Verwaltungsakts fallen alle Verwaltungsakte, die zwar konkret die Rechte und Pflichten einer bestimmten Person, zB des Eigentümers oder Besitzers, für eine konkrete Sache bestimmen, nach den gesetzlichen Vorgaben jedoch ohne Ansehen der Person des Verfügungsbefugten, insbesondere ohne Zuverlässigkeitsprüfungen, sondern nur wegen der Sache, vor allem wegen ihrer Eigenschaften oder ihrer Belegenheit, ergehen.[1351] Konsequenterweise gehen mit der Weitergabe eines mit eine Ordnungsverfügung „belasteten" Grundstücks die darauf bezogenen Ordnungspflichten mit über.

504 Das Gleiche gilt für eine Handlungsverpflichtung, die durch eine Auflage in einer Baugenehmigung begründet worden ist.

505 Auch eine Nutzungsuntersagung ist in dem vorgenannten Sinn übergangsfähig.[1352] Dies bewirkt, dass auch der Rechtsnachfolger die Anlage nicht in der in der Verfügung bezeichneten Weise nutzen darf.

506 Nach § 256 Abs. 2 ZPO, der nach § 173 VwGO auch im Verwaltungsprozess anwendbar ist, hat die Veräußerung auf den Prozess keinen Einfluss. Der Rechtsnachfolger ist nicht berechtigt, ohne Zustimmung des Gegners den Prozess als Hauptpartei an Stelle des Rechtsvorgängers zu übernehmen oder eine Hauptintervention zu erheben.

4. Vollstreckung

a) Ermessen

507 Die Vollstreckung von Verwaltungsakten erfolgt in jedem Stadium des Vollstreckungsverfahrens generell nach pflichtgemäßem Ermessen der zuständigen Vollstreckungsbehörde (§§ 55 Abs. 1, 56 VwVG).[1353] Diese hat insbesondere den Grundsatz der Verhältnismäßigkeit zu beachten (§ 58 S. 1 VwVG). Das gilt auch für die Zwangsgeldfestsetzung nach §§ 64, 60 VwVG.

508 Allerdings sind an die Ermessensentscheidung keine hohen Anforderungen zu stellen. Denn bereits der Wortlaut der Vorschrift bringt zum Ausdruck, dass die Festsetzung des Zwangsmittels die regelmäßige Folge der Zwangsgeldandrohung ist. Außerdem können im Rahmen eines Vollstreckungsverfahrens können die einzelnen Verfahrensschritte ihre gesetzlich gewollte Warn- und Mahnfunktion nur dann erzielen, wenn das Vollstreckungsverfahren im Regelfall – soweit die gesetzlichen Voraussetzungen im Übrigen vorliegen – konsequent zu Ende geführt wird. Im Falle eines solchen „intendierten Ermessens" müssen besondere Gründe vorliegen, um eine gegenteilige Entscheidung zu rechtfertigen. Liegt ein vom Regelfall abweichender Sachverhalt nicht vor, versteht sich das Ergebnis der Abwägung von selbst. Versteht sich aber das Ergebnis von selbst, so bedarf es insoweit auch keiner das Selbstverständliche darstellenden Begründung. Ein willkürliches behördliches Vorgehen kommt lediglich in Betracht, wenn die Behörde in gleich gelagerten Fällen von unan-

---

1350 Ramsauer in: Kopp/Ramsauer, VwVfG, § 13 Rn. 59.
1351 VGH Mannheim Urt. v. 4.7.2019 – 6 S 1269/18.
1352 Vgl. OVG Hamburg Urt. v. 14.12.1995 – Bf II 16/94; VGH Kassel Beschl. v. 1.12.2014 – 3 B 1633/14; OVG Münster Urt. v. 9.3.1979 – XI A 963/78; OVG Münster Beschl. v. 18.12.2013 – 7 B 1143/13; OVG Magdeburg Beschl. v. 2.7.2002 – 2 L 307/01; VG Berlin Urt. v. 6.4.1979 – 13 A 236.78; VG Düsseldorf Urt. v. 14.1.2011 – 25 K 2745/10.
1353 Im Folgenden ist immer das VwVG des Landes NRW gemeint.

fechtbaren oder vollziehbaren Ordnungsverfügungen (z. B. bei Beseitigungsanordnungen gegenüber illegalen Bauten im Außenbereich) einige dieser Verfügungen vollstreckt, andere hingegen ohne sachlichen Grund nicht.[1354]

b) Unbeachtlichkeit von Verschulden

Auch wenn ein Verstoß nicht im eigentlichen Sinne „schuldhaft" erfolgt ist, kann das angedrohte Zwangsgeld festgesetzt werden. Entscheidend ist allein, dass der Verstoß dem Pflichtigen zuzurechnen ist. So hat etwa der Inhaber eines Gewerbebetriebes dafür Sorge zu tragen, dass nicht über die genehmigten Betriebszeiten hinaus LKW-Verkehr auf dem Grundstück erfolgt. Gegebenenfalls reicht es nicht, insoweit Anweisungen auszugeben; vielmehr müsste unter Umständen ein Verschließen des Betriebsgeländes zur Nachtzeit erfolgen.

509

c) Wechsel und Wiederholung der Zwangsmittel

Nach den Regelungen des Verwaltungsvollstreckungsrechts des Landes NRW ist die Vollstreckungsbehörde bei der Durchsetzung von Handlungsgeboten mit dem Mittel des Zwangsgelds nicht verpflichtet, zunächst die Beitreibung eines nicht gezahlten Zwangsgelds durchzuführen, bevor sie ein weiteres Zwangsgeld androht oder, wenn bereits eine Androhung erfolgt ist, dieses festsetzt. Nach § 57 Abs. 3 S. 1 VwVG können die Zwangsmittel neben einer Strafe oder Geldbuße angewandt und solange wiederholt und gewechselt werden, bis der Verwaltungsakt befolgt worden ist oder sich auf andere Weise erledigt hat. Nach § 64 VwVG wird ein Zwangsmittel festgesetzt, wenn die Verpflichtung, die in der Zwangsmittelandrohung bestimmt ist, nicht fristgemäß erfüllt wird. Das Zwangsmittel des Zwangsgelds kann gemäß § 60 Abs. 1 S. 3 VwVG beliebig oft wiederholt werden. Nach § 60 Abs. 3 S. 1 VwVG wird es im Verwaltungszwangsverfahren beigetrieben, wenn der Betroffene es nicht fristgerecht gezahlt hat. Nach der ermessenslenkenden Regelung in § 64 S. 1 VwVG hat die Vollzugsbehörde das Zwangsmittel aber festzusetzen, wenn die Verpflichtung innerhalb der Frist, die in der Androhung bestimmt ist, nicht erfüllt wird. Bereits der Wortlaut der Vorschrift bringt eindeutig zum Ausdruck, dass die Festsetzung des Zwangsmittels als Folge der Zwangsmittelandrohung lediglich die Nichterfüllung der zu vollstreckenden Verpflichtung innerhalb der gesetzten Frist voraussetzt.[1355]

510

d) Besonderheiten bei der Anwendung unmittelbaren Zwangs

Gemäß § 62 Abs. 1 S. 1 VwVG kann die Vollzugsbehörde unmittelbaren Zwang anwenden, wenn andere Zwangsmittel nicht in Betracht kommen oder keinen Erfolg versprechen oder unzweckmäßig sind. Nach § 58 Abs. 3 S. 1 VwVG darf – unter dem Gesichtspunkt der Verhältnismäßigkeit – unmittelbarer Zwang nur angewendet werden, wenn andere Zwangsmittel nicht zum Ziele führen oder untunlich sind.

511

Die Androhung der Anwendung unmittelbaren Zwangs, etwa in Form einer Versiegelung eines Grundstücks oder eines Gewerbebetriebes, ist unverhältnismäßig, wenn die Behörde nicht zuvor die Möglichkeit des Zwangsmittels Zwangsgeld angewandt und ausgeschöpft hat. Aufgrund des Charakters des unmittelbaren Zwangs als ultima ratio bedarf es unter Umständen einer weitergehenden Begründung dafür, weshalb eine (auch hohe) Zwangsgeldandrohung nicht den gleichen Nachdruck hätte vermitteln können wie die Androhung der Versiegelung.

512

1354 OVG Münster Beschl. v. 20.12.2012 – 8 B 1249/12.
1355 Vgl. OVG Münster Urt. v. 25.8.2010 – 7 A 749/09; OVG Münster Beschl. v. 1.7.2011 – 2 B 740/11.

Beispiel: In einer Androhung der Versiegelung wird insoweit lediglich ausgeführt, dass die in der jüngsten Vergangenheit durchgeführten bzw. bestehenden Verfahren betreffend einer baurechtlich illegalen Wettbüronutzung gezeigt hätten, dass das Zwangsmittel Zwangsgeld als Beugemittel nicht tauglich sei. Im Gerichtsverfahren machte die Behörde geltend, ihr sei kein Fall bekannt, in dem bei einem Wettbüro die Androhung und Festsetzung von Zwangsgeldern zur Einstellung des Betriebes geführt hätten. Die Höhe des Zwangsgeldes scheine dabei keine Rolle zu spielen, erst die Versiegelung führe zum gewünschten Erfolg. Die mit Wettbüros zu erzielenden Einnahmen seien enorm; es sei lukrativ, ein Wettbüro ohne Baugenehmigung und trotz Ordnungsverfügung zu betreiben. Diese spekulativen, nicht auf den Einzelfall bezogenen Ausführungen können die Voraussetzungen für die Androhung des unmittelbaren Zwangs nicht darlegen.[1356]

e) Vollstreckung und Rechtsnachfolge

513 Ob im Falle der Rechtsnachfolge gegen den Rechtsnachfolger vollstreckt werden kann, wenn dieser gegen ein Verbot oder Gebot verstößt, war lange Zeit in Rechtsprechung und Literatur umstritten.[1357] Mittlerweile ist der Übergang auf Rechtsnachfolger in § 58 Abs. 3 BauO gesetzlich verankert, wonach auch „sonstige Maßnahmen" für und gegen Rechtsnachfolgerinnen oder gegen Rechtsnachfolger gelten; damit dürfte für NRW das Problem im Sinne einer Vollstreckbarkeit gelöst sein.

f) Sofortvollzug

514 Gemäß § 55 Abs. 2 VwVG kann der Verwaltungszwang ohne vorausgehenden Verwaltungsakt angewendet werden, wenn das zur Abwehr einer gegenwärtigen Gefahr notwendig ist und die Vollzugsbehörde hierbei innerhalb ihrer Befugnisse handelt. Die Anordnung von Sofortvollzug ist berechtigt, wenn die mit einem Einschreiten im gestreckten Verfahren gemäß § 55 Abs. 1 VwVG verbundenen Verzögerungen die Wirksamkeit erforderlicher Maßnahmen zur Gefahrenabwehr aufheben oder wesentlich beeinträchtigen würden, wenn also der sofortige Vollzug geboten ist, die Gefahr wirkungsvoll abzuwenden. Dies hängt zwangsläufig nicht nur von der Eintrittswahrscheinlichkeit ab, sondern auch vom Ausmaß des potenziellen Schadens.[1358]

Beispiel für eine gegenwärtige Gefahr: Bei einer Ortsbesichtigung sogenannter Problemimmobilien wurde festgestellt, dass der erste Rettungsweg (Treppenhaus) nicht den Vorgaben der BauO entspricht, die Wohnungstüren nicht ordnungsgemäß schließen, ein ordnungsgemäßer Rauchabzug fehlt und sich erhebliche Brandlasten im Flur befinden. Diese Mängel sind in einem Begehungsbericht ganz überwiegend mit der Klassifizierung „gravierender Mangel, Sofortmaßnahmen erforderlich" versehen. Pro Gebäude sind ca. 60 Personen gemeldet. In diesem Fall ist die Feuerwehr nicht in der Lage, die dort lebenden Menschen in angemessener Zeit zu retten.[1359] Der Sofortvollzug einer Nutzungsuntersagung war gerechtfertigt.

1356 VG Gelsenkirchen Beschl. v. 30.9.2015 – 10 L 1877/15. In diesem Zusammenhang wies das Gericht darauf hin, dass gemäß § 60 Abs. 1 VwVG ein Zwangsgeld in einer Höhe von bis zu 100.000 € angedroht und festgesetzt werden kann; aus den in der Vergangenheit bei der beschließenden Kammer anhängigen vergleichbaren Verfahren, die sich auch gegen dieselbe Behörde richteten, sei diese Möglichkeit bei weitem nicht ausgenutzt worden.
1357 Vgl. dazu etwa: OVG Schleswig Beschl. v. 20.9.2017 – 1 MB 12/17; BVerwG Urt. v. 22.1.1971 – IV C 62.66; VG Gelsenkirchen Beschl. v. 7.5.2015 – 5 L 582/15; OVG Münster Beschl. v. 8.2.2012 – 2 A 521/11; VGH Kassel Beschl. v. 1.12.2014 – 3 B 1633/14; BVerwG Urt. v. 22.1.1971 – IV C 62.66; VG Cottbus Beschl. v. 13.10.2016 – 3 L 244/16; VG Gelsenkirchen Beschl. v. 7.5.2015 – 5 L 582/15; VG Düsseldorf Beschl. v. 14.1.2011 – 25 K 2745/10; VGH München Beschl. v. 13.2.2017 – 8 S 16.2620.
1358 Vgl. hierzu OVG Münster Beschl. v. 29.6.2015 – 7 A 457/14; OVG Münster Beschl. v. 6.3.2017 – 2 B 1271/16.
1359 Nach: OVG Münster Beschl. v. 6.3.2017 – 2 B 1271/16.

C. Bauordnungsrecht

g) Pfändung einer Geldforderung

Nach § 40 Abs. 1 S. 1 VwVG hat die Vollstreckungsbehörde im Fall der Pfändung einer Geldforderung dem Drittschuldner schriftlich zu verbieten, an den Schuldner zu zahlen, und dem Schuldner zu gebieten, sich jeder Verfügung über die Forderung, insbesondere ihrer Einziehung, zu enthalten. In der Verfügung ist auszusprechen, dass der Vollstreckungsgläubiger, für den gepfändet ist, die Forderung einziehen kann (§ 40 Abs. 1 S. 2 VwVG). Die Pfändung ist bewirkt, wenn die Verfügung dem Drittschuldner zugestellt ist (§ 40 Abs. 1 S. 3 VwVG). Die Zustellung ist dem Schuldner mitzuteilen (§ 40 Abs. 1 S. 4 VwVG).[1360]

h) Anordnung von Ersatzzwangshaft

Auf Antrag der Vollzugsbehörde kann nach § 61 Abs. 1 S. 1 VwVG das Verwaltungsgericht die Ersatzzwangshaft anordnen, wenn das Zwangsgeld uneinbringlich ist und wenn bei Androhung des Zwangsgeldes oder nachträglich hierauf hingewiesen worden ist. Von einer Uneinbringlichkeit des Zwangsgeldes ist auszugehen, wenn ein Beitreibungsversuch nicht zum Erfolg geführt hat oder die Zahlungsunfähigkeit des Pflichtigen offenkundig ist. Die Abgabe einer eidesstattlichen Versicherung ist nicht erforderlich. Ein entsprechender Beitreibungsversuch kann nur dann als gescheitert angesehen werden, wenn die Behörde ernsthaft Vollstreckungsversuche unternommen hat. Diese von der Behörde unternommenen Versuche sind zu dokumentieren. Hinsichtlich der Feststellung, ob ein Zwangsgeld uneinbringlich ist, gelten strenge Maßstäbe. Die Anordnung der Ersatzzwangshaft als freiheitsentziehende Maßnahme kommt erst dann in Betracht, wenn zuvor die der Vollstreckungsbehörde zur Verfügung stehenden Beitreibungsmöglichkeiten effektiv ausgeschöpft worden sind.[1361]

III. Rechtmäßiges Bestehen und Bestandsschutz

Der Begriff „Bestandsschutz" ist ein im öffentlichen Baurecht oft benutzter Begriff. Er wird weder im Bauplanungsrecht noch im Bauordnungsrecht gesetzlich definiert, aber hier wie dort verwandt, teils als Abwehrrecht, teils als Tatbestandsvoraussetzung, teils mit der ausdrücklichen Bezeichnung „bestandsgeschützt",[1362] zumeist aber mit anderen, nicht unbedingt erhellenden Worten.

Das Wesen und die Begründung des Bestandsschutzes liegt in Art. 14 Abs. 1 S. 1 GG. Bestandsschutz bedeutet, dass eine ursprünglich im Einklang mit dem seinerzeitigen Recht errichtete Anlage unter dem Schutz des Art. 14 Abs. 1 S. 1 GG steht,[1363] der sich auch gegenüber Rechtsänderungen (vornehmlich planungsrechtlicher Art) durchsetzt. Dem Berechtigten soll die Eigentumsposition auch dann nicht wieder entzogen werden dürfen, wenn die Rechtslage sich zu seinen Lasten ändert. Der Bestandsschutz schützt also den Bestand einer baulichen Anlage (weitgehend, aber nicht uneingeschränkt) davor, wegen einer Änderung der für sie maßgeblichen Rechtslage vernichtet werden zu müssen oder in ihrer Ausnutzbarkeit eingeschränkt zu sein. Darüber hinaus berechtigt der Bestandsschutz dazu, die zur Erhaltung und

---

1360 Zu einem solchen Fall siehe VG Münster Beschl. v. 26.9.2013 – 2 L 551/13.
1361 Im Fall des VG Köln Beschl. v. 27.1.2016 – 2 M 8/16, waren die Versuche zur Beibringung des Zwangsgeldes nicht ausgeschöpft.
1362 So in § 6 Abs. 12 S. 2 BauO.
1363 Vgl. BVerfG Beschl. v. 24.7.2000 – 1 BvR 151/99.

zeitgemäßen Nutzung der Anlage notwendigen Maßnahmen durchzuführen, soweit die Identität der Anlage gewahrt bleibt.[1364]

519 Allerdings konkurriert das Eigentumsrecht oftmals mit anderen hochrangigen Rechten und muss immer wieder hinter diesen zurücktreten. Zum einen schränkt die Berechtigung zu einem Anpassungsverlangen (§ 59 BauO) den Grundsatz erheblich ein (siehe dazu Teil C Rn. 498 ff.), zum anderen ist in der Rechtsprechung anerkannt, dass bei Gefahr für Leben und Gesundheit von Menschen auch außerhalb und ohne eine spezielle Norm zu einem Anpassungsverlangen ordnungsbehördlich eingeschritten werden darf, auch wenn die Anlage Bestandsschutz genießt.[1365]

1. Bedeutung des Bestandsschutzes

a) Bedeutung des Bestandsschutzes im Rahmen eines Anspruchs

520 Das Bestehen von Bestandsschutz hat neben seiner vorrangigen Funktion als Abwehrrecht (dazu Teil C Rn. 524) auch Bedeutung für einen Anspruch auf Erteilung einer Baugenehmigung.

521 Diesbezüglich hat die Rechtsprechung des BVerwG allerdings vor Jahren einen bedeutsamen Wandel vollzogen: Mit Urteil vom 17.1.1986[1366] hatte das Gericht ausgeführt, der baurechtliche Bestandsschutz könne eine begrenzte Erweiterung des geschützten Baubestandes rechtfertigen, soweit seine zeitgemäß-funktionsgerechte Nutzung dies erfordere, zB durch die Errichtung von Garagen; es bestehe ein Anspruch auf Genehmigung baulicher Maßnahmen, die nach Landesrecht baugenehmigungsbedürftig seien und aufgrund Bestandsschutzes an dem geschützten Gebäude oder darüber hinausgreifend durchgeführt werden dürfen. Da zur funktionsgerechten Nutzung einer Wohnung die Möglichkeit gehöre, Kraftfahrzeuge unterzustellen, ergebe sich aus dem Bestandsschutz einer Wohnung ein Anspruch auf Genehmigung der Errichtung einer Garage. Diese Rechtsprechung hat das Gericht mit Urteil vom 12.3.1998[1367] ausdrücklich wieder aufgegeben. Es hat klargestellt, dass es außerhalb der gesetzlichen Regelungen keinen Anspruch auf Zulassung eines Vorhabens aus eigentumsrechtlichem Bestandsschutz gibt. Im Rahmen eines geltend gemachten Anspruchs hat Bestandsschutz also lediglich Bedeutung als eines von mehreren Tatbestandsmerkmalen:

522 § 35 Abs. 4 S. 1 BauGB begründet einen Genehmigungsanspruch unter den in diesen Nummern genannten Voraussetzungen. Mit Ausnahme der Nr. 4 setzen alle Fallgruppen ausdrücklich oder – in Nr. 1 durch die Verwendung des Begriffs „Gebäude im Sinne des Absatzes 1 Nr. 1" – sinngemäß voraus, dass die bestehende bauliche Anlage zulässig errichtet wurde. Damit knüpft das Gesetz daran an, dass die bestehende Anlage formell oder zumindest materiell legal ist und mithin Bestandsschutz genießt.[1368]

523 Auch soweit die Regelungen in § 6 Abs. 7 und 11 BauO trotz Nichteinhaltung der gesetzlichen Abstandsflächen bestimmte bauliche Maßnahmen zulassen und dabei an das „Bestehen" von Gebäuden anknüpft, wird nichts anderes vorausgesetzt als Be-

---

1364 Vgl. BVerwG Urt. v. 17.1.1986 – 4 C 80.82; siehe dazu insbesondere Rn. 542 ff.
1365 Vgl. etwa OVG Münster Beschl. v. 15.4.2015 – 7 B 283/15; OVG Münster Urt. v. 26.3.2003 – 7 A 4491/99; OVG Münster Beschl. v. 4.7.2014 – 2 B 666/14; VG München Beschl. v. 10.9.2016 – M 1 S 16.1816; OVG Bautzen Beschl. v. 21.8.2013 – 1 B 353/13.
1366 4 C 80/82.
1367 4 C 10/97.
1368 BVerwG Beschl. v. 27.7.1994 – 4 B 48.94; BVerwG Urt. v. 12.3.1998 – 4 C 10/97.

standsschutz.[1369] Dasselbe gilt für den Begriff „zulässigerweise errichtet" in § 6 Abs. 9 BauO. Erstmals benutzt die BauO in § 6 Abs. 12 BauO den Begriff selbst, indem gesagt wird, dass in den Gebieten nach § 6 Abs. 12 S. 1 BauO gestattet werden kann, dass an der Stelle eines Gebäudes, das die Abstandsflächen nicht einhält, aber Bestandsschutz genießt, ein nach Kubatur gleichartiges Gebäude errichtet wird, wenn das Vorhaben ansonsten dem öffentlichen Recht entspricht und die Rechte der Angrenzer nicht nachteilig betroffen werden. Diese Regelung ist deshalb bemerkenswert, weil sie einerseits Bestandsschutz voraussetzt, andererseits aber – anders als zB § 6 Abs. 7 BauO – billigt, dass dieser Bestandsschutz durch die Beseitigung der bestehenden Anlage untergeht.

b) Bedeutung des Bestandsschutzes als Abwehrrecht

524 Die wesentliche Bedeutung des Bestandsschutzes liegt darin, ein Abwehrrecht gegen bauaufsichtliche Ordnungsverfügungen zu begründen. Das gilt zum einen bei von Amts wegen beabsichtigten Ordnungsverfügungen. Aber auch im Rahmen des Öffentlichen Baunachbarrechts kommt dem Bestandsschutz Bedeutung zu. So kann bei einer Nachbarstreitigkeit der Umstand, dass eine bauliche Anlage Bestandsschutz genießt, dazu führen, dass sie nicht Objekt einer bauaufsichtlichen Verfügung werden kann, auch nicht auf einen Antrag auf bauaufsichtliches Einschreiten des Nachbarn hin. In diesen Fällen liegt zwar ein Verstoß gegen öffentlich-rechtliche, den betreffenden Nachbarn schützende Vorschriften vor; der dem Grunde nach bestehende Anspruch kann aber dem Bauherrn gegenüber nicht durchgesetzt werden, weil dieser sich auf eine einst erworbene schutzwürdige Position berufen kann, die er noch innehat.

2. Elemente des Bestandsschutzes

a) Entstehen der schutzwürdigen Position

525 Wichtigstes Element des Bestandsschutzes ist das Entstehen der schutzwürdigen Position. Kann weder die formelle Legalität noch die materielle Legalität der störenden Anlage bejaht und in Bestreitensfall nachgewiesen werden, kann der Bauherr sich nicht auf Bestandsschutz als Tatbestandsmerkmal oder Abwehrrecht berufen:

aa) Formelle Legalität

526 Eine schutzwürdige Position entsteht primär und normalerweise dadurch, dass eine wirksame Genehmigung erteilt wird, sei es zur Errichtung oder auch nur zur Nutzung einer baulichen Anlage.

(1) Formelle Legalität trotz Rechtswidrigkeit

527 Das gilt auch dann, wenn die Genehmigung rechtswidrig (aber nicht nichtig, § 44 VwVfG) ist und deshalb nicht hätte erteilt werden dürfen. Denn die Baugenehmigung umfasst die verbindliche Feststellung, dass das genehmigte Vorhaben mit dem im Zeitpunkt ihrer Erteilung geltenden öffentlichen Recht übereinstimmte.[1370] Zu den Wirkungen gehört, dass die Rechtsbeständigkeit der rechtsverbindlich regelnden Akte öffentlicher Gewalt Vorrang hat gegenüber einer etwaigen materiellen Rechtsfehlerhaftigkeit, selbst wenn diese die Rechtsverletzung eines Dritten zur Folge hat.

1369 Zu § 6 Abs. 11 BauO (§ 6 Abs. 15 BauO 2000 aF) siehe OVG Münster Urt. v. 27.1.2015 – 7 A 351/13.
1370 BVerwG Urt. v. 8.6.1979 – 4 C 23.77; BVerwG Beschl. v. 16.1.2014 – 4 B 32/13. S. dazu schon oben Teil C Rn. 364 ff.

(2) Feststellung der Legalisierungswirkung

528 Bei der Feststellung der formellen Legalität durch eine Genehmigung kommt der Frage des Genehmigungsinhalts besondere Bedeutung zu. Diese kann oft nur durch Auslegung unter Hinzuziehung aller greifbaren Unterlagen aus der Historie der Anlage beantwortet werden. Betreffen vorliegende Genehmigungen eine bestimmte konstruktive Form der Errichtung oder eine genau definierte Nutzungsart (zB Errichtung eines Gebäudes in einer genau beschriebenen Bauweise und dessen Nutzung als Wochenendhaus), kann nur dieser Genehmigungsinhalt die schutzwürdige Position (und auch den Bestandsschutz) begründen. In Fällen einer lange zurückliegenden Genehmigungserteilung oder einer wenig detailreichen und schlecht lesbaren Bauvorlage kann die Feststellung des seinerzeitigen Genehmigungsgeschehens gelegentlich mühsam sein. Eine Schlussabnahme legalisiert eine von einer Genehmigung abweichende Bauausführung nicht. Werden die bauliche Anlage oder die Nutzungsart später in wesentlicher Weise geändert, erstreckt sich die einer jeden Genehmigung innewohnende Legalisierungswirkung nicht mehr auf die neue Anlage oder die neue Nutzungsart. Dies sind Fragen des Untergangs der schutzwürdigen Position und des Bestandsschutzes (s. dazu Teil C Rn. 542 ff.).

bb) Materielle Legalität

529 Eine schutzwürdige Rechtsposition kann nach der höchstrichterlichen Rechtsprechung, der die Instanzgerichte folgen, auch dadurch entstehen, dass die Anlage oder ihre Nutzung im Zeitpunkt ihrer Errichtung bzw. Nutzungsaufnahme materiell legal war, dh auf einen entsprechenden Antrag hin eine Genehmigung hätte erteilt werden können, und sei es auch nur nach Erteilung einer Befreiung, Ausnahme oder Abweichung.[1371] Es ist deshalb ergänzend die Genehmigungsfähigkeit zu prüfen, also ob das Vorhaben mit dem damals geltenden öffentlichen Recht übereinstimmte.[1372] Diese Auffassung hatte bereits das Preußische Oberverwaltungsgericht vertreten.[1373]

530 Abzustellen ist insofern zunächst auf die Rechtslage, die zur Zeit der Errichtung des Bauwerks bestand. Die Rechtsprechung erweitert allerdings diese Grundsätze dahin, dass von einer rechtmäßig errichteten (materiell legalen und damit eine schutzwürdige Position beanspruchenden) baulichen Anlage auch dann ausgegangen werden kann, wenn die Anlage zwar nicht im Zeitpunkt ihrer Errichtung, aber in der sich anschließenden Zeit einmal für einen gewissen Zeitraum[1374] genehmigungsfähig gewesen ist.

531 Bei Vorhaben, die befristet, auflösend bedingt oder widerruflich genehmigt worden sind, kann eine schutzwürdige Position selbst dann nicht angenommen werden, wenn die bauliche Anlage während der Dauer der Wirksamkeit der Genehmigung materiell legal war. Denn ein schutzwürdiges Vertrauen auf eine dauernde Legalität ist in diesen Fällen zu keinem Zeitpunkt entstanden.[1375]

1371 BVerwG Urt. v. 8.6.1979 – 4 C 23/77.
1372 BVerwG Urt. v. 28.7.1956 – I C 93.54; BVerwG Urt. v. 25.10.1967 – IV C 129.65; BVerwG Beschl. v. 16.1.2014 – 4 B 32/13.
1373 Vgl. Preuß. OVG Bd. 96 S. 196, Bd. 99 S. 212, Bd. 104 S. 223; zitiert nach: BVerwG Urt. v. 28.7.1956 – I C 93.54.
1374 OVG Koblenz Urt. v. 12.12.2012 – 8 A 10875/12: „hinreichend langer Zeitraum"; OVG Bautzen Beschl. v. 2.5.2011 – 1 B 30/11: „relevanter Zeitraum"; OVG Münster Urt. v. 28.8.2001 – 10 A 3051/99: „nennenswerter Zeitraum".
1375 BVerwG Urt. v. 10.12.1982 – 4 C 52/78.

C. Bauordnungsrecht

cc) Beweislast

532 Oft ist zweifelhaft, ob die behauptete Baugenehmigung seinerzeit tatsächlich erteilt worden ist. Ist weder bei der Baugenehmigungsbehörde noch bei dem Bauherrn/ Eigentümer der Anlage eine Ausfertigung vorhanden und bestreitet die Behörde die Erteilung, trägt grundsätzlich der Bauherr die Beweislast.[1376] Dies beruht auf dem allgemeinen prozessrechtlichen Grundsatz, dass derjenige, der im Wege einer Einwendung ein Gegenrecht geltend macht, im Bestreitensfall dessen Vorliegen beweisen muss. Kann er das nicht, wird in einem Streitfall das Gericht in aller Regel das Ergehen einer Baugenehmigung (oder das Bestehen einer Genehmigungsfähigkeit) und damit das Entstehen der schutzwürdigen Position nicht annehmen können.

533 Unter besonderen Umständen wird aber von dieser Regel abzuweichen sein. Allein die Beweisnot, die sich aus dem Zeitablauf, häufigem Eigentümerwechsel oder der möglichen Vernichtung von Bauakten durch Kriegseinwirkung ergibt, bewirkt allerdings noch keine Beweislastumkehr.[1377]

534 Ein Anscheinsbeweis kommt nur bei typischen Abläufen in Betracht. Derart typisch kann nur ein Ablauf sein, der vom menschlichen Willen unabhängig ist, dh gleichsam mechanisch abrollt.[1378] Denn „bei Vorgängen, die vom bewussten individuellen Verhalten gesteuert werden, mag es von Fall zu Fall statistisch belegbare „Erfahrungen" darüber geben, dass die eine Verhaltensweise die Regel und die andere die Ausnahme ist. Erfahrungen dieser Art geben aber zugunsten eines Anscheinsbeweises nichts her."[1379]

535 Hinsichtlich der materiellen Legalität bestehen oftmals Beweisschwierigkeiten, wenn die Feststellung der Rechtmäßigkeit einer Anlage anhand einer sehr weit zurückliegenden Rechtslage schwierig ist. In der Rechtsprechung wird die Ansicht vertreten, dass unter Umständen eine Vermutung für die materielle Legalität spricht.[1380] Dies gründet sich auf eine Entscheidung des Preußischen Oberverwaltungsgerichts,[1381] das „stets davon ausgegangen [sei], dass eine wohlbegründete Vermutung dafür spricht, dass Einrichtungen, insbesondere solche baulicher Natur, die seit unvordenklichen Zeiten unter den Augen der Behörden bestanden haben und von diesen fortdauernd als zu Recht bestehend behandelt worden sind, seinerzeit auch ordnungsgemäß und in Übereinstimmung mit den bestehenden Gesetzen zustande gekommen sind".

Beispiel: „Zwar ist festzustellen, dass sich eine formelle Baugenehmigung für die Nutzung des Gebäudekomplexes als Schank- und Speisewirtschaft den vorliegenden Behördenakten nicht entnehmen lässt. Jedoch ist nach der bei den Akten befindlichen Festschrift „300 Jahre Gasthof ... ..." 1632–1932, ..., (...) und nach den seit 1847 vorliegenden Planzeichnungen und Genehmigungen für Umbauten die Nutzung als historisches Gasthaus (mit Saal) seit annähernd 390 Jahren dokumentiert. In den – historischen – Behördenakten befinden sich eine Vielzahl baupolizeilicher Genehmigungen am Gebäude nach der Bayerischen Bauordnung von 1901 und ihren späteren Fassungen. Die ältesten Planzeichnungen stammen aus dem Jahr 1847 und zeigen das Gebäude in der heute noch bestehenden Form, so dass von einem baurechtlich genehmigten Zustand bzw. von einem im Einklang mit dem öffentlichen Recht stehenden Zustand ausgegangen werden kann, der Bestandsschutz vermittelt."[1382]

1376 BVerwG, st. Rspr. seit Urt. v. 23.2.1979 – IV C 86/76; OVG Münster Beschl. v. 26.2.2021 – 2 A 499/20.
1377 VGH Kassel Beschl. v. 20.9.1985 – 4 UE 2781/84.
1378 BVerwG Urt. v. 7.12.1967 – II C 127.64.
1379 BVerwG Urt. v. 23.2.1979 – IV C 86/76.
1380 OVG Koblenz Urt. v. 12.12.2012 – 8 A 10875/12; OVG Münster Urt. v. 30.7.1964 – VII A 656/62; VG Münster Urt. v. 3.3.2016 – 2 K 1089/14; VG Köln Beschl. v. 16.7.2012 – 2 L 786/12.
1381 Urt. v. 4.5.1915 – IX A 50/14, Pr. OVGE 68, 369.
1382 VG Ansbach Urt. v. 3.3.2020 – AN 3 K 17.02482.

536 Allerdings vermag allein der Hinweis auf die lange Existenz eines Gebäudes eine Legalität nicht zu begründen; das gilt zB für vorhandene Fenster in einer Grenzwand.[1383]

Beispiel: „Denn das heute dort vorhandene, nicht vergitterte und zu öffnende Fenster entspricht nicht den rechtlichen Anforderungen, die nach dem Code Civil an Fensteröffnungen in einer Grenzwand zu stellen waren. Nach Art. 676 CC galt vielmehr folgende Regelung: „Der Eigentümer einer nicht gemeinschaftlichen Mauer, die unmittelbar an das Grundstück eines anderen grenzt, darf in dieser Mauer Lichtlöcher oder Fenster anbringen, die mit einem eisernen Gitter versehen sind, und sich nicht öffnen lassen. Diese Fenster müssen ein eisernes Gitter haben, dessen Stäbe höchstens einen Dezimeter (ungefähr 3 Zoll und 8 Linien) voneinander entfernt sind, und mit einem Rahmen befestigt sein, der sich nicht öffnen lässt" (…) Diesen Anforderungen entspricht das streitgegenständliche Fenster jedenfalls heute offensichtlich nicht; sofern es ihnen jemals entsprochen haben sollte – wofür die Kläger indessen nichts vorgetragen haben -, liegt jedenfalls eine spätere Änderung des Fensters vor, die einen etwaigen, aus Art. 676 CC abzuleitenden materiellen Bestandsschutz beseitigt hat. Denn sofern an der fraglichen Stelle in der Grenzwand ursprünglich ein den Anforderungen des Art. 676 CC entsprechendes, d. h. vergittertes und nicht zu öffnendes Fenster vorhanden gewesen sein sollte, ist dieses jedenfalls zu einem unbekannten späteren Zeitpunkt gegen ein offenendes und nicht vergittertes Fenster ausgetauscht und dadurch in bestandsschutzschädlicher Weise in seiner Substanz verändert worden (…).Demnach bleibt es dabei, dass die Kläger für ihre Behauptung, das Fenster habe bereits unter der Geltung des Code Civil in einer dessen Anforderungen entsprechenden Form existiert, beweisfällig geblieben sind und daher die materielle Beweislast der Unaufklärbarkeit der für das von ihnen in Anspruch genommene Gegenrecht maßgeblichen Tatsachen tragen müssen."[1384]

dd) Verwirklichung des Vorhabens

537 Eine rechtlich schutzwürdige Position setzt grundsätzlich einen vorhandenen Bestand voraus, in dem das (formell oder materiell) Zulässige verwirklicht worden ist. Der Bestandsschutz sichert nämlich ausschließlich die Erhaltung eines vorhandenen Bestandes, und zwar grundsätzlich in seiner bisherigen Funktion.[1385] Schon deswegen können Bestandteile eines Gebäudes, die ihre Funktion als Teil des Gebäudes noch nicht erfüllen, keinen Bestandsschutz genießen. Die Nichtnutzbarkeit von bereits ausgeführten Bauteilen eines insgesamt noch nicht fertigen Gebäudes rechtfertigt eine Ausweitung des Bestandsschutzes nicht, sondern lässt im Gegenteil den Schluss darauf zu, dass der vorhandene Bestand wegen seiner fehlenden Nutzbarkeit schon als solcher nicht schutzwürdig ist.[1386]

538 Ist eine Baugenehmigung seinerzeit für ein bestimmtes Bauvorhaben erteilt, aber tatsächlich ein anderes Vorhaben verwirklicht worden, ist keine schutzwürdige Position entstanden. Ein anderes Vorhaben ist auch dann verwirklicht worden, wenn das verwirklichte Vorhaben sich in baurechtlich relevanter Weise von dem genehmigten Vorhaben unterscheidet, also ein „aliud" hergestellt worden ist. Dann hat der Bauherr zum einen nach Ablauf der für die Gültigkeitsdauer maßgeblichen Rechtslage die Berechtigung, diese auszunutzen verloren (s. dazu eingehend Teil C Rn. 391 ff.). Zum anderen ist die stattdessen errichtete Anlage weder „rechtmäßig errichtet" worden, noch vermochte sie jemals in den Genuss von Bestandsschutz gelangen.

Beispiel: Der Bauherr hatte im Jahr im November 2010 eine Baugenehmigung für Umbauarbeiten erhalten. Die im Jahr 2011 durchgeführten Arbeiten führten jedoch dazu, dass die Außenwand zur Grundstücksgrenze nicht den in den Bauvorlagen zur Baugenehmigung vorgesehe-

---

1383 VG Münster Urt. v. 3.3.2016 – 2 K 1089/14.
1384 Aus: OVG Koblenz Urt. v. 12.12.2012 – 8 A 10875/12; ebenso: VG Köln Beschl. v. 2.2.2019 – 23 L 2532/18; vgl. hierzu im Übrigen: Allgemeinen Preußischen Landrecht, Erster Theil, Achter Titel: Vom Eigenthum, § 137 ff.
1385 BVerwG Urt. v. 25.11.1970 – IV C 119.68.
1386 BVerwG Beschl. v. 9.7.1969 – IV B 61.69.

nen Abstand von drei Metern einhielt, sondern weniger. Der Bauherr errichtete damit ein Vorhaben, das in wesentlicher Weise von der Genehmigung abwich und nicht von der Baugenehmigung gedeckt war. Die Genehmigung erlosch nach Maßgabe der einschlägigen Regelung in der Landesbauordnung nach drei Jahren, mithin im November 2013, unter Umständen sogar schon früher, wenn nämlich die Inangriffnahme eines anderen Vorhabens so verstanden werden kann, dass das genehmigte Vorhaben nicht ausgeführt werden sollte (§ 43 Abs. 1 VwVfG).[1387] Eine nachträgliche Legalisierung kann er nur erreichen, wenn die jetzige Rechtslage dies hergibt.

b) Veränderung der Rechtslage zulasten des Rechtsinhabers

539 Der Bestandsschutz gewährleistet, dass sich die formell bzw. materiell legale Existenz oder Nutzung der baulichen Anlage gegen neues entgegenstehendes Recht durchsetzt. Er setzt sich gegenüber der Änderung jeder Art von Rechtssatz durch, sei es ein Gesetz, eine Verordnung oder eine Satzung.

Beispiel: Ein Gebäude ist im Jahr 2017 genehmigt und in diesem und dem nächsten Jahr errichtet worden. Ein Fenster in einer Dachgaube, das als 2. Rettungsweg nach § 33 Abs. 2 S. 2 BauO dient, ist mit seiner Unterkante von der Traufkante horizontal gemessen 1,10 m entfernt – damals durfte der Abstand lediglich nicht mehr als 1,20 m betragen. Nach § 37 Abs. 5 S. 2 BauO in der seit dem 1.1.2019 geltenden Fassung darf die Unterkante von der Traufkante nicht mehr als 1 m entfernt sein. Der Bestandsschutz setzt sich gegen diese Rechtsänderung durch.

540 Bebauungspläne, die als Satzungen erlassen werden, ändern die planungsrechtliche Rechtslage. Erlaubte die bisherige planungsrechtliche Situation in einem Baugebiet eine bestimmte gewerbliche Nutzung, ändert die Gemeinde aber nunmehr für dieses Gebiet einen vorhandenen oder erlässt sie einen Bebauungsplan mit dem Ergebnis einer andersartigen Gebietsausweisung, die von nun an derartige Genehmigungen ausschließt, so setzt sich eine unter Geltung der früheren Rechtslage erteilte Baugenehmigung gegenüber dieser Rechtsänderung durch.

Entsprechendes gilt für Rechtsänderungen mittels (neuer) Verordnungen, zB der SBauVO.

541 Unter Umständen können auch Veränderungen im Tatsächlichen die Rechtslage ändern. Das ist dann der Fall, wenn dem Faktischen rechtssetzende Bedeutung zukommt, so in § 34 BauGB. Dort bestimmt die „normative Kraft des Faktischen" was rechtlich zulässig ist. Ändert sich das Faktische in signifikanter Weise, ändert sich gleichzeitig die Rechtslage in planungsrechtlicher Hinsicht. Dies kann bewirken, dass früher einmal genehmigte oder genehmigungsfähige bauliche Anlagen später nicht mehr genehmigungsfähig, aber bestandsgeschützt sind.

c) Untergang der Rechtsposition

542 In Rechtsprechung und Literatur besteht Einigkeit darüber, dass der durch eine schutzwürdige Rechtsposition erlangte Bestandsschutz untergeht, wenn die Anlage ihre Identität verliert.[1388] Weil nach dem Sinn des durch Art. 14 GG angestrebten Schutzziels und des Rechtsinstituts des Bestandsschutzes nur rechtmäßig erworbene Eigentumsrechte weiterhin geschützt werden sollen, besteht kein Grund mehr, die Durchsetzbarkeit des (ggf. erst mittlerweile entgegenstehenden) Baurechts auszuschließen, wenn das zu schützende Eigentum in seiner eigentlichen Form nicht mehr existiert. Nach diesseitiger Auffassung kann diese Frage nicht getrennt werden von

---
1387 Nach VG Gelsenkirchen Beschl. v. 14.1.2014 – 6 K 2222/11.
1388 St. Rspr. seit BVerwG Urt. v. 18.10.1974 – IV C 75.71; siehe dazu VGH München Urt. v. 2.11.2020 – 15 B 19.2210; Boeddinghaus/Hahn/Schulte u.a., Bauordnung für das Land Nordrhein-Westfalen, 59. Update Januar 2021, c) aliud.

der Frage des Unwirksamwerdens einer Genehmigung und, für den Fall des Entstehens der schutzwürdigen Position durch lediglich materielle Legalität, einer fingierten Genehmigung. Deshalb wird wegen der Umstände, die zum Untergang des Bestandsschutzes führen können, vollumfänglich auf die Ausführungen zum Untergang einer Baugenehmigung verwiesen (s. Teil C Rn. 369 ff.). Zu ergänzen ist noch:

543 Sind die schutzwürdige Position und gegebenenfalls der Bestandsschutz einmal untergegangen, ist diese Rechtsfolge nicht revisibel. Eine Wiederherstellung des ursprünglichen Zustandes durch Wiederaufbau der beseitigten Anlage oder Wiederaufnahme der seinerzeit ausgeübten Nutzung kann diese nicht wiederaufleben lassen.[1389]

544 Der Verlust des Bestandsschutzes hinsichtlich der Nutzung zieht nicht zwingend auch den Verlust des Bestandsschutzes hinsichtlich der baulichen Anlage nach sich. Zwar genießt die bauliche Anlage Bestandsschutz in ihrer durch ihre Nutzung bestimmten Funktion. Jedoch rechtfertigt die endgültige Aufgabe der lediglich bestandsgeschützten Nutzung für sich genommen noch nicht den Erlass einer Beseitigungsverfügung für die Anlage. Denn schließlich könnte in Betracht kommen, dass später einmal für die Anlage eine genehmigungsfähige Nutzung aufgenommen wird. Etwas anderes gilt aber dann, wenn für die Anlage nach Verlust des Bestandsschutzes für die Nutzung keinerlei legale Nutzung mehr in Betracht kommt. „Lässt das geltende materielle Baurecht hierfür keinen Raum, so schließt das öffentliche Interesse an einer Durchsetzung der bebauungsrechtlichen Ordnung auch das Mittel der Beseitigungsanordnung ein."[1390]

1389 BVerwG Beschl. v. 23.12.1994 – 4 B 262/94; BVerwG Urt. v. 23.2.1979 – 4 C 86.76.
1390 BVerwG Beschl. v. 9.9.2002 – 4 B 52/02.

D. Aspekte des öffentliches Baunachbarrechts

I. Allgemeines zum Begriff des Nachbarn im öffentlichen Baurecht

Eigentümer und Nutzer baulicher Anlagen beklagen oft Störungen, die von anderen Anlagen und/oder deren Benutzung ausgehen.[1391] Diese haben aber nur dann Konsequenzen, wenn ihnen deshalb, unabhängig von der Frage, ob die Störung unter dem Gesichtspunkt der Intensität dem „Nachbarn" überhaupt zuzumuten ist, Abwehrrechte zustehen können. Denn nicht jedem, der sich von einer Störung betroffen fühlt, steht ein öffentlich-rechtlich geschütztes Abwehrrecht zu, sondern nur demjenigen, den das Recht als schutzwürdigen „Nachbarn" behandelt. Der Begriff des „Nachbarn" – im öffentlich-rechtlichen Sinne – ist deshalb ein zentraler Begriff des öffentlichen Nachbarrechts.

II. Subjektiver Schutzbereich im öffentlichen Baurecht

Nicht jeder aus der Allgemeinheit oder der Bevölkerung („quivis ex populo") ist berechtigt, die vermeintliche Rechtswidrigkeit eines baurechtlichen Geschehens zu rügen, sondern nur, wer durch das Geschehen in seinen subjektiven öffentlichen Rechten verletzt sein kann. Erst recht gilt das für die Begründetheit eines Rechtsbehelfs: Diese setzt nicht nur die Möglichkeit, sondern die tatsächliche Verletzung eines subjektiven öffentlichen Rechts voraus.

1. Nachbar – Dritter

Im Allgemeinen wird, wenn im öffentlichen Recht oder im privaten Recht von den Rechten eines Dritten gesprochen wird, dieser als „Nachbar" bezeichnet. Allerdings ist dieser Begriff unscharf. Denn soweit es um die Abwehrrechte eines Dritten gegen ein Bauvorhaben geht, passt der eher umgangssprachliche Begriff „Nachbar" wenig. Besser könnte von den subjektiven öffentlichen Rechten des „Drittbetroffenen" gesprochen werden. Weil sich aber der Begriff des Nachbarn eingebürgert hat, wird hier daran festgehalten, dies zumal deshalb, weil er auch in vielen Gesetzen verwandt wird:

Das Bauplanungsrecht etwa verwendet den Begriff des Nachbarn mehrfach, ohne ihn zu definieren, so etwa in § 31 Abs. 2 BauGB und in § 34 Abs. 3a S. 1 Nr. 3 BauGB („unter Würdigung nachbarlicher Interessen"). Auch in den bauordnungsrechtlichen Bestimmungen über die einzuhaltenden Abstände und Abstandsflächen verwenden Landesbauordnungen den Begriff des „Nachbarn" (zB „Nachbargrundstück", „Nachbargrenzen" und „nachbarliche Belange"), ebenso in den Regeln über die erforderliche Ausgestaltung von Brandwänden zB in § 29 Abs. 3 BauO („Nachbargebäude" und „Nachbargrenze"). Mit Blick auf die jeweilige bauordnungsrechtliche Beteiligungsvorschrift verwenden die Landesbauordnungen bei der Beschreibung des von der Beteiligungsvorschrift begünstigten Personenkreises unterschiedliche Begriffe; teilweise wird der Begriff des „Angrenzers" benutzt und gesetzlich definiert. Die Ver-

---

[1391] Allgemein zum Baunachbarrecht auch: Jeromin, Baunachbarrechtsschutz 3.0, BauR 2016, 925.

waltungsgerichtsordnung schließlich spricht von einem „Dritten" (§§ 80 Abs. 1 S. 2 und 80a VwGO). Diese Bezeichnung findet sich auch in § 212a BauGB.

2. Nachbar als „nahe Bauer"

5 Der Begriff Nachbar suggeriert, dass eine mehr oder weniger große Nähe zu dem Baugeschehen zu verlangen ist; denn der Begriff Nachbar rührt etymologisch von dem althochdeutschen Begriff nāhgibūr(o), das ist der „nahe Bauer", also der, der nahe gebaut hat oder der nahebei wohnt.[1392] Allgemeinsprachlich wird unter dem Nachbarn derjenige verstanden, der in jemandes (unmittelbarer) Nähe wohnt, dessen Haus, Grundstück in der (unmittelbaren) Nähe von jemandes Haus, Grundstück liegt. Das ist im Grundsatz richtig, kann aber, wie aus dem Nachstehenden hervorgeht, zu Missverständnissen führen. Denn unter Umständen kann auch zur Geltendmachung eines Abwehrrechts berechtigt sein, wessen Grundstück von dem Baugeschehen recht weit entfernt liegt.

3. „Relativer" Schutzbereich

6 Für die Fragen des Baunachbarrechts ist eine einheitliche, nach mathematisch-geographischen Gesichtspunkten vorzunehmende Grenzziehung, bis wohin die Nachbarschaft im Sinne des öffentlichen Baunachbarrechts noch reicht, nicht möglich. Denn der Bereich ist unterschiedlich je nach der Art der Betroffenheit.

7 Der Schutzbereich, in dessen Genuss der Nachbar (oder besser: der dinglich Berechtigte an einem Nachbargrundstück) kommen kann, ist – erstens – davon abhängig, ob eine Norm grundsätzlich in materiellrechtlicher Hinsicht einem Nachbarn ein spezifisches Abwehrrecht verleihen will. Ist dies der Fall und ist – zweitens – das Grundstück, für das der Schutz in Anspruch genommen werden soll, im Schutzbereich dieser „nachbarschützenden Norm" gelegen, ist der Grundeigentümer in diesem Sinne Nachbar. Nachbar ist also derjenige, den eine nachbarschützende Norm des Bauplanungsrechts oder des Bauordnungsrechts als im Schutzbereich dieser Norm befindlich ansieht; das hängt davon ab, wovor die Norm schützen will. Schützt die Norm alle Eigentümer von Grundstücken in einem Baugebiet, ist der Schutzbereich identisch mit dem des Baugebiets. Schützt eine Norm ersichtlich allein den Eigentümer des Grundstücks jenseits der gemeinsamen Grenze, ist nur dieser „Nachbar".[1393]

8 Wegen dieser Relativität des Schutzbereichs nachbarschützender Bestimmungen kann im Sinne des öffentlichen Baunachbarrechts auch Nachbar sein, wessen Grundstück etliche Straßenzüge von dem Vorhabengrundstück entfernt liegt, sofern es im Geltungsbereich desselben Bebauungsplans liegt und soweit es um die Verletzung einer Norm geht, die alle Grundstückseigentümer dieses Bebauungsplans zu einer Schicksalsgemeinschaft zusammenführt. Andererseits kann ein Grundeigentümer von einem Abwehrrecht zB im Zusammenhang mit der Anordnung von Stellplätzen oder Garagen ausgeschlossen sein, weil sein Grundstück nicht das unmittelbar angrenzende, sondern das übernächste ist oder auf der anderen Straßenseite als das Vorhabengrundstück liegt.

1392 S. https://www.duden.de/rechtschreibung/Nachbar.
1393 VG Gießen Beschl. v. 14.12.2018 – 1 L 5402/18.GI; Reidt in: Battis/Krautzberger/Löhr, BauGB Vorb. zu §§ 29–31 Rn. 27.

4. Inhaber des Abwehrrechts

a) Abwehrrechte dinglich Berechtigter

Im öffentlichen Baunachbarrecht werden die Grundstücke „durch ihre Eigentümer repräsentiert". Dabei ist unerheblich, ob dies ein Privater oder eine Gemeinde ist. Denn Gemeinden haben, soweit es die Verteidigung gegen unrechtmäßige Eigentumsbeeinträchtigungen betrifft, nicht weniger Rechte als ein Privateigentümer.[1394] Dem Eigentümer ist gleichzustellen, wer in eigentumsähnlicher Weise an einem Grundstück dinglich berechtigt ist. Das ist der Inhaber eines Erbbaurechts,[1395] der Nießbraucher,[1396] der Käufer eines Grundstücks, auf den der Besitz sowie Nutzungen und Lasten übergegangen sind und zu dessen Gunsten eine Auflassungsvormerkung in das Grundbuch eingetragen ist.[1397]

b) Keine Abwehrrechte obligatorisch Berechtigter

Wer, wie etwa ein Mieter oder ein Pächter lediglich ein obligatorisches Recht an einem Grundstück hat, ist nach der Rechtsprechung[1398] nicht berechtigt, Nachbarrechte geltend zu machen. Das gilt auch für Gewerbetreibende, deren Betrieb sich auf einem nur gemieteten oder gepachteten Grundstück befindet.[1399]

Dies wird zum einen damit begründet, dass Baunachbarrecht Grundstücks- und Grundstücksnutzungsrecht sei. Zum anderen sei es nicht verträglich, wenn einerseits der Eigentümer und andererseits der Mieter oder Pächter Rechte geltend machen könnten. Es würde zu unerträglichen Ergebnissen führen, wenn etwa der Eigentümer keine Rechte geltend machen wolle, der Mieter bzw. Pächter aber schon. Schließlich würde der Kreis der Inhaber schutzwürdiger Interessen für die Genehmigungsbehörde und den Bauherrn unübersehbar, wenn nicht mehr allein der dinglich Berechtigte Rechte geltend machen könnte. Bezeichnend ist schließlich auch, dass die Landesbauordnungen mit Blick auf Beteiligungsrechte stets nur an die Eigentümerstellung anknüpfen. Es kann nicht richtig sein, dass einerseits die Beteiligungsrechte ausschließlich zugunsten der Eigentümer bestehen, andererseits Abwehrrechte aber auch von deren Mietern und Pächtern geltend gemacht werden können. Schließlich ist der Mieter nicht schutzlos; er kann sich bei einer Beeinträchtigung des Grundstücks, soweit er betroffen ist, an den Verpächter oder Vermieter halten und gegebenenfalls gemäß § 536 Abs. 1 BGB die Miete mindern.

Das gilt trotz des Beschlusses des Bundesverfassungsgerichts vom 26.5.1993[1400], wonach das Besitzrecht des Mieters an der gemieteten Wohnung Eigentum im Sinne von Art. 14 Abs. 1 S. 1 GG ist. Denn „mit dieser Verankerung des Mietrechts in Art. 14 GG ist angesichts der gesetzgeberischen Ausgestaltung der der Eigentumsgarantie unterfallenden Rechte noch keinerlei Aussage darüber getroffen, ob und inwieweit der Mieter eigentumsrechtlichen Schutz gegenüber der Erteilung einer Baugenehmigung für das Nachbargrundstück genießt. Dem Wohnungsmieter oder -pächter bleibt nur die Möglichkeit, sein auf Aufhebung bzw. Suspendierung der Bau-

---

1394 BVerwG Urt. v. 30.5.1984 – 4 C 58/81.
1395 BVerwG Beschl. v. 11.1.1988 – 4 CB 49/87.
1396 BVerwG Urt. v. 14.5.1992 – 4 C 9/89.
1397 BVerwG Urt. v. 29.10.1982 – 4 C 51.79.
1398 BVerwG Urt. v. 16.9.1993 – 4 C 9/91; BVerwG Beschl. v. 20.4.1998 – 4 B 22/98; OVG Münster Beschl. v. 8.1.2008 – 7 B 1775/07.
1399 VGH Mannheim Beschl. v. 27.10.2015 – 3 S 1985/15; BVerwG Beschl. v. 11.7.1989 – 4 B 33.89.
1400 1 BvR 208/93.

genehmigung gerichtetes Drittinteresse über den Grundstückseigentümer durchzusetzen."[1401] Im Übrigen ist jene Entscheidung des Bundesverfassungsgerichts in einer zivilrechtlichen Mietstreitigkeit zwischen Mieter und Vermieter ergangen. Das Gericht hat mit keinem Wort zum Ausdruck gebracht, dass damit ein wehrhaftes Recht gegenüber dem Bauherrn eines Vorhabens auf einem benachbarten Grundstück begründet werden sollte.

13 Ein unmittelbarer Rückgriff auf Art. 2 Abs. 2 S. 1 GG zur Begründung eines Abwehranspruchs wegen befürchteter Gesundheitsbeeinträchtigungen zugunsten lediglich obligatorisch Berechtigter ist im öffentlichen Baunachbarrecht nicht geboten, auch nicht unter dem Gesichtspunkt des Gebotes zur Gewährung effektiven Rechtsschutzes. Zwar sind die durch Art. 2 Abs. 2 GG geschützten höchstpersönlichen Rechtsgüter im Prinzip nicht weniger gewichtig als das durch Art. 14 GG geschützte Eigentum. Es ist aber Aufgabe des Gesetzgebers, durch das „einfache Gesetzesrecht" die im Eigentumsrecht konkurrierenden Positionen zu einem sachgerechten Ausgleich zu bringen und über die Verteilung der Freiheitschancen zu entscheiden.[1402] Jedenfalls dann, wenn andere spezialgesetzliche Regelungen einen umfassenden, die Interessenlage der Betroffenen angemessen berücksichtigenden Rechtsanspruch – wenn auch mit konkreten rechtlichen Voraussetzungen versehen – auch Inhabern nichtdinglicher Rechte gewähren, sind diese auf entsprechende Rechtsschutzmöglichkeiten zu verweisen.[1403]

14 Keine dem Eigentümer gleichzustellende Rechtsposition haben dementsprechend der Inhaber eines dinglichen Wohnrechts,[1404] der Inhaber eines Vorkaufsrechts, selbst wenn es grundbuchrechtlich gesichert ist,[1405] der Pächter und erbvertraglich eingesetzte Hoferbe eines landwirtschaftlichen Betriebes,[1406] ein Besucher, der eine Anlage lediglich vorübergehend nutzt (zB der Kunde eines Geschäfts oder eines Sportstudios), ebenso wenig die Arbeitnehmer in einem Betrieb.

c) Kein wettbewerbsrechtlicher Nachbarschutz

15 Ob auch der Inhaber eines eingerichteten und ausgeübten Gewerbebetriebes ein Nachbarrecht gegen eine Nutzung geltend machen kann, die den Betrieb in seiner Geschäftsausübung beeinträchtigt, ist zweifelhaft. Zwar ist in der Rechtsprechung anerkannt, dass ein solcher Betrieb eine durch Art. 14 Abs. 1 S. 1 GG gewährleistete Rechtsposition innehaben kann.[1407] Das Bundesverwaltungsgericht lehnt jedoch den Nachbarschutz zugunsten eines Gewerbetreibenden ab. Die mit dem Grundeigentum verknüpften Nachbarrechte könnten nicht zum Vermögensbestand des Gewerbebetriebes gehören.[1408]

5. Wohnungseigentümer und Miterbe

16 Der Wohnungseigentümer kann gegenüber einer Beeinträchtigung seines Sondereigentums durch andere Bauvorhaben einen öffentlich-rechtlichen Abwehranspruch

---

1401 VG Gelsenkirchen Urt. v. 30.9.2010 – 5 K 4586/09, unter Hinweis auf BVerwG Beschl. v. 20.4.1998 – 4 B 22/98.
1402 OVG Münster Beschl. v. 11.4.1997 – 7 A 879/97.
1403 VG München Beschl. v. 16.8.2011 – M 8 SN 11.2458.
1404 BVerwG Urt. v. 16.9.1993 – 4 C 9/91.
1405 VGH Mannheim Beschl. v. 12.8.1994 – 8 S 1198/94.
1406 BVerwG Urt. v. 11.5.1989 – 4 C 1/88.
1407 BVerfG Beschl. v. 22.5.1979 – 1 BvL 9/75.
1408 BVerwG Beschl. v. 11.7.1989 – 4 B 33/89.

D. Aspekte des öffentliches Baunachbarrechts 323

geltend machen. Ebenso kann er als Miteigentümer eine Beeinträchtigung des gemeinschaftlichen Eigentums abwehren.[1409] Im Hinblick auf die am 1.7.2007 in Kraft getretenen Regelungen in Art. 1 des Gesetzes zur Änderung des Wohnungseigentumsgesetzes (WEG) und anderer Gesetze vom 26.3.2007[1410] kann auch die Gemeinschaft der Wohnungseigentümer als rechtsfähiger Verband sui generis jedenfalls insoweit baurechtliche Nachbarrechte geltend machen, als es um die Beeinträchtigung des gemeinschaftlichen Eigentums geht.[1411] Dagegen können Streitigkeiten innerhalb der Wohnungseigentümergemeinschaft hinsichtlich der Nutzung einzelner Wohnungen oder des gemeinschaftlichen Eigentums nicht vor dem Verwaltungsgericht ausgetragen werden, weil hierfür ausschließlich das WEG maßgeblich und damit nach § 43 WEG das Amtsgericht zuständig ist.[1412]

Miterben können nur gemeinsam und nicht jeder für sich allein Rechtsmittel wegen der Beeinträchtigung eines geerbten Grundstücks einlegen.[1413] 17

III. Die nachbarschützende Bestimmung

Ein Nachbarschutz konnte nach der früheren Rechtsprechung des BVerwG unmittelbar aus Art. 14 GG abgeleitet werden, wenn das Eigentum an dem Grundstück durch bauliche Maßnahmen auf dem Nachbargrundstück schwer und unerträglich beeinträchtigt wird.[1414] Das Gericht hat diese Rechtsprechung aber inzwischen verlassen. Mittlerweile besteht Einigkeit darüber, dass für ein subjektives Abwehrrecht erforderlich ist, dass eine konkrete Norm vorliegt, die nicht nur die Wahrung allgemeiner öffentlicher Interessen (z.B. städtebaulicher Aspekte) im Sinn hat, sondern mittels einer abstrakten Regelung die Individualinteressen eines engeren Personenkreises schützen will, dem der Kläger in der konkreten Fallgestaltung angehört (nachbarschützende Bestimmung, „Schutznormtheorie"). Ob eine Bestimmung drittschützende Wirkung hat, lässt sich bei Fehlen einer ausdrücklichen Regelung nur durch Auslegung nach Sinn und Zweck der jeweils einschlägigen Norm ermitteln.[1415] Auf Art. 14 GG kann nur zurückgegriffen werden, soweit das öffentliche Baurecht keine Vorschriften darüber enthält, ob und in welchem Umfang dem Nachbarn Abwehransprüche zustehen.[1416] 18

1. Unmittelbar aus Art. 14 GG: Das aufgezwungene Notwegerecht

Unter eng begrenzten Voraussetzungen kann der Nachbar einen öffentlich-rechtlichen Abwehranspruch gegen eine dem Bauherrn unter Verstoß gegen die Voraussetzung des Erschlossenseins erteilte Baugenehmigung unmittelbar aus Art. 14 Abs. 1 GG herleiten. Ein solcher Ausnahmefall ist dann gegeben, wenn die Baugenehmigung den Nachbarn zwingt, ein Notwegerecht nach § 917 Abs. 1 BGB zu dulden („aufgezwungenes Notwegerecht"). Sind einerseits bei einer Verwirklichung eines genehmigten Bauvorhabens die Voraussetzungen für einen Anspruch des Bauherrn gegen den Nachbarn auf Bewilligung eines Notwegs nach § 917 BGB gegeben 19

1409 BVerwG Urt. v. 4.5.1988 – 4 C 20/85.
1410 BGBl. I 2007, 370.
1411 Vgl. OVG Münster Urt. v. 20.11.2013 – 7 A 2341/11.
1412 BVerwG Urt. v. 4.5.1988 – 4 C 20/85.
1413 VGH Mannheim Beschl. v. 10.7.1991 – 8 S 1589/91.
1414 BVerwG Urt. v. 13.6.1969 – IV C 234.65.
1415 OVG Münster Beschl. v. 9.3.2007 – 10 B 2675/06.
1416 BVerwG Urt. v. 16.9.1993 – 4 C 28/91, so inzwischen auch die einhellige Rechtsprechung.

und würde andererseits dem Nachbarn die Anfechtbarkeit der Baugenehmigung unter diesem Gesichtspunkt nicht zugestanden, liefe das auf eine Unanfechtbarkeit der Genehmigung hinaus. Dann könnte der Nachbar dem auf dem Notweg bestehenden Bauherrn in einem etwaigen Zivilprozess nicht entgegenhalten, die der Inanspruchnahme zugrunde liegende Benutzung des Nachbargrundstücks sei schon deshalb nicht ordnungsmäßig, weil sie dem öffentlichen Recht widerspreche;[1417] er wäre zur Duldung verpflichtet. Um diese Folge abwehren zu können, wird dem Nachbarn – ausnahmsweise – das Recht zugestanden, bereits in einem Anfechtungsprozess gegen die Baugenehmigung die mangelnde Erschließung und das Angewiesensein auf einen Notweg auf seinem – des Nachbarn – Grundstück zu rügen.[1418] Zur Erreichbarkeit eines Grundstücks i.S.d. Notwegerechts gehören nach der Rechtsprechung des Bundesgerichtshofs die sichere Erreichbarkeit des Grundstücks mit Kraftfahrzeugen sowie die problemlose Anlieferung von Gegenständen des täglichen Lebensbedarfs.[1419]

20 Dem Anspruch aus Art. 14 GG wegen des Notwegerechts aus § 917 BGB kann allerdings entgegenstehen, dass der Nachbar ohnehin schon jetzt aus anderen Rechtsgründen zur Duldung des Rechts verpflichtet ist und die schon bestehende Verpflichtung nur ausgedehnt wird. Die damit verbundenen Beeinträchtigungen sind unter Umständen unwesentlich und müssen deshalb von ihm hingenommen werden. Das kommt in Betracht, wenn sich die Inanspruchnahme auf wenige Fahrten täglich mit einem Pkw oder Fahrrad bzw. auf geringen Fußgängerverkehr beschränkt.[1420]

21 In der umgekehrten Situation besteht die Anfechtungsmöglichkeit allerdings nicht: Macht der Eigentümer eines über einen Notweg erschlossenen benachbarten Grundstücks geltend, durch die Umsetzung der angefochtenen Baugenehmigung werde die wegemäßige Erschließung des eigenen Grundstücks dadurch beeinträchtigt, dass ein bereits bestehendes Überfahrtrecht auf dem Baugrundstück vereitelt werde, wird das Nachbargrundstück nicht durch die Baugenehmigung selbst und unmittelbar in Anspruch genommen. Die Belastung betrifft vielmehr nur eine allenfalls mittelbare Folge hinsichtlich der künftigen Benutzbarkeit seines Grundstücks. Der Nachbarn kann seine Rechte gegebenenfalls auf dem Zivilrechtsweg geltend machen.[1421]

2. Erfordernis einer konkreten nachbarschützenden Bestimmung

22 Nachbarschützende Bestimmungen finden sich sowohl im Bauplanungsrecht als auch im Bauordnungsrecht, ebenfalls in dem im Baurecht zu beachtenden Immissionsschutzrecht. Verfahrensrechtliche Bestimmungen dienen im Grundsatz nicht dem Nachbarschutz. Etwas anderes gilt teilweise im Umweltrecht, das in zunehmendem Maße durch europarechtliche Bestimmungen und deren objektiv-rechtliche Sichtweise beeinflusst wird.

a) Nachbarschützende Bestimmungen des Bauplanungsrechts

23 Die Rechtsschutzgewährung im Rahmen von Baunachbarstreitigkeiten wegen Fragen des Bauplanungsrechts hängt wesentlich davon ab, ob das Vorhaben in einem

---

1417 BVerwG Urt. v. 26.3.1976 – IV C 7.74.
1418 S. auch BVerwG Beschl. v. 11.5.1998 – 4 B 45/98; zur zivilrechtlichen Rechtslage s. auch: BGH Urt. v. 7.7.2006 – V ZR 159/05.
1419 Vgl. BGH Teilurt. v. 12.12.2008 – V ZR 106/07.
1420 VG Köln Urt. v. 6.8.2013 – 2 K 3283/11.
1421 VGH München Beschl. v. 1.6.2016 – 15 CS 16.789.

D. Aspekte des öffentliches Baunachbarrechts

beplanten Innenbereich, einem unbeplanten Innenbereich oder im Außenbereich liegt. Ferner ist maßgeblich, welches Kriterium der baulichen Grundstücksnutzung betroffen ist.

aa) Nachbarschutz hinsichtlich der Art der baulichen Nutzung

(1) Die Grundzüge des Gebietserhaltungsanspruchs im beplanten Bereich

In der Rechtsprechung ist seit dem Urteil des BVerwG vom 16.9.1993[1422] anerkannt, dass Festsetzungen in einem Bebauungsplan über die Art der baulichen Nutzung stets auch dem Nachbarschutz dienen. Die Festsetzungen haben aus sich heraus nachbarschützenden Charakter, einer besonderen „Verleihung" bedarf es nicht.[1423] **24**

Das BVerwG begründet in der genannten Entscheidung den Gebietserhaltungsanspruch so: **25**

„Insbesondere bei der Festsetzung der Baugebiete kann es nicht vom Willen der Gemeinde abhängen, ob die Planfestsetzung nachbarschützend ist. Zu den Aufgaben des Bauplanungsrechts gehört es, die einzelnen Grundstücke einer auch im Verhältnis untereinander verträglichen Nutzung zuzuführen. Indem es in dieser Weise auf einen Ausgleich möglicher Bodennutzungskonflikte zielt, bestimmt es zugleich den Inhalt des Grundeigentums. Bauplanungsrechtlicher Nachbarschutz beruht demgemäß auf dem Gedanken des wechselseitigen Austauschverhältnisses. Weil und soweit der Eigentümer eines Grundstücks in dessen Ausnutzung öffentlich-rechtlichen Beschränkungen unterworfen ist, kann er deren Beachtung grundsätzlich auch im Verhältnis zum Nachbarn durchsetzen.[1424] Der Hauptanwendungsfall im Bauplanungsrecht für diesen Grundsatz sind die Festsetzungen eines Bebauungsplans über die Art der baulichen Nutzung. Durch sie werden die Planbetroffenen im Hinblick auf die Nutzung ihrer Grundstücke zu einer rechtlichen Schicksalsgemeinschaft verbunden. Die Beschränkung der Nutzungsmöglichkeiten des eigenen Grundstücks wird dadurch ausgeglichen, dass auch die anderen Grundeigentümer diesen Beschränkungen unterworfen sind (vgl. OVG Berlin, Beschluß vom 25.2.1988 – 2 S 1.88 – BRS 48 Nr. 167). Soweit die Gemeinde durch die Baunutzungsverordnung zur Festsetzung von Baugebieten ermächtigt wird, schließt die Ermächtigung deshalb ein, dass die Gebietsfestsetzung grundsätzlich nachbarschützend sein muss. Eine nicht nachbarschützende Gebietsfestsetzung würde gegen das Abwägungsgebot des § 1 Abs. 6 BauGB verstoßen."

Auf flächenhafte Festsetzungen, die die Nutzungsart nur im weiteren Sinn regeln, sind diese Grundsätze nicht übertragbar. Denn zB die Festsetzung einer Gemeinbedarfsfläche (§ 9 Abs. 1 Nr. 5 BauGB) und die Festsetzung von Verkehrsflächen und Parkflächen (§ 9 Abs. 1 Nr. 11 BauGB) begründen kein wechselseitiges Austauschverhältnis im Sinn der Rechtsprechung des BVerwG; denn dabei steht regelmäßig der Nutzen für die Allgemeinheit im Vordergrund.[1425] **26**

Rechtliche Konsequenz aus dem Dogma über den Gebietserhaltungsanspruch ist, dass jeder Verstoß gegen eine Festsetzung zur Art der baulichen Nutzung zur Rechtsverletzung zulasten der Grundeigentümer (oder sonst dinglich Berechtigten) aus diesen Baugebiet führt, es sei denn, die Erteilung einer Ausnahme (§ 31 Abs. 1 **27**

1422 4 C 28.91.
1423 Siehe dazu auch: OVG Münster Urt. v. 25.10.2010 – 7 A 1298/09.
1424 BVerwG Urt. v. 11.5.1989.
1425 VGH München Beschl. v. 14.6.2016 – 2 CS 16.836.

BauGB) oder einer Befreiung (§ 31 Abs. 2 BauGB) ist erfolgt oder hätte erfolgen können (s. dazu Teil D Rn. 34 ff.).

(2) Kein gebietsübergreifender Schutz

28 Da der Kern des Gebietserhaltungsanspruchs darin liegt, sich gegen eine schleichende Umwandlung des Baugebiets durch Zulassung einer gebietsfremden Nutzung zur Wehr zu setzen,[1426] scheidet ein gebietsübergreifender Schutz des Nachbarn vor gebietsfremden Nutzungen im angrenzenden Baugebiet unabhängig von konkreten Beeinträchtigungen grundsätzlich aus.[1427] Der Nachbarschutz zugunsten eines außerhalb der Grenzen des Baugebiets gelegenen Grundstücks bestimmt sich nur nach dem in § 15 Abs. 1 S. 2 BauNVO enthaltenen Gebot der Rücksichtnahme.[1428] Etwas anderes gilt indes dann, wenn aus dem Bebauungsplan mit hinreichender Deutlichkeit hervorgeht, dass die jeweilige Festsetzung gerade auch im Interesse der Grundstückseigentümer des sich anschließenden Baugebiets erlassen wurde, diesen also ebenfalls ein subjektives öffentliches Recht verschafft werden sollte.[1429]

29 Ein Abwehrrecht besteht auch dann nicht, wenn die verschiedenen Baugebiete in demselben Bebauungsplan festgesetzt sind. Denn es ist nicht der Plan, der die Schicksalsgemeinschaft begründet, sondern die Zusammenfassung in ein Baugebiet mit den gemeinsamen Rechten und Pflichten. Deshalb besteht ein Gebietserhaltungsanspruch selbst dann nicht, wenn ein Bebauungsplan zwei Sondergebiete festsetzt und das Grundstück des Nachbarn in dem einen und das Vorhabengrundstück in dem anderen liegt, der Plan aber für die Gebiete unterschiedliche Arten der baulichen Nutzung bestimmt.[1430]

30 Allerdings ist nicht ausgeschlossen, dass die Gemeinde mit einer Baugebietsfestsetzung den Zweck verfolgt, auch „Gebietsnachbarn" einen Anspruch auf Gebietserhaltung zu verschaffen. Ein entsprechender Planungswille der Gemeinde kann sich der Begründung des Bebauungsplans oder anderen Unterlagen des Planaufstellungsverfahrens entnehmen lassen.[1431] Allein der Umstand, dass der Plangeber im Bebauungsplan nachbarschützende Festsetzungen für die in dem Plangebiet gelegenen Grundstücke getroffen hat, genügt nicht, um einen entsprechenden Planungswillen für einen baugebietsübergreifenden Gebietserhaltungsanspruch annehmen zu können. Denn insoweit handelt es sich gerade um einen Ausnahmefall.[1432] Die Festsetzung eines eingeschränkten Gewerbegebiets in unmittelbarer Nachbarschaft zu einem allgemeinen Wohngebiet zur Vermeidung unzumutbarer Immissionen genügt für sich genommen ebenfalls nicht als Beleg für einen entsprechenden Willen. Sie erfolgt stattdessen regelmäßig, um den objektiv-rechtlichen planungsrechtlichen An-

---

1426 BVerwG Beschl. v. 18.12.2007 – 4 B 55.07, mwN; BVerwG Urt. v. 23.8.1996 – 4 C 13.94; OVG Münster Urt. v. 9.3.2012 – 2 A 1626/10.
1427 BVerwG Beschl. v. 18.12.2007 – 4 B 55.07; OVG Münster Urt. v. 4.5.2016 – 7 A 615/14; OVG Münster Beschl. v. 27.3.2017 – 7 B 223/17; OVG Münster Beschl. v. 28.11.2002 – 10 B 1618/02; OVG Münster Beschl. v. 27.3.2017 – 7 B 223/17; VGH München Beschl. v. 31.8.2012 – 14 CS 12.1373 ua; VGH München Urt. v. 14.7.2006 – 1 BV 03.2179 ua; VGH München Beschl. v. 12.7.2010 – 14 CS 10.327; VGH München Beschl. v. 24.3.2009 – 14 CS 08.3017.
1428 Vgl. BVerwG Beschl. v. 18.12.2007 – 4 B 55/07; OVG Münster Beschl. v. 27.3.2017 – 7 B 223/17.
1429 VGH München Beschl. v. 12.7.2010 – 14 CS 10.327, mwN.
1430 Vgl. zu einem solchen Fall VGH Mannheim Beschl. v. 23.6.2016 – 5 S 634/16.
1431 VGH München Beschl. v. 31.3.2008 – 1 ZB 07.1062; OVG Koblenz Urt. v. 14.1.2000 – 1 A 11751/99; OVG Lüneburg Beschl. v. 26.4.2001 – 1 MB 1190/01.
1432 BVerwG Beschl. v. 10.1.2013 – 4 B 48/12; VGH München Beschl. v. 24.3.2009 – 14 CS 08.3017.

D. Aspekte des öffentliches Baunachbarrechts 327

forderungen an das Trennungsgebot (§ 50 BImSchG) zu entsprechen und die Abwägungsentscheidung nach § 1 Abs. 7 BauGB umzusetzen.[1433]

Ansonsten, dh wenn ein gebietsübergreifender Gebietserhaltungsanspruch nicht bejaht werden kann, bestimmt sich der Nachbarschutz eines außerhalb der Grenzen des Plangebiets belegenen Grundstückseigentümers nur nach dem in § 15 Abs. 1 S. 2 BauNVO enthaltenen Gebot der Rücksichtnahme. Diesbezüglich ist anerkannt, dass in Bereichen, in denen Baugebiete von unterschiedlicher Qualität und unterschiedlicher Schutzwürdigkeit zusammentreffen, in denen die Grundstücksnutzung mit einer gegenseitigen Pflicht zur Rücksichtnahme belastet ist, der Belästigte Nachteile hinnehmen muss, die er außerhalb eines derartigen Grenzbereichs nicht hinnehmen müsste.[1434] 31

(3) Gebietsprägungserhaltungsanspruch?

In der verwaltungsgerichtlichen Rechtsprechung findet sich der Hinweis, dass in § 15 Abs. 1 S. 1 BauNVO nicht nur das Gebot der Rücksichtnahme verankert sei, sondern auch ein Anspruch auf Aufrechterhaltung der typischen Prägung eines Baugebiets (Gebietsprägungserhaltungsanspruch). In der Tat hat das BVerwG in der Vergangenheit gelegentlich formuliert, es bestehe ein Anspruch auf Aufrechterhaltung der gebietstypischen Prägung, dem § 15 Abs. 1 S. 1 BauNVO ebenfalls zu dienen bestimmt sei.[1435] Hierauf beruft sich das OVG Hamburg in seinem Beschluss vom 4.5.2009,[1436] wenn es dem Eigentümer eines im Plangebiet gelegenen Grundstücks unabhängig von konkreten Beeinträchtigungen einen kraft Bundesrechts zustehenden Gebietsprägungserhaltungsanspruch zuspricht. Auch der VGH Mannheim meint, dass § 15 Abs. 1 S. 1 BauNVO eine einzelfallbezogene „Feinabstimmung" bezwecke, indem er Anlagen und Nutzungen, die nach der „Grobabstimmung" der §§ 2 bis 14 BauNVO zulässig sind, unter den genannten Voraussetzungen als nicht genehmigungsfähig bewerte.[1437] Nach diesem speziellen Gebietsprägungserhaltungsanspruch könne ein allgemein oder ausnahmsweise zulässiges, also im Einklang mit den Vorgaben der Baunutzungsverordnung zur Gebietsart stehendes Vorhaben dennoch unzulässig sein wegen Widerspruchs zur allgemeinen Zweckbestimmung des maßgeblichen Baugebiets. Ein solches Vorhaben könne damit vom Nachbarn ohne konkrete und individuelle Betroffenheit abgewehrt werden. 32

Dies ist jedoch abzulehnen. Eine derartige Konstruktion ist zum einen konturenlos und nicht rechtssicher handhabbar und zum anderen nicht erforderlich, weil die Gebietsprägung durch die nach Planungsrecht zulässige Nutzungsart erfolgt und der anerkannte Gebietserhaltungsanspruch, das Gebot der Gebietsverträglichkeit (s. dazu Teil B Rn. 255 ff.) sowie das Rücksichtnahmegebot des § 15 BauNVO einen hinreichenden planungsrechtlichen Schutz des Nachbarn gewähren.[1438] 33

(4) Keine Ausnahme oder Befreiung möglich

Da der Gebietserhaltungsanspruch nur in dem Umfang einen Rechtsschutz gewährt, in dem ein Vorhaben der Art der baulichen Nutzung nach in dem Baugebiet weder regelmäßig noch ausnahmsweise noch im Wege einer Befreiung zulässig ist, ist im 34

1433 VGH München Beschl. v. 2.5.2016 – 9 ZB 13.2048 ua.
1434 BVerwG Urt. v. 12.12.1975 – IV C 71.73; BVerwG Beschl. v. 5.3.1984 – 4 B 171.83.
1435 BVerwG Beschl. v. 13.5.2002 – 4 B 86/01.
1436 2 Bs 154/08.
1437 Urt. v. 27.7.2001 – 5 S 1093.00; weitere Hinweise in VG München Urt. v. 17.5.2016 – M 1 K 16.629.
1438 Ablehnend auch: VG Ansbach Beschl. v. 13.1.2016 – AN 3 S 15.02436.

jeweiligen Fall zu prüfen, ob die rechtlichen Voraussetzungen für die Erteilung einer Ausnahme oder einer Befreiung vorliegen.[1439] Dies gilt auch dann, wenn solche nicht ausdrücklich ausgesprochen worden sind. Denn dann ist zwar ein rechtlicher Fehler gegeben, dieser liegt jedoch allein in einem verfahrensmäßigen Rechtsverstoß; verfahrensrechtliche Fehler kann ein Dritter jedoch grundsätzlich nicht rügen, weil die Verfahrensbestimmungen nicht seinem Schutz dienen.[1440]

(5) Gebietserhaltungsanspruch in einem im Zusammenhang bebauten Ortsteil

(a) Homogenes Gebiet

35   Das BVerwG hat in seinem Urteil vom 16.9.1993[1441] die dort entwickelten Grundsätze auf den Bereich ausgedehnt, in dem ein im Zusammenhang bebauter Ortsteil im Sinne des § 34 BauGB besteht und in dem die nähere Umgebung einem der Gebiete der Baunutzungsverordnung entspricht (faktisches Baugebiet). In Konsequenz daraus gilt für den Rechtsschutz eines Dritten das zu dem Rechtsschutz in einem beplanten Gebiet Gesagte. Denn dann ersetzt das Faktische den Bebauungsplan, und auch in einem nach § 34 Abs. 2 BauGB zu beurteilenden Gebiet bilden, so die Rechtsprechung, die Grundstückseigentümer eine Schicksalsgemeinschaft und stehen untereinander in einem Austauschverhältnis. Die Gleichstellung geplanter und faktischer Baugebiete im Sinne der BauNVO hinsichtlich der Art der baulichen Nutzung bewirkt nämlich konsequenterweise, dass in diesem Umfang auch ein identischer Nachbarschutz schon vom Bundesgesetzgeber festgelegt worden ist.[1442]

36   Weil § 34 Abs. 2 Hs. 2 BauGB bestimmt, dass in einem Baugebiet nach § 34 Abs. 2 BauGB iVm der BauNVO auf die nach der Verordnung ausnahmsweise zulässigen Vorhaben § 31 Abs. 1 BauGB, im Übrigen § 31 Abs. 2 BauGB entsprechend anzuwenden ist, gelten die oben beschriebenen Aussagen zu Ausnahmen und Befreiungen entsprechend, allerdings mit der Einschränkung, dass naturgemäß Gesichtspunkte wie „Grundzüge der Planung" mangels einer in einem Bebauungsplan zum Ausdruck gekommenen Planung schwerlich geprüft werden können.

(b) Kein Gebietserhaltungsanspruch in einer Gemengelage

37   In einer Gemengelage, also einem Bereich, der keinem der Baugebiete nach der BauNVO zugeordnet werden kann, gelten die dargestellten Grundsätze über den Gebietserhaltungsanspruch nicht, weil nicht durch die Homogenität die Schicksalsgemeinschaft und das Austauschverhältnis der dinglich Berechtigten begründet wird. In solchen Bereichen hat für das Baunachbarrecht das Rücksichtnahmegebot besondere Bedeutung. Dieses ist in dem in § 34 Abs. 1 BauGB ausgesprochenen Einfügungsgebot enthalten.[1443]

1439   OVG Münster Urt. v. 25.10.2010 – 7 A 1298/09.
1440   OVG Münster Urt. v. 25.10.2010 – 7 A 1298/09; VG München Beschl. v. 9.6.2016 – M 11 SN 15.266.
1441   4 C 28/91.
1442   BVerwG Urt. v. 16.9.1993 – 4 C 28/91; BVerwG Beschl. v. 18.12.2007 – 4 B 55.07; OVG Münster Urt. v. 28.2.2012 – 7 A 2444/09.
1443   St. Rspr. seit BVerwG Urt. v. 13.3.1981 – 4 C 1/78; vgl. etwa BVerwG Beschl. v. 6.12.1996 – 4 B 215/96.

D. Aspekte des öffentliches Baunachbarrechts 329

(6) Rücksichtnahmegebot nach § 15 BauNVO

Das Rücksichtnahmegebot findet im beplanten Innenbereich seine gesetzliche Ausformung in § 15 BauNVO. Im unbeplanten Innenbereich wird § 15 BauNVO entsprechend angewandt. **38**

(a) Anwendungsbereich

Die Bestimmung ist nur für die Art der baulichen Nutzung, nicht auch auf das Maß der baulichen Nutzung anwendbar. Allerdings können nach dem Wortlaut der Vorschrift bauliche Anlagen auch ihrem Umfang nach der Eigenart des Baugebietes widersprechen. Das bedeutet aber nicht, dass § 15 Abs. 1 BauNVO auch die Maßfestsetzungen ergänzt. Vielmehr geht die Vorschrift davon aus, dass im Einzelfall Quantität in Qualität umschlagen kann, dass also die Größe einer baulichen Anlage die Art der baulichen Nutzung erfassen kann.[1444] Allerdings dürfte die Bedeutung solcher Fälle eher gering sein. Denkbar ist etwa, dass eine besonders große Vergnügungsstätte den Charakter des Gebiets verändert,[1445] wobei das Überschreiten der Grenze zur Großflächigkeit (800 m²) bereits von Rechts wegen zu einer anderen Art der baulichen Nutzung führt (vgl. § 11 Abs. 3 S. 1 Nr. 2 BauNVO). **39**

(b) Eigenart des Baugebiets

Die Eigenart des Baugebiets ergibt sich nicht allein aus den typisierenden Regelungen der BauNVO, sondern ist auch unter Berücksichtigung der konkreten örtlichen Situation zu bestimmen.[1446] Bei unbeplanten Gebieten im Sinne von § 34 Abs. 2 BauGB, in denen aufgrund der Verweisung die Bestimmung ebenfalls anzuwenden ist, ist auf den sich aus den örtlichen Verhältnissen ergebenden besonderen Gebietscharakter des konkreten Baugebiets abzustellen.[1447] **40**

(c) Keine Verpflichtung zur Vermeidung jeglicher Beeinträchtigung

Das Gebot der Rücksichtnahme beinhaltet nicht die Verpflichtung, jede Beeinträchtigung eines Nachbarn zu vermeiden. Sofern eine Baugenehmigung mit den Planfestsetzungen übereinstimmt, besteht im Allgemeinen kein nachbarlicher Abwehranspruch unter Berufung auf das Gebot der Rücksichtnahme. Denn die hierfür maßgeblichen Erwägungen müssen bereits in den einen rechtsgültigen Bebauungsplan voraussetzenden Abwägungsvorgang eingeflossen sein; ansonsten ist der Plan ungültig. Grundsätzlich kann davon ausgegangen werden, dass der Satzungsgeber ein den Festsetzungen entsprechendes Vorhaben als zumutbar angesehen hat. Diese Entscheidung darf nicht über § 15 Abs. 1 BauNVO korrigiert werden.[1448] Insofern ist das Rücksichtnahmegebot von der vorausgegangenen Entscheidung gleichsam „aufgezehrt".[1449] **41**

1444 BVerwG Urt. v. 16.3.1995 – 4 C 3.94; VGH München Beschl. v. 9.12.2015 – 15 CS 15.1935.
1445 OVG Münster Urt. v. 10.4.2002 – 10 A 2939/00, unter Hinweis auf BVerwG Urt. v. 16.3.1995 – 4 C 3.94.
1446 BVerwG Urt. v. 16.3.1995 – 4 C 3.94; BVerwG Beschl. v. 16.12.2008 – 4 B 68.08.
1447 BVerwG Beschl. v. 16.12.2008 – 4 B 68.08.
1448 OVG Münster Beschl. v. 19.1.2009 – 10 B 1687/08.
1449 BVerwG Urt. v. 12.9.2013 – 4 C 8.12; BVerwG Beschl. v. 27.12.1984 – 4 B 278.84; OVG Münster Beschl. v. 21.12. 2006 – 7 B 2193/06.

(d) Würdigung des Einzelfalls

42 Die aufgrund des Gebotes der Rücksichtnahme zu stellenden Anforderungen an ein Vorhaben hängen von den Umständen des jeweiligen Einzelfalls ab. Dabei gilt: Je verständlicher und unabweisbarer die mit dem Vorhaben verfolgten Interessen sind, umso weniger braucht derjenige, der das Vorhaben verwirklichen will, Rücksicht zu nehmen. Je empfindlicher und schutzwürdiger die Stellung desjenigen ist, dem die Rücksichtnahme des Bauherrn im gegebenen Zusammenhang zu Gute kommt (also dem Nachbarn), umso mehr kann dieser an Rücksichtnahme verlangen. Abzustellen ist darauf, was einerseits dem Rücksichtnahmeverpflichteten und andererseits dem Rücksichtnahmebegünstigten nach Lage der Dinge zuzumuten ist.[1450] Berechtigte Belange muss keiner zurückstellen, um gleichwertige fremde Belange zu schonen.

(e) Maßstab bei Immissionen

43 Sind von einem Vorhaben Immissionen zu erwarten, ist das Kriterium der Zumutbarkeit in der Regel anhand der Grundsätze und Begriffe des Bundes-Immissionsschutzgesetzes auszufüllen. Denn dieses bestimmt die Grenze der Zumutbarkeit von Umwelteinwirkungen für Nachbarn und damit das Maß der gebotenen Rücksichtnahme mit Wirkung auch für das Baurecht allgemein. Immissionen, die das nach § 5 Abs. 1 Nr. 1 BImSchG zulässige Maß nicht überschreiten, begründen auch unter dem Gesichtspunkt des baurechtlichen Rücksichtnahmegebots keine Abwehr- oder Schutzansprüche. Ob Belästigungen im Sinne des Immissionsschutzrechts erheblich sind, richtet sich nach der konkreten Schutzwürdigkeit und Schutzbedürftigkeit der betroffenen Rechtsgüter. Soweit Immissionen auf schutzbedürftige Nutzungen treffen, ist zu berücksichtigen, in welchem Maße die Umgebung schutzwürdig ist und ob tatsächliche oder planerische Vorbelastungen vorhanden sind. Ist der Standort schon durch Belästigungen in einer bestimmten Weise vorgeprägt, so vermindern sich entsprechend die Anforderungen des Rücksichtnahmegebots.[1451]

(f) Abwehrrecht des Verbreiters von Emissionen

44 Daneben muss aber auch demjenigen, der Emissionen verbreitet, dafür Raum zur Verfügung gestellt werden, in dem seine Anlage in ihrem Bestand und Betrieb vor Überforderungen durch störungsempfindliche Nachbarn geschützt ist (Gesichtspunkt der heranrückenden Wohnbebauung). Denn ist die Grundstücksnutzung aufgrund der konkreten örtlichen Gegebenheiten mit einer spezifischen gegenseitigen Pflicht zur Rücksichtnahme belastet, führt dies nicht nur zu einer Pflichtigkeit desjenigen, der Immissionen verursacht, sondern auch zu einer Duldungspflicht desjenigen, der sich solchen Immissionen aussetzt.[1452] Insofern hat das Gebot der Rücksichtnahme nicht nur die Aufgabe, schädliche Umwelteinwirkungen von einer störanfälligen Nutzung fernzuhalten, sondern auch, emittierende Betriebe in ihrer Existenz zu sichern. In diesem Sinne fügt sich ein Vorhaben in die Eigenart der unmittelbaren Umgebung nicht ein, wenn es sich schädlichen Umwelteinwirkungen aussetzt, etwa zu nahe an einen vorhandenen emittierenden Betrieb heranrückt. Auf die Unzulässigkeit eines solchen Vorhabens kann sich deshalb auch der Betreiber berufen, von dessen vorhandenem Betrieb die kritischen Immissionen ausgehen.[1453] Aller-

---

[1450] BVerwG Urt. v. 23.9.1999 – 4 C 6.98.
[1451] Vgl. nur OVG Münster Urt. v. 15.8.1996 – 7 A 1727/93.
[1452] BVerwG Urt. v. 29.11.2012 – 4 C 8/11.
[1453] VG Düsseldorf Beschl. v. 12.10.2015 – 9 L 1357/15, unter Berufung auf BVerwG Urt. v. 23.9.1999 – 4 C 6.98; BVerwG Beschl. v. 5.9.2000 – 4 B 56.00; OVG Münster Beschl. v. 2.2.1999 -10 B 2558/98.

dings fügt sich ein Wohnvorhaben, was die von ihm hinzunehmenden gewerblichen Immissionen angeht, in die vorbelastete Eigenart der näheren Umgebung ein, wenn es nicht stärkeren Belastungen ausgesetzt sein wird als die bereits vorhandene Wohnbebauung. Die gewerbliche Nutzung braucht folglich gegenüber der hinzukommenden (heranrückenden) Wohnnutzung nicht mehr Rücksicht zu nehmen als gegenüber der bereits vorhandenen Wohnnutzung.[1454]

Der Maßstab dessen, was eine zu einer empfindlichen Nutzung hinzukommende gewerbliche Nutzung oder die zu einem Lärm emittierenden Betrieb hinzukommende störempfindliche Nutzung hinzunehmen hat, ergibt sich aus der TA Lärm.[1455] Das Ziel der Einhaltung der Grenzwerte nach der TA Lärm kann unter Umständen durch die Beifügung von Nebenbestimmungen erzielt werden. Dabei sind allerdings die unter Teil C Rn. 248 ff. dargestellten Gesichtspunkte zur Zulässigkeit und Beachtlichkeit von Auflagen zu beachten. **45**

Das Abwehrrecht des emittierenden Betriebes wird nicht dadurch geschmälert, dass der Bauherr sich „freiwillig" in die Nähe des Emittenten begibt oder sich mit passiven Schutzmaßnahmen (zB Schallschutzmaßnahmen) – die keine zulässige Maßnahmen im Rahmen einer architektonischen Selbsthilfe darstellen – einverstanden erklärt. „Denn das Bauplanungsrecht regelt die Nutzbarkeit der Grundstücke in öffentlich-rechtlicher Beziehung auf der Grundlage objektiver Umstände und Gegebenheiten mit dem Ziel einer möglichst dauerhaften städtebaulichen Ordnung und Entwicklung. Das schließt es aus, das bei objektiver Betrachtung maßgebliche Schutzniveau auf das Maß zu senken, das der lärmbetroffene Bauwillige nach seiner persönlichen Einstellung bereit ist hinzunehmen (…)."[1456] **46**

bb) Nachbarschutz zum Maß der baulichen Nutzung

Die Zahl der Geschosse oder Vollgeschosse sowie die Höhe der baulichen Anlagen können sich in mehrfacher Hinsicht nachteilig auf Nachbargrundstücke auswirken. Zum einen bieten Gebäude mit mehr Geschossen oder Vollgeschossen, je nach der Lage der Grundstücke zueinander, neue oder bessere Einblickmöglichkeiten auf das betroffene Grundstück. Zum anderen kann die Zahl der Vollgeschosse dazu führen, dass von dem Baukörper eine bedrängende und verschattende Wirkung ausgeht. Das gilt nicht minder für die Höhe baulicher Anlagen, die ebenfalls das Maß der baulichen Nutzung bestimmt. **47**

Ferner ist das Kriterium der Bauweise für viele Baugebiete ein typisches Kriterium, dessen Nichtbeachtung für andere Grundstückseigentümer Anlass zur Klage geben kann. Ähnliches gilt für die Grundstücksfläche, die durch ein Vorhaben überbaut werden soll. Wird zB über die hintere (festgesetzte oder faktische) Baugrenze hinaus weit in den Garten hinein gebaut, kann dies verschattende und beengende Wirkung auslösen. Auch entstehen neue Einblickmöglichkeiten, die Nachbarn oft zu Recht als störend empfinden. **48**

Im Grundsatz kann der Eigentümer eines betroffenen Grundstücks solche Wirkungen regelmäßig nicht abwehren. Erforderlich ist nämlich neben der objektiv-rechtlichen Rechtswidrigkeit, also einem Verstoß gegen eine wirksame Festsetzung in einem Bebauungsplan (§ 30 Abs. 1 BauGB) oder, bei Fehlen einer solchen, wegen des Sich-nicht-Einfügens in die nähere Umgebung (§ 34 BauGB), dass der Nachbar **49**

1454 BVerwG Beschl. v. 5.3.1984 – 4 B 171.83; BVerwG Beschl. v. 3.12.2009 – 4 C 5.09.
1455 BVerwG Urt. v. 29.11.2012 – 4 C 8/11.
1456 Aus: BVerwG Urt. v. 29.11.2012 – 4 C 8/11.

infolge des Rechtsverstoßes in einem subjektiven öffentlichen Recht verletzt wird. Das wird von der bisherigen Rechtsprechung zumeist verneint. Aber auch von diesen Grundsätzen gibt es Ausnahmen.

(1) Nachbarrechtsschutz im beplanten Bereich

50 Nach der Rechtsprechung des BVerwG[1457] begründet § 30 Abs. 1 BauGB aus sich heraus keine subjektiv-öffentlichen Rechte zugunsten des Nachbarn. Erst dadurch, dass die Gemeinde einen Bebauungsplan erlässt, in dem sie die Bestimmungen der Baunutzungsverordnung in Bezug nimmt, kann sie den Grundstückseigentümern solche Rechte verschaffen. Ob dies im Einzelfall tatsächlich geschieht, hängt von dem zum Ausdruck gebrachten Willen des Satzungsgebers ab; die Annahmen der Rechtsprechung über diese „Verleihung" der Nachbarrechte sind indes sehr verschieden. Die Rechtsprechung ist bislang äußerst zurückhaltend gewesen.

(a) Willensbekundung des Plangebers

51 Der nachbarschützende Charakter einer Festsetzung zum Maß der baulichen Nutzung ist nicht zweifelhaft, wenn der Plangeber der Festsetzung diesen Charakter ausdrücklich „verliehen" hat. Darüber, dass er diese Befugnis hat und dass diese Wirkung dann dem Nachbarn Abwehrrechte verschafft, besteht Einigkeit. Die Anforderungen für die Bejahung dieser Wirkung sind indes recht hoch, ob zu Recht ist allerdings zweifelhaft. Damit geht die schwierige Frage einher, welche Unterlagen zu sichten sind, um die Frage nach einer Willensäußerung zu klären.

Beispiel für einen angenommenen nachbarschützenden Charakter einer Festsetzung der höchstzulässigen Zahl der Vollgeschosse und der rückwärtigen Baugrenze „kraft Verleihung": Das Gericht hatte nach Auswertung der dem Bebauungsplan beigefügten Begründung und dem Plankonzept „keine vernünftigen Zweifel daran, dass die Satzungsgeberin auf dem Vorhabengrundstück die höchstzulässige Zahl der Vollgeschosse und eine rückwärtige Baugrenze nicht nur aus städtebaulichen Gründen getroffen hat, sondern mit dieser Festsetzung auch Nachbarschutz zugunsten der betroffenen Angrenzer begründen wollte." In der Planbegründung heißt es nämlich zur Ausweisung des allgemeinen Wohngebiets entlang der betroffenen Straße: „Weitergehende bauliche Verdichtungen, insbesondere in den Bereichen angrenzend an die Straßenräume sind jedoch nicht mehr tragbar und nicht vereinbar mit den allgemeinen Anforderungen an gesunde Wohn- und Arbeitsverhältnisse." Die Plangeberin hatte, so das Gericht, mit diesen Ausführungen dokumentiert, dass sie im hier betroffenen Grundstücksareal Festsetzungen zum Maß der baulichen Nutzung und zur überbaubaren Grundstücksfläche nicht allein aus städtebaulichen Gründen getroffen hat. Sie habe diese Festsetzungen vielmehr ausdrücklich mit dem Willen verbunden, in diesem Grundstücksbereich, der schon von massiver Bebauung umgeben ist, gesunde Wohnverhältnisse zu erhalten.[1458]

(b) Fehlende Willensbekundung des Plangebers

52 Im Anschluss an sein Urteil vom 16.9.1993,[1459] mit dem es den Gebietserhaltungsanspruch begründete (Teil D Rn. 24 ff.), sah sich das BVerwG mehrfach zur Beantwortung der Frage veranlasst, ob dessen Grundaussagen auf Festsetzungen zum Maß der baulichen Nutzung (und andere Festsetzungen) zu übertragen seien. Insbesondere war bedeutsam, ob solche Festsetzungen auch ohne eine entsprechende Willensbekundung des Plangebers nachbarschützenden Charakter haben.

1457 Urt. v. 19.10.1995 – 4 B 215.95.
1458 Aus: VG Köln Urt. v. 28.8.2015 – 2 K 6969/14.
1459 BVerwG Urt. v. 16.9.1993 – 4 C 28/91.

D. Aspekte des öffentliches Baunachbarrechts

Das BVerwG vertrat bislang stets die Auffassung, dass die Erwägungen, wegen derer den Festsetzungen über die Art der baulichen Nutzung nachbarschützende Funktion unabhängig von einer spürbaren tatsächlichen Beeinträchtigung durch ein baugebietswidriges Vorhaben zuzusprechen seien, sich nicht auf die Festsetzungen über das Maß der baulichen Nutzung übertragen lassen. Es hat seine Meinung mit Beschluss vom 23.6.1995[1460] damit begründet, dass „die Planbetroffenen durch die Maßfestsetzungen eines Bebauungsplans nicht in gleicher Weise zu einer ‚Schicksalsgemeinschaft' verbunden [werden], wie das der Senat für die Festsetzung der Art der Nutzung angenommen hat." Festsetzungen über das Maß der baulichen Nutzung ließen in aller Regel den Gebietscharakter unberührt und hätten nur Auswirkungen auf das Baugrundstück und die unmittelbar anschließenden Nachbargrundstücke. Zum Schutz der Nachbarn sei daher im Falle einer (notwendigen) Befreiung das drittschützende Rücksichtnahmegebot des § 31 Abs. 2 BauGB ausreichend, das eine Abwägung der nachbarlichen Interessen ermögliche und den Nachbarn vor unzumutbaren Beeinträchtigungen schütze.[1461] An dieser Rechtsprechung hat das BVerwG über lange Jahre festgehalten. Die Instanzgerichte und die Literatur folgten ihr.[1462]

53

Mit seinem Urteil vom 9.8.2018[1463] (sog. Wannsee-Entscheidung) hat das BVerwG (möglicherweise) eine Kehrtwendung gegenüber seiner bisherigen Rechtsprechung vorgenommen. Diese Entscheidung ist zweifelsohne eine der am häufigsten diskutierten Entscheidungen zum Öffentlichen Baunachbarrecht der letzten Jahre, bei entsprechendem Verständnis ist sie auch eine der wichtigsten.[1464] Die Besonderheit des Falles lag darin, dass der Bebauungsplan aus dem Jahr 1959 stammte[1465] und damit aus einer Zeit, zu der im Bewusstsein des Plangebers Fragen des nachbarschützenden Charakters bauplanerischer Festsetzungen keine Rolle gespielt haben; der Gedanke des Nachbarschutzes im öffentlichen Baurecht war, wie das BVerwG ausführte, erst ab 1960 entwickelt worden. Mangels greifbarer Anhaltspunkte in dem aus dem Jahr 1958 stammenden Erläuterungsbericht zu dem Bebauungsplan[1466]

54

1460 4 B 52/95; ähnlich Beschl. v. 19.10.1995 – 4 B 215/95.
1461 Siehe zur Kritik an dieser Auffassung zuvor schon Schulte Beerbühl, Öffentliches Baunachbarrecht Rn. 315 ff.
1462 Vgl. nur: OVG Münster Beschl. v. 4.11.2015 – 7 B 744/15.
1463 4 C 7/17; Vorinstanzen: VG Berlin Urt. v. 15.8.2013 – 13 K 306.12 und OVG Bln-Bbg Urt. v. 30.6.2017 – OVG 10 B 10.15. So auch OVG Hamburg Beschl. v. 25.6.2019 – 2 Bs 100/19.
1464 Siehe zu dieser Problematik auch: VGH Mannheim Urt. v. 21.7.2020 – 8 S 702/19; OVG Hamburg Beschl. v. 25.6.2019 – 2 Bs 100/19; OVG Münster Beschl. v. 15.4.2020 – 2 B 1322/19; OVG Schleswig Beschl. v. 12.5.2020 – 1 MB 9/20; OVG Bln-Bbg Beschl. v. 9.7.2020 – OVG 10 S 15/20; aus der Literatur: Gatz, Das Haus am Wannsee, Anm. zu BVerwG, Urt. v. 9.8.2018 – 4 C 7/17, jM 2019, 30; Heinemann, Zur nachbarschützenden Wirkung von Festsetzungen über das Maß der baulichen Nutzung, Anmerkung zu einer Entscheidung des BVerwG vom 9.8.2018 (4 C 7/17) – NVwZ 2018, 1811, 1812; Lemberg, jurisPR-ÖffBauR 9/2019, Nachbarschützende Wirkung von Festsetzungen über das Maß der baulichen Nutzung – Fortsetzung der neuen Rechtsprechung, Anm. zu OVG Hamburg, Beschl. v. 25.6.2019 – 2 Bs 100/19; Mehde, Nachbarrechtsschutz betreffend das Maß der baulichen Nutzung, BauR 2019, 434, 439; Schröer/Kümmel, Vom Wannsee zu neuen Ufern, Das BVerwG am Abgrund der Schutznormtheorie, NVwZ 2018, 1775; Schubert, Das Haus am Wannsee: Drittschutz bei mittels Maßfestsetzungen konzipiertem besonderem Gebietscharakter, ZfBR 2019, 343; Wendt, Drittschützende Wirkung von Baugrenzen und Festsetzungen zum Maß der baulichen Nutzung – Fortentwicklung der Wannsee-Entscheidung des BVerwG, jurisPR-UmwR 10/2019; Uffelmann, Bauplanungsrechtlicher Nachbarschutz aufgrund von Festsetzungen über das Maß der baulichen Nutzung, Anmerkung zu OVG Hamburg, Beschl. v. 25.6.2019 – 2 Bs 100/19, NordÖR 2019, 358; Wendt, Nachbarschützende Wirkung von Festsetzungen über das Maß der baulichen Nutzung, jurisPR-UmwR 2/2019.
1465 VG Berlin Urt. v. 15.8.2013 – 13 K 306.12.
1466 OVG Bln-Bbg Urt. v. 30.6.2017 – OVG 10 B 10.15.

griff das Gericht für die Frage des Nachbarschutzes den bereits 1993[1467] entwickelten und 1996[1468] vertieften Grundsatz auf, dass der baurechtliche Nachbarschutz auf dem Gedanken des wechselseitigen Austauschverhältnisses beruhe, in dem der nachbarliche Interessenkonflikt durch Merkmale der Zuordnung, der Verträglichkeit und der Abstimmung benachbarter Nutzungen geregelt und ausgeglichen sei. Dieser Gedanke präge nicht nur die Anerkennung der drittschützenden Wirkung von Festsetzungen über die Art der baulichen Nutzung,[1469] sondern könne auch eine nachbarschützende Wirkung von Festsetzungen über das Maß der baulichen Nutzung rechtfertigen. Stünden solche Festsetzungen nach der Konzeption des Plangebers in einem wechselseitigen, die Planbetroffenen zu einer rechtlichen Schicksalsgemeinschaft verbindenden Austauschverhältnis, komme ihnen nach ihrem objektiven Gehalt Schutzfunktion zugunsten der an dem Austauschverhältnis beteiligten Grundstückseigentümern zu. Daraus folge unmittelbar, dass der einzelne Eigentümer die Maßfestsetzungen aus einer eigenen Rechtsposition heraus auch klageweise verteidigen könne.

55 Trotz dieser Ausführungen nehmen die Instanzgerichte – sofern sich ein beabsichtigter Nachbarschutz nicht aus den Aufstellungsvorgängen herleiten lässt – nach wie vor nur zögerlich einen Nachbarschutz durch Maßfestsetzungen an.[1470] Dabei erscheint problematisch, wenn allein auf den Zeitpunkt der Beschlussfassung des Bebauungsplans abgestellt und ausgeführt wird, nach dem Urteil des BVerwG komme eine nachbarschützende Wirkung von Planfestsetzungen unabhängig von konkreten subjektiven Vorstellungen des Planungsträger lediglich für Pläne in Betracht, die vor 1960, dh in einer Zeit aufgestellt wurden, in der man ganz allgemein an einen nachbarlichen Drittschutz im öffentlichen Baurecht noch nicht gedacht habe.[1471] Denn das hat das BVerwG nicht gesagt. Auch überzeugt das Argument nicht, dass bei „jüngeren" Bebauungsplänen angesichts der ausgebildeten Dogmatik zum Drittschutz durch Bauleitplanung für den Plangeber ohne Weiteres die Möglichkeit bestanden habe, entsprechende Regelungen durch Dokumentation eines entsprechenden Willens nachbarschützend auszugestalten. Hier wird geltend gemacht, es erscheine insbesondere bei neueren Bebauungsplänen, die unter der Geltung des BauGB erlassen worden seien, unter dem Gesichtspunkt der verfassungsrechtlichen Funktionenverteilung zwischen Gerichten als Funktionsträger rechtsprechender Gewalt einerseits und kommunalen Selbstverwaltungskörperschaften andererseits jedenfalls nicht unproblematisch, einer bauleitplanerischen Festsetzung im Wege richterrechtlicher „Korrektur" unter Berufung auf die „Wannsee-Rechtsprechung" des BVerwG eine vom Plangeber nicht positiv gewollte Drittschutzwirkung zu unterstellen.[1472] Von einer solchen, zu Recht abzulehnenden Korrektur des planerischen Willens könnte jedoch nur die Rede sein, wenn feststünde, dass ein Nachbarschutz vom Plangeber nicht gewollt war. Dies aus dem Schweigen der politischen Gremien in den Dokumenten des Aufstellungsverfahrens zu schließen, geht allerdings an den zutreffenden Erwägungen des BVerwG vorbei. Gerade weil, wie das BVerwG herausgestellt hat und was unbestritten ist, davon ausgegangen werden kann, dass sich im Laufe der Jahre bei den Plangebern „jüngerer" Bebauungspläne ein Bewusstsein für den Nachbarschutz herausgebildet hat, wäre es widersinnig, aus dem Schweigen zu

---

1467 BVerwG Urt. v. 16.9.1993 – 4 C 28.91.
1468 BVerwG Urt. v. 23.8.1996 – 4 C 13.94.
1469 BVerwG Urt. v. 23.8.1996 – 4 C 13.94; BVerwG Urt. v. 24.2.2000 – 4 C 23.98.
1470 VGH Mannheim Urt. v. 21.7.2020 – 8 S 702/19.
1471 OVG Münster Beschl. v. 20.7.2020 – 7 B 752/20.
1472 VGH München Beschl. v. 24.7.2020 – 15 CS 20.1332.

schließen, die Frage der Wahrung schutzwürdiger nachbarlicher Interessen sei nicht beabsichtigt gewesen. Vielmehr spricht angesichts des gewandelten Bewusstseins manches dafür, dass auch die Nachbarinteressen im Blick waren – dies ist nur nicht in Worte gefasst worden. Es bedarf in solchen Fällen einer – ergebnisoffenen – Interpretation der aus dem Bebauungsplan selbst ersichtlichen Regelung, wobei das Zusammenspiel mit anderen Regelungen und Auswirkungen zu beachten ist. Nichts anderes geschieht, wenn im Zusammenhang mit der Frage nach einer möglichen Befreiung die Grundzüge der Planung festgestellt werden sollen und sich aus den Aufstellungsvorgängen nichts Hinreichendes ergibt.[1473]

(c) Befreiung von der Festsetzung zum Maß der baulichen Nutzung

Soweit einer Festsetzung zum Maß der baulichen Nutzung, zB zur Zahl der Vollgeschosse, in der konkreten Fallgestaltung (kraft stillschweigender oder ausdrücklicher „Verleihung" oder infolge einer in diese Richtung gehenden Auslegung des Plans) nachbarschützender Charakter zukommt, gelten für den Rechtsschutz des Nachbarn im Falle einer rechtswidrigen Befreiung dieselben Grundsätze, wie sie im Zusammenhang mit der Festsetzung zur Art der baulichen Nutzung gelten. Auch hier führt das Fehlen einer der zwingenden Tatbestandsvoraussetzungen des § 31 Abs. 2 BauGB zu einem Aufhebungsanspruch des Nachbarn, ohne dass Weiteres hinzukommen muss. **56**

Sofern die Festsetzung keinen nachbarschützenden Charakter hat, führt diese Tatsache nicht dazu, dass der Nachbar schutzlos ist, wenn eine objektiv-rechtlich rechtswidrige Befreiung von einer solchen Festsetzung ausgesprochen (oder gar nicht ausgesprochen) wird und eine Baugenehmigung erteilt wird. Nach der Rechtsprechung des BVerwG ist im Falle der Befreiung von nicht nachbarschützenden Festsetzungen § 31 Abs. 2 BauGB insoweit drittschützend, als diese Vorschrift das Ermessen der Bauaufsichtsbehörde dahin bindet, dass die Abweichung auch „unter Würdigung nachbarlicher Interessen" mit den öffentlichen Belangen vereinbar sein muss. Unter welchen Voraussetzungen durch eine Befreiung Nachbarrechte verletzt werden, ist danach (in entsprechender Anwendung des § 15 BauNVO) nach den Grundsätzen des Gebots der Rücksichtnahme zu beantworten.[1474] Maßgeblich kommt es darauf an, was einerseits dem Rücksichtnahmebegünstigten und andererseits dem Rücksichtnahmeverpflichteten nach Lage der Dinge zuzumuten ist.[1475] **57**

Bei der erforderlichen Interessenabwägung sind die Schutzwürdigkeit des betroffenen Nachbarn, sein Interesse an der Einhaltung der Festsetzungen des Bebauungsplans und damit an einer Verhinderung von Beeinträchtigungen und Nachteilen sowie die Intensität der Beeinträchtigungen einerseits mit den Interessen des Bauherrn an der Erteilung der Befreiung andererseits abzuwägen. Der Nachbar kann umso mehr an Rücksichtnahme verlangen, je empfindlicher seine Stellung zB durch ein an die Stelle des im Bebauungsplan festgesetzten Maßes der baulichen Nutzung tretendes andersartiges Maß der Nutzung berührt werden kann. Umgekehrt braucht derjenige, der die Befreiung in Anspruch nehmen will, umso weniger Rücksicht zu nehmen, je verständlicher und unabweisbarer die von ihm verfolgten Interessen sind. Unter welchen Voraussetzungen – im Konkreten – eine Befreiung Rechte des Nachbarn verletzt, hängt damit wesentlich von den Umständen des Einzelfalls ab. Im **58**

1473 Vgl. etwa VGH München Beschl. v. 10.9.2020 – 9 ZB 18.2199: Auslegung anhand „einer Gesamtschau verschiedener Festsetzungen im Bebauungsplan".
1474 BVerwG Urt. v. 6.10.1989 – 4 C 14/87.
1475 BVerwG Beschl. v. 27.8.2013 – 4 B 39/13.

Rahmen dieser Interessen- und Zumutbarkeitsabwägung hat derjenige, der sich auf den Bebauungsplan berufen kann, grundsätzlich einen gewissen Vorrang.[1476]

cc) Bauweise

59 Unter Bauweise im Sinne von § 22 BauNVO ist die Anordnung der Gebäude auf den Baugrundstücken in Bezug auf die seitlichen Grundstücksgrenzen und damit in Bezug auf die Gebäude auf den insoweit benachbarten Grundstücken zu verstehen (wegen der Einzelheiten siehe Teil B Rn 409 ff.).

(1) Grundsätzlich kein Nachbarschutz wegen der Bauweise

60 Die Festsetzung der offenen und der anderen Bauweisen erfolgt in der Regel aus städtebaulichen Gründen, so dass ein nachbarschützender Charakter nicht bejaht werden kann. Aus dem Charakter der Festsetzung kann nicht entnommen werden, dass sie stets auch der Rücksichtnahme auf individuelle Interessen und deren Ausgleich untereinander zu dienen bestimmt sind.[1477] Als Konsequenz hieraus ist im Falle eines Verstoßes gegen die Festsetzung ein Nachbar, auch der unmittelbare Grundstücksnachbar, nicht deswegen in seinen Rechten verletzt. Allerdings kann der Nachbar unter Umständen die Verletzung von Abstandsflächenvorschriften rügen.

(2) Ausnahmsweise nachbarschützender Charakter

61 Die (in bauplanungsrechtlicher Hinsicht) nachbarrechtliche Unbeachtlichkeit von Verstößen gegen das Gebot der Errichtung baulicher Anlagen in der offenen Bauweise gilt nicht ausnahmslos. Zum einen steht es dem Plangeber frei, diese Festsetzung mit nachbarschützendem Charakter zu versehen, indem er seine dahin gehende entsprechende Zweckrichtung im Rahmen der Beschlussfassung manifestiert. Zum anderen kann ein schutzwürdiges Interesse des Eigentümers einer Doppelhaushälfte daran bestehen, dass der Charakter dieses Haustyps nicht dadurch zerstört wird, dass die andere Haushälfte aus diesem Gefüge ausbricht. Gerade auch in der Beziehung dieser Eigentümer der Haushälften – das Gleiche gilt für Eigentümer von Häusern einer Hausgruppe – besteht ein nachbarliches Austauschverhältnis, das nicht einseitig aufgehoben oder aus dem Gleichgewicht gebracht werden darf.[1478] Ist ein Bauvorhaben darauf gerichtet, eine der Hälften so zu gestalten oder zu verändern, dass der Charakter eines Doppelhauses verloren geht, kann der Eigentümer der anderen Hälfte dies abwehren. Auch insoweit gilt die Parallele, dass dem Eigentümer eines Hauses in einer Hausgruppe ein gleichartiger Erhaltungsanspruch zusteht.[1479]

62 Dies gilt sowohl im Geltungsbereich eines qualifizierten Bebauungsplans (§ 30 Abs. 1 BauGB BauGB) als auch innerhalb eines im Zusammenhang bebauten Ortsteils (§ 34 BauGB).

63 Ob ein Doppelhaus entsteht oder dessen Charakter erhalten bleibt, ist anhand einer wertenden Betrachtung festzustellen. Zu dieser Frage hat das BVerwG in seinem Urteil vom 24.2.2000,[1480] das Grundlage für zahlreiche nachfolgende gerichtliche Be-

---

[1476] OVG Münster Beschl. v. 26.10.2007 – 10 A 273/07.
[1477] Vgl. VGH Mannheim Urt. v. 29.1.1999 – 3 S 2662/98; Schilder in: Bönker/Bischopink, BauNVO, BauNVO § 22 Rn. 25.
[1478] So BVerwG Urt. v. 24.2.2000 – 4 C 12/98.
[1479] Zur Situation bei einer Hausgruppe s. VG Gelsenkirchen Urt. v. 7.7.2011 – 5 K 4798/09.
[1480] 4 C 12/98; vgl. auch BVerwG Urt. v. 19.3.2015 – 4 C 12.14.

D. Aspekte des öffentliches Baunachbarrechts

wertungen war,[1481] ausgeführt, ein Doppelhaus sei ein Gebäude, das als bauliche Einheit anzusehen sei und bei dem zwei Gebäude derart zusammengebaut würden, dass sie einen Gesamtbaukörper bildeten. Nicht erforderlich sei, dass die Doppelhaushälften gleichzeitig oder deckungsgleich (spiegelbildlich) errichtet werden. Das Erfordernis einer baulichen Einheit im Sinne eines Gesamtbaukörpers schließe auch nicht aus, dass die ein Doppelhaus bildenden Gebäude an der gemeinsamen Grundstücksgrenze zueinander versetzt oder gestaffelt aneinandergebaut werden. Kein Doppelhaus bilden nach dieser Rechtsprechung zwei Gebäude, die sich zwar an der gemeinsamen Grundstücksgrenze noch berühren, aber als zwei selbstständige Baukörper erscheinen. Darüber hinaus verlangt die bauplanungsrechtliche Festsetzung des Doppelhauses, dass die beiden „Haushälften" in wechselseitig verträglicher und abgestimmter Weise aneinandergebaut werden. Insoweit enthält das Erfordernis einer baulichen Einheit nicht nur ein quantitatives, sondern auch ein qualitatives Element.[1482]

(dd) Überbaubare Grundstücksfläche

Durch Festsetzungen zur überbaubaren Grundstücksfläche (§ 23 BauNVO) bestimmt der Plangeber, auf welchem Teil eines Grundstücks bauliche Anlagen errichtet werden dürfen. Mit Blick auf ein nachbarliches Abwehrrecht gegen Rechtsverstöße gilt das für die zulässige Zahl der Vollgeschosse Gesagte (Teil D Rn. 47 ff.). Das entspricht jedenfalls der bisherigen obergerichtlichen Rechtsprechung. Das OVG Münster[1483] verneint bislang in ständiger Rechtsprechung den nachbarschützenden Charakter von Baugrenzen, weil diese in erster Linie wegen ihrer städtebaulichen Ordnungsfunktion öffentlichen Belangen und nicht dem Nachbarschutz dienten.[1484] Nach der Rechtsprechung des VGH Mannheim[1485] entfalten allerdings seitliche und hintere Baugrenzen und Baulinien regelmäßig nachbarschützende Wirkung zugunsten der ihnen gegenüberliegenden Nachbargrundstücke. Diese Regel beruht auf der Annahme, dass mit derartigen Festsetzungen grundsätzlich ein nachbarschaftliches Austauschverhältnis begründet und nach dem Willen des Ortsgesetzgebers ein gegenseitiges Verhältnis der Rücksichtnahme geschaffen werden solle. Die Grundsätze sind daher dann nicht anwendbar, wenn sich dem Bebauungsplan und/oder den zu ihm gehörenden Unterlagen entnehmen lässt, dass mit der Festsetzung der überbaubaren Grundstücksflächen durch Baulinien oder Baugrenzen über die damit verfolgten städtebaulichen Gesichtspunkte hinaus keine Rechte der Nachbarn geschützt werden sollen. **64**

Im Hinblick auf die neuere Rechtsprechung des BVerwG zur Feststellung des nachbarschützenden Charakters von Festsetzungen zum Maß der baulichen Nutzung (Teil D Rn. 47 ff.) könnte allerdings auch im Hinblick auf die überbaubare Grundstücksfläche eine Wende eingeläutet sein: Mit seinem Beschluss vom 11.6.2019[1486] **65**

1481 Vgl. BVerwG Beschl. v. 1.2.2016 – 4 BN 26/15; BVerwG Beschl. v. 14.9.2015 – 4 B 16/15; BVerwG Urt. v. 5.12.2013 – 4 C 5/12; VGH München Urt. v. 11.12.2014 – 2 BV 13.789; OVG Koblenz Beschl. v. 28.1.2016 – 8 B 11203/15; OVG Bln-Bbg Beschl. v. 29.1.2016 – OVG 2 S 58.15; VGH Kassel Beschl. v. 9.10.2015 – 4 B 1353/15; OVG Hamburg Beschl. v. 27.7.2015 – 2 Bs 127/15; VGH Mannheim Beschl. v. 29.4. 2009 – 3 S 569/09; OVG Münster Urt. v. 3.9.2015 – 7 A 1276/13.
1482 Siehe auch: VGH München Beschl. v. 25.7.2019 – 1 CS 19.821.
1483 Vgl. etwa Beschl. v. 27.1.2014 – 2 A 1674/13; Urt. v. 20.6.1994 – 7 A 3074/91.
1484 Ebenso: OVG Lüneburg Beschl. v. 4.3.2015 – 1 LA 177/14.
1485 VGH Mannheim Urt. v. 9.4.2019 – 8 S 1527/17.
1486 4 B 5/19; Vorinstanzen: VG Saarlouis Urt. v. 26.4.2017 – 5 K 18/16; OVG Saarlouis Urt. v. 28.8.2018 – 2 A 158/18.

hat das BVerwG unter ausdrücklicher Bezugnahme auf sein Urteil vom 9.8.2018[1487] entschieden, Bundesrecht verlange nicht, dass sich ein entsprechender Wille des Plangebers aus dem Plan selbst, seiner Begründung oder den Akten über die Aufstellung des Bebauungsplans ergibt. Es lasse auch zu, einen „objektivierten" planerischen Willen zu ermitteln, zB anhand des im Bebauungsplan zum Ausdruck gekommenen Planungskonzepts. Für Festsetzungen zur überbaubaren Grundstücksfläche durch Baulinien und Baugrenzen gelte nichts anderes.

Beispiel für die Bejahung des nachbarschützenden Charakters einer Baugrenze: In einem festgesetzten Kleinsiedlungsgebiet waren und sind immissionsempfindliches Wohnen und Tierhaltung vorhanden. Die festgesetzte, zum klagenden Nachbarn hin gewandte seitliche Baugrenze soll im Interesse der Entzerrung des vom Rat bei der Plangebung erkannten Nutzungskonflikts größere Abstände sicherstellen, als sie die bauordnungsrechtlichen Regelungen zur Abstandsfläche gewährleisten. Die Baugrenze hat nach dem erkennbaren Willen des Rates (auch) die Aufgabe, dafür zu sorgen, dass die immissionsträchtigen baulichen Anlagen den umliegenden Wohngebäuden nicht zu nahekommen.[1488]

66   Wird kein unmittelbarer, aus der Festsetzung ableitbarer Nachbarschutz anerkannt, reduziert sich der Nachbarschutz praktisch auf das allgemeine Rücksichtnahmegebot.

ee) Rechtsverletzung innerhalb eines im Zusammenhang bebauten Ortsteils

67   Die Verteidigungsmöglichkeiten gegen ein benachbartes Vorhaben sind im unbeplanten Innenbereich hinsichtlich des Maßes der baulichen Nutzung und der überbaubaren Grundstücksfläche noch geringer als im beplanten Bereich. Denn während im Geltungsbereich eines Bebauungsplans zumindest anhand einer interessengerechten Auslegung der Planfestsetzungen und ggfs. der Planunterlagen ein nachbarschützender Charakter von Maßfestsetzungen feststellbar sein kann, fehlt es im unbeplanten Bereich hieran. Die Rechtsprechung des BVerwG zum nachbarschützenden Charakter von Festsetzungen zum Maß der baulichen Nutzung[1489] lässt sich nicht auf den unbeplanten Innenbereich übertragen. Denn es fehlt dort an einem hinter den Festsetzungen stehenden planerischen Konzept, aus dem sich ein das Maß der baulichen Nutzung betreffendes wechselseitiges Austauschverhältnis und eine entsprechende nachbarschützende Wirkung zugunsten der daran beteiligten Grundstückseigentümer herleiten ließe.[1490] Hier ist allein eine Beurteilung der Rechtsverletzung eines Nachbarn anhand des in dem Einfügungsgebot enthaltenen Rücksichtnahmegebotes möglich. Dasselbe gilt für die Bauweise – mit Ausnahme der Doppelhausrechtsprechung des BVerwG – und für die überbaubare Grundstückfläche.

68   Soweit von Nachbarn eine zu große Nähe und die daraus folgenden Belästigungen gelten gemacht werden, gilt, dass das Einhalten der bauordnungsrechtlichen Vorschriften des § 6 BauO regelmäßig bedeutet, dass damit – gerade auch im unbeplanten Innenbereich – das Vorhaben zugleich unter den Gesichtspunkten, die Regelungsziel der Abstandvorschriften sind – Vermeidung von Licht-, Luft- und Sonnenentzug, Unterbindung einer erdrückenden Wirkung des Baukörpers sowie Wah-

---

[1487] 4 C 7.17.
[1488] Aus: OVG Münster Urt. v. 25.1.2013 – 10 A 2269/10.
[1489] BVerwG Urt. v. 9.8.2018 – 4 C 7.17, ausführlich dazu Teil D Rn. 54 ff.
[1490] OVG Münster Beschl. v. 14.1.2021 – 10 B 1891/20; OVG Münster Beschl. v. 6.7.2020 – 10 A 3461/19; VGH München Beschl. v. 2.11.2020 – 1 CS 20.1955; OVG Lüneburg Beschl. v. 9.3.2020 – 1 ME 154/19; OVG Schleswig Beschl. v. 12.5.2020 – 1 MB 9/20.

rung eines ausreichenden Sozialabstands – nicht gegen das nachbarschützende Gebot der Rücksichtnahme verstößt.[1491]

ff) Nachbarschutz im Außenbereich

Der Außenbereich (§ 35 BauGB) ist zwar von dem Grundsatz geprägt, ihn von baulichen Anlagen freizuhalten, soweit diese nicht ihrem Wesen nach in den Außenbereich gehören. Eine nach Maßgabe des Bauplanungsrechts dennoch im Außenbereich zulässige und/oder vorhandene Nutzung ist trotz dieser Tendenz wehrfähig. Allerdings ist der Schutzanspruch nicht derselbe, wie ihn eine Nutzung im Innenbereich in Anspruch nehmen kann. Das gilt insbesondere mit Blick auf Lärmimmissionen und Geruchsimmissionen. Auch hinsichtlich des Rücksichtnahmegebotes gelten besondere Maßstäbe. Hingegen gilt das Bauordnungsrecht, z.B. mit seinen Regeln zur Abstandsfläche, zum Brandschutz und sonstigen Anforderungen im Interesse von Nachbargrundstücken, ohne jegliche Einschränkung auch im Außenbereich. Darüber hinaus muss, was im Außenbereich in der Regel einer besonderen Aufmerksamkeit bedarf, der betroffene Nachbar eine schutzwürdige Rechtsposition innehaben, auf deren Grundlage er gerade auch diese Störung abwehren kann. Auch im Außenbereich gilt, dass von dem Verursacher von Umwelteinwirkungen nicht mehr an Rücksichtnahme verlangt werden kann, als es das Bundes-Immissionsschutzgesetz gebietet.[1492]

69

(1) Nachbarschützende Bestimmung

Der Außenbereich ist kein Baugebiet, und deshalb gelten für ihn die Grundsätze, wie sie für den beplanten und den unbeplanten Innenbereich entwickelt worden sind, nicht.[1493] Insbesondere kann es dort keinen Gebietserhaltungsanspruch geben. Selbst wenn eine Splittersiedlung entstanden ist (die noch keinen im Zusammenhang bebauten Ortsteil bildet), vermag diese keine „Schicksalsgemeinschaft" ihrer Bewohner im Sinne der Rechtsprechung des BVerwG mit Blick auf die Art der baulichen Nutzung zu begründen. Auch ein Anspruch eines privilegiert im Außenbereich angesiedelten Vorhabens auf Beibehaltung der Außenbereichsqualität besteht nicht. Schließlich kann ein Nachbar, der sich seine Bauwünsche erfüllt hat, nicht durch die Art und Weise seiner Bauausführung unmittelbaren Einfluss auf die Bebaubarkeit anderer Grundstücke nehmen.[1494]

70

Der Nachbarschutz im Außenbereich wird aus dem Rücksichtnahmegebot (allgemein aus § 35 Abs. 3 BauGB und mit Blick auf das Gebot, schädliche Umwelteinwirkungen zu vermeiden, aus § 35 Abs. 3 S. 1 Nr. 3 BauGB) hergeleitet.[1495] Zwar wird das Gebot, auf schutzwürdige Individualinteressen Rücksicht zu nehmen, in § 35 Abs. 3 BauGB nicht ausdrücklich aufgeführt. Das BVerwG hat jedoch schon früh entschieden, dass das Gebot einen öffentlichen Belang darstellt, das im Beispielskatalog des § 35 Abs. 3 BauGB insofern Niederschlag gefunden, als es sich bei dem Erfordernis, schädliche Umwelteinwirkungen zu vermeiden, um nichts anderes han-

71

1491 Vgl. BVerwG Urt. v. 23.5.1986 – 4 C 34.85; BVerwG Urt. v. 16.9.1993 – 4 C 28.91; BVerwG Urt. v. 11.1.1999 – 4 B 128.98; OVG Münster Beschl. v. 21.6.1995 – 7 B 1029/95; OVG Münster Beschl. v. 13.9.1999 – 7 B 1457/99; VG Köln Beschl. v. 29.3.2021 – 23 L 360/21.
1492 BVerwG Urt. v. 30.9.1983 – 4 C 74/78; VGH München Beschl. v. 23.12.2016 – 9 CS 16.1746.
1493 BVerwG Beschl. v. 3.4.1995 – 4 B 47/95; BVerwG Beschl. v. 28.7.1999 – 4 B 38/99.
1494 BVerwG Beschl. v. 6.12.1996 – 4 B 215/96.
1495 Vgl. etwa VGH München Beschl. v. 23.12.2016 – 9 CS 16.1672.

delt als eine besondere gesetzliche Ausformung dieses Gebots, wenn auch eingeschränkt auf Immissionskonflikte.[1496]

72 Das Rücksichtnahmegebot wird zulasten des Nachbarn verletzt, wenn durch das geplante Vorhaben die Nutzung des Nachbargrundstücks unzumutbar beeinträchtigt wird, also unter Berücksichtigung der Schutzwürdigkeit der Betroffenen, der Intensität der Beeinträchtigung und der wechselseitigen Interessen das Maß dessen überschritten wird, was der Nachbar billigerweise hinnehmen muss.[1497]

73 Im Außenbereich ansässige Betriebe müssen auch auf etwaige benachbarte Wohnbebauung Rücksicht nehmen. Dabei gilt das Rücksichtnahmegebot nicht nur für Außenbereichsvorhaben untereinander, sondern wirkt über Gebietsgrenzen hinweg und kommt auch Eigentümern zugute, deren Grundstücke im Geltungsbereich eines Bebauungsplans i.S.d. § 30 BauGB oder im unbeplanten Innenbereich i.S.d. § 34 BauGB liegen.[1498]

(2) Die Position des Nachbarn

74 Der öffentlich-rechtliche Baunachbarschutz setzt auch im Außenbereich eine schutzwürdige Position des Nachbarn gegenüber dem Vorhaben voraus; „denn Rücksicht zu nehmen ist nur auf solche Interessen des Nachbarn, die wehrfähig sind, weil sie nach der gesetzgeberischen Wertung, die im materiellen Recht ihren Niederschlag gefunden hat, schützenswert sind.".[1499] Ist die Position des Nachbarn nach den nachstehenden Grundsätzen nicht schutzwürdig, ist sie nicht wehrfähig; ihre Beeinträchtigung kann nicht mit Erfolg geltend gemacht werden.

75 Eine formell und materiell illegale, der („freien") Wohnnutzung dienende bauliche Anlage ist baurechtlich nicht schutzwürdig und kann weder Geruchsimmissionen noch Lärmimmissionen noch sonstige von baulichen Anlagen ausgehende Störungen abwehren.[1500] Das gilt nicht nur für Eigentumsbeeinträchtigungen, sondern auch für vermeintliche Gesundheitsbeeinträchtigungen. Dem Nachbar ist zuzumuten, sich solchen Störungen dadurch entziehen, dass er sich selbst rechtmäßig verhält, indem er die eigene Nutzung beendet.

76 Steht eine klassische, freie Wohnnutzung – ausnahmsweise – im Einklang mit dem geltenden Recht, kann sie zwar Nachbarschutz beanspruchen, aber wie auch sonst nur insoweit, als ein Rechtsverstoß zu einer Verletzung der Rechte des dinglich Berechtigten führt.

(3) Der Schutz des im Außenbereich Emittierenden

77 Der im Außenbereich aufgrund einer Genehmigung ansässige Betrieb, der durch seine Emissionen schädliche Umwelteinwirkungen hervorruft, hat eine schutzbedürftige und schutzwürdige Stellung inne. Denn der Rücksicht bedarf nicht nur, wer von Immissionen wie Lärm oder Geruch betroffen wird. Auch demjenigen, der in zulässiger Weise Emissionen verbreitet, muss dafür Raum zur Verfügung gestellt werden, indem seine Anlage in ihrem Bestand und Betrieb vor Überforderungen durch stö-

---

1496 ; BVerwG Urt. v. 6.12.1967 – IV C 94.66; BVerwG, Urt. v. 3.3.1972 – IV C 4.69; BVerwG Urt. v. 28.10.1993 – 4 C 5/93; BVerwG Beschl. v. 8.7.1999 – 4 B 38/99; BVerwG Beschl. v. 5.9.2000 – 4 B 56/00.
1497 Vgl. BVerwG Beschl. v. 10.1.2013 – 4 B 48/12.
1498 BVerwG Urt. v. 21.1.1983 – 4 C 59/79; BVerwG Beschl. v. 25.11.1985 – 4 B 202/85.
1499 BVerwG Beschl. v. 3.4.1995 – 4 B 47/95; BVerwG Urt. v. 28.10.1993 – 4 C 5/93.
1500 Vgl. zu einem solchen Fall: VG Köln Beschl. v. 15.12.2015 – 23 L 2516/15.

rungsempfindliche Nachbarn geschützt ist (sog. Schutz gegen heranrückende Wohnbebauung).

Nach der Rechtsprechung des BVerwG[1501] liegt die durch § 35 Abs. 1 BauGB vermittelte Begünstigung gerade in der Privilegierung, so dass sich der Anspruch des Begünstigten nur auf ungehinderte Ausnutzung des privilegierten Bestandes richten kann. Daraus folgt, dass sich der Privilegierte nur auf diejenigen öffentlichen Belange berufen kann, deren Nichtbeachtung in Verbindung mit der daraus folgenden Zulassung eines neuen Vorhabens die weitere Ausnutzung seiner Privilegierung und insbesondere seines privilegierten Baubestandes (faktisch) in Frage stellen oder gewichtig beeinträchtigen würden. Ob das neue Vorhaben dabei seinerseits privilegiert oder nicht privilegiert ist, spielt in diesem Zusammenhang keine Rolle; entscheidend ist nur der Störungseffekt für den bereits vorhandenen privilegierten Bestand, also die Frage, ob der privilegierte Bestand und das beabsichtigte Vorhaben unvereinbar sind. Stört das geplante Vorhaben nicht in dem Sinne, dass es die weitere Ausnutzung der Privilegierung in Frage stellen oder gewichtig beeinträchtigen würde, dann kann, so das BVerwG, auch der Privilegierte nicht das nicht privilegierte Vorhaben unter Berufung auf angeblich beeinträchtigte öffentliche Belange abwehren. Stört das Vorhaben hingegen, kann sich der Privilegierte auf die entgegenstehenden öffentlichen Belange selbst gegenüber dem privilegierten Vorhaben berufen. 78

Werden die einschlägigen Immissionswerte mit Blick auf die heranrückende Wohnnutzung derzeit (noch) eingehalten, kommt aber eine Erweiterung des Betriebes in Betracht, die zu dann nicht mehr zumutbaren Werten führen wird, ist fraglich, ob ein Recht des Betreibers besteht, deswegen die heranrückende Wohnbebauung abzuwehren. Das BVerwG hat mit Beschluss vom 5.9.2000[1502] die bis dahin umstrittene Frage eingeschränkt bejaht. Bei der Zulassung eines Vorhabens im Außenbereich braucht nicht schon auf vage, sondern nur auf hinreichend konkrete Erweiterungsinteressen eines Landwirts Rücksicht genommen zu werden. Die Tatsache, dass Erweiterungsabsichten nicht hinreichend konkret sind, kann unter Umständen aus dem Verhalten des Landwirts abgeleitet werden, der z.B. erst Monate nach der von ihm angefochtenen Baugenehmigung für ein heranrückendes Wohnbauvorhaben eine Bauvoranfrage oder einen Bauantrag zur Errichtung oder Erweiterung vorhandener landwirtschaftlicher Anlagen gestellt hat.[1503] 79

gg) Das allgemeine Rücksichtnahmegebot

Das Rücksichtnahmegebot ist ein unabdingbares rechtliches Korrektiv zur Vermeidung von unzumutbaren Zuständen in Fallgestaltungen, die der Gesetzgeber durch sein Regelwerk nicht erfassen konnte. Es stellt den von einem Vorhaben Betroffenen in den Vordergrund der nachbarrechtlichen Betrachtung. Er soll keine unzumutbaren Nachteile erleiden müssen und auch keine „qualifizierte Störung". Bloße Lästigkeiten stellen aber keinen Verstoß gegen das Rücksichtnahmegebot dar. Der Anwendungsbereich des Gebots ist beschränkt auf Extremfälle, in denen auch zumutbare Maßnahmen des Betroffenen nicht zu einer verträglichen Konfliktlösung beitragen können. Zudem muss es dem planenden Nachbarn, der sein eigenes Grundstück in einer sonst zulässigen Weise baulich nutzen will, einen gewissen Vorrang zugestehen: Er braucht eigene berechtigte Interessen nicht zurückzustellen, um gleichwertige fremde Interessen zu schonen. 80

1501 BVerwG Urt. v. 21.10.1968 – IV C 13.68.
1502 BVerwG Beschl. v. 5.9.2000 – 4 B 56/00.
1503 OVG Münster Beschl. v. 1.3.2016 – 2 A 2106/15; VG Augsburg Urt. v. 12.11.2014 – Au 4 K 13.1369.

81 Zwischen landesrechtlichen Regelungen und dem bundesrechtlichen Gebot der Rücksichtnahme besteht kein Lex-spezialis-Verhältnis. Dies ist schon wegen der Zugehörigkeit der Bestimmungen zu verschiedenen Rechtsgebieten mit unterschiedlicher Zweckrichtung und unterschiedlicher Gesetzgebungskompetenz ausgeschlossen.[1504] Das BVerwG geht z.B. mit Blick auf das Abstandsflächenrecht davon aus, dass das bauplanungsrechtliche Gebot der Rücksichtnahme auch verletzt sein kann, wenn die landesrechtlichen Abstandsvorschriften eingehalten werden.[1505] In der genannten Entscheidung hat das Gericht allerdings auch ausgeführt, dass das Gebot der Rücksichtnahme dann zumindest im Regelfall nicht verletzt sein wird; denn mit der Abstandsflächenrechtlichen Regelung habe der Gesetzgeber insoweit regelmäßig abschließend festgelegt, welches Maß an Rücksichtnahme der Bauherr seinem Nachbarn schulde und wann diesem ein Vorhaben auf dem Nachbargrundstück unzumutbar sei. Unter diesen Gesichtspunkten lasse sich deshalb bei gewahrten Abstandsflächen eine Rücksichtslosigkeit des Vorhabens nicht begründen.[1506] Das OVG Münster hat allerdings später, nachdem das Abstandsflächenrecht zugunsten einer besseren Ausnutzbarkeit der Grundstücke und zulasten der Nachbarn geändert worden ist, ausgeführt, dass es fraglich erscheine, ob an der bisherigen Rechtsprechung zur Einhaltung der Abstandsflächen als Indiz für die Beachtung des Rücksichtnahmegebotes in vollem Umfang festzuhalten sei.[1507]

82 Trotz dieser Bedenken kann im Grundsatz davon ausgegangen werden, dass ein Nachbar etwa mit Blick auf die nachstehend aufgeführten Aspekte z.B. der Gewährleistung einer ausreichenden Belichtung, Belüftung und Besonnung von Gebäuden und sonstigen Teilen seines Grundstücks grundsätzlich keine Rücksichtnahme verlangen kann, die über den Schutz des bauordnungsrechtlichen Abstandsflächenrechts hinausgeht.

(1) Kein Anspruch auf verträglichere Alternative

83 Gegenüber einem genehmigten Vorhaben kann ein Nachbar nicht einwenden, das Vorhaben hätte auch in anderer Form gestaltet werden können, die für ihn erträglicher wäre. Ebenso wenig kann er einwenden, die Anlage hätte auch an einem anderen Standort auf dem Baugrundstück errichtet werden können, an dem es ihn weniger belasten würde. Denn für die Frage, ob er einen Abwehranspruch gegen das Vorhaben hat, ist allein maßgeblich, ob das Vorhaben sich so, wie es zur Genehmigung gestellt wurde, als nachbarrechtskonform erweist. Steht nach bauordnungsrechtlichen und bauplanungsrechtlichen Gesichtspunkten fest, dass das Vorhaben objektiv-rechtlich rechtmäßig ist, ist es einer Alternativprüfung nicht mehr zugänglich. Der Nachbar kann deshalb z.B. nicht verlangen, dass der Bauherr seine Garage an der von ihm abgewandten Seite des Einfamilienhauses errichtet, wenn der geplante Standort ansonsten mit bauordnungs- und bauplanungsrechtlichen Vorschriften vereinbar ist. Die Grenze bildet allerdings das nachfolgend angesprochene Schikaneverbot.

1504 Vgl. Rechtsgutachten des BVerfG v. 16.6.1954 – 1 PBvV 2/52.
1505 BVerwG Beschl. v. 11.1.1999 – 4 B 128/98.
1506 Vgl. auch OVG Münster Urt. v. 29.8.2005 – 10 A 3138/02; ebenso VGH München Beschl. v. 15.2.2017 – 1 CS 16.2396.
1507 OVG Münster Beschl. v. 27.6.2008 – 10 B 866/08; OVG Münster Beschl. v. 29.9.2008 – 10 A 3575/07. S. zu einer Situation, in der ein Bauvorhaben, das auf einer nicht überbaubaren Fläche eines Blockinnenbereichs errichtet werden soll, aufgrund seiner Massivität gegen das Gebot der Rücksichtnahme im Rahmen des § 31 Abs. 2 BauGB verstößt, obwohl es den bauordnungsrechtlichen Mindestabstand von 0,4 H auf dem Baugrundstück einhält: OVG Hamburg Beschl. v. 27.3.2017 – 2 Bs 51/17.

D. Aspekte des öffentliches Baunachbarrechts

(2) Schikaneverbot

Auch im Öffentlichen Recht gilt das Schikaneverbot. Eine Schikane liegt aber nur 84
vor, wenn der Standort oder die Nutzung einer genehmigten Anlage nur den Nachbarn schädigen soll und der Bauherr kein schutzwürdiges Eigeninteresse verfolgt.[1508]

Beispiel: Ein zwölf Meter langer, fünf Meter breiter und bis zu fünf Meter hoher Geräte- und Brennholzschuppen mit Pultdach unmittelbar vor dem Wohnhaus des Nachbarn, der gerade noch den zulässigen Mindestabstand zur Grundstücksgrenze von 2,5 Metern einhält, sollte – nach der Überzeugung des Gerichts – allein den Nachbarn schädigen, ohne dass der Bauherr auch nur entfernt ein darüber hinaus gehendes eigenes Interesse verfolgte. Die von ihm genannten Gründe dafür, den Schuppen exakt und mit der ganzen Breite vor dem Wohnbereich des Klägers zu platzieren, entsprachen nach dem Urteil ersichtlich nicht der Realität.[1509]

(3) Wertminderung / Wettbewerbsnachteile

Wertminderungen als solche führen nicht schon zur Rücksichtslosigkeit. Sie sind nur 85
Indizien für die Intensität eines – mittelbaren – Eingriffs in die Grundstückssituation des Nachbarn. Zu berücksichtigen sind sie nur, wenn sie die Folge einer unzumutbaren Beeinträchtigung der Nutzungsmöglichkeiten des Grundstücks sind. Es gibt keinen Anspruch darauf, vor jeglicher Wertminderung bewahrt zu werden.[1510]

Beispiel: Ein Nachbar kann nicht mit Erfolg geltend machen, durch die Ansiedlung einer bauplanungsrechtlich zulässigen Spielhalle in der unmittelbaren Umgebung seines Grundstücks trete eine Wertminderung ein.[1511]

Ein Nachbar kann gegen eine Genehmigung auch nicht mit Erfolg einwenden, ihm 86
erwachse aus der Errichtung und Nutzung der genehmigten Anlage ein Wettbewerbsnachteil. Denn das Baunachbarrecht ist wettbewerbsrechtlich neutral. Dies schließt nicht nur einen Anspruch auf Abwehr eines konkurrierenden Unternehmens auf Grundlage des Planungsrechts aus, sondern auch einen bodenrechtlichen Anspruch darauf, den Wettbewerb fördernde Standortvorteile zu bewahren.[1512]

(4) „Erdrückende Wirkung"

Rücksichtslosigkeit kann in extremen Sonderfällen darin liegen, dass das Vorhaben 87
eine „erdrückende Wirkung" gegenüber dem Gebäude des Nachbarn ausübt. Dazu muss aber das Gebäude derart übermächtig sein, dass das „erdrückte" Gebäude nur noch oder überwiegend wie eine von einem „herrschenden" Gebäude dominierte Fläche ohne eigene baurechtliche Charakteristik wahrgenommen wird. Dafür setzt die Rechtsprechung voraus, dass eine bauliche Anlage dem Nachbarbau förmlich „die Luft nimmt" und für dessen Bewohner das Gefühl des „Eingemauertseins" oder einer „Gefängnishofsituation" entsteht.

Beispiel: Ein zwölfgeschossiges Gebäude im Abstand von 15 Metern zum zweigeschossigen Wohnhaus eines Nachbarn war zu dessen Lasten erdrückend. Die Beeinträchtigung war dem Nachbar nicht zuzumuten, da die Situation bisher durch eine im Wesentlichen zwei- und dreigeschossige Wohnbebauung geprägt war.[1513]

1508 VGH München Beschl. v. 22.8.2012 – 14 CS 12.1031; OVG Saarlouis Beschl. v. 23.2.2000 – 2 W 2/00; VG Neustadt/Weinstraße Urt. v. 9.12.2015 – 3 K 470/15.NW, zum Standort einer Müllsammelstelle.
1509 Nach: VGH Mannheim Urt. v. 15.4.2008 – 8 S 98/08.
1510 BVerwG Beschl. v. 13.11.1997 – 4 B 195/97.
1511 Nach VGH München Urt. v. 12.7.2012 – 2 B 12.1211.
1512 VGH München Beschl. v. 23.12.2016 – 9 CS 16.1672.
1513 Nach BVerwG Urt. v. 13.3.1981 – 4 C 1/78.

88 In der Regel kann zwar angenommen werden, dass ein Vorhaben, das die Abstandsflächen einhält und damit den Rahmen dessen wahrt, was der Gesetzgeber als zumutbar bestimmt hat. Dessen ungeachtet ist die Frage der erdrückenden Wirkung immer eine Frage der Einzelfallbewertung.[1514]

(5) Einblicknahmemöglichkeit

89 Ein Nachbar muss Einblicke in sein Grundstück prinzipiell hinnehmen, wenn das Grundstück nebenan innerhalb des Rahmens baulich ausgenutzt wird, den das Bauplanungs- und das Bauordnungsrecht (insbesondere das Abstandsflächenrecht) vorgeben.[1515] Das gilt insbesondere dort, wo an die Grenze gebaut werden darf. Denn hier wird die erhöhte Nutzbarkeit der benachbarten Grundstücke „erkauft" durch den Verzicht auf seitliche Grenzabstände und damit auf Freiflächen, die dem Wohnfrieden dienen. Auch das bauplanungsrechtliche Gebot des Einfügens bezieht sich nur auf die in § 34 Abs. 1 BauGB genannten städtebaulichen Merkmale, also der Nutzungsart, des Nutzungsmaßes, der Bauweise und der überbaubaren Grundstücksfläche. Die Möglichkeit der Einsichtnahme ist hier nicht angesprochen – sie ist städtebaulich irrelevant.

90 Ein Nachbar hat aber Abwehransprüche, wenn ein Balkon gewissermaßen eine Aussichtsplattform über sein gesamtes Grundstück darstellt und sein letzter Freiraum für die private Lebensgestaltung zerstört wird.[1516] Ebenso ist es, wenn ein Reihenhaus einen massiven Quer-Anbau erhalten soll, der in den Ruhe- und Gartenbereich der Hauszeile hineinragt.[1517]

(6) Verschattung

91 In einem bebauten innerstädtischen Wohngebiet müssen Nachbarn hinnehmen, dass es durch bauplanungsrechtlich und bauordnungsrechtlich rechtskonforme Bauvorhaben zu einer gewissen Verschattung des eigenen Grundstücks beziehungsweise von Wohnräumen kommt.[1518] Auch wenn zB ein sehr schmal geschnittenes Grundstück stark von der Verschattung durch ein Nachbargebäude betroffen ist, beruht dies auf dem Zuschnitt der Parzelle und fällt grundsätzlich in die Risikosphäre des Eigentümers.

(7) Lichtimmissionen und andere optische Störungen

92 Nach § 22 Abs. 1 BImSchG sind nach diesem Gesetz nicht genehmigungsbedürftige Anlagen unter anderem so zu errichten und zu betreiben, dass schädliche, nach dem Stand der Technik vermeidbare Umwelteinwirkungen verhindert oder, wenn sie nach dem Stand der Technik unvermeidbar sind, auf ein Mindestmaß beschränkt werden. Zu diesen Einwirkungen zählt nach § 3 Abs. 2 BImSchG auch Licht. Wenn

---

1514 OVG Münster Urt. v. 29.8.2005 – 10 A 3138/02; OVG Münster Beschl. v. 13.1.2005 – 10 B 971/05; OVG Münster Beschl. v. 15.5.2002 – 7 B 558/02; OVG Münster Beschl. v. 12.2.2010 – 7 B 1840/09; VGH München Beschl. v. 23.4.2014 – 9 CS 14.222; OVG Koblenz Beschl. v. 27.4.2015 – 8 B 10304/15; OVG Bln-Bbg Beschl. v. 27.2.2012 – OVG 10 S 39.11.
1515 BVerwG Beschl. v. 3.1.1983 – 4 B 224/82; VGH Mannheim Beschl. v. 29.4.2009 – 3 S 569/09; OVG Münster Beschl. v. 18.2.2014 – 7 B 1416/13.
1516 VGH Kassel Beschl. v. 9.10.2015 – 4 B 1353/15.
1517 VGH München Beschl. v. 2.7.2010 – 9 CS 10.894.
1518 OVG Münster Beschl. v. 18.2.2014 – 7 B 1416/13; VGH München Beschl. v. 23.3.2016 – 9 ZB 13.1877; VG Bremen Beschl. v. 27.4.2016 – 1 V 391/16; VG Cottbus Beschl. v. 16.2.2016 – 3 L 193/15.

D. Aspekte des öffentliches Baunachbarrechts

eine ihrer Art nach zulässige Einrichtung mit zeitgemäßen, etwa den Sicherheitsanforderungen genügenden Beleuchtungsanlagen ausgestattet wird, müssen Nachbarn dies als sozialadäquat hinnehmen.

Beispiel: Ein Nachbar wehrt sich gegen drohende Lichtimmissionen von einem geplanten Altenheim-Anbau. Dort soll ein außenliegendes Treppenhaus eine Notbeleuchtungsanlage erhalten, die mit einem Bewegungsmelder versehen wird. Das ist zumutbar. Soweit es tatsächlich – etwa durch missbräuchliche oder übermäßige Nutzung der Treppenanlage durch Bewohner oder Personal der Einrichtung – zu die Schwelle des Zumutbaren überschreitenden Auslösungen der Nottreppenbeleuchtung kommen sollte, ist der Nachbar auf zivilrechtliche oder ordnungsrechtliche Möglichkeiten des Einschreitens zu verweisen.[1519]

Im Falle einer Störung wird sich der Betroffene im Übrigen oftmals auf das Gebot der sog. architektonischen Selbsthilfe gegen Lichtimmissionen verweisen lassen müssen (dazu Teil D Rn. 97). **93**

(8) „Freie Aussicht"

Es ist in der Regel hinzunehmen, dass durch ein Bauvorhaben eine bisher weitgehend ungestörte Sicht über die freie Feldflur vom Haus und/oder Garten aus gestört wird. Die Rechtsordnung sieht keinen allgemeinen Anspruch auf Schutz vor einer Verschlechterung der freien (schönen) Aussicht vor. Deren Aufrechterhaltung ist lediglich als eine „Chance" anzusehen, die mit der Bebauung des Nachbargrundstücks in Frage gestellt werden kann.[1520] **94**

Beispiel: Die Eigentümer einer am Bodensee gelegenen Wohnungsanlage befürchten, dass durch ein Bauvorhaben die Sicht von ihren Wohnungen auf den Bodensee in Richtung Vorarlberg und auf einen Segelhafen verloren gehe oder zumindest stark eingeschränkt werde und ihre Wohnungen dadurch erheblich im Wert gemindert würden. Es muss jedoch jeder Grundstückseigentümer damit rechnen, dass seine Aussicht durch Bautätigkeit auf Nachbargrundstücken beschränkt werden kann, wenn sie ansonsten bauordnungs- und bauplanungsrechtlich zulässig ist.[1521]

(9) Soziale Lebensäußerungen

Die Möglichkeit eines „unerwünschten Mithörens sozialer Lebensäußerungen" begründet ebenfalls keinen Verstoß gegen das Gebot der Rücksichtnahme. Insbesondere bei Doppel- oder Reihenhäusern rücken die Nutzungsbereiche der jeweiligen Grundstücke näher aneinander, was ein erhöhtes Störpotenzial bedeutet. Es gilt der allgemeine Grundsatz, dass dann, wenn die bauordnungsrechtlich einzuhaltenden Abstände eingehalten werden, ein Verstoß gegen das Rücksichtnahmegebot regelmäßig ausscheidet. Ausnahmen von diesem Grundsatz sind allerdings nicht ausgeschlossen.[1522] **95**

(10) „Vorhandene Fenster"

Die Verwirklichung eines Vorhabens kann, in Übereinstimmung mit der Pflicht oder dem Recht grenzständig zu bauen, dazu führen, dass vorhandene Fenster in der Außenwand eines Nachbargebäudes zugebaut werden. Auch das muss grundsätzlich geduldet werden – insbesondere von einem Nachbarn, der selbst an die Grenze gebaut hat. Ein unabweisbares Bedürfnis des Bauherrn für sein Projekt ist nicht erfor- **96**

1519 Nach OVG Koblenz Beschl. v. 22.6.2016 – 8 B 10411/16.
1520 Vgl. BVerwG Urt. v. 28.10.1993 – 4 C 5/93; BVerwG Beschl. v. 9.2.1995 – 4 NB 17/94; OVG Münster Beschl. v. 25.7.2011 – 8 B 818/11.
1521 Nach VGH München Urt. v. 29.7.2011 – 15 N 08.2086.
1522 BVerwG Beschl. v. 11.1.1999 – 4 B 128/98; VGH Kassel Beschl. v. 20.11.2006 – 4 TG 2391/06.

derlich. Schon sein Interesse ist schutzwürdig, mit der Ausübung seines Baurechts von seinem Eigentum Gebrauch zu machen und sein Grundstück entsprechend den planungsrechtlichen Vorgaben ebenso wie der Nachbar zu bebauen. Auch wenn dort die Fensteröffnungen bereits seit „unvordenklicher Zeit" existieren, gibt dieses nicht für sich genommen einen beachtlichen Vertrauensschutz oder Bestandsschutz dahin gehend, dass diese Öffnungen nicht zugebaut werden.[1523]

(11) „Architektonische Selbsthilfe"

97 Mitunter vermag eine sog. architektonische Selbsthilfe zur Verringerung oder Beseitigung einer Störung beizutragen. Es ist anerkannt, dass im öffentlichen Baunachbarrecht im Rahmen des Rücksichtnahmegebotes solche Mittel zu berücksichtigen sind, wenn durch eine zumutbare Maßnahme der Konflikt gelöst und damit die Erteilung der Baugenehmigung für das Vorhaben eines Dritten oder – im Falle des beabsichtigten Heranrückens an einen emittierenden Betrieb – ein eigenes Vorhaben ermöglicht wird. Die Rechtfertigung hierfür liegt darin, dass das Rücksichtnahmegebot sowohl für die hinzukommende als auch für die vorhandene Nutzung nicht nur Rechte, sondern auch Duldungspflichten und unter Umständen sogar Obliegenheiten zum Tätigwerden begründet. Deshalb sind etwa bei Lichtimmissionen dem betroffenen Nachbarn Maßnahmen zur Lichtdämpfung (z.B. durch das Anbringen von Jalousien) zuzumuten.[1524]

98 Soweit die Maßnahmen die Vermeidung von unzumutbarem Lärm bezwecken, ist allerdings zu berücksichtigen, dass sie im Einklang mit der TA Lärm stehen müssen; ihr zuwiderlaufende Regelungen oder Auflagen in einer Baugenehmigung sind nicht geeignet, einen hinreichenden Lärmschutz sicherzustellen und deshalb unbeachtlich. Als vom Nachbarn zur Vermeidung von unzumutbaren Lärmimmissionen zu erwartende Maßnahmen kommen insbesondere die Stellung des Gebäudes, der äußere Zuschnitt des Hauses oder die Anordnung der Räume oder der notwendigen Fenster in Frage. Auch können nicht zu öffnende Fenster eingebaut oder verlangt werden, sofern dies im konkreten Fall bauordnungsrechtlich zulässig ist.

b) Nachbarschützende Bestimmungen des Bauordnungsrechts

99 Für die Beantwortung der Frage, ob eine Bestimmung des materiellen Bauordnungsrechts nachbarschützenden Charakter hat, ist im Wege einer Auslegung zu klären, ob der Gesetzgeber eine individuelle Rechtsschutzgewährung vornehmen wollte. Für die meisten Bestimmungen ist die Frage in Rechtsprechung und Literatur geklärt.

100 Nachbarschützende Wirkung haben zB:
- § 3 BauO mit dem Gebot, bauliche Anlagen sowie andere Anlagen und Einrichtungen im Sinne von § 1 Abs. 1 S. 2 BauO zur Vermeidung von Schäden auf Nachbargrundstücken so anzuordnen, zu errichten, zu ändern und instand zu halten, dass die öffentliche Sicherheit oder Ordnung, insbesondere Leben, Gesundheit oder die natürlichen Lebensgrundlagen, nicht gefährdet wird;[1525]

1523 OVG Münster Urt. v. 29.3.2012 – 2 A 83/11; VGH München Beschl. v. 5.11.2012 – 9 CS 12.1945; VGH München Beschl. v. 24.4.2015 – 9 ZB 12.1318.
1524 BVerwG Urt. v. 29.11.2012 – 4 C 8/11; OVG Münster Beschl. v. 12.5.2003 – 10 B 145/03; OVG Lüneburg Urt. v. 10.11.2009 – 1 LC 236/05; VGH München, Urt. v. 7.10.2010 – 2 B 09.328.
1525 OVG Münster Urt. v. 10.9.1982 – 15 A 654/79; vgl. auch VGB Mannheim Beschl. v. 9.2.1995 – 3 S 3407/94. S. auch VG Gelsenkirchen Urt. v. 2.5.2017 – 6 K 5330/15, das zu Recht darauf hinweist, dass die Vorschrift nicht denjenigen schützt, von dessen Grundstück die Gefährdung ausgeht.

- § 6 BauO mit dem Gebot der Einhaltung von Abstandsflächen vor Nachbargrenzen;[1526]
- § 12 Abs. 1 S. 2 BauO mit dem Verbot, die Standsicherheit anderer baulicher Anlagen und die Tragfähigkeit des Baugrundes des Nachbargrundstücks zu gefährden;[1527]
- die Vorschriften zum vorbeugenden Brandschutz mit ihren Anforderungen an bauliche Anlagen, soweit sie den Schutz vor einem Übergreifen eines Brandes auf Nachbargrundstücke gewährleisten sollen (ansonsten nicht).[1528]

Nicht nachbarschützend sind z.B. **101**

- die nach § 48 Abs. 1 BauO iVm anderen Regelungen bestehende Stellplatzpflicht;[1529]
- Gestaltungssatzungen.[1530]

c) Nachbarschutz aus einer verfahrensrechtlichen Bestimmung?

Verfahrensrechtliche Vorschriften allgemeiner Art dienen in der Regel nicht dem **102** Schutz von Nachbarn. So kann ein Nachbar nicht mit Erfolg rügen, dem Bauherrn stehe das erforderliche Sachbescheidungsinteresse nicht zu, weil der Bauherr für das Vorhaben keine Genehmigung benötige oder diese das Vorhaben nicht verwirklichen.[1531] Denn diese Erfordernisse dienen der öffentlichen Verwaltung vor unnützer Verwaltungsarbeit und nicht der Wahrung nachbarlicher Rechte.

aa) Bestimmtheitsgebot

Nach § 37 Abs. 1 VwVfG muss der Verwaltungsakt hinreichend bestimmt sein, d.h. **103** die im Bescheid getroffene Regelung muss für die Beteiligten – gegebenenfalls nach Auslegung – eindeutig zu erkennen und einer unterschiedlichen subjektiven Bewertung nicht zugänglich sein.[1532] Das gilt uneingeschränkt auch für Baugenehmigungen. Zwar hat ein Nachbar keinen materiellen Anspruch darauf, dass der Bauantragsteller einwandfreie und vollständige Bauvorlagen einreicht. Nachbarrechte können aber dann verletzt sein, wenn infolge der Unbestimmtheit einer Baugenehmigung bzw. der Unvollständigkeit, Unrichtigkeit bzw. Uneindeutigkeit der Bauvorlagen Gegenstand und Umfang der Baugenehmigung nicht eindeutig festgestellt und deshalb nicht ausgeschlossen werden kann, dass das genehmigte Vorhaben gegen nachbarschützendes Recht verstößt. Betrifft die Unbestimmtheit ein nachbarrechtlich relevantes Merkmal, wird deshalb der Nachbar durch sie in seinen Rechten verletzt.[1533]

Beispiel für eine infolge eines in sich widersprüchlichen Bauantrags widersprüchliche Baugenehmigung: Die Baugenehmigung nimmt Bezug auf Bauvorlagen, in denen die Brüstungshöhe der genehmigten Dachterrasse teilweise mit 171,67 m über NN (Nord-West- und Süd-Ost-Ansicht), teilweise mit 171,47 m über NN (Detailschnitt, Nord-Ost-Ansicht und Abstandsflächenberechnung) angegeben wird. Geht man von einer Brüstungshöhe von 171,67 m aus, so liegt die Abstandsfläche teilweise auf dem Grundstück des Nachbarn. Der Widerspruch lässt sich nicht durch Auslegung der Baugenehmigung beseitigen, weil keiner der genannten Bauvorlagen ein Auslegungsvorrang zukommt. Die prozessuale Erklärung des Bauherrn, die Höhenan-

---

1526 OVG Münster Urt. v. 14.1.1994 – 7 A 2002/92.
1527 OVG Münster Beschl. v. 15.11.2000 – 10 B 1376/00.
1528 Siehe dazu ausführlich Schulte Beerbühl in: StichwortKommentar Nachbarrecht, Stichwort Brandschutz, Rn. 3 ff.
1529 OVG Münster Beschl. v. 15.5. 2020 – 7 B 1625/19; OVG Münster Beschl. v. 31.8.2017 – 7 B 652/17.
1530 VGH München Beschl. v. 7.2.2017 – 9 CS 16.2522; OVG Hamburg Beschl. v. 18.6.2015 – 2 Bs 99/15.
1531 Vgl. VGH München Urt. v. 25.11.2010 – 9 B 10.531.
1532 Vgl. nur VGH München Beschl. v. 16.4.2015 – 9 ZB 12.205.
1533 OVG Münster Urt. v. 10.9.2014 – 2 B 918/14.

gabe 171,67 m über NN beruhe auf einem Versehen, ändert an der Widersprüchlichkeit des maßgeblichen objektiven Erklärungswerts nichts, insbesondere ist damit eine rechtlich erhebliche Korrektur der angeblich unzutreffenden Höhenangabe, die durch die Nachtragsbaugenehmigung erfolgen könnte, nicht verbunden.[1534]

bb) Beteiligung, Akteneinsicht, Rügerecht nach dem UmwRG

104 Aus der Verletzung von Beteiligungsvorschriften folgt keine Rechtsverletzung zulasten des Nachbarn.[1535] Denn der eigentliche Zweck von Beteiligungsvorschriften liegt darin, die Behörde rechtzeitig und umfassend über den entscheidungserheblichen Sachverhalt zu unterrichten.[1536] Dass sie den Beteiligungsberechtigten die Möglichkeit geben, frühzeitig von dem Bauvorhaben Kenntnis zu nehmen und ihre Rechte zur Geltung zu bringen, begründet für diese kein subjektives öffentliches Recht.[1537] Die Rechte der Nachbarn auf Akteneinsicht nach dem Gesetz über die Freiheit des Zugangs zu Informationen für das Land Nordrhein-Westfalen (Informationsfreiheitsgesetz Nordrhein-Westfalen)[1538] bleiben unberührt; ein Verstoß dagegen wirkt sich nicht auf die Anfechtbarkeit der baurechtlichen Entscheidung aus.

105 Im Umweltrecht, das in besonderem Maße durch das Europarecht und Entscheidungen des EuGHs beeinflusst ist, gelten besondere Regelungen für den Fall der Verletzung von Verfahrensvorschriften. Einer nach nationalem Recht klagebefugten Gemeinde kann zB gemäß § 4 Abs. 3 S. 1 Nr. 1 i.V.m. Abs. 1 S. 1 Nr. 1 Buchst. b und S. 2 Umwelt-Rechtsbehelfsgesetz (UmwRG) ein Rügerecht, dass die im Genehmigungsverfahren durchgeführte UVP-Vorprüfung nicht den gesetzlichen Anforderungen entsprochen habe.[1539] Wegen der in diesem Bereich bestehenden Besonderheiten muss auf die Bestimmungen in dem UmwRG sowie in dem Gesetz über die Umweltverträglichkeitsprüfung verwiesen werden.

IV. Rechtsschutz gegen öffentliche Einrichtungen und Anlagen

106 Das öffentliche Recht räumt dem Privaten einen Rechtsschutz gegen eine öffentliche Einrichtung oder Anlage ein, unabhängig davon, ob diese aufgrund eines (vorangegangenen) Verwaltungsaktes (§ 35 VwVfG, zB Baugenehmigung) oder „schlicht hoheitlich" betrieben wird.

107 Das gilt im Grundsatz auch für Spielplätze und andere für die Benutzung durch Kinder vorgesehene Einrichtungen. Dass der von Kindern und deren Spiel ausgehende Lärm je nach Intensität, Art und Uhrzeit von Nachbarn als störend empfunden werden kann, kann kaum ernsthaft bestritten werden. Andererseits steht ebenso fest, dass kindliches Spiel natürlich und förderungsbedürftig ist und dabei entstehende Geräusche aus sozialpolitischen Gründen nicht mehr begrenzt werden sollten, als dies dringend nötig erscheint. Das in diesem Konfliktbereich schwierige Thema wird dadurch nicht gerade vereinfacht, dass zum einen viele der Anlagen in kommunaler Trägerschaft sind und oft lediglich faktisch, dh ohne Genehmigung betrieben werden. Zum anderen verlocken einige der Anlagen gerade dazu, über die eigentliche

---

1534 Nach OVG Münster Beschl. v. 3.2.2003 – 10 B 1439/02.
1535 Vgl. OVG Münster Beschl. v. 18.12.2017 – 7 A 2147/16; VG Köln Beschl. v. 29.3.2021 – 23 L 360/21.
1536 Vgl. VGH München Beschl. v. 28.1.2016 – 9 ZB 12.839.
1537 OVG Münster Beschl. v. 4.11.2015 – 7 B 744/15; VG Ansbach Beschl. v. 7.3.2016 – 9 S 15.02464, zu Art. 66 Abs. 1 BayBO.
1538 Siehe dazu ausführlich VG Gelsenkirchen Urt. v. 8.3.2021 – 20 K 4117/19.
1539 BVerwG Urt. v. 27.8.2020 – 4 C 1.19; VG Arnsberg Beschl. v. 4.3.2021 – 4 L 911/20.

1. Rechtsschutzmöglichkeiten

Ist für die Anlage eine (baurechtliche) Genehmigung erlassen worden, ist hiergegen 108 wie gegen die Genehmigung zugunsten eines Privaten, Rechtsschutz im Wege einer Anfechtungsklage gegeben. Das gilt im Übrigen unabhängig davon, ob die Anlage von einem Privaten betrieben werden soll oder ob es sich um eine öffentliche Einrichtung handelt.

Ist keine Genehmigung erlassen, beschränken sich die Rechtsschutzmöglichkeiten 109 auf anlassbezogenes Handeln.

Beispiel: Eine Gemeinde betreibt einen Grillplatz als öffentliche Einrichtung. Hierbei handelt es sich um eine nicht nach Immissionsschutzrecht genehmigungsbedürftige Anlage im Sinne von § 22 Abs. 1 BImSchG. Der Gemeinde sind grundsätzlich die von den Benutzern ausgehenden Lärmimmissionen zuzurechnen. Der Zurechnungszusammenhang wird allein durch den Erlass einer Grillplatzordnung, die ua die Benutzungszeiten regelt, nicht unterbrochen.[1540]

In diesen Fällen kann das sachgerechte Rechtsschutzziel in dem Verlangen nach (zB 110 Lärm mindernden) Auflagen bestehen, unter Umständen aber sogar in dem Streben nach einer vollständigen Nutzungsuntersagung. Aber auch hier gilt, dass das allgemeine Polizei- und Ordnungsrecht nicht grundsätzlich verdrängt wird.

Für all diese Rechtsschutzbegehren ist der Verwaltungsrechtsweg gemäß § 40 111 Abs. 1 S. 1 VwGO eröffnet. Denn da die Einwirkungen auf das Grundstück des Nachbarn durch die Nutzung einer öffentlichen Einrichtung hervorgerufen werden und das beeinträchtigende Geschehen dem öffentlichen Recht zuzuordnen ist, handelt es sich um öffentlich-rechtliche Streitigkeiten.

Statthafte Klageart bei faktischen öffentlichen Kinderspielplätzen, Bolzplätzen und 112 Ähnlichem ist die allgemeine Leistungsklage, weil nicht ein Verwaltungsakt abgewehrt (Anfechtungsklage) oder begehrt (Verpflichtungsklage) wird, sondern ein „schlichtes" Handeln abgewehrt oder ein Unterlassen begehrt wird.[1541] Geht die Störung von der künftigen Nutzung der Anlagen aus, handelt es um eine (vorbeugende) Leistungsklage.[1542]

Über die Anspruchsgrundlage eines Abwehranspruchs gegen eine hoheitlich betriebene Anlage besteht in Rechtsprechung und Literatur noch weitgehend Unklarheit.[1543] Er wird zum Teil aus dem grundrechtlichen Abwehranspruch nach Art. 2 Abs. 2 S. 1 GG (freie Entfaltung der Persönlichkeit, Recht auf Leben und körperliche Unversehrtheit, Freiheit der Person) und Art. 14 Abs. 1 S. 1 GG (Eigentum) oder aus dem Rechtsstaatsprinzip (Art. 20 Abs. 3 GG) hergeleitet. Zum Teil wird ein „allgemeiner öffentlich-rechtlicher Abwehr-, Unterlassungs- und (Folgen-) Beseitigungsanspruch" angenommen. Überwiegend wird der Anspruch aber aus einer analogen Anwendung der §§ 1004 und 906 BGB hergeleitet.[1544] Das Bundesverwaltungsgericht hat die Frage ausdrücklich offengelassen.[1545]

1540 Nach VGH Mannheim Urt. v. 11.4.1994 – 1 S 1081/93.
1541 VGH München Urt. v. 30.11.1987 – 26 B 82 A.2088.
1542 OVG Greifswald Beschl. v. 29.10.2009 – 3 M 154/09.
1543 Nachweise zum Streitstand bei Ossenbühl Staatshaftungsrecht S. 355 f.
1544 Vgl. etwa VG Frankfurt Urt. v. 27.5.2019 – 7 K 4666/15.F; OVG Greifswald Beschl. v. 29.10.2009 – 3 M 154/09.
1545 Urt. v. 19.1.1989 – 7 C 77.87.

114 Diesseits wird – in Übereinstimmung mit der wohl herrschenden Rechtsprechung – ein aus den §§ 906 und 1004 BGB abzuleitender Anspruch favorisiert.[1546] Denn die analoge Anwendung der zivilrechtlichen Vorschriften berücksichtigt zum einen, dass die öffentliche Hand keine geringeren Pflichten hat als der Privateigentümer eines Grundstücks, dem die genannten Bestimmungen entgegengehalten werden können. Zum anderen ermöglichen die zu diesem Rechtsinstitut bestehenden Rechtsgrundsätze durch die Parallele zum Zivilrecht eine ergänzende und sachgerechte Konkretisierung der Rechte und Pflichten, insbesondere auch der Duldungspflicht des Betroffenen. Die entsprechende Anwendung der §§ 906 Abs. 1 S. 1, 1004 Abs. 1 BGB als Anspruchsgrundlage bietet den sachgerechten Vorteil einer gesetzlich definierten Begrenzung des Anspruchs in Gestalt der Regelung in § 906 Abs. 1 BGB. Eine Festlegung ist zumeist nicht erforderlich, weil die rechtlichen Voraussetzungen nach allen Ansichten weitgehend die gleichen sind.

2. Das Abwehrrecht

a) Hinreichende Bestimmtheit der Genehmigung

115 Ist für den Betrieb der Einrichtung oder Anlage eine Genehmigung erteilt, muss diese sich an den anerkannten rechtlichen Anforderungen an eine Nachbarrechtskonformität messen lassen. So muss sie etwa hinreichend bestimmt sein, also vollständig, klar und unzweideutig. Der Inhalt der Baugenehmigung bestimmt sich dabei nach der Bezeichnung und den Regelungen im Genehmigungsbescheid, der konkretisiert wird durch die in Bezug genommenen und mit dem Genehmigungsvermerk versehenen Bauvorlagen. Das gilt grundsätzlich auch für die Nutzungszeiten, es sei denn eine Beschränkung der Nutzungszeit ergibt sich aus der Natur der Sache, etwa den Einrichtungen der Anlage. Ferner kann geregelt werden, dass ein Spielfeld nicht für Jugendliche zum Fußballspielen zur Verfügung gestellt wird, indem die Benutzung der Anlage insgesamt auf Kinder unter 14 Jahren beschränkt wird.

116 Erforderlichenfalls können im Einzelfall durch Nebenbestimmungen weitere Handlungsgebote oder -verbote geregelt werden. So kann zB vorgegeben werden, dass die aufgestellten Spielgeräte dauerhaft dem Stand der Lärmschutztechnik entsprechen müssen und dass möglichst lärmarme Materialien und Geräte zu verwenden sind.[1547] Darauf kann erforderlichenfalls vor Erteilung einer Genehmigung von Seiten der Nachbarn hingewirkt werden.

b) Standort

117 Die Festlegung des Standortes für eine öffentliche Einrichtung oder Anlage, zB für einen Kleinkinderspielplatz, kann in einem Bebauungsplan durch (zusätzliche) Festsetzung von Gemeinbedarfsanlagen (zB Kinderspielplätze nach § 9 Abs. 1 Nr. 5 BauGB) erfolgen. Wird die Anlage an einem Standort genehmigt oder dort ohne Genehmigung betrieben, für den nach der Festsetzung in dem Bebauungsplan für diese Fläche eine öffentliche Grünfläche (§ 9 Abs. 1 Nr. 15 BauGB) vorgesehen ist, kommt, unabhängig von der Frage der objektiv-rechtlichen Rechtswidrigkeit,[1548] ein Gebietserhaltungsanspruch nicht infrage, da es sich bei der Festsetzung einer Grün-

---

1546 So auch: VGH München Urt. v. 11.1.2013 – 22 B 12.2367; VG Koblenz Urt. v. 5.11.2015 – 4 K 877/14.KO; VG Aachen Urt. v. 9.5.2012 – 6 K 1937/09; VG Berlin Urt. v. 18.6.2014 – 10 K 147.13; OVG Koblenz Urt. v. 16.5.2012 – 8 A 10042/12.
1547 Zu so einem Fall siehe VG Bayreuth Beschl. v. 30.8.2019 – B 2 Sa 19.594.
1548 BVerwG Beschl. v. 25.7.2017 – 4 BN 2/17; BVerwG Beschl. v. 22.10.2012 – 4 BN 36.12; BVerwG Beschl. v. 11.4.2017 – 4 B 11.17.

D. Aspekte des öffentliches Baunachbarrechts 351

fläche nicht um die Festsetzung eines Baugebietes nach § 9 Abs. 1 Nr. 1 BauGB iVm § 1 Abs. 2 und 3 BauNVO handelt und deshalb die Grundstückseigentümer nicht in einer für den Gebietserhaltungsanspruch typische Schicksalsgemeinschaft im Sinne der Rechtsprechung des Bundesverwaltungsgerichts[1549] miteinander verbunden werden. Eine solche Festsetzung entfaltet grundsätzlich für einen Nachbarn keine drittschützende Wirkung, sondern dient allein dem Interesse der Allgemeinheit.[1550]

Als bauplanungsrechtlich relevante bauliche Anlagen sind Spielplätze und vergleichbare Einrichtungen nur zulässig, wenn das Baunutzungsrecht ihnen einen solchen Standort zuweist. Umgekehrt steht dem Nachbarn aufgrund des Gebietserhaltungsanspruchs ein subjektives Abwehrrecht zu, sofern die Anlage nach der Art der baulichen Nutzung dort objektiv-rechtlich nicht zulässig ist. **118**

Nach § 14 BauNVO sind in den Baugebieten auch untergeordnete Nebenanlagen und Einrichtungen zulässig, die dem Nutzungszweck des Baugebiets dienen und die seiner Eigenart nicht widersprechen. Handelt es sich um ein Wohngebiet oder ein Baugebiet in dem Wohnen regelmäßig zulässig ist, dient ein Spielplatz in der Regel dem Nutzungszweck Wohnen und widerspricht seiner Eigenart nicht. Denn es wird sich um eine sozialadäquate Ergänzung der Wohnbebauung handeln.[1551] **119**

c) Maßstäbe für die Zumutbarkeit

aa) Verbot schädlicher Umwelteinwirkungen

Unabhängig davon, ob für die Einrichtung oder Anlage eine Genehmigung erteilt worden ist oder sie ohne Genehmigung betrieben wird, misst sich das Abwehrrecht mit Blick auf die von ihr ausgehenden tatsächlichen Beeinträchtigungen insbesondere danach, ob durch sie schädliche Umwelteinwirkungen hervorgerufen werden. **120**

(1) Rechtlicher Maßstab

Dies folgt im Falle einer Genehmigung unmittelbar aus § 22 Abs. 1 iVm § 3 Abs. 1 BImSchG oder dem in § 15 BauNVO enthaltenen Rücksichtnahmegebot.[1552] Eine Genehmigung verstößt gegen das Rücksichtnahmegebot, wenn sie nicht hinreichend sicherstellt, dass keine den Klägern unzumutbaren Lärmimmissionen entstehen.[1553] **121**

Im anderen Fall folgt dies aus § 906 Abs. 1 S. 1 iVm § 1004 Abs. 1 BGB. Danach kann ein Nachbar unter anderem Geräusche, die die Benutzung seines Grundstücks nicht nur unwesentlich beeinträchtigen, abwehren; eine unwesentliche Beeinträchtigung liegt gemäß § 906 Abs. 1 S. 2 BGB in der Regel vor, wenn die in Gesetzen oder Rechtsverordnungen festgesetzten Grenz- oder Richtwerte von den nach diesen Vorschriften ermittelten und bewerteten Einwirkungen – etwa durch Lärm – nicht überschritten werden. **122**

1549 BVerwG Urt. v. 16.9.1993 – 4 C 28/91.
1550 Vgl. Söfker in: Ernst/Zinkahn/Bielenberg /Krautzberger, BauGB, § 9 Rn. 132; VG Bayreuth Beschl. v. 30.8.2019 – B 2 Sa 19.594.
1551 Vgl. OVG Münster Beschl. v. 22.2.2018 – 10 A 2558/16; BVerwG Beschl. v. 29.5.1989 – 4 B 26/89; VGH Mannheim Beschl. v. 6.3.2012 – 10 S 2428/11; OVG Münster Beschl. v. 11.8.2014 – 2 A 2395/13; BVerwG Urt. v. 12.12.1991 – 4 C 5/88.
1552 So OVG Münster Beschl. v. 22.2.2018 – 10 A 2558/16.
1553 VG Köln Urt. v. 3.11.2016 – 8 K 7320/14.

(2) Immissionsrichtwerte

123 In diesem Zusammenhang können auch technische Regelwerke zur Beurteilung von Lärmimmissionen herangezogen werden, wenn sie für die Beurteilung der Erheblichkeit der Lärmbelästigung im konkreten Streitfall brauchbare Anhaltspunkte liefern.[1554] Allerdings bieten technische Regelwerke wie die TA Lärm die Freizeitlärm-Richtlinie im Rahmen der Einzelfallprüfung nur eine Orientierungshilfe oder einen „groben Anhalt".[1555] Beide Regelwerke entsprechen den vom Bundesimmissionsschutzgesetz gestellten Anforderungen und vollziehen diese regelhaft nach.

124 Zwar bezieht sich die TA Lärm im Wesentlichen auf gewerblichen Lärm. Da sie aber auch für die Beurteilung von Gaststättenlärm heranzuziehen ist,[1556] kann hier auf die in der TA Lärm geregelten Grundsätze zurückgegriffen werden, wenn im Einzelfall die die zu beurteilenden Geräusche auch einem Gaststättenlärm in Art und Ausmaß vergleichbar sind.[1557]

125 Unzulässig ist in jedem Fall eine nur schematische Anwendung bestimmter Mittelungs- oder Grenzwerte.[1558] In diesem Zusammenhang ist insbesondere zu berücksichtigen, dass die Bestimmung der Schädlichkeitsgrenze von Immissionen vom bauplanungsrechtlichen Charakter des betroffenen Gebiets und von etwaigen Vorbelastungen abhängt.[1559]

Beispiel: Ob Nachbarn die von einer Seebühne und deren Vorplatz ausgehenden Geräuschimmissionen hinzunehmen haben, beurteilt sich anhand der Maßstäbe des § 22 Abs. 1, 3 Abs. 1 BImSchG. Auch diese Anlagen fallen als ortsfeste Einrichtung iSv § 3 Abs. 5 Nr. 1 BImSchG unter den weitgefassten Begriff einer Anlage. Kennzeichnend für solche Anlagen ist nämlich, dass es sich um Einrichtungen handelt, die mit Geräuschimmissionen verbunden sind, die zu schädlichen Umwelteinwirkungen führen und damit Rechte Dritter beeinträchtigen können. Das OVG Greifswald hielt unter Anwendung der LAI-Freizeitlärm-Richtlinie das betroffene Grundstück einerseits für vorbelastet und andererseits die zu erwartenden Lärmbelastungen als hinzunehmende seltene Ereignisse. Schließlich seien für die Frage, ob die Lärmbeeinträchtigung für die Nachbarn zumutbar ist, auch wertende Gesichtspunkte, wie etwa der kulturellen Belebung des Seebades einzubeziehen.[1560]

(3) Gebot einer individuellen Würdigung

126 In jedem Fall ist neben der Berücksichtigung der Immissionsrichtwerte auch eine individuelle Würdigung vorzunehmen, die die Umstände des Einzelfalls berücksichtigt.[1561] Die Wertung im Einzelfall richtet sich insbesondere auch nach der durch die Gebietsart und die tatsächlichen Verhältnisse bestimmten Schutzwürdigkeit und Schutzbedürftigkeit. Dabei sind wertende Elemente wie Herkömmlichkeit, soziale Adäquanz und allgemeine Akzeptanz mitbestimmend. Ebenso ist zu berücksichtigen, ob das Grundstück des Immissionsbetroffenen tatsächlich oder rechtlich vor-

---

1554 Vgl. BVerwG Urt. v. 29.4.1988 – 7 C 33.87.
1555 BVerwG Urt. v. 29.4.1988 – 7 C 33.87; BVerwG Beschl. v. 17.7.2003 – 4 B 55/03; VGH Kassel, Urt. v. 25.2.2005 – 2 UE 2890/04.
1556 Vgl. zB VGH Mannheim Urt. v. 27.6.2002 – 14 S 2736/01.
1557 VG Gießen Urt. v. 13.9.2006 – 8 E 2264/05.
1558 BVerwG Beschl. v. 27.1.1994 – 4 B 16/94; BVerwG Beschl. v. 17.7.2003 – 4 B 55/03; VGH Kassel Urt. v. 25.2.2005 – 2 UE 2890/04.
1559 OVG Greifswald Beschl. v. 29.10.2009 – 3 M 154/09.
1560 Nach OVG Greifswald Beschl. v. 29.10.2009 – 3 M 154/09; vgl. auch VGH München Beschl. v. 26.7.2006 – 1 CE 06.1937: Belebung der Altstadt.
1561 BVerwG Beschl. v. 30.7.2003 – 4 B 16.03; BVerwG Beschl. v. 17.7.2003 – 4 B 55.03; BVerwG Beschl. v. 11.2.2003 – 7 B 88.02.

D. Aspekte des öffentliches Baunachbarrechts

belastet ist. Alle diese Umstände müssen im Sinne einer „Güterabwägung" in eine wertende Gesamtbetrachtung einfließen.[1562]

(4) Rücksichtnahmegebot

Wie alle baulichen Anlagen, die in einem Baugebiet regelmäßig oder ausnahmsweise zulässig sind, sind solche im Einzelfall unzulässig, wenn von ihnen Belästigungen oder Störungen ausgehen können, die nach der Eigenart des Baugebiets im Baugebiet selbst oder in dessen Umgebung unzumutbar sind (Rücksichtnahmegebot, § 15 Abs. 1 S. 2 BauNVO, →). So kann etwa ein „in sehr enger räumlicher Zuordnung zu einem benachbarten Wohnhaus errichtetes Multifunktionsfeld, dessen bestimmungsgemäße Nutzung sich wegen seiner konstruktionsbedingten Besonderheiten (Holzumrandung, die sich im Bereich der Torlinie bis in eine Höhe von ca. 4 m Höhe erstreckt, stählerne Fußballtore) sehr lärmintensiv auswirkt, (…) für die Nachbarn unzumutbar sein, zumal wenn die Anlage in ihrer konkreten Ausgestaltung verglichen mit der Nutzung typischer Bolzplätze zu einem erheblichen ‚Mehr' an Lärmbeeinträchtigungen für die Nachbarschaft führt, das zur Verwirklichung des Zieles, Kindern, Jugendlichen und Heranwachsenden eine Ballspielmöglichkeit zur Verfügung zu stellen, nicht erforderlich ist."[1563] **127**

bb) Privilegierung der Einrichtungen für Kinder

Durch Art. 1 des Gesetzes vom 20.7.2011 hat der Bundesgesetzgeber mit Wirkung vom 28.7.2011 § 22 Abs. 1a in das Bundes-Immissionsschutzgesetz eingeführt. Nach dieser Regelung steht Kinderlärm unter einem besonderen Toleranzgebot der Gesellschaft; Geräusche spielender Kinder sind Ausdruck der kindlichen Entwicklung und Entfaltung und daher grundsätzlich zumutbar[1564] **128**

(1) Privilegierungsobjekt

Objekt der Privilegierung sind Einrichtungen und Anlagen für Kinder, wie Kindertageseinrichtungen, Kinderspielplätze und ähnliche Einrichtungen. **129**

Die Privilegierungsregelung des § 22 Abs. 1a BImSchG ist allerdings nicht anwendbar, wenn der Benutzerkreis der Anlage von dem Träger nicht verbindlich und nach außen erkennbar auf Kinder unter 14 Jahren im Sinne des § 22 Abs. 1a BImSchG beschränkt worden ist. Nach der Gesetzesbegründung knüpft der in § 22 Abs. 1a BImSchG verwendete Begriff des Kindes an die Definition des § 7 Abs. 1 Nr. 1 SGB VIII an; Kind ist mithin, wer noch nicht 14 Jahre alt ist.[1565] Soll die Anlage nach dem erklärten Willen des Trägers auch der sportlichen Betätigung für Jugendliche und junge Erwachsene dienen, ist die Bestimmung schon wegen des unterschiedlichen Lärmprofils nicht anwendbar. **130**

Nach der Gesetzesbegründung soll die Regelung zwar auf Ballspielflächen für Kinder anwendbar sein; diese werden deshalb in § 22 Abs. 1a BImSchG aber lediglich exemplarisch aufgeführt. Davon zu unterscheiden sind nach dem Willen des Gesetz- **131**

1562 Vgl. BVerwG Beschl. v. 11.2.2003 – 7 B 88/02; BVerwG Urt. v. 19.1.1989 – 7 C 77.87; BVerwG Beschl. v. 11.2.2003 – 7 B 88.02; BVerwG Urt. v. 19.1.1989 – 7 C 77.87.
1563 OVG Saarlouis Beschl. v. 6.7.2011 – 2 A 246/10.
1564 Vgl. die Begründung des Gesetzesentwurfs zu § 22 Abs. 1a BImSchG, BT-Drs. 17/4836, 4; s. dazu insbesondere: Guckelberger, Geräuschemissionen von Kinder- und Jugendeinrichtungen aus öffentlich-rechtlicher Sicht, UPR 2010, 241; Scheidler, Privilegierung von Kinderlärm, Immissionsschutz 2014, 22.
1565 Vgl. BT-Drs. 17/4836, 6.

gebers ua Bolzplätze sowie Streetballfelder für Jugendliche, die großräumiger angelegt sind und ein anderes Lärmprofil haben als Kinderspielplätze; diese Anlagen werden von der Privilegierung ausdrücklich nicht erfasst.[1566] Die typischen Bolzplätze, die auch und vor allem der spielerischen und sportlichen Betätigung Jugendlicher und junger Erwachsener dienen, unterscheiden sich von Kinderspielplätzen wegen der von ihnen ausgehenden stärkeren Auswirkungen auf ihre Umgebung und erfordern deshalb eine andere bauplanungsrechtliche Beurteilung.[1567]

(2) Privilegierungsinhalt

132 § 22 Abs. 1a BImSchG privilegiert den von den erfassten Einrichtungen durch Kinder verursachten Lärm in zweifacher Hinsicht:

133 Zunächst verbietet § 22 Abs. 1a S. 2 BImSchG die Heranziehung von Immissionsgrenz- und Richtwerten bei der Beurteilung von Geräuscheinwirkungen, die von Kindertageseinrichtungen, Kinderspielplätzen und ähnlichen Einrichtungen durch Kinder hervorgerufen werden. Dadurch soll gewährleistet werden, dass für die Beurteilung der Zumutbarkeit solcher Immissionen jeweils eine Entscheidung im Einzelfall getroffen wird, bei der die besonderen Umstände des Einzelfalles berücksichtigt und die widerstreitenden Interessen abgewogen werden.

134 Darüber hinaus enthält § 22 Abs. 1a BImSchG nach dem Willen des Gesetzgebers eine Privilegierungsregelung grundsätzlicher Art, die auf das sonstige Immissionsschutzrecht und über das zivile Nachbarschaftsrecht hinaus Wirkung hat, soweit dies für die Bewertung von Kinderlärm relevant ist. Der Gesetzgeber hat normiert, was bereits als gefestigte Rechtsprechung zum Beurteilungsmaßstab von Kinderlärm zugrunde gelegt worden war, dass nämlich die von wohnortnah gelegenen Spielplätzen und ähnlichen Einrichtungen ausgehenden Lärmeinwirkungen regelmäßig als ortsübliche, sozialadäquate Lebensäußerungen der Kinder hinzunehmen sind, hinter die das Ruhebedürfnis Erwachsener zurücktreten muss.[1568] Die Nachbarn haben deshalb grundsätzlich die Geräuschimmissionen des Spielplatzbetriebs innerhalb der Öffnungszeiten bis hin zur Grenze möglicher Gesundheitsbeeinträchtigungen als sozialadäquat hinzunehmen.[1569]

135 Nicht nur der unmittelbar von Kindern bei Nutzung der Einrichtung erzeugte Lärm wird von der Vorschrift erfasst, sondern auch die zusätzlichen Lärmemissionen, die sich mit der bestimmungsgemäßen Nutzung einer Kindertageseinrichtung oder eines Kinderspielplatzes verbinden. Zu den Geräuscheinwirkungen zählen nicht allein solche, die durch kindliche Laute wie Schreien oder Singen sowie durch körperliche Aktivitäten der Kinder wie Spielen, Laufen, Springen und Tanzen hervorgerufen werden; ebenso gehören hierzu das Sprechen und Rufen von Betreuerinnen und Betreuern sowie das Nutzen kindgerechter Spielzeuge und Spielgeräte.[1570] Da die Art und Weise der Verbringung der Kinder zur Kindertagesstätte eigenständig erfolgt und im alleinigen Verantwortungsbereich der Eltern liegt, wird der hierdurch erzeugte Lärm von der Privilegierung nicht umfasst.[1571]

1566 Vgl. BT-Drs. 17/4836, 6.
1567 Zur Abgrenzung siehe VG Köln Urt. v. 3.11.2016 – 8 K 7320/14.
1568 VG Aachen, Urt. v. 9.5.2012 – 6 K 1937/09; BVerwG Urt. v. 12.12.1991 – 4 C 5.88.
1569 VG Aachen, Urt. v. 9.5.2012 – 6 K 1937/09; OVG Münster Beschl. v. 19.8.2008 – 10 A 492/07; VGH München Beschl. v. 21.12.1994 – 22 B 93.2343.
1570 VG Gelsenkirchen Urt. v. 14.11.2018 – 10 K 4558/16.
1571 So überzeugend auch: VG Gelsenkirchen Urt. v. 14.11.2018 – 10 K 4558/16.

D. Aspekte des öffentliches Baunachbarrechts   355

(3) Beschränkung des Privilegierungsumfangs

Gemäß § 22 Abs. 1 S. 1 Nr. 1 und 2 BImSchG ist der Betreiber einer Anlage verpflich- 136
tet, diese so zu errichten und zu betreiben, dass schädliche Umwelteinwirkungen
verhindert werden, die nach dem Stand der Technik vermeidbar sind und nach dem
Stand der Technik unvermeidbare schädliche Umwelteinwirkungen auf ein Mindestmaß beschränkt werden. Deshalb sind zwar mit dem Betrieb einhergehende unvermeidbare Geräuscheinwirkungen nach Abs. 1a hinzunehmen, nicht aber auch nach
dem Stand der Technik vermeidbare[1572] Störungen der Nachbarschaft, die letztlich
auf einer unzureichenden Organisation des Betriebsablaufs beruhen, sind nach Sinn
und Zweck der Vorschrift von ihr nicht umfasst. Solche geltend zu machen, ist durch
sie nicht ausgeschlossen.[1573]

3. Zurechnung missbräuchlichen Verhaltens auf einer Spielanlage

Die Nachbarn haben ein berechtigtes Interesse an der Einhaltung der in der Nut- 137
zungsordnung der Einrichtung bestimmten und in der Regel auf einem Schild angegebenen Ruhezeiten. Sie brauchen solche Immissionen nicht zu dulden, die durch
eine missbräuchliche Nutzung von Sport- und Spielanlagen, zB in den Abend- und
Nachtstunden sowie an Sonn- und Feiertagen, ausgehen.[1574]

Die öffentliche Hand ist als Betreiberin für solche Geräusch- und andere Belästigun- 138
gen nicht verantwortlich, die von den Benutzern einer kommunalen Einrichtung
durch eine missbräuchliche Benutzung verursacht werden, sofern zu dieser Art der
Benutzung nach den örtlichen Gegebenheiten kein besonderer Anreiz besteht.[1575]
Der Standort oder die Ausgestaltung der Anlage können allerdings so gelagert sein,
dass sie zu einer missbräuchlichen Nutzung und/oder einem nicht zugelassenen
Personenkreis geradezu herausfordern.[1576]

Beispiel für eine Zurechnung der missbräuchlichen Nutzung: Der Missbrauch des Spielplatzes
beruht wesentlich auch auf der mit seiner konkreten Lage verbundenen außergewöhnlichen
Anziehungskraft. Er liegt innerhalb einer Grünanlage und ist hier wiederum an einer für den öffentlichen Straßenverkehr nur schwer zugänglichen Stelle positioniert. Besucher des Spielplatzes müssen daher nur mit Fußgängerverkehr rechnen, der nachts nahezu zum Erliegen kommt.
Dieser Umstand bietet im Vergleich zu anderen Spielplätzen einen besonderen Anreiz für Jugendliche, die sich von Passanten unbeobachtet treffen und ungestört unter sich sein wollen.
Dies gilt in ganz besonderem Maße dann, wenn die Jugendlichen sich außerhalb der gemeindlichen oder privaten Jugendeinrichtungen treffen, um dort verbotene oder missbilligte Verhaltensweisen an den Tag zu legen.[1577]

Welche Regelungen bei erhöhter Missbrauchsgefahr eines Kinderspielplatzes zur 139
Verhinderung unzumutbarer Geräuschimmissionen in die Baugenehmigung aufgenommen werden müssen, kann nicht abstrakt, sondern nur unter Berücksichtigung
der Umstände des Einzelfalls bestimmt werden. Die bloße Festlegung von Öffnungszeiten sowie die Regelung des Alters der zugelassenen Nutzer des Kinderspielplatzes reichen nach der Rechtsprechung in solchen Fällen aber grundsätzlich nicht aus,

---

1572 Vgl. BVerwG Beschl. v. 5.6. 2013 – 7 B 1/13.
1573 VG München Urt. v. 19.3.2018 – M 8 K 16.4726.
1574 BVerwG Beschl. v. 30.1.1990 – 7 B 162/89.
1575 OVG Münster Urt. v. 16.9.1985 – 15 A 2856/83: missbräuchliche Benutzung einer öffentlichen Parkan-
       lage und einer Parkbank „durch Jugendliche und Stadtstreicher"; VGH München Urt. v. 30.11.1987 –
       26 B 82 A.2088.
1576 OVG Münster Beschl. v. 13.3.2013 – 7 A 1404/12.
1577 Nach: VG Aachen Urt. v. 7.9.2009 – 6 K 1755/08; weiteres Beispiel: VGH Mannheim Beschl. v.
       6.3.2012 – 10 S 2428/11; zu einem ähnlichen Fall siehe OVG Münster Beschl. v. 22.2.2018- 10 A
       2558/16.

auch wenn diese Regelungen durch ein Schild am Eingang des Kinderspielplatzes wiedergegeben werden. Wirkungsvoll sein können demgegenüber die Einrichtung eines Schließdienstes sowie regelmäßige Kontrollen durch einen Wachdienst, wenn diese Maßnahmen in der Baugenehmigung selbst geregelt werden.[1578]

Beispiel für die Nichtzurechnung einer missbräuchlichen Nutzung: Das vorgehaltene Spielplatzangebot (zwei Sitzbänke, ein Sandkasten, eine Kleinkinderrutsche, eine Wippe, ein Multifunktionsspielgerät, zwei Rutschen) fordert ein missbräuchliches Verhalten nicht heraus. Der Träger des Spielplatzes hat durch die Aufstellung von Hinweisschildern, die ausgedehnte Erreichbarkeit des Ordnungsamtes (bis 1:15 Uhr, an Freitagen, Samstagen und vor Feiertagen bis 3:15 Uhr) und zahlreiche Kontrollen vor Ort gezeigt, dass er gewillt ist, die Einhaltung der bestimmungsgemäßen Nutzung des Spielplatzes zu gewährleisten. Dennoch stattfindende Störungen können damit nicht mehr dem Verantwortungsbereich dem Träger der Einrichtung zugerechnet werden, sondern unterfallen dem allgemeinen Ordnungs- und Polizeirecht.[1579]

Gegenbeispiel: „Der danach vorliegenden erhöhten Missbrauchsgefahr wird die streitgegenständliche Baugenehmigung nicht gerecht. Die Baugenehmigung legt zwar Öffnungszeiten fest und regelt das Alter der zulässigen Nutzer (bis 14 Jahre). Des Weiteren ist vorgegeben, dass am Eingang ein Spielplatzschild mit diesen Informationen aufzustellen ist. Diese Regelungen reichen unter den beschriebenen besonderen Umständen aber nicht aus, um die Missbrauchsgefahr wirkungsvoll zu beseitigen. Zu verlangen sind insoweit zusätzliche verbindliche Regelungen, etwa über die Einrichtung eines Schließdienstes, oder die Durchführung regelmäßiger Kontrollen über einen Zeitraum, der sich als zur Beseitigung der gesetzten Anreize ausreichend erweist. Ohne solche weiteren Nebenbestimmungen in der Baugenehmigung ist eine Rechtsverletzung der Kläger durch unzumutbare Lärmimmissionen nach den obigen Ausführungen nicht hinreichend sicher ausgeschlossen."[1580]

4. Kein Anspruch auf eine bestimmte Maßnahme

140 Der Nachbar hat auch im Rahmen eines Anspruchs gegen die bestimmungswidrige Nutzung einer durch schlicht hoheitliches Handeln betriebenen baulichen Anlage keinen Anspruch darauf, dass die Verwaltung eine bestimmte Maßnahme ergreift. Grundsätzlich steht es ihr frei, nach ihrem Ermessen darüber zu befinden, auf welche Weise sie ihren rechtlichen Verpflichtungen nachkommt. Aufgrund ihres Ermessensspielraums darf sie zunächst bestimmte, grundsätzlich geeignete Maßnahmen ausprobieren und auf ihre konkrete Eignung und Effektivität überprüfen. Im Bedarfsfall darf sie danach andere Maßnahmen ergreifen. Dabei ist in Rechnung zu stellen, dass der Erfolg der Maßnahmen erst nach einem gewissen „Lerneffekt" eintreten mag.[1581] Die muss auch in einem etwaigen (gerichtlichen) Antrag zum Ausdruck kommen. Der Antrag kann deshalb sachgerecht nur dahin gehen, dass gegen die (gegebenenfalls: über die Genehmigung hinausgehende) missbräuchliche Nutzung eingeschritten wird.

1578 OVG Münster Beschl. v. 22.2.2018 – 10 A 2558/16.
1579 Nach: OVG Münster Beschl. v. 13.3.2013 – 7 A 1404/12; vgl. auch OVG Koblenz Urt. v. 24.10.2012 – 8 A 10301/12; VGH Kassel Urt. v. 25.7.2011 – 9 A 125/11; VGH Mannheim Beschl. v. 6.3.2012 – 10 S 2428/11; VGH Mannheim Urt. v. 27.4.1990 – 8 S 1820/89, Leitsätze: „Die Anlage und der Betrieb von Spielplätzen ist so zu organisieren, dass vermeidbare Lärmbelästigungen für die Anwohner vermieden werden. Gegen missbräuchliche Benutzung sind geeignete Vorkehrungen zu treffen."
1580 Aus: VG Köln Urt. v. 3.11.2016 – 8 K 7320/14.
1581 OVG Münster Beschl. v. 20.1.2011 – 7 E 1386/10.

D. Aspekte des öffentliches Baunachbarrechts 357

V. Rechtsverlust und unzulässige Rechtsausübung

Rechte zur Einlegung eines Rechtsbehelfs gegen eine Baugenehmigung (dieser Begriff steht im Folgenden für alle ein Bauvorhaben legalisierenden behördlichen Maßnahmen) können dadurch untergehen, dass der Berechtigte wirksam auf sie verzichtet, ferner durch Versäumung der hierfür zur Verfügung stehenden Frist. Die Verwirkung des Nachbarrechts setzt rechtslogisch voraus, dass das Recht noch besteht, aber aus Gründen von Treu und Glauben nicht (mehr) geltend gemacht werden kann. All dies gilt gleichermaßen für das Recht zur Geltendmachung eines Anspruchs auf bauaufsichtliches Einschreiten gegen ein störendes Vorhaben. 141

1. Rechtverlust durch Verzicht/Zustimmung

Ein Verzicht des Nachbarn auf seine Nachbarrechte kann dadurch erfolgen, dass er dem Vorhaben ausdrücklich zustimmt, etwa durch den Vermerk „Ich bin als Nachbar mit der Planung einverstanden". Allein der Einblick in die Baupläne stellt jedoch noch keinen Verzicht oder einen sonstigen Umstand dar, der das spätere Geltendmachen des nachbarlichen Abwehrrechts als Verstoß gegen Treu und Glauben erscheinen lässt.[1582] Eine Vereinbarung über den Verzicht gegen eine Gegenleistung ist zulässig und verstößt nicht gegen ein gesetzliches Verbot (§ 134 BGB).[1583] 142

a) Verzichtserklärung als empfangsbedürftige Willenserklärung

Die Verzichtserklärung (auch in Form der Zustimmung) ist eine empfangsbedürftige Willenserklärung (§ 130 Abs. 1 S. 1 BGB). Der Nachbar kann die Zustimmungserklärung mit Einschränkungen versehen. Diese müssen dann gegenüber der Bauaufsichtsbehörde mit der gebotenen Klarheit und Eindeutigkeit zum Ausdruck gebracht werden. Gegebenenfalls ist durch Auslegung zu ermitteln, welchen Inhalt eine von dem Nachbarn zu dem Vorhaben abgegebene Erklärung hat.[1584] Der nachbarlichen Erklärung, mit einem Bauvorhaben einverstanden zu sein, kommt allerdings nur insoweit Bindungswirkung zu, als sie sich auf ein konkretes Vorhaben bezieht und die Baugenehmigung für dieselben Bauvorlagen erteilt worden ist, denen der Nachbar zugestimmt hat.[1585] Aus diesem Grunde kommt es entscheidend darauf an, welchen Inhalt die seinerzeit dem Nachbarn zur Kenntnis gebrachten Unterlagen hatten und was dieser aus den Bauzeichnungen entnehmen konnte. Beschränkt ein Nachbar sein Einverständnis mit einem Bauvorhaben ausdrücklich auf eine bestimmte Form des Vorhabens, deckt dieses Einverständnis ein geändertes Vorhaben selbst dann nicht, wenn die Änderung nachbarliche Interessen nicht zusätzlich berührt.[1586] 143

b) Adressat der Verzichtserklärung

Auch wenn der Nachbar den Verzicht oder die Zustimmung gegenüber dem Bauherrn (sinnvollerweise schriftlich) äußert, ist deren Adressat die Baugenehmigungsbehörde. Denn sie hat die Vereinbarkeit des Vorhabens mit dem öffentlichen Baurecht zu prüfen und ihr gegenüber bewirkt der Verzicht auf bestehende materiellrechtliche Abwehrrechte. Soweit der Verzicht tatsächlich gegenüber dem Bauherrn 144

1582 BVerwG Beschl. v. 7.8.1996 – 4 B 147/96.
1583 BGH Urt. v. 11.12.1980 – III ZR 38/79.
1584 OVG Münster Beschl. v. 6.2.2009 – 10 B 1803/09; OVG Münster Beschl. v. 9.7.2009 – 10 A 1817/09.
1585 OVG Münster Beschl. v. 20.1.2015 – 10 B 1388/14.
1586 OVG Münster Beschl. v. 2.8.2007 – 7 A 880/07.

erklärt wird, fungiert dieser als Bote, überbringt also eine nicht für ihn bestimmte Erklärung an den Empfänger im Sinne des § 130 Abs. 1 S. 1 BGB.[1587]

c) Widerruf und Anfechtbarkeit der Verzichtserklärung

145 In entsprechender Anwendung von § 130 Abs. 1 S. 2 und Abs. 3 BGB kann der Widerruf lediglich bis zum Zugang der Zustimmungserklärung bei der Baugenehmigungsbehörde erklärt werden.[1588] Nach Eingang bei der Bauaufsichtsbehörde ist die Zustimmung nur nach Maßgabe der entsprechend anwendbaren Vorschriften der §§ 119 ff. BGB anfechtbar.

146 Die Anfechtung ist gegenüber der Bauaufsichtsbehörde zu erklären. Dies ergibt sich bereits aus § 143 Abs. 3 S. 1 BGB, wonach bei einer einseitigen, empfangsbedürftigen Willenserklärung der andere Teil Anfechtungsgegner ist. Dem Umstand, dass der Nachbar gegenüber dem Bauamt selbst keinen Anfechtungsgrund hat, trägt § 123 Abs. 2 S. 2 BGB Rechnung, wonach ein Rechtsgeschäft auch dann anfechtbar ist, wenn ein Dritter – hier der Bauherr – aus der Erklärung unmittelbar ein Recht erwirbt und der Dritte die Täuschung kannte oder kennen musste.

147 Wird eine arglistige Täuschung nach § 123 BGB geltend gemacht, so sind bei einer Irrtumsanfechtung nach § 119 BGB auch Motivirrtümer beachtlich. Demnach ist maßgeblich, ob der Nachbar durch Täuschung zur Abgabe der Nachbarzustimmung bestimmt worden ist. Dabei kann sich ein etwaiger Irrtum des Nachbarn auch auf Tatsachen außerhalb der unterschriebenen Bauunterlagen beziehen.[1589]

d) Wirkung des Verzichts/Rechtsnachfolge

148 Die Zustimmung des Nachbarn zu einem Bauvorhaben bewirkt sowohl einen materiellrechtlichen als auch einen verfahrensrechtlichen Verzicht auf mögliche Abwehrrechte; die entsprechenden Rechte gehen damit, soweit sie disponibel sind, unter.[1590]

149 Der Verzicht bindet auch die Rechtsnachfolger (s. dazu unter Teil C Rn. 185). Denn Abwehrrechte sind mit der dinglichen Berechtigung an einem Grundstück verknüpft. Sind Abwehrrechte des Nachbarn durch Verzicht untergegangen, so können sie auf dessen Rechtsnachfolger nicht mehr übergehen und leben auch nicht wieder auf.[1591]

2. Rechtsverlust durch Versäumung der Frist

150 Rechte zur Einlegung eines Rechtsbehelfs gegen eine Baugenehmigung können durch die Versäumung der hierfür zur Verfügung stehenden Frist untergehen. Dasselbe gilt für das Recht zur Geltendmachung eines Anspruchs auf bauaufsichtliches Einschreiten gegen ein störendes Vorhaben. Die Verwirkung (dazu Teil D Rn. 176 ff.) hat nichts mit dem Rechtsverlust durch Fristablauf zu tun. Sie setzt vielmehr voraus, dass das Recht dem Grunde nach noch besteht, aber aus Gründen von Treu und Glauben nicht (mehr) geltend gemacht werden kann.

1587 OVG Lüneburg Beschl. v. 28.8.2013 – 1 LA 235/11.
1588 OVG Münster Beschl. v. 28.6.2002 – 7 B 1061/02.
1589 VG Trier Beschl. v. 19.11.2019 – 7 K 3469/19.TR; aA: VG Ansbach Urt. v. 5.12.2012 – AN 9 K 11.01747.
1590 OVG Münster Urt. v. 2.9.2010 – 10 A 2616/08.
1591 OVG Münster Urt. v. 2.9.2010 – 10 A 2616/08; VGH Mannheim Urt. v. 16.8.1978 – III 470/78; VGH Kassel Beschl. v. 27.4.1994 – 3 TH 20/94.

Für die Frage, ob die Frist zur Einlegung eines Rechtsbehelfs gegen eine Baugeneh- 151
migung eingehalten ist, muss – erstens – der Zeitpunkt des Beginns des Fristenlaufs
ermittelt, – zweitens – die Länge der Frist festgelegt sowie – drittens – nach der
rechtzeitigen Vornahme der Rechtshandlung innerhalb dieser Frist gefragt werden.

a) Fristbeginn

Der Fristbeginn bestimmt sich, da ein Widerspruch nicht vorgesehen ist, nach § 74 152
Abs. 1 VwGO. Die Klage ist innerhalb eines Monats, nachdem der Verwaltungsakt
dem Beschwerten bekanntgegeben worden ist, zu erheben. Unter Umständen kann
eine Frist auch zu laufen beginnen, obwohl eine förmliche Bekanntgabe nicht erfolgt
ist.

aa) Fristbeginn infolge Bekanntgabe

Der Begriff Bekanntgabe ist der Oberbegriff über sämtliche Formen zulässiger Eröff- 153
nung eines Verwaltungsaktes gegenüber dem Betroffenen. Neben einer mündlichen
Mitteilung kommen die schriftliche Übersendung durch die Post, die elektronische
Übermittlung und die öffentliche Bekanntmachung in Frage. Für die Zustellung, eine
besonders formalisierte Form der Bekanntgabe, gelten die Bestimmungen des
VwZG.

(1) Formfreiheit und Beteiligungspflicht

Für die Bekanntgabe eines Verwaltungsaktes gilt grundsätzlich Formfreiheit; aller- 154
dings bestimmt § 72 Abs. 2 S. 2 BauO, dass Angrenzern, wenn diese dem Bauvorhaben nicht zugestimmt haben, die Baugenehmigung zuzustellen ist. Ein Verstoß gegen die Beteiligungsvorschrift wirkt sich allein auf die Bekanntgabe an den Adressaten und damit den Fristbeginn aus, berührt aber die Rechtmäßigkeit der Genehmigung nicht.

Die Genehmigungsbehörde kann nach ihrem Ermessen den Kreis derer, denen ge- 155
genüber sie die Genehmigung bekanntgeben will, weiter ziehen als sie rechtlich verpflichtet ist. Damit kann sie im Interesse der Rechtssicherheit den Zeitpunkt des
Fristbeginns für den Lauf eines Rechtsbehelfs und damit auch des Fristendes und
der Bestandskraft des Bescheides aktenkundig machen. Dies liegt oftmals auch im
Interesse des Bauherrn und betroffener Nachbarn.

Die Bekanntgabe einer Baugenehmigung an einen Dritten setzt als subjektives Ele- 156
ment einen entsprechenden Bekanntgabewillen voraus. Dabei genügt nicht der Wille, die Genehmigung gegenüber dem Bauherrn bekanntzugeben. Vielmehr ist auch
der Wille zur Bekanntgabe („zielgerichtete Mitteilung einer Entscheidung an den Betreffenden") gerade auch an den Drittbetroffenen erforderlich,[1592]. Dies erfordert eine
bewusste Willensentscheidung, dass und wann der Verwaltungsakt bekanntgegeben
werden soll. Eine zufällige Kenntnisnahme durch den Dritten, etwa durch Übermittlung seitens des Bauherrn, genügt in diesem Zusammenhang nicht.

(2) Bekanntgabezeitpunkt

Der Zeitpunkt der Bekanntgabe, sei es mit einfachem Brief oder sei es elektronisch, 157
ist in § 41 Abs. 2 VwVfG geregelt. Danach gilt ein schriftlicher Verwaltungsakt, der im
Inland durch die Post übermittelt wird, am dritten Tag nach der Aufgabe zur Post als

---

[1592] VG Neustadt (Weinstraße) Beschl. v. 11.2.2019 – 5 L 85/19.NW mwN.

bekanntgegeben. Ein Verwaltungsakt, der im Inland oder in das Ausland elektronisch übermittelt wird, gilt am dritten Tag nach der Absendung als bekanntgegeben. Dies gilt nicht, wenn der Verwaltungsakt nicht oder zu einem späteren Zeitpunkt zugegangen ist; im Zweifel hat die Behörde den Zugang des Verwaltungsaktes und den Zeitpunkt des Zugangs nachzuweisen.

158 Erfolgt die Bekanntgabe der Baugenehmigung an den Nachbarn im Wege einer Zustellung, wird für diesen eine Frist nur dann in Gang gesetzt, wenn die Zustellung ordnungsgemäß erfolgt ist. Die Regeln dazu ergeben sich aus dem VwZG. Lässt sich die formgerechte Zustellung der Genehmigung nicht nachweisen oder ist sie unter Verletzung zwingender Zustellungsvorschriften zugegangen, gilt sie als in dem Zeitpunkt zugestellt, in dem sie dem Nachbarn tatsächlich zugegangen ist (vgl. § 8 VwZG).

(3) Relativität des Zeitpunkts und des Inhalts

159 Der Bekanntgabe-Zeitpunkt ist „relativ", dh er kann hinsichtlich verschiedener Personen differieren. Wird eine Baugenehmigung einem betroffenen Nachbarn erst später bekanntgegeben als dem Bauherrn, beginnen die Rechtsmittelfristen für diese Personen zu unterschiedlichen Zeitpunkten zu laufen. Ähnliches gilt für etwaige Unterschiede im Inhalt: Wird dem Nachbarn gegenüber nur ein Teil der Genehmigung bekanntgegeben, ist deren Regelungsgehalt und damit der Gegenstand einer möglichen Anfechtung gegenüber einer vollständigen, an den Bauherrn gerichteten Genehmigung reduziert.

bb) Fristbeginn ohne förmliche (amtliche) Bekanntgabe

160 Im Baunachbarrecht wird von dem Grundsatz, dass die Bekanntgabe einer Baugenehmigung an einen Dritten als subjektives Element einen entsprechenden Bekanntgabewillen der Behörde voraussetzt, in bestimmten Fällen unter dem Gesichtspunkt von Treu und Glauben eine bedeutsame Ausnahme gemacht. Dies ist verfassungsrechtlich unbedenklich. Denn: „Die Konkretisierung des Grundsatzes von Treu und Glauben dahin gehend, dass eine Einschränkung der Eigentumsbefugnisse im nachbarschaftlichen Gemeinschaftsverhältnis in begrenzten Ausnahmefällen auch über die gesetzlich ausdrücklich geregelten Fälle hinaus erfolgen und insoweit die Ausübung eines an sich bestehenden Rechts unzulässig sein kann, stellt eine verfassungsrechtlich unbedenkliche Inhaltsbestimmung des Eigentums nach Art. 4 Abs. 1 LV i. V. m. Art. 14 Abs. 1 Satz 2 GG dar."[1593]

(1) Sonstige Kenntnisnahme von der Baugenehmigung

161 Wird die Baugenehmigung dem Nachbarn nicht aufgrund eines entsprechenden Willensaktes förmlich bekannt gegeben, hat dieser aber von einer dem Bauherrn erteilten Baugenehmigung zuverlässig Kenntnis erlangt, so muss er sich so behandeln lassen, als sei ihm die Baugenehmigung bekanntgegeben worden, und zwar zu dem Zeitpunkt der sicheren Kenntnisnahme.[1594] Das beruht auf dem im nachbarschaftlichen Gemeinschaftsverhältnis geltenden Grundsatz von Treu und Glauben.[1595] Aus

---

1593 VerfGH NRW Beschl. v. 17.12.2019 – 56/19.VB-3, unter Hinweis auf BVerfG Beschl. v. 10.11.1988 – 1 BvR 1215/88.
1594 VerfGH NRW Beschl. v. 17.12.2019 – 56/19.VB-3; BVerwG Urt. v. 16.5.1991 – 4 C 4.89; BVerwG Urt. v. 10.8.2000 – 4 A 11.99; BVerwG Beschl. v. 11.9.2018 – 4 B 34.18.
1595 St. Rspr. seit BVerwG Urt. v. 25.1.1974 – IV C 2/72.

dem nachbarschaftlichen Gemeinschaftsverhältnis wird also gewissermaßen eine Bekanntgabe zu einem bestimmten Zeitpunkt fingiert.[1596]

162 Dabei ist nicht ausreichend und entscheidend, ob der Nachbarn erkennt, dass überhaupt eine Baugenehmigung ergangen ist. Der Grundsatz von Treu und Glauben verlangt dem Nachbarn nicht ab, gleichsam vorsorglich gegen jedes bauliche Vorhaben vorzugehen, um seine Rechte zu wahren. Der Vorwurf der Treuwidrigkeit ist nur dann berechtigt, wenn der Betroffene den Inhalt der Baugenehmigung insoweit erkennen kann, als diese zu seinen Lasten eine (mutmaßliche) Rechtsverletzung beinhaltet.

(2) Kennenmüssen des Inhalts der Baugenehmigung

163 Entsprechendes gilt dann, wenn der Nachbar von der Baugenehmigung zuverlässig Kenntnis hätte haben müssen, weil sich ihm ihr Vorliegen aufdrängen musste und es ihm möglich und zumutbar war, sich zB durch Nachfrage beim Bauherrn oder bei der Bauaufsichtsbehörde darüber Gewissheit zu verschaffen.[1597] Je einfacher die Informationen über das Bauvorhaben zugänglich sind, desto eher ist dem Nachbarn die Erkundigung zuzumuten. Bei deutlich wahrnehmbaren Bauarbeiten gibt es Anlass, der Frage der eigenen Beeinträchtigung nachzugehen.[1598]

164 All dies setzt aber voraus, dass ein solches nachbarschaftliches Gemeinschaftsverhältnis überhaupt der Sache nach besteht. Liegen die Grundstücke mehrere hundert Meter voneinander entfernt, kann dies zweifelhaft sein.[1599]

165 Auch bei Zugehörigkeit zu der – unter Umständen weit zu bemessenden – nachbarschaftlichen Gemeinschaft kann vernünftigerweise nicht jedem ihrer Angehörigen zugemutet werden, auch nur vagen Zweifeln nachzugehen und zur Vermeidung des Untergangs der eigenen Rechte beim Bauherrn und/oder der Baugenehmigungs- oder Bauaufsichtsbehörde vorstellig zu werden. Dies wäre nicht nur der nachbarschaftlichen Gemeinschaft abträglich, sondern würde dem Nachbarn Handlungsweisen abverlangen, die den rechtlichen, nach Treu und Glauben zu stellenden Anforderungen nicht mehr entsprächen. Es würde zB einem Nachbarn, der einen Gebietserhaltungsanspruch geltend machen will, zu viel abverlangt, sich auch um die Aufklärung von Bauvorhaben auf weiter entfernten Grundstücken zu bemühen, wenn diese noch zur näheren Umgebung iSv § 34 BauGB zählen.[1600] Vielmehr müssen über die Zugehörigkeit zur nachbarschaftlichen Gemeinschaft hinaus besondere Umstände des Einzelfalls hinzutreten, damit aus dem Erkennen eines baurechtlich relevanten Geschehens die Obliegenheit zum Handeln erwächst. In der Regel kann der Nachbar nämlich davon ausgehen, dass die Genehmigungsbehörde nur erlaubt, was erlaubt werden darf. Er kann auch annehmen, dass ein Bebauungsplan, der die Grundlage eines Bauvorhabens ist, wirksam ist und die Genehmigung sich mit seinen Festsetzungen deckt und etwaige Ausnahmen und Befreiungen rechtsfehlerfrei erteilt worden sind. Ansonsten würden letztlich Nachbarn anstelle der Bauämter faktisch zu Baukontrolleuren.

1596 Vgl. auch OVG Münster Urt. v. 28.1.2016 – 10 A 447/14.
1597 BVerwG Urt. v. 25.1.1974 – IV C 2/72; vgl. auch OVG Münster Urt. v. 28.1.2016 – 10 A 447/14.
1598 VG Köln Urt. v. 3.11.2015 – 2 K 2961/14; VGH Mannheim Urt. v. 14.5.2012 – 10 S 2693/09.
1599 OVG Münster Beschl. v. 27.1.2016 – 10 B 14/16.
1600 So auch Charnitzky/Rung BauR 2016, 1254 und 1406.

(3) Wissensvertretung

166 In entsprechender Anwendung des § 166 Abs. 1 BGB und der Grundsätze über die Wissensvertretung muss der Nachbar sich die Kenntnis eines von ihm Vertretenen anrechnen lassen. Das setzt aber voraus, dass die Person, deren Wissen zugerechnet werden soll, selbstständig für ihren Geschäftsherrn gehandelt hat und befugt war, rechtserhebliche Informationen zur Kenntnis zu nehmen, um diese gegebenenfalls an ihn weiterzuleiten.[1601]

b) Länge und Ablauf der Frist

167 Für die Länge der Frist gelten die Bestimmungen der VwGO, insbesondere die Monatsfrist des § 74 Abs. 1 VwGO. Diese Frist ist allerdings nur bei zutreffender Rechtsbehelfsbelehrung maßgeblich.

168 Eine (schriftliche) Rechtsbehelfsbelehrung muss vollständig und zutreffend sein (§ 58 Abs. 2 VwGO). Wenn und soweit ein Dritter zur Einlegung eines Rechtsbehelfs berechtigt ist, darf die Belehrung keinen Zusatz enthalten, der unrichtig und/oder irreführend ist und geeignet ist, die Einlegung des in Betracht kommenden Rechtsbehelfs nennenswert zu erschweren und ihn davon abzuhalten, einen Rechtsbehelf überhaupt oder rechtzeitig einzulegen.[1602] In diesem Zusammenhang ist problematisch, dass Baugenehmigungen (so wie andere Bescheide mit Doppelwirkung) vorrangig denjenigen im Blick haben, der unmittelbar durch die Regelung belastet oder begünstigt werden soll; der Nachbar wird oft aus den Augen verloren. Zwar ist nach § 58 Abs. 1 VwGO nicht erforderlich, darüber zu belehren, wer zur Einlegung des Rechtsbehelfs berechtigt ist. Enthält die Rechtsbehelfsbelehrung keine Belehrung über ihren Adressaten, ist sie grundsätzlich nicht iSv § 58 Abs. 2 VwGO unrichtig erteilt. Wird allerdings als klagebefugte Person ausschließlich der Bauherr genannt, kann bei dem Nachbarn, der sich nicht angesprochen zu fühlen braucht, der Eindruck erweckt werden, er habe diese Rechte nicht. So kann es sein, wenn die Rechtsbehelfsbelehrung eine konkrete Person anspricht, etwa den im Adressfeld genannten unmittelbaren Adressaten des Bescheids selbst. In einem solchen Fall ist die Rechtsbehelfsbelehrung gegenüber anderen potenziell Drittbetroffenen unterblieben, es sei denn, diese mussten sie in Anbetracht der Gesamtumstände eindeutig auch auf sich beziehen.[1603] Scheinbar allein den Bauherrn ansprechende Formulierungen wie „Ihre Rechte" und „Sie können gegen diesen Bescheid ... einlegen" sind geeignet den Eindruck zu erwecken, andere Personen seien von der Rechtsbehelfsbelehrung nicht betroffen.[1604] Ihnen gegenüber ist die Rechtsbehelfsbelehrung unrichtig mit der Folge, dass die Jahresfrist gilt, § 58 Abs. 2 VwGO. Anders verhält es sich, wenn die nach § 58 Abs. 1 VwGO notwendigen Bestandteile der Rechtsbehelfsbelehrung im Bescheid abstrakt formuliert sind und die Belehrung aus sich heraus deutlich macht, dass im Fall der Bekanntgabe des Bescheides auch gegenüber anderen als dem durch die Adressierung angesprochenen Bauherrn ihr Aussagegehalt ihnen gegenüber gelten soll.[1605]

1601 Vgl. VG Arnsberg Urt. v. 11.10.2011 – 4 K 2108/08, unter Verweis auf die zivilrechtliche Rspr. des BGH Urt. v. 16.5.1989 – VI ZR 251/88.
1602 Vgl. dazu eingehend Schenke in: Kopp/Schenke VwGO § 58 Rn. 12.
1603 Vgl. OVG Münster Beschl. v. 13.11.2014 – 2 B 1111/14, mit Verweis auf BVerwG Beschl. v. 11.3.2010 – 7 B 36.09, und Beschl. v. 7.7.2008 – 6 B 14.08.
1604 So VG Arnsberg Urt. v. 11.10.2011 – 4 K 2108/11.
1605 VG Gelsenkirchen Beschl. v. 5.5.2020 – 9 L 32/20.

D. Aspekte des öffentliches Baunachbarrechts

169 In den Fällen der nicht förmlichen Bekanntgabe, in denen eine Rechtsbehelfsbelehrung regelmäßig fehlt, läuft mangels Rechtsbehelfsbelehrung stets die Jahresfrist des § 58 Abs. 2 VwGO. Einschränkungen sind allerdings ggfs. nach den Grundsätzen von Treu und Glauben vorzunehmen. Insofern gelten die Grundsätze von Treu und Glauben (s. dazu oben Teil D Rn. 161 ff.) entsprechend.

170 Die Rechtsbehelfsfrist verlängert sich nicht dadurch, dass die dem Bauherrn erteilte Genehmigung von der Behörde verlängert wird. Denn die Verlängerung ist nicht der Erteilung einer neuen Genehmigung gleichzusetzen. Vielmehr wird allein der Zeitpunkt, an dem die Geltungsdauer endet, verschoben, was allein für die Beziehung zwischen Bauherrn und Genehmigungsbehörde von Belang ist. Deshalb braucht der Nachbar die Verlängerung nicht (ebenfalls) anzufechten, um seine Rechte gegen die Genehmigung zu wahren.[1606]

c) Fristende

171 Das Ende der Frist berechnet sich nach § 31 VwVfG iVm §§ 188 Abs. 2, 193 BGB. Die Rechtshandlung (Erhebung der Klage) muss vorher vorgenommen werden.

d) Fristversäumung, Wiedereinsetzung in den vorigen Stand

172 War der Nachbar ohne Verschulden gehindert, die Frist zur Einlegung zur Erhebung der Klage einzuhalten, ist ihm auf Antrag Wiedereinsetzung in den vorigen Stand zu gewähren (§ 60 VwGO). Der Antrag ist binnen zwei Wochen nach Wegfall des Hindernisses zu stellen. Die Tatsachen zur Begründung des Antrags sind bei der Antragstellung oder im Verfahren über den Antrag glaubhaft zu machen. Innerhalb der Antragsfrist ist die versäumte Rechtshandlung nachzuholen. Ist dies geschehen, so kann die Wiedereinsetzung auch ohne Antrag gewährt werden. Nach einem Jahr seit dem Ende der versäumten Frist ist der Antrag unzulässig, außer wenn der Antrag vor Ablauf der Jahresfrist infolge höherer Gewalt unmöglich war (§ 60 Abs. 2 und 3 VwGO). Das Verschulden eines Bevollmächtigten wird ihm zugerechnet.

173 „Ohne Verschulden" handelt, wer diejenige Sorgfalt anwendet, die einem gewissenhaften Prozessführenden nach den gesamten Umständen und nach allgemeiner Verkehrsanschauung zuzumuten ist. Für den Fall, dass gesetzlich bestehende Fristen bis zum letzten Tag ausgeschöpft werden, erhöhen sich zwar die Sorgfaltspflichten.[1607] Jedoch kann der Bürger nach der Rechtsprechung des Bundesverfassungsgerichts und der obersten Bundesgerichte grundsätzlich darauf vertrauen, dass die nach ihren organisatorischen und betrieblichen Vorkehrungen für den Normalfall festgelegten Postlaufzeiten eingehalten werden. Versagen diese Vorkehrungen, darf das dem Bürger, der darauf keinen Einfluss hat, im Rahmen der Wiedereinsetzung in den vorigen Stand nicht als Verschulden zur Last gelegt werden.[1608]

3. Treu und Glauben

174 Das Gebot der Beachtung von Treu und Glauben ist ein das gesamte deutsche Recht beherrschender Grundsatz, der in § 242 BGB und anderen Rechtsvorschriften normiert ist, aber über den Wortlaut hinaus in allen Rechtsbeziehungen Bedeutung hat. Nach ihm hat jedermann in Ausübung seiner Rechte und Erfüllung seiner Pflich-

---

1606 OVG Münster Beschl. v. 26.9.1979 – XI B 1528/78.
1607 BVerwG Beschl. v. 28.12.1989 – 5 B 13/89.
1608 BVerfG Kammerbeschl. v. 22.9.2000 – 1 BvR 1059/00; BGH Beschl. v. 13.5.2004 – V ZB 62/03; BAG Urt. v. 8.6.1994 – 10 AZR 452/93.

ten nach Treu und Glauben zu handeln. Obwohl die Bestimmung sich unmittelbar nur auf Vertragsverhältnisse bezieht, ist anerkannt, dass der Grundsatz für den gesamten Rechtsverkehr gilt und zu einer sozial angemessenen Rechtsausübung verpflichtet.[1609] Voraussetzung ist allerdings, dass eine gewisse Sonderverbindung besteht, wobei jeder qualifizierte soziale Kontakt ausreicht.[1610] Eine solche kann auch durch eine ausreichend qualifizierte Nachbarschaft entstehen. In dem Verhältnis von Nachbarn im Sinne des öffentlichen Baunachbarrechts zueinander ist in Rechtsprechung und Literatur anerkannt, dass ein nachbarschaftliches Gemeinschaftsverhältnis besteht, das vergleichbare Pflichten und insbesondere Obliegenheiten begründet. Es hat im öffentlichen Baunachbarrecht insbesondere Bedeutung für gebotene Verhaltensweisen aus Anlass baurechtlich relevanter Geschehnisse, die sich als Obliegenheiten zur Anbringung von Rechtsbehelfen darstellen. Denn aus dem nachbarschaftlichen Gemeinschaftsverhältnis folgt, dass eine Nichtbeachtung der Grundsätze von Treu und Glauben zum Verlust des Rechts der Geldendmachung von Ansprüchen oder sonstigen Rechtsnachteilen führen kann.

175 Die vorgenannten Grundsätze kommen – über die bereits Teil D Rn. 161 ff. dargestellten Aspekte hinaus – zum Ausdruck
– in dem Rechtsinstitut der materiellen Verwirkung, in dem es darum geht, dass ein bestehendes Recht, das an sich weiterhin geltend gemacht werden könnte, wegen besonderer Umstände vernichtet worden ist, sowie
– in dem Institut der unzulässigen Rechtsausübung, nach dem eine Rechtsausübung unzulässig ist, wenn ein Recht, das noch fortbesteht, wegen der besonderen Umstände nicht ausgeübt werden darf.

a) Materielle Verwirkung

176 Die materielle Verwirkung eines Rechts[1611] setzt ein Zeitmoment und ein Umstandsmoment voraus. Das Zeitmoment ist insbesondere relevant für den Fall des Untätigbleibens des Berechtigten. Das Umstandsmoment ist erfüllt, wenn zu dem Zeitmoment besondere Umstände hinzutreten, die die verspätete Geltendmachung als Verstoß gegen Treu und Glauben erscheinen lassen, insbesondere durch ein vertrauensbildendes Verhalten des Berechtigten.

aa) Zeitmoment

177 Für den Zeitpunkt, an dem die „Frist" für die materielle Verwirkung in Gang gesetzt wird, sind die Grundsätze zum Beginn des Laufs einer gesetzlichen Frist (s. dazu Teil D Rn. 161 ff.) anzuwenden: Sie beginnt mit Kenntnisnahme von der Genehmigung bzw. dem genehmigungswidrigen Zustand. Wegen des im nachbarschaftlichen Gemeinschaftsverhältnis geltenden Grundsatzes von Treu und Glauben gilt nach der Rechtsprechung[1612] Entsprechendes dann, wenn der Nachbar von der Baugenehmigung oder dem Zustand zuverlässig Kenntnis hätte haben müssen, weil sich ihm dies aufdrängen musste und es ihm möglich und zumutbar war, sich durch Nachfrage darüber Gewissheit zu verschaffen.[1613]

1609 Grüneberg in: Palandt BGB § 242 Rn. 1.
1610 Grüneberg in: Palandt BGB § 242 Rn. 6 mit Hinweisen auf die Rspr.
1611 S. dazu insbesondere Charnitzky/Rung BauR 2016, 1254 und 1406.
1612 Vgl. BVerwG Urt. v. 16.5.1991 – 4 C 4/89; BVerwG Beschl. v. 17.2.1989 – 4 B 28.89; OVG Münster Urt. v. 28.1.2016 – 10 A 447/14.
1613 VerfGH NRW Beschl. v. 17.12.2019 – 56/19.VB-3; s. dazu bereits Teil D Rn. 160.

Allgemein geltende Kriterien für die Bemessung des Zeitraums der Untätigkeit bestehen nicht. Sie hängen von den jeweiligen Umständen des Einzelfalls ab. In einem nachbarschaftlichen Gemeinschaftsverhältnis erfordern Treu und Glauben besondere gegenseitige Rücksichtnahme. Um dem Verwirken zu entgegnen, ist deshalb vom Nachbarn zu verlangen, durch zumutbares aktives Handeln dazu beizutragen, wirtschaftlichen Schaden vom Bauherrn abzuwenden oder möglichst gering zu halten. Grundsätzlich gehört dazu, dass der Nachbar nach Erkennen einer Beeinträchtigung durch Baumaßnahmen seine nachbarlichen Einwendungen „ungesäumt" geltend macht.[1614] Die Überlegungsfrist ist jedenfalls nicht kürzer als die gesetzlichen Rechtsmittelfristen, sondern deutlich länger. Da die reguläre Rechtsmittelfrist zur Erhebung einer Klage einen Monat beträgt, ist das Zeitmoment für eine Verwirkung erst erfüllt, wenn der verstrichene Zeitraum deutlich länger als ein Monat ist.[1615] Er kann gut und gerne mehrere Jahre dauern.

178

In der Rechtsprechung[1616] besteht darüber Einigkeit, dass die „Frist" zur Geltendmachung der rechtlichen Bedenken und zur Vermeidung des Vorwurfs der Treuwidrigkeit nur durch die Einlegung eines förmlichen Rechtsbehelfs gewahrt wird. Das gilt sowohl für den Rechtsbehelf gegen eine erteilte bauaufsichtliche Zulassung (Anfechtungsklage) als auch für einen Antrag bzw. die Klage auf Verpflichtung zum bauaufsichtlichen Einschreiten. Das informelle Vorbringen von Beschwerden, und sei es noch so ernsthaft formuliert, kann nicht verhindern, dass der Bauherr darauf vertraut, der Nachbar werde letztlich doch die konkrete Bauausführung hinnehmen. Erst ein förmlicher Rechtsbehelf ist geeignet, das Vertrauen zu zerstören.

179

bb) Umstandsmoment / Vertrauen

Der Untergang des Rechts infolge Verwirkung ist nur dann gerechtfertigt, wenn drei weitere Elemente erfüllt sind, nämlich

180

– der Verpflichtete infolge des in der Tätigkeit oder Untätigkeit liegenden Verhaltens des Berechtigten darauf vertrauen durfte, dass dieser das Recht nach so langer Zeit nicht mehr geltend machen würde (Vertrauensgrundlage),
– der Verpflichtete tatsächlich darauf vertraut hat, dass das Recht nicht mehr ausgeübt werde (Vertrauenstatbestand) sowie
– der Bauherr sich, aufbauend auf sein berechtigtes Vertrauen, in seinen Vorkehrungen und Maßnahmen so eingerichtet hat, dass ihm durch die verspätete Durchsetzung des Rechts ein unzumutbarer Nachteil entstehen würde (Vertrauensbetätigung).[1617]

(1) Vertrauensgrundlage

Ob der Verpflichtete infolge der Tätigkeit oder Untätigkeit des Berechtigten darauf vertrauen durfte, dass dieser das Recht nicht mehr geltend machen werde (Vertrauensgrundlage), ist eine Frage des Einzelfalls. Insoweit ist eine objektive Betrachtung der Situation des Berechtigten geboten. Dabei kommt wiederum der Länge der verstrichenen Zeit und der Zumutbarkeit von nachbarlichen Initiativen besondere Bedeutung zu. Die Zumutbarkeit wird von der Rechtsprechung aus dem nachbarschaftlichen Gemeinschaftsverhältnis abgeleitet. In diesem sei dem Nachbarn, der von einem Bauvorhaben betroffen sei, zuzumuten, aktiv tätig gegen das Bauvorha-

181

1614 Vgl. BVerwG Urt. v. 16.5.1991 – 4 C 4/89.
1615 Vgl. BVerwG Urt. v. 16.5.1991 – 4 C 4/89.
1616 Vgl. die Beispiele bei Charnitzky/Rung BauR 2016, 1406.
1617 Vgl. BVerwG Urt. v. 16.5.1991 – 4 C 4/89.

ben zu werden, um nicht zu bewirken, dass der Bauherr darauf vertrauen dürfe, der Nachbar werde seine Rechte nicht mehr wahrnehmen; andernfalls verliere er seine Rechte.

(2) Vertrauenstatbestand

182 Schutzbedürftig gegenüber treuwidrigem Verhalten ist nur, wer „wirklich" aus dem Verhalten des Anderen den jeweiligen Schluss gezogen hat, der ihn schutzbedürftig erscheinen lässt. Nur wer als Bauherr zB wegen des Unterlassens von Rechtsbehelfen des berechtigten Nachbarn darauf vertraut hat, dieser werde sein Recht nun nicht mehr ausüben, kann sich später hierauf berufen. Fehlt es an diesem Vertrauen des Bauherrn, ist die – späte – Ausübung des Rechts nicht missbräuchlich.

(3) Vertrauensbetätigung

183 Schließlich ist der Bauherr nur dann schutzwürdig, wenn er sich, aufbauend auf sein berechtigtes Vertrauen, in seinen Vorkehrungen und Maßnahmen so eingerichtet hat, dass ihm durch die verspätete Durchsetzung des Rechts ein unzumutbarer Nachteil entstehen würde. Erst wenn eine Situation eingetreten ist, in der der Bauherr aufgrund seines berechtigten Vertrauens darauf, dass der Nachbar sein Recht nicht mehr ausüben wird, weitere Investitionen in das Objekt tätigt, verstößt es gegen Treu und Glauben, wenn dieser sich nunmehr seiner Rechte besinnt und ein behördliches Einschreiten verlangt.

Beispiel: Die Nachbarin hat ihren Abwehranspruch gegen die seit vielen Jahren auf dem Nachbargrundstück im reinen Wohngebiet ausgeübte Pferdehaltung verwirkt. Denn infolge der jahrelangen Untätigkeit durfte der Bauherr darauf vertrauen, dass die Nachbarin die ihr zustehenden Abwehrrechte gegen die Pferdehaltung nicht mehr geltend machen werde (Vertrauensgrundlage). Der Bauherr hat hierauf auch tatsächlich vertraut (Vertrauenstatbestand) und dieses Vertrauen betätigt, indem er sich in seinen Vorkehrungen und Maßnahmen so eingerichtet hat, dass ihm durch eine jetzt erfolgende Durchsetzung des Rechts ein unzumutbarer Nachteil entstehen würde (Vertrauensbetätigung). Er hat nämlich nach Jahren den Pferdestall mit erheblichem finanziellem Aufwand umgebaut. Könnte er den Pferdestall infolge der verspäteten Geltendmachung ihrer Abwehrrechte durch die Nachbarin nun nicht mehr nutzen, wären seine Aufwendungen damit letztlich vergebens.[1618]

184 Die erforderliche Vertrauensbetätigung kann nicht bejaht werden, wenn der Bauherr nicht durch die über längere Zeit andauernde Untätigkeit des Nachbarn und im Hinblick auf ein Vertrauen auf dessen Einverständnis zu seinen Baumaßnahmen veranlasst worden ist, sondern unabhängig davon baulich aktiv wird und mit erheblichem Kapitaleinsatz verbundene Schritte unternimmt. Denn dann fehlt es für das Merkmal der Treuwidrigkeit an der kausalen Verknüpfung des Verhaltens des Berechtigten mit bestimmten Maßnahmen des Verpflichteten und deren Folgen.[1619] Wo die schadensverursachende Maßnahme, nämlich die Bauarbeiten, nicht auf einem solchen Vertrauen beruht, sondern unabhängig von einem eventuellen Vertrauen vorgenommen ist, kann insoweit keine Verwirkung eintreten.[1620]

cc) Kein Wiederaufleben des verwirkten Rechts

185 Ergeht nach dem Eintritt der materiellen Verwirkung eines Anspruchs auf bauaufsichtliches Einschreiten eine Baugenehmigung, mit der das bislang ungenehmigte

---

[1618] Aus OVG Saarlouis Urt. v. 14.7.2016 – 2 A 46/15; weiteres Beispiel: OVG Münster Beschl. v. 10.10.2012 – 2 B 1090/12.
[1619] OVG Münster Urt. v. 9.4.1992 – 7 A 1521/90.
[1620] OVG Münster Urt. v. 6.6.2014 – 2 A 2757/12.

(und materiell rechtswidrige) Vorhaben legalisiert werden soll, kann dadurch das verwirkte Abwehrrecht grundsätzlich nicht wieder aufleben. Das gilt jedenfalls dann, wenn „schlicht" der vorhandene Zustand legalisiert wird; dann bleibt es bei der Unanfechtbarkeit infolge Verwirkung.[1621] Andererseits sind nach der Rechtsprechung Fälle denkbar, in denen sich für den Nachbarn die Frage eines Vorgehens mit Erteilung der Baugenehmigung neu stellen, etwa wenn mit der Genehmigung auch Weiterungen und Änderungen erlaubt werden, die zu einem gerade auch aus nachbarrechtlicher Sicht anderen Vorhaben führen.[1622]

Die Rechtsfolgen einer Verwirkung treffen auch den jeweiligen Rechtsnachfolger.[1623]

186 Die öffentlich-rechtliche Befugnis der Bauaufsicht zu einem ordnungsbehördlichen Einschreiten im allgemeinen öffentlichen Interesse bleiben von einer Verwirkung des Nachbarrechts unberührt.[1624]

b) Unzulässige Rechtsausübung wegen sonstiger Treuwidrigkeit

187 In Rechtsprechung und Literatur ist anerkannt, dass dem Nachbarn die Geltendmachung eines Rechtsverstoßes durch ein Vorhaben auf einem anderen Grundstück verwehrt sein kann, wenn sich die Geltendmachung des Verstoßes wegen der besonderen Umstände des Einzelfalls als treuwidrig darstellt. Die rechtlichen Voraussetzungen für die Verweigerung der Rechtsschutzmöglichkeiten sind jedoch in großem Umfang ungeklärt.

aa) Allgemein treuwidriges Verhalten

188 Dogmatische Grundlage des Verbotes treuwidrigen Handelns und der Beachtung von Treu und Glauben sind § 242 BGB und dessen Ausprägung des Verbots der unzulässigen Rechtsausübung. Die Grundsätze werden sowohl auf die Anfechtung einer nachbarrechtswidrigen Genehmigung als auch auf den Antrag auf bauaufsichtliches Einschreiten wegen einer nicht genehmigten (oder bei einer Genehmigung nicht geprüften) und zulasten des Nachbarn materiell rechtswidrigen Errichtung oder Nutzung einer baulichen Anlage angewandt.

Beispiel: Der Grundstücksnachbar wehrt sich gegen ein Vorhaben mit der objektivrechtlich zutreffenden Begründung, das Vorhaben wahre nicht die erforderlichen Abstandsflächen. An der Durchführung und Vorbereitung des Vorhabens war er seinerzeit als damaliger Prokurist der Bauherrin selbst beteiligt gewesen und hatte in dieser Funktion mit den Voreigentümern des gekauften Grundstückes verhandelt. Mit der Beendigung des Dienstverhältnisses bei der Bauherrin endeten für ihn zwar die vertraglichen Verpflichtungen, sich in deren Interesse des streitigen Vorhabens anzunehmen. Trotz der Beendigung können nach Treu und Glauben jedoch nachwirkende Verpflichtungen bestehen, aus denen Handlungs- und Unterlassungsverpflichtungen resultieren können. Solche Nachwirkungen liegen hier darin, dass es ihm auch in seiner jetzigen Position als Nachbar weiterhin obliegt, nichts zu unternehmen, um das von ihm seinerzeit für die Bauherrin geförderte Projekt zu verhindern. Treu und Glauben gebieten, seine Nachbarrechte zurückzustellen und sie dem Vorhaben der Bauherrin nicht entgegenzusetzen. Seine Berufung auf seine Rechtsposition stellt sich als rechtsmissbräuchlich dar.[1625]

1621 So OVG Münster Beschl. v. 21.9.2015 – 2 A 1403/15; vgl. auch BVerwG Beschl. v. 18.3.1988 – 4 B 50.88.
1622 Vgl. BVerwG Urt. v. 16.5.1991 – 4 C 4.89.
1623 OVG Münster Beschl. v. 17.7.1995 – 7 B 3068/94; VGH Kassel Beschl. v. 7.12.1994 – 4 TH 3032/94; OVG Greifswald Beschl. v. 5.11.2001 – 3 M 93/01.
1624 OVG Münster Beschl. v. 10.10.20212 – 2 B 1090/12.
1625 Nach: OVG Münster Beschl. v. 22.6.1990 – 7 B 740/90.

bb) Gegenseitige Rechtsverstöße

189 Das Rechtsinstitut der unzulässigen Rechtsausübung erfährt besondere Bedeutung im Zusammenhang mit gegenseitigen Rechtsverstößen.[1626] Nach der Rechtsprechung des BVerwG handelt rechtsmissbräuchlich handelt, wer unter Berufung auf das nachbarliche Austauschverhältnis eine eigene Nutzung schützen möchte, die ihrerseits das nachbarliche Austauschverhältnis stört.[1627] Die Aussage kann zweifellos auch auf bauordnungsrechtliche Verstöße erstreckt werden.

(1) Bedeutung von Quantität und Qualität

190 Über die Frage, bei welcher Qualität oder Quantität des eigenen Rechtsverstoßes dem Nachbarn die Geltendmachung des Rechtsverstoßes des Bauherrn verwehrt ist, herrscht keine Übereinstimmung.[1628]

191 Das BVerwG hat in seinem Urteil vom 9.8.2018[1629] unter Hinweis auf obergerichtliche Rechtsprechung[1630] hierzu ausgeführt, ein Nachbar sei unter dem Gesichtspunkt der unzulässigen Rechtsausübung nur gehindert, einen Verstoß gegen nachbarschützende Vorschriften geltend zu machen, „wenn er in vergleichbarer Weise, dh etwa im selben Umfang, gegen diese Vorschriften verstoßen" habe. Das Ausmaß, in dem in dem entschiedenen Nachbarstreit das Vereinshaus des Klägers mit den Festsetzungen über die zulässige Zahl der Vollgeschosse unvereinbar sei, bleibe deutlich hinter dem Ausmaß des Verstoßes des Bauvorhabens der Beigeladenen zurück. Denn das eigene habe drei Vollgeschosse und damit nur ein Vollgeschoss mehr, als der Bebauungsplan zulasse. Das Bauvorhaben der Beigeladenen solle sechs Vollgeschosse haben. Es überschreite damit das zulässige Maß der baulichen Nutzung im Vergleich zum Vereinshaus des Klägers um ein Mehrfaches.

192 Der 10. Senat des OVG Münster vertritt in seinem Urteil vom 18.10.2011[1631] diesen Standpunkt: Der Grundstückseigentümer, dessen Gebäude selbst nicht mit den Abstandsflächenvorschriften vereinbar ist, müsse nicht hinnehmen, dass die Bebauung auf dem Grundstück des Nachbarn in unzulässiger Weise stärker beeinträchtigend an sein Grundstück heranrückt, als sein eigenes Gebäude an das Grundstück des Nachbarn. Er brauche nur eine solche Verletzung der Abstandsflächenvorschriften durch die Nachbarbebauung zu dulden, die mit dem eigenen Rechtsverstoß „vergleichbar" sei. Die Vergleichbarkeit der die Nachbarn wechselseitig beeinträchtigenden Rechtsverstöße sei nicht mathematisch genau allein auf der Grundlage der je-

---

1626 S. aus der umfangreichen Rspr. nur BVerwG Urt. v. 9.8.2018 – 4 C 7/17 mwN.
1627 BVerwG Urt. v. 9.8.2018 – 4 C 7/17; BVerwG U. v. 24.2.2000 – 4 C 23.98.
1628 Beispiele aus der Rechtsprechung: VGH München Beschl. v. 5.7.2011 – 14 CS 11.814: Rechtsmissbrauch, weil die eigene Nichteinhaltung der nachbarschützenden Abstandsflächenvorschriften erheblich schwerer wiegt als die durch das streitgegenständliche Vorhaben; OVG Münster Urt. v. 23.10.2003 – 10 A 3223/01: Widersprüchliches Verhalten ist anzunehmen, wenn sich der Nachbar gegen einen Abstandsflächenverstoß des Bauherrn wendet, obgleich auf seinem Grundstück ein vergleichbarer Abstandsflächenverstoß zulasten des Grundstücks des Bauherrn gegeben ist; OVG Münster Beschl. v. 20.2.2014 – 2 A 1599/13: Der Nachbar kann nur solche Rechtsverstöße abwehren, die ihn stärker beeinträchtigen als sein eigener Rechtsverstoß das Nachbargrundstück beeinträchtigt; OVG Münster Urt. v. 26.6.2014 – 7 A 2057/12: Verstoß gegen Treu und Glauben, weil der eigene Rechtsverstoß jedenfalls nicht weniger schwer wiegt als der Verstoß des Bauherrn; VGH Mannheim Beschl. v. 29.9.2010 – 3 S 1752/10: kein Rügerecht, wenn die eigene Rechtsverletzung nicht schwerer wiegt als der eigene Verstoß.
1629 4 C 7/17.
1630 OVG Lüneburg Beschl. v. 30.3.1999 – 1 M 897/99; VGH Mannheim Beschl. v. 29.9.2010 – 3 S 1752/10; VGH München Urt. v. 4.2.2011 – 1 BV 08.13.
1631 10 A 26/09.

D. Aspekte des öffentliches Baunachbarrechts

weiligen Grenzabstände zu ermitteln. Vielmehr sei bei der Bewertung der von einem Baukörper für das Nachbargrundstück ausgehenden Beeinträchtigung neben dem konkreten Grenzabstand auch die Qualität der mit der Verletzung der Abstandsflächenvorschriften einhergehenden Beeinträchtigung von wesentlicher Bedeutung. Es mache zB einen erheblichen Unterschied für die Beeinträchtigung des Nachbarn aus, auf welcher Länge das fragliche Gebäude die Abstandsflächenvorschriften missachte, welche Höhe es aufweise, welche Emissionen (Lärm, Licht, Staub oder Gerüche) mit seiner Nutzung verbunden seien, welche Brandgefahren von ihm ausgingen und in welcher Himmelsrichtung es vom Nachbargrundstück aus gesehen stehe.

(2) Beachtlichkeit trotz Legalisierung

Auf die Frage, ob der Nachbar sich im Hinblick auf den in seiner Sphäre liegenden materiellrechtlichen Verstoß gegen die bauordnungsrechtlichen oder bauplanungsrechtlichen Vorschriften auf eine durch Erteilung einer Baugenehmigung formell abgesicherte Position berufen kann, kommt es nicht an. Denn die Erteilung der Genehmigung mag ihm zwar gegenüber der Behörde Bestandsschutz vermitteln. Sie ändert jedoch nichts an der faktischen Nichteinhaltung der gesetzlichen Normen (etwa der geforderten Abstandsflächen) und hat daher keinen Einfluss auf die zwischen den Nachbarn bestehende Wechselbeziehung.[1632]

193

[1632] So auch OVG Münster Beschl. v. 12.2.2010 – 7 B 1840/09; OVG Lüneburg Urt. v. 12.9.1984 – 6 A 49/83.

E. Der gerichtliche Rechtsschutz im öffentlichen Baurecht, besonders im Baunachbarrecht

1 Das Prozessrecht auf dem Gebiet des öffentlichen Baurechts unterscheidet sich in weiten Bereichen nicht von dem anderer Rechtsgebiete. Das gilt jedenfalls soweit es um das bipolare Verhältnis zwischen Bauherrn und Bauaufsichtsbehörde geht. Deshalb kann insoweit weitgehend auf die Rechtsprechung und Literatur zum allgemeinen Prozessrecht verwiesen werden.

2 Besonderheiten ergeben sich dann, wenn ein Dritter an dem Verfahren beteiligt ist, sei es als Kläger oder als Beizuladender. Das gilt nicht nur für das Hauptsacheverfahren, sondern in ganz besonderem Maße für den Bereich des vorläufigen Rechtsschutzes, in dem erfahrungsgemäß die Weichen für die Realisierbarkeit bzw. den Verbleib der Anlage gestellt werden. Wegen der dadurch entstehenden Schwierigkeiten wird in der nachfolgenden Darstellung überwiegend auf die Probleme eingegangen, die sich aus der Dreierbeziehung zwischen Bauherrn, Bauaufsichtsbehörde und Drittem (Nachbarn) ergeben.

3 Im öffentlichen Baurecht sind Rechtsschutzbegehren im Wesentlichen mit diesen Rechtsschutzzielen denkbar: mit dem Ziel, seinen Rechtskreis zu erweitern sowie mit dem Ziel, belastende Maßnahmen abzuwehren. Als Erweiterung des eigenen Rechtskreises ist etwa die Erlangung einer Baugenehmigung oder eines positiven Bauvorbescheides anzusehen. Aber auch der Erlass einer beantragten Maßnahme gegen einen Dritten fällt hierunter. Stellt ein Dritter (Nachbar) an die Behörde den Antrag, sie solle gegen den Bauherrn vorgehen (Antrag auf bauaufsichtliches Einschreiten), und entspricht diese diesem Begehren, stellt sich die gegen den Bauherrn erlassene – dem nachbarlichen Begehren entsprechende – Ordnungsverfügung zwar dem Bauherrn gegenüber als belastende Maßnahme, aber dem Dritten (Nachbarn) gegenüber als begünstigender Verwaltungsakt, der den eigenen Rechtskreis erweitert, dar. Die Begehren auf Erteilung einer Baugenehmigung/eines Vorbescheides und auf Verpflichtung der Behörde zum Erlass einer Bauordnungsverfügung gegen einen Dritten sind im Wege einer Verpflichtungsklage geltend zu machen.

4 Als belastende Maßnahme kommt vorrangig das Ergehen einer Bauordnungsverfügung in Betracht. Das Betroffensein von einem gegen einen Dritten ergangenen, diesen begünstigenden Verwaltungsakt ist gleichfalls dieser Gruppe zuzuordnen: Aus der Sicht des Bauherrn, der die Erteilung einer Baugenehmigung beantragt hat, ist die antragsgemäße Bescheidung ein begünstigender Verwaltungsakt; für einen Dritten kann sie sich allerdings als Nachteil darstellen (Verwaltungsakt mit Drittwirkung, vgl. §§ 80 Abs. 1 S. 2, 80a VwGO). Die Abwehr einer Bauordnungsverfügung wie auch einer einem anderen gegenüber erlassenen Genehmigung oder eines Vorbescheides sind im Wege der Anfechtungsklage möglich.

5 Ausnahmsweise ist auch ein Feststellungsbegehren (Feststellungsklage, vgl. § 43 VwVG) prozessual zulässig, etwa wenn wegen konträrer Auffassungen zwischen den Beteiligten klärungsbedürftig ist, ob ein Vorhaben genehmigungsbedürftig ist.[1633]

1633 OVG Münster Beschl. v. 24.9.2012 – 10 A 915/11.

E. Der gerichtliche Rechtsschutz im öffentlichen Baurecht

Neben der Klagemöglichkeit („Hauptsacheverfahren") besteht für die Rechtsschutz- 6
begehren die prozessuale Möglichkeit der Gewährung von Eilrechtsschutz („Antrag
auf Gewährung vorläufigen Rechtsschutzes") nach §§ 80 Abs. 5, 80a VwGO oder
§ 123 VwGO.

I. Verwaltungsrechtliches Hauptsacheverfahren

1. Fallgruppen

Im Bereich des öffentlichen Bauprozessrechts sind vier Fallgestaltungen denkbar. 7
- Fallgruppe 1: Die zuständige Behörde lehnt den Bauantrag (oder den beantragten Vorbescheid) ab, weil nach ihrer Auffassung dem zur Genehmigung gestellten Vorhaben öffentlich-rechtliche Vorschriften entgegenstehen. Der Bauherr kann Verpflichtungsklage mit dem Ziel erheben, dass das Gericht den Ablehnungsbescheid aufhebt und die Genehmigungsbehörde verpflichtet, die beantragte Baugenehmigung (bzw. den Vorbescheid) zu erteilen.
- Fallgruppe 2: Die zuständige Behörde erteilt dem Bauherrn einen diesen begünstigenden Verwaltungsakt mit Drittwirkung, zB eine Genehmigung, die sich zulasten eines Dritten (zB Nachbar) auswirkt. Der Dritte kann dagegen einen Rechtsbehelf (Anfechtungsklage; ein Widerspruch gegen eine Baugenehmigung oder einen Bauvorbescheid ist in NRW nicht gegeben, § 110 Abs. 1 JustG NRW) einlegen.
- Fallgruppe 3: Die zuständige Behörde erlässt gegen den Bauherrn eine Ordnungsverfügung, zB eine Nutzungsuntersagung wegen einer auf dem Grundstück des Bauherrn ausgeübten illegalen Nutzung. Dies geschieht von Amts wegen oder auf einen Antrag des Nachbarn auf bauaufsichtliches Einschreiten. Der Bauherr als Adressat der Ordnungsverfügung kann gegen diesen ihn belastenden Verwaltungsakt Anfechtungsklage erheben.
- Fallgruppe 4: Die zuständige Behörde lehnt den Antrag des Nachbarn auf Erlass einer Ordnungsverfügung gegen den Bauherrn ab. Der Nachbar kann Verpflichtungsklage auf Erlass einer Ordnungsverfügung und Aufhebung des Ablehnungsbescheides erheben.

2. Die Rechtsschutzmöglichkeiten in den Fallgruppen

a) Verpflichtungsklage auf Erteilung einer Baugenehmigung/eines Vorbescheides (Fallgruppe 1)

Zur Durchsetzung seines Anspruchs auf eine Baugenehmigung oder einen Vorbe- 8
scheid steht dem Bauherrn die Möglichkeit einer Verpflichtungsklage (§ 113 Abs. 5
VwGO) zur Verfügung.

aa) Anspruchsvoraussetzungen und Spruchreife

Der Erfolg der Verpflichtungsklage setzt voraus, dass der Anspruch besteht und die 9
Sache spruchreif ist (§ 113 Abs. 5 VwGO). Ein Anspruch auf Erteilung einer Baugenehmigung besteht, wenn dem Vorhaben öffentlich-rechtliche Vorschriften nicht entgegenstehen (§ 74 Abs. 1 BauO). Entsprechendes gilt für den Vorbescheid (§ 77-BauO). Ist das Bauvorhaben von der Baurechtsbehörde noch nicht umfassend in rechtlicher und technischer Hinsicht geprüft worden, ergeht ein Bescheidungsurteil nach § 113 Abs. 5 S. 2 VwGO, mit dem die Behörde verpflichtet wird, den Kläger unter Beachtung der Rechtsauffassung des Gerichts zu bescheiden. Dasselbe gilt,

wenn die Behörde ein etwaiges, ihr (ausnahmsweise) zustehendes Ermessen noch nicht ausgeübt hat. Zwar besteht grundsätzlich die Verpflichtung, bei Fehlen entgegenstehender öffentlich-rechtlicher Vorschriften die Genehmigung zu erteilen; jedoch gewähren einzelne Vorschriften des Baurechts die Möglichkeit der Entscheidung im Ermessenswege, etwa bei der Erteilung einer Befreiung. Dann kann das Gericht nicht an Stelle der Behörde selbst das Ermessen ausüben, sondern muss dies der Verwaltung überlassen. Das setzt aber immer voraus, dass das Ermessen eröffnet ist. Das ist nur dann gegeben, wenn die tatbestandlichen Voraussetzungen der Norm erfüllt sind. Sind zB die Grundzüge der Planung berührt, kommt eine Befreiung im Ermessenswege schon im Ansatz nicht in Betracht.[1634] Ausnahmen gelten nur dann, wenn das Ermessen – etwa durch das Gebot der Gleichbehandlung – gebunden ist.

10 Wird eine zunächst begründete Klage auf Erteilung der Baugenehmigung infolge einer Änderung der Rechtslage unbegründet, kann der Bauherr gemäß § 113 Abs. 1 S. 4 VwGO seinen Antrag auf die Feststellung umstellen, dass die Versagung der Baugenehmigung rechtswidrig war. Das für eine solche Fortsetzungsfeststellungsklage erforderliche berechtigte Interesse liegt regelmäßig in der Möglichkeit, Schadensersatz wegen Amtspflichtverletzung zu verlangen.[1635]

bb) Klage bei modifizierender Auflage

11 Ist der Baugenehmigung eine Nebenbestimmung beigefügt und steht diese Nebenbestimmung mit dem Gesamtinhalt der Genehmigung in einem untrennbaren Zusammenhang, schränkt sie insbesondere eine mit der Genehmigung ausgesprochene Rechtsgewährung inhaltlich ein (modifizierende Auflage),[1636] scheidet die isolierte Anfechtung und Aufhebung der Nebenbestimmung aus. Da in Wirklichkeit eine andere als die unter der modifizierenden Einschränkung erteilte Genehmigung erstrebt wird, ist eine auf die Erteilung einer nicht (oder weniger) eingeschränkten Genehmigung gerichtete Verpflichtungsklage statthaft.[1637] Das gilt aber nicht für „echte" belastende Nebenbestimmungen eines Verwaltungsakts; gegen diese ist die Anfechtungsklage gegeben.[1638]

b) Anfechtungsklage gegen eine bauaufsichtliche Zulassung (Fallgruppe 2)

aa) Rechtsschutz des Bauherrn

12 Erteilt die Bauaufsichtsbehörde dem Bauherrn einen diesen begünstigenden Verwaltungsakt mit Drittwirkung, zB die von ihm beantragte Genehmigung, besteht für ihn kein Anlass, das Gericht anzurufen. Etwas anderes gilt nur dann, wenn die Genehmigung nicht so ausfällt, wie er es beantragt hat; dann kommt eine Klage auf Verpflichtung zur Erteilung der beantragten Genehmigung infrage.[1639] Enthält die Genehmigung eine selbstständig anfechtbare Nebenbestimmung, zB eine „echte" Auflage, ist dagegen die Anfechtungsklage gegeben.

1634 Vgl. VGH München Urt. v. 9.8.2007 – 25 B 05.3055.
1635 BVerwG Urt. v. 29.4.1992 – 4 C 29/90.
1636 Siehe dazu Teil E Rn. 29 ff.
1637 BVerwG Urt. v. 8.2.1974 – IV C 73.72.
1638 BVerwG Urt. v. 22.11.2000 – 11 C 2/00.
1639 S.o. Teil E Rn. 8 ff.

bb) Rechtsschutz des Nachbarn

Unter der Voraussetzung, dass der Bescheid sich zulasten eines Dritten (zB Nachbarn) auswirkt (Verwaltungsakt mit Doppelwirkung, siehe auch § 80 Abs. 1 S. 2 VwGO zum vorläufigen Rechtsschutz), kann dieser dagegen Anfechtungsklage (§ 113 Abs. 1 S. 1 VwGO) einlegen. **13**

Ein Nachbar, der sich gegen die genehmige Errichtung einer baulichen Anlage oder die genehmigte Nutzung einer baulichen Anlage wendet, ficht sachgerechter Weise die Genehmigung an. Er kann sein Ziel nicht dadurch erreichen, dass das Gericht den Bauherrn verpflichtet, zB eine Wand zurückzuversetzen oder eine andere Nutzung aufzunehmen. Denn weder er noch die Genehmigungsbehörde noch das Gericht sind befugt, dem Bauherrn ein anderes als das geplante Vorhaben aufzuzwingen. Ist ein Klageantrag in einem anderen Sinne formuliert, bedarf es der Auslegung durch das Gericht und gegebenenfalls des Hinwirkens auf einen solchen sachdienlichen Antrag (§§ 86 Abs. 3, 88 VwGO). **14**

Ein gegen eine Baugenehmigung oder eine sonstige Zulassung eines Bauvorhabens gerichtetes Begehren kann zum einen die Aufhebung der Zulassung und zum anderen deren Außervollzugsetzung zum Ziel haben. Geht das Rechtsschutzziel aus dem Begehren nicht eindeutig hervor, ist es auszulegen. Entscheidend ist, ob dem formulierten Antrag in Verbindung mit dessen Begründung zu entnehmen ist, dass es dem Nachbarn (allein) darum geht, die Zulassung „aus der Welt zu schaffen" oder ob er (außerdem) erreichen will, dass der Bauherr von ihr vorerst keinen Gebrauch mehr machen darf; letzteres ist Gegenstand eines Verfahrens auf Gewährung vorläufigen Rechtsschutzes (siehe dazu Teil E Rn. 41 ff.). **15**

(1) Zulässigkeit: Klagebefugnis

Eine Anfechtungsklage gegen die einem anderen erteilte Begünstigung ist nur dann zulässig, wenn der Kläger geltend macht, durch sie in seinen Rechten verletzt zu sein (Klagebefugnis), § 42 Abs. 2 VwGO. Die rechtlichen Anforderungen hierfür sind nicht zu hoch anzusetzen. Die Klagebefugnis ist nur dann zu verneinen, wenn die zu prüfenden baurechtlichen Vorschriften unter keinem denkbaren Gesichtspunkt nachbarschützend sein können und auch ein Verstoß gegen das Rücksichtnahmegebot von vornherein ausscheidet. Ein Rückgriff auf Art. 14 GG zur Begründung der Klagebefugnis ist dann nicht mehr anzunehmen.[1640] **16**

Ferner fehlt die Klagebefugnis dann, wenn der Kläger nicht in den Schutzbereich einer möglichen nachbarschützenden Bestimmung fällt, also zB aufgrund einer zu großen Entfernung vom Standort des Vorhabens oder des einschlägigen Bebauungsplans oder erkennbar nicht Rechtsinhaber im Sinne des öffentlichen Baunachbarrechts ist. **17**

(2) Begründetheit: Rechtsverletzung

Der in § 113 Abs. 1 S. 1 VwGO ausgesprochene Grundsatz kennzeichnet den Kern des Baunachbarrechts, der aus zwei Elementen besteht, nämlich der (objektiv-rechtlichen) Rechtswidrigkeit des Verwaltungsaktes sowie der Rechtsverletzung, also der Verletzung in einem subjektiven öffentlichen Recht. **18**

[1640] Siehe dazu auch: VGH München Beschl. v. 1.3.2016 – 15 CS 16.244.

(a) Zeitpunkt

19 Nach der Rechtsprechung des BVerwG ist bei der Frage, auf welchen Zeitpunkt das Gericht abzustellen hat, wenn es über eine baurechtliche Nachbarklage zu entscheiden hat, zu differenzieren:

20 Ob eine angefochtene Baugenehmigung den Nachbarn in seinen Rechten verletzt, beurteilt sich grundsätzlich nach der Sach- und Rechtslage im Zeitpunkt der Genehmigungserteilung. Das entspricht allgemeinen Grundsätzen bei einer Anfechtungsklage; um eine solche handelt es sich aus der Sicht des Nachbarn, da er die Aufhebung eines ihn belastenden Verwaltungsaktes begehrt. Spätere Änderungen zulasten des Bauherrn haben außer Betracht zu bleiben.[1641] Dies schließt es allerdings nicht aus, nachträglich – etwa aufgrund einer nach Errichtung der Anlage durchgeführten Messung – gewonnene Erkenntnisse im Rahmen einer Drittanfechtungsklage zu berücksichtigen. Denn hierbei handelt es sich nicht um nachträgliche Veränderungen der Sachlage, sondern lediglich um spätere Erkenntnisse hinsichtlich der ursprünglichen Sachlage.[1642]

21 Nachträgliche Änderungen zugunsten des Bauherrn sind dagegen zu berücksichtigen. Dem liegt die Erwägung zugrunde, dass es nicht vertretbar wäre, eine zur Zeit des Erlasses rechtswidrige Baugenehmigung aufzuheben, die sogleich nach der Aufhebung aufgrund der günstiger gewordenen Rechtslage auf Antrag nunmehr erteilt werden müsste.[1643]

(b) Gegenstand der Nachbaranfechtung

22 Gegenstand der Anfechtung einer baurechtlichen Zulassung durch einen Nachbarn ist in der Regel die Genehmigung oder der Vorbescheid, in selteneren Fällen eine isolierte Befreiung oder Abweichung.

(aa) Inhalt der Baugenehmigung

23 Was konkreter Gegenstand der bauaufsichtlichen Zulassung ist, folgt aus deren Inhalt, nicht aus der Bezeichnung. Für die Feststellung des Regelungsinhalts ist vorrangig auf den Wortlaut der Genehmigung abzustellen, der allerdings der Auslegung zugänglich ist. Aufgrund des Charakters einer Baugenehmigung als mitwirkungsbedürftiger Verwaltungsakt ist auf die Bauvorlagen und, soweit die Genehmigung hierzu Konkretisierungen, modifizierende Auflagen oder Nebenbestimmungen enthält, ergänzend auf diese abzustellen.

24 Baugenehmigungen enthalten in der Regel keine konkreten Aussagen zur Einrichtung der Baustelle und zur Bauausführung. Deshalb kann der Nachbar von der Baustelle ausgehende Gefahren oder Belästigungen der Baugenehmigung nicht entgegenhalten. Seinen Anspruch auf Anordnung geeigneter Maßnahmen zur Begrenzung der behaupteten vermeidbaren Belästigungen kann er nur gegenüber der für die Überwachung der Baustelle zuständigen Behörde geltend machen.[1644]

1641 BVerwG Beschl. v. 11.1.1991 – 7 B 102/90.
1642 Vgl. OVG Münster Beschl. v. 16.5.2011 – 8 A 372/09.
1643 St. Rspr. seit BVerwG Urt. v. 19.9.1969 – IV C 18.67; BVerwG Beschl. v. 23.4.1998 – 4 B 40.98; BVerwG Beschl. v. 8.11.2010 – 4 B 43.10; OVG Bln-Bbg Beschl. v. 29.6.2011 – 10 N 39.08.
1644 VG Münster Urt. v. 4.3.2021 – 2 K 1905/16; OVG Münster Beschl. v. 31.7.2015 – 7 B 701/15. OVG Münster Beschl. v. 14.6.2018 – 8 B 594/18; OVG Koblenz Beschl. v. 8.12.2009 – 8 B 11243/09; VGH Mannheim Beschl. v. 5.2.2015 – 10 S 2471/14; OVG Saarlouis Urt. v. 26.1.2006 – 2 R 9/05.

(bb) Obligatorischer Prüfungsrahmen

Soweit das Prüfprogramm der Baugenehmigungsbehörde auf bestimmte Normen oder Normkomplexe reduziert ist (vgl. § 64 BauO), hat dies Folgen für den Bauherrn und den Nachbarn. Ist eine nach eingeschränkter Prüfung der Übereinstimmung mit den baurechtlichen Vorschriften erteilte Baugenehmigung bestandskräftig geworden, kann der Bauherr die Bestandkraft dem Nachbarn nur in diesem beschränkten Umfang entgegenhalten. Denn die Feststellungswirkung, die jeder Baugenehmigung innewohnt, bezieht sich denknotwendig nur auf die Vorschriften, die geprüft worden sind. Dem entspricht auf der anderen Seite, dass der Nachbar, der sich gegen ein Vorhaben wendet, nicht den Verstoß gegen Normen rügen kann, die die Behörde nicht geprüft hat. Er hat in diesem Fall nicht die Baugenehmigung anzufechten, sondern gegenüber der Behörde den Verstoß gegen außerhalb ihres obligatorischen Prüfungsrahmens liegende Vorschriften zu rügen und kann, wenn die Bauaufsicht nicht einschreitet, deren Verpflichtung zum Einschreiten gerichtlich durchsetzen.[1645] Ausnahmen gelten für offensichtliche Rechtsfehler, die zu einer Gefahr für Leben oder Gesundheit führen würden.[1646]

(cc) Sog. Etikettenschwindel und bloße Zielvorgaben

Grundsätzlich ist davon auszugehen, dass der Berechtigte die Genehmigung nur in der Form ausnutzt, die durch sie erlaubt wird. Deshalb sind Unterstellungen, die in eine andere Richtung gehen, irrelevant.

In besonders gelagerten Fällen des sogenannten Etikettenschwindels macht die Rechtsprechung hiervon eine Ausnahme. Ein solcher Etikettenschwindel liegt vor, wenn ein Bauvorhaben mit seinem wirklich beabsichtigten Nutzungszweck unzulässig ist und deshalb eine zulässige Nutzung vorgeschoben wird. Dann kann ausnahmsweise ein „Durchgriff auf das wirklich Gewollte" vorgenommen werden. Die Rechtfertigung dafür liegt in Folgendem: Die Bauaufsichtsbehörde darf sich nicht zulasten betroffener Nachbarn auf den formalen Standpunkt stellen, sie habe lediglich eine nach dem Gesetz zulässige Nutzung antragsgemäß genehmigt, wenn bereits jetzt zu erwarten ist, dass der Bauherr eine hiervon abweichende (unzulässige) Nutzung aufnehmen wird und der „Schwarze Peter" dem Nachbarn zugeschoben wird. Das wäre mit dem Gebot der Gewährung eines effektiven Rechtsschutzes des Nachbarn nicht vereinbar. Dies gilt jedenfalls dann, wenn bereits den Bauvorlagen zu entnehmen ist, dass die genehmigte Nutzung in Wahrheit gar nicht beabsichtigt ist, sondern lediglich deklariert wird, um das Vorhaben genehmigungsfähig erscheinen zu lassen.

Beispiel: In der Abstandsfläche ist nach der Bezeichnung im Bauschein und den übrigen zur Baugenehmigung gehörenden Bauvorlagen ein Gartengerätehaus/Abstellgebäude mit Glastüren und bodentiefen Fenstern für Pflanzen und Gartenmöbel genehmigt worden. Ein solches Gebäude ist gemäß dem einschlägigen Abstandsflächenrecht in der Abstandsfläche und ohne eigene Abstandsflächen zulässig, sofern (wie hier) die vorgegeben Maße eingehalten werden. Der Nachbar wandte sich gegen die Genehmigung mit dem Argument, das Gebäude solle zu anderen Zwecken, unter anderem unzulässigerweise als Aufenthaltsraum, genutzt werden. Das angerufene Gericht verneinte einen Etikettenschwindel. Es befand, aus der den Bauvorlagen zu entnehmenden Ausgestaltung des Gebäudes lasse sich nicht entnehmen, dass die Nutzung als Abstellgebäude nur vorgeschoben sei. Dem Bauherrn sei unbenommen, ein Gartenhaus zu Ab-

---

1645 BVerwG Beschl. v. 16.1.1997 – 4 B 244/96; VGH München Beschl. v. 23.4.2014 – 9 CS 14.222.
1646 Vgl. OVG Münster Urt. v. 26.6.2014 – 7 A 2057/12; OVG Münster Urt. v. 15.7.2013 – 2 A 969/12; OVG Bautzen Beschl. v. 25.2.1998 – 1 S 38/98. Ausführlich dazu ab Teil C Rn. 71 ff.

stellzwecken aufwendig und kostspielig zu gestalten, etwa weil er es dem äußeren Erscheinungsbild an sein Wohnhaus (in dem hier gegebenen Villenviertel) anpassen wolle.[1647]

28 Ähnliches gilt, wenn eine Baugenehmigung mit Nebenbestimmungen zur Einhaltung bestimmter Immissionsrichtwerte versehen wird, die, wenn sie sich als bloße Zielvorgaben erweisen, von vornherein ungeeignet sind, einen ausreichenden Nachbarschutz sicherzustellen. Auf derartige Nebenbestimmungen kann es für die Beurteilung der Rechtmäßigkeit der Baugenehmigung nicht entscheidend ankommen, wenn und soweit sie im Widerspruch zu dem genehmigten Vorhaben stehen und im Falle der bestimmungsgemäßen Nutzung der genehmigten Anlage aus tatsächlichen Gründen überhaupt nicht eingehalten werden können.[1648]

(dd) Modifizierende Auflage, „echte" Auflage und Inhaltsbestimmung

29 Hält ein Bauherr sich nicht an die einer Baugenehmigung (zB zum Immissionsschutz) beigefügte Auflage (dazu siehe Teil C Rn. 288 ff.) oder führt er das Bauvorhaben sonst abweichend von der Genehmigung aus, wird dadurch die Rechtmäßigkeit der Genehmigung nicht in Frage gestellt. Entscheidend ist vielmehr allein, ob nach dem Inhalt der Baugenehmigung die Auflagen so festgelegt wurden, dass sie den Nachbarn ausreichend schützen und bei ordnungsgemäßem Betrieb erfüllt werden können; in diesem Fall können die Behörde und, falls erforderlich, der Nachbar die Auflage zwangsweise durchsetzen.[1649]

(ee) Das Bauvorhaben als einheitliches Ganzes

30 Gegenstand der Anfechtung ist regelmäßig das Vorhaben als einheitliches Ganzes. Das gilt zum einen dann, wenn die einzelnen Teile des Vorhabens unter Nutzungsgesichtspunkten eine enge funktionale Verbindung aufweisen. Dies ist gegeben, wenn der eine Bestandteil ohne den anderen baurechtlich nicht zulässig ist. So kann zB ein Bauvorhaben nicht ohne eine notwendige Garage bzw. einen Stellplatz betrachtet werden. Wird die einzige notwendige Garage bzw. der Stellplatz beseitigt (bzw. soll sie nach dem Klageziel des Nachbarn beseitigt werden) und besteht keine Möglichkeit zur Kompensation, steht die Legalität des gesamten Bauvorhabens in Frage. Die Einheitlichkeit des Vorhabens kann sich außerdem aus dem ausdrücklich geäußerten oder jedenfalls erkennbaren Willen des Vorhabenträgers ergeben.[1650] Es ist dessen Sache, durch seinen Genehmigungsantrag den Inhalt des Vorhabens festzulegen, soweit er sich dabei innerhalb der Grenzen hält, die einer Zusammenfassung oder Trennung objektiv gesetzt sind. Ob bei einer technisch und rechtlich teilbaren Anlage die einzelnen Teile bzw. deren Änderung zur Genehmigung gestellt sind und daher jeder für sich ein „Vorhaben" ist oder ob die gesamte Anlage bzw. deren Änderung als ein einziges „Vorhaben" Gegenstand der Beurteilung sein soll, bestimmt der Bauherr.[1651]

31 Das hat auch Auswirkungen auf eine Aufhebungsentscheidung des Gerichts: Wenn nach gedachter Teilaufhebung der bestehenbleibende Genehmigungsrest sinnvoller- oder rechtmäßiger Weise nicht existieren kann, ist die Teilaufhebung materiellrechtlich unzulässig.[1652]

1647 Nach VG Köln Urt. v. 1.10.2013 – 2 K 6059/12.
1648 So zB OVG Magdeburg Beschl. v. 4.5.2006 – 2 M 132/06.
1649 Vgl. VGH München Beschl. v. 27.11.2008 – 1 ZB 06.594.
1650 OVG Münster Urt. v. 15.7.2013 – 2 A 969/12.
1651 BVerwG Urt. v. 4.7.1980 – IV C 99.77; OVG Münster Urt. v. 22.5.2014 – 8 A 3002/11.
1652 BVerwG Urt. v. 17.2.1984 – 4 C 70.80.

c) Anfechtungsklage gegen eine Ordnungsverfügung (Fallgruppe 3)

Erlässt die zuständige Behörde gegen den Bauherrn eine Ordnungsverfügung, zB eine Beseitigungsverfügung oder eine Nutzungsuntersagung wegen einer auf dem Grundstück des Bauherrn errichteten baulichen Anlage oder einer dort ausgeübten illegalen Nutzung, kann der Bauherr als Adressat der Ordnungsverfügung gegen diesen ihn belastenden Verwaltungsakt Anfechtungsklage (§ 113 Abs. 1 S. 1 VwGO) erheben. 32

Mit dem Erlass der Ordnungsverfügung kommt die Bauaufsichtsbehörde ihren Pflichten nach, darüber zu wachen, dass die öffentlich-rechtlichen Vorschriften eingehalten werden. Das Gericht prüft deshalb die nach Bauordnungsrecht bestehenden Tatbestandsvoraussetzungen der Ermächtigungsgrundlage sowie die auf dieser Grundlage ergriffenen Maßnahmen. Ob die Behörde auch deshalb handelt, weil ein Nachbar das Einschreiten verlangt hat, ist in der Regel unerheblich; maßgeblich ist, ob die Eingriffsvoraussetzungen erfüllt sind. Etwas anderes kann gelten, wenn sie ausweislich der Ermessenserwägungen allein im nachbarlichen Interesse tätig wird; dann überprüft das Gericht insbesondere die dieser Entscheidung zugrunde gelegten tatsächlichen und rechtlichen Annahmen. Eine fehlerhafte Einschätzung und damit eine unrichtige Begründung können zur Rechtswidrigkeit der Ordnungsverfügung führen. 33

d) Verpflichtungsklage auf bauaufsichtliches Einschreiten (Fallgruppe 4)

Lehnt die zuständige Behörde den Antrag eines Nachbarn auf Erlass einer Ordnungsverfügung gegen den privaten Bauherrn ab, kann der Nachbar Verpflichtungsklage auf Erlass einer Ordnungsverfügung erheben. 34

Die erforderliche Klagebefugnis ist gegeben, wenn der Nachbar geltend machen kann, dass ihm der Anspruch zusteht; ob dies wirklich der Fall ist, ist eine Frage der Begründetheit. 35

Eine Verpflichtungsklage ist trotz einer Rechtsverletzung des Nachbarn nicht erfolgreich, wenn eine das Vorhaben legalisierende (nicht nichtige) Genehmigung von dem Nachbarn nicht mehr angefochten werden kann. Hat dieser sein Anfechtungsrecht verloren, scheidet auch der Erlass einer Beseitigungsverfügung oder Nutzungsuntersagung aus; dem entsprechend kann auch der Nachbar dieses nicht verlangen.[1653] 36

Für den Erfolg einer solchen Verpflichtungsklage ist die Sach- und Rechtslage im Zeitpunkt der mündlichen Verhandlung vor dem Verwaltungsgericht maßgeblich. 37

Die Verpflichtungsklage ist begründet, wenn die Ablehnung oder Unterlassung des bauaufsichtlichen Einschreitens rechtswidrig und der Kläger dadurch in seinen Rechten verletzt ist. Das ist zu bejahen, wenn dem Kläger ein Anspruch auf Einschreiten zusteht. Dies wiederum setzt voraus, dass ein rechtswidriger Zustand herrscht, weswegen der Kläger in seinen subjektiven öffentlichen Rechten verletzt ist, und zudem das im Bauordnungsrecht grundsätzlich bestehende Ermessen „auf null" reduziert ist. Ob eine Verletzung eines subjektiven öffentlichen Rechts zu bejahen ist, richtet sich danach, ob die verletzte Norm Nachbarschutz vermittelt. Insoweit gelten für die Verpflichtungsklage keine Besonderheiten gegenüber der Anfechtungsklage. 38

Hinsichtlich der Ermessensreduzierung ist zu berücksichtigen, dass sich das Ermessen auf die Entschließung und auf die Auswahl des Mittels beziehen kann und eine 39

[1653] OVG Münster Urt. v. 28.1.2016 – 10 A 447/14.

konkreter, auf eine bestimmte Maßnahme bezogener Verpflichtungsantrag nur begründet ist, wenn keine gleichermaßen effektive behördliche Maßnahme ersichtlich ist. Denn die Behörde schuldet dem Betroffenen Nachbarn nur das Ergebnis, nicht einen bestimmten Weg dorthin. Das Anbieten eines Austauschmittels nach § 21 S. 2 OBG seitens des Adressaten der Verfügung bleibt von einer solchen Tenorierung des Gerichts unberührt.

40 Hauptbeteiligte einer Verpflichtungsklage auf bauaufsichtliches Einschreiten sind der Kläger und die beklagte Behörde; der Bauherr ist notwendig beizuladen (dazu s. Teil E Rn. 108 ff.).

II. Vorläufiger Rechtsschutz

1. Die möglichen Fallgestaltungen

41 In dem öffentlich-rechtlichen Dreiecksverhältnis zwischen dem Nachbarn, dem Bauherrn und der Behörde sind verschiedene Fallgestaltungen denkbar. Der vorläufige Rechtsschutz ist zwischen diesen Fällen, aber auch innerhalb der Fälle, unterschiedlich. Ein Überblick:

42 Situation 1: Drittanfechtung

Die zuständige Behörde erteilt dem Bauherrn einen diesen begünstigenden Verwaltungsakt mit Drittwirkung, zB eine Genehmigung, die sich zulasten des Nachbarn auswirkt. Der Nachbar kann dagegen einen Rechtsbehelf (Widerspruch oder Anfechtungsklage) einlegen.

Fallgruppe 1a: Stellt der Verwaltungsakt die bauaufsichtliche Zulassung eines Vorhabens dar, haben Rechtsbehelfe Dritter dagegen keine aufschiebende Wirkung (§ 212a Abs. 1 BauGB). Der Nachbar als „Dritter" kann nach § 80a Abs. 1 Nr. 2 VwGO bei der Genehmigungsbehörde die Aussetzung der Vollziehung der Zulassung und nach § 80a Abs. 1 Nr. 2, 80 Abs. 3, 80 Abs. 5 VwGO bei Gericht die Anordnung der aufschiebenden Wirkung seines Rechtsbehelfs beantragen (→ Rn. 30).

Fallgruppe 1b: In einigen Fällen haben Widerspruch oder Anfechtungsklage des Dritten gegen Verwaltungsakte mit Doppelwirkung aufschiebende Wirkung, weil sie nicht unter § 212a Abs. 1 BauGB fallen. Das trifft etwa für eine immissionsschutzrechtliche Genehmigung zu (dazu s. Teil E Rn. 52). In diesen Fällen kann der Bauherr bei der Genehmigungsbehörde nach § 80a Abs. 1 Nr. 1 VwGO und bei Gericht nach §§ 80 Abs. 1 Nr. 1, 80a Abs. 3, 80 Abs. 5 VwGO die Anordnung der sofortigen Vollziehung des Verwaltungsaktes beantragen (dazu s. Teil E Rn. 93).

43 Situation 2: ordnungsbehördliches Einschreiten

Der Nachbar stört sich an einem vermeintlich nachbarrechtswidrigen Geschehen auf dem Baugrundstück, zB der Errichtung oder Existenz einer baulichen Anlage oder deren Nutzung. Er beantragt bei der zuständigen Behörde, im Wege einer Ordnungsverfügung gegen den Bauherrn einzuschreiten.

Fallgruppe 2a: Die Behörde unternimmt nichts oder lehnt den Erlass der Verfügung ab. Der Nachbar kann Unterlassungsklage bzw. Verpflichtungsklage auf Erlass einer Ordnungsverfügung erheben. Er kann auch, schon vor Erhebung der Klage, dieses Rechtsschutzziel im Wege eines Antrags auf Erlass einer einstweiligen Anordnung (§ 123 VwGO) verfolgen (dazu s. Teil E Rn. 95 ff.).

Fallgruppe 2b: Die zuständige Behörde erlässt auf Antrag des Nachbarn gegen den Bauherrn eine Ordnungsverfügung. Der Bauherr kann gegen diesen ihn belastenden Verwaltungsakt einen Rechtsbehelf (Widerspruch oder Anfechtungsklage) einlegen. Hat die Behörde nicht die sofortige Vollziehung der Ordnungsverfügung angeordnet, entfaltet der Rechtsbehelf des Bauherrn aufschiebende Wirkung (§ 80 Abs. 1 Sätze 1 und 2 VwGO). Der Nachbar kann nach § 80a Abs. 2 VwGO die Anordnung der sofortigen Vollziehung durch die Behörde und nach §§ 80a Abs. 2, Abs. 3, 80 Abs. 5 VwGO durch das Gericht beantragen (dazu Teil E Rn. 103 ff.).

Fallgruppe 2c: Die zuständige Behörde erlässt auf Antrag des Nachbarn gegen den Bauherrn eine Ordnungsverfügung. Sie ordnet im Interesse des Nachbarn deren sofortige Vollziehung an. Der Bauherr kann gegen die Ordnungsverfügung den zulässigen Rechtsbehelf einlegen. Dieser hat keine aufschiebende Wirkung. Der Nachbar kann nach § 80 Abs. 5 VwGO bei Gericht die Wiederherstellung der aufschiebenden Wirkung seines Rechtsbehelfs beantragen (dazu Teil E Rn. 105 ff.).

2. Die Grundzüge des vorläufigen Rechtsschutzes nach §§ 80, 80a VwGO

a) Grundsatz des § 80 Abs. 1 VwGO: aufschiebende Wirkung

Für den Fall des Eingriffs der Verwaltung in Rechte der Bürger gewährleistet die VwGO dadurch einen effektiven Rechtsschutz, dass – bei Einlegung eines Widerspruchs oder einer Klage – der Status quo vorerst gewahrt bleibt: Widerspruch und Anfechtungsklage haben aufschiebende Wirkung (§ 80 Abs. 1 S. 1 VwGO). Der Adressat braucht, das ist im Groben der Kernbereich der Regelung, den Verwaltungsakt vorerst nicht zu befolgen und die Verwaltung darf ihn vorerst nicht durch Zwangsmaßnahmen vollziehen. 44

Die ergänzende, zumindest klarstellende Aussage in § 80 Abs. 1 S. 2 VwGO, dass die aufschiebende Wirkung auch bei rechtsgestaltenden und feststellenden Verwaltungsakten sowie bei Verwaltungsakten mit Doppelwirkung (§ 80a VwGO) gilt, hat im Baunachbarrecht besondere Bedeutung. Sie wird aber durch nachfolgende Regelungen in weitem Umfang eingeschränkt. Würde sie uneingeschränkt gelten, könnte der Dritte (Nachbar) mit seinem Widerspruch oder der Anfechtungsklage bewirken, dass – vorerst – zB eine Baugenehmigung nicht ausgenutzt und das Bauvorhaben nicht ausgeführt werden dürfte. Um dieses rechtspolitisch unerwünschte Ergebnis zu verhindern, macht § 212a Abs. 1 BauGB eine Ausnahme von dem Grundsatz (dazu Teil E Rn. 48 ff.). 45

Aus dem Regelungssystem der §§ 80a, 80 Abs. 5 VwGO folgt, dass (gerichtlicher) Rechtsschutz nach diesen Bestimmungen nur dann in Frage kommt, wenn in der Hauptsache der Rechtsbehelf, dessen aufschiebende Wirkung angeordnet werden soll (Widerspruch oder Anfechtungsklage), eingelegt ist. Die in der Praxis[1654] gelegentlich anzutreffende Konstruktion der „Anordnung der aufschiebenden Wirkung der noch zu erhebenden Klage" (bzw. eines noch zu erhebenden Widerspruchs) erscheint gekünstelt und rechtssystematisch verfehlt. Denn einem noch nicht existenten Rechtsbehelf kann denklogisch keine aufschiebende Wirkung beigemessen werden. Die Konstruktion ist auch nicht zur Gewährung effektiven Rechtsschutzes (Art. 19 Abs. 4 GG) geboten, da dem Widerspruchsführer bzw. Kläger ohne Weiteres zugemutet werden kann, den Rechtsbehelf in der Hauptsache einzulegen. Dass eine Klage kostenpflichtig ist und nach Erhebung nicht mehr kostenfrei, sondern nur mit 46

1654 Vgl. VG Münster Beschl. v. 3.12.2015 – 1 L 1418/15; VG Gelsenkirchen Beschl. v. 12.1.2016 – 7 L 2547/15; VG Aachen Beschl. v. 18.12.2015 – 6 L 1077/15.

einer verbleibenden Gerichtsgebühr (Anlage 1 zum Gerichtskostengesetz, Kostenverzeichnis Nr. 5111) zurückgenommen werden kann, entspricht einer gesetzgeberischen Grundentscheidung und rechtfertigt keine derartige Praxis.

47 Das Gesetz setzt lediglich voraus, dass ein Widerspruch bzw. eine Anfechtungsklage erhoben worden ist. Eine Darlegung der Gründe für den Rechtsbehelf ist nicht erforderlich. Das Gesetz verlangt auch nicht, dass der Rechtsbehelf der Sache nach begründet ist; denn das ist gerade der Prüfungsgegenstand durch die Widerspruchsbehörde und das Gericht. Auch ist – nach dem Wortlaut – die Zulässigkeit des Rechtsbehelfs nicht Voraussetzung für die bezeichnete Wirkung. Dies ist jedoch in Rechtsprechung und Literatur heftig umstritten. Überwiegend wird danach differenziert, welcher (vermeintliche) Zulässigkeitsmangel vorliegt.[1655]

b) Baurechtlich relevante Ausnahmen nach § 80 Abs. 2 VwGO

aa) Bauaufsichtliche Zulassung (§ 212a Abs. 1 BauGB)

48 Ist eine bauaufsichtliche Zulassung erteilt, kann mit einem Verwaltungsverfahren oder verwaltungsgerichtlichen Verfahren auf Gewährung vorläufigen Rechtsschutzes in der Regel erreicht werden, dass (vorläufig) nicht weiter gebaut oder die Anlage nicht weiter genutzt wird. Allein mit der Erhebung eines Widerspruchs oder einer Anfechtungsklage kann der Nachbar dieses Ziel nicht erreichen. Denn § 80 Abs. 2 S. 1 Nr. 3 VwGO iVm § 212a Abs. 1 BauGB nimmt diesen Rechtsbehelfen die aufschiebende Wirkung. Nach der letztgenannten Bestimmung haben „Widerspruch und Anfechtungsklage eines Dritten gegen die bauaufsichtliche Zulassung eines Vorhabens […] keine aufschiebende Wirkung" (Fallgruppe 1a). Das führt dazu, dass es dem Bauherrn freisteht, mit der Bauausführung zu beginnen, allerdings auf eigenes Risiko. Falls im Hauptsacheverfahren die Baugenehmigung aufgehoben wird, hat er eine Anlage errichtet, für die keine Genehmigung vorliegt; die Anlage ist formell illegal. Allerdings ist der Anwendungsbereich des § 212a Abs. 1 BauGB nicht unumstritten; das gilt insbesondere für den Begriff der „bauaufsichtlichen Zulassung":

- Baugenehmigungen sind der Grundfall des § 212a Abs. 1 BauGB (Fallgruppe 1a). Die Bestimmung gilt für alle Arten von Baugenehmigungen (einschließlich Nutzungsänderungsgenehmigungen), auch für solche, die im vereinfachten Genehmigungsverfahren erteilt werden, ohne Rücksicht auf eine etwaige Begrenzung des Prüfungsgegenstandes.
- Die den Inhalt einer bereits erfolgten Genehmigung verändernde weitere Genehmigung (als Nachtragsgenehmigung oder Tekturgenehmigung) fällt stets in den Anwendungsbereich des § 212a Abs. 1 BauGB (Fallgruppe 1a). Das gilt unabhängig davon, ob es sich um eine wesentliche oder unwesentliche Änderung handelt: Im Falle einer wesentlichen Änderung liegt eine Neugenehmigung vor. Bei einer lediglich unwesentlichen Änderung besteht die Vollziehbarkeit der zuvor erteilten Genehmigung, die lediglich einen (unwesentlich) geänderten Inhalt erhalten hat, ungeschmälert fort.
- Eine Teilbaugenehmigung stellt mit Blick auf den genehmigten Bauabschnitt (zB die Baugrube) die Übereinstimmung mit den zu prüfenden Vorschriften fest und erlaubt den Beginn diese Baumaßnahme. Damit ist auch sie eine hierauf bezogene bauaufsichtliche Zulassung (Fallgruppe 1a).
- Die isolierte Erteilung einer Ausnahme, Befreiung oder Abweichung stellt dann eine bauaufsichtliche Zulassung dar, wenn das Vorhaben ohne sie nicht zulässig

---

[1655] Vgl. dazu Puttler in: Sodan/Ziekow, VwGO, § 80 Rn. 32 mwN.

wäre und nicht ausgeführt werden dürfte, durch die Ausnahme, Befreiung oder Abweichung das aber gerade erreicht wird. Denn soweit das im Baurecht geltende präventive Verbot mit Erlaubnisvorbehalt gilt, steht die Übereinstimmung mit dem Baurecht nicht fest und darf mit der Bauausführung nicht begonnen werden. Stellen die erforderliche Erteilung einer Ausnahme, Befreiung oder Abweichung die einzige Sperre dar, um mit der Bauausführung beginnen zu dürfen, ist umgekehrt deren Aufhebung als Zulassung des Vorhabens zu werten (Fallgruppe 1a).[1656]

– Ob ein Vorbescheid zu den bauaufsichtlichen Zulassungen zählt, ist umstritten.[1657]

Dagegen, dass der Vorbescheid durch § 212a Abs. 1 BauGB erfasst ist, spricht insbesondere das Wort „Zulassung". Denn durch einen Vorbescheid wird ein Vorhaben nicht „zugelassen". Er ist ein vorweggenommener Ausschnitt des feststellenden Teils der Baugenehmigung und ist selbst ein feststellender Verwaltungsakt, der auf die Bauvoranfrage hin die erbetene Antwort mit bindender Wirkung trifft. Da er keinen verfügenden Teil enthält, berechtigt er nicht zum Beginn der Bauausführung. **49**

Auch verlangt das Gebot der Gewährung effektiven Rechtsschutzes nicht, dass die von dem Grundsatz des § 80 Abs. 1 VwGO abweichende Ausnahmeregelung auf den Vorbescheid erstreckt wird. Einer sofortigen Vollziehbarkeit des Vorbescheides bedarf es nicht. Nach Ergehen des positiven Vorbescheides kennt der Bauherr die Rechtsauffassung der Genehmigungsbehörde und kann sogleich eine Vollgenehmigung beantragen, für die § 212a Abs. 1 BauGB gilt. Im Übrigen bleibt es ihm unbenommen, die Anordnung der sofortigen Vollziehbarkeit des Vorbescheides zu beantragen, wenn er sich davon Vorteile verspricht. Die Annahme einer gesetzlichen sofortigen Vollziehbarkeit des Vorbescheides würde im Übrigen dem Bauherrn nicht viel nützen: Der Nachbar, der sich durch den Vorbescheid in seinen subjektiven öffentlichen Rechten verletzt sieht, wird gegen den Vorbescheid Widerspruch bzw. Klage einlegen, so dass dieser nicht in Rechtskraft erwachsen und ihm gegenüber keine Bindungswirkung entfalten kann. In einem solchen Fall ist bei einem Nachbarrechtsbehelf gegen die Baugenehmigung der Inhalt des Vorbescheides mit zu überprüfen.[1658] Der Widerspruch und die Anfechtungsklage des Nachbarn nehmen dem Bauvorbescheid gegenüber dem Bauherrn im nachfolgenden Baugenehmigungsverfahren die Verbindlichkeit, so dass ein Beschleunigungseffekt gerade nicht erreicht werden kann.[1659] Allein der Vorteil für den Bauherrn, in einem gerichtlichen Verfahren über die sofortige Vollziehbarkeit des Vorbescheids bereits frühzeitig die Rechtsauffassung des Gerichts zu der „möglicherweise besonders prekären Nachbarverträglichkeit seines Vorhabens"[1660] zu erfahren, ist zwar verständlich, aber zur Erreichung des Beschleunigungsziels des Gesetzgebers nicht geboten. **50**

Der Vorbescheid ist deshalb der Fallgruppe 1b zuzuordnen.[1661] **51**

1656 OVG Bln-Bbg Beschl. v. 2.9.2009 – OVG 10 S 24.09; OVG Bremen Beschl. v. 24.7.2013 – 1 B 118/13; Finkelnburg in: Finkelnburg/Dombert/Külpmann Vorläufiger Rechtsschutz, Rn. 1282, auch mit Hinweisen zur gegenteiligen Auffassung; Battis in: Battis/Krautzberger/Löhr, BauGB, § 212a Rn. 1.
1657 Dafür: VGH Kassel Beschl. v. 8.11.1993 – 3 TH 1944/93; VGH Mannheim Beschl. v. 24.10.1996 – 5 S 1959/96; OVG Münster Beschl. v. 1.12.1998 – 10 B 2304/98; OVG Lüneburg Beschl. v. 8.7.2004 – 1 ME 167/04; VG Schleswig Beschl. v. 9.7.2020 – 8 B 12/20.
1658 Vgl. dazu BVerwG Urt. v. 17.3.1989 – 4 C 14.85.
1659 So auch VGH München Beschl. v. 1.4.1999 – 2 CS 98.2646.
1660 OVG Lüneburg Beschl. v. 8.7.2004 – 1 ME 167/04.
1661 Ablehnend auch VGH Mannheim Beschl. v. 18.9.2019 – 3 S 1930/19.

Der Abbruch (die Beseitigung) eines Gebäudes oder einer sonstigen baulichen Anlage ist kein Vorhaben iSd § 212a Abs. 1 BauGB (Fallgruppe 1b). Zwar kann der Begriff des Vorhabens im umgangssprachlichen Verständnis auch den Abbruch oder die Beseitigung eines Gebäudes umfassen, den ein Grundstückseigentümer „vorhat". Der Gesetzgeber des Baugesetzbuches hat sich aber für ein engeres fachsprachliches Verständnis des Begriffs „Vorhaben" entschieden. Dies ergibt sich aus § 29 Abs. 1 BauGB, zu dessen Normtext auch die Überschrift gehört. Die lautet in ihrem ersten Teil ausdrücklich „Begriff des Vorhabens"; sie legt damit die bundesbaugesetzliche Definition des Begriffs fest. Aus dem Relativsatz „die die Errichtung, Änderung oder Nutzungsänderung von baulichen Anlagen zum Inhalt haben" folgt, dass ein Abbruch oder eine Beseitigung kein Vorhaben im Sinne des Begriffs des Vorhabens ist, wie er in § 29 Abs. 1 BauGB für den ersten Abschnitt des dritten Teils dieses Gesetzes definiert wird.[1662]

52 Eine immissionsschutzrechtliche Genehmigung ist nach dem eindeutigen Wortlaut des § 212a Abs. 1 BauGB („bauaufsichtliche" Zulassung) nicht sofort vollziehbar (Fallgruppe 1b). Eine Ausnahme gilt gem. § 63 BImSchG für Widerspruch und Anfechtungsklage eines Dritten gegen die Zulassung einer Windenergieanlage an Land mit einer Gesamthöhe von mehr als 50 Metern.[1663] Ist gegen die Genehmigung, für die die Ausnahme nicht gilt, Widerspruch oder Klage erhoben worden, darf nicht mit der Errichtung der Anlage begonnen werden. Das gilt auch, soweit die Genehmigung eine etwa erforderliche Baugenehmigung einschließt (§ 13 BImSchG). Denn es ergehen nicht zwei Genehmigungen mit verschiedenen rechtlichen Schicksalen, von denen eine sofort vollziehbar wäre, sondern nur eine einheitliche, die nicht sofort vollziehbar ist.

bb) Anordnung der sofortigen Vollziehung

53 Nach § 80 Abs. 2 S. 1 Nr. 4 VwGO entfällt die aufschiebende Wirkung auch in den Fällen, in denen die sofortige Vollziehung im öffentlichen Interesse oder im überwiegenden Interesse eines Beteiligten von der Behörde, die den Verwaltungsakt erlassen oder über den Widerspruch zu entscheiden hat, besonders angeordnet wird. Hierzu zählen auf dem Gebiet des Nachbarrechts zum einen Fälle, in denen der Rechtsbehelf eines Dritten aufschiebende Wirkung entfaltet (zB weil kein Fall des § 212a Abs. 1 BauGB vorliegt oder bei einer immissionsschutzrechtlichen Genehmigung) und für die die Genehmigungsbehörde (ggfs. auf Antrag des Bauherrn) die sofortige Vollziehung angeordnet hat (Fallgruppe 1b, s. Teil E Rn. 91 ff.).

54 Zum anderen gehören hierzu die Verfügungen der Bauaufsicht gegenüber einem (mutmaßlich ordnungspflichtigen) Bauherrn, die sich zugunsten des Nachbarn auswirken und deren sofortige Vollziehung die Behörde angeordnet hat (Fallgruppen 2b und 2c, s. Teil E Rn. 103 f. bzw. 105 ff.).

1662 So auch OVG Münster Beschl. v. 22.9.2015 – 2 B 723/15; OVG Hamburg Beschl. v. 20.2.2012 – 2 Bs 14/12; VG Münster Beschl. v. 7.2.2003 – 2 L 123/03.
1663 Eingef. durch Art. 3 Nr. 2 des Gesetzes zur Beschleunigung von Investitionen vom 3.12.2020 I 2694 mWv 10.12.2020.

3. Die Fallgruppen im Einzelnen

a) Vorläufiger Rechtsschutz des Nachbarn gegen die bauaufsichtliche Zulassung eines Vorhabens (Fallgruppe 1a)

Haben der Widerspruch bzw. die Klage des Nachbarn gegen die bauaufsichtliche Zulassung eines Vorhabens nach Maßgabe der Regelungen in § 80 Abs. 2 S. 1 Nr. 3 VwGO, § 212a Abs. 1 BauGB keine aufschiebende Wirkung und will der Nachbar dennoch erreichen, dass die aufschiebende Wirkung des Rechtsbehelfs angeordnet wird, damit der Bauherr nicht im Sinne der Genehmigung (weiter) baut oder die Anlage (weiter) nutzt, steht ihm die Rechtsschutzmöglichkeit nach §§ 80a Abs. 1 Nr. 2, Abs. 3 iVm 80 Abs. 5 VwGO zur Verfügung.

Für das Rechtsschutzbegehren des Nachbarn ist Zulässigkeitsvoraussetzung, dass die erstrebte Maßnahme (noch) notwendig oder geeignet ist, um mögliche Rechte des Nachbarn zu sichern. Diese Voraussetzung ist regelmäßig dann nicht gegeben, wenn einerseits der Nachbar sich allein gegen den genehmigten Baukörper wendet (nicht aber gegen dessen Nutzung) und andererseits der Bauherr von der ihm erteilten Baugenehmigung bereits umfassend Gebrauch gemacht hat und das Bauvorhaben im Rohbau schon fertiggestellt ist. Denn das mit der Anordnung der aufschiebenden Wirkung verfolgte Ziel, die Schaffung vollendeter Tatsachen zu verhindern, ist nach Fertigstellung des Rohbaus[1664] der baulichen Anlage nicht mehr zu erreichen.[1665]

Einen ausdrücklichen materiellrechtlichen Maßstab für die Entscheidung des Gerichts über einen Antrag auf Anordnung der aufschiebenden Wirkung eines Rechtsbehelfs gegen die bauaufsichtliche Zulassung eines Vorhabens enthält §§ 80a Abs. 1 Nr. 2, Abs. 3, 80 Abs. 5 VwGO nicht. Es ist allerdings anerkannt, dass das Gericht im Rahmen der Entscheidung eine Interessenabwägung vorzunehmen hat.[1666]

Die Interessenabwägung in Fällen der Drittanfechtung unterscheidet sich im Ansatz wesentlich von der bei einem Antrag auf Wiederherstellung der aufschiebenden Wirkung eines Rechtsbehelfs gegen eine Ordnungsverfügung. Denn die Baugenehmigungsbehörde handelt mit der Erteilung einer bauaufsichtlichen Zulassung nicht zur Abwehr einer Gefahr oder Störung, sondern weil nach ihrer Rechtsauffassung der Bauherr (aufgrund der das Eigentumsrecht aus Art. 14 Abs. 1 GG konkretisierenden Bestimmung der jeweiligen Landesbauordnung) einen Anspruch auf sie hat. Anders als im Bereich der Gefahrenabwehr ist ein allgemeines öffentliches Interesse für die Genehmigung weder ausreichend noch erforderlich. Das OVG Schleswig[1667] beschreibt die Interessenlage und die Aufgabe des Gerichts zutreffend so:

„Als besonderes Vollzugsinteresse steht in einem solchen Dreiecksverhältnis nicht, wie es bei belastenden Verwaltungsakten im zweiseitigen Verhältnis zwischen betroffenem Bürger und der Verwaltung der Fall ist, das besondere öffentliche Interesse der Verwaltung am Vollzug des Verwaltungsakts im Vordergrund, vielmehr ist – wie sich schon aus dem Wortlaut von § 80 Abs. 2 Nr. 4 (2. Alternative) VwGO entnehmen lässt – auf das ‚überwiegende Interesse eines Beteiligten' abzustellen. Der in Art. 19 Abs. 4 GG gewährleistete Schutz des Einzelnen gegenüber dem Staat tritt im vorliegenden Dreiecksverhältnis zurück. Die Entscheidung über die Vollzugsanordnung hat eher schiedsrichterlichen Charakter im Verhältnis zwischen den von der

---

1664 VGH München Beschl. v. 12.8.2010 – 2 CS 10.20.
1665 VG Kassel Beschl. v. 10.12.2019 – 2 L 2713/19.KS.
1666 Schenke in: Kopp/Schenke VwGO § 80 Rn. 152.
1667 Beschl. v. 7.8.2000 – 4 M 58/00.

Genehmigung Betroffenen. Dem entspricht es, ein überwiegendes Interesse eines Beteiligten im Sinne von § 80 Abs. 2 Nr. 4 (2. Alternative) VwGO dann zu bejahen, wenn der von dem belasteten Beteiligten eingelegte Rechtsbehelf mit erheblicher Wahrscheinlichkeit erfolglos bleiben wird und eine Fortdauer der grundsätzlich aufschiebenden Wirkung des Rechtsbehelfs dem begünstigten Beteiligten gegenüber unbillig wäre."

aa) Der Blick auf den mutmaßlichen Ausgang des Hauptsacheverfahrens

60 Für den Erfolg oder Misserfolg eines Antrags nach §§ 80a Abs. 1 Nr. 2, Abs. 3 VwGO iVm 80 Abs. 5 VwGO ist zunächst maßgeblich, ob im Hauptsacheverfahren auf den Rechtsbehelf des Nachbarn hin die bauaufsichtliche Zulassung voraussichtlich, d.h. mit erheblicher Wahrscheinlichkeit aufgehoben werden wird oder nicht. Dabei ist, insofern wie bei der Prüfung im zweipoligen Rechtsverhältnis, die Rechtswidrigkeit des Verwaltungsaktes und die dadurch bewirkte Rechtsverletzung des Antragstellers festzustellen. Während allerdings letztere bei der Anfechtung eines den Adressaten belastenden rechtswidrigen Verwaltungsaktes in der Regel eintritt, bedarf sie bei einer Drittanfechtung einer besonderen Prüfung.

61 Wenn sich bei einer in Verfahren des vorläufigen Rechtsschutzes typischen „summarischen" Prüfung der Rechtslage zeigt, dass die bauaufsichtliche Zulassung nicht rechtswidrig ist und/oder den antragstellenden Nachbarn nicht in seinen Rechten verletzt, ist in der Regel kein Grund ersichtlich, weshalb der Nachbar beanspruchen kann, dass der Bauherr die Genehmigung nicht solange ausnutzen kann, bis eben dieses sicher zu erwartende Ergebnis im Hauptsacheverfahren bestandskräftig feststeht.

62 Umgekehrt ist nicht zu erkennen, welches schutzwürdige Interesse der Bauherr daran haben soll, ein rechtswidriges und den Nachbarn in seinen subjektiven Rechten verletzendes Vorhaben durch einen Weiterbau zunehmend zu verfestigen oder die Nutzung der Anlage weiterhin auszuüben, wenn bereits aufgrund einer summarischen Prüfung feststeht, dass die Genehmigung im Hauptsacheverfahren bestandskräftig aufgehoben werden wird.

bb) Die Prüfungsdichte

63 Dem Charakter des Eilverfahrens entsprechend kann das Gericht in einem Verfahren auf Gewährung vorläufigen Rechtsschutzes nur eine Entscheidung aufgrund einer summarischen Prüfung der Sach- und Rechtslage fällen – so jedenfalls der theoretische Ansatz in nahezu allen Fällen des vorläufigen Rechtsschutzes. Es könne vom Gericht nicht erwartet werden, dass mit der Gründlichkeit eines Hauptsacheverfahrens die Sach- und Rechtslage vollständig durchdrungen wird. Würde jedes baurechtliche Verfahren auf Gewährung vorläufigen Rechtsschutzes mit dem Zeitaufwand bearbeitet und entschieden, wie dies im Hauptsacheverfahren geboten und üblich ist, würde dessen Charakter unterlaufen. Das entspreche auch der Funktion des Verfahrens, in dem das Gericht nur eine Regelung für eine Zwischenzeit treffen soll.[1668]

64 Die Praxis sieht jedoch anders aus. Danach ist die faktische Prüfungsdichte in nahezu allen Entscheidungen nicht von derjenigen in Klageverfahren zu unterscheiden. Das beruht darauf, dass oftmals von den Beteiligten die Gerichtsentscheidungen in Eilverfahren wie Hauptsache-Entscheidungen behandelt werden. Die (jedenfalls:

1668 Vgl. BVerwG Beschl. v. 22.3.2010 – 7 VR 1/10 (7 C 21/09).

letztinstanzliche) Entscheidung in einem Eilverfahren wird oft zum Anlass genommen, entweder – im Falle der Abweisung des Antrags des Nachbarn – mit der Verwirklichung des Vorhabens zu beginnen oder – im Falle der Stattgabe – das Vorhaben zu ändern oder aufzugeben. In dem Bewusstsein, dass ein verwirklichtes Vorhaben kaum rückgängig zu machen ist, sehen die Gerichte sich oftmals veranlasst, faktisch im Stil einer Hauptsache-Entscheidung zu beschließen. Das gilt auch für Verfahren, die, wie sich allein schon aus dem Umfang der Entscheidungen und dem Begründungsaufwand ergibt, eine tiefe Durchdringung des Streitstoffs und die Beantwortung schwieriger Rechtsfragen verlangen.

Soweit zur abschließenden Beurteilung der Rechtmäßigkeit einer angefochtenen bauaufsichtlichen Zulassung und der Rechtsverletzung des Antragstellers eine Beweisaufnahme hilfreich wäre, verbietet diese sich. Denn nach § 294 Abs. 2 ZPO, der über § 173 VwGO entsprechend anzuwenden ist, ist eine Beweisaufnahme, die nicht sofort erfolgen kann, unstatthaft; sie muss dem Hauptsacheverfahren vorbehalten bleiben.[1669] In gerichtlichen Eilverfahren wird dies oft dadurch umgangen, dass ein „Erörterungstermin an Ort und Stelle" durchgeführt wird und eine Betrachtung der Örtlichkeit als bloße „Veranschaulichung" der Umgebung oder der baulichen Anlage erfolgt. 65

cc) Allgemeine Interessenabwägung (Folgenabwägung)

Können die offensichtliche Rechtmäßigkeit oder Rechtswidrigkeit oder die Rechtsverletzung des Antragstellers nicht mit den in einem Verfahren auf Gewährung vorläufigen Rechtsschutzes zur Verfügung stehenden Mitteln festgestellt werden, erfolgt auf der zweiten Stufe eine allgemeine Interessenabwägung in Form einer Folgenabwägung. 66

Die allgemeine Interessenabwägung ist nach herrschender Meinung[1670] durch eine Gewichtungsvorgabe zugunsten der Verwirklichung von Bauvorhaben beeinflusst. Die Befürworter einer solchen Gewichtungsvorgabe sehen den Umstand, dass der Gesetzgeber in § 212a Abs. 1 BauGB dem Rechtsbehelf gegen die bauaufsichtliche Zulassung von Vorhaben den Suspensiveffekt genommen hat, als Beleg dafür, dass auch bei der Interessenabwägung eine Gewichtungsvorgabe zugunsten des Vorhabens vorzunehmen sei.[1671] Ferner leiten sie ihre Ansicht aus den Gesetzesmaterialien ab und führen an, der Gesetzgeber habe „dem „Bauen auf eigenes Risiko" den Vorrang eingeräumt[1672] und den Nachbarn für eine Realisierung etwaiger Abwehransprüche auf den Zeitpunkt nach einem Obsiegen in der Hauptsache – mit gegebenenfalls gravierenden wirtschaftlichen Konsequenzen für den Bauherrn – verwiesen. Es lassen sich indes auch gute Gründe für die Absicht des Gesetzgebers anführen, den Bauherrn lediglich dadurch bevorzugen zu wollen, dass er die prozessuale Initiativpflicht, einen Antrag auf Anordnung der aufschiebenden Wirkung zu stellen, dem Nachbarn aufbürdete.[1673] 67

Bei einer von der Gewichtungsvorgabe unabhängigen Interessenabwägung sind insbesondere die Folgen gegeneinander abzuwägen, die eintreten, wenn sich im 68

1669 Vgl. OVG Magdeburg Beschl. v. 27.4.2011 – 4 M 43/11; VGH München Beschl. v. 20.7.2011 – 15 CS 11.1486.
1670 OVG Münster Beschl. v. 27.6.2019 – 7 B 107/19; OVG Bautzen, Beschl. v. 18.4.2019 – 1 B 10/19; VG Schleswig Beschl. v. 25.7.2019 – 2 B 33/19; aA: VGH München Beschl. v. 7.2.2020 – 15 CS 19.2013.
1671 Nach der Rspr. des OVG Münster lässt sich aus § 63 BImSchG auch für dessen Regelungsbereich ein vorrangiges öffentliches Vollzugsinteresse ablesen, Beschl. v. 12.3.2021 – 7 B 8/21.
1672 OVG Bln-Bbg Beschl. v. 19.5.2014 – OVG 2 S 8.14.
1673 S. dazu Schulte Beerbühl, Öffentliches Baunachbarrecht, Rn. 1008 ff.

Hauptsacheverfahren herausstellt, dass die im Eilverfahren getroffene Entscheidung nicht mehr zu halten ist. Dabei ist den Belangen der Betroffenen umso mehr Gewicht beizumessen, je stärker und je irreparabler der Eingriff in ihre Rechte ist.[1674]

69 Die Rückgängigmachung der Folgen einer (durch die lediglich summarische Prüfung aber auch durch den zeitbedingten Erkenntnisgewinn und die vertieftere Sachaufklärung verursachten) abweichenden Entscheidung im Verfahren auf Gewährung vorläufigen Rechtsschutzes stellen sich je nach Ausgang des Verfahrens sehr unterschiedlich dar. Ist dem Bauherrn (zu Unrecht) nicht vorläufig erlaubt worden, sofort mit der Ausnutzung der Zulassung zu beginnen, kann er seinen Bauwunsch nicht schon jetzt verwirklichen, sondern erst mit einer Verzögerung, die je nach Belastung der Spruchkörper in dem Instanzenzug mehrere Jahre dauern kann. Dadurch entstehen unter Umständen Mehrkosten und Gewinne können nicht erzielt werden. Das ist indes ein typisches Bauherrenrisiko. Auf der anderen Seite droht, wenn dem Bauherrn (zu Unrecht) die Verwirklichung des Bauvorhabens vorläufig erlaubt worden ist, vielfach eine unumkehrbare Beeinträchtigung für den Nachbarn, weil ein Abriss der bereits errichteten Anlage, ggfs. eines kostspieligen Gebäudes, aus tatsächlichen und rechtlichen Gründen oft nicht durchsetzbar ist.[1675] Dem ist allerdings entgegenzuhalten, dass, für den Fall der Belassung der zulasten des Nachbarn rechtswidrigen Anlage, dem Nachbarn ein Entschädigungsanspruch zusteht. Lediglich bei einer Nutzungsaufnahme sind die Folgen begrenzt, da nach erfolgreichem Hauptsacheverfahren lediglich die Nutzung einzustellen ist.

70 Die Rechtsprechung berücksichtigt im Rahmen der Interessenabwägung auch das Verhalten des Antragstellers im Laufe des Nachbarstreits. Dabei würdigt sie auch eine verzögerte Antragstellung zu einem Zeitpunkt, in dem das Vorhaben bereits weitgehend fertiggestellt ist.[1676]

dd) Faktische Vollziehung

71 Haben der Widerspruch oder die Klage aufschiebende Wirkung – weil § 212a Abs. 1 BauGB nicht eingreift ist oder weil die Genehmigungsbehörde die Vollziehung ausgesetzt oder das Gericht die aufschiebende Wirkung angeordnet hat – und setzt der Bauherr dennoch in Ausnutzung der (suspendierten) Genehmigung das Vorhaben fort, stellt dies eine faktische Vollziehung der Baugenehmigung dar. Auch in diesem Fall kann der Nachbar vorläufigen Rechtsschutz nach §§ 80a Abs. 1 S. 2, Abs. 3 iVm 80 Abs. 5 VwGO (in analoger Anwendung) beanspruchen. Auf eine Interessenabwägung unter Berücksichtigung der Erfolgsaussichten in der Hauptsache kommt es in diesen Fällen nicht an. Denn die bewusste Missachtung der aufschiebenden Wirkung des Rechtsbehelfs eines Drittbetroffenen stellt ein rechtswidriges Verhalten dar, das ohne Weiteres eine auf Beachtung der aufschiebenden Wirkung gerichtete gerichtliche Entscheidung rechtfertigt.[1677] Der gerichtliche Ausspruch geht dahin, dass festgestellt wird, dass der Widerspruch oder die Klage aufschiebende Wirkung hat.

1674 BVerfG Beschl. v. 18.7.1973 – 1 BvR 23/73, 1 BvR 155/73; zur Bewertung der Interessenlage vgl. auch VGH München Beschl. v. 14.1.1991 – 14 CS 90.3166.
1675 Puttler in: Sodan/Ziekow VwGO § 80 Rn. 32.
1676 Zu einem solchen Fall VG Düsseldorf Beschl. v. 25.5.2016 – 11 L 3994/15.
1677 OVG Münster Beschl. v. 2.8.2013 – 8 B 829/13; VGH Kassel Beschl. v. 3.12.2002 – 8 TG 2177/02; Schenke in: Kopp/Schenke VwGO § 80a Rn. 17a; Puttler in: Sodan/Ziekow VwGO § 80a Rn. 36; aA OVG Weimar Beschl. v. 28.7.1993 – 1 EO 1/93.

ee) Umstrittene aufschiebende Wirkung

Auch in den Fällen, in denen umstritten ist, ob der Rechtsbehelf aufschiebende Wirkung entfaltet, steht dem Nachbarn das Recht zu, in einem Verfahren nach §§ 80 a Abs. 1 S. 2, Abs. 3 iVm 80 Abs. 5 VwGO (analog) vom Gericht die Feststellung zu erstreiten, dass der Rechtsbehelf aufschiebende Wirkung hat. Hat er diese Wirkung, ist der Antrag zulässig und gleichzeitig begründet. **72**

ff) Gerichtliche Eilentscheidung

(1) Stattgabe oder Ablehnung

Wenn und soweit das Gericht den Antrag auf Anordnung der aufschiebenden Wirkung ablehnt, bleibt die Befugnis des Bauherrn zur Ausnutzung der bauaufsichtlichen Zulassung unverändert bestehen. Eine teilweise stattgebende Entscheidung ist nur dann möglich, wenn der Streitgegenstand teilbar ist. Das ist bei Baugenehmigungen nur in beschränktem Maße gegeben. Je nach der Formulierung der gerichtlichen Entscheidung kann die Baugenehmigungsbehörde veranlasst sein, in den Blick zu nehmen, ob das Rechtsschutzbegehren nur deshalb keinen Erfolg hatte, weil der Nachbar keine subjektiven öffentlichen Rechte geltend machen konnte, die Zulassung aber objektiv-rechtlich fehlerhaft war. Wegen des aus Art. 20 Abs. 3 GG folgenden Grundsatzes der Gesetzmäßigkeit der Verwaltung mag bei einer objektiven Rechtswidrigkeit Anlass dazu bestehen, die Genehmigung zu überdenken. **73**

Wenn und soweit dem Antrag stattgegeben wird, verleiht dies dem Widerspruch bzw. der Klage rückwirkend aufschiebende Wirkung. Über die Dauer der aufschiebenden Wirkung verhält sich § 80b VwGO. In Folge der aufschiebenden Wirkung werden die bereits vollzogenen Handlungen nachträglich rechtswidrig. Die Befugnis des Gerichts, die Aufhebung der Vollziehung anzuordnen (§ 80 Abs. 5 S. 3 VwGO), hat im öffentlichen Baunachbarrecht kaum praktische Bedeutung. **74**

Im ersten Fall kann der antragstellende Nachbar, im zweiten Fall können die Behörde und der beigeladene Bauherr unter den Voraussetzungen der §§ 146 ff. VwGO gegen die erstinstanzliche Entscheidung einlegen. **75**

(2) Untersagung der Fortsetzung der Bauarbeiten

Die Wirkung einer Anordnung der aufschiebenden Wirkung, nämlich die Unzulässigkeit der Fortsetzung von bereits begonnenen Bauarbeiten oder einer bereits aufgenommenen Nutzung, tritt von selbst und von Rechts wegen ein. Einer Stilllegungsverfügung, einer Nutzungsuntersagung oder eines auf deren Erlass gerichteten Rechtsschutzbegehrens nach § 123 VwGO (zB „der Behörde aufzugeben, dem Bauherrn die Fortsetzung der Bauarbeiten zu untersagen"), bedarf es deshalb grundsätzlich nicht. Die Bauaufsichtsbehörde ist allerdings auch nicht gehindert, nach einer gerichtlichen Suspendierung der Baugenehmigung zusätzlich im Wege einer Ordnungsverfügung die Beendigung von Bauarbeiten oder die Einstellung der Nutzung zu befehlen. Anlass hierzu besteht dann (und ist damit im Sinne des allgemeinen Verwaltungsverfahrensrechts erforderlich), wenn es wegen der Besonderheiten des Falles geboten ist, dass die Behörde sich einen Vollstreckungstitel verschafft, etwa weil sie Grund zu der Annahme hat, dass es dieses Druckmittels bedarf. Dies geschieht sinnvollerweise unter Anordnung der sofortigen Vollziehung. Eine solche Entscheidung steht im Ermessen der Behörde, das sich selten zu einem bereits im Verfahren auf Gewährung vorläufigen Rechtsschutzes durchsetzbaren Anordnungsanspruch des Nachbarn verdichtet haben dürfte. **76**

(3) Gerichtliche Gestaltungsmöglichkeiten

77 § 80a Abs. 3 VwGO ermächtigt das Gericht, einstweilige Maßnahmen zur Sicherung der Rechte des Dritten zu ändern oder aufzuheben oder zu treffen.

78 Der Erlass von Sicherungsmaßnahmen ist nicht der gesetzlich vorgesehene Regelfall, sondern setzt besondere Umstände des Einzelfalls voraus.[1678] Solche liegen vor, wenn konkrete Anhaltspunkte dafür bestehen, dass die angeordnete aufschiebende Wirkung eines Rechtsbehelfs missachtet werden könnte. Allerdings erzeugt ein Ausspruch von Sicherungsmaßnahmen in der Regel für den Bauherrn keine unzumutbare Belastung. Er konkretisiert lediglich für die Behörde die aus ihrer Rechts- und Gesetzesbindung resultierende Pflicht, und dem Bauherrn wird lediglich die Akzeptanz der gerichtlichen Entscheidung zugemutet.

Beispiel: Auf Antrag des Nachbarn hat das Gericht die aufschiebende Wirkung des von diesem eingelegten Rechtsbehelfs mit unanfechtbarem Beschluss wiederhergestellt. Darin war eine abschließende Interessenabwägung zugunsten des Nachbarn vorgenommen worden. Solange die aufgrund der gerichtlichen Entscheidung angeordnete aufschiebende Wirkung bestand, war das von der Bauherrin zu respektieren. Das tat sie aber nicht: Sie führte den umstrittenen Betrieb weiter. Die Behörde schritt indes nicht ein. Das Gericht hat der Behörde dementsprechend aufgegeben, einstweilige Maßnahmen zur Sicherung des Drittbetroffenen zu treffen: Die Behörde wurde verpflichtet, der Bauherrin deren nachbarrechtswidrigen Betrieb bis zum Abschluss des Hauptsacheverfahrens – vollständig – zu untersagen, ohne dass es auf eine Interessenabwägung ankam.[1679]

79 Das Gericht kann im Interesse des Bauherrn die Wirkung seiner Entscheidung beschränken.

Beispiel: Dem Bauherrn wird durch die Gewährung einer Übergangszeit eine Fortführung der mit der Baugenehmigung gestatteten Nutzung ermöglicht. Durch diese Anordnung soll es ihm erleichtert werden, die erforderlichen Konsequenzen aus der Anordnung der aufschiebenden Wirkung der Nachbarklage für die bereits aufgenommene Produktion zu ziehen.[1680]

(4) Zwischenregelung (sog. Hängebeschluss)

80 In Rechtsprechung und Literatur ist weitgehend anerkannt, dass die Gerichte berechtigt und unter Umständen sogar verpflichtet sind, eine einstweilige Regelung während des Laufs eines verwaltungsgerichtlichen Verfahrens auf Gewährung vorläufigen Rechtsschutzes (§ 80 Abs. 5 und § 123 VwGO) zu treffen.[1681] Die Regelung wird zumeist (und deshalb auch in dieser Darstellung) – sprachlich unschön – als Hängebeschluss bezeichnet. Der ebenfalls verwendete Begriff Zwischenverfügung[1682] ist irreführend, weil es sich nicht um eine Verfügung handelt. Die Bezeichnungen Zwischenentscheidung,[1683] Zwischenregelung oder Schiebebeschluss würden dem Charakter eher entsprechen, sind aber wenig gebräuchlich.

(a) Wesen des Hängebeschlusses

81 Hängebeschlüsse sollen die Zeitspanne zwischen dem Eingang des Antrags auf vorläufigen Rechtsschutz und der Eilentscheidung des Gerichts überbrücken und verhindern, dass bis dahin vollendete Tatsachen geschaffen werden. Der Hängebe-

---

1678 VG Neustadt/Weinstraße Beschl. v. 19.8.2015 – 4 L 677/15.NW.
1679 Nach VG Minden Beschl. v. 9.7.2013 – 11 L 328/13.
1680 Nach OVG Bautzen Beschl. v. 28.9.2012 – 1 B 313/12.
1681 Vgl. Schenke in: Kopp/Schenke VwGO § 80 Rn. 170; s. dazu auch: Guckelberger NVwZ 2001, 276 mwN.
1682 VGH München Beschl. v. 18.9.2014 – 15 CS 14.1619.
1683 OVG Münster Beschl. v. 5.11.2008 – 8 B 1631/08.

schluss ist ein förmlicher, der Beschwerde zugänglicher Eilbeschluss innerhalb eines Verfahrens auf Gewährung vorläufigen Rechtsschutzes. Eine entsprechende Antragstellung ist nicht erforderlich; ein in diese Richtung gehender Antrag ist lediglich eine Anregung und bedarf keiner förmlichen Bescheidung seitens des Gerichts.

(b) Berechtigung und Verpflichtung des Gerichts

Der Hängebeschluss ist in der VwGO nicht ausdrücklich vorgesehen. Die Berechtigung und Verpflichtung des Gerichts, ihn unter den nachstehenden Voraussetzungen zu erlassen, wird aus Art. 19 Abs. 4 GG abgeleitet.[1684] **82**

(c) Entscheidungsmaßstäbe

Der Antrag wird als zulässig und erforderlich angesehen, wenn es zur Gewährleistung effektiven Rechtsschutz geboten ist, bereits während und für die Dauer des verwaltungsgerichtlichen Eilverfahrens eine Entscheidung zu treffen. Voraussetzung für den Erlass einer derartigen Zwischenentscheidung ist deshalb, dass der Antrag auf Gewährung vorläufigen Rechtsschutzes nicht offensichtlich aussichtslos erscheint, aus Gründen eines wirksamen vorläufigen Rechtsschutzes zwecks Vermeidung irreversibler Zustände bis zur endgültigen gerichtlichen Eilentscheidung nicht gewartet werden kann und die Entscheidungsreife für die „reguläre" Entscheidung fehlt.[1685] Ob die Zwischenentscheidung erforderlich ist, um die Ausnutzung der Genehmigung vorläufig zu stoppen, ist durch das Gericht nach einer Interessenabwägung als Ermessensentscheidung zu treffen. Das Gericht wird in sein Ermessen einstellen, welche Folgen einträten, wenn der Verwaltungsakt während des Laufs des Eilverfahrens vollzogen würde und der Eilantrag später Erfolg hätte.[1686] **83**

Ist der Antrag auf Gewährung vorläufigen Rechtsschutzes offensichtlich unzulässig oder unbegründet, versteht es sich von selbst, dass auch ein Hängebeschluss nicht ergehen kann. Denn auch aus Art. 19 Abs. 4 GG kann lediglich in zeitlicher Hinsicht ein über die regulären Rechtsschutzmöglichkeiten hinaus gehender Rechtsschutz abgeleitet werden, nicht aber ein inhaltlich erweiterter Rechtsschutz. So kann zB nicht ein Dritter, der im Rahmen der eigentlichen Eilentscheidung ersichtlich keine Rechte geltend machen könnte, in den Genuss einer „Eilentscheidung im Rahmen einer Eilentscheidung" gelangen. **84**

Zwar werden mit jedem Baufortschritt oder jeder Nutzungsaufnahme oder -fortsetzung in einem gewissen Umfang vollendete Tatsachen geschaffen werden. Dafür, dass die Besorgnis besteht, dass bis zur Entscheidung im Eilrechtsschutzverfahren „vollendete Tatsachen" geschaffen werden, die nicht reparabel wären, ist jedoch mehr erforderlich, als dass während des Eilrechtsschutzverfahrens die genehmigte Tätigkeit fortgesetzt wird. Würde es bereits die Fortsetzung der Bauarbeiten oder die Aufnahme einer genehmigten Nutzung für sich genommen rechtfertigen, im Wege eines Hängebeschlusses im Rahmen eines Eilverfahrens nach §§ 80a, 80 Abs. 5 VwGO die aufschiebende Wirkung eines Widerspruchs oder einer Klage dagegen anzuordnen, liefe dies darauf hinaus, dass die Regelung in § 212a Abs. 1 BauGB unterlaufen würde. Denn die gesetzliche Zubilligung der sofortigen Vollziehbarkeit einer bauaufsichtlichen Zulassung und damit die Aufnahme der Bautätigkeit oder die Fortsetzung **85**

1684 BVerfG Einstweilige Anordnung v. 11.10.2013 – 1 BvR 2616/13.
1685 VGH Kassel Beschl. v. 7.10.2014 – 8 B 1686/14.
1686 OVG Münster Beschl. v. 5.11.2008 – 8 B 1631/08.

der Nutzung ist eine bewusste Entscheidung über die Zumutbarkeit einer solchen Schaffung mehr oder weniger vollendeter Tatsachen.

86 Die Entscheidungsreife für die „reguläre" Entscheidung in einem Verfahren auf Gewährung vorläufigen Rechtsschutzes fehlt, wenn ein komplexer Sachverhalt aufbereitet werden muss und/oder schwierige Rechtsfragen entschieden werden müssen. Auch verhindern oft notwendige Verfahrensschritte eine sofortige Entscheidung des Gerichts über den Eilantrag: In der Regel muss den Beteiligten rechtliches Gehör gewährt werden. Das gilt insbesondere auch für den beizuladenden Bauherrn, der die Möglichkeit haben muss, sich in rechtlicher und tatsächlicher Hinsicht zu dem Vortrag der Beteiligten zu äußern[1687] und auch vorzutragen, welche Folgen eine stattgebende Entscheidung des Gerichts mit Blick auf den Baufortschritt oder die Nutzungseinschränkung hätte. Unter Umständen kann allerdings auf die Gewährung rechtlichen Gehörs zugunsten des Bauherrn verzichtet werden, etwa wenn zu besorgen ist, dass ein möglicherweise bestehendes Abwehrrecht des Antragstellers gegen die dem Beigeladenen erteilte Baugenehmigung bei längerem Zuwarten vereitelt würde.[1688]

87 Eine pflichtwidrig unterlassene zügige Vorlage der vollständigen Verwaltungsvorgänge kann einen Hängebeschluss zulasten der Behörde rechtfertigen.[1689]

(d) Wirkung und Beschwerderecht

88 Aus dem Wesen und dem Zweck des Hängebeschlusses, eine Zwischenregelung für die Zeit zu treffen, bis regulär über den Antrag auf Gewährung vorläufigen Rechtsschutzes entschieden ist, folgt, dass seine Wirkung nur so lange dauert, bis in jenem Verfahren die Entscheidung getroffen worden ist. Seine Wirkung ist mithin auflösend bedingt bis zur Entscheidung über das vorläufige Rechtsschutzbegehren.[1690]

89 Gegen einen Hängebeschluss des Verwaltungsgerichts steht dem unterlegenen Beteiligten die Beschwerde zum Oberverwaltungsgericht zu.[1691] Der Prüfungsgegenstand des Beschwerdegerichts ist auf die im Beschwerdeverfahren innerhalb der Monatsfrist des § 146 Abs. 4 S. 1 VwGO dargelegten Gründe beschränkt (§ 146 Abs. 4 S. 6 VwGO).[1692]

90 Während die Erhebung einer Klage beziehungsweise die Einlegung des Widerspruchs, sofern das jeweilige Landesrecht einen solchen vorsieht, gegen die bauaufsichtliche Zulassung eines Vorhabens fristgebunden ist, gilt für die Stellung eines Antrags auf Gewährung vorläufigen Rechtsschutzes keine gesetzliche Frist. Deshalb kann der antragstellende Nachbar seinen Antrag zurückstellen, falls der Bauherr verlässlich zu erkennen gibt, dass er mit der Verwirklichung des Bauvorhabens abwarten will, bis über den Rechtsbehelf (gegebenenfalls: bestandskräftig) entschieden ist.

1687 Vgl. VGH München Beschl. v. 18.9.2014 – 15 CS 14.1619.
1688 VGH München Beschl. v. 18.9.2014 – 15 CS 14.1619.
1689 Vgl. VGH Kassel Beschl. v. 7.10.2014 – 8 B 1686/14, in einer Konkurrentenstreitigkeit wegen der Vergabe von Konzessionen für Sportwetten: „Da die Auswahlentscheidung auch nicht ansatzweise nachprüfbar erscheint, war der Hängebeschluss geboten."
1690 OVG Bautzen Beschl. v. 17.12.2013 – 4 B 394/13; VGH Kassel Beschl. v. 7.10.2014 – 8 B 1686/14.
1691 VGH Kassel Beschl. v. 7.10.2014 – 8 B 1686/14; OVG Münster Beschl. v. 5.11.2008 – 8 B 1631/08; OVG Bln-Bbg Beschl. v. 10.3.2010 – OVG 11 S 11.10; VGH Mannheim Beschl. v. 18.12.2015 – 3 S 2424/15.
1692 Vgl. VGH München Beschl. v. 28.1.2015 – 22 C 15.19.

b) Vorläufiger Rechtsschutz außerhalb des § 212a Abs. BauGB (Fallgruppe 1b)

Soweit § 212a Abs. 1 BauGB nicht einschlägig ist und deshalb ein Widerspruch oder eine Klage eines Nachbarn aufschiebende Wirkung entfaltet, kann die Genehmigungsbehörde auf Antrag des Bauherrn („im überwiegenden Interesse eines Beteiligten") oder von Amts wegen nach §§ 80a Abs. 1 Nr. 1, 80 Abs. 2 S. 1 Nr. 4 VwGO die sofortige Vollziehung zB des Vorbescheides oder der immissionsschutzrechtlichen Genehmigung anordnen. 91

Ordnet die Behörde die sofortige Vollziehung nicht an, kann der Bauherr bei Gericht beantragen, dass dieses eben diese Anordnung trifft (§ 80a Abs. 1 Nr. 1, Abs. 3 iVm 80 Abs. 5 VwGO). Der Rechtsschutzweg des § 80 Abs. 5 VwGO passt für diesen Fall nicht unmittelbar, weil die Regelung den von einem belastenden Verwaltungsakt Betroffenen im Blick hat. Kraft der Verweisung in § 80a Abs. 3 VwGO steht der Rechtsschutzweg aber auch hierfür zur Verfügung. 92

Ordnet die Behörde die sofortige Vollziehung des Bescheides an, kann der Nachbar bei der Behörde beantragen, dass diese nach § 80 Abs. 4 VwGO die Vollziehung aussetzt und einstweilige Maßnahmen zur Sicherung seiner Rechte trifft. Dieser Weg dürfte allerdings regelmäßig erfolglos sein, weil die Behörde sich in Widerspruch zu der soeben verfügten Anordnung der sofortigen Vollziehung setzen würde. Stattdessen (und ohne dass zuvor der soeben genannte Weg erfolglos beschritten zu werden braucht) kann der Nachbar nach §§ 80a Abs. 1 Nr. 2, Abs. 3 iVm 80 Abs. 5 VwGO bei Gericht die Wiederherstellung der aufschiebenden Wirkung seines Rechtsbehelfs begehren. Dann entsteht dieselbe Situation, wie wenn der Verwaltungsakt von Gesetzes wegen sofort vollziehbar gewesen wäre. 93

Der gerichtliche Entscheidungsmaßstab ist in den beiden vorgenannten Fällen derselbe wie in der Fallgruppe 1a. Auch hier ist entscheidungserheblich, welchem der beiden gegenüberstehenden Interessen Vorrang gebührt, dem Interesse des Nachbarn daran, dass der Verwaltungsakt vorerst nicht vom Bauherrn ausgenutzt wird, oder dem Interesse des Bauherrn daran, diesen trotz des nachbarlichen Rechtsbehelfs ungehindert ausnutzen zu dürfen, bis die Frage der Rechtmäßigkeit und der Rechtsverletzung des Nachbarn bestandskräftig feststeht. Wie im Rahmen des nachbarlichen Rechtsschutzes gegen eine bauaufsichtliche Zulassung wird in der Regel auch hier der mutmaßliche Ausgang des Hauptsacheverfahrens eine entscheidende Rolle spielen. Gegebenenfalls ist eine allgemeine Interessenabwägung vorzunehmen. Eine Gewichtungsvorgabe zugunsten des Bauherrn oder des Nachbarn wird nicht angenommen 94

c) Vorläufiger Rechtsschutz des Nachbarn auf Erlass einer Ordnungsverfügung gegen den Bauherrn (Fallgruppe 2a)

Beantragt der Nachbar wegen eines vermeintlich nachbarrechtswidrigen Geschehens auf dem Baugrundstück den Erlass einer Ordnungsverfügung gegen den Bauherrn und lehnt die Behörde den Antrag ab, kann der Nachbar nach § 123 Abs. 1 S. 1 VwGO eine einstweilige Anordnung beantragen, mit der der Behörde aufgegeben wird, gegen den Bauherrn tätig zu werden. Das setzt voraus, dass „die Gefahr besteht, dass durch eine Veränderung des bestehenden Zustands die Verwirklichung eines Rechts des Antragstellers vereitelt oder wesentlich erschwert werden könnte" und in diesem Sinne sowohl ein Anordnungsgrund – die Eilbedürftigkeit der begehrten Regelung – als auch ein Anordnungsanspruch – der materiellrechtliche Anspruch auf die begehrte Regelung – hinreichend glaubhaft gemacht worden sind (§ 123 Abs. 3 VwGO iVm §§ 920 Abs. 2, 294 ZPO). 95

aa) Vorrang von §§ 80 und 80a VwGO

96 Der Antrag ist unzulässig, wenn der vorläufige Nachbarrechtschutz gemäß §§ 80a Abs. 3, 80 Abs. 5 VwGO erreicht werden kann. Dieser setzt voraus, dass das Rechtsschutzziel des Nachbarn sich gegen eine Regelung in einem ihn belastenden Verwaltungsakt, zB in einer dem Bauherrn erteilten und ihn als Dritten benachteiligenden Genehmigung, richtet. Soll ein Vorhaben im Rahmen einer Genehmigungsfreistellung errichtet werden, fehlt es an einem solchen belastenden Verwaltungsakt.[1693] Aber auch in den Fällen, in denen zwar eine Genehmigung ergangen ist, diese jedoch zu den von dem Nachbarn behaupteten Rechtsverstößen keinerlei Regelung enthält, sperrt § 123 Abs. 5 VwGO die Anwendung des § 123 Abs. 1 bis 3 VwGO nicht. Das trifft vor allem für Genehmigungen zu, die in einem Verfahren mit einem beschränkten Prüfungsverfahren (vereinfachtes Genehmigungsverfahren) ergangen sind.[1694] Denn was nicht zum Prüfungsgegenstand geworden ist, wird auch nicht Regelungsgegenstand und kann deshalb nicht nach §§ 80a Abs. 1 Nr. 2, Abs. 3, 80 Abs. 5 VwGO zur Überprüfung durch das Gericht gestellt werden.

bb) Vorherige Antragstellung bei der Behörde

97 Grundsätzlich ist Zulässigkeitsvoraussetzung, dass sich der Nachbar zuvor erfolglos an die zuständige Behörde gewandt hat mit dem (zumindest sinngemäßen) Begehren, gegen das Vorhaben bauaufsichtlich einzuschreiten. Hierauf kann allenfalls dann verzichtet werden, wenn die Sache sehr eilig ist und die Wahrscheinlichkeit, dass die Behörde dem Begehren entsprechen würde, gering ist.[1695]

cc) Glaubhaftmachung von Anordnungsanspruch und Anordnungsgrund

98 Der Erlass einer einstweiligen Anordnung nach § 123 Abs. 1 VwGO setzt einen Anordnungsanspruch und einen Anordnungsgrund voraus. Deren tatsächliche Voraussetzungen müssen zwar nicht zur Überzeugung des Gerichts feststehen, aber hinreichend wahrscheinlich („glaubhaft") sein (§ 123 Abs. 3 VwGO iVm § 920 Abs. 2 ZPO).

(1) Anordnungsanspruch

99 Ein Anordnungsanspruch liegt vor, wenn der Antragsteller in der Hauptsache bei summarischer Prüfung voraussichtlich Erfolg haben wird. Das ist dann der Fall, wenn voraussichtlich ein in die Richtung des Begehrens des Antragstellers gehender Anspruch gegen die Behörde besteht. Verletzt ein rechtswidriger Baukörper oder eine rechtswidrige Nutzung auf dem Baugrundstück den Nachbarn in dessen subjektiven öffentlichen Rechten, kann dieser eine einstweilige Anordnung beantragen, mit der dem Bauherrn ein entsprechendes, die Rechtsverletzung beseitigendes Verhalten abverlangt wird. Im Unterschied zur Anfechtung einer Baugenehmigung, die immer dann erfolgreich ist, wenn die Baugenehmigung rechtswidrig ist und den Nachbarn in seinen Rechten verletzt, muss bei einem Anspruch auf bauaufsichtliches Tätigwerden hinzukommen, dass das der Bauaufsichtsbehörde zustehende Ermessen, bauaufsichtlich tätig zu werden, auf null reduziert ist.[1696]

[1693] VG Schleswig Beschl. v. 17.3.2020 – 2 B 9/20.
[1694] OVG Bautzen Beschl. v. 23.12.2019 – 1 B 287/19; VG München Beschl. v. 3.1.2019 – M 11 E 18.4972.
[1695] Schenke in: Kopp/Schenke VwGO § 123 Rn. 25 mwN.
[1696] S. zu der streitigen Frage, ob eine Ermessensreduzierung nur bei einer besonderen Intensität der Störung oder der Gefährdung nachbarschützender Rechtsgüter gegeben ist: VG München Beschl. v. 24.1.2019 – M 8 E 18.5129, mwN.

(2) Anordnungsgrund

Ein Anordnungsgrund besteht, wenn eine vorläufige gerichtliche Entscheidung erforderlich ist. Die erforderliche Dringlichkeit der Sache liegt in aller Regel nur dann vor, wenn es dem Antragsteller unter Berücksichtigung seiner Interessen nicht zumutbar ist, die Entscheidung im Hauptsacheverfahren abzuwarten, weil ein Verweis auf das Hauptsacheverfahren aus besonderen Gründen unzumutbar ist.[1697]   **100**

Die Anforderungen an einen Anordnungsgrund hängen auch davon ab, inwieweit durch den Erlass einer einstweiligen Anordnung die Hauptsache vorweggenommen wird.[1698] Grundsätzlich kann wegen des Sicherungszwecks und, weil das Gericht im Rahmen der Bestimmung nur eine vorläufige Regelung treffen kann, der Behörde, nicht bereits im einstweiligen Rechtsschutzverfahren eine Maßnahme aufgegeben werden, die die Hauptsache vorwegnehmen würde. Dies kommt nur dann in Betracht, wenn die Maßnahme im Hinblick auf das Gebot der Gewährung effektiven Rechtsschutzes (Art. 19 Abs. 4 GG) schlechterdings notwendig ist, weil die sonst zu erwartenden Nachteile für den Antragsteller unzumutbar wären und ein hoher Grad an Wahrscheinlichkeit für einen Erfolg in der Hauptsache spricht.[1699] Ist eine überwiegende Erfolgsaussicht – insbesondere aufgrund der auch in Verfahren dieser Art allein möglichen summarischen Prüfung – nicht feststellbar, kann eine Regelungsanordnung nach § 123 Abs. 1 S. 1 VwGO nur ergehen, wenn dem Betroffenen andernfalls schwere und irreversible Nachteile, insbesondere existentielle Gefahren für Leben und Gesundheit drohen.[1700]   **101**

Allein aus einer möglichen Verletzung des Gebietserhaltungsanspruchs wird in der Regel nicht ohne Weiteres eine besondere Dringlichkeit für eine vorläufige Regelung begründet. Denn Zweck des Gebietserhaltungsanspruchs ist es, die Verhinderung einer „schleichenden Umwandlung" eines Baugebiets auch und gerade unabhängig von konkreten Beeinträchtigungen zu ermöglichen. Dieser Zweck wird durch eine Entscheidung im Hauptsacheverfahren ausreichend erreicht.[1701]   **102**

d) Vorläufiger Rechtsschutz des Nachbarn auf Anordnung der sofortigen Vollziehung der Ordnungsverfügung gegen den Bauherrn (Fallgruppe 2b)

Hat die Aufsichtsbehörde auf Antrag des Nachbarn gegen den Bauherrn eine Ordnungsverfügung erlassen, ist diese Verfügung im Sinne des Einleitungssatzes des § 80a Abs. 1 Nr. 1 VwGO als an einen anderen gerichteter, den antragstellenden Nachbarn begünstigender Verwaltungsakt zu verstehen. Legt der Bauherr gegen die Verfügung den zulässigen Rechtsbehelf ein, hat dieser Rechtsbehelf, sofern die Behörde nicht die sofortige Vollziehung angeordnet hat, aufschiebende Wirkung. Um die sofortige Vollziehbarkeit der Verfügung zu erreichen, steht dem Nachbarn der Weg offen, bei Gericht die Anordnung der sofortigen Vollziehung zu beantragen, § 80a Abs. 1 Nr. 1, Abs. 3 VwGO iVm § 80 Abs. 5 bis 8 VwGO.[1702]   **103**

1697 BVerfG stattgebender Kammerbeschluss v. 23.3.2020 – 2 BvR 2051/19; VG Hamburg Beschl. v. 11.5.2020 – 9 E 1919/20.
1698 Vgl. nur VGH Mannheim Beschl. v. 5.2.2015 – 10 S 2471/14.
1699 Vgl. nur: Schenke in: Kopp/Schenke VwGO § 123 Rn. 14 mwN.
1700 Vgl. zum Ganzen: VGH Mannheim Beschl. v. 5.2.2015 – 10 S 2471/14.
1701 VGH München Beschl. v. 16.4.2019 – 15 CE 18.2652; OVG Schleswig Beschl. v. 17.7.2012 – 1 MB 23/12.
1702 Siehe zur Frage, ob ein Antrag auf Gewährung vorläufigen Rechtsschutzes aufgrund des Baufortschritts vor dem Hintergrund des Rechtsschutzbedürfnisses noch zulässig ist: OVG Münster Beschl. v. 6.8.2019 – 7 B 525/19; OVG Münster Beschl. 17.10.2000 – 10 B 1053/00.

104 Dabei kann das nachbarliche Begehren einer Anordnung der sofortigen Vollziehung nur dann Erfolg haben, wenn zum einen dem Nachbarn ein materieller Anspruch auf Einschreiten (ggfs. Ermessensreduzierung auf null) zusteht und zum anderen zur Überzeugung des Gerichts rechtlich geboten ist, dass dieses Ziel mit einer Anordnung der sofortigen Vollziehung versehen wird. Letzteres muss „im überwiegenden Interesse eines Beteiligten" (§ 80 Abs. 2 S. 1 Nr. 4 VwGO), des Nachbarn, liegen. Hier wird das Gericht eine Entscheidung unter Abwägung der gegenläufigen Interessen von Nachbarn und Bauherrn treffen, die den oben beschriebenen Entscheidungsmaßstäben des Gerichts entspricht.

e) Vorläufiger Rechtsschutz des Bauherrn auf Wiederherstellung der aufschiebenden Wirkung seines Rechtsbehelfs gegen die Ordnungsverfügung (Fallgruppe 2c)

105 Hat die Behörde – auf Antrag des Nachbarn und in dessen Interesse – gegen den Bauherrn eine Ordnungsverfügung erlassen und deren sofortige Vollziehung angeordnet, kann der Bauherr nach § 80 Abs. 5 VwGO die Wiederherstellung der aufschiebenden Wirkung seines Widerspruchs oder seiner Anfechtungsklage beantragen.

106 In dem Verfahren hat das Gericht zunächst die formelle Rechtmäßigkeit der Anordnung der sofortigen Vollziehung zu überprüfen. Es wird dabei feststellen, ob die Behörde das Begründungserfordernis des § 80 Abs. 3 VwGO beachtet hat. Die Anforderungen hieran sind allerdings nicht hoch. Die Begründung muss zwar auf den Einzelfall abstellen und darf nicht bloß formelhaft sein. Allein der Hinweis auf die Rechtmäßigkeit der Ordnungsverfügung reicht nicht aus. Es genügt aber, dass die Behörde zum Ausdruck bringt, dass sie sich des Ausnahmecharakters der Anordnung der sofortigen Vollziehung bewusst ist und dass und warum sie nicht bereit ist, die aufschiebende Wirkung eines etwaigen Rechtsmittels gegen die Genehmigung hinzunehmen.[1703] Aus der Eigenschaft als formelle Rechtmäßigkeitsvoraussetzung folgt, dass es nicht zwingend darauf ankommt, ob die Erwägungen der Behörde auch inhaltlich im Sinne des objektiven Rechts und der Interessen der Beteiligten vollständig zutreffend sind.[1704]

107 In materiellrechtlicher Hinsicht hat das Gericht, wie immer im dreipoligen Verhältnis einer Baunachbarstreitigkeit, das Interesse des Bauherrn mit dem Interesse des Nachbarn abzuwägen. Lediglich wenn auch öffentliche Interessen für den Erlass der Ordnungsverfügung streiten, können auch diese bei der gerichtlichen Entscheidung mit ins Gewicht fallen.

III. Einige Aspekte zum Baunachbarprozess

1. Beiladung

108 Die Beiladung ist ein wesentliches Element zur Gewährleistung rechtlichen Gehörs. § 65 VwGO unterscheidet zwischen der notwendigen Beiladung und der sogenannten einfachen Beiladung.

1703 Vgl. nur OVG Bln-Bbg Beschl. v. 27.2.2020 – OVG 10 S 4/20; OVG Münster Beschl. v. 27.2.2020 – 13 B 1458/19.
1704 OVG Münster Beschl. v. 18.12.2017 – 13 B 1397/17.

Die Beiladung dehnt nach § 121 VwGO die ansonsten auf die Hauptbeteiligten des Verfahrens beschränkte Rechtskraftwirkung eines Urteils oder Beschlusses auf den Beigeladenen aus. **109**

a) Notwendige Beiladung

Ein Dritter ist in einem verwaltungsgerichtlichen (Klageverfahren oder Verfahren auf Gewährung vorläufigen Rechtsschutzes) stets beizuladen, wenn die Entscheidung auch ihm gegenüber nur einheitlich ergehen kann (§ 65 Abs. 2 VwGO). Maßgeblich ist, ob die Entscheidung unmittelbare Rechtswirkung ihm gegenüber entfaltet.[1705] Die Gerichtsentscheidung gestaltet zwangsläufig auch dessen Recht, indem sie es bestätigt, feststellt, verändert oder aufhebt. Das Unterlassen einer Beiladung, wenn sie notwendig ist, stellt einen wesentlichen Verfahrensmangel dar. **110**

Ergeht auf Initiative des Nachbarn hin eine Ordnungsverfügung an den Bauherrn und klagt dieser gegen sie, ist der Nachbar nicht notwendig beizuladen. Die den Bauherrn belastende Maßnahme mag sich zwar reflexartig als den antragstellenden Nachbarn begünstigende Maßnahme darstellen. Die Entscheidung hat aber nicht zwingend unmittelbare Auswirkung auf den Anspruch des Nachbarn. Denn die Klage kann auch unabhängig von der Stellung des Nachbarn Erfolg haben, etwa aus allgemeinen verwaltungsverfahrensrechtlichen Gründen. **111**

Eine notwendige Beiladung liegt in diesen Fällen vor: **112**
- Der Nachbar erhebt Klage gegen die dem Bauherrn erteilte Baugenehmigung oder stellt einen Antrag auf Anordnung der aufschiebenden Wirkung seines Rechtsbehelfs gegen diese. Die Aufhebung beziehungsweise Außervollzugsetzung hat unmittelbaren Einfluss auf dessen Recht. Der Bauherr ist notwendig beizuladen.
- Der Nachbar erhebt Klage gegen die Behörde mit dem Ziel, diese zu verpflichten, gegen den Bauherrn einzuschreiten, oder stellt einen hierauf bezogenen Antrag auf Erlass einer einstweiligen Anordnung. Der Bauherr ist notwendig beizuladen.
- Der Bauherr wendet sich mit einer Anfechtungsklage dagegen, dass die Genehmigungsbehörde auf den Widerspruch des Nachbarn hin die Baugenehmigung aufgehoben hat. Der Nachbar ist notwendig beizuladen.
- Der Bauherr klagt gegen eine Auflage in der Baugenehmigung, die allein dazu dient, die Einhaltung der Rechte eines bestimmten Nachbarn zu sichern. Dieser Nachbar ist notwendig beizuladen.

b) Einfache Beiladung

Eine einfache Beiladung kann erfolgen, wenn die rechtlichen Interessen eines Dritten durch die Entscheidung (lediglich) „berührt" werden. Dies ist anzunehmen, wenn das Unterliegen eines Hauptbeteiligten die Rechtsposition des Dritten faktisch verbessern oder verschlechtern kann. Das ist zB der Fall, wenn Gegenstand einer baurechtlichen Streitigkeit die Bebauung oder Nutzung eines Grundstücks ist, die sich auf das Grundstück eines Dritten positiv oder negativ auswirken kann.[1706] Auch sonstige rechtliche Auswirkungen der Entscheidung können eine einfache Beiladung rechtfertigen. **113**

1705 BVerwG Beschl. v. 9.3.1977 – I CB 41.76.
1706 OVG Münster Beschl. v. 4.2.2013 – 10 E 1265/12; VGH Kassel Beschl. v. 29.8.1986 – 4 TH 1729/86.

114 Ob als rechtliches Interesse ausreicht, dass der mit der Betreuung des Vorhabens beauftragte Entwurfsverfasser oder Unternehmer ein wirtschaftliches Interesse an der Verwirklichung des Vorhabens hat, ist umstritten.[1707]

115 Sind die rechtlichen Voraussetzungen für eine einfache Beiladung erfüllt, entscheidet das Gericht in Ausübung seines Ermessens über die Beiladung. Wegen des Ermessensspielraums stellt ihr Unterbleiben keinen Verfahrensmangel dar. Als maßgebliches Kriterium für eine einfache Beiladung kommt insbesondere die Prozessökonomie in Betracht. So spricht für eine Beiladung, dass durch die dadurch dem Beigeladenen gebotene Möglichkeit des eigenen Sachvortrags und der Äußerung der eigenen Rechtsansicht ein weiterer Streit vermieden werden kann. Andererseits bewirkt die Aufnahme eines weiteren Prozessbeteiligten oft unliebsame Verzögerungen und verursacht weitere Kosten für den Unterlegenen.

116 Im Falle der Anfechtung einer von dem Nachbarn initiierten Ordnungsverfügung sind rechtliche Interessen des Nachbarn berührt. Das OVG Münster hat mit Beschluss vom 4.2.2013[1708] ausdrücklich seine frühere gegenteilige Rechtsprechung aufgegeben und übt sein Ermessen mittlerweile dahin aus, den Nachbarn beizuladen. Das Gericht gibt prozessökonomischen Erwägungen, die für eine Beiladung des Dritten sprechen, den Vorrang. Mit der Beiladung könne unter Umständen ein etwaig nachfolgender Prozess des Dritten auf bauordnungsrechtliches Einschreiten der Behörde gegen den Nachbarn vermieden werden. Der Dritte könne in dem aktuellen Streit vor allem auch zu einer unstreitigen Beendigung des Verfahrens im Sinne einer endgültigen Befriedung des konkreten Nachbarschaftsverhältnisses entscheidend beitragen. Vor diesem Hintergrund träten die gegen die Beiladung sprechenden Erwägungen, wie etwa die gegebenenfalls schwierigere Handhabung des Verfahrens durch das Hinzutreten eines weiteren Beteiligten, regelmäßig zurück.

2. Aufklärung der Sach- und Rechtslage

a) Sachverhaltsfeststellung

117 Im öffentlichen Baurecht kommt der Sachverhaltsfeststellung neben der Anwendung von Rechtsnormen eine bedeutende Rolle zu, die gerade von den betroffenen Nachbarn zu Recht eingefordert wird. Denn die Betroffenheit lässt sich ohne eine Veranschaulichung oder sogar eine förmliche Beweisaufnahme kaum feststellen. Mehr noch als viele andere Rechtsgebiete des öffentlichen Rechts arbeitet das öffentliche Baunachbarrecht mit unbestimmten Rechtsbegriffen, die ausgefüllt werden müssen und einer vollen richterlichen Überprüfung unterliegen, so zB: „rücksichtslos", „unzumutbar" und „Gefahr". Lediglich dort, wo der Gesetzgeber konkrete Bestimmungen über Nutzungen, Maßzahlen für einzuhaltende Entfernungen, Lärmwerte oder sonstige Umstände vorgegeben hat und damit gleichzeitig zum Ausdruck gebracht hat, dass deren Einhaltung vom Nachbarn hinzunehmen ist, erspart der Gesetzgeber dem Rechtsanwender die Einzelfallwürdigung. Allerdings gilt dies wiederum dann nicht, wenn das Gesetz gleichzeitig ein System von Befreiungen, Ausnahmen, Abweichungen oder Ähnlichem zur Verfügung stellt, das typischerweise wiederum unbestimmte Rechtsbegriffe enthält.

118 Im Verwaltungsverfahren und im Verwaltungsprozess gilt der Untersuchungs- oder Amtsermittlungsgrundsatz.[1709] Darin unterscheiden sie sich unter anderem von der

---

1707 Wegen Einzelheiten dazu s. Schenke in: Kopp/Schenke VwGO § 65 Rn. 12 mwN.
1708 Urt. v. 4.2.2013 – 10 E 1265/12.
1709 S. zum Amtsermittlungsgrundsatz im Allgemeinen: BVerwG Urt. v. 16.5.2012 – 5 C 2/11.

E. Der gerichtliche Rechtsschutz im öffentlichen Baurecht

Zivilgerichtsbarkeit. Die Sachverhaltsermittlung ist Aufgabe der Behörde und im Streitfall des Gerichts.

Im Verwaltungsprozess findet der Untersuchungsgrundsatz oder Amtsermittlungsgrundsatz seine dogmatische Rechtfertigung insbesondere darin, dass die Gerichte in dem Spannungsverhältnis zwischen Staat und Bürger die Aufgabe haben, zu prüfen, ob die Verwaltung richtig gehandelt hat, als sie in die Rechte eines Bürgers eingriff oder ihm seinen geltend gemachten Anspruch verweigerte.

Weil das Gericht sich eine richterliche Überzeugung bilden muss, ist eine Erforschung des Sachverhalts geboten, die nicht aufhören darf, wo ein rechtlich Unerfahrener den Sachverhalt unvollständig vorträgt oder die Parteien sich über einen unzutreffenden Sachverhalt einig sind. Vielmehr darf und muss das Gericht darüber hinausgehen und – in dem Umfang, in dem das möglich und ihm zumutbar ist – nach der „wirklichen Wahrheit" suchen.

Prognose-Entscheidungen (zB zu der zu erwartenden Lärmbelastung) und Risikobewertungen, sofern ihre Rahmenbedingungen nicht vollständig durch Rechtsnormen vorgegeben sind, gehören zur Kompetenz der Verwaltung. Sie sind der Entscheidungsbefugnis der Gerichte entzogen und deshalb auch deren Sachverhaltsermittlung und schließlich auch der Amtsermittlungspflicht.[1710]

Die Pflicht zur Ermittlung des Sachverhalts von Amts wegen besteht, wenn die Beteiligten den Sachverhalt in einem maßgeblichen Punkt unzureichend schildern, wenn sie den Sachverhalt zwar ausführlich, aber unterschiedlich darstellen, aber auch wenn sie den Sachverhalt zwar ausführlich und übereinstimmend darstellen, das Gericht aber nicht davon überzeugt ist, dass dies der Wahrheit entspricht. Das Gericht muss von sich aus den Sachverhalt soweit erforschen, bis es sich eine richterliche Überzeugung bilden kann. Das Gericht muss alle vernünftigerweise zur Verfügung stehenden Möglichkeiten einer Aufklärung des maßgeblichen Sachverhalts ausschöpfen, die geeignet sein können, die für die Entscheidung erforderliche Überzeugung des Gerichts zu begründen. Ist der Sachverhalt aufgeklärt, soweit es für die Rechtsansicht des Gerichts darauf ankommt, endet die Amtsermittlungspflicht.[1711]

Die Gerichte sind nicht verpflichtet, jeder theoretisch denkbaren Sachverhaltsvariante nachzugehen. Das Gericht bestimmt Umfang und Art der Tatsachenermittlung nach pflichtgemäßem Ermessen. Das schließt die Beschränkung auf die dem Gericht vorliegenden Erkenntnismittel ein. Auch von den Beteiligten vorgelegte und zu den Akten genommene Karten, Lagepläne, Fotos und Luftbildaufnahmen können im Rahmen von § 86 Abs. 1 VwGO unbedenklich verwertbar sein, wenn sie die Örtlichkeit in ihren für die gerichtliche Beurteilung maßgeblichen Merkmalen so eindeutig ausweisen, dass sich der mit einer Ortsbesichtigung erreichbare Zweck mit ihrer Hilfe ebenso zuverlässig erfüllen lässt. Ist dies der Fall, bedarf es unter dem Gesichtspunkt des Untersuchungsgrundsatzes keiner Durchführung einer Ortsbesichtigung. Das gilt nur dann nicht, wenn ein Beteiligter geltend macht, dass die Karten oder Lichtbilder in Bezug auf bestimmte, für die Entscheidung wesentliche Merkmale keine Aussagekraft besitzen, und dies zutreffen kann.[1712]

Die Pflicht zu Sachverhaltsaufklärung findet eine weitere Grenze in der Unzumutbarkeit. Diese kann sich insbesondere aus dem Prozessverhalten der Beteiligten ergeben. Allgemein gilt: Trotz des Untersuchungsgrundsatzes hat jeder Prozessbeteiligte

---

1710 BVerwG Urt. v. 17.4.2002 – 9 CN 1/01.
1711 BVerwG Urt. v. 14.1.1998 – 11 C 11.96.
1712 BVerwG Beschl. v. 3.12.2008 – 4 BN 26.08; s. auch BVerwG Beschl. v. 30.6.2014 – 4 B 51/13.

im Rahmen seiner Möglichkeiten den Prozessstoff umfassend vorzutragen, also auch bei der Sachverhaltsaufklärung mitzuwirken. Das gilt insbesondere für Ereignisse, die in seine Sphäre fallen. Denn das Gericht darf in der Regel davon ausgehen, dass die Partei zumindest alle Beweismöglichkeiten aus ihrem Erkenntnisbereich substantiiert aufzeigt. Das Gericht muss, wenn kein Beweisantrag gestellt wird und auch keine en erfolgen, nur dann von Amts wegen Beweis erheben, wenn sich ihm ein solches Vorgehen gleichwohl aufdrängen musste.[1713] Der Beweisantrag ist förmlich spätestens in der mündlichen Verhandlung zu stellen. Das Gericht kann zB unbeachtet lassen: Tatsachen, die nur der Beteiligte kennt, aber nicht nennt, Zeugen, deren Anschrift nur der Beteiligte kennt oder die er ohne Schwierigkeiten herausfinden kann, aber nicht nennt, Urkunden (zB über eine ein Vorhaben legitimierende Genehmigung), die nur der Beteiligte in Händen hält, aber nicht herausgibt. Das Gericht braucht diesen Fragen nicht weiter nachzugehen und es darf aus der fehlenden Mitwirkung des Beteiligten für seine richterliche Überzeugung Schlüsse zu ziehen.

125 Die Rechtsprechung ist besonders streng, wenn für einen Beteiligten ein Rechtsanwalt auftritt: Sie betont immer wieder, dass ein Tatsachengericht seine Aufklärungspflicht grundsätzlich dann nicht verletzt, wenn es von einer Beweiserhebung absieht, die eine anwaltlich vertretene Partei nicht beantragt hat.[1714] Eine in einer späteren Instanz erhobene Aufklärungsrüge ist erfolglos, wenn sie in Wirklichkeit nur dazu dient, „Versäumnisse eines anwaltschaftlich vertretenen Verfahrensbeteiligten in der Tatsacheninstanz zu kompensieren und insbesondere Beweisanträge zu ersetzen, die ein Beteiligter zumutbarer Weise hätte stellen können, jedoch zu stellen unterlassen hat".[1715] Etwas anderes folgt auch nicht aus dem Gebot effektiven Rechtsschutzes, denn dieses verlangt „keinen Schutz von Beteiligten, die ihre Obliegenheiten versäumen".[1716]

b) Beweislast

126 Zu den Mitteln, die im Rahmen der Amtsermittlung Bedeutung haben, gehört alles, was in einem verwaltungsgerichtlichen Verfahren in Frage kommt. Das sind zuallererst die Akten der Behörde. Weitere Beweismittel sind: der Beweis durch Vorlage einer Urkunde, der Beweis durch Augenschein, der Beweis durch das Gutachten eines Sachverständigen, der Zeugenbeweis und unter Umständen auch der Beweis durch Parteivernehmung.

127 Erst dann, wenn das Gericht – auf der Grundlage seiner Ansicht – alle erforderlichen und tatsächlich in Betracht kommenden Aufklärungsmöglichkeiten erschöpft hat und entscheidungserhebliche Tatsachen sich dennoch nicht aufklären ließen, ist eine Entscheidung nach der materiellen Beweislast zu treffen.

c) Feststellung der Rechtslage

128 Die Feststellung der Rechtslage obliegt selbstverständlich dem Gericht. Damit ist aber noch nicht die Frage beantwortet, welche Rechtsfrage das Gericht aufwerfen und beantworten muss.

1713 Zu einem solchen Fall s. BVerwG Beschl. v. 20.12.2012 – 4 B 20.12.
1714 BVerwG Beschl. v. 23.11.2009 – 4 BN 49.09; BVerwG Beschl. v. 19.8.1997 – 7 B 261.97; OVG Münster Beschl. v. 23.9.2020 – 1 A 2362/18.
1715 BVerwG Beschl. v. 25.1.2016 – 4 B 46/15.
1716 BVerwG Beschl. v. 9.3.2015 – 4 B 7/15.

E. Der gerichtliche Rechtsschutz im öffentlichen Baurecht

Die Funktion eines gerichtlichen Verfahrens würde überspannt, wenn von ihm verlangt würde, zB in einer Nachbarstreitigkeit eine Baugenehmigung unter allen erdenklichen Gesichtspunkt einer in Betracht kommenden Nachbarrechtsverletzung zu überprüfen. Das gilt selbst auf die (pauschale) Geltendmachung von „Rücksichtslosigkeit" oder „Unzumutbarkeit" hin. Vielmehr ist es eine Obliegenheit des Nachbarn, dem Gericht zu verdeutlichen, unter welchem Gesichtspunkt das Vorhaben als rücksichtslos oder unzumutbar empfunden wird, etwa wegen der erdrückenden Wirkung des Baukörpers oder der erforderlichen Rangierbewegungen zu der benachbarten, zurückliegenden Stellplatzanlage.

3. Vereinbarung über den Streitgegenstand

Die Beteiligten können in jeder Phase des gerichtlichen Verfahrens eine Vereinbarung über den Streitgegenstand treffen und auf diese Weise das Verfahren beenden. (Lediglich eine Klagerücknahme nach Stellung der Anträge in der mündlichen Verhandlung setzt die Einwilligung des Beklagten voraus, § 92 Abs. 1 S. 2 VwGO). Dies kann durch einen gerichtlichen Vergleich (§ 106 VwGO) oder einen außergerichtlichen Vergleich erfolgen. Während der gerichtliche Vergleich unmittelbar das Verfahren beendet, bedarf es bei einem außergerichtlichen Vergleich (dieser ist lediglich eine Vereinbarung zwischen den Beteiligten) noch einer prozessbeendenden Erklärung. Diese kann in den beiderseitigen Erklärungen, dass die Hauptsache erledigt sei, oder in einer Klagerücknahme liegen. Dabei kann auch eine Vereinbarung über die Pflicht zur Tragung der Kosten getroffen werden.

Die Vereinbarung einer Gegenleistung, etwa als Ausgleich für entstandene Nachteile, ist nicht sittenwidrig und zieht nicht die Unwirksamkeit der Vereinbarung nach sich. Denn Art. 19 Abs. 4 GG untersagt es dem Einzelnen nicht, auf öffentlich-rechtliche Rechtsbehelfe zu verzichten, die der Wahrung seiner privaten Rechte und seiner geschützten Interessen dienen.[1717]

IV. Rechtsschutz gegen Bauleitpläne

1. Normenkontrolle

a) Gegenstand der Normenkontrollklage

Nach § 47 Abs. 1 VwGO entscheidet das Oberverwaltungsgericht im Rahmen seiner Gerichtsbarkeit auf Antrag über die Gültigkeit (1.) von Satzungen, die nach den Vorschriften des BauGB erlassen worden sind, sowie von Rechtsverordnungen aufgrund des § 246 Abs. 2 BauGB und (2.) von anderen im Rang unter dem Landesgesetz stehenden Rechtsvorschriften, sofern das Landesrecht dies bestimmt. Bebauungspläne sind Satzungen im Sinne von § 47 Abs. 1 Nr. 1 VwGO. Auch eine gemeindliche Satzung nach § 34 Abs. 4 BauGB kann Gegenstand eines Normenkontrollverfahrens sein.

Ein Flächennutzungsplan ist keine Satzung. Nach der Rechtsprechung des BVerwG erfüllen allerdings im Anwendungsbereich des § 35 Abs. 3 S. 3 BauGB die Darstellungen des Flächennutzungsplans eine den Festsetzungen des Bebauungsplans vergleichbare Funktion, die es rechtfertigt, § 47 Abs. 1 Nr. 1 VwGO im Wege der Analogie hierauf zu erstrecken. Dabei kann sich allerdings die gerichtliche Überprüfung nur auf die in dem Flächennutzungsplan zum Ausdruck kommende planerische Ent-

---

1717 BGH Urt. v. 11.12.1980 – III ZR 38/79.

scheidung der Gemeinde beziehen, mit der Darstellung von Flächen für privilegierte Nutzungen nach § 35 Abs. 1 Nrn. 2 bis 6 BauGB die Rechtswirkungen des § 35 Abs. 3 S. 3 BauGB an Standorten außerhalb dieser Flächen eintreten zu lassen. Im Übrigen sind die Darstellungen des Flächennutzungsplans einer verwaltungsgerichtlichen Normenkontrolle nicht zugänglich.[1718]

b) Antragsbefugnis

134 Wie für jedes gerichtliche Rechtsschutzbegehren ist auch für einen Normenkontrollantrag eine Antragsbefugnis Zulässigkeitsvoraussetzung. Erforderlich, aber auch ausreichend für die Antragsbefugnis ist, dass der Antragsteller hinreichend substantiiert Tatsachen vorträgt, die es zumindest als möglich erscheinen lassen, dass er durch die Festsetzungen des Plans in einem subjektiven Recht verletzt wird. Die Verletzung eines subjektiven Rechts kann auch aus einem Verstoß gegen das in § 1 Abs. 7 BauGB enthaltene Abwägungsgebot folgen.[1719] Dieses Gebot hat hinsichtlich solcher privaten Belange drittschützenden Charakter, die für die Abwägung erheblich sind. Für die Zulässigkeit des Antrags reicht es aus, dass der Antragsteller Tatsachen vorträgt, die eine fehlerhafte Behandlung seiner Belange in der Abwägung als möglich erscheinen lassen. Antragsbefugt ist also, wer sich auf einen abwägungserheblichen privaten Belang berufen kann.[1720]

135 Ein von einer Klarstellungssatzung nach § 34 Abs. 4 S. 1 Nr. 1 BauGB betroffener Grundstückseigentümer ist antragsbefugt. Zwar ändert die Satzung den Rechtscharakter der betroffenen Grundstücke nicht, sie hat vielmehr lediglich deklaratorische Wirkung. Die Klarstellungssatzung bewirkt jedoch eine Bindung für die mit ihr befassten Behörden und setzt zudem einen Rechtsschein für die Abgrenzung von Innen- und Außenbereich.[1721]

136 Der Eigentümer eines in einem Baugebiet gelegenen Grundstücks ist antragsbefugt, wenn er sich gegen eine Festsetzung wendet, die unmittelbar sein Grundstück betrifft. Allerdings sind solche Belange nicht abwägungsrelevant, die geringwertig oder mit einem Makel behaftet sind sowie solche, auf deren Fortbestand kein schutzwürdiges Vertrauen besteht.[1722] Das Interesse, von planbedingtem Verkehrslärm verschont zu bleiben, ist nur dann ein abwägungserheblicher Belang, wenn der Antragsteller über die Bagatellgrenze hinaus betroffen ist. Auch kann sich nicht auf eine Rechtsverletzung berufen, wer Interessen geltend macht, die für die Gemeinde bei der Entscheidung über den Plan nicht erkennbar waren. Die Antragsbefugnis fehlt schließlich dem, der ausschließlich objektiv-rechtliche Belange der Allgemeinheit geltend macht, z.B. soziale Bedürfnisse der Bevölkerung, die Erhaltung und Fortentwicklung vorhandener Ortsteile, die Gestaltung des Orts- und Landschaftsbildes.[1723]

137 Für den Eigentümer eines planexternen Grundstücks kommen nur solche Belange in Betracht, die in der konkreten Planungssituation einen städtebaulich relevanten Bezug auf sein Grundstück haben. Städtebauliche Bedeutung kann grundsätzlich jeder nur denkbare Gesichtspunkt erhalten, sobald er die Bodennutzung betrifft oder sich auf diese auswirkt. Das ist insbesondere dann der Fall, wenn vorhandene oder durch

---

1718 OVG Münster Beschl. v. 3.1.2017 – 7 B 1273/16.NE, unter Hinweis auf BVerwG Urt. v. 31.1.2013 – 4 CN 1/12.
1719 BVerwG Urt. v. 24.9.1998 – 4 CN 2/98.
1720 BVerwG Urt. v. 30.4.2004 – 4 CN 1/03.
1721 OVG Magdeburg Urt. v. 26.8.2015 – 2 K 174/13; BVerwG Urt. v. 22.9.2010 – 4 CN 2/10.
1722 BVerwG Beschl. v. 8.6.2011 – 4 BN 42/10.
1723 Vgl. VGH München Beschl. v. 8.2.2017 – 15 NE 16.2226.

eine Planung entstehende Probleme oder Konflikte dadurch bewältigt werden sollen, dass für Grundstücke bestimmte Nutzungen zugewiesen, eingeschränkt oder untersagt werden oder eine räumliche Zuordnung oder Trennung von Nutzungen erfolgt. So sind auch die bei der Aufstellung der Bauleitpläne zu berücksichtigenden Belange im Einzelfall nur dann städtebaulich bedeutsam und damit abwägungserheblich, wenn sie nach der konkreten Situation die Bodennutzung betreffen oder sich auf diese auswirken.

Handelt es sich um Auswirkungen, die nicht auf die Verwirklichung des Vorhabens **138** selbst, sondern auf das Fehlverhalten von Bewohnern einer Einrichtung zurückzuführen sind, haben diese Auswirkungen nur dann bodenrechtliche Relevanz, wenn das Fehlverhalten dem Vorhaben zuzurechnen ist, etwa weil sich die Bewohner einer solchen Einrichtung üblicherweise in dieser Weise verhalten.[1724]

Das Interesse eines Grundeigentümers, mit einem bisher nicht bebaubaren Grund- **139** stück in den Geltungsbereich eines Bebauungsplans einbezogen zu werden, ist grundsätzlich kein abwägungserheblicher Belang; ob dies ausnahmsweise doch in Betracht kommt, wenn ein Grundstück „willkürlich" nicht in einen Bebauungsplan eingezogen worden ist, hat das BVerwG bislang offengelassen.[1725]

Antragsbefugt sind nach § 47 Abs. 2 VwGO auch Behörden, die den Bebauungsplan **140** bei ihren Amtshandlungen zu beachten haben.[1726]

Eine Gemeinde kann gegen einen Bebauungsplan einer Nachbargemeinde nicht als **141** Behörde einen Antrag stellen, weil sie ihn nicht anzuwenden hat.[1727] Sie kann aber als juristische Person des öffentlichen Rechts antragsbefugt sein, wenn der Bebauungsplan ihr Selbstverwaltungsrecht, insbesondere die Planungshoheit einschränkt; es ist nicht nötig, dass die Gemeinde bereits über eine hinreichend konkretisierte eigene Planung verfügt.[1728]

c) Rechtsschutzbedürfnis

Das Rechtsschutzbedürfnis für ein Normenkontrollverfahren entfällt, wenn die im Be- **142** bauungsplan ausgewiesene Bebauung bereits verwirklicht worden ist.[1729] Denn in diesem Fall hat der Antragsteller von der Feststellung, dass der Bebauungsplan unwirksam ist, keinen Nutzen, weil dadurch die Bestandskraft der Baugenehmigungen nicht berührt wird, es sei denn, die Behörde kann die erteilte Genehmigung fehlerfrei zurücknehmen.

d) Umfang der rechtlichen Prüfung

Ist ein Normenkontrollantrag zulässig, überprüft das Gericht die Gültigkeit des Be- **143** bauungsplans unter allen in Betracht kommenden Gesichtspunkten. Die Prüfung beschränkt sich also nicht wie bei einer Anfechtungsklage darauf, ob Rechte des jeweiligen Antragstellers missachtet worden sind.[1730]

1724 BVerwG Beschl. v. 6.12.2011 – 4 BN 20/11.
1725 BVerwG Urt. v. 30.4.2004 – 4 CN 1/03.
1726 BVerwG Beschl. v. 15.3.1989 – 4 NB 10/88.
1727 VGH Mannheim Urt. v. 27.2.1987 – 5 S 2472/86.
1728 BVerwG Beschl. v. 9.1.1995 – 4 NB 42/94.
1729 BVerwG Beschl. v. 28.8.1987 – 4 N 3/86.
1730 BVerwG Beschl. v. 20.8.1991 – 4 NB 3/91.

e) Folgen der Nichtigkeitserklärung

144 Die Entscheidung, dass ein Bebauungsplan nichtig ist, ist nach § 47 Abs. 5 S. 2 VwGO allgemein verbindlich und von der Gemeinde öffentlich bekannt zu machen. Demgegenüber wirkt eine ablehnende Entscheidung nur zwischen den Prozessparteien.[1731]

145 Wenn sich der festgestellte Fehler des Bebauungsplans auf bestimmte Festsetzungen beschränkt, etwa die Ausweisung eines Grundstücks als öffentliche Grünfläche oder die Festsetzung einer bestimmten Baulinie, wird der Bebauungsplan nur insoweit aufgehoben, sofern nicht der verbleibende Teil des Bebauungsplans keinen sinnvollen Regelungsgehalt mehr behält und nur noch einen Planungstorso darstellt.[1732] Wenn sich dagegen der Fehler auf den gesamten Bebauungsplan auswirkt, was z.B. regelmäßig bei Verfahrensfehlern der Fall ist, muss der gesamte Bebauungsplan für ungültig erklärt werden.[1733]

2. Vorläufiger Rechtsschutz gegen Bauleitpläne

146 § 47 Abs. 6 VwGO lässt auch im Normenkontrollverfahren einstweilige Anordnungen zu. Voraussetzung ist, dass eine einstweilige Anordnung zur Abwehr schwerer Nachteile oder aus anderen wichtigen Gründen dringend geboten ist. § 47 Abs. 6 VwGO stellt an die Aussetzung des Vollzugs einer untergesetzlichen Norm erheblich strengere Anforderungen, als § 123 VwGO sie sonst an den Erlass einer einstweiligen Anordnung stellt.[1734] Da sich der Wortlaut der Norm an § 32 BVerfGG anlehnt, sind die vom BVerfG zu dieser Vorschrift entwickelten Grundsätze heranzuziehen.

147 Wie auch bei § 80 Abs. 5 VwGO gilt: Ist bereits jetzt absehbar, dass der Normenkontrollantrag zulässig und begründet sein wird, ist dies ein wesentliches Indiz dafür, dass der Vollzug des Bebauungsplans bis zu einer Entscheidung in der Hauptsache suspendiert werden muss. In diesem Fall kann eine einstweilige Anordnung ergehen, wenn der Vollzug des Bebauungsplans vor einer Entscheidung im Hauptsacheverfahren Nachteile befürchten lässt, die unter Berücksichtigung der Belange des Antragstellers, betroffener Dritter und/oder der Allgemeinheit so gewichtig sind, dass eine vorläufige Regelung mit Blick auf die Wirksamkeit und Umsetzbarkeit einer für den Antragsteller günstigen Hauptsacheentscheidung unaufschiebbar ist.[1735]

148 Lassen sich die Erfolgsaussichten des Normenkontrollverfahrens in der Hauptsache nicht abschätzen, ist eine Folgenabwägung vorzunehmen, bei der die Folgen, die eintreten würden, wenn eine einstweilige Anordnung nicht erginge, der Normenkontrollantrag aber Erfolg hätte, abzuwägen sind mit den Nachteilen, die entstünden, wenn die begehrte einstweilige Anordnung erlassen würde, in der Hauptsache der Normenkontrollantrag aber letztlich erfolglos bliebe. Die für den Erlass der einstweiligen Anordnung sprechenden Erwägungen müssen die gegenläufigen Interessen dabei deutlich überwiegen, mithin so schwer wiegen, dass der Erlass der einstweiligen

---

1731 BVerwG Beschl. v. 2.9.1983 – 4 N 1/83.
1732 BVerwG Beschl. v. 18.7.1989 – 4 N 3/87.
1733 BVerwG Beschl. v. 8.1.1968 – IV CB 109.66; VGH München Beschl. v. 10.6.2020 – 1 NE 20.259; BVerwG Urt. v. 11.9.2014 – 4 CN 3.14; VGH München Beschl. v. 22.1.2018 – 1 ZB 16.1635.
1734 BVerwG Beschl. v. 18.5.1998 – 4 VR 2/98.
1735 So zutreffend OVG Magdeburg Beschl. v. 22.11.2016 – 2 R 86/16.

V. Inzidentkontrolle

Die Rechtmäßigkeit eines Bebauungsplans kann an Stelle einer Normenkontrolle **149** oder auch neben ihr inzident im Rahmen einer baurechtlichen Klage geprüft werden. Demjenigen, in dessen Rechte durch eine auf Festsetzungen des Bebauungsplans gestützte behördliche Entscheidung oder durch das Unterlassen einer Entscheidung eingegriffen wird, wird durch den Ablauf der Zwei-Jahres-Frist des § 47 Abs. 2 S. 1 VwGO nicht die Befugnis abgeschnitten, im Rahmen seiner Rechtsverteidigung geltend zu machen, der Bebauungsplan sei nichtig. Eine Inzidentkontrolle des Bebauungsplans bleibt vielmehr nach der Rechtsprechung des BVerwG[1737] unabhängig von der Einhaltung der Normenkontrollfrist möglich.[1738]

VI. Verfassungsbeschwerde

Eine Verfassungsbeschwerde gegen einen Bebauungsplan ist nach der Rechtsprechung **150** des BVerfG[1739] zulässig, weil der Bebauungsplan unmittelbar den rechtlichen Status eines Grundstücks verändert, etwa bei einer Ausweisung als Grünfläche die Baulandqualität beseitigt. Eine Verfassungsbeschwerde kommt allerdings erst in Betracht, wenn die Möglichkeit einer Normenkontrolle nach § 47 VwGO erschöpft ist (§ 90 Abs. 2 BVerfGG). Soweit die Festsetzungen des Bebauungsplans noch der Umsetzung durch eine Baugenehmigung bedürfen, ehe sie einen Nachteil begründen, was z.B. bei der Festsetzung einer Baugrenze auf dem Grundstück des Antragstellers oder bei einer für den Antragsteller ungünstigen Festsetzung der Bebaubarkeit eines Nachbargrundstücks der Fall ist, muss zunächst der Verwaltungsakt abgewartet und dann hiergegen Rechtsmittel eingelegt werden.[1740]

VII. Rechtsschutz der Gemeinde

Die Gemeinde kann Rechtsschutz dagegen in Anspruch nehmen, dass ein von ihr **151** aufgestellter Bebauungsplan nicht nach § 10 Abs. 2 BauGB genehmigt wird. Insoweit kann sie Verpflichtungsklage auf Erteilung der Genehmigung erheben.

Sie kann des Weiteren eine Baugenehmigung anfechten, wenn ihr Einvernehmen **152** nach § 36 Abs. 2 S. 3 BauGB zu Unrecht ersetzt worden ist. Sie wird in ihrem Selbstverwaltungsrecht aus Art. 28 GG, Art. 78 LVerfNW verletzt, wenn etwa auf ihrem Gebiet im Außenbereich ein Vorhaben genehmigt wird, das nicht nach § 35 BauGB zulässig ist.

Unter Umständen folgt auch aus dem interkommunalen Abstimmungsgebot (s. dazu **153** Teil B Rn. 41 ff.) ein gerichtlich durchsetzbares Abwehrrecht. Danach darf eine Gemeinde, die sich objektiv in einer Konkurrenzsituation zu einer Nachbargemeinde be-

---

1736 OVG Magdeburg Beschl. v. 22.11.2016 – 2 R 86/16, unter Verweis auf BVerwG Beschl. v. 25.2.2015 – 4 VR 5/14.
1737 Vgl. BVerwG Beschl. v. 28.12.2000 – 4 BN 32/00.
1738 BVerwG Beschl. v. 10.10.2006 – 4 BN 29/06.
1739 BVerfG Beschl. v. 14.5.1985 – 2 BvR 397/82.
1740 Vgl. BVerfG Urt. v. 18.12.1985 – 2 BvR 1167/84.

findet, von ihrer Planungshoheit nicht rücksichtslos zum Nachteil der Nachbargemeinde Gebrauch machen. Geschieht dies dennoch, kann die betroffene Nachbargemeinde mit einem Normenkontrollantrag gegen den Bebauungsplan vorgehen.

154 Darüber hinaus kann nach der Rechtsprechung das interkommunale Abstimmungsgebot auch dann und insoweit Rechtswirkungen entfalten, wenn die Gemeinde unter Missachtung der Vorschrift für ein materiell abstimmungspflichtiges Vorhaben „die Weichen in Richtung Zulassungsentscheidung gestellt hat".[1741] Nach der Rechtsprechung des BVerwG gilt dies jedenfalls für Genehmigungsentscheidungen nach § 35 Abs. 2 BauGB und in Fällen, in denen ein wirksamer Bebauungsplan existiert, dessen Festsetzungen aber etwas anderes als das abstimmungsbedürftige Vorhaben zulassen.[1742] Bei einem großflächigen Einzelhandelsbetrieb kommt es nach der Rechtsprechung des OVG Münster darauf an, ob im Einzelfall ein interkommunaler Abstimmungsbedarf festgestellt werden kann, weil unmittelbare städtebauliche Auswirkungen gewichtiger Art auf die jeweilige Nachbargemeinde zu besorgen sind.[1743]

1741 OVG Münster Beschl. v. 28.10.2011 – 2 B 1049/11.
1742 BVerwG Urt. v. 1.8.2002 – 4 C 5/01.
1743 OVG Münster Beschl. v. 2.12.2016 – 7 B 1344/16; anders OVG Münster Beschl. v. 15.11.2002 – 1 ME 151/02.

Stichwortverzeichnis

Die Angaben verweisen auf die Randnummern des Buches.

abgeschlepptes Dach C 162
abgesprochen B 83
Abgrenzung B 324, 423
Abgrenzungssatzung B 441, 468
Ablehnung C 280
Ablehnungsbescheid C 294, E 7
Ablösung C 191
Abriss B 604
Abrundungssatzung B 470
Abstandsfläche C 29, 131, D 100, B 417
Abstandsflächenbaulast C 169, 344 ff.
Abstandsflächenrecht D 81
Abstellen C 162
Abstimmung B 9
abstrakt-generell B 476
Abwägung B 73 ff., 498
Abwägungsausfall B 80
Abwägungsbeachtlichkeit B 88
Abwägungsbereitschaft B 82 ff.
AbwägungsdefizitAbwägungsfehleinschätzung B 80
Abwägungsdisproportionalität B 80
Abwägungsgebot B 33, 79, 385
Abwägungsgrundsatz B 81
Abwägungsmaterial B 86 ff.
Abwasseranlage C 130
Abwasserbeseitigung B 528, 647
Abwehranspruch C 136, D 113
abwehrender Brandschutz C 200
Abwehrrecht C 520, 524 ff.
abweichende Bauweise B 414
Abweichung C 187, 307, B 483, 512, 611
adäquates Verhältnis C 387
Adressat C 475, D 144
Affektionsinteresse B 510
Akteneinsicht D 104
Alibi B 531
aliud C 13, 24, 384, A 37
Allgemeine Anforderungen C 123
Allgemeine Interessenabwägung E 66
allgemeine Leistungsklage D 112

allgemeiner Sprachgebrauch C 3
allgemeines Rücksichtnahmegebot D 80
allgemeines Wohngebiet B 286, 311, 315
Allgemeinheit B 327, 552
alsbald B 610
Altanlagenbonus A 37
alte Menschen B 339
Altenteiler-Wohnhaus B 637
Amtsermittlungsgrundsatz E 118
Anbau C 40
Anbausicherung C 143
Anbringungsort C 269
Änderung C 411, B 149
Änderungsgenehmigung C 25
Anfangsverdacht C 417
Anfechtbarkeit D 145
Anfechtungsklage C 113, 295, 448, D 108, B 173
Anforderung C 47
angespannter Wohnungsmarkt B 178, 511
Angrenzer C 361, D 4
Anhaltspunkt C 438, B 603
Anhänger C 36
Anhörung B 11, 106
Anlage C 33
anonym C 400
Anordnung C 48, 195
Anordnung der sofortigen Vollziehung E 103
Anordnungsanspruch E 99
Anordnungsgrund E 100 ff.
Anpassungsverlangen C 498, 519
Anscheinsbeweis C 534
Anschlussbebauung B 580 f.
Anstoßfunktion B 110
Anstoßwirkung B 110, 160
Antizipiertes Sachverständigengutachten A 23, 44
Antrag C 324
Antragsbefugnis E 134 ff.
Antragskonferenz C 105

Antragstellung **E** 97
Antragsvoraussetzung **C** 94
An- und Abfahrtsverkehr **A** 28
Anwendungsbereich **A** 52, **B** 421
Anwendungserklärung **B** 481
anzeigen **B** 182
Arbeitstag **C** 101
Arbeitsverhältnisse **B** 459
architektonischen Selbsthilfe **D** 93
Architektonische Selbsthilfe **D** 97
Art der baulichen Nutzung **D** 24, **B** 243 ff.
Artenschutz **B** 52, 557
Arztpraxis **B** 329
Asylbegehrender **B** 258, 514
Asylbewerber **A** 10
Asylbewerberunterkunft **B** 268
Atypik **C** 320, **B** 490
atypisch **C** 188
atypische Grundstückssituation **C** 321
Aufeinanderangewiesensein **C** 12
Aufenthaltsraum **C** 55, 58, 159, 211, 220
Auffangplanung **B** 66
aufgezwungenes Notwegerecht **D** 19 ff.
Aufhebung **B** 77
Aufhebungsbeschluss **B** 204
Auflage **C** 48, 504, **B** 136
Auflagen **C** 283 ff.
Auflagenvorbehalt **C** 301
auflösende Bedingung **C** 304
aufschiebende Wirkung **E** 44, 91 ff.
Aufschüttung **C** 149
Aufstellung **B** 98, 149, 624
Aufstellungsbeschluss **B** 99
Ausbreitungsberechnung **A** 45
Ausfertigung **C** 363, **B** 131
ausgeschlossen **B** 484
Ausgleichspflicht **B** 49 ff.
Auslegung **C** 342, **B** 68, 119, 121, **E** 14
Ausnahme **D** 34, **B** 162, 238, 257, 474 ff., 483, 484, 487
Ausnutzung **C** 368
Ausschlusswirkung **B** 300
Außenbereich **A** 26, 48, **D** 69, **B** 482
Außenbereich im Innenbereich **B** 438

Außenbereichssatzung **B** 623
Außenwohnbereich **A** 49
äußere Planung **B** 63
außergewöhnlich **B** 609
außer Kraft **B** 167
Außer-Kraft-Treten **B** 202 ff., 208
Außervollzugsetzung **E** 15
Aussichtsplattform **D** 90
Austauschmittel **C** 468, **E** 39
Austauschverhältnis **D** 54, **B** 363
auswirken **B** 362

Bagatellklausel **B** 478
Ballspielfläche **D** 131
Barrierefrei **C** 252
Barrierefrei-Konzept **C** 255
Bauantrag **C** 8, 279, 377, 450
Bauaufsicht **C** 74
Bauaufsichtliche Maßnahmen **C** 399
bauaufsichtliches Einschreiten **C** 80, **E** 34
bauaufsichtliche Zulassung **E** 12, 48, 55 ff.
bauaufsichtliche Zustimmung **C** 68
Bauausführung **E** 24
Bauen **C** 6, **B** 228
Baufortschritt **E** 85
Baufreigabe **C** 367 f.
Baufreiheit **A** 1, **B** 573
BauGB-AG **A** 18
BauGB-DVO **A** 18
Baugebiet **D** 25, **B** 243, 525
Baugebietscharakter **C** 267
Baugebietstypologie **B** 253
baugebietsübergreifenden Gebietserhaltungsanspruch **D** 30
Baugenehmigungspraxis **C** 87
Baugestaltungsverordnung **A** 3
Baugrenze **D** 64, 65, **B** 416
Bauherrenrisiko **E** 69
Bauherrninteresse **B** 367
Baulandmobilisierungsgesetz **A** 11, **B** 407, 467, 511
Baulärm **C** 397
Baulast **C** 142, 333 ff., **B** 646
Baulastenverzeichnis **C** 339
bauliche Anlage **C** 33, **B** 227

Stichwortverzeichnis

Baulinie **D** 65
Baulücke **B** 429, 438 ff., 581
Baumassenzahl **B** 404
Baunutzungsverordnung **A** 9
BauO 2000 **A** 13
BauO 2016 **A** 14
BauO 2018 **A** 14
BauO 2018/2021 **A** 16
bauordnungsrechtliche Festsetzung **B** 22
Baupolizeirecht **C** 1, **A** 2
Bauprodukt **C** 34
Bauprüfverordnung **C** 99, **A** 17
Bauregelungsverordnung **A** 3
Baustelle **E** 24
Baustopp **C** 409 ff.
Bausubstanz **C** 384, **B** 571
Bauteil **C** 184, 243
Bauüberwachung **C** 397
Bauvoranfrage **C** 97, 366
Bauvorbescheid **B** 162
Bauvorhaben **C** 7
Bauvorlage **C** 98
Bauvorlageberechtigung **C** 95
Bauweise **C** 134, 141, **D** 48, 59, **B** 409, 454
Bauwunsch **B** 32
Bauzustandsbesichtigung **C** 398
Bearbeitungsfrist **C** 106
bebauungsakzessorisch **B** 424
Bebauungskomplex **B** 425, 431
Bebauungsplan **B** 15 ff.
Bebauungsplan der Innenentwicklung **B** 198 ff.
Bebauungsplan zur Wohnraumversorgung **B** 20
Bebauungszusammenhang **B** 431
Bedingung **C** 302, **B** 136
bedingungsfeindlich **C** 340
Beeinträchtigung **D** 41, **B** 48, 572 f.
Befangenheit **B** 126, 128 f.
Befreiung **D** 34, 56 ff., **B** 238, 257, 474 ff., 488
Befreiungsbescheid **B** 488
befristet **B** 21
Befristung **C** 305, 374
begehbare Fläche **C** 153

begonnen **C** 392
begrenzte Typisierung **B** 254
Begriff **C** 3
Begründungserfordernis **C** 496, **E** 106
Begünstige Vorhaben **B** 593 ff.
behebbar **B** 154
Behelfsbau **C** 53
Behelfsunterkunft **B** 516
Beherbergungsgewerbe **B** 310, 374, 377
Behörde **E** 140
Beiladung **E** 108 ff.
Beiladung, einfache **E** 113
Beiladung, notwendige **E** 110 ff.
Bekanntgabe **D** 153, 160
Bekanntgabewille **D** 156
Bekanntgabezeitpunkt **D** 157
Bekanntmachung **B** 100
Bekanntmachungsverordnung **B** 100
Belange **B** 89
Belassung **C** 453
Belästigung **C** 401
Bemalung **C** 38
Benachrichtigung **C** 332
Bepflanzung **C** 264
beplanter Innenbereich **B** 240
Berechnung **C** 175
Berechtigung **E** 82
Berufungsfall **B** 581
Bescheidung **B** 120
bescheidungsreif **C** 325
Bescheidungsurteil **E** 9
Beschriftung **C** 38
Beschwerde **E** 75, 88
Beseitigung **C** 412, 430, **B** 571, **E** 51
Beseitigungsgenehmigung **B** 229
Beseitigungsverfügung **C** 473, 494
Besitzrecht **D** 12
besonderer Wohnbedarf **B** 180
besondere städtebauliche Gründe **B** 250
besonderes Wohngebiet **B** 316
bestandsgeschützt **C** 172
Bestandsschutz **C** 19, 181, 365, 381, 384, 497, 499 ff., 517 ff., **B** 465, 505
Bestandsschutzinteressen **B** 525

Bestandsschutzregelung B 252
Bestandssicherung B 76
Bestattungsanlage B 336
bestehend C 172, 523
bestehende Anlage C 315
Bestimmtheit C 96, 474, D 115
Bestimmtheitsgebot C 360, D 103, B 67 ff.
Beteiligung D 104, B 109 ff., 115
Beteiligungsrecht D 11
Betreten C 436
Betreuung B 262
Betriebsbeschreibung B 256
Betriebsbezogenes Wohnen B 263
Betriebsfläche B 540
Betriebskonzept B 326
Betriebskonzeption B 318
Betriebsstätte B 530
Betriebswohnhaus B 570
Beurteilungszeit A 35
Beweisanregung E 124
Beweisantrag E 124
Beweisaufnahme E 65
Beweislast C 359, 532
Beweislastumkehr C 533
Beweismittel E 126
Beweisnot C 533
Bewohnerbezogenheit B 334
Bewusstsein D 55
Bezirksplanungsbehörde B 38
Bezugsgebäudes C 84
Bezugspunkt B 69
BHKG C 201
Bildwechsel C 274
Biogasanlage B 559 ff.
Biomasse B 560
bipolares Verhältnis E 1
Bodenbevorratung B 179
Bodenertragsnutzung B 541
bodenrechtlich beachtliches Störpotenzial B 486
bodenrechtliche Nebensache B 533
Bodenrechtliche Relevanz B 230
Bodenschatz B 543
Bordell B 304, 320

brachliegend B 178
Brandlast C 227, 443
Brandschutz C 197, 328, 441, D 100
Brandschutzkonzept C 52, 102
Brandschutzqualität C 203
brandschutzrechtlich C 183
Brandschutzvorschrift C 70
Brandübertragung C 133
Brandverhalten C 218
Brandverhütungsschau C 201
Brandwand C 244
Brüstungshöhe C 238
Brutto-Grundfläche C 62
Buchgrundstück C 353
Bundesbaugesetz A 6
Bundesministerium B 643
Bürgermeister B 158

Campingplatz B 269, 359
Carport C 166
Charakter D 39
Checkliste B 87

Dach C 246
Dachaufbauten C 177
Dachgaube C 177
Dachterrasse C 161
Darstellung B 574, 575
Datum C 108
Dauer B 164
Dauerverwaltungsakt C 451
Deckungsgleichheit B 412
Denkmalrecht C 119
Denkmalschutzgesetz C 434
dienende Funktion B 389
Dienstleistung B 380
dient B 538 ff.
dinglich Berechtigter D 9
dinglichen Wohnrechts D 14
dinglicher Verwaltungsakt C 503
DIN-Vorschrift B 142
Dokumentierung C 437
Doppelhaus D 61, B 413, 617
Doppelhaushälfte B 409
Dorfgebiet B 272, 287, 316

Stichwortverzeichnis 409

dörfliches Wohngebiet **B** 273, 288, 315, 343
Dreierbeziehung **E** 2
Drei-Jahres-Frist **B** 164
Dringlichkeitsentscheidung **B** 158
Drittanfechtung **E** 42
Dritter **D** 3
Drittschutzwirkung **D** 55
Drogenhilfe **B** 340
Duldung **D** 20
Duldung, aktive **C** 453
Duldung, faktische **C** 452
Duldung, passive **C** 452
Duldungsgebot **C** 444
Duldungsverfügung **C** 444
Durchführungsvertrag **B** 195
Durchgang **C** 235
Durchsuchung **C** 438

Echte Auflage **C** 288, **E** 29
effektiver Rechtsschutz **E** 83
Effektivität **C** 426
Eigenart des Baugebiets **D** 40
Eigenbedarfsnutzung **B** 601
Eigentümer **C** 89, 481, **B** 600, 618
Eigentümerbaulast **C** 336
eigentumsähnliche Weise **D** 9
Eigentumsbeeinträchtigung **D** 75
Eigentumsübertragung **C** 485
Eigenverpflichtung **C** 336
Eigenwerbung **B** 281
Eignungsgebiet **B** 585
Eilentscheidung **E** 84
Einblick **C** 152
Einblicknahmemöglichkeit **D** 89
einfacher Bebauungsplan **B** 479
Einfügungsgebot **B** 442 ff.
einheitliche Betrachtung **C** 18, 21
Einheitlichkeit **E** 30
Einkaufszentrum **B** 235, 361, 463
Einkehrmöglichkeit **B** 551
Einstellung **C** 115
einstweilige Anordnung **E** 95
Eintragungsanspruch **C** 341
Einvernehmen **B** 628 ff., **E** 152

Einverständniserklärung **C** 138
Einzelfall **B** 490
Einzelhandelsbetrieb **B** 23
elektronische Informationstechnologien **B** 113
Emission **B** 547
emissionswirksam **C** 291
Endfassung **B** 122
Energieeinsparungsmaßnahme **C** 186
Enteignung **B** 186
Entfernung **C** 192
entgegenstehen **B** 527
Entkernung **B** 594
Entschädigung **B** 168
Entschädigungsanspruch **E** 69
Entscheidungsmaßstab **E** 94
entscheidungsreif **C** 103
Entstehungsgeschichte **B** 447
Entstehungsweise **B** 426
Entwicklungsgebot **B** 56 f.
Entwicklungssatzung **B** 468
Entwicklungsziele **B** 181
Entwurfsverfasser **C** 95, **E** 114
Erbbauberechtigter **C** 91
Erdrückende Wirkung **D** 87 f.
Erforderlichkeit **C** 446, 456, **B** 26 ff., 27 ff.
erfordern **B** 502
Ergänzungssatzung **B** 30, 468
erhaltenswert **B** 612
erhaltenswerte Bausubstanz **B** 595
Erholungsgebiet **B** 578 f.
Erholungssondergebiet **B** 358
Erklärungswille **C** 376
Erlaubnisvorbehalt **C** 61
erledigt **C** 296
Erledigung **C** 374 ff., 427
Erleichterung **C** 47, **B** 474, 478
Ermächtigung **C** 407
Ermächtigungsgrundlage **C** 406, 435
Ermessen **C** 329, 461, **B** 183, 513, 520, **E** 83
Ermessenreduzierung **C** 466
Ermessensbindung **C** 464
Ermessenserwägung **E** 33
ermessensgerecht **C** 137

Ermessensreduzierung **E** 38 ff.
Ermessensreduzierung auf null **E** 104
Ermessensspielraum **D** 140
Ermittlungs- und Messverfahren **A** 33
Erneuerung **B** 621
Erreichbar **C** 230
Erreichbarkeit **C** 232
Errichtung **C** 410, **B** 231
Ersatzbau **C** 181, 386
Ersatzwohnhaus **C** 292, 298
Ersatzzwangshaft **C** 516
Erschließung **B** 644 ff.
Erschließungsaufgabe **B** 650
Erschließungsbaulast **C** 127
Erschließungsermessen **B** 649
Erschließungsvertrag **B** 648
Erschlossensein **C** 125, 349, **B** 528
ersetzen **B** 632
Erstaufnahmeeinrichtung **B** 268
erster Rettungsweg **C** 204 ff.
Erweiterung **C** 17, **B** 611, 621
Erweiterungsinteresse **D** 79
Erwerber **B** 185
Etikettenschwindel **E** 26 ff.
Europarechtsanpassungsgesetz **A** 7
ex-ante-Sicht **C** 423
Existenzsicherung **B** 534

Fachbehörde **C** 118
Fachplanerische Vorgabe **B** 45
Fachplanung **B** 8 ff.
Fachplanungsrecht **B** 239
faires Verfahren **C** 110
faktisch **B** 345, 353
faktisches Baugebiet **B** 448
Faktische Vollziehung **E** 71
faktische Zurückstellung **B** 166
Familie **B** 600, 618
Fauna-Flora-Habitat-Richtlinie **B** 52
Faustformel **B** 440
Fehlerfolge **B** 59, 209
Fehlverhalten **E** 138
Fenster **C** 238
Feriengebiet, **B** 269
Ferienwohnung **B** 374 ff.

Fernwirkung **B** 463
Festsetzung **C** 508, **B** 17, 242, 471
Festsetzungserfindungsrecht **B** 15
feststellender Bescheid **C** 115
Feststellung **E** 72
Feststellungsklage **E** 5
Feuerbestattung **B** 336
Feuerbestattungsanlage **B** 356
Feuerlösch- und Rettungsgeräte **C** 125
Feuerwehr **C** 126, 200, 351
Feuerwehrgerätehaus **B** 341
Feuerwiderstandsfähigkeit **C** 218, 226
Fiktion **C** 37
fiktive Antragsrücknahme **C** 114
fiktive Genehmigung **B** 137
Firsthöhe **B** 400
fiskalisches Interesse **B** 508
Flächennutzungsplan **B** 12 ff., 58, 129, 565, **E** 133
Flachglasurteil **B** 93
flankierende Maßnahme **C** 284
Fliegende Bauten **C** 67
Fliegender Bau **C** 306
Flüchtling **B** 258, 514
Flüchtlinge **A** 10
Flüchtlingsunterbringung **B** 517
Fluchtweg **C** 206, 442
föderatives System **C** 250
Folgekostenvereinbarung **B** 190
Folgenabwägung **E** 66, 148
Folgewirkung **B** 497
Formalie **C** 101
formelle Illegalität **C** 424
Formelle Legalität **C** 527
formelle Planreife **B** 625
Formell illegal **C** 208, 415
Formfreiheit **D** 154
Formvorschrift **B** 214
Forschungs- und Entwicklungsvorhaben **B** 558
Fortbestand **C** 369 ff., **B** 447
Fortsetzung der Bauarbeiten **E** 76
Fortsetzungsfeststellungsklage **B** 174, **E** 10
freiberuflich **B** 382
Freie Aussicht **D** 94

Stichwortverzeichnis

Freie Berufe **B** 379
Freie Wohnnutzung **B** 270
Freigängerhaus **B** 265
Freihaltebelang **B** 66
Freistellungsverfahren **C** 75 ff.
Freizeitanlage **A** 51
Freizeitbetätigung **B** 391
Freizeitlärm **A** 50 ff.
Fremdbaulast **C** 336
Fremdkörper **B** 444
Fremdwerbeanlag **C** 277
Fremdwerbung **B** 281
Frist **C** 391, 469, **B** 596, 629, 635, **E** 90
Fristbeginn **D** 152
Fristende **D** 171
Fristverlängerung **C** 109
Fristversäumung **D** 150, 172
Frühzeitige Beteiligung **B** 103 ff.
Fundstelle **B** 143
Funktion **C** 544
funktionale Verbundenheit **C** 15
Funktionale Zusammengehörigkeit **C** 19
funktionslos **B** 31, 205, 574
Funktionslosigkeit **B** 14
Fürsorge **B** 338
Garage **C** 60, 160, 189, **B** 364 ff.
gartenbaulich **B** 541
gartenbauliche Erzeugung **B** 593
Gartenbereich **B** 366, 372
Gartenhaus **B** 387
Gaststättenrecht **A** 53
Gebäude **C** 21, 39 ff.
Gebäudeabschlusswand **C** 170, 244, 403
Gebäudebestandteil **C** 40
Gebäudehöhe **B** 400
Gebäudeklasse **C** 43, 76
Gebäuderückseite **C** 236
Gebäudeteil **C** 161
Gebietscharakter **A** 36, **B** 448
Gebietsentwicklungsplan **B** 567
Gebietserhaltungsanspruch **D** 25, 117, **B** 363, **E** 102
Gebietskategorie **A** 25
Gebietsnachbar **D** 30

Gebietsprägungserhaltungsanspruch **D** 32
gebietsübergreifender Schutz **D** 28
Gebietsversorgung **B** 333
Gebietsverträglichkeit **B** 254, 255 ff., 344, 485, 515
Gebot der Rücksichtnahme **D** 28, 31, 57, **B** 92
geboten **B** 28
Gefahr **C** 401 ff.
Gefahr, abstrakte **C** 212
Gefahr, konkrete **C** 123, 403, 466, 500
Gefährdungspotential **C** 50
Gefahrenabwehr **C** 1
Gefahrenlage **C** 495
Gefahrenpotential **C** 46
Gefahrenschwelle **C** 476
Gefälligkeitsplanung **B** 31
Gegenleistung **E** 131
Gegenseitige Rechtsverstöße **D** 189
Geländeniveau **C** 148
Geländeoberfläche **C** 145, 147 ff., **B** 452
Geländeverhältnisse **C** 253
Geltungsbereich **C** 278, **B** 141, 160
Geltungsdauer **C** 394
Gemeinbedarfsfläche **D** 26
Gemeinde **E** 151
Gemeindegrenze **B** 428
Gemeindeparlament **B** 489
Gemeinderat **B** 630
Gemeinderatssitzung **B** 159
Gemeinnützigkeit **B** 327
Gemeinwohl **B** 501
Gemengelage **A** 36, **D** 37, **B** 449
Genehmigung **C** 526
genehmigungsbedürftig **C** 207, **B** 224
Genehmigungsbehörde **B** 477
Genehmigungsfiktion **C** 106
Genehmigungsfreiheit **B** 225
Genehmigungsfreistellung **C** 78, **E** 96
Generalklausel **C** 198, 405
geringfügig **B** 418
Geruchshäufigkeit **A** 45
Geruchsimmissionsrichtlinie **A** 39 ff.
Gesamtbaukörper **D** 63
Gesamtlänge **C** 167, 345

Gesangsverein **B** 335
Geschoss **C** 16, 54 ff., **D** 47
Geschossflächenzahl **B** 403, 445
gesichert **B** 644 ff.
Gestaltungselement **C** 260
Gestaltungsmöglichkeit **E** 77
Gestaltungssatzung **C** 275, **A** 17, **D** 101
Gestaltwert **B** 614
Gestattung **C** 121, 180, 453
gesundheitlich **B** 323
Gesundheitsbeeinträchtigung **D** 13, 75
getrennte Betrachtung **C** 20
Gewahrsam **C** 421
Gewerbe **B** 620
Gewerbebegriff **B** 277
Gewerbebetrieb **B** 376
Gewerbeeigenschaft **B** 280
Gewerbegebiet **B** 275, 292, 317, 355
Gewerberecht **C** 120, **B** 278
Gewerbetreibender **D** 15
Gewerbliche Nutzung **B** 276
Gewichtungsvorgabe **E** 67 ff.
Gewinnerzielung **B** 535
Gewohnheitsrecht **B** 98
Glaubhaftmachung **E** 98
gleichartig **C** 182
Gleichartigkeit **B** 606
Gleichbehandlungsgrundsatz **B** 522
Gleichheitsgrundsatz **C** 464
Gleichheitssatz **B** 552
Grenzabstand **B** 411
Grenzanbau **C** 140
Grenzwand **C** 163, 536
Grillplatz **D** 109
Großer Sonderbau **C** 50
großflächiger Einzelhandelsbetrieb **B** 361 ff., 463, **E** 154
Großflächigkeit **B** 232
Grünanlage **C** 265
Grunddienstbarkeit **C** 339, **B** 646
Grundflächenzahl **B** 402, 445
Grundkonzeption **B** 492
Grundstücksfläche **D** 48, **B** 454
Grundstückstiefe **B** 410

Grundzüge der Planung **D** 36, **B** 491 ff.
Gülletourismus **B** 561
Gültigkeitsdauer **C** 538
Günstlingswirtschaft **B** 127
Güterabwägung **D** 126

Handlungsempfehlung **C** 157, 309, **A** 15
Handlungsfreiheit **C** 66
Handlungsgebot **C** 449, 483, 502
Handwerksbetrieb **B** 295
Handzeichen **C** 104
Hängebeschluss **E** 80 ff.
Härte **C** 318, **B** 504 ff.
Häufung **C** 263, 266
Hauptgebäude **B** 390
Hauptnutzung **B** 322, 342
Hauptsache **C** 384 ff.
Hausgruppe **D** 61
Haushälfte **D** 63
Haushalt **B** 602
Haushaltsführung **B** 267
Hedonik **A** 41
heranrückende Wohnbebauung **A** 22, **D** 44, 77
Herstellungspflicht **C** 193
Hilfsbedürftigkeit **C** 231
Hobbyraum **C** 59
Höchstwert **B** 406
Hoferbe **D** 14
Hofladen **B** 283
Hofstelle **B** 597
Höhe **C** 150, 175
Hoheitlicher Eingriff **C** 394
Höhenmaß **B** 452
Höhenunterschied **B** 372
höhere Verwaltungsbehörde **B** 134 ff.
Hohlraum **C** 55
homogen **B** 439
Homogenes Gebiet **D** 35
horizontale Gliederung **B** 251
horizontaler Brandabschnitt **C** 223
Hubrettungsfahrzeug **C** 241
Hundehaltung **B** 394
Hundehaus **B** 389

Identität **C** 384 ff.

Immission **D** 43
Immissionsgrenzwert **D** 133
Immissionsort **A** 24
Immissionsrichtwert **A** 25, 34 f., **D** 123
Immissionsrichtwerte **B** 354
immissionsschutzrechtliche Genehmigung **E** 52
Immissionswerte **A** 47
Impulshaltigkeit **A** 56
im Zusammenhang bebauter Ortsteil **D** 35
Industriegebiet **B** 275, 293, 317
Informationshaltigkeit **A** 27, 56
Ingewahrsamnahme **C** 422
Inhaltsbestimmung **C** 285, **E** 29
Initiativpflicht **E** 67
Inkrafttreten **B** 626
Innenbereich **B** 470
Innenbereichsstandort **B** 549
Instandhaltung **B** 466
Instandsetzung **C** 387
Instandsetzungsmaßnahme **C** 413
Instrument **C** 281
intendiertes Ermessen **C** 508, **B** 524
intensiv **B** 237
Interesse **C** 173
Interessenabwägung **D** 58, **E** 57 ff.
Interessenausgleich **A** 1, **B** 492
Interessengeflecht **B** 494
interkommunale Rücksichtnahme **B** 43
interkommunales Abstimmungsgebot **B** 41 ff., **E** 153
Internetportal **B** 145
Investor **B** 188, 194
Inzidentkontrolle **E** 149
Inzidentverwerfung **B** 221
Irrelevanz **A** 46
isolierte Betrachtung **C** 13

Jahresfrist **D** 168
Jahresgeruchsstunden **A** 47

Kammer für Baulandsachen **B** 187
Kaufpreis **B** 186
kausal **D** 184
Kausalität **B** 191
Kennenmüssen **D** 163

Kernenergieanlage **B** 562
Kerngebiet **B** 274, 291, 316
kerngebietstypische Vergnügungsstätte **B** 307 ff., 350, 352
Kind **D** 130
Kinder **B** 339
Kinderbetreuung **B** 245
Kindergarten **B** 332
Kinderlärm **D** 134
Kinderspielplatz **D** 112, 129, **B** 340
Kindertageseinrichtung **D** 129
Kirche **B** 331
kirchlich **B** 323
Klagebefugnis **E** 16 f., 35
Klarstellungssatzung **B** 441, **E** 135
klein **B** 313
Kleiner Sonderbau **C** 45, 99
kleine Sonderbauten **C** 257
Kleinsiedlungsgebiet **B** 271, 284, 315
Kleintiererhaltungszucht **B** 384
Kleintierhaltung **B** 384
Kombination **B** 591
kommerzielle Unterhaltung **B** 302
Kompensationsmaßnahme **B** 50 f.
kompromisslos **B** 249
Konfliktbewältigung **B** 95
Konfliktlösungstransfer **B** 96
Konfliktverlagerung **B** 97
konkrete Planung **B** 62
Konkretisierungsgehalt **D** 151
Konstruktive Zusammengehörigkeit **C** 14
Kontrolle **B** 506
Konzentrationszone **B** 566, 568
Konzeption **B** 207
Kooperationsmöglichkeit **B** 561
Korruption **B** 127
Kraftfahrzeug **C** 156
Kraft-Wärme-Kopplungsanlage **B** 245
Krematorium **B** 321, 328
Krypta **B** 332
Kubatur **C** 182
kulturell **B** 323, 335
Kulturlandschaft prägendes Gebäude **B** 612
Kulturscheune **B** 337

kumulierende Vorhaben B 556

Laden B 295, 314
Lageplan C 102
Landesplanung B 40
Landesverteidigung B 640 ff.
Landschaftsplan B 575
Landschaftsschutzgebiet B 557, 577
Land- und Forstwirtschaft B 282
Landwirtschaft B 532
Länge C 167, 225
lärmempfindlich B 373
Lastenverteilung B 94
Lebensgemeinschaft B 602
Legalisierung D 193
Legalisierungsakt C 316
Legalisierungswirkung C 293, 364 ff., 528
Leitlinie B 521
Lex-spezialis-Verhältnis D 81
Lichtimmission D 92
Live-Musik-Veranstaltung B 337
Löschung C 127, 356 ff.
Löschwasser C 130
Lounge B 305
Luftwärmepumpe C 42, 146
Luxusaufwendung C 389

Mangel C 107, B 599
Mängelbeseitigungsaufforderung C 107
mangelhaft C 100
Marktlage B 90
Maß der baulichen Nutzung B 399
Maßeinheit C 249
Massekonzentrationen A 41
maßgeschneiderte Baugenehmigung C 290
Maßnahme C 455
Maßregelvollzug B 265
Maßstab B 70
Materialcontainer C 35
materiell baurechtswidrig C 430
Materielle Genehmigungsfähigkeit C 116
materielle Konkordanz B 39
Materielle Legalität C 529
materiellen Beweislast E 127
materielle Planreife B 625
Materielle Verwirkung D 176

materiell illegal C 208
materiellrechtlich C 418
medizinisches Versorgungszentrum B 329
Mehraufwand C 253
Mehrbedarf C 191
Mehrfamilienhaus B 261
Messort A 55
Mieter C 445, 480
milieubedingt B 297
Mindestniveau B 299
Mischbetrieb B 536
Mischgebiet B 289, 316, 346
Missachtung B 638
missbräuchliches Verhalten D 137 ff.
Missbrauchsgefahr D 139
Missgriff B 29, 489
Missstand B 177, 599, 607
Miterbe D 17
mitgezogene Privilegierung B 533, 620
mitgezogener Betriebsteil B 539
mittlere Wandhöhe C 163
mitwirkungsbedürftiger Verwaltungsakt C 85, 286, E 23
Mitwirkungsverbot B 125
Mobilfunkanlage B 542
Mobilfunksendeanlage B 397
Mobilitätshilfe C 255
Modifizierende Auflage C 287, E 11, 29
Monitoring B 55
Monteur B 266
Motivirrtum D 147
MRFIFw C 239
Multifunktionsfeld D 127
Musikschule B 321
Musikschulraum B 341
Musterbauordnung A 12
mutmaßlicher Ausgang E 60

Nachbar A 58, D 1
Nachbargemeinde E 141
Nachbargrenze C 168
Nachbarinteresse B 367
Nachbarklage B 627
nachbarliche Belange C 310
Nachbarrecht C 289

Nachbarrechtsverletzung C 135
Nachbarschaft B 366
nachbarschaftliches Gemeinschaftsverhältnis D 160 ff.
Nachbarschutz C 467
Nachbarschützende Bestimmung C 467, D 18, 70
nachbarschützende Funktion B 163
nachbarschützende Norm C 331, D 7 f.
nachbarverträglich C 312
Nachbarzustimmung C 155
Nachholung B 101
nachprägende Wirkung B 427, 446
Nachreichung C 111
nachteilige Auswirkungen B 177
Nachträgliche Änderung E 21
Nachtragsgenehmigung C 25, 395, E 48
Nachverlangen C 242
nachvollziehende Abwägung B 564
Nagelstudio B 381
Nähe D 5, 68
Nassauskiesungskonzept B 587
natürliche Eigenart der Landschaft B 578
Naturschutzrechtliche Eingriffsregelung B 46 f.
Nebenanlage D 119, B 384 ff.
Nebenbestimmung C 282 ff., D 116, B 601, E 11
Nebenbestimmungen C 86
nebenerwerbliche Tätigkeit D 283
Nebenerwerbsbetrieb B 534
Nebenerwerbsstelle B 343
Nebenwirkung B 153
Negativattest B 184
negative Vorbildwirkung B 458
Negativplanung B 65, 150, 156
Neuerrichtung B 598
neuzeitlich B 325
Nichtanwendung B 217
Nichtigkeit C 431
Nichtigkeitserklärung E 144
Nichtprivilegiert B 572 ff,
Nichtstörer C 487
normative Kraft B 420
normative Kraft des Faktischen C 541

Normenkontrollantrag B 118
Normenkontrolle E 132
Normenkontrollklage B 169
Normkonkretisierende Verwaltungsvorschrift A 43
Normverwerfung B 221
Normzweck B 68
Notleiter C 229
Notstandsmaßnahme C 496
Notwendiger Flur C 215 ff.
notwendiger Stellplatz B 368
Notwendiger Treppenraum C 223
Notwendige Treppe C 210, 219 ff.
Numerus clausus B 197, 246 f.
Nutzen C 6
Nutzungsänderung C 27, 378, 423, B 233 ff.
Nutzungsänderungsanzeige C 73
Nutzungsart B 234, 259, 375
Nutzungsaufgabe C 379, B 570
Nutzungseinheit C 205, 211, 216, B 383
Nutzungsform C 30, 46
Nutzungsintensivierung C 32
Nutzungsmischung B 351
Nutzungspalette B 194
Nutzungsuntersagung C 423, 505
Nutzungsweise C 159
Nutzungszeit D 115

Obergrenze B 405
objektiver Empfängerhorizont C 9
Obliegenheit D 165, B 629
Obliegenheiten D 174
obligatorisch Berechtigter D 10
obligatorische Prüfungspflicht C 71
Obligatorischer Prüfungsrahmen E 25
obsolet B 205
Offenlegung B 108
Öffentliche Bauten B 640 f.
öffentliche Belange C 310, B 507, 564
öffentliche Einrichtung D 106 ff.
öffentlichen Verkehrsfläche C 169
öffentlicher Belang B 582
Öffentliches Baunachbarrecht C 524
öffentliche Zweckbestimmung B 642

Öffentlichkeit **B** 121, 130
öffentlich-rechtliche Sicherung **C** 346
öffentlich-rechtliche Streitigkeit **D** 111
Öffnung **C** 170, 247
Öffnungsklausel **C** 311, **A** 32
Optimierungsgebot **B** 36
optischer Einwirkungsbereich **C** 271
optische Störung **D** 92
ordnungsbehördliches Einschreiten **E** 43
Ordnungsfunktion **C** 417
Ordnungsrecht **C** 408
Ordnungsverfügung **E** 7, 105 ff.
organische Siedlungsstruktur **B** 425, 432, 434
Orientierungshilfe **A** 54
Orientierungswert **B** 451
Orientierungswerte für Obergrenzen **B** 407
örtliche Bauvorschrift **C** 275
Ortsbesichtigung **E** 123
Ortsbild **B** 460
ortsfeste Bahn **C** 36
Ortsfestigkeit **C** 36
ortsgebunden **B** 544, 545
ortsgebundener Betrieb **B** 543
Ortsteil **B** 432 ff., 469
Ortsübliche Bekanntmachung **B** 139 ff.

Pacht **B** 537
Parabolantenne **C** 34
Parallelverfahren **B** 57
passiven Schutzmaßnahmen **D** 46
Pegelveränderung **A** 56
Pfändung **C** 515
Pferdehaltung **B** 396
Pflanze **C** 265
Pflege **B** 262
Pflegebedürftigkeit **C** 51
Pflicht **C** 335
Planauslegung **B** 199
Planentwurf **B** 102, 112
Planerhaltung **B** 210
planerische Freiheit **B** 84
planerischer Freiraum **B** 78
Planersatz **B** 421
Planersatzvorschrift **B** 77

planexternes Grundstück **E** 137
Planfeststellungsbeschluss **B** 24
Plangewährleistungsanspruch **B** 34
Planmäßigkeit **B** 2
Planungsabsicht **B** 152, 165
Planungsbedürfnis **B** 27 ff.
Planungshoheit **B** 5 ff., 628 ff., 636
Planungskonzeption **B** 31
Planungsleitsatz **B** 61
Planungspflicht **B** 3
Planungsprinzip **B** 61
Planungsprozess **B** 148
Planungsschranke **B** 35 ff.
Planungstorso **E** 145
Planungsverband **B** 7
Planungsverfahren **B** 4
Plan-UP-Richtlinie **B** 53
Planurkunde **B** 203
Planzeichenverordnung **B** 16
Polizei **C** 126
Polizei- und Ordnungsrecht **D** 110
Ponyhaltung **B** 396
positive Gestaltungspflege **C** 276
positive Planung **B** 64
Postlaufzeit **D** 173
Präambel **B** 133
Präklusionswirkung **B** 117
präventiv **C** 28
präventives Verbot **C** 61
private Interessen **B** 501
private Rechte Dritter **C** 89
privates Baurecht **C** 2
Privatisierung **B** 188
privatnützlich **B** 326
Privatrecht **C** 2
privilegierend **B** 264
Privilegierung **C** 155, **D** 78, 132, **B** 526, 529 ff.
Problembewältigung **B** 95
Prognose-Entscheidung **E** 121
Prognosesicherheit **A** 44
prognostische Bewertung **B** 333
Prostitutionsausübung **C** 482
Prozessökonomie **E** 115 f.

Stichwortverzeichnis 417

Prüfingenieur **C** 323
Prüfpflicht **C** 101
Prüfung **B** 119
Prüfungsdichte **E** 63 f.
Prüfungsgegenstand **C** 22 f.
Prüfungsprogramm **C** 124
Prüfungsschema **B** 25 ff.

qualifizierter Bebauungsplan **B** 240, 479
Qualität **D** 190
Quantität **D** 190
Quersubventionierung **B** 536

Rahmen **B** 453
Ramadan **B** 334
Rangiervorgang **B** 373
RASt 06 **B** 144
Rat **B** 158
Rauchableitung **C** 247
Rauchabschnitt **C** 217
Rauchbildung **C** 227
raumbedeutsam **B** 584
raumbedeutsames Vorhaben **B** 569
räumlich-funktionaler Zusammenhang **B** 595
Raumordnungsplan **B** 585
Raumverteilung **C** 32
Rechtmäßiges Bestehen **C** 497
Rechtsänderung **C** 518, 540
Rechtsansicht **E** 122
Rechtsanwalt **E** 125
Rechtsbehelf **D** 179
Rechtsbehelfsbelehrung **D** 167 ff.
Rechtscharakter **C** 112
Rechtsfolge **C** 330, **B** 161
Rechtsfrage **B** 426
Rechtsgültigkeit **B** 218
Rechtskraftwirkung **E** 109
Rechtslage **E** 128
Rechtsmittel **C** 358
Rechtsnachfolge **C** 370, 428, 501, 513
Rechtsnachfolger **D** 149, 185
Rechtsnatur **B** 13
Rechtssatz **C** 539
Rechtsschutz **B** 187
Rechtsschutzbedürfnis **E** 142

Rechtssicherheit **D** 155
Rechtsstaatlichkeit **C** 317
Rechtsstaatsprinzip **B** 74, 131, 140
Rechtsverletzung **E** 18
Rechtsverlust **D** 141 ff,
Rechtsverordnung **C** 190, **B** 511
Reduzierung **C** 460
Referenzgebäude **C** 83
referenzielle Baugenehmigung **C** 82
Regelungsobjekt **C** 383
Regionalplane **B** 585
reines Wohngebiet **B** 285, 311, 314
Reitersitz **C** 248
relativ **B** 298
Relativität **D** 159
Religionsgemeinschaft **B** 331
repressiv **C** 71
Rettungsfenster **C** 248
Rettungsgerät **C** 228, 241
Rettungsgeräte **C** 210
Rettungsweg **C** 202 ff., 233, 441
revisibel **C** 543
richterliche Überzeugung **E** 120
Richtlinie **C** 234
Richtwert **D** 133
Rollstuhlfahrer **C** 256
Rücknahme **C** 371
Rücksichtnahmebegünstigter **D** 42
Rücksichtnahmegebot **C** 141, 195, **D** 38, 66, 67, 71, 121, 127, **D** 365, 455, 509
Rücksichtnahmeverpflichteter **D** 42
rücksichtslos **E** 129
rückwirkend **C** 109, 391, **E** 74
Rüge **B** 216
Rügerecht **D** 105

Sachbescheidungsinteresse **C** 72, 88 ff.
Sach- und Rechtslage **E** 20, 37
Sachverhaltsfeststellung **E** 117
Sachverständiger **C** 323, **B** 91
Salamitaktik **B** 619
Sammelausgleich **B** 51
Satzung **C** 190
Satzungsbeschluss **B** 124 ff.
Satzungsbestimmung **B** 222

SB-Autowaschanlage **B** 348
Schadenersatzanspruch **B** 196
Schadenseintritt **C** 402
Schädliche Auswirkung **B** 464
schädliche Umwelteinwirkung **C** 268, **A** 53, **D** 44, **B** 19, 576
schädliche Umwelteinwirkungen **D** 71
Schallpegelbegrenzer **A** 38
Schallschutzmaßnahme **A** 24
Schank- und Speisewirtschaft **B** 305, 314, 347
Scheinbestandteil **C** 486
Schicksalsgemeinschaft **A** 48, **D** 8, 29, 53
Schiedsrichter **E** 59
Schikaneverbot **D** 84
Schlafstätte **B** 266
Schlussabnahme **C** 398, 528
Schlusspunkttheorie **C** 117 ff.
Schonung **B** 538
Schonungsgebot **B** 622
Schreibwarengeschäft **B** 236
Schutzbereich **D** 2, 7
Schutznormtheorie **D** 18
schutzwürdige Position **C** 172, 525, **D** 74
schutzwürdiges Vertrauen **C** 531
Schutzwürdigkeit **D** 58, 72, **B** 369
Schutzziel **C** 132 ff., 188
Schwellenwert **B** 309
Schwere **C** 35
Schwimmhalle **B** 322, 387
Selbstverwaltung **B** 6, 635
Senkung des Warenangebots **B** 303
serielles Bauvorhaben **C** 83
Sich-Einfügen **B** 443
Sicherheitsbeleuchtung **C** 226
Sicherheitstreppenraum **C** 213
Sicherung **C** 142 ff., **B** 146, 171, **E** 93
sicherungsbedürftig **C** 355
sicherungsfähig **C** 355
Sicherungsmaßnahme **C** 393, 420, **E** 78
Sicherungsmittel **B** 157
Sichtschutzwand **C** 146
sofortige Vollziehbarkeit **C** 447
sofortige Vollziehung **C** 490
Sofortvollzug **C** 514

Solaranlage **C** 186
solare Strahlungsenergie **B** 245, 563
soll **B** 550
Sonderabgabe **C** 194
Sonderbau **C** 44 ff., 77
Sonderbauverordnung **A** 17
Sonderfall **C** 308
Sondergebiet **B** 357, 360
Sonderinteresse **C** 322
Sonderregelung **C** 311
sozial **B** 323, 338
Sozialabstand **C** 133
Soziale Lebensäußerung **D** 95
sozialer Wohnungsbau **B** 180
Spielplatz **D** 107, 118
Splittersiedlung **D** 70, **B** 430, 469, 580
Sport **A** 29 f.
Sportanlage **A** 28
Sportanlagen **A** 21
Sportanlagenlärmschutzverordnung **A** 27
Sportgerät **B** 342
sportlich **B** 323
spruchreif **E** 9
Städtebauförderungsgesetz **A** 6
städtebaulich **B** 385
städtebauliche Entwicklung **B** 60
städtebauliche Gründe **D** 60, **B** 523
städtebauliche Harmonie **B** 457
städtebauliche Ordnung **B** 223
städtebaulicher Missstand **B** 461
städtebaulicher Vertrag **B** 189 ff.
städtebauliches Gepräge **B** 423
städtebauliche Spannung **B** 472
städtebauliche Spannungen **B** 456 f.
städtebauliche Vertretbarkeit **B** 503
Städtebaurecht **A** 2, **B** 1
Stand der Technik **D** 136
Standfestigkeit **C** 17
Standort **D** 117, **B** 633
Standortausweisung **B** 567
Standsicherheit **C** 196, 439 f., **D** 100
Statik **C** 388
statische Neuberechnung **C** 388
statische Verweisung **C** 57, **B** 244, 408

Stichwortverzeichnis 419

Stätte der Leistung **C** 269
Stellplatz **C** 165, 189, 449, **B** 364 ff.
Stellplatzauflage **C** 297
Stellplatzbaulast **C** 347 f.
Stellplatzpflicht **D** 101
Stellplatz-Richtzahlentabelle **C** 193
Stellungnahme **B** 114, 116, 117
Stellungnahmen **B** 135
Steuerrecht **B** 279
Steuerung **B** 476
Stichtagsregelung **C** 465
Stilllegung **C** 409 ff.
Stilllegungsverfügung **C** 470
störend **B** 296
störende Häufung **C** 261
Störerauswahl **C** 472, 488
Straßenbaubehörde **C** 119
Straußenwirtschaft **B** 539
Strom- und Wasserversorgung **B** 528
subjektive Handlungselemente **C** 463
Substanzzerstörung **C** 412, 432, 495
summarische Prüfung **E** 61 f.
Suspensiveffekt **C** 491
Swingerklub **B** 304

Tabuzone, harte **B** 588
Tabuzone, weiche **B** 588
TA Lärm **A** 19 ff., **D** 45, 98, 124, **B** 354, 371, 394
TA Lärm, Anwendungsbereich **A** 20
Tankstelle **B** 352
tatrichterliche Würdigung **C** 385
Tatsachengrundlage **C** 462
Taubenhaltung **B** 395
Täuschung **D** 146
Technikcontainer **C** 41
technische Baubestimmung **C** 221, 254, 326
technischen Anforderung **C** 326
Teilabrissverfügung **C** 459
Teilaufhebung **E** 31
teilbar **E** 73
Teilbaugenehmigung **C** 363, **E** 48
Teilbereich **B** 206
Teilflächennutzungsplan **B** 12

Teillänge **C** 345
teilprivilegiert **B** 590
Teilrückbau **C** 459
Teilungsgenehmigung **B** 175
teilweise **C** 433
Telekommunikationsdienstleistung **B** 398
Terrasse **C** 65
Terrassenüberdachung **C** 42, 64
Thermalbad **B** 546
Tiefe **C** 178
Tierart **B** 393
Tierhaltung **B** 391 ff.
Tierhaltungsgerüche **A** 48
Tierheime **B** 341
Toleranzgebot **D** 128
Tonhaltigkeit **A** 56
topographische Gegebenheiten **B** 437
Torso **B** 368
Trading-down Effekt **B** 303
Traufhöhe **B** 400
Traufkante **C** 251
Trennbarkeit **C** 23
trennen **C** 11
trennende Wirkung **B** 436
Trennungsgebot **B** 93
Treppe **C** 222
Treu und Glauben **D** 161 f., 169, 174 ff.
treuwidrigen Handeln **D** 188
Treuwidrigkeit **D** 162
typisierende Betrachtung **C** 290, **B** 392
typisierende Betrachtungsweise **B** 253 ff., 308
Überbaubare Grundstücksfläche **D** 64, **B** 386, 415, 496
Überfahrtrecht **D** 21
Übergewicht **B** 346
Überlegungsfrist **D** 178
Übernachtungsmöglichkeit **B** 312
Überwachungsbefehl **C** 400
überwirkender Bestandsschutz **B** 592
Umdeutung **B** 201
umfassendes Baugenehmigungsverfahren **C** 81
Umgebung **B** 443

Umgebungsbebauung B 480
Umgebungscharakter B 444
Umnutzung B 598
Umplanung B 493
Umstandsmoment D 180 ff.
Umweltbelang B 200
Umweltbericht B 54, 212
Umwelteinwirkung D 120
Umweltprüfung B 53 f., 104, 199
Umweltverträglichkeitsprüfung A 7 f., B 555
Unabhängigkeit B 125
unangewendet B 220
unbebaut B 176
unbeplanter Innenbereich D 67, B 419
Unfallschwerpunkt C 273
ungesäumt D 178
unmittelbarer Zwang C 511 f.
unrichtig C 357
Unruhe stiften B 458
Unterart B 294
Unterbrechung C 396
Untergang C 542
untergeordnet C 185
untergeordnetes Gebäude C 53
Unterordnung B 388
Unterrichtung C 332
Unterschrift C 104
Untersuchungsgrundsatz C 440, E 118
Untrennbarkeit C 12
unverhältnismäßig C 425
unvollständig C 100
Unvollständigkeit B 213
unwesentlich B 105
unwesentliche Beeinträchtigung D 122
Unwirksamkeit B 72
Unzulässige Rechtsausübung D 187
unzumutbar E 129
Unzumutbarkeit E 124
urbanes Gebiet B 290, 316, 351

Variationsmöglichkeit B 248
VDI-Richtlinie A 46
VDI-Richtlinie 2058 B 371
Veränderungssperre B 147 ff., 626, 634
Veranschaulichung E 65

Verantwortungsbereich D 135
Veräußerung C 506
Verbindlichkeit A 31
Verbrauch C 350
Verbrauchtsein C 343
Verdeckung C 264
Verdichtung B 495
Vereinbarung E 130
vereinfachtes Genehmigungsverfahren C 69, E 96
Vereinfachtes Verfahren B 198 ff.
vereinfachte Verfahren B 473
Vereinigungsbaulast C 352 ff.
Verfahrensfehler B 215
verfahrensfrei C 10, 63
verfahrensrechtliche Bestimmung D 102
verfahrensrechtlichen Anforderungen B 75
Verfahrensvoraussetzung C 416
Verfahrensvorschrift C 414, B 214
Verfall C 390, 434, B 609
Verfassungsbeschwerde E 150
Verfügungsberechtigter C 489
vergleichbar D 191 f.
Vergnügungsstätte B 301
Vergrößerung B 613
Verhaltensstörer C 476
Verhältnismäßigkeit C 457, B 74
Verhinderungsplanung B 65, 155, 587
Verkaufsfläche B 319
Verkaufsstätte C 51
Verkehrsfläche D 26
Verkehrsgefährdung C 272
Verkehrslärm E 136
Verkehrsüblichkeit B 395
Verkehrsweg B 18
Verlängerung D 170
Verleihung D 24, 50
Verlust B 203
Vermieter C 445
Vermutung C 535
vernünftigerweise geboten B 502
Verpflichtungserklärung C 337 ff., B 622
Verpflichtungsklage C 294, E 8
Verrichtung C 477

Stichwortverzeichnis

Versagungsgrund **B** 631
Verschattung **D** 91
verschieben **C** 292
Verschulden **C** 509
Versiegelung **C** 422, 512
Versorgung **B** 318
Versorgungsbetrieb **B** 542
vertikale Gliederung **B** 251
verträglichere Alternative **D** 83
Vertragspartner **B** 185
Vertrauensbetätigung **D** 183
Vertrauensgrundlage **D** 181
Vertrauensschutz **C** 371
Vertrauenstatbestand **D** 182
Ver- und Entsorgung **B** 645
Verunstaltung **C** 259, 262 ff., **B** 577
Verunstaltungsverbot **C** 258
Verursacher **C** 476
Verursacherpflicht **B** 47
Verwalter **C** 479
Verwaltungsakt **C** 454
Verwaltungsakte mit Doppelwirkung **E** 45
Verwaltungsakt mit Doppelwirkung **E** 13
Verwaltungsakt mit Drittwirkung **E** 4
Verwaltungsbehörde **B** 219
verwaltungsintern **B** 639
Verwaltungsvorgänge **E** 87
Verweis **B** 211
Verwerfungskompetenz **B** 217 ff.
Verwirken **C** 404
Verwirklichung **C** 537
Verzicht **C** 354 ff., 375 ff., **D** 142
Verzichtswille **C** 382
Vogelschutzrichtlinie **B** 52
vollendete Tatsachen **E** 56, 81 ff.
Vollgeschoss **C** 56, **D** 47, **B** 401
Vollstreckung **C** 507
Vollverfahren **C** 81
Vollzug **C** 437
Vorbau **C** 184
Vorbehaltsgebiet **B** 585
vorbelastet **B** 370
Vorbelastung **A** 42, **D** 125
Vorbereitungsmaßnahme **C** 393

Vorbescheid **C** 93, 366, **E** 49 ff.
vorbeugend **C** 419
vorbeugender Brandschutz **C** 199
Vorbildfunktion **C** 373
Vorbildwirkung **C** 492, 495, **B** 497, 553, 580
vorgeprägt **B** 370
Vorhaben **B** 226, 475
Vorhabenbegriff **C** 5
vorhabenbezogener Bebauungsplan **B** 193 ff., 479
Vorhabenbezogenheit **C** 343
Vorhabenträger **B** 197
Vorhaben- und Erschließungsplan **B** 193 ff.
Vorhandenes Fenster **D** 96
Vorkaufsrecht **B** 176 ff.
Vorkaufsrechts **D** 14
Vorläufiger Rechtsschutz **E** 41, 55 ff., 146
Vorprüfung **B** 555
Vorrang **C** 139
Vorwegnahme der Hauptsache **E** 101

wahrnehmbar **B** 450
Wahrscheinlichkeit **C** 402, 500
Wald **B** 589
Wand **C** 144
Wandhöhe **C** 164, 176, **B** 69
Wannsee-Entscheidung **D** 54
Warensortiment **C** 31
Wechselbeziehung **D** 193
Wegplanung **B** 76
Weiler **B** 433
weisungsfreie Pflichtaufgabe **B** 26
Werbeanlage **C** 92, 262 ff.
Werbeplakat **C** 264
Werbung **C** 270
Wertminderung **D** 85
Wertung **C** 135
Wettbewerbsnachteil **D** 86
Wettbewerbsrecht **D** 15
Widerruf **C** 299, 372, **D** 145
Widerrufsvorbehalt **C** 300
Widerspruch **B** 10
Widersprüchlich **C** 96, **B** 71
Widerstreit **B** 80
Wiederaufbau **B** 610

Wiederaufleben **D** 185
Wiedereinsetzung **D** 172
Wiederholung **C** 510
Willensbekundung **D** 51
Willenserklärung **C** 338, **D** 143
Windenergieanlage **B** 557
Windenergieanlagen **B** 566
Wintergarten **C** 64
Winzerstube **B** 539
wirklicher Wille **C** 9
wirksam **B** 241
Wirkung **C** 145
wirtschaftliche Belange **B** 90
wirtschaftliches Interesse **E** 114
Wissensvertretung **D** 166
Wochenende **B** 357
Wochenendhaus **C** 31, **B** 235, 579
Wochenendhausgebiet **B** 269
Wohl der Allgemeinheit **B** 179, 500 ff.
Wohlfahrt **B** 338
wohnartig **B** 380
Wohnbebauung **D** 73
Wohnbedarf **C** 318
Wohnen **B** 260
Wohngebäude **C** 178, **B** 605, 615
Wohnmobilstellfläche **B** 312
Wohnmobil-Stellplatz **B** 389
Wohnnutzung **B** 260
Wohnraum **B** 616
Wohnruhe **B** 306
Wohn- und Arbeitsverhältnisse **B** 518
Wohnung **C** 480
Wohnungseigentümer **D** 16
Wohnungseigentumsgesetz **C** 479
Wohnungslosigkeit **C** 472
Wohnungsmarkt **C** 493
Wohnungsprostitution **B** 320, 349
Wohnverhältnisse **B** 459
Wohnweg **C** 129, **B** 645
Wohnzimmer **C** 59
worst-case-Szenario **A** 44

zeitgemäß-funktionsgerechte Nutzung **C** 521
Zeitmodell **C** 380, **B** 610
Zeitmoment **D** 177
Zeitpunkt **C** 451, 530, **B** 132, 499, **E** 19, 37
Zeitraum **C** 530
zentimeterscharf **C** 136
zentraler Versorgungsbereich **B** 41, 462 ff.
Ziel der Raumordnung **B** 37, 583, 586
Zielvorgabe **C** 289, **E** 28
Zimmereinrichtung **C** 429
Zufahrtmöglichkeit **C** 442
Zugang **C** 235
Zugänglichkeit **C** 253
Zugangsschwierigkeit **C** 237
Zugehörigkeitsvermerk **C** 360
zulässig errichtet **C** 522
zulässigerweise errichtet **B** 465, 592, 608, 615, 619
Zulässigkeitsmangel **E** 47
Zulassung **E** 49
Zumutbarkeit **C** 134, **A** 57
Zuordnung **B** 388
Zurechnung **D** 138
Zurückstellung **B** 170 ff.
Zusage **B** 85
zusammenfassen **B** 111
zusammenfassende Erklärung **B** 123
Zuschlag **A** 35
Zuständigkeit **C** 327
Zustandsstörer **C** 484 ff.
Zustellung **D** 158
Zustimmung **C** 90, 121, **D** 148, **B** 641
Zuwarten **E** 86
Zuwegung **B** 369
Zweck **C** 310
Zweckbestimmung **C** 28, **B** 249, 344, 360, 365, 548
Zweckveranlasser **C** 478
zweiter Rettungsweg **C** 209
Zwischenregelung **E** 80 ff.
Zwischenzeit **E** 63